MUTTERS AGENDA

I

1951-60

Titel der französischen Originalausgabe:
L'Agenda de Mère, 1951-60
© 1978 Institut de Recherches Évolutives, Paris.

Deutsche Erstauflage 1986

ISBN 978-3-910083-51-6

Diese Agenda …
ist mein Geschenk
an die, die mich lieben

Mutter

Komm mit in die Zukunft... 1893
(mit 15 Jahren)

In jedem Ding, in jedem Atom ist die Göttliche Gegenwart. Der Mensch hat zur Aufgabe, sie zu verkörpern.
1910

Das Hindernis ist verbunden mit dem eigentlichen Grund des Werks, das zu vollbringen ist: dies ist der Zustand der gegenwärtigen Unvollkommenheit der physischen Materie. Wie hoch auch immer der Vollkommenheitsgrad des Bewußtseins, des Wissens unseres tiefsten Wesens sein mag, allein die Tatsache, daß es sich in einem physischen Körper manifestiert, verursacht Hindernisse gegen die Reinheit seiner Manifestation; das Ziel seiner Verkörperung ist jedoch, diese Hindernisse zu überwinden und die Materie zu transformieren. 21. Mai 1912
Die Bedingungen, in denen die Menschen auf der Erde leben, sind das Ergebnis ihres Bewußtseinszustandes. Die Bedingungen ändern zu wollen, ohne das Bewußtsein zu ändern, ist eine vergebliche Illusion.
– Mutter

Wenn wir die Menschheit überschritten haben, dann werden wir Der Mensch sein.
– Sri Aurobindo

Einleitung

Diese Agenda ... eines Tages wird eine andere Art unter den Menschen über dieses außergewöhnliche Dokument grübeln wie über das stürmische Drama, das die Geburt eines ersten Menschen unter den feindlichen Horden eines überwältigenden Karbonzeitalters umgeben haben muß. Ein erstes Menschenwesen, das bedeutet einen gefährlichen Widerspruch gegen die sichere Affenlogik, bedeutet eine Bedrohung der herkömmlichen Ordnung, die so zufrieden unter dem hohen, unwandelbaren Farn daherlief – und überhaupt weiß es nicht einmal, daß es ein Mensch ist. Es fragt sich wirklich, was es ist. Es ist sich selber fremd, für sich selber schmerzlich. Es versteht sich nicht einmal mehr im Bäumeklettern wie gewohnt. Und es wirkt schrecklich störend für all die anderen, die auf die alte, tausendjährige Weise in den Ästen schwingen. Vielleicht ist es gar eine Häresie? Oder handelt es sich etwa um eine Gehirnkrankheit? Einem ersten Menschen in einer kleinen Lichtung darf es nicht an Mut fehlen. Sogar die kleine Lichtung ist nicht mehr so gewiß. Ein erster Mensch bedeutet eine unaufhörliche Frage. Was bin ich denn inmitten von all dem? Wo ist mein Gesetz? Welches ist mein Gesetz? Und wenn es keine Gesetze mehr gibt ... erschreckend. Die Mathematik bricht zusammen. Auch die Astronomie samt Biologie beginnt seltsamen Einflüssen zu gehorchen. Ein winzig kleiner verlorener Punkt inmitten der großen Lichtung der Welt. Was bedeutet das bloß alles? Bin ich denn „verrückt"? Und dann die Klauen, viele Klauen gegen dieses ungewohnte Geschöpf. Ein erster Mensch ist sehr einsam. Ist sehr unerträglich für die vor-menschliche „Vernunft". Und die umgebenden Horden grollten wie die Brüllaffen des Abends in Guyana.

Eines Tages war ich wie dieser erste Mensch in der großen gellenden Nacht des Dschungels von Oyapock. Mein Herz pochte wie bei der Wiederentdeckung eines sehr alten Mysteriums – plötzlich war es sehr neu, Mensch zu sein inmitten der Dioritstürze und der hüschen roten und schwarzen Korallenschlangen im Laub. Es war noch viel außergewöhnlicher, ein Mensch zu sein, als unsere alten Stämme in ihren unfehlbaren Gleichungen und unantastbaren Biologien für möglich hielten. Es war ein ganz und gar ungewisses „Etwas", das frohlockend unserem Denken davonlief, vielleicht sogar dem Denken der Gelehrten. Es lief anders, es fühlte anders. Es lebte in einer Art ungebrochenem Kontinuum mit dem Saft der großen Balatas, dem Schrei der Aras und dem glitzernden Wasser im Bach. Es „verstand" sehr andersartig. Verstehen hieß in allem zu sein, nur ein Blinzeln, und man steckte in der Haut des kleinen galoppierenden Iguanas. Die Haut der Welt war sehr weitläufig. Ein Mensch zu sein, nach einer Million wiederentdeckter Jahre, bedeutete seltsamerweise noch etwas ganz anderes als ein Mensch zu sein, eine seltsame unvollständige Möglichkeit, die auch alle möglichen anderen Dinge vermochte. Es war nicht katalogisiert, es war fließend und ohne Grenzen – aus Gewohnheit war es ein Mensch geworden, doch in Wahrheit konnte es herrlich unbeschrieben sein, als gehörten all die alten Gesetze einfach den altertümlichen, rückständigen Barbaren an. Da begannen andere Monde den Himmel zu durchlaufen, mit dem Schrei der Aras im Sonnenuntergang, ein anderer Rhythmus wurde geboren und trat seltsam in Einklang mit dem Rhythmus von allem, ergab ein einziges Fließen der Welt, und ich lief, so leicht, als hätte der Körper nie ein anderes Gewicht gekannt als das unseres menschlichen Denkens, und die Sterne waren nah, sogar die dröhnenden Flugzeuge erschienen wie ein nichtiger Kunstgriff unter den lachenden Galaxien. Ein Mensch war eine ungeheure Möglichkeit. Er war sogar der Große Entdecker des Möglichen. Nie hatte diese gebrechliche Erfindung unter den Millionen von Arten ein anderes Ziel, als das zu entdecken, was ihre eigene Art übersteigt, vielleicht die Möglichkeit, ihre Art zu verändern – eine leichte Art ohne Gesetze. Nach einer Million wiederentdeckter Jahre in der großen rhythmischen Nacht war der Mensch etwas, das es noch zu erfinden galt. Er war die Erfindung seiner selbst, und das letzte Wort war noch nicht gesprochen.

Dann, dann … begann eine einzigartige Luft die Lungen zu erfüllen, eine unheilbare Leichtheit. Und wenn wir eine Fabel wären? Und welches ist das Mittel?

Und wenn diese Leichtheit selber das Mittel wäre?

Eine große feierliche Entrümpelung von all unseren barbarischen Feierlichkeiten.

So dachte ich im Herzen meines alten Urwaldes, während ich noch zwischen den unwahrscheinlichen Goldkörnchen und einer Zivilisation zögerte, die mir, obwohl mathematisch, doch veraltet und giftig erschien. Aber eine andere Mathematik floß in meinen Adern, eine noch nicht vollendete Gleichung zwischen dieser riesigen Welt und einem winzigen Punkt voller leichter Luft und unermeßlicher Vorahnungen.

Da begegnete ich Mutter, an dieser Wegkreuzung des wiedergefundenen Anthropoiden und des „etwas", das diese unvollständige Erfindung in Gang gesetzt hatte und sie für einige Augenblicke in die Fänge einer vergoldeten Mechanik geraten ließ. Noch nichts war vollendet, noch nichts wirklich erfunden worden, was Frieden und Raum in dieses Herz von noch keiner Art brächte.

Und wenn der Mensch noch nicht erfunden wäre? Wenn er noch nicht seiner Art angehörte?

Mutter, eine kleine weiße Silhouette, zwanzigtausend Kilometer entfernt, allein und zart inmitten einer spirituellen Horde, die darauf versessen war, daß der meditierende und wundervollbringende Yogi den Gipfel der Spezies darstellen sollte, suchte das Mittel und die Wirklichkeit dieses Menschen, der sich einen Augenblick lang für den Gebieter des Himmels oder den Gebieter der Mechanik hält und der vielleicht doch etwas ganz anderes ist als sein spiritueller oder mechanischer Ruhm. Eine andere, leichte Luft floß in dieser Brust, befreit von ihren vorgeschichtlichen Himmeln und Maschinen. Eine Andere Geschichte begann. Würden Materie und Geist sich doch in einer physiologischen „dritten Position" begegnen, die vielleicht endlich die Position des „Entdeckten Menschen" wäre, des Etwas, das so lange pochte und litt auf der Suche nach seiner eigenen Art? Sie war das Große Mögliche am Anfang des Menschen. Mutter ist unsere wahr gewordene Fabel. Alles ist möglich, lautete ihr erstes Wort.

Ja, sie war umgeben von einer spirituellen „Horde", denn immer muß sich der Pionier der neuen Art gegen das Beste der alten Art verteidigen: das Beste ist das Hindernis, die Falle, die euch in ihren alten vergoldeten Sümpfen festhält. Beim Schlechtesten weiß man, daß es das Schlechteste ist. Und dann erkennt man, daß es sich bei diesem Besten nur um die hübsche Schnauze des Schlechtesten handelt, dasselbe alte Biest, das sich mit all seinen Klauen verteidigt, mit Heiligenschein und Elektronik. Mutter kam für etwas anderes.

„Etwas anderes" ist gefährlich, bedrohlich, verwirrend – sehr unerträglich für all die von der alten Art. Die Geschichte des „Ashrams" in Pondicherry ist die Geschichte eines alten Klans, der sich grimmig an seine „spirituellen" Privilegien klammert, wie andere an ihren Muskeln hingen, die sie zum König unter den Primaten machten. Er bewaffnet sich mit allen Heiligenscheinen und allen Begründungen, die den logischen Menschen so „unfehlbar" unter seinen weniger gehirnbedachten Brüdern machten. Das spirituelle Gehirn stellt wahrscheinlich das schlimmste Hindernis der neuen Art dar, wie die Muskeln des alten Orang-Utan für jenen gebrechlichen Unbekannten, der nicht mehr so agil in den Bäumen kletterte und sich nachdenklich inmitten einer ungewissen kleinen Lichtung niedersetzte. Es gibt nichts moralistischeres als die alte Art. Nichts legaleres. Mutter suchte den Weg der neuen Art ebenso sehr entgegen all den Tugenden der alten Art wie gegen ihre Sünden oder Gesetze. Denn „etwas anderes" ist, um die Wahrheit zu sagen, etwas anderes.

Dort landete ich eines Tages im Februar 1954, ließ meinen Urwald von Guyana samt einigen anderen ausweglosen Wanderungen hinter mir, als hätte ich an alle Tore der alten Welt gepocht, bevor ich an den Punkt absoluter Unmöglichkeit gelangte, wo man wirklich etwas anderes erreichen oder sonst eine Kugel in die Haut dieses alten höheren Affens jagen muß. Als erstes überraschte mich dieses exotische Tempeltum mit seinen Räucherstäbchen, Bildern und Fußfällen in Weiß: eine Kirche. Beinahe nahm ich am selben Abend den ersten Zug, schleunigst zum Himalaja, oder zum Teufel. Neunzehn Jahre blieb ich bei Mutter. Was konnte mich dort halten? Ich hatte Guyana nicht verlassen, um ein kleiner Heiliger in Weiß zu werden und einer Religion beizutreten. Ich kam nicht auf die Erde, um ein Ashram zu gründen – das wäre ein sehr ärmliches Ziel, schrieb sie schon 1934. Was bedeutete all dies also, dieses „Ashram", das sich bereits als Eigentümer des großen spirituellen Geschäfts anmeldete, und diese kleine zarte Silhouette inmitten der eifrigen Anbeter? Tatsächlich gibt es keine bessere Methode, jemanden zu ersticken, als ihn anzubeten: man begräbt ihn unter dem Gewicht der Anbetung, die euch noch dazu eine Art Besitzrecht verschafft. „Warum wollt ihr anbeten?" protestierte sie, „ihr braucht doch nur zu werden!" Nur aus Faulheit vor dem Werden betet ihr an. Sie wollte sie so sehr dieses „andere" werden lassen, doch es war bequemer, anzubeten und in Ruhe so zu bleiben, wie man ist. Sie sprach zu den Wänden. Sie war sehr allein, in diesem „Ashram". Nach und nach füllen die Anhänger das Haus, und dann sagen sie: es gehört uns. Es ist „das Ashram". Wir sind „die Anhänger". In Pondicherry wie in Rom oder in Mekka. Ich will keine Religion, Schluß mit den Religionen! rief sie aus. Sie focht und kämpfte dagegen – würde sie denn diese Erde als eine weitere Heilige oder Yogini verlassen, begraben unter Heiligenscheinen, die „Fortsetzerin" der großen spirituellen Überlieferungen? Sie war 76 Jahre alt, als ich dort landete, das Messer im Gürtel und die erste Blasphemie auf den Lippen.

Sie liebte die Herausforderung und verabscheute nicht die Blasphemie.

Nein, sie war nicht „die Mutter des Ashrams in Pondicherry". Wer war sie dann?... Ich entdeckte es Schritt für Schritt, wie man den Urwald entdeckt, oder vielmehr wie man mit ihm kämpft, Machete in der Hand – und dann schmilzt es, man liebt, so schön ist es. Mutter wuchs unter meiner Haut wie ein Abenteuer auf Leben und Tod. Sieben Jahre kämpfte ich mit ihr. Das war faszinierend, fürchterlich; das war mächtig und sanft; ich wollte schreien und beißen, fliehen und immer wieder zurückkehren: „Ah, mich wirst du nicht erwischen! Wenn du glaubst, ich sei hierher gekommen, um anzubeten, irrst du!" Sie lachte.

Sie lachte immer. Ich bekam mein Maß an Abenteuern, denn im Urwald, wenn man sich irrt, verirrt man sich köstlich mit derselben alten Haut auf dem Rücken, während es hier überhaupt nichts mehr gab, wo man sich verirren könnte! Man kann sich nicht mehr verirren: man muß seine Haut wechseln. Oder sterben. Ja, die Art wechseln. Oder einen weiteren kleinen Anbeter abgeben – ekelhaft –, nein, das stand nicht auf meinem Programm. Man ist der Feind seiner eigenen Vorstellung des Göttlichen, sagte sie mir mit ihrem kleinen schelmischen Lächeln. Die ganze Zeit – jedenfalls die ersten sieben Jahre – kämpfte ich gegen meine Vorstellung von Gott und dem „spirituellen Leben": das war sehr praktisch, ich hatte einen „Repräsentanten" vor mir. Sie ließ mich gewähren, sie eröffnete mir sogar die verschiedensten kleinen Paradiese, samt einigen Höllen, weil sie Hand in Hand gehen. Sie öffnete mir sogar die Tür einer gewissen „Befreiung", die schließlich ebenso einschläfernd wurde wie eine Ewigkeit – aber ohne Ausweg: es war die Ewigkeit. Man war von allen Seiten umzingelt: es blieben nur noch diese 2 m² Haut, die letzte Zuflucht, jene, der man von oben oder von unten entfliehen wollte, durch Guyana oder den Himalaja. Sie erwartete mich am anderen Ende meiner spirituellen oder weniger spirituellen Pirouetten. Die Materie, das war ihre Angelegenheit. Ich brauchte sieben Jahre, um zu verstehen, daß sie dort anfing, wo die anderen Yogas aufhören, wie Sri Aurobindo fünfundzwanzig Jahre zuvor sagte. Ich mußte alle Pfade des Geistes durchlaufen und all die der Materie, jedenfalls sehr viele im geographischen Sinne, bevor ich entdeckte oder auch nur verstand, daß „etwas anderes" wirklich etwas anderes ist. Kein verbesserter Geist, keine verbesserte Materie, sondern ... man könnte sagen „nichts", so sehr widerspricht es allem, was wir kennen. Für die Raupe ist der Schmetterling nichts. Er ist nicht einmal sichtbar und hat nichts gemeinsam mit den Raupenparadiesen oder sogar einer Raupenmaterie. Jetzt hatte es mich erwischt: gefangen im unwiderruflichen Abenteuer. Von dort gab es keine Rückkehr: man mußte auf die andere Seite gelangen. In diesem siebten Jahr, als ich noch an die Befreiungen der gesammelten Upanishaden glaubte, mit einigen prächtigen Visionen, um das Gewöhnliche aufzubessern (das schrecklich gewöhnlich blieb), als ich „die Mutter des Ashrams" noch für eine Art spirituellen Super-Direktor hielt (trotz allem mit einem entwaffnenden und so irritierenden Lächeln begabt, als machte sie sich über mich lustig und hatte mich insgeheim gerne), da sagte sie mir eines Tages: Ich habe das Gefühl, alles, was wir lebten, alles, was wir wußten, alles, was wir taten, all das ist eine vollkommene Illusion ... Als ich die spirituelle Erfahrung hatte, daß das materielle Leben eine Illusion ist, fand ich das so wunderbar schön und glücklich, daß es eine der schönsten Erfahrungen meines Lebens war, doch hier wird das gesamte spirituelle Gebäude, wie wir es lebten, zu einer Illusion! – Nicht dieselbe Illusion, sondern eine sehr viel schwerwiegendere. Und ich bin kein Baby mehr: jetzt bin ich schon seit siebenundvierzig Jahren hier! Ja, sie war dreiundachtzig. An diesem Tag hörte ich auf, „der Feind meiner eigenen Vorstellung des Göttlichen" zu sein, denn das gesamte Göttliche fiel auf die Nase – und ich begegnete Mutter, endlich. Dieses Mysterium von Mutter, denn sie hörte nicht auf, ein Mysterium zu sein, bis zu ihrem fünfundneunzigsten Jahr, und selbst heute noch, von der anderen Seite dieser Mauer der Unsichtbarkeit, fordert sie uns heraus und läßt uns im tiefsten Mysterium tappen – mit einem Lächeln. Sie lächelt noch immer. Und das Mysterium bleibt ungelöst.

Diese Agenda dient vielleicht genau dem Versuch, das Mysterium gemeinsam mit einigen gleichgesonnenen Bilderstürmern zu lösen.

Wo bleibt jetzt „die Mutter des Ashrams" in all dem? Wo bleibt „das Ashram" selber, wenn nicht als spirituelles Museum der Widerstände gegen das Andere. Sie blieben – und bleiben noch immer – bei ihren Katechismen unter einer kleinen Fahne: sie sind die Eigentümer der neuen Wahrheit. Aber die neue Wahrheit lacht ihnen ins Gesicht und läßt sie am Rande ihres kleinen Sumpfes austrocknen. Sie bilden sich ein, Mutter und Sri Aurobindo würden sich 27 Jahre oder 4 Jahre nach ihrem Abschied weiter wiederholen! Das wären aber nicht Mutter und Sri Aurobindo sondern Fossilien. Die Wahrheit läuft immer weiter. Sie ist mit jenen, die wagen, die Mut besitzen, vor allem den Mut, die Bilder zu brechen, zu entmystifizieren, und wirklich auf die Eroberung des Neuen zu gehen. Das „Neue" ist schmerzhaft, ist entmutigend, es gleicht nichts Bekanntem! Man kann nicht die Fahne eines Landes hissen, das man noch nicht erobert hat – und das ist das Wunderbare, es existiert noch nicht: wir müssen es entstehen lassen. Das Abenteuer ist noch nicht vorüber: es bleibt zu leben. Die Wahrheit wurde nicht in der Falle gefangen, fossilisiert, „spiritualisiert": sie bleibt zu entdecken. Wir sind im Nichts, das wir zu etwas werden lassen müssen. Wir sind im Abenteuer der neuen Art. Eine neue Art steht selbstverständlich im Widerspruch zur alten Art und den kleinen Fahnen des bereits Bekannten. Sie hat nichts mit den spirituellen Gipfeln der alten Welt gemein, nicht einmal mit ihren Abgründen – die eine köstliche Versuchung für jene bedeuten könnten, denen die Gipfel leid geworden sind, aber es ist genau dasselbe, in Schwarz oder in Weiß, brüderlich oben wie unten. Wir brauchen etwas anderes.

„Bist du dir deiner Zellen bewußt?" fragte sie mich kurz nach der kleinen Operation spiritueller Demolition. „Nein? Dann werde dir deiner Zellen bewußt, und du wirst sehen, es hat weltweite Resultate." Sich seiner Zellen bewußt sein?... Das war eine ungleich radikalere Operation als die Überquerung des Maroni mit der Machete, denn schließlich lassen Bäume und Lianen sich durchhauen, aber der Großvater, die Großmutter und die gesamte atavistische Sammlung, ohne die Tier-, Pflanzen- und Mineralschichten zu erwähnen, die einen krabbelnden Humus über dieser kleinen reinen Zelle unter ihrem Jahrmillionen alten genetischen Programm bilden, das läßt sich nicht so leicht ent-decken. Die Großväter und Großmütter wachsen wie Queckengras nach, wie all die alten Gewohnheiten: Hunger haben, Angst haben, krank werden, das Schlimmste befürchten, auf das Beste hoffen, das wieder nur das Beste der sterblichen Gewohnheit ist. All das läßt sich nicht entwurzeln oder so leicht erwischen wie die himmlischen „Befreiungen", die das Krabbeln in Frieden lassen und den Körper in seiner gewohnten Zersetzung. Sie kam, das zu durchbrechen. Sie war die Mutter der Evolution, die eine neue Schneise in die alte faselnde Gewohnheit des Menschseins bringen wollte. Sie mochte die Faseleien nicht, sie war die Abenteurerin par excellence – die Abenteurerin der Erde. Sie erkämpfte für den Menschen das große Mögliche, das schon in seiner ersten Lichtung pochte und das er glaubte, einen flüchtigen Augenblick lang mit seinen Maschinen gefangen zu haben. Sie erkämpfte eine neue Materie, frei, frei, ohne die Gewohnheit, zwangsläufig wie ein Mensch zu sein, der sich für alle Ewigkeit wiederholt, mit einigen Verbesserungen der Organtransplantation und Geldzirkulation. In der Tat kam sie, um das zu entdecken, was nach dem Materialismus und nach dem Spiritualismus, diesen beiden Zwillingsbrüdern, kommen wird. Denn der Materialismus im Westen und der Spiritualismus im Osten zerfallen aus ein und demselben Grund: jetzt ist die Zeit der neuen Art. Der Mensch muß erwachen, nicht nur von seinen Dämonen, sondern auch von seinen Göttern. Eine neue Materie, ja, sowie ein neuer Geist, ja, denn noch kennen wir weder das eine noch das andere. Jetzt ist die Zeit, wo Wissenschaft und Spiritualität am Ende ihres Weges entdecken müssen, was die Materie wirklich ist, denn dort liegt wirklich der Geist, den wir nicht kennen. Jetzt ist die Zeit, wo all die „ismen" der alten Art zerfallen: Das Zeitalter des Kapitalismus und der Geschäfte nähert sich seinem Ende. Doch auch das Zeitalter des Kommunismus wird vergehen... Jetzt ist die Zeit einer kleinen reinen Zelle, die weltweite Resultate hervorrufen wird, unendlich radikaler als all unsere politischen, wissenschaftlichen oder spiritualistischen Notbehelfe.

Diese fabelhafte Entdeckung ist die ganze Geschichte der Agenda. Was ist der Übergang? Wie bahnt man den Weg der neuen Art?... Dann, plötzlich auf der anderen Seite dieser tausendjährigen alten Gewohnheit – eine Gewohnheit, nichts als die Gewohnheit, wie ein Mensch in Zeit und Raum und Krankheit zu stehen: die ganze unerbittliche, „wissenschaftliche" und vollkommen medizinische Geometrie –, auf der anderen Seite ... nichts von all dem! Eine Illusion, eine phantastische medizinische, wissenschaftliche und genetische Illusion: den Tod gibt es nicht, die Zeit gibt es nicht, die Krankheit gibt es nicht, das „Nahe" und „Ferne" auch nicht – eine andere Seinsart in einem körper. Millionen Jahre lang lebten wir in einer Gewohnheit und setzten unser eigenes Denken über Welt und Materie in Gleichungen. Keine Gesetze mehr! Die Materie ist frei. Sie kann eine kleine Eidechse, ein Eichhörnchen, einen Papageien bilden – jetzt hat sie genug Papageien gebildet. Jetzt kommt etwas anderes ... wenn wir wollen.

Mutter ist die Geschichte der freien Erde. Frei von ihren spirituellen und wissenschaftlichen Papageien. Frei auch von ihren kleinen Ashrams – dies sind die hartnäckigsten aller Papageien.

Tag für Tag, siebzehn Jahre lang, rief sie mich zu sich, um mir ihre unmögliche Reise zu erzählen. Ah, wie gut verstehe ich jetzt, warum sie so dringend einen Gesetzlosen und Häretiker meines Schlags brauchte, um ein bißchen ihren unmöglichen Weg in „nichts" zu begreifen. Und wie gut verstehe ich jetzt ihre unendliche Geduld mit mir, trotz all meiner Revolten, die letztlich nichts anderes als die Revolte der alten Art gegen sich selbst waren. Die letzte Revolte. Es geht nicht um eine Rebellion gegen die britische Regierung, die jeder leicht durchführen kann, sondern um eine Rebellion gegen die gesamte materielle Natur! rief Sri Aurobindo fünfzig Jahre zuvor. Sie hörte meinen Klagen zu, ich ging fort und kehrte zurück; ich wollte nicht mehr und wollte noch mehr. Es war höllisch und wunderbar, unmöglich und das einzig Mögliche in dieser alten erstickenden Welt. Es war der einzige Ort, wohin man sich wenden konnte, in dieser mit Stacheldraht eingezäunten, mechanisierten Welt, wo Hamburg genauso übervölkert und verpestet ist wie Hong-Kong. Die neue Art war der letzte freie Platz im allgemeinen Gefängnis. Die Hoffnung der Erde. Wie lauschte ich ihrer stockenden, leisen Stimme, die von weit, weit her zu kommen schien, Räume und den ganzen mentalen Seetang durchquerte, um ihre kleinen Tropfen von reinen, kristallenen Worten fallen zu lassen, ihre Worte, die einen sehen lassen. Ich lauschte der Zukunft, berührte das Andere. Es war unverständlich und wie gefüllt mit einem anderen Verständnis. Es verblüffte mich von allen Seiten und war dennoch von überwältigender Offensichtlichkeit. Eine „andere Art" war wirklich radikal anders, und dennoch vibrierte sie im Inneren wie ein absolutes Wiedererkennen, als wäre es das, was wir seit Zeitaltern und Zeitaltern

14

suchten, das, was wir unter allen Erleuchtungen riefen, in Theben wie in Eleusien wie überall, wo wir in einer Menschenhaut suchten und litten. Für das waren wir hier, für diese höchste Möglichkeit endlich in einer Menschenhaut. Dann wurde ihre Stimme immer gebrechlicher, ihr Atem wurde schwerer, als müsse sie immer größere Entfernungen überbrücken, um uns zu erreichen. Sie war so allein, gegen die Mauern des alten Gefängnisses zu hämmern. Viele Klauen zeigten sich um sie. Oh, ich hätte schleunigst all diesem Gerümpel den Rücken gekehrt, um mit ihr in die Zukunft der Welt zu laufen. Sie war sehr abgemagert, nach vorne gebeugt, wie erdrückt unter der „spirituellen" Bürde, die die ganze umgebende alte Art ihr auf den Rücken lud. Sie glaubten nicht daran, nein. Sie hielten Mutter für 95 Jahre + soviele Tage alt. Kann man ganz allein die neue Art werden? Sie schimpften sogar, waren diesen unerträglichen Strahl leid, der ihre häßlichen Geschichten ans Tageslicht zerrte. Das Ashram verschloß sich langsam über ihr. Die alte Welt wollte eine neue kleine Kirche gründen, vergoldet und schön ruhig. Nein, niemand wollte werden. Anbeten war viel bequemer. Und dann begraben sie euch feierlich, Affaire geregelt: jetzt rührt man sich nicht mehr und bitte ein paar fotografische Heiligenscheine für die Pilger des schönen Geschäfts. Doch sie irren sich. Die Geschichte wird ohne sie geschehen, die neue Art wird ihnen ins Gesicht springen – sie ist dabei der Welt ins Gesicht zu springen, trotz all ihren schwarzen und weißen Ismen, sie bricht aus allen Poren der zerschundenen Erde, die es leid ist, mit kleinen Himmeln oder kleinen barbarischen Mechaniken zu tun als ob. Jetzt ist die Zeit der wahren Erde. Jetzt ist die Zeit des wahren Menschen. Wir gehen alle dorthin – aber wenn wir den Weg ein wenig wissen könnten ...

Diese Agenda ist nicht einmal ein Weg: sie ist eine kleine leichte Schwingung, die uns hinter jeder Wegkehre erfassen kann – und dann ist es hier, wir sind darin. Eine andere Welt in der Welt, sagte sie. Wir müssen die kleine leichte Schwingung erfassen, müssen mit ihr fließen, im Nichts, das wie das einzige Etwas inmitten des großen Aufbruchs ist. Zu Beginn der Dinge, als noch nichts fixiert war, als es noch nicht diese Gewohnheit des Pelikans oder des Känguruhs oder des höheren Affen oder des Biologen im 20. Jahrhundert gab, da gab es ein kleines Pochen, das schlug und schlug, wie ein köstlicher Taumel, wie die Freude des großen Abenteuers der Welt; ein kleiner, nie gefangener Funke, der weiter und weiter schlägt, von Art zu Art, als würden wir ihn nie erreichen, als wäre er immer dort, dort: als müßten wir ihn immer werden, ihn endlos wie das einzige große Spiel der Welt spielen; ein ich-weiß-nicht-was, das diesen kleinen Menschen nachdenklich in seiner Lichtung ließ; ein kleines „etwas", das pocht und pocht, atmet und atmet, unter allen Häuten, die man darüber legte, das wie unser tiefer Atem ist, unsere leichte Luft, unsere Luft von nichts – und das geht weiter und weiter. Wir müssen den kleinen leichten Atem erfassen, das kleine Pochen um nichts. Dann wird plötzlich am Rande unserer Beton-Lichtung unser Kopf unwiderruflich zu wirbeln beginnen, die Augen in etwas anderem blinzeln, und alles ist anders, und alles ist wie übervoll von Sinn und von Leben, als hätten wir nie gelebt vor dieser Minute. Dann fassen wir den Zipfel des Großen Möglichen, stehen auf dem weglosen Weg, im radikal Neuen, und wir laufen mit der kleinen Eidechse, dem Pelikan, dem großen Menschen, wir laufen überall in einer Welt, die ihre alte getrennte Haut und ihr Bürde der Gewohnheiten verlor. Wir beginnen anders zu sehen, anders zu fühlen. Wir öffnen ein Tor auf eine undenkbare Lichtung. Nur eine kleine leichte Schwingung, die uns mitreißt. Dann beginnen wir zu verstehen, wie sich das ändern kann, durch welchen Mechanismus: ein leichter und so wunderbarer Mechanismus, daß er nach nichts aussieht. Wir beginnen das Wunder einer kleinen reinen Zelle zu spüren, und daß vielleicht ein wenig Freude genügen würde, um die Welt umzuwenden. Wir lebten in einem kleinen denkenden Goldfischglas, wir starben in einer kleinen verstöpselten Gewohnheit. Doch dann ist es ganz anders. Die Erde ist frei! Wer will die Freiheit?

Aber in einer Zelle fängt es an.

Eine kleine reine Zelle.

Mutter ist die Freude der Freiheit.

Frohe Agenda!

Satprem
Nandanam
Deer House
August 1977

Anmerkung zur Entstehung der Agenda

Von Sri Aurobindos Abschied (1950) bis 1957 bleiben uns nur einige Notizen und Fragmente sowie wenige, aus dem Gedächtnis aufgezeichnete Gespräche. Dies sind die einzigen Anhaltspunkte dieser Periode, zusammen mit Mutters *Entretiens* [„Gespräche"] auf dem Ashram Sportplatz. Einige dieser *Entretiens* wurden hier wiedergegeben, sofern sie Etappen der supramentalen Aktion kennzeichnen.

Von 1957 an rief Mutter mich zweimal wöchentlich unter dem Vorwand irgendeiner Arbeit in das Büro von Pavitra, dem ältesten französischen Schüler, auf der ersten Etage des Ashrams. Sie hörte meinen Fragen zu und sprach ausführlich über Yoga, Okkultismus, ihre früheren Erlebnisse in Tlemcen (Algerien) oder Frankreich, sowie ihre gegenwärtigen Erfahrungen: langsam öffnete sie den Geist des westlichen Materialisten und Rebellen, der ich war, und vermittelte mir das Verständnis des Gesetzes der Welten, des Spiels der Kräfte, des Mechanismus vergangener Leben – besonders dieser letzte Punkt spielte eine wichtige Rolle in den Schwierigkeiten, mit denen ich damals kämpfte und die mich periodisch die Flucht ergreifen ließen. Mutter saß in ihrem etwas mittelalterlichen Sessel mit hoher geschnitzter Lehne, die Füße auf einem kleinen Schemel, und ich hockte auf dem Boden, auf dem etwas verblaßten Teppich, besiegt und verführt und rebellisch und nie befriedigt – trotz all dem jedoch sehr interessiert. Schätze gingen verloren, wurden nie aufgezeichnet, bis auf den Tag, wo es mir mit der List eines Sioux gelang, daß Mutter die Verwendung eines Tonbandgeräts gestattete. Aber selbst dann noch ließ sie mich lange Zeit sorgfältig alles aus den Aufzeichnungen löschen oder streichen, was sie zu persönlich betraf – manchmal gehorchte ich ihr nicht.

Und schließlich überzeugte ich sie von der Bedeutung, die Geschichte des Wegverlaufs aufzuzeichnen.

So existieren erst ab Ende 1958 die ersten Tonbandaufzeichnungen der Gespräche, die die eigentliche *Agenda* bilden. Aber selbst dann verschwanden noch viele Gespräche oder wurden nur auszugsweise aufgezeichnet. Oder ich war der Ansicht, meine eigenen Worte sollten nicht in diesen Notizen aufscheinen, und löschte sorgfältig alle meine Fragen – was absurd war. Noch wußte niemand, weder Mutter noch ich, daß es „Die Agenda" war und daß wir uns auf dem Wege zur Entdeckung des „Großen Übergangs" befanden. Erst nach und nach wurde uns der wahre Charakter dieser Begegnungen bewußt. Auch war ich unaufhörlich „unterwegs", so daß es große Lücken gibt. Tatsächlich bereitete Mutter sieben Jahre lang das Instrument vor, das fähig sein würde, das Abenteuer durchzustehen, ohne unterwegs zu brechen.

Von 1960 an nimmt die Agenda ihre endgültige Gestalt an und wird sich dreizehn Jahre lang entwickeln, bis Mai 1973, dreizehn Bände füllend (fast sechstausend Seiten), mit einem Wechsel des Rahmens im März 1962, zur Zeit der Großen Wende in Mutters Yoga, als sie sich endgültig in ihr Zimmer im Obergeschoß zurückzog, wie Sri Aurobindo 1926. Dann fanden die Zusammenkünfte in diesem großen Zimmer mit einem goldenem Wollteppich statt, wie eine Schiffskabine inmitten des Laubwerks des gelben Flamboyanten und der Rabenschreie. Mutter saß in einem Sessel aus Ebenholz, ihr Gesicht Sri Aurobindos Grab zugekehrt, als trug sie die Entfernungen ab, die jene Welt von der unseren trennen. Ihre Stimme war wie die eines Kindes geworden, man hörte ihr Lachen. Sie lachte immer, diese Mutter. Und dann ihre langen Schweigen. Bis auf den Tag, wo ihre Anhänger mir die Tür verschlossen. Am 19. Mai 1973. Ich wollte es nicht glauben. Sie war allein, wie ich plötzlich allein war. Langsam, schmerzlich mußte ich das Warum dieser Trennung entdecken. Ich verstand nichts von den Eifersüchten der alten Art, verstand noch nicht, daß sie sich zu den „Eigentümern" von Mutter machten – vom Ashram, von Auroville, von Sri Aurobindo, von allem – und daß die neue Welt von einer neuen Kirche unterschlagen wurde. Und auf einmal begriff ich, warum Mutter mich damals aus dem Urwald fischte und sich einen unheilbaren Rebellen als Vertrauten wählte.

S.

1951 – 1957

Notizen und Fragmente

CHRONIK DES WELTGESCHEHENS

1950

26. Jan.	Ausrufung der indischen Republik
14. Feb.	Unterzeichnung eines sino-sowjetischen Vertrages der Freundschaft und gegenseitigen Hilfe
10. März	„Die UdSSR hat das Atom-Geheimnis entschlüsselt und läßt sich von der amerikanischen Wasserstoffbombe nicht einschüchtern", erklärt der russische Außenminister Molotow
9. Mai	Schumanplan zur französisch-deutschen Montan-Union
25. Juni	Nordkoreanische Truppen dringen nach Süd-Korea vor
1. Juli	Amerikanische Bodentruppen treffen in Korea ein
6. Juli	Anerkennung der polnischen Oder-Neiße-Grenze durch die DDR
19. Sept.	Eröffnung der Generalversammlung der Vereinten Nationen; dem von Indien vorgeschlagenen Beitritt der Regierung Peking wird nicht entsprochen
24. Okt.	Die Rote Armee Chinas dringt in Tibet ein
24. Nov.	Chinesische und nordkoreanische Offensive durchbricht die Front der UN-Einheiten
30. Nov.	Präsident Truman droht mit dem Einsatz der Atombombe in Korea
5. Dez.	Sri Aurobindo verläßt seinen Körper
16. Dez.	In den USA wird der Nationale Notstand ausgerufen
19. Dez.	General Eisenhower wird zum Oberbefehlshaber der Kräfte des atlantischen Bündnisses ernannt
31. Dez.	General MacArthur erwägt eine Wiederbewaffnung Japans

1951

11. April	General MacArthur wird in Korea aller Kommandos enthoben
6. Mai	Erfolg neo-nazistischer Parteien bei den Wahlen in Niedersachsen
27. Mai	Tibet wird zur chinesischen Provinz erklärt
9. Juli	USA, Frankreich und Groß-Britanien beenden den Kriegszustand mit Deutschland
23. Juli	Tod Marschall Pétains
8. Sept.	Friedensvertrag zwischen USA und Japan in San Francisco
6. Okt.	In einem Interview mit der Prawda bestätigt Stalin atomare Versuche in der UdSSR
24. Okt.	Präsident Truman verkündet formell das Ende des Kriegszustandes zwischen den USA und Deutschland

1952

6. Feb.	Tod von Georg VI., Elisabeth II. besteigt den britischen Thron
2. März	Geheime sowjetische Deutschland-Note: Vorschlag der Wiedervereinigung unter Voraussetzung der Neutralität. Von Adenauer abgelehnt.
10. März	Staatsstreich des General Batista in Cuba
23. April	Die USA zünden die bisher größte Atombombe in der Wüste Nevadas
25. Mai	Erfolg der Neofaschisten in den Länder- und Gemeindewahlen in Zentral- und Süd-Italien

23. Juli	Staatsstreich in Ägypten, General Nagib ergreift die Macht, König Faruk dankt ab und geht ins Exil
24. Aug.	Die britischen Streitkräfte evakuieren ihren letzten Stützpunkt am Suez-Kanal
15. Sept.	Chou-En-Lai, Außenminister der Volksrepublik China, unterschreibt in Moskau ein neues sino-sowjetisches Bündnis
2. Okt.	Erste britische Atombombenexplosion auf den Montebello-Inseln vor Australien
1. Nov.	Die USA zünden die erste Wasserstoffbombe im Pazifik
4. Nov.	General Eisenhower wird mit großer Mehrheit zum 34. Präsidenten der Vereinigten Staaten gewählt
8. Nov.	Aufstand in Kimberley/Südafrika. 12 Eingeborene werden getötet.
7. Dez.	Blutige Unruhen in Tunesien und Marokko: 52 Tote
12. Dez.	Eröffnung des Völkerkongresses für Frieden in Wien

1. Januar 1951

1951

Herr, Du gabst uns in unmißverständlichen Worten die Zusicherung, daß Du uns nie verlassen würdest, bis Dein Werk vollendet ist.

Wir sind auf der Erde, um Deine Arbeit der Transformation zu vollbringen. Das ist unser einziger Wille, unsere einzige Sorge. Erlaube, daß es auch unsere einzige Beschäftigung sei und daß alle unsere Handlungen diesem einen Ziel entgegenstreben.

Februar 1951

(Handgeschriebene Notiz, zwei Monate nach Sri Aurobindos Abschied)

Die mangelnde Empfangsfähigkeit der Erde und das Benehmen von Sri Aurobindos Schülern[1] sind zum großen Teil verantwortlich für das, was seinem Körper widerfahren ist. Doch eines ist sicher: das große Unglück, das uns jetzt getroffen hat, berührt in keiner Weise die Wahrheit seiner Lehre. Alles, was er gesagt hat, ist vollkommen wahr und bleibt es. Die Zeit und der Lauf der Ereignisse werden es überreichlich bestätigen.

24. April 1951

(Botschaft von Mutter anläßlich des einunddreißigsten Jahrestages ihrer Rückkehr von Japan nach Pondicherry)

Ein Tag mag kommen, an dem sie ohne Hilfe stehen muß,
Auf einem gefährlichen Grad des Schicksals der Welt und ihrer selbst

---

1. In einer „offiziellen" Fassung hatte Mutter „und das Benehmen von Sri Aurobindos Schülern" ausgelassen.

23

die Zukunft der Welt in ihrer einsamen Brust tragend,
Und des Menschen Hoffnung in ihrem verlassenen Herzen,
Um an einer letzten verzweifelten Grenze zu siegen oder zu versagen.
Allein mit dem Tod und nahe dem Abgrund der Vernichtung,
Ihre einzige Größe in diesem letzten schrecklichen Akt,
Muß sie allein eine gefährliche Brücke der Zeit überqueren
Und einen Knoten des Welt-Schicksals erreichen,
An dem alles gewonnen oder verloren wird für den Menschen.
Allein und verloren in dieser übermächtigen Stille
Zur Stunde der Entscheidung des Schicksals der Welt,
Im Aufstieg ihrer Seele jenseits der sterblichen Zeit,
Wenn sie allein ist mit dem Tod oder allein mit Gott,
Abseits an einer stillen, verzweifelten Kluft,
Einzig mit sich selbst und dem Tod und dem Schicksal,
Wie auf einem Grat zwischen Zeit und Zeitlosigkeit,
Wenn Dasein enden muß oder das Leben seine Festen neu erbauen,
Muß sie einsam siegen oder einsam stürzen.
Keines Menschen Hilfe vermag sie in dieser Stunde zu erreichen,
Kein Gott im Harnisch zu ihrer Seite.
Rufe nicht zum Himmel, denn sie allein kann retten.
Hierfür wurde die stille Kraft herabgesandt;
In ihr nahm der bewußte Wille menschliche Gestalt:
Sie allein hält die Rettung für sich selbst und die Welt.[1]

Sri Aurobindo

15. August 1951

Herr, möge Dein Wille geschehen, möge Dein Werk
sich erfüllen, kräftige unsere Ergebenheit,
bestärke unsere Hingabe, erhelle uns den Weg.
Wir errichten Dich in uns als den höchsten Herren,
damit Du jener der gesamten Erde wirst.
Unsere Worte sind noch unwissend: erleuchte sie!
Unsere Aspiration ist noch unvollkommen: reinige sie!

---

1. *Savitri*, Buch VI, Kanto 2, S. 461.

Herr, diese Erde klagt und leidet;
das Chaos nahm seinen Sitz in dieser Welt.
Der Schatten ist so groß, daß Du allein ihn vertreiben kannst.
Komme, manifestiere Dich, damit Dein Werk sich erfülle.[1]

Mutter

24. November 1951

(Zwei Botschaften von Mutter:)

Es ist nicht Hoffnung, sondern Gewißheit, daß die vollständige Transformation der Natur stattfinden wird.

Bewahre einen starken Glauben in den Sieg des Lichtes und begegne mit ruhigem Gleichmut den Widerständen der Materie und der menschlichen Persönlichkeit gegen ihre eigene Transformation.

Sri Aurobindo

Ohne Datum, 1951

(Diese Notiz, ursprünglich auf Englisch geschrieben, war für die Funktionäre bestimmt, die Mutter den Friedensnobelpreis übertragen wollten, den man Sri Aurobindo für 1951 zugedacht hatte.)

Ich verwirkliche nur, was Er konzipierte.

---

1. *Prières et Méditations*, 25.8.1914, S. 318.

Ich bin nur die Verfechterin
und Fortsetzerin Seines Werkes.

1. Januar 1952

1952

O Herr, Du entschiedest, die Beschaffenheit unseres
Glaubens zu prüfen und brachtest unsere Aufrichtigkeit auf
Deinen Prüfstein. Erlaube, daß wir größer und reiner aus
der Heimsuchung hervorgehen.

Mutter

6. Januar 1952

(Botschaft von Mutter)

Mach uns zu den Helden, die wir uns sehnen zu werden.
Laß uns erfolgreich kämpfen in der großen Schlacht der
Zukunft, die geboren werden soll, gegen die Vergangenheit,
die bleiben will, auf daß die neuen Dinge sich manifestieren
können und wir bereit sind, sie zu empfangen.

Mutter

14. März 1952

> Seit dem Anfang der Welt,
> wann immer und wo immer
> es die Möglichkeit gab,
> einen Strahl des Bewußtseins
> zu manifestieren,
> war ich zugegen.[1]

2. August 1952

Erst wenn es nicht mehr erforderlich ist, daß mein Körper dem der Menschen gleicht, um sie zum Fortschritt zu bewegen, wird er die Freiheit haben, supramental zu werden.

*
* *

Erst wenn die Menschen ausschließlich vom Göttlichen abhängen und von nichts anderem, wird der verkörperte Gott nicht mehr für sie sterben müssen.[2]

---

1. Handgeschriebene Notiz.
2. Handgeschriebene Notiz.

24. November 1952

(Botschaft)

Um Sri Aurobindo in das große Abenteuer seines integralen Yogas folgen zu können, war es stets erforderlich, ein
Krieger zu sein; jetzt, wo er uns physisch verließ, muß man
ein Held sein.

Mutter

Ohne Datum, 195?

(Über einen Brief von der indischen Regierung)

Ich hatte eine intensive Erfahrung.

Ich sah, fühlte, erfuhr, daß die Welt im Gegensatz zu allen wider-
sprechenden äußeren Erscheinungen auf dem Weg zum Wahren ist,
auf dem Weg zu dem Tag, wo die öffentliche Macht denen gehört, die
über die wahre Kraft verfügen, die Kraft der Wahrheit.[1]

---

1. Handgeschriebene Notiz.

CHRONIK DES WELTGESCHEHENS

1953

13. Jan.	Tito wird zum Präsidenten der Republik Jugoslawien gewählt
31. Jan.	Fluten verwüsten die Nordseeküsten; mehr als 2000 Tote
11. Feb.	Die UdSSR bricht ihre diplomatischen Beziehungen zu Israel ab
5. März	Tod Stalins. Malenkow wird sein Nachfolger
14. April	Invasion von Laos durch die Streitkräfte des Vietminh
15. April	Präsident Eisenhower richtet einen Friedensappell an die UdSSR
1. Mai	Eröffnung eines gemeinsamen Marktes der Stahlindustrie
29. Mai	Erstbesteigung des Mount Everest durch Edmund Hillary und Sherpa Tenzing Norkay
2. Juni	Krönung der Königin Elisabeth II. von England
17. Juni	Blutiger Aufstand gegen das SED-Regime in der DDR
18. Juni	In Ägypten wird die Republik ausgerufen
10. Juli	Der sowjetische Geheimdienstchef Marschall Berija wird all seiner Ämter entkleidet und unter Anklage gestellt
27. Juli	Waffenstillstand in Korea
12. Aug.	Die Russen zünden ihre erste Wasserstoffbombe
15. Aug.	Gewalttätige Aufstände in Marokko nach dem Sturz des Sultans
19. Aug.	Die Streitkräfte des Shahs Reza Pahlevi stürzen die Regierung Mossadegh
13. Sept.	Chruschtschow wird Generalsekretär des Zentralkomitees der Kommunistischen Partei
9. Okt.	Die erste Atomwaffe der USA trifft in der BRD ein
8. Dez.	Präsident Eisenhower unterbreitet den Vereinten Nationen sein atomares Friedensprogramm, das u.a. vorschlägt, Kernspaltungs-Material durch ein internationales Gremium verwalten zu lassen

1. Januar 1953

1953

Herr, Du sagtest uns:
Gebe nicht nach, halte stand.
Wenn alles verloren scheint,
genau dann wird alles gerettet.

Mutter

4. April 1953

(Botschaft von Mutter)

Das eine Unerläßliche ist, sich festzuhalten und durchzuhalten, bis die Stunde des Lichtes kommt.

Sri Aurobindo
2. Juni 1946

16. Oktober 1953

*(Mutter verteilte diese beiden Botschaften, Auszüge aus Briefen,
die Sri Aurobindo ihr 1915 nach Frankreich schrieb. Sie fügte
folgenden Kommentar hinzu: „Dies ist, was Sri Aurobindo mir im
zweiten Jahr des ersten Weltkrieges schrieb: es trifft immer noch
zu.")*

Innerlich ist alles reif oder dabei zu reifen, aber eine
Art verkeilter Kampf findet statt, in dem keine Seite einen
merklichen Durchbruch erzielen kann (ein wenig wie der
Stellungskrieg in Europa), die spirituelle Kraft behauptet
sich gegen den Widerstand der physischen Welt, aber dieser Widerstand streitet ihr jeden Daumenbreit ab und

unternimmt mehr oder weniger wirksame Gegenangriffe ...
Gäbe es nicht die Stärke und das Ananda im Inneren, wäre
es eine aufreibende und widerliche Arbeit; doch das Auge
des Wissens blickt darüber hinaus und sieht, daß es nur eine
hinausgezogene Episode ist.

28. Juli 1915

Nichts scheint fähig zu sein, die Unbeweglichkeit der
Dinge zu stören, und alles Aktive außerhalb unserer selbst
ist ein Tumult von dunkler und düsterer Verwirrung, aus
dem nichts Geformtes oder Leuchtendes hervorgehen kann.
Dies ist ein einzigartiger Zustand der Welt, die Definition
selbst des Chaos, während die äußerliche Form der alten
Welt auf der Oberfläche scheinbar unangetastet bleibt. Ist es
aber das Chaos einer langsamen Auflösung oder das einer
baldigen neuen Geburt? Dies ist der Punkt, der von Tag zu
Tag ausgefochten wird, einstweilig jedoch ohne Annäherung
an eine Lösung.

Sri Aurobindo
16. September 1915

6. November 1953

(Botschaft von Mutter)

Es erfordert ein ruhiges Herz, einen entschlossenen Willen, gänzliche Selbstentsagung und ständig auf das Jenseits
gerichtete Augen, um ohne Entmutigung in Zeiten wie diesen
zu leben, die wahrlich eine Zeit universeller Zersetzung sind.

Sri Aurobindo

CHRONIK DES WELTGESCHEHENS

1954

12. Jan. Außenminister Dulles erklärt sich für eine Abschreckungs-Politik „massiver Vergeltung"

21. Jan. Die Nautilus, das erste Atom-U-Boot der Welt, hat seinen Stapellauf in Connecticut.

22. Feb. Pandit Nehru tritt für eine Feuereinstellung im Indochina-Konflikt ein

27. Feb. In Ägypten wird Oberst Nasser Ministerpräsident

26. März Grundgesetzänderung zur Wiedereinführung der Wehrpflicht in der BRD

29. März Der amerikanische Außenminister J. Foster Dulles regt eine „konzertierte Aktion" gegen den Kommunismus in Asien an

21. April Die UdSSR tritt der UNESCO bei

7. Mai Französische Festung Dien-Bien-Phu in Nordvietnam gefallen

17. Mai Der höchste Gerichtshof der Vereinigten Staaten schafft die Rassentrennung in den Schulen ab

19. Mai Die USA und Pakistan unterzeichnen einen Pakt gegenseitiger Hilfeleistung

19.-24.8. Antikommunisten-Gesetz in den USA

15. Sept. Der 1. chinesische Volkskongreß verabschiedet eine neue Verfassung und wählt Mao Tse-tung zum Staatsoberhaupt (in einer Volkszählung werden 600. Millionen Chinesen gezählt)

1. Nov. Die letzten französischen Besitzungen Pondichéry, Mahé, Yanaon werden in die indische Union eingegliedert (Portugal verweigert die Übergabe von Goa, Damão und Diu)

3. Nov. Tod des Malers Henri Matisse

21. Februar 1954

(Botschaft zu Mutters Geburtstag)

Wenn du den Tod fürchtest, hat er dich bereits besiegt.

Mutter

April 1954

(Einige Erfahrungen des Körperbewußtseins[1])

Mit derselben Bestimmtheit läßt sich sagen, daß alles göttlich ist und daß nichts göttlich ist. Alles hängt vom Blickwinkel ab, unter dem man das Problem sieht.

Ebenso läßt sich sagen, das Göttliche ist ein ewiges Werden, wie auch, daß es für alle Ewigkeit unwandelbar ist.

Die Existenz Gottes zu verneinen oder zu bestätigen, ist gleich wahr, aber jedes ist nur teilweise wahr, und nur wenn man sowohl die Bestätigung als auch die Verneinung übersteigt, kann man sich der Wahrheit nähern.

Darüberhinaus kann man noch sagen, daß alles, was in der Welt geschieht, das Ergebnis des göttlichen Willen ist, aber auch, daß dieser sich in einer Welt ausdrücken und manifestieren muß, die ihm widerspricht oder ihn entstellt; dies sind zwei Einstellungen, die jeweils die praktische Folge haben, daß man sich mit Frieden und Freude allem unterwirft, was kommt, oder im Gegenteil unaufhörlich kämpft, um den Sieg von dem zu erringen, was sein soll. Um die Wahrheit zu leben, muß man sich über beide Einstellungen erheben können und sie verbinden.

*
* *

Bewahrt eure Überzeugung, wenn sie euch hilft, euer Leben aufzubauen; aber ihr müßt wissen, daß es nur *eine* Überzeugung ist und daß die anderen ebenso gut und wahr sind wie die eure.

*
* *

---

1. Diese Texte wurden alle von Mutters Hand geschrieben.

Die Toleranz ist voll von einem Gefühl der Überlegenheit; sie muß durch ein vollkommenes Verständnis ersetzt werden.

*
* *

Weil die Wahrheit nicht linear, sondern global ist, und weil sie nicht sequentiell, sondern gleichzeitig geschieht, läßt sie sich nicht in Worten ausdrücken: sie muß gelebt werden.

*
* *

Um das vollständige und vollkommene Bewußtsein dieser Welt in all ihren Einzelheiten zu erlangen, muß man zuerst keine persönliche Reaktion auf irgendeine dieser Einzelheiten mehr haben, nicht einmal eine spirituelle Vorliebe, wie sie sein sollten. Mit anderen Worten, eine vollkommene Annahme in völliger Neutralität und Gleichgültigkeit ist die unerläßliche Bedingung für ein Wissen durch uneingeschränkte Vereinigung. Wenn eine Einzelheit, so klein sie auch sein mag, der Neutralität entgeht, so entgeht diese Kleinigkeit auch der Vereinigung. Die Abwesenheit von persönlichen Reaktionen, zu welchem Ziel sie auch dienen, selbst zum höchsten, ist eine unerläßliche Voraussetzung für ein vollkommenes Wissen.

Paradoxerweise könnte man also sagen, daß wir nur das wissen können, was uns nicht interessiert, oder genauer, was uns nicht persönlich betrifft.

*
* *

Jedesmal wenn ein Gott einen Körper annahm, geschah das mit der Absicht, die Erde zu transformieren und eine neue Welt zu schaffen. Aber bis heute wurde er immer gezwungen, seinen Körper aufzugeben, bevor er sein Werk vollenden konnte; und immer wurde gesagt, daß die Erde nicht bereit war und die Menschen nicht die erforderlichen Bedingungen erfüllten, damit das Werk vollendet werden konnte.

Aber es ist gerade die Unvollkommenheit des inkarnierten Gottes, die die Vervollkommnung derer, die ihn umgeben, unerläßlich macht. Wenn der verkörperte Gott die für den Fortschritt notwendige Vollkommenheit verwirklichte, wäre dieser Fortschritt nicht bedingt durch den Zustand der umgebenden Materie. In dieser Welt der äußersten Objektivierung ist jedoch die gegenseitige Abhängigkeit ohne Zweifel absolut, und ein gewisser Grad von Vollkommenheit in der gesamten Manifestation ist unerläßlich, damit ein höherer Grad von Vollkommenheit in dem inkarnierten göttlichen Wesen verwirklicht werden kann. Die Notwendigkeit einer gewissen Vollkommenheit in der Umgebung zwingt die menschlichen Wesen zum Fortschritt; die

Unzulänglichkeit dieses Fortschrittes, wie sie auch sei, drängt das göttliche Wesen, seine Anstrengung für den Fortschritt in seinem Körper zu verstärken. So geschehen die beiden Bewegungen des Fortschrittes gleichzeitig und ergänzen sich.

August 1954

(Weitere Erfahrungen des körperlichen Bewußtseins[1])

Wenn man in seinem Leben zurückschaut, hat man fast immer den Eindruck, daß man es unter diesen oder jenen Umständen hätte besser machen können, selbst wenn in jeder Minute die Handlung von der inneren Wahrheit diktiert wurde; das kommt daher, daß das Universum sich in unaufhörlicher Bewegung befindet und das, was früher vollkommen richtig war, es heute nur noch teilweise wäre. Oder genauer gesagt, die Handlung, die im Augenblick ihrer Ausführung notwendig war, ist es im gegenwärtigen Augenblick nicht mehr und eine andere Handlung könnte an ihrer Stelle nutzbringender sein.

*
* *

Wenn wir von Transformation sprechen, hat das Wort für uns noch einen verschwommenen Sinn. Es gibt uns den Eindruck von etwas, das geschehen muß und dann wird alles gut sein. Die Vorstellung läßt sich ungefähr darauf zurückführen: wenn wir Schwierigkeiten haben, werden die Schwierigkeiten verschwinden; wenn jemand krank ist, wird die Krankheit geheilt; wenn der Körper Gebrechen oder Unfähigkeiten hat, werden die Gebrechen und Unfähigkeiten verschwinden, und so weiter ... Aber wie gesagt, es ist sehr verschwommen, nur ein Eindruck. Es ist sehr bemerkenswert, daß das körperliche Bewußtsein etwas nur genau und in allen Einzelheiten wissen kann, wenn es kurz davor steht, sich zu verwirklichen. Wenn also der Vorgang der Transformation klar wird, wenn wir wissen können, durch welche Folge von Bewegungen und Änderungen die vollkommene Transformation stattfinden wird, in welcher Anordnung, auf welchem Wege, was zuerst kommt und was darauf folgt, wenn alles in allen Einzelheiten bekannt

---

1. Diese Texte wurden alle von Mutters Hand geschrieben.

ist, dann wird das ein sicheres Anzeichen sein, daß der Augenblick der Verwirklichung naht; denn jedesmal wenn ihr eine Einzelheit mit Präzision wahrnehmt, bedeutet es, daß ihr bereit zur Ausführung seid.

Für den Augenblick können wir die Vision des Gesamten haben. Es ist zum Beispiel ganz und gar gewiß, daß unter dem Einfluß des supramentalen Lichtes die Transformation des körperlichen Bewußtseins zuerst stattfinden wird, daß ein Fortschritt in der Beherrschung und Kontrolle über alle Bewegungen und Funktionen aller körperlichen Organe danach kommen wird, daß diese Beherrschung sich nach und nach in eine radikale Umgestaltung der Bewegung und dann in eine Veränderung der Beschaffenheit der Organe selbst verwandeln wird. Das alles ist gewiß, wenn auch noch ungenau wahrgenommen. Aber was am Ende stattfinden wird – wenn die verschiedenen Organe durch Konzentrationszentren von Kräften ersetzt wurden, die in Qualität und Natur verschieden sind und alle gemäß ihrer speziellen Art handeln –, das ist bis jetzt nur eine Vorstellung und der Körper versteht es nicht recht, weil das noch sehr weit von der Verwirklichung entfernt ist und für den Körper nur verständlich ist, was er fast schon verwirklichen kann.

*
* *

Der supramentalisierte Körper wird geschlechtslos sein, weil keine Notwendigkeit für die animalische Fortpflanzung mehr besteht.

*
* *

Nur in seiner äußeren Form, nur in seiner oberflächlichsten Erscheinung, die für die neuesten Entdeckungen der heutigen Wissenschaft genauso illusorisch ist wie für die Erfahrung der ehemaligen Spiritualität, ist der Körper nicht göttlich.

*
* *

Höchste Realität, Supramentale Wahrheit, dieser gesamte Körper vibriert mit einer intensiven Dankbarkeit. Du gabst ihm eine nach der anderen alle die Erfahrungen, die ihn am sichersten zu Dir führen können. Er erreicht den Punkt, wo die Identifikation mit Dir nicht nur das einzig Wünschenswerte ist, sondern auch das einzig Mögliche und Natürliche.

Wie diese Erfahrungen beschreiben, die sich an zwei entgegengesetzten Extremen befinden? Auf der einen Seite kann ich sagen:

„Ist es nicht so, Herr, um Dir wahrhaft nah und Deiner wirklich würdig zu sein, muß man den Kelch der Demütigung bis zur Neige leeren und sich nicht gedemütigt fühlen. Die Verachtung der Menschen macht wahrhaft frei und bereit, nur Dir anzugehören."

Am anderen Ende würde ich sagen: „Es ist wahr, Herr, um Dir wahrhaftig nah und Deiner wirklich würdig zu sein, muß man auf den höchsten Gipfel der menschlichen Würdigung getragen werden und doch keinen Stolz empfinden. Wenn die Menschen euch göttlich nennen, spürt ihr am stärksten eure Unzulänglichkeit und das Bedürfnis, wahrhaft und ganz mit Dir Eins zu sein."

Diese beiden Erfahrungen sind gleichzeitig, die eine hebt die andere nicht auf, im Gegenteil: sie scheinen sich zu ergänzen und dadurch noch intensiver zu werden. In dieser Intensität wird die Aspiration ungeheuer intensiv; und als Antwort darauf wird Deine Gegenwart in den Zellen offenbar und gibt dem Körper den Anschein eines vielfarbigen Kaleidoskops, dessen unzählige leuchtende Teilchen sich in ständiger Bewegung befinden und durch eine unsichtbare und allmächtige Hand meisterhaft neugestaltet werden.

15. August 1954

(Botschaft zu Sri Aurobindos Geburtstag)

Die Stunde Gottes

Es gibt Augenblicke, wo der Geist unter den Menschen wandelt und der Atem des Herrn über die Meere unseres Wesens reist; in anderen Zeiten zieht er sich zurück, und die Menschen werden in der Stärke oder Schwäche ihres Egoismus ihren Taten überlassen. Erstere sind Epochen, in denen selbst eine geringe Anstrengung große Wirkungen hervorbringt und die Bestimmung verändert; die zweiten sind Zeiträume, wo viel Arbeit nur wenig Wirkung erreicht. Es ist wahr, daß letztere die ersteren vorbereiten mögen, der schwache Rauch des Opferfeuers sein können, der in den Himmel steigt und den Regen von Gottes Gabe herabruft.

Unglücklich ist der Mensch oder die Nation, welche der göttliche Augenblick schlafend antrifft oder unvorbereitet, ihn zu nutzen, denn die Lampe wurde nicht für das Willkommen bereitet und die Ohren sind dem Ruf versiegelt. Doch dreimal wehe denen, die stark und bereit sind, jedoch die Kraft vergeuden oder den Augenblick mißbrauchen; ihnen gilt unwiderruflicher Verlust oder große Zerstörung.

In der Stunde Gottes reinige deine Seele von aller Selbsttäuschung und Hypokrisie und eitler Selbstschmeichelei, auf daß du deinem Geist direkt ins Gesicht blickest und das hörst, was ihn einberuft. Jede Unaufrichtigkeit der Natur, vormals deine Verteidigung gegen das Auge des Herrn und das Licht des Ideals, wird jetzt zur Lücke in deiner Rüstung und lädt den Stoß ein. Selbst wenn du vorübergehend siegst, ist es um so schlimmer für dich, denn der Stoß wird später kommen und dich inmitten deines Triumphes fällen. In deiner Reinheit aber lege alle Furcht beiseite; denn die Stunde ist oft schrecklich, ein Feuer und Wirbelwind und Sturm, ein Trampeln der Weinpresse von Gottes Zorn; doch jener, der in der Wahrheit seines Ziels aufrecht in ihr steht, der wird stehen; selbst wenn er fällt, wird er sich wieder erheben; selbst wenn er auf den Flügeln des Windes zu entschwinden scheint, wird er wiederkehren. Auch laß weltliche Vorsicht nicht zu dicht an deinen Ohren flüstern, denn es ist die Stunde des Unerwarteten.

Sri Aurobindo

25. August 1954[1]

(Mutter liest den Schülern einen Text von Sri Aurobindo vor: „Die Mutter", wo er die verschiedenen Aspekte der schöpferischen Kraft beschreibt – in Indien „Shakti" oder „Mutter" genannt –, die über die Evolution des Universums regiert:)

„... Es gibt andere große Wesenheiten der göttlichen Mutter, aber ihre Herabkunft ist schwieriger herbeizuführen und sie standen in der Evolution des irdischen Geistes nicht so ausgeprägt im Vordergrund. Unter ihnen befinden sich Wesen, die für die supramentale Realisation unentbehrlich sind, vor allen anderen das Wesen dieser Ekstase, das Wesen

---

1. Der folgende Text ist ein Auszug aus der „Mittwochsklasse". Jeden Mittwoch beantwortete Mutter die Fragen, die ihr von Schülern und Kindern auf dem „Sportplatz" des Ashrams gestellt wurden.

des rätselhaften und mächtigen Ananda, das aus der höchsten Göttlichen Liebe entspringt, das Ananda, das allein die Kluft zwischen den erhabensten Höhen des supramentalen Geistes und den tiefsten Abgründen der Materie heilen kann, das Ananda, das den Schlüssel zu einem wunderbaren, höchsten göttlichen Leben hält, und das selbst jetzt, von seinen verborgenen Stätten aus, das Werk aller anderen Kräfte des Universums unterstützt."

(Sri Aurobindo, *Die Mutter,* XXV.35)

(Ein Schüler:) Liebe Mutter, welches ist diese Wesenheit und wann wird Sie sich manifestieren?

Ich habe meine Antwort vorbereitet.

Ich wußte, daß ihr mich dies fragen würdet, denn es ist in diesem Abschnitt das Interessanteste – hier meine Antwort und auch meine Antwort auf eine andere Frage. Aber zuerst will ich euch dies hier vorlesen. Du hast mich gefragt: „Welches ist diese Wesenheit und wann wird Sie kommen?"

Meine Antwort lautet *(Mutter liest):*

„Sie *ist* gekommen und brachte eine Herrlichkeit von Kraft und Liebe mit sich, eine Intensität der göttlichen Freude, die bisher auf der Erde unbekannt war. Die physische Atmosphäre wurde davon völlig verändert, durchdrungen von neuen und wunderbaren Möglichkeiten.

Aber damit Sie dauernd bleiben und hier wirken kann, muß Ihr wenigstens ein Minimum an Empfänglichkeit entgegengebracht werden und Sie muß wenigstens *ein* menschliches Wesen finden, das die erforderlichen Eigenschaften im Vital und Physischen hat, eine Art Über-Parzival, in dem eine spontane, integrale Reinheit herrscht, der aber gleichzeitig einen Körper besitzt, der stark und ausgeglichen genug ist, die Intensität des Ananda, das Sie herbeibringt, auszuhalten, ohne zu weichen.

Bis jetzt hat Sie nicht erhalten, was nötig war. Die Menschen bleiben hartnäckig Menschen und wollen oder können nicht Über-Menschen werden. Sie können nur eine auf ihren Maßstab reduzierte Liebe empfangen und ausdrücken: eine menschliche Liebe. Und die wunderbare Freude des göttlichen Ananda entschlüpft ihrer Wahrnehmung.

Dann denkt Sie manchmal daran, sich zurückzuziehen, weil sie findet, daß die Welt nicht bereit ist, Sie zu empfangen. Das wäre ein grausamer Verlust.

Es ist wahr, daß *im Augenblick* Ihre Gegenwart mehr dem Namen nach als in der Tat besteht, weil Sie keine Gelegenheit hat, sich zu zeigen. Aber auch so bedeutet Sie eine machtvolle Hilfe für das Werk. Denn von allen Gestalten der Mutter besitzt diese die größte Macht für die körperliche Transformation. In der Tat, die Zellen, die im Kontakt mit der göttlichen Freude vibrieren können, sie empfangen und bewahren können, diese Zellen werden regeneriert und sind auf dem Wege zur Unsterblichkeit.

Aber die Schwingungen der Göttlichen Freude und die des Vergnügens können nicht im gleichen vitalen und physischen System zusammenleben. Man muß also VOLLKOMMEN darauf verzichten, *irgendein* Vergnügen zu suchen, um das Ananda empfangen zu können. Aber es gibt äußerst Wenige, die auf das Vergnügen verzichten können, ohne dadurch jeder Teilnahme am aktiven Leben zu entsagen und sich in eine strenge Askese zu vertiefen. Und unter denen, die wissen, daß die Transformation im aktiven Leben stattzufinden hat, versuchen gewisse, das Vergnügen für eine mehr oder weniger abwegige Form des Ananda zu nehmen, um ihre Suche nach persönlicher Befriedigung zu rechtfertigen; dadurch errichten sie ein fast unüberwindliches Hindernis für ihre eigene Transformation."

Wenn jetzt jemand etwas anderes fragen will … Jeder darf fragen, nicht nur die Schulkinder.

Mutter, wenn es uns bis jetzt nicht gelungen ist, können wir immer noch versuchen?

Wie? *(Der Schüler wiederholt die Frage).* Oh! ihr könnt es immer versuchen!

Die Welt erneuert sich in jeder Minute. Ihr könnt selbst in dieser Minute eine neue Welt schaffen, wenn ihr wißt wie, das heißt, wenn ihr fähig seid, eure eigene Natur zu ändern.

Ich habe nicht gesagt, Sie wäre weggegangen. Ich sagte, Sie denkt daran wegzugehen … manchmal, von Zeit zu Zeit.

Aber Mutter, wenn Sie herabgekommen ist, muß Sie eine Möglichkeit gesehen haben!

Sie kam, weil eine Möglichkeit bestand; weil die Dinge ein gewisses Stadium erreicht hatten und der Augenblick für ihre Herabkunft gekommen war.

Eigentlich kam Sie ... weil ich glaubte, daß es Ihr gelingen könnte.

Es gibt immer Möglichkeiten. Sie müssen sich nur materialisieren.

Ein Beweis dafür ist, daß dieses Ereignis in einem gegebenen Augenblick stattfand, und während ungefähr zwei oder drei Wochen war die Atmosphäre, nicht nur im Ashram, sondern auf der ganzen Erde, überladen mit einer solchen Macht von einer so intensiven göttlichen Freude, die eine so wunderbare Kraft schuf, daß Dinge, die vorher schwierig zu erreichen waren, nun fast augenblicklich ausgeführt werden konnten.

Das hatte Rückwirkungen in der ganzen Welt. – Ich glaube nicht, daß ein einziger unter euch es bemerkt hat ... Ihr könnt nicht einmal sagen, wann es war, oder?

Wann hat es sich ereignet?

Jahreszahlen kann ich mir nicht merken. Ich erinnere mich nicht an das Datum. Ich kann nur sagen, daß es geschah, bevor Sri Aurobindo seinen Körper verließ, er hat es vorher erfahren und ... die Tatsache anerkannt.

Und es entstand ein ungeheurer Konflikt mit dem Unbewußten, denn als ich sah, daß die Empfänglichkeit nicht so war, wie sie sein sollte, machte ich das Unbewußte dafür verantwortlich, und ... dort versuchte ich, den Kampf zu führen.

Ich sage nicht, daß es kein Ergebnis hatte, aber zwischen dem erreichten und dem erhofften Ergebnis lag ein großer Unterschied. Ihr seid alle so nahe, ihr badet in der Atmosphäre, aber ... wer hat etwas bemerkt? – Ihr habt euer kleines Leben wie gewöhnlich weitergeführt.

Ich glaube es war 1946, Mutter, denn während dieser Zeit habt ihr uns so vieles gesagt.

Richtig.

(Ein Kind:) Liebe Mutter, was sollen wir tun, jetzt, wo Sie gekommen ist?

Ihr wißt es nicht?

(Schweigen)

Versucht euer Bewußtsein zu ändern.

(Schweigen)

41

Stellt mir jetzt eure Fragen.

Mutter, gibt es keinen einzigen Menschen?

Ich weiß nicht.

Mutter, du vergeudest jetzt deine Zeit mit all diesen Leuten im Ashram.

Oh … Aber siehst du, vom okkulten Gesichtspunkt ist das eine Auslese. Vom äußeren Gesichtspunkt könntet ihr sagen, daß es in der Welt Leute gibt, die euch sehr überlegen sind (ich würde nicht widersprechen), aber vom okkulten Gesichtspunkt ist es eine Auswahl … Es läßt sich mit Sicherheit sagen, daß die Mehrheit der jungen Leute hier gekommen sind, weil ihnen versprochen wurde, sie würden im Augenblick der Realisation anwesend sein. Sie erinnern sich nicht daran! *(Mutter lacht)* Ich sagte schon öfters, wenn man auf die Erde herabkommt, fällt man auf den Kopf und verdummt *(Lachen)*. Jammerschade! Aber man kann ja schließlich aus dieser Stumpfheit herauskommen. Man muß in sich dringen, in sich das unsterbliche Bewußtsein finden, und dann wird man sehr wohl gewahr und erinnert sich deutlich der Umstände, unter denen man danach verlangte, hier zu sein, wenn das Werk sich erfüllt.

Aber im Grunde glaube ich, ihr habt wirklich ein so leichtes Leben hier, daß ihr euch nicht viel Mühe gebt! Gibt es wohl viele unter euch, die wahrhaft ein INTENSIVES Bedürfnis haben, in sich ihre Seele zu finden? Zu wissen, was sie wirklich sind? Was sie zu tun haben, warum sie hier sind?… Man läßt sich leben. Man beklagt sich sogar, wenn es Schwierigkeiten gibt! Und dann nimmt man die Dinge „solala", wie sie kommen. Und wenn sich manchmal eine Aspiration erhebt und wenn man einer Schwierigkeit in sich begegnet, sagt man sich: „Oh, Mutter ist da, sie wird das für mich in Ordnung bringen", und dann denkt man an etwas anderes.

Mutter, früher war es im Ashram sehr streng, jetzt ist es nicht mehr so, warum?

Ja, das habe ich immer gesagt: seit wir gezwungen wurden, die ganz Kleinen aufzunehmen. Du kannst dir kein asketisches Leben mit kleinen Kindern vorstellen, die nur so groß sind! Das ist nicht möglich. Das ist ein Mitbringsel des Krieges. Als man entdeckte, daß Pondicherry der sicherste Ort auf der Erde ist, kamen die Leute mit Scharen von Babys an und baten um Obdach, wir konnten sie nicht wegschicken, oder? So und nicht anders kam das … Am Anfang lautete die erste Bedingung, daß man nichts mehr mit seiner Familie zu tun hat. Wenn ein Mann verheiratet war, mußte er von diesem Augenblick an vollkommen vergessen, daß er eine Frau und Kinder hatte – er mußte alle Bindungen trennen, er hatte nichts mehr mit ihnen zu tun. Und wenn jemals eine Frau kommen wollte, weil ihr Mann hier war, antwortete man ihr: „Sie haben hier nichts zu suchen."

Am Anfang war es sehr, sehr streng. Während langer Zeit.

Die erste Bedingung war: „Ihr habt nichts mehr mit eurer Familie zu tun…" Nun, davon sind wir weit entfernt! Und es ist nur so gekommen. Nicht, daß wir nicht die Notwendigkeit sahen, die Bindungen zu trennen: es ist eine sehr notwendige Bedingung; wie könnt ihr ausschließlich dem Göttlichen angehören, solange ihr alle die Bindungen bewahrt, die euch an das Leben fesseln, die euch zu Sklaven des gewöhnlichen Lebens machen? Das ist eine Albernheit, das ist nicht möglich … Aber wenn ihr euch die Mühe macht, die ursprünglichen Regeln des Ashrams zu lesen: selbst Freundschaften zwischen Personen wurden als gefährlich und wenig wünschenswert angesehen … wir versuchten eine Atmosphäre zu schaffen, wo nur eines zählte: das Göttliche Leben.

Aber wie gesagt, nach und nach … änderte es sich. Das hat einen Vorteil: wir standen zu sehr außerhalb des Lebens. Viele Probleme stellten sich nicht, die sich plötzlich gestellt hätten, sobald wir uns voll manifestieren wollten. Wir haben die Probleme ein wenig zu früh aufgenommen. Aber sie mußten gelöst werden. Vieles lernten wir so, viele Schwierigkeiten konnten wir überwinden. Aber es wird komplizierter. Und vielleicht, unter den jetzigen Bedingungen, mit einer so großen Anzahl von Elementen, die nicht die mindeste Idee haben, aus welchem Grunde sie hier sind … das verlangt eine viel größere Anstrengung von Seiten der Schüler als vorher.

Vorher, als es … Es fing an mit fünfunddreißig, sechsunddreißig; aber selbst bis zu hundertfünfzig, sogar mit hundertfünfzig Schülern war es … sie waren alle wie in einem Ei in meinem Bewußtsein enthalten, so nah, daß ich ALLE ihre inneren und äußeren Bewegungen ständig lenken konnte. In jedem Augenblick, Tag und Nacht, war alles vollkommen unter Kontrolle. Und natürlich glaube ich, daß sie in dieser Zeit Fortschritte machten. Tatsächlich machte ich DIE GANZE ZEIT die Sadhana für sie. Aber dann mit dieser Invasion: für die kleinen Knirpse von drei, vier und fünf Jahren kann man keine Sadhana machen. Das steht außer Frage. Alles, was ich tun kann, ist das Bewußtsein auf sie zu richten und zu versuchen, daß sie unter den bestmöglichen Bedingungen aufwachsen. Ein Vorteil dabei ist, daß jeder seine kleine Anstrengung machen muß, anstatt so VOLLKOMMEN und PASSIV abhängig zu sein. In Wahrheit ist das sehr gut.

Ich weiß nicht mehr, mit wem ich heute sprach (ich glaube, es war zu einem „Geburtstagsbesuch"[1]) ... jemand, der mir sagte, er wäre achtzehn Jahre alt. Ich erklärte ihm, daß ich zwischen achtzehn und zwanzig Jahren die bewußte und ständige Vereinigung mit der Göttlichen Gegenwart erlangte, und ich erreichte das GANZ ALLEIN, ohne daß IRGEND JEMAND mir half, nicht einmal ein Buch. Als ich (ein wenig später) das *Radja-Yoga* von Vivekananda in die Hände bekam, erschien mir das so wunderbar, daß jemand mir etwas erklären konnte! ... Es half mir, in einigen Monaten das zu erreichen, wozu ich sonst vielleicht Jahre gebraucht hätte.

Als ich einundzwanzig oder zwanzig war, begegnete ich einem Inder, der von hier kam und mir von der *Gita* erzählte. Es gab eine Übersetzung (die übrigens schlecht genug war), und er riet mir, sie zu lesen, und gab mir den Schlüssel – SEINEN Schlüssel, es war sein Schlüssel. Er sagte mir: „Lesen Sie die Gita..." (Diese Übersetzung der Gita, die nicht viel taugte, aber schließlich war es die einzige in Französisch und zu der Zeit hätte ich keine anderen Sprachen verstanden; die englischen Übersetzungen waren übrigens genauso schlecht, und ich hatte nicht ... Sri Aurobindo hatte seine noch nicht geschrieben!) Er sagte: „Lesen Sie die Gita, und betrachten Sie Krishna als Symbol für den immanenten Gott, den inneren Gott." Das war alles, was er mir sagte. „Lesen Sie dies mit diesem Wissen, daß Krishna in der Gita den immanenten Gott darstellt, den Gott, der in Ihrem Inneren ist." In einem Monat war die ganze Arbeit getan!

Und ihr, ihr seid hier, einige seit sie ganz klein waren, man hat euch alles erklärt, hat euch die ganze Arbeit vorgekaut, hat euch auf den Weg zu dieser inneren Entdeckung gebracht (nicht allein mit Worten, sondern mit psychischen Hilfen und auf jede mögliche Weise) ... und nun laßt ihr euch einfach so dahinleben: es kommt, wann es kommt – wenn ihr überhaupt daran denkt!

Aber das entmutigt mich überhaupt nicht. Ich finde das amüsant. Nur etwas anderes finde ich viel bedenklicher ... Das ist, wenn ihr versucht, euch selber etwas vorzumachen. Das ist nicht schön. Man darf nicht das eine für das andere nehmen. Man muß sozusagen eine Katze eine Katze nennen und einen Hund einen Hund, und den menschlichen Instinkt den menschlichen Instinkt, und man darf nicht von Göttlichem sprechen, wenn es rein menschlich ist. Und man darf nicht vorgeben, supramentale Erfahrungen zu haben, wenn man in einem völlig gewöhnlichen Bewußtsein lebt.

---

1. Mutter empfing jeden Schüler individuell an seinem Geburtstag.

Wenn ihr euch wirklich ehrlich betrachtet und dann wißt, wie ihr seid, und zufällig einen Entschluß faßt ... Das erstaunt mich überhaupt, daß ihr nicht das dringende Bedürfnis fühlt: „Wie kann ich wissen?" Denn ihr wißt, man hat es euch gesagt, wiederholt, es euch eingehämmert, ihr wißt, daß ihr in eurem Inneren ein göttliches Bewußtsein habt. Und ihr könnt Nacht für Nacht schlafen und Tag für Tag spielen, Tag für Tag lernen, ohne ... voller Begeisterung zu sein, erfüllt von dem BRENNENDEN Willen, in Kontakt mit euch selbst zu kommen! – Mit euch, ja, mit euch selbst, dort innen *(Geste zur Mitte der Brust)* ... Das kann ich nicht begreifen!

Das erste Mal, als ich wußte – und niemand hatte es mir gesagt, ich wußte es durch eine Erfahrung – das erste Mal, als ich wußte, daß innen in mir eine Entdeckung zu machen war, da wurde es DAS ALLERWICHTIGSTE. Das mußte Vorrang vor allem haben.

Und wenn zufällig, wie ich schon sagte, ein Buch, ein Mensch kam, gerade genug, um mir einen kleinen Hinweis zu geben, mir zu sagen: „Hier, wenn Sie es so machen, wird sich der Weg vor Ihnen öffnen", dann stürzte ich mich darauf ... wie ein Orkan, und nichts hätte mich aufhalten können.

Und ihr seid nun wieviele Jahre hier ... in halber Schlaftrunkenheit? Ihr denkt wohl von Zeit zu Zeit daran, vor allem wenn ich mit euch darüber spreche; manchmal wenn ihr lest. Aber dieses Feuer, dieser Wille, der alle Hindernisse besiegt, diese Konzentration, die ALLES überwindet?...

Wer fragte mich eben, was ihr tun müßt?

(Das Kind:) Ich!

Nun, das müßt ihr tun, was ich gerade gesagt habe.

(Schweigen)

Was ist das andere, Mutter, was Du geschrieben hast?

Ich dachte, jemand würde fragen: „Warum bleibt Sie[1] nicht deinetwegen?... Wenn Sie auf deinen Ruf gekommen ist, warum bleibt Sie nicht deinetwegen?"

Sag es, Mutter! Das würde uns sehr interessieren!

Für Sie ist dieser Körper nur ein Instrument unter vielen anderen in der Unendlichkeit der zukünftigen Zeiten, für Sie hat er nur die Bedeutung, die die Erde und die Menschen ihm geben, er ist nur

---

1. Die Mutter des Ananda, Aspekt der Freude der schöpferischen Kraft.

in dem Maße wichtig, wie er als Vermittler dienen kann, um ihrer Manifestation und ihrer Verbreitung zu helfen. Wenn ich von Leuten umgeben bin, die Sie nicht empfangen können, nutze ich Ihr nichts.

Das ist offensichtlich.

Also ist es nicht das, was Sie zum Bleiben veranlassen könnte. Und sicherlich kann ich Sie nicht aus irgendeinem egoistischen Grund bitten zu bleiben. Alle diese Aspekte, alle diese Persönlichkeiten manifestieren sich andauernd – sie manifestieren sich niemals aus persönlichen Gründen. Keine hat jemals daran gedacht, meinem Körper zu helfen. Und ich bitte sie nicht darum. Denn dafür kommen sie nicht. Aber es ist ganz gewiß, wenn ich von mehr Empfänglichkeit umgeben wäre, so daß Sie sich dauernd manifestieren könnte, weil die Leute fähig sind, Sie zu empfangen, dann würde es meinem Körper sehr helfen, denn alle diese Schwingungen würden durch meinen Körper gehen und das wäre eine Hilfe. Aber Sie hat keinerlei Gelegenheit, sich zu manifestieren – Sie hat überhaupt keine Gelegenheit. Sie begegnet nur Leuten, die … nicht einmal fühlen, wenn Sie da ist! Sie bemerken es nicht einmal, das macht für sie gar keinen Unterschied. Wie könnte Sie sich da manifestieren? Und ich werde Sie nicht bitten: „Komme bitte, um meinen Körper zu verwandeln", wir haben nicht diese Art von Beziehung miteinander!

Der Körper selbst würde das nicht wollen. Er hat niemals an sich selbst gedacht, er hat sich niemals mit sich selbst beschäftigt. Er kann sich nur durch das Werk transformieren. Ja, gewiß, wenn es Empfänglichkeit gegeben hätte, als Sie kam, und Sie sich mit der Macht hätte manifestieren können, mit der Sie kam … Sogar vor Ihrer Ankunft – ich kann euch etwas erzählen. Es war als ich mit Sri Aurobindo anfing, vom Mental in das Vital hinabzudringen, als wir unser Yoga vom Mental in das Vital hinabbrachten: nach einem Monat (ich war damals vierzig, ich sah nicht alt aus, jünger als vierzig Jahre, aber ich war jedenfalls vierzig), nach einem Monat des Yogas sah ich genau wie mit achtzehn Jahren aus! Jemand, der mich gekannt hatte, der mit mir in Japan gelebt hatte und der gerade angekommen war, hatte Schwierigkeiten, mich wiederzuerkennen.[1] Er fragte mich: „Sind Sie es wirklich?" Ich sagte: „Natürlich!"

Nur, als wir vom Vital ins Physische hinabgingen, verschwand es. Denn im Physischen ist die Arbeit viel härter, und wir hatten viel mehr zu tun, viel mehr mußte geändert werden.

---

1. Ein Freund von Tagore, W. W. Pearson, kam 1923 von Tagores Ashram. Mutter hatte ihn 1916 mit Tagore in Japan getroffen.

Aber wenn eine solche Kraft manifestiert und empfangen werden könnte, hätte es eine UNGEHEURE Wirkung!... Nun, ich spreche davon, weil ich dachte, ihr würdet die Frage stellen, andernfalls ... Ich habe keine derartige Beziehung. Ich will sagen, wenn ihr meinen Körper nehmt, diesen armen Körper, er ist sehr unschuldig, er versucht überhaupt nicht, Aufmerksamkeit oder Kräfte anzuziehen, er will nichts anderes tun als seine Arbeit, so gut wie er kann. Das verhält sich so: seine Wichtigkeit für die Arbeit entspricht seiner Nützlichkeit ... und der Bedeutung, die ihm die Welt gibt, denn die Arbeit geschieht für die Welt.

Für sich genommen ist er ein Körper unter unzähligen anderen, das ist alles.

(Zum Schüler, der das Mikrophon bedient:) Es ist jetzt zu Ende.

(Mutter erhebt sich und auf dem Weg zu ihrem Zimmer sagt sie den Kindern in ihrer Nähe:) Wenn ihr eine kleine Entscheidung treffen könntet, eure Seele zu fühlen, hätte ich meine Zeit nicht vergeudet.

CHRONIK DES WELTGESCHEHENS

1955

25. Jan.	Die Sowjetunion beendet formell den Kriegszustand mit Deutschland
1. März	Sir Winston Churchill gibt den Bau der Wasserstoffbombe in Großbritannien bekannt
1. April	Frankreich verhängt den Ausnahmezustand in Algerien
5. April	Rücktritt Sir Winston Churchills
17. April	Konferenz in Bandung/Java. 29 afrikanische und asiatische Länder versammeln sich zum ersten Mal. Die Konferenz ist Ausdruck eines erstarkten Selbstbewußtseins und neuen Nationalismus der Entwicklungsländer
18. April	Tod Albert Einsteins
5. Mai	Die Hohe Kommission der Alliierten wird aufgelöst. Die Bundesrepublik erhält ihre Souveränität zurück. Ein neues Besatzungsstatut für West-Berlin tritt in Kraft
7. Mai	Die BRD beteiligt sich an der Gründung des West-Europa-Rates und wird NATO-Mitglied
14. Mai	Warschauer Pakt der gegenseitigen Verteidigung zwischen den Staaten des kommunistischen Blocks wird unterzeichnet
15. Mai	Die letzten französischen Truppen verlassen Nordvietnam
26. Mai	Chrouschtschow trifft Tito in Belgrad. Sie bekräftigen das Recht jedes Landes, selber seinen Weg zum Sozialismus frei zu wählen
4. Juni	Nehru besucht die UdSSR und Europa
15. Aug.	Aufstände in Goa
15. Sept.	Bürgerkrieg in Argentinien. Peron weicht einer Militärjunta
19. Sept.	Kanzler Adenauer tritt einen Moskau-Besuch an, der die Entlassung deutscher Kriegsgefangener zur Folge hat
30. Sept.	Die UNO setzt die Algeriengeschehnisse auf die Tagesordnung; die französische Delegation verläßt die Versammlung
20. Okt.	Die Entdeckung des Antiprotons wird offiziell bekanntgegeben
26. Okt.	Die Republik Südvietnam wird ausgerufen. Ngo Dinh Diem wird zum Präsidenten gewählt
19. Dez.	Das Parlament von Khartum verkündet die Unabhängigkeit des Sudan

1. Januar 1955

1955

Kein menschlicher Wille kann letztlich gegen den Göttlichen Willen bestehen. Reihen wir uns willentlich und ausschließlich auf die Seite des Göttlichen, dann ist der endgültige Sieg gewiß.

Mutter

6. Januar 1955

(Botschaft von Mutter)

Ein Tag wird kommen, wo alle Reichtümer dieser Welt, endlich von der Herrschaft der anti-göttlichen Kräfte befreit, sich spontan und gänzlich dem Dienst des Göttlichen Werks auf der Erde hingeben werden.

Mutter

26. März 1955

(Brief von Satprem an Mutter)

Pondicherry, 26. März 1955

Mutter, von neuem bitte ich um den Eingriff von Mahakali[1]: nach einer Periode, in der alles besser zu gehen schien, verbringe ich nun wieder unmögliche Vormittage, wo ich schlecht lebe, sehr schlecht, weit weg von Dir, und

---

1. *Mahakali:* die ewige Mutter unter ihrem kriegerischen Aspekt. Sie schlägt den Dämonen den Kopf ab.

unfähig, Dich zu rufen, und noch weniger, Deine Gegenwart oder Hilfe zu fühlen.

Ich weiß nicht, welcher Schlamm in mir aufsteigt, aber alles verdunkelt sich, und es gelingt mir nicht, mich von diesen vitalen Wellen zu trennen.

Mutter, ohne die Gnade von Mahakali werde ich es niemals schaffen, aus diesem mechanischen Kreis herauszukommen, diese alten Gebilde zu durchbrechen, die immer unverändert wiederkehren. Mutter, ich bitte Dich, hilf mir, diesen Panzer zu DURCHBRECHEN, in dem ich ersticke, befreie mich von mir selbst, befreie mich *trotz meines Widerstrebens*. Ganz allein vermag ich nichts, manchmal kann ich Dich nicht einmal rufen! Möge Deine Kraft kommen und all meine Unreinheiten verbrennen, meine Widerstände brechen.

Bernard[1]

4. April 1955

(Brief von Satprem an Mutter)

Pondicherry, 4. April 1955

Mutter, seit mehr als einem Jahr bin ich hier bei Ihnen, und nichts, keine einzige wirklich bedeutende innere Erfahrung, kein Zeichen ist gekommen, welches mir erlaubt zu fühlen, daß ich Fortschritte gemacht habe oder auch nur auf dem richtigen Weg bin. Ich kann nicht einmal sagen, daß ich glücklich bin.

Ich habe nicht die unsinnige Vermessenheit, das Göttliche anzuklagen oder gar Sie selbst – und ich bin immer noch überzeugt, daß all dies mein Fehler ist: ich habe mich zweifellos in einem Teil von mir nicht völlig hingeben können, ich habe nicht genug Aspiration, und ich kann mich nicht so „öffnen", wie es nötig ist. Ich sollte es ganz dem Göttlichen anvertrauen, für meinen Fortschritt zu sorgen, und nicht über den Mangel an Erfahrungen beunruhigt sein. Ich frage mich jetzt, aus welchen Gründen ich so weit entfernt von der wahren Haltung bin, von der richtigen Öffnung, und ich sehe zwei Hauptgründe: einerseits die meiner Natur eigenen Schwierigkeiten, andererseits die äußeren Bedingungen dieser Sadhana – diese Bedingungen scheinen mir nicht geeignet zu sein, um mir bei der Überwindung der Schwierigkeiten meiner eigenen Natur zu helfen.

Ich habe den Eindruck, mich im Kreise zu drehen, bei jedem Schritt vorwärts auch einen Schritt zurück zu gehen. Auch meine Arbeit im Ashram (die

---

1. Das war mein alter, sinnloser Name (außer seiner germanischen Wurzel „rauher Bär"), bis Mutter mich am 3. März 1957 Sat-prem nannte (der, der wahrhaft liebt).

einfache Tatsache des Arbeitens – denn sie zu wechseln, selbst wenn ich den Wunsch dazu verspürte, würde nichts an der Sache ändern) hilft mir nicht, mich dem Göttlichen Bewußtsein näher zu bringen, im Gegenteil: sie entfernt mich davon oder hält mich zumindest in einem oberflächlichen Bewußtsein zurück, und es gelingt mir nicht, mich davon zu befreien, solange ich damit beschäftigt bin, Briefe zu schreiben, Übersetzungen und Korrekturen zu machen oder Unterrichtsstunden zu halten.[1] Ich weiß wohl, daß dies alles meine Schuld ist, daß ich mich von meiner Arbeit loslösen, sie gleichmütig ausführen und mich auf ein tieferes Bewußtsein stützen „sollte", aber wie das erreichen? Außer wenn ich die Gnade empfange, kann ich mich nicht an das Essentielle „erinnern", solange der äußere Teil meines Wesens aktiv ist.

Wenn ich nicht unmittelbar mit der Arbeit beschäftigt bin, stoße ich mich an tausend kleinen täglichen Spannungen und Schwierigkeiten, die aus meinem Kontakt mit den anderen und mit einem Leben entstehen, das gar sehr im Leben steckt. Hier habe ich noch mehr den Eindruck von einem unmöglichen Kampf, und alle diese „kleinen" Schwierigkeiten scheinen an mir zu zehren: kaum ist ein Loch gefüllt, dann entsteht ein anderes oder das gleiche öffnet sich wieder, niemals wird der wahre Sieg errungen und alles muß immer wieder begonnen werden. Schließlich scheint es mir, daß ich nur *eine Stunde am Tage* wirklich lebe, am Abend auf dem Sportplatz während der „Verteilung".[2] Das ist kaum ein Leben und kaum eine Sadhana! Jetzt verstehe ich auch viel besser, warum die traditionellen Yogawege alle diese Schwierigkeiten abschnitten, indem sie der Welt entflohen, ohne sich darum zu kümmern, ein Leben zu transformieren, das für die Transformation nicht geeignet scheint.

Mutter, ich verleugne jetzt nicht Sri Aurobindos Yoga, auf das sich mein ganzes Leben stützt, aber ich glaube, daß ich andere Mittel anwenden sollte – und das ist der Grund, warum ich Ihnen diesen Brief schreibe:

Indem ich diesen täglichen kleinen Ameisenkrieg weiterführe und mich jeden Tag an denselben Begierden, an denselben „Ablenkungen" stoße, vergeude ich – scheint es – vergebens meine Energie. Sri Aurobindos Yoga, welches das Leben einschließen will, ist so schwierig, daß man, um es zu beginnen, bereits die solide Basis einer konkreten göttlichen Realisation aufgebaut haben muß. Und darum frage ich Sie, ob ich mich nicht für eine gewisse Zeit „zurückziehen" sollte, nach Almora,[3] zum Beispiel, bei Brewster,[4] um in Einsamkeit, Stille, Meditation zu leben, weit weg von den Wesen, den Arbeiten und Versuchungen, solange bis ein Anfang des Lichtes und der Realisation sich in mir gegründet hat. Wenn diese zuverlässige Grundlage

---

1. Satprem arbeitete während langer Zeit mit Pavitra an der auswärtigen Korrespondenz, neben dem *Bulletin* des Ashrams, Übersetzungen von Sri Aurobindos Schriften, der Herausgabe von Mutters Werken und Unterrichtsstunden im „Universitätszentrum" des Ashrams.
2. Am Abend gingen die Schüler auf dem Sportplatz des Ashrams einzeln an Mutter vorbei, um symbolisch etwas Nahrung von ihr zu empfangen.
3. Im Himalaja.
4. Ein amerikanischer Maler, langjähriger Freund von D.H. Lawrence und Bekannter von Satprem.

einmal erreicht ist, würde es mir leichter fallen, meine Arbeit und den Kampf hier für die wahre Transformation des äußeren Wesens wieder aufzunehmen. Aber dieses äußere Wesen transformieren zu wollen, ohne daß das innere Wesen schon vollkommen erleuchtet ist, scheint mir, als ob man „das Pferd vom Schwanz aufzäumt" oder zumindest sich einem unendlichen und gnadenlosen Kampf hingibt, in dem man verzweifelt seine besten Kräfte verbraucht.

In aller Aufrichtigkeit kann ich sagen, daß ich in Almora bei Brewster den Eindruck hatte, dem Zustand sehr nahe zu sein, wo das Licht hervorquellen muß. Ich verstehe sehr wohl die Unvollkommenheit dieses Vorgehens, das darin besteht, den Schwierigkeiten zu entfliehen, aber es wäre sozusagen nur eine Zwischenstufe, ein strategischer Rückzug.

Mutter, dies ist kein vitaler Wunsch, der versucht, mich von der Sadhana zu entfernen, denn mein Leben hat keinen anderen Sinn, als das Göttliche zu suchen, aber dies ist die einzige Lösung, die mir geeignet scheint, mir zu helfen, einen Fortschritt zu erreichen und aus dieser *schlaffen Niedergeschlagenheit* herauszukommen, in der ich Tag auf Tag lebe. Ich kann mich nicht damit zufrieden geben, nur die eine Stunde am Tag zu leben, in der ich Sie sehe.

Ich weiß, daß Sie nicht gern schreiben, Mutter, aber könnten Sie mir nicht mit ein paar Worten sagen, ob Sie meinem Plan zustimmen oder was ich tun soll? Trotz aller meiner Empörung, meiner Entmutigung und meines Widerstandes, bin ich Ihr Kind. O Mutter, helfen Sie mir!

Bernard

(Mutters Antwort)

Mein liebes Kind,
Es ist ohne Zweifel besser, für einige Zeit nach Almora zu gehen – ich hoffe, nicht für zu lange, denn es ist überflüssig zu sagen, wie sehr die Arbeit durch diese Abreise gestört wird …

(Andere handschriftliche Fassung)

7.4.55

Mein liebes Kind,
Du kannst nach Almora gehen, wenn Du glaubst, daß es Dir helfen wird, diesen so hartnäckig undurchdringlichen Panzer des äußeren Bewußtseins zu durchbrechen.

Wenn Du einige Zeit entfernt vom Ashram lebst, wird Dir das vielleicht helfen, die besondere Atmosphäre zu spüren, die hier herrscht und die nirgendwo anders in gleichem Maße erreicht werden kann.

Mein Segen wird in jedem Falle bei Dir sein, um Dir zu helfen, endlich diese innere Gegenwart zu entdecken, die allein Dir Freude und Stetigkeit gibt.

Mutter

9. Juni 1955

(Brief von Satprem an Mutter)

Pondicherry, 9. Juni 1955

Mutter, ich kann nicht sagen, daß es Sehnsucht nach der äußeren Welt ist, die mich zurückzieht, auch kein Festhalten an einer „persönlichen" Form des Lebens, nicht einmal irgendein vitaler Wunsch, der seine eigene Befriedigung sucht. Diese alte Welt zieht mich nicht mehr an, und ich sehe überhaupt nicht, was ich darin tun sollte. Dennoch blockiert etwas den Weg.

Wenn ich wenigstens einen bestimmten „Fehler" in mir sähe, der mir den Weg versperrt und den ich klar konfrontieren könnte ... Aber ich habe den Eindruck, daß ich *nicht verantwortlich* bin und daß es nicht mein persönlicher Fehler ist, wenn ich ohne Aspiration stagniere. Ich komme mir vor wie ein Schlachtfeld, auf dem Kräfte sich streiten, die stärker sind als ich und gegen die ich NICHTS tun kann. O Mutter, ich glaube nicht, dies ist eine Ausrede für meinen schlechten Willen – es ist das tiefe Gefühl, wie ein machtloser, vollkommen machtloser Spielball zu sein.

Wenn die göttliche Kraft, wenn Deine Gnade nicht eingreift, um diesen dunklen Widerstand zu brechen, der mich gegen meinen Willen nach unten zieht, weiß ich nicht, was aus mir werden soll ... Mutter, ich will nichts erpressen, ich sage Dir nur meine Machtlosigkeit, meine Bedrängnis.

Tagsüber lebe ich beinahe ruhig in meinem kleinen Sumpf, aber wenn der Abend naht und der Augenblick, wo ich Dich treffe, dann beginnen die Kräfte, die mich am Boden festleimten, unter Deinem Druck furchtbar zu wirbeln und ich fühle in mir eine fast unerträgliche Zerissenheit, die brennt und mir die Kehle zudrückt wie ungeweinte Tränen. Dann ergreift die Wahrheit wieder Besitz von mir – und am nächsten Morgen fängt alles wieder an.

Mutter, dies ist ein unmögliches, widersinniges, untragbares Leben. Ich habe den Eindruck, in diesem kleinen grausamen Spiel *unschuldig* zu sein. O Mutter, warum kann Deine Gnade nicht diesem tiefen Teil in mir Vertrauen schenken, der so gut weiß, daß Du die Wahrheit bist? Befreie mich von diesen schlechten Kräften, denn in der Tiefe will ich nur Dich und Dich allein. Gib mir die Aspiration und die Kraft, die ich nicht habe. Wenn Du dieses Yoga

53

nicht für mich ausführen kannst, scheint es mir, daß ich niemals die Kraft haben werde durchzuhalten.

Etwas muß DURCHBROCHEN werden, ist es nicht möglich, diese Operation ein für allemal zu machen, ohne es so lange hinzuschleppen? Mutter, ich bin Dein Kind.

Bernard

Mutter, dieser Brief ist ein *Gebet.*

(Mutters Antwort)

11. Juni 1955

Mein liebes Kind,

Dein Fall ist nicht einmalig; andere (und unter den Besten und Treue-sten) sind ebenso ein wahrhaftiges Schlachtfeld für die Kräfte, die sich der Ankunft der Wahrheit entgegenstellen. Sie fühlen sich machtlos in diesem Kampf, schmerzvolle Zeugen, Opfer ohne Kampfkraft; denn dies vollzieht sich in dem Teil des physischen Bewußtseins, in dem die supramentalen Kräfte noch nicht voll wirksam sind. Ich bin zuversichtlich, daß sie es bald sein werden. Aber in der Zwischenzeit heißt das einzige Heilmittel Ausdauer und die Fähigkeit, zu leiden und geduldig auf die Stunde der Befreiung zu warten.

Während ich Deinen Brief las, habe auch ich gebetet, daß er erhört werden möchte.

Mit meinen Segenswünschen.

Mutter

3. September 1955

(Brief von Satprem an Mutter)

Pondicherry, 3. September 1955

Mutter, seit Wochen scheint es mir, daß ich mich an allen Ecken in mir selbst wie in einem Gefängnis stoße, und es gelingt mir nicht, da hinaus-zubrechen. Mutter, ich brauche Deine Nähe und Dein Licht, um aus dieser ummauerten Nacht herauszukommen, in der ich ersticke.

Wo auch immer ich mich konzentriere, im Herzen, über dem Kopf, zwi-schen den Augen – überall stoße ich mich an einer Mauer, die nicht weichen will; ich weiß nicht mehr, zu welcher Seite ich mich wenden soll, was ich tun, sagen, beten muß, um mich endlich zu befreien. Mutter, ich weiß, daß ich nicht alle erforderlichen Anstrengungen mache, aber hilf mir, diese Anstrengung zu machen, ich flehe um Deine Gnade. Ich muß so dringend endlich diesen zuverlässigen Felsen finden, auf den ich mich stützen kann, diesen Raum von Licht, in dem ich endlich Zuflucht finden kann. Mutter, öffne dieses psychische Wesen in mir, öffne mich zu Deinem einzigen Licht, das ich so dringend brauche. Ohne Deine Gnade kann ich mich nur verzweifelt im Kreise drehen. O Mutter, möge ich in Dir leben.

Dein Kind

Bernard

15. September 1955

Pondicherry, 15. September 1955

Mutter ... alle die kleinen Revolten, die kleinen Spannungen, die schlechten Willensregungen und die kleinen vitalen Forderungen, alles scheint sich mit einem einzigen Schlag zu kristallisieren und einen einzigen Block des offenen, entschiedenen Widerstandes zu bilden. Mir ist bewußt geworden, daß seit dem Anfang meiner Sadhana das Mental das Spiel geleitet hat – mit dem Psychischen im Hintergrund – es hat mich „in Zaum gehalten", mir geholfen, alle widerstrebenden Bewegungen zu knebeln, aber in keinem Augenblick, oder sehr selten, hat das Vital sich dem höheren Einfluß unterworfen oder geöffnet. Die wenigen Male, wo das Vital teilnahm, fühlte ich einen großen Fortschritt. Und jetzt stehe ich vor einem festen Block, der „nein" sagt und der überhaupt nicht von dem überzeugt ist, was das Mental ihm seit fast zwei Jahren auferlegt hat.

Mutter, ich bin wach genug, mich nicht gegen Dein Licht zu empören und zu verstehen, daß das Vital nur ein Teil meines Wesens ist, aber ich bin zu dem Entschluß gekommen, daß die einzige Art, das Vital zu „überzeugen" darin besteht, es nicht zu zwingen oder zu ersticken, sondern es seine Erfahrung machen zu lassen, damit es selbst versteht, daß es auf diese Weise nicht befriedigt werden kann. Ich fühle das Bedürfnis, das Ashram für eine Zeit zu verlassen, um zu sehen, wie ich außerhalb des Ashrams atmen kann, und ohne Zweifel zu erkennen, daß man nur hier wirklich atmen kann.

Ich habe Freunde in Bangalore und wollte sie besuchen, für vierzehn Tage oder drei Wochen, vielleicht mehr, vielleicht weniger, die Zeit, um das Vital seiner eigenen Freiheit gegenüberzustellen. Ich brauche vitale Aktivität, Bewegung, zum Beispiel Boot fahren, mit Freunden sein ... usw. Ich empfinde genau das gleiche Bedürfnis, das ich früher auf langen Seereisen an der

Küste der Bretagne zu befriedigen suchte, eine Art Hunger nach Raum und Bewegung.

Andernfalls, Mutter, steht dieser Block vor mir, der alles andere verdunkelt und mir *den Geschmack an allem verdirbt*. Ich möchte fortgehen, aber nicht in Auflehnung, sondern ich möchte eine Erfahrung machen und Deine Zustimmung dazu haben. Ich möchte nicht durch Deine Unzufriedenheit oder Deine Verurteilung von Dir abgeschnitten sein, denn das erschiene mir entsetzlich und ich könnte mich nur noch in die schlimmsten Exzesse stürzen, um zu vergessen.

Mutter, ich wünschte, daß Du mir verzeihst, daß Du mich verstehst und vor allem, daß Du mir Deine Liebe nicht entziehst. Ich möchte, daß Du mir sagst, ob ich für einige Wochen weggehen kann und wie Du das *beurteilst*. Es scheint mir, daß ich im Tiefsten Dein Kind bin, trotz all dem??

Bernard

19. Oktober 1955

(Handschriftliche Notiz von Mutter)

Die drei Bilder der vollkommenen Hingabe seiner selbst an das Göttliche:

1) Sich zu Seinen Füßen niederwerfen, frei von allem Hochmut und in vollkommener DEMUT.

2) Sein ganzes Wesen vor Ihm entfalten, seinen Körper völlig öffnen, von Kopf bis Fuß, wie man ein Buch öffnet, seine Zentren ausbreiten, damit alle ihre Bewegungen in voller AUFRICHTIGKEIT sichtbar werden und nichts verborgen bleiben kann.

3) Sich in Seine Arme schmiegen, mit einem empfindsamen und unbedingten VERTRAUEN in Ihm schmelzen.

Diese Bewegungen können von drei Formeln begleitet werden, oder einer von ihnen, je nach dem Fall:

1) Möge Dein Wille geschehen und nicht der meine.

2) Was Du willst, was Du willst …

3) Ich gehöre Dir für alle Ewigkeit.

Meistens, wenn diese Bewegungen in der wahren Weise gemacht werden, folgt ihnen eine vollkommene Vereinigung, eine Auflösung des Egos, die eine höchste Glückseligkeit hervorbringt.

Oktober (?) 1955

(Brief von Satprem an Mutter)

Pondicherry, 1955

Mutter, als ich Dich verließ, bekam ich Post von meinen Freunden aus Bangalore. Sie haben gerade eine alte mongolische Residenz in Hyderabad gekauft, umgeben von Gärten, die dem Nizam gehörten ... Sie schlagen vor, daß ihr neuer Besitz ein bezaubernder Rahmen wäre, um das Buch zu schreiben, das ich seit Jahren schreiben wollte und das ich nicht schrieb, weil ich dauernd über Berg und Tal rannte. Schließlich sagen sie ausdrücklich, wenn ich Bedenken hätte, lange bei ihnen zu bleiben, könnten sie leicht bei ihrem Freund, dem Maharadscha von Jaipur, oder auch in Hyderabad, eine einträgliche und wenig aufreibende Arbeit für mich finden, die mir Zeit läßt, zu schreiben oder zu tun, was mir gut scheint.

All das läßt mich brennen und entfacht viele Verlockungen, die sehr verschiedene und nicht sehr befriedigte Elemente in mir ansprechen.

Um das Bild zu vervollständigen – denn ich weiß nicht, welche Inspiration mich drängt, Dir all das im Einzelnen darzustellen – muß ich Dir sagen, daß diese Freunde Opiumraucher sind und daß Opium eine wichtige Rolle in meinem Leben gespielt hat und immer noch eine starke Anziehung auf mich ausübt, die Anziehung des Vergessens.

Dies ist die Situation. All das kollidiert in mir um so stärker, weil es jetzt geschieht, bei meinem gegenwärtigen Geisteszustand, den Du kennst.

Es scheint mir unwahrscheinlich, daß ich widerstehen könnte ... und dennoch ist nichts sicher in mir, denn es drängt mich, Dir zu schreiben in der Hoffnung auf irgendein Wunder, das mir zeigen würde, wo mein Weg ist, und mein ganzes Wesen überzeugen würde.

Mutter, ich möchte zugleich Dein Kind sein und weggehen!! All das zerreißt mich. Wo ist die Lösung für diese Unmöglichkeit?

Ich bin nicht sehr würdig, Dein Kind zu sein.

Bernard

Oktober 1955

(Brief von Satprem an Mutter)

Bangalore, Oktober 1955

Liebe Mutter, in den drei Tagen seit ich das Ashram verlassen habe, hörte ich nicht auf, Deine Gegenwart in meinem Inneren als das einzig Wesentliche, das einzig Sichere inmitten der verschwommenen Erscheinungen zu empfinden. Je mehr ich in diese äußere Welt eintrat, um so mehr hatte ich das Gefühl, in eine Welt ohne Dichte, ohne Beständigkeit zu kommen, in der alle Dinge und alle Wesen sich wie ein sehr dünner Schleier im Winde bewegten; und je mehr ich in diese schwankende Welt eintrete, um so mehr scheinst Du mit unumstößlicher Sicherheit in mir zu wachsen, wie das einzig Wirkliche, der einzige Grund für mein Dasein in dieser Welt – ohne dies würde alles zusammenbrechen und seinen Sinn verlieren.

Mutter, ich habe nie so stark gefühlt, wie sehr Du einen Teil von mir ausmachst, wie sehr ich Dir gehöre, ohne die Möglichkeit einer Umkehr. Und ich fühlte das nicht nur mit meinem Geist oder mit meinem Herzen, sondern in physischer Weise. Seit einigen Wochen, während der letzten „Krise", die ich im Ashram durchmachte, schien es mir auch, liebe Mutter, daß ein physisches Band sich zwischen Dir und mir gebildet hat. Täusche ich mich? Ich hatte manchmal den Eindruck, daß Du nicht nur „Mutter" dem Geist nach bist, sondern fast *meine* Mutter, wie wenn Du mich wirklich physisch auf die Welt gebracht hättest, und daß es überhaupt nichts „Fremdes" mehr in meiner Beziehung zu Dir gibt. Meine Worte sind unbeholfen, aber Du wirst die Wahrheit, die dahinter liegt, sehen können, selbst wenn diese Wahrheit für mich noch verworren ist.

Ich glaubte, ich hätte einen spirituellen „Fehler" begangen, als ich das Ashram verließ. Aber jetzt scheint es mir, daß diese Erfahrung notwendig war, denn sie stellt mich mit schreiender Offensichtlichkeit dem Sinn meines Lebens, seiner tiefen Wirklichkeit gegenüber. Ich mußte meine Anwesenheit im Ashram irgendwie „objektivieren", sie von außen sehen. Ich glaube nicht, daß dies gute oder schlechte Gründe sind, um mental diese Flucht zu rechtfertigen – denn ich sehe keine anderen Gründe für dieses Weggehen. Und ich spüre kein einziges Verlangen, das ich befriedigen möchte, als würden alle diese „Vergnügungen" der Welt nichts mehr in mir wachrufen. Gewiß ist Deine Gnade hier. Die einzige Erfahrung, die ich gemacht habe, ist die, Opium zu rauchen. Früher empfand ich dabei eine Befriedigung, die mir sehr „raffiniert" erschien, und nun finde ich nur noch Magenkrämpfe und einen Stumpfsinn ohne Freude. Es ist seltsam, aber ich habe den Eindruck, daß nichts mehr einen Halt über mich hat und daß die einzigen Leute, die zu leben scheinen, die im Ashram sind. Die anderen tun nur so und sind im Gegenteil vollkommen außerhalb des Lebens, so paradox das auch scheint.

Liebe Mutter, die Erfahrung ist vollendet, erlaubst Du, daß ich im Laufe der nächsten Woche zum Ashram zurückkomme? Es gibt keinen Kampf und keinen Konflikt mehr in mir, mein ganzes Wesen bedarf Deiner, bis zum physischen Wesen, es will zurückkehren und sehnt sich danach, Dir in Freude und Frieden zu dienen. Und ich strebe nicht nur danach, Dir zu dienen, sondern auch gegen die dunklen und dummen, lügnerischen Kräfte zu *kämpfen,* um Dein wahres Licht zu gewinnen, das wahre Licht meines Wesens. Ich sehe keinen anderen Sinn für mein Leben, für jedes Leben.

Mutter, ich weiß jetzt, was das Wort Weihe bedeutet. Ich will mich ganz Deinem Werk widmen, mit meinem Herzen, meinem Geist, meinem Körper und meiner Seele. Ich gehöre Dir, ohne die Möglichkeit einer Umkehr, ohne Zögern. Ich weiß, daß außer Dir nichts mehr in der Welt existiert, was die Mühe lohnt zu leben. Diese Krise hat mir geholfen, klar in mich zu sehen, und ich glaube, ich habe etwas gewonnen. Oder täusche ich mich?

Schließlich wollte ich Dir meine Dankbarkeit bezeigen, denn es scheint mir, daß ich überall Deine Hand fühle, Dein unendliches Verständnis, das mich zu Deinem Licht führt, durch alle Umwege meiner Natur, indem Du Dich ihrer bedienst und sie transformierst, sie nach und nach in jedem ihrer Elemente emporhebst bis in die kleinsten Einzelheiten. Danke, Mutter, daß Du mir erlaubt hast, Dich zu finden – und verzeihe diesem schrecklichen Kind, das sich gegen die Kraft der Transformation auflehnte, ohne Zweifel, um Dich besser wiederzufinden.

Ich fühle mich so sehr als Dein Kind mit jeder Fiber meines Wesens. Ja, Dein Kind.

Bernard

(Mutters Antwort)

21. Oktober 1955

Mein liebes Kind, ja, Du kannst sofort zurückkommen. Ich werde froh sein, Dich wiederzusehen.

Du hast Recht, die Erfahrung war nötig und sie war fruchtbar.

Dein guter Brief … genau das, was ich von Dir erwartete; denn was Du schreibst, ist wahr: auch ich fühle Dich mir ganz nah, vereint durch ein unzerstörbares Band, wie wenn ich Dich gebildet hätte, nicht nur spirituell, sondern auch materiell.

Auf ein baldiges Wiedersehen,
mit all meiner Liebe,

Mutter

CHRONIK DES WELTGESCHEHENS

1956

1. Jan.	Der Sudan wird ein unabhängiger Staat
Januar	Gründung der Bundeswehr
16. Feb.	Das englische Unterhaus schafft die Todesstrafe in Großbritannien ab
24. Feb.	Eröffnung des XX. Kongresses der KPdSU. Am 25. Feb. macht Chruschtschow in einer geschlossenen Sitzung Stalin den Prozeß
2. März	Frankreich erkennt die Unabhängigkeit Marokkos an
20. März	Frankreich erkennt die Unabhängigkeit Tunesiens an
23. März	Ausrufung der Republik Pakistan
5. April	In Vergeltung ägyptischer Angriffe bombardieren die Israelis Gaza: 42 Tote
17. April	Offizieller Besuch Chruschtschows und Bulganins in London
14. Mai	Die UdSSR kündigt an, ihre Truppenstärke um 1 200 000 Mann zu reduzieren
28. Mai	Offizielle Beendigung französischer Kolonialgüter in Indien
23. Juni	Die neue ägyptische Verfassung wird per Referendum bestätigt. Colonnel Nasser wird zum Präsident der Republik ernannt
28. Juni	Blutige Aufstände in Poznan (Polen) in der Folge von Lohnforderungen polnischer Arbeiter
4.-6. Juli	Nehru und Nixon geraten in eine heftige Auseinandersetzung über die Neutralität Indiens, die „keinen Unterschied mache zwischen der kommunistischen … und der freien Welt"
18. Juli	In den Gesprächen zwischen Tito, Nasser und Nehru in Jugoslawien wird einer neutralistischen Einschätzung zu wichtigen Fragen der Weltpolitik Ausdruck verliehen
23. Juli	Streik der Arbeiter der British Motor Corporation gegen die Automatisierung
26. Juli	Colonnel Nasser nationalisiert den Suez-Kanal
23. Aug.	Chruschtschow erklärt, für den Fall eines westlichen Angriffs gegen Ägypten werden sowjetische Truppen dorthin zur Verteidigung entsandt
15. Sept.	Ankunft sowjetischer Kampfflieger in Kairo
	Die kommunistische Partei Rotchinas versammelt sich zum ersten Mal seit der Machtergreifung. Mao Tse-Tung wird in seinem Amt als Präsident des Zentralkomitees bestätigt
28. Sept.	In Kontinental-Europa wird zum ersten Mal Nuklear-Strom durch den französischen Atomreaktor Marcoule produziert
	Oktober „Tauwetter" in Polen
23. Okt.	Aufstand in Budapest: Parteisekretär Gerö ruft gegen die Tauwetterpolitik der Regierung Nagy russische Truppen zur Hilfe
29. Okt.	Israelische Truppen ziehen in den Sinai ein
31. Okt.	Franko-Britische Streitkräfte bombardieren ägyptische Flughäfen
3. Nov.	Die Ägypter blockieren den Kanal durch die Versenkung mehrerer Schiffe
4. Nov.	Sowjetische Truppen besetzen Budapest. Janos Kadar bildet eine Gegenregierung

Die UNO-Vollversammlung beschließt die Gründung einer internationalen Polizei und fordert den augenblicklichen Rückzug sowjetischer Truppen aus Ungarn

6. Nov. Frankreich, Großbritannien und Israel stimmen unter Druck der USA zu, ihre Operationen in Ägypten zu beenden

General Eisenhower wird als Präsident der Vereinigten Staaten wiedergewählt

3. Dez. Beendigung der sowjetisch-rumänischen Unterredungen in Moskau. Die UdSSR erhält ihre Truppen in Rumänien und bewilligt Wirtschaftshilfe

9. Dez. Der Zentralrat der ungarischen Arbeiter beschließt den Generalstreik. Die Regierung verhängt das Kriegsrecht und erklärt die Arbeiterräte für außergesetzlich

12. Dez. Mit 55 gegen 8 Stimmen verdammt die UNO Vollversammlung die sowjetische Intervention in Ungarn

22. Dez. Die franko-britischen Truppen beenden die Evakuierung Port-Saids

1. Januar 1956

1956

Die größten Siege sind jene, die am wenigsten Lärm machen.

Die Manifestation einer neuen Welt verkündet sich nicht mit Trommelwirbel.

Mutter

Januar (?) 1956

(Brief von Satprem an Mutter)

Pondicherry, Januar 1956

Mutter, ich invokiere die Gegenwart von Mahakali, um alle meine *Widerstände* zu brechen, meine TRÄGHEIT, meine Niedergeschlagenheit. Lieber schmerzhafte Schläge als diese Lauheit. Warum bin ich sonst hier?

O Mutter, möge die GEGENWART von Mahakali mit mir sein, möge Sie mein ganzes Wesen zur Wahrheit, zum Licht zwingen. Brenne mich, Mutter, wenn ich Dich nicht zu lieben weiß!

Bernard

Ohne Datum 1956

(Brief von Satprem an Mutter)

Pondicherry, 1956

Jede künstlerische Schöpfung entspringt einer Frage, einem Konflikt, einem Mißverhältnis mit sich selbst, den Menschen oder dem Kosmos. Welcher Maler, welcher Dichter, welcher Schriftsteller schöpfte nicht das Beste seiner Kunst aus diesem Konflikt, von Michelangelo zu Goya, Van Gogh, Rodin, von Villon zu Rimbaud, Baudelaire oder Dostojewsky? Und das Kunstwerk – Bild, Roman oder Gedicht – ist eine Harmonie, die der Disharmonie entrissen wurde, ein Sieg über ein Chaos, eine Antwort auf eine Frage, die vom Menschen gestellt wurde – eine Metamorphose.

Die künstlerische Kreativität stützt sich auf das ganz Besondere des Menschen, das, was den anderen gegenüber am unnachgiebigsten ist, und durch diese unnachgiebige Besonderheit vollzieht der Künstler seine Metamorphose, seine Neu-Schaffung der Welt; durch sie sucht er seine Vereinigung mit den anderen und sich selbst und der Welt.

Das Yoga versucht aber, den Konflikt, das Problem oder die Frage zu unterdrücken. Der Mensch soll sich im Yoga vergessen, soll aufhören, ein Fragezeichen zu sein.

Wenn nun auf diese Weise alle Fragen eine Antwort erhalten haben, welcher Platz bleibt dann für das Kunstwerk? Wenn alles durch Transzendenz verwandelt wurde, welcher Platz bleibt für die künstlerische Metamorphose? Und wenn alles höchste Harmonie ist, kann sich diese Harmonie anders ausdrücken als durch ein Schweigen, ein Lächeln, ein Strahlen oder durch eine „inspirierte" Poesie – für die Sri Aurobindo das *einzige* Beispiel ist, auch wurde seine Poesie nicht dem Menschlichen entrissen, sie ist über-menschlich, sie kommt von *anderswoher*.

Muß künstlerische Schöpfung aufhören, menschlich zu sein, sich auf das Menschliche zu stützen? Das bedeutet, sehr große Maler, Dichter oder Schriftsteller abzulehnen. Muß man warten, bis man für die Ebene des supramentalen Bewußtseins offen ist, bevor man Yoga und künstlerisches Schaffen vereinigen kann, wenn sie überhaupt vereinbar sind, und bis dann alles unterdrücken, was den künstlerischen Elan unterstützt, das heißt das Individuum, den Konflikt, diesen Teil von sich selbst, den jeder Schöpfende als den reinsten menschlichen Teil empfindet? Muß man in sich dieses Spiel von Schatten und Licht auslöschen, aus dem die Kunst ihre höchsten Akzente schöpft?

Ohne Datum Januar (?) 1956

(Brief von Satprem an Mutter)

Pondicherry, 1956

Mutter, ich muß mich entlasten von dem, was mir das Herz zuschnürt, und wenn das Göttliche irgendwo existiert, möchte ich ihm meinen tiefen Widerwillen aussprechen. Denn das alles ist zutiefst skandalös, widersinnig und empörend. Ich weiß, daß die äußere Welt absurd ist und daß die Menschen dort vergebens leben; aber die Welt des Ashrams ist nicht weniger absurd, nicht weniger vergebens. „Man" macht sich lustig über uns, „man" mißbraucht uns – denn wenn es wirklich jemanden gibt, der der Zeuge dieser Tragikomödie ist, und wenn die ganze Welt sein „Spiel" ist, dann ist es ein grausames Spiel und er ist ein Betrüger, denn er hält alle Trümpfe in seiner Hand und gibt vor, ein Spiel mit uns zu spielen, bei dem wir verlieren müssen, ein Spiel, das wir nicht spielen können, denn wir sind machtlos, leidend, ohne Kräfte, ohne Licht.

Und alle unsere Anstrengungen sind vergebens und traurigst lächerlich. Jeden Augenblick muß alles wieder begonnen werden, ein Schritt scheint uns voran zu führen, der nächste zieht uns zurück. Wir drehen uns verzweifelt im Kreise, und manchmal gewahren wir in unserem Taumel Lichter, aber es sind kleine tanzende Lichter unserer eigenen Müdigkeit, unserer eigenen Schwäche. Es gibt keinen Sieg, es gibt nur Atempausen. Die Meditationen bringen wohl Ruhe und Frieden, aber das tut der Schlaf auch. Wir alle sind auf der Suche nach Befreiung: durch Liebe, durch Opium, Tätigkeit, Krieg oder Macht – oder durch Yoga; aber das eine Mittel ist so vergeblich wie das andere. Es gibt keine wahre Lösung, es gibt lediglich mehr oder weniger wirksame Mittel, für eine Stunde oder einen Tag zu vergessen, daß wir Menschen sind und daß wir allein sind und daß wir machtlos sind.

Es ist wohl möglich, sogar wahrscheinlich, daß ich in einer Stunde oder einem Tag ganz das Gegenteil von dem denke, was ich jetzt schreibe. Aber die Person, die ich morgen bin, *widerlegt nicht* den, der ich jetzt bin, sie macht ihn nur noch sinnloser, unerträglich sinnlos. Der ich jetzt bin, vielleicht für eine Stunde, verspürt das Bedürfnis, seinen Ekel vor diesem namenlosen Possenspiel herauszuschreien. Wir sind Hanswürste, Hampelmänner, und ich will gerne glauben, daß all das nur ein Bewußtseinszustand ist – aber dennoch ein Bewußtseinszustand des Hampelmanns. Der Hanswurst von morgen, der vielleicht das Göttliche um Gnade bittet und daran glaubt, ist immer noch ein Hanswurst – nur ein resignierter und ruhiger Hanswurst, aber nicht weniger eine sinnlose Marionette, die ein nicht weniger sinnloses Spiel spielt. Ich verstehe jene, die überall ein wenig Dynamit streuen; wenn sie den Tod suchen, dann weil sie verzweifelt leben wollten und es unmöglich ist zu leben. Man kann nicht leben, sondern nur in der einen oder anderen Weise diesem unerträglichen Dasein entfliehen. Mutter, es ist für den Menschen unmöglich, sich fünf Minuten in voller Klarheit ins Gesicht zu schauen – SONST WÜRDE ER SICH TÖTEN … So frage ich, ob das Göttliche – wenn es existiert – jemals das Leiden der Menschen gekannt hat. Wenn es existiert, warum *gibt* es den Menschen nicht *die Kräfte*, diesen „Teufelskreis" zu durchbrechen, in dem wir wie Gefangene in einer Zelle kreisen. Vor zwölf Jahren war ich zwanzig und drehte ich mich in einer Zelle in Bordeaux im Kreise und wartete auf die Hinrichtung[1] – doch ich bin immer noch dieser gleiche Gefangene: wenn ich während dieser zwölf Jahre Fortschritte gemacht habe, dann in Verzweiflung, im Leiden. Das alles ist unwürdig und empörend, wenn das Göttliche existiert.

---

1. 1943 wurde Satprem als Widerstandskämpfer von der Gestapo festgenommen und verbrachte anderthalb Jahre in den Konzentrationslagern Buchenwald und Mauthausen.

Das Ashram verlassen? – Aber die übrige Welt ist ganz genauso sinnlos. Der Mensch ist sinnlos, und Gott, wenn er existiert, ist ein reiner Skandal. Mutter, ich bin EMPÖRT und ich fühle in mir die Empörung und die Verzweiflung von all den Menschen, die das wirklich nicht verdient haben.

Bernard

Ohne Datum 1956

(Brief von Satprem an Mutter)

Pondicherry, 1956

Liebe Mutter, mit aller Aufrichtigkeit, derer ich fähig bin, möchte ich ein (für mich) wichtiges Problem vor Dir darlegen, damit Du mir hilfst, es zu lösen. Ich fühle, daß ich einen entscheidenden Wendepunkt erreiche und etwas mich hindert, weiterzugehen.

Meine ganze Vergangenheit bedrückt mich, nicht weil ich daran hänge, denn ich bedaure NICHTS in der Vergangenheit und meine einzige Hoffnung liegt vor mir, aber ich habe diese Vergangenheit nicht gänzlich wie eine Marionette durchlaufen, es scheint mir, daß „ich" sie geschaffen habe, aufgebaut wie ein Buch – seit fünfzehn Jahren, seit dem Konzentrationslager, suchte ich bewußt die Erfahrungen und durchlebte eine ganze Stufenleiter von Empörungen, von Situationen, um das Grundmaterial für ein Buch zu sammeln. Es fügt sich, daß nach und nach diese Ausarbeitung „meines" Buches mit der Suche nach meinem wahren Selbst zusammenfiel. Jetzt weiß ich, was ich suchte, aber das Buch ist in mir gewachsen, es ist wie eine machtvolle Formation, die mich beschwert, und sie beschwert mich um so mehr, da mir seit Sri Aurobindo alle meine vergangenen Erfahrungen mit Sinn beladen scheinen, wie ein Symbol; ich erkenne darin überall Deine Hand, ich entdecke den Zusammenhang all der zufälligen Erscheinungen, und es zeichnet sich eine außergewöhnliche Notwendigkeit heraus, die mich hierher führte – all das ergibt ein dichtes, lebendes, vibrierendes Buch, das wie ein Gewicht auf mir liegt. Ich muß das alles abwerfen, mich befreien, dieses Buch schreiben.

Aber ich muß nicht nur diese Vergangenheit *auflösen*, ich muß auch meine Wahl *erneuern*, meine Gegenwart hier bekräftigen – und dieses Buch fühle ich wie eine Verpflichtung, es wird mir helfen, meinen Weg in entschiedener Weise festzulegen. Es ist eine Probe.

Es gibt noch einen weiteren Gesichtspunkt, und wenn ich mich täusche, wirst Du mich aufklären: ich fühle, daß dieses Buch, wenn es Erfolg hat, anderen nützen und dem Werk von Sri Aurobindo dienen könnte. Denn ich hatte die Chance, viele der Fragen, die andere sich stellen, konkret und schmerzlich zu durchleben. So erscheinen mir alle meine vergangenen Erfahrungen wie die lebende Darstellung einer Lehre, deren Schlüssel Sri Aurobindo ist. Das, was abstrakt und philosophisch bereits erklärt wurde, kann ich in der Form eines lebendigen Romans sagen, der den Leser berührt. Ich glaube in mir eine Ausdruckskraft für diese Dinge zu spüren.

Liebe Mutter, es mag sein, daß ich mich täusche. Aber ich schreibe Dir gerade, damit Du mich aufklärst. Ich schreibe Dir das alles nicht, damit Du mein Bedürfnis zu schreiben gutheißt, sondern damit Du mir sagst, was *Dein Wille* ist. Ich will nicht „ein Schriftsteller" sein, sondern Dein Kind, Dein Instrument. Es gibt etwas in mir, das aufgelöst werden muß.

Das Problem stellt sich *praktisch*, denn es bedarf einer ziemlich langen Zeit stetiger Arbeit, um mich von all dem zu befreien. Aber ich habe dieses Buch so lange in mir herumgetragen, daß es in allen seinen Einzelheiten fertig ist – in sechs Monaten kann ich es beenden. Hier bin ich zu sehr in Anspruch genommen, um es schnell zu beenden; darüberhinaus verspüre ich das Bedürfnis, mein Leben hier von außen neu zu situieren. Ich dachte zu Brewster im Himalaja zu gehen. Ich könnte dort gewisse Arbeiten fortsetzen, die ich mit Pavitra mache. Es scheint mir, daß ich befreit und gestärkt in der Rechtfertigung meines Hierseins zurückkommen werde.

Liebe Mutter, mache ich mir etwas vor? Was ist Dein Wille? Es ist Dein Wille, den ich will, nicht meinen Wunsch, und ich bin sicher, daß Du mir die Kraft geben wirst, Deinen Anordnungen zu folgen, *wie sie auch sein mögen*. Erhelle mich.

In Dankbarkeit bin ich Dein Kind.

Bernard

P.S. Kann dieses Buch *Dir* dienen?

Ohne Datum 1956

(Brief von Satprem an Mutter)

Pondicherry, 1956

Liebe Mutter, fast jeden Abend geschieht in mir folgendes: ich bin wörtlich wie ein Paket von gebündelter Kraft, dem es nicht gelingt zu zerspringen oder sich zu fixieren und aufzulösen. Das Gewicht lastet so schwer auf meiner Brust, daß ich nur mit Schwierigkeit atme, als ob alles Blut sich dort konzentrierte und mich beklemmt. Der Druck im Kopf wird manchmal so intensiv, daß ich nicht einmal wage, die Augen zu schließen und mich noch mehr zu konzentrieren, denn es scheint mir, es könnte zerplatzen. Mein ganzes Wesen ist dermaßen angespannt und voll von der Kraft, daß es mir scheint, etwas könnte physisch *zerbrechen*.

Ist das alles vielleicht ein gefährlicher Zustand? Oder ist es eher normal? Ich möchte wissen, ob dieser Eindruck, es könnte physisch zerbrechen, ein gutes oder ein schlechtes Zeichen ist. Wenn es ein schlechtes Zeichen ist, was soll ich tun?

Es gibt gewiß einen Widerstand in mir, etwas, das grundsätzlich „Nein" sagt, und ich versuche, mich mental ruhig zu halten, ohne Empörung, aber der Widerstand sitzt in der Tiefe. Ich bin überhaupt nicht auf der Suche nach „Kräften", aber genügt diese ablehnende Haltung, um Unfälle fernzuhalten? Kannst Du mich aufklären? Was kann ich gegen diesen tiefen Widerstand tun?

Dein Kind

Bernard

P.S. Ich schlafe immer schlechter.

29. Februar 1956

Erste Supramentale Manifestation

(während der gemeinsamen Meditation am Mittwoch[1])

Heute abend war die Göttliche Gegenwart anwesend unter uns, konkret und materiell. Ich hatte eine Form aus lebendem Gold, weit wie das Universum, und ich stand vor einem ungeheuren Tor aus massivem Gold – das Tor, das die Welt vom Göttlichen trennt.

Als ich das Tor betrachtete, wußte und wollte ich, in einer einzigen Bewegung des Bewußtseins: DIE ZEIT IST GEKOMMEN – *the time has come* – und ich hob mit beiden Händen einen riesigen goldenen Hammer und versetzte dem Tor einen Schlag, nur einen einzigen, und das Tor brach in Trümmer.

Da verbreitete sich das Licht, die Kraft und das Bewußtsein des Supramentals in ununterbrochenen Wogen über die Erde.

---

1. Von Mutters Hand geschrieben.

19. März 1956

Agenda der Supramentalen Aktion auf der Erde

19. März während der Übersetzungsklasse:

Die innere Stimme sagte:

„Halte Dich gerade"

und der Körper richtete sich auf und hielt sich während der ganzen Stunde vollkommen gerade.[1]

20. März 1956[2]

Beim Aufwachen

Die Kontrolle über die Bewegungen der Wirbel, die ich lange verloren hatte (das äußerte sich in einer Art Empfindungslosigkeit und der Unfähigkeit, sie willentlich zu bewegen), ist zum großen Teil zurückgekehrt, das Bewußtsein kann sich von neuem ausdrücken und der Rücken ist fähig, sich sehr sichtlich aufzurichten.

*
* *

Am gleichen Tag auf dem Balkon[3]

Beinahe völlig aufgerichtet und die sehr klare Wahrnehmung der neuen Kraft und Macht in den Zellen des Körpers.

---

1. Handschriftliche Notiz von Mutter. Es sei darauf hingewiesen, daß Mutter zu dieser Zeit schon gebeugt war. Dieses Aufrichten des Rückens scheint ein erstes physiologisches Ergebnis der „Supramentalen Manifestation" vom 29. Februar zu sein. Aus diesem Grund notierte Mutter vielleicht die Erfahrung unter dem Titel „Agenda der Supramentalen Aktion auf der Erde". Es war das erste Mal, daß Mutter dem einen Titel gab, was ein fabelhaftes Dokument von 13 Bänden werden sollte. Die Erfahrung fand während der „Übersetzungsstunde" statt, in der Mutter zweimal wöchentlich Werke von Sri Aurobindo ins Französische übersetzte.
2. Handschriftliche Notiz von Mutter.
3. Jeden Morgen um sechs Uhr erschien Mutter auf dem Balkon, um ihren Schülern vor dem Beginn der Arbeit einige Minuten der Meditation zu geben.

21. März 1956[1]

Das Zeitalter des Kapitalismus und der Geschäfte neigt seinem Ende zu.

Doch auch das Zeitalter des Kommunismus wird vergehen. Denn der Kommunismus, so wie er verkündet wird, ist nicht konstruktiv, er ist eine Waffe, um gegen die Geldherrschaft zu kämpfen. Aber wenn die Schlacht zu Ende ist, werden die Heere mangels Verwendung entlassen, und der Kommunismus, nunmehr nutzlos, wird sich in etwas anderes verwandeln, das eine höhere Wahrheit ausdrückt.

Diese Wahrheit kennen wir, und wir arbeiten dafür, daß sie auf der Erde herrschen kann.

Ohne Datum 1956

(Brief von Satprem an Mutter)

Pondicherry, 1956

Liebe Mutter, seit langen Monaten schlage ich mich mit einem schmerzlichen Konflikt herum, und manchmal spürte ich sogar Gefahren. Schließlich bin ich ruhig in mich gegangen, und es schien mir, daß ich besser daran täte, eine Zeit lang „auf Wanderschaft" zu gehen.

Ich glaubte, mich von diesem Konflikt zu befreien, indem ich ein Buch schreibe. Aber tatsächlich geht es nicht um das Mental, das befreit werden muß, wenigstens nicht nur, sondern um das Vital, das sich *ausleben* muß.

Ich glaube eine klare mentale Wahrnehmung des zu erreichenden Ziels zu haben und ich zweifle nicht mehr an dem spirituellen Sinn meines Lebens, aber diese Art von mentaler Reife stößt sich an dem Widerstand eines zu „jungen" Vitals, das sich noch nicht genug auf den Wegen ausgelebt hat. Diese vitale Kraft hat sich hier noch verschärft, und es gelingt ihr nicht, sich zu befreien. Es ist zweifellos eine Frage der Zeit, des Alters. So wurde meine ganze Energie, besonders seit einem Jahr, auf „negative" Weise eingesetzt, in der Bemühung, nicht wegzugehen. Dieser Kampf scheint jede positive Anstrengung zu unterdrücken, sogar den eigentlichen Sinn meines Hierseins.

Diese vitale Kraft sucht nicht mehr sexuelle Erfüllung, auch nicht Erfolg in einer Welt, an die sie nicht mehr glaubt, aber sie verspürt das Bedürfnis „zu wandern", herauszukommen. Vielleicht würde alles besser gehen, wenn ich einige Zeit in den Himalaja ginge, um zu atmen? Ich will nichts ohne Deine Zustimmung tun, und wenn ich gehe, dann erst nach dem 15. August.

---

1. Handschriftliche Notiz von Mutter.

Liebe Mutter, ich schreibe all dies ruhig, ohne Empörung, aber die Schärfe des Konfliktes war in den letzten Monaten zu groß geworden, sodaß ich mich manchmal bedroht fühlte. Ich lege Dir das alles vor, damit Du mir sagst, was richtig ist.

Liebe Mutter, ich will Dein Kind bleiben trotz all dieser Schwierigkeiten. Vergib mir, daß ich Deine Zeit in Anspruch nehme und so wenig fügsam bin.

Bernard

4. April 1956

(Botschaft zum sechsundvierzigsten Jahrestag von Sri Aurobindos Ankunft in Pondicherry)

Das Supramental ist eine Wahrheit, und seine Ankunft liegt in der eigentlichen Natur der Unabwendbarkeiten.

Sri Aurobindo

4. April 1956

(Brief von Satprem an Mutter)

Pondicherry, 4. April 1956

Mutter, vor zwei Monaten hatte ich die klare mentale Wahrnehmung, daß von mir verlangt wurde, mein ganzes Leben hier zu verbringen. Darin liegt die ganze Quelle meiner Schwierigkeiten und der inneren Hölle, in der ich seitdem lebe. Jedesmal wenn ich versuche, die Oberhand zu bekommen, sehe ich dieses Bild, das sich in mir aufrichtet: dein-ganzes-Leben – und das mich in einen heftigen Konflikt zurückwirft. Als ich hierher kam, dachte ich zwei oder drei Jahre zu bleiben, und das Ashram war für mich ein Mittel der Verwirklichung, kein Ende.

Nun verstehe ich, daß es keinen Ausweg, keine „Genesung" geben kann, solange nicht mein ganzes Wesen AKZEPTIERT, sein Leben hier zu beenden. Durch meine mentalen Kräfte allein ist diese Zustimmung unmöglich, seit zwei Monaten drehe ich mich in einem Teufelskreis und das Mental macht sich zum Komplizen des Vitals. Deshalb muß eine größere Kraft als die meine mir zu dem Einverständnis helfen, daß mein Weg hier liegt. Ich brauche Dich, Mutter, denn ohne Dich bin ich verloren. Ich brauche Deine Zusage, daß die Wahrheit meines Wesens wirklich hier liegt und daß ich wirklich bereit bin, diesem Weg zu folgen. Mutter, ich flehe Dich an, hilf mir, die Wahrheit meines Wesens zu sehen, gib mir ein Zeichen, daß mein Weg hier liegt und nicht woanders. Ich bitte Dich, Mutter, hilf mir zu wissen.

Ich hatte auch das sehr deutliche Gefühl, Du gäbest mich auf, ich könnte wohl alles tun, was ich wollte, Du hättest kein Interesse mehr an mir. Vielleicht verzeihst Du mir gewisse innere Revolten nicht, die heftig wüteten? Bin ich völlig *schuldig?* Hast Du mich wirklich aufgegeben?

Ich bin im Grunde meines Wesens gebrochen und zerschlagen, so wie ich es im KZ in meinem Körper war. Wird die göttliche Gnade Mitleid mit mir haben? Kannst Du, willst Du mir helfen? Ganz allein vermag ich nichts, ich bin in einer vollkommenen Einsamkeit, sogar jenseits aller Empörung, am Ende meiner selbst.

Und ich liebe Dich trotz allem, was ich bin.

Bernard

(Mutters Antwort)

4.4.56

Mein Kind, ich habe Dich nicht aufgegeben und ich bin bereit zu vergessen, alle Revolten auszulöschen.

Meine Hilfe ist *immer* bei Dir.

Mutter

20. April 1956

(Brief von Satprem an Mutter)

Pondicherry, 20. April 1956

Liebe Mutter,

Die Schwierigkeiten der letzten Wochen haben mir gezeigt, sobald man auch nur ein wenig vom wahren Bewußtsein abweicht, kann alles geschehen, jede Ausschweifung, jede Störung oder Verirrung – und ich fühlte große Gefahren um mich lauern. Mutter, Du hast mir bezüglich Patrick[1] gesagt, daß

---

1. Ein Freund von Satprem, der verrückt wurde und in einem japanischen Krankenhaus starb.

das Gesetz der Manifestation ein Gesetz der Freiheit ist, sogar der Freiheit, falsch zu wählen. Heute abend habe ich die sehr tiefgehende Wahrnehmung, daß diese Freiheit fast immer eine Freiheit ist, falsch zu wählen. Ich hege eine große Furcht, von neuem das wahre Bewußtsein zu verlieren. Ich bin mir darüber klar, wie sehr alles in mir zerbrechlich ist und daß eine Kleinigkeit genügt, mich wegzureißen.

Liebe Mutter, ich möchte Dich jetzt um eine große Gnade bitten, aus der Tiefe meines Herzens: Nimm meine Freiheit in Deine Hände. Hindere mich, wieder von Dir wegzufallen. Ich lege diese Freiheit in Deine Hände. Behüte mich, Mutter, beschütze mich. Schenke mir die Gnade, mich zu übernehmen und mich ganz in Deinen Händen zu halten, wie ein Kind, dessen Schritte unsicher sind. Ich will diese Freiheit nicht mehr. Du bist es, die ich will, die Wahrheit meines Wesens. Mutter, ich erbitte von Dir als Gnade, mich von der Freiheit einer falschen Wahl zu befreien.

Bernard

(Mutters Antwort)

21.4.56

Mein liebes Kind,

Es ist einverstanden – von ganzem Herzen akzeptiere ich die Gabe Deiner Freiheit, falsch zu wählen … Und ich werde Dir auch immer von ganzem Herzen helfen, die Wahl zu treffen, die Dich direkt zum Ziel führt – das heißt zu Deinem wahren Selbst.

Mit all meiner Zärtlichkeit und meinen Segenswünschen.

Mutter

23. April 1956

Mutter nahm einen alten Text von „Gebete und Meditationen" (vom 25. September 1914):

Der Herr hat gewollt, und Du verwirklichst;
Ein neues Licht wird über der Erde anbrechen.
Eine neue Welt wird geboren werden.
Und die Versprechungen werden erfüllt sein.

und änderte ihn von ihrer Hand folgendermaßen:

29. Februar – 29. März

Herr, Du hast gewollt, und ich verwirkliche.
Ein neues Licht bricht an über der Erde.
Eine neue Welt wurde geboren.
Und die Versprechungen sind erfüllt worden.

24. April 1956[1]

Die Manifestation des Supramentals auf der Erde ist nicht mehr nur ein Versprechen, sondern eine lebende Tatsache, eine Wirklichkeit. Es ist hier auf Erden am Werke, und ein Tag wird kommen, wo der Blindeste, der Unbewußteste, sogar der willentlich Unwissendste es erkennen muß.

Ohne Datum 1956

(Brief von Satprem an Mutter)

Pondicherry, 1956

Liebe Mutter, ich fühle intensiv, fast schmerzlich, wie sehr alle meine Beziehungen mit der äußeren Welt FALSCH, dunkel und unwissend sind. Sobald ich mich vom Herzen meines Wesens entferne, werden alle meine Handlungen „ungenau", alle meine Verbindungen mit den anderen Wesen verwirrt, sogar meine Arbeit wird von tausend kleinen zweifelhaften Beweggründen angegriffen. Mutter, ich weiß mit blendender Sicherheit – selbst wenn diese Sicherheit nur mental ist –, daß die einzige Lösung darin besteht, das wahre Wesen in mir zu berühren. Ich weiß, wenn ich das wahre Wesen finde, werde ich die richtige Tätigkeit finden, die richtigen Beziehungen mit der Außenwelt, die Wahrheit, die Erkenntnis, die Freude. Ich weiß das jetzt

---

1. Handschriftliche Botschaft von Mutter.

in tiefer Weise und nichts mehr kann mich davon abbringen. Jeden Abend erfaßt mich diese Wahrheit körperlich. Und dennoch habe ich jeden Morgen die Hälfte vergessen und verbringe fast den ganzen Tag an der Oberfläche meines Wesens.

O Mutter, wann endlich wird meine Wahrheit des Abends auch meine Wahrheit des Tages sein?

Es MUSS etwas in mir zerbrechen und mein ganzes Wesen einnehmen. Nicht meine Kräfte können das vollbringen, sondern Deine. Mutter, ich erflehe von Dir die Gnade, in mir die Tore des wahren Wesens zu öffnen. Ich will nicht mehr diese falschen Beziehungen zur Außenwelt, dieses „beinahe" Leben. Ich will *Dein* Instrument sein, nicht das Instrument dieses unwissenden und schmerzlichen Egos. Mutter, ich erbitte nichts als das Wahre, das Licht, das, was mein wahres Selbst ist. Ich habe genug, genug von diesem Ich der Oberfläche, das fast alle meine Tage einnimmt.

Möge Dein Wille geschehen.

Dein Kind, das Deiner so sehr bedarf.

Bernard

P.S. Was ist das Hindernis?

Ohne Datum 1956

(Brief von Satprem an Mutter)

Pondicherry, 1956

Liebe Mutter, es scheint mir gut zu sein, Dir zu berichten, was gestern abend während der Austeilung in mir geschehen ist, wenn auch nur, um Dir meinen unendlichen Dank zu sagen.

Zu allererst begann ich mit vollkommener Klarheit zu fühlen und wahrzunehmen, daß Du es warst, und Du allein, die mein Yoga ausführte, daß Du alles für mich tatest und daß Du seit jeher da warst, um jeden meiner Schritte zu lenken. Leuchtend spürte ich, daß ich ohne Dich niemals einen Schritt vorwärts hätte gehen können und daß alle meine Anstrengungen im Grunde dazu dienten, mich in gewisser Hinsicht die Nutzlosigkeit aller meiner Anstrengungen zu lehren und mich zu diesem Punkt der Ohnmacht zu führen, wo man sich vollkommen in die Hände einer größeren Macht geben muß, in Deine Hände. Und ich fühlte so unbedingt, daß durch Dich ALLES für mich getan werden wird, wenn ich mich Dir ganz anvertraue. Und es war wie eine Befreiung, wie wenn Du ein Gewicht von meiner Brust höbest. Ich mußte mich nicht mehr innerlich festklammern, stoßen und zerren, bis ich innerlich gekrümmt wurde, es genügte, Dich wirken zu lassen.

Dann fühlte ich, wie eine doppelte Bewegung sich in mir einrichtete, eine fast physische Bewegung, die dem Rhythmus meiner Atmung folgte, als würde ich jedesmal, wenn ich einatmete, etwas empfangen, und mein Ausatmen war wie eine Darbietung meiner selbst. Diese doppelte Bewegung des Empfangens und der Darbietung schien in mir zu wachsen, wie wenn es die eigentliche Atmung der Welt wäre, die Atmung der Welt, die empfängt und sich gibt. Und ich bemerkte, daß die Atmung irgendwann anhalten, der Kreis sich schließen könnte, die beiden Atemzüge sich in einer leuchtenden Unbeweglichkeit vereinigen könnten. Und unbestimmt, wie von weitem, hinter einem Schleier, wurde ich einer Art von reinem, strahlenden, weißen Licht gewahr, und das warst Du im Herzen der Welt. Dann fühlte ich, wie wunderbar es war, sich geben zu können. Es erschien mir als das Wissen um das Geheimnis der Dualität, um die Freude des Gebens, um die Freude der Liebe. Dann hatte ich den Eindruck, daß ich anfing zu mentalisieren, ich fürchtete, zu genau aufzuzeichnen, was vor sich ging, und wandte mich einfach zu Dir, im Schweigen und in der Liebe, es schien mir, daß die Erfahrung ein Hindernis sein könnte, ein Ort, wo man stehenblieb, während man doch immer weiter gehen muß. Dann schien es mir, daß Du da warst, ich sah Dich nicht genau, aber ich fühlte: ich fühlte, daß Du mir zuläцheltest wie hinter einem Schleier. Die Austeilung war zu früh beendet und dann hatte ich eine Unterrichtsstunde. Aber selbst heute morgen bleibt mir eine Art freudiger Sicherheit im Herzen, und das Bedürfnis, Dir meine unendliche Dankbarkeit, meine Liebe zu sagen. Ich gehöre Dir, Mutter, mit meinem Körper, meinem Leben, meinem Geist.

Ich will nur, was Du willst.

Alles ist Gnade.

Dein Kind

Bernard

P.S. Wenn etwas derartiges geschieht, soll ich Dich dann durch mein Schreiben stören oder besser mich mit innerer Dankbarkeit zufrieden geben?

(Mutters Antwort)

Das stört mich überhaupt nicht, und Du hast gut daran getan zu schreiben. Deine Erfahrung ist hervorragend, und ich war sehr glücklich sie zu lesen – sie strahlt wie ein Licht über einem neuen Horizont.

Immer bei Dir.

Mutter

2. Mai 1956

Auszug aus der Mittwochsklasse.

> *Mutter, Du hast gesagt: „Das Supramental ist auf die Erde her-*
> *abgekommen". Was bedeutet das genau? Du hast auch gesagt:*
> *„Die Versprechungen sind erfüllt worden". Was sind diese Ver-*
> *sprechungen?*

Ah! da, die Unwissenheit! Seit langer Zeit wurde es versprochen, seit langem wurde es gesagt – nicht nur hier: seit dem Anfang der Erde. Es gab die verschiedensten Voraussagungen, die verschiedensten Propheten; sie sagten: „Es wird neue Himmel geben und eine neue Erde, eine neue Rasse wird geboren, die Erde wird transformiert..." Die Propheten in allen Überlieferungen sprachen davon.

> *Du hast gesagt: „Sie sind erfüllt worden."*

Ja. Und?

> *Wo ist die neue Rasse?*

Die neue Rasse? Warte etwa ... einige Tausend Jahre, und du wirst sie sehen!

Als das Mental auf die Erde herabkam, verging ungefähr eine Million Jahre zwischen dem Augenblick, wo das Mental sich in der irdischen Atmosphäre manifestierte, und dem Erscheinen des ersten Menschen. Jetzt wird es schneller gehen, denn der Mensch ist in Erwartung, er hat eine unbestimmte Idee; er erwartet in irgendeiner Weise die Ankunft des Übermenschen. Die Affen hingegen erwarteten sicher nicht die Geburt des Menschen, sie dachten nie daran. Aus dem guten Grunde, daß sie wahrscheinlich nicht viel denken! Aber der Mensch hat daran gedacht und erwartet es, da wird es schneller gehen. Aber schneller, das bedeutet wahrscheinlich noch Tausende von Jahren. Wir werden in einigen Jahrtausenden wieder davon sprechen!

(Schweigen)

Die Menschen, die innerlich bereit sind, die offen sind und eine Beziehung zu den höheren Kräften haben, die Menschen, die eine mehr oder weniger direkte Berührung mit dem supramentalen Licht und dem supramentalen Bewußtsein erfahren haben, die können den Unterschied in der irdischen Atmosphäre fühlen.

Aber dafür ... Nur Gleiches kann Gleiches erkennen. Nur das Supramentale Bewußtsein in einem Individuum kann das Supramental wahrnehmen, das in der irdischen Atmosphäre wirkt. Jene, die aus irgendeinem Grunde diese Wahrnehmung entwickelt haben, können es sehen. Aber die, welche nicht einmal bewußt sind, sei es auch nur eines geringfügig innerlichen Wesens, und die große Schwierigkeiten hätten zu sagen, wie ihre Seele beschaffen ist, die sind gewiß nicht bereit, den Unterschied in der irdischen Atmosphäre wahrzunehmen. Dazu haben sie noch einen langen Weg vor sich. Denn für die, deren Bewußtsein mehr oder weniger ausschließlich im äußeren Wesen konzentriert ist – im mentalen, vitalen und physischen Wesen –, müssen Dinge einen widersinnigen und unerwarteten Anschein haben, damit sie sie erkennen können. Dann nennen sie es Wunder.

Aber das ständige Wunder der eingreifenden Kräfte, die die Umstände und die Naturen ändern und die eine sehr verbreitete Wirkung haben, das nennt ihr nicht Wunder, weil ihr gerade nur die Erscheinung seht, und das scheint euch vollkommen natürlich. Aber in Wahrheit, wenn ihr auch nur über das geringste der Ereignisse nachdächtet, müßtet ihr sagen, daß es wunderbar ist.

Das ist einfach weil ihr nicht darüber nachdenkt, weil ihr die Dinge nehmt, wie sie sind, für das, was sie sind, ohne zu fragen, andernfalls würdet ihr täglich sehr viele Gelegenheiten haben zu sagen: „Halt! Aber das, das ist ganz erstaunlich. Wie ist das gekommen?"

Einfach die Angewohnheit eines rein oberflächlichen Sehens.

Liebe Mutter, welche Haltung sollten wir gegenüber diesem Neuen Bewußtsein einnehmen?

Das hängt davon ab, was ihr damit tun wollt.

Wenn ihr es wie eine Kuriosität anschauen wollt, dann müßt ihr nur schauen und versuchen zu verstehen.

Wenn ihr wollt, daß es euch selbst ändert, dann müßt ihr euch öffnen und eine Anstrengung des Fortschritts machen.

Werden wir kollektiv oder individuell von dieser neuen Manifestation profitieren?

Warum stellt ihr diese Frage?

Weil viele Leute hier ankommen und fragen: „Wie können wir davon profitieren?"

Oh!

Und warum sollten sie davon profitieren? Welchen Anspruch haben sie, zu profitieren? Nur weil sie einen Zug genommen haben, um herzukommen?

Ich kannte Leute, die hierher kamen, das ist sehr, sehr lange her (oh! ich erinnere mich nicht mehr, aber sehr lange, gewiß mehr als zwanzig

Jahre), und als das erste Mal jemand im Ashram starb, zeitigten sie eine beträchtliche Unzufriedenheit und sagten: „Aber ich bin hierhin gekommen, weil ich dachte, daß dieses Yoga mich unsterblich macht! Doch wenn man hier sterben kann, warum bin ich gekommen?!"

Nun, es ist das gleiche. Die Leute nehmen den Zug, um herzukommen – beinahe hundertfünfzig Leute mehr kamen als die anderen Male[1], einfach weil sie „profitieren" wollen. Aber vielleicht haben sie gerade deswegen nicht davon profitiert! Es ist nämlich nicht gekommen, um den Leuten auch nur den geringsten Vorteil zu bringen.

Sie fragen, ob es leichter sein wird, ihre inneren Schwierigkeiten zu überwinden.

Ich wiederhole dasselbe. Welchen Anspruch und welches Recht haben sie, Erleichterung zu verlangen? Was haben sie selbst auf ihrer Seite getan? Warum sollte es leichter sein? Um die Trägheit und Gleichgültigkeit der Leute zu befriedigen – oder wofür?

Weil man immer, wenn etwas Neues kommt, die Idee hat, davon zu profitieren.

Nein! Nicht nur, wenn etwas Neues kommt: in allen Fällen und immer hat man die Idee zu profitieren. Aber das, das ist die beste Art, nichts zu bekommen.

Wen will man hier täuschen? Das Göttliche?... Das ist kaum möglich. So geht es auch mit denen, die um eine Unterredung bitten. Ich sage ihnen: „Hört, ihr seid in großer Zahl gekommen, und wenn jeder mich um eine Unterredung bittet, werde ich in allen Tagen zusammen nicht genug Minuten haben, um jeden zu sehen. In der Zeit, die ihr hier seid, werde ich nicht einmal eine Minute haben." Dann sagen sie: „Oh! ich habe mir soviel Mühe gemacht, ich bin von so weit hergekommen, ich bin vom hohen Norden hierhin gekommen, ich habe so viele Reisestunden auf mich genommen – und ich habe nicht das Recht auf eine Unterredung?" Ich antworte: „Ich bedaure, aber Sie sind nicht der einzige, der so ist."

So ist das: es heißt geben-geben, ein Kuh-Handel. Wir sind kein Geschäftsunternehmen, wir haben gesagt, wir treiben keinen Handel.

Die Zahl der Schüler wächst jetzt von Tag zu Tag, was bedeutet das?

---

1. Es handelt sich um das *Darshan* vom 24. April 1956. Viermal im Jahr zogen die Schüler und Besucher während der „Darshans" hintereinander an Mutter (und früher Sri Aurobindo) vorbei, um ihren Blick zu empfangen.

Aber natürlich wird sie mehr und mehr anwachsen! Und deshalb kann ich nicht das tun, was ich tat, als hundertfünfzig Personen im Ashram lebten. Wenn sie nur ein klein wenig Vernunft hätten, würden sie verstehen, daß ich jetzt nicht die gleichen Beziehungen mit den Leuten haben kann (diese Tage waren es 1800, meine Kinder!), so kann ich nicht die gleichen Beziehungen mit 1845 Personen haben (ich glaube das ist die Zahl) wie mit dreißig oder selbst mit hundert. Das scheint mir eine leicht verständliche Logik zu sein. Aber sie wollen, daß alles so bleibt, wie es war, und daß, wie ihr sagt, es ihnen als erste „zugute kommt".

Mutter, als das Mental in die irdische Atmosphäre herabkam, machte der Affe keine Anstrengungen, um sich in einen Menschen zu verwandeln, die Natur erbrachte die Anstrengung. Aber jetzt …

Aber es ist nicht der Mensch, der daran geht, sich in den Übermenschen zu verwandeln!

Nein?

Versuche es ein wenig! *(Lachen)*
Es ist „Das", etwas anderes, das arbeiten wird.

Dann sind wir …

Nur – ja, es gibt ein „nur", ich will nicht so grausam sein: JETZT KANN DER MENSCH MITARBEITEN. Das heißt, er kann sich dem Prozeß hingeben, willig, mit Aspiration, er kann zu seinem besten Vermögen helfen. Und deshalb sagte ich, daß es schneller gehen wird. Ich hoffe, daß es VIEL schneller gehen wird.
Aber dennoch, selbst viel schneller braucht es noch ein wenig Zeit!

(Schweigen)

Hört. Ihr alle habt darüber sprechen gehört, nicht einmal, sondern vielleicht hundertmal; ihr habt selbst darüber gesprochen, ihr habt darüber nachgedacht, ihr habt es erhofft, ihr habt es gewollt (manche Leute sind dafür hergekommen, mit diesem Bestreben, die supramentale Kraft zu empfangen und sich in den Übermenschen zu verwandeln, das war ihr Ziel...) Aber wie kann es geschehen, daß ihr ALLE dieser Kraft so fremd wart, daß ihr sie nicht einmal gefühlt habt, als sie kam?!

Könnt ihr mir dieses Problem lösen? Wenn ihr die Lösung dieses Problems habt, dann habt ihr die Lösung der Schwierigkeit.

Ich spreche nicht über die Leute von außen, die nie daran dachten, die sich nie damit beschäftigten und die nicht einmal wissen, daß man so etwas wie ein Supramental empfangen kann. Ich spreche von den Leuten, die ihr Leben auf diese Aspiration ausgerichtet haben (und ich zweifle nicht eine Minute an ihrer Aufrichtigkeit), die während dreißig, fünfunddreißig Jahren, manche mehr, manche weniger, daran gearbeitet haben, ständig mit den Worten: „Wenn das Supramental kommt... Wenn das Supramental kommt..." Das war der Refrain: „Wenn das Supramental kommt..." Folglich waren sie in der bestmöglichen Verfassung, man kann von keiner besseren Verfassung träumen. Wie kann die innere Vorbereitung so (sagen wir einfach) unvollkommen gewesen sein, daß sie es nicht unmittelbar fühlten, als die Schwingung kam, durch den Schock des Erkennens?

Das Ziel eines jeden war, sich individuell vorzubereiten, in eine mehr oder weniger enge individuelle Beziehung mit dieser Kraft zu treten, um zu helfen, oder, wenn sie nicht helfen konnten, wenigstens bereit zu sein, wenn diese Kraft sich manifestierte, um sie zu erkennen und sich ihr zu öffnen. Anstatt nun ein fremdes Element in einer Welt zu sein, in der das, was ihr in euch tragt, nicht manifestiert ist, werdet ihr *Das* mit einem Schlage, ihr steht auf der Ebene dieser Atmosphäre und geht direkt in sie ein: diese Kraft ist hier, umgibt euch, durchdringt euch.

Wenn ihr einen kleinen inneren Kontakt hättet, würdet ihr sie unmittelbar wiedererkannt haben, oder?

Das ist jedenfalls bei denen geschehen, die einen kleinen inneren Kontakt hatten: sie erkannten es, sie fühlten es, sie sagten: „Ah! jetzt ist es gekommen." Aber wie kann das sein: so viele Hundert Leute, ohne von der Handvoll zu sprechen, die wahrhaft nur das wollten, nur an das dachten, ihr ganzes Leben darauf ausgerichtet hatten, wie kann es sein, daß sie nichts fühlten? Was kann das bedeuten?

Selbstverständlich kann nur das Gleiche das Gleiche erkennen. Das ist eine offensichtliche Tatsache.

Es bestand die Möglichkeit, individuell in Kontakt mit Dem zu kommen – es war sogar das, was Sri Aurobindo als den notwendigen Vorgang beschrieb: eine gewisse Anzahl von Leuten treten durch ihre innere Anstrengung und ihre Aspiration in Beziehung mit dieser Kraft. Wir nannten das den Aufstieg zum Supramental. Und selbst wenn es durch einen inneren Aufstieg wäre (das heißt, indem sie sich vom materiellen Bewußtsein lösten), wenn sie das Supramental in einem inneren Aufstieg berührt hätten, müßten sie es NATÜRLICH erkannt haben, sobald es kam. Aber es war unerläßlich, daß sie einen vorherigen Kontakt hatten: wenn sie es nicht berührt hatten, wie könnten sie es wiedererkennen!

Die universelle Bewegung verläuft so (ich habe es euch vor einigen Tagen vorgelesen): gewisse Individuen, die Pioniere, die Vorhut, treten durch die innere Anstrengung und durch einen inneren Fortschritt in Verbindung mit der neuen Kraft, die sich manifestieren soll, und sie empfangen sie in sich. Und weil es diese Aufrufe gibt, wird „Es" möglich, und das Zeitalter, die Epoche, der Augenblick der Manifestation kommt. Auf diese Weise geschah es – und die Manifestation kam zustande. Aber alle, die bereit waren, hätten sie erkennen müssen.

Ich betone, daß manche es erkannten, aber... Doch jene, die Fragen stellen und die dann auch kamen, die den Zug nahmen, um das aufzusaugen, wie man ein Glas Sirup trinkt, die überhaupt keine Vorbereitung hatten, wie konnten sie irgend etwas fühlen? Und sie sprechen schon von Nutzen: „Wir wollen davon profitieren..." Es ist schließlich gut möglich (ich mache mich lustig), wenn sie auch nur ein klein wenig Aufrichtigkeit in sich haben (nicht zuviel, denn das ist anstrengend!), ein ganz klein bißchen Aufrichtigkeit, dann würde es ihnen ein paar kräftige Stöße versetzen, damit sie schneller vorankommen! Das ist möglich. Ich denke, es wird tatsächlich so geschehen.

Aber diese Haltung ... diese ein wenig zu geschäftliche Haltung ist meistens nicht sehr gewinnbringend. Wenn die Aspiration wirklich aufrichtig ist und ihr Schwierigkeiten habt, werden sie vielleicht weniger. Hoffen wir es.

(Sich an den Schüler wendend:) Das könnt ihr ihnen also sagen: seid aufrichtig, dann wird euch geholfen.

Mutter, eine Erklärung war hier kürzlich im Umlauf, die sagt: „Dieser Sieg der jetzt errungen wurde, ist keine Herabkunft, sondern eine Manifestation. Und es ist kein individuelles Geschehnis mehr: das Supramental ist in das universelle Spiel gesprungen."

Ja-ja! Das habe ich wirklich gesagt, ich kenne es. Und?

Es heißt: „Das supramentale Prinzip ist am Werke..."

Aber ich habe euch das gerade ausführlich erklärt! (Mutter lacht) Es ist schrecklich!

Was ich eine Herabkunft nenne ist dies: am Anfang steigt das Bewußtsein empor, ihr erhascht „Das" dort oben, ihr kommt damit herab. Das ist ein INDIVIDUELLES Ereignis.

Wenn dieses individuelle Ereignis sich genügend verbreitet hat, um eine allgemeinere Möglichkeit zu ergeben, dann ist es keine Herabkunft mehr, sondern eine „Manifestation".

Was ich als Herabkunft bezeichne, ist die individuelle Bewegung in einem individuellen Bewußtsein. Und wenn eine neue Welt sich in einer alten Welt manifestiert – wie zum Beispiel als das Mental sich auf der Erde ausbreitete – dann nenne ich das eine Manifestation.

Ihr könnt es nennen wie ihr wollt, das ist mir gleich, aber man muß sich verständigen können.

Was ich eine Herabkunft nenne, das vollzieht sich im individuellen Bewußtsein. Ebenso das, was man einen Aufstieg nennt (es gibt keinen eigentlichen Aufstieg: es gibt weder oben noch unten noch Richtung, das ist eine Redeweise), ihr sprecht von Aufstieg, wenn ihr den Eindruck habt, euch zu etwas hin zu erheben; und ihr nennt es Herabkunft, wenn ihr es erlangt habt und es dann in euer Inneres herabbringt.

Wenn aber die Tore offen sind und es hereinströmt, könnt ihr das nicht eine Herabkunft nennen: das ist eine Kraft, die sich ausbreitet. Verstanden?... Ah!

Mir ist gleich, welche Worte man dafür gebraucht. Ich lege nicht viel Wert auf meine Worte, aber ich erkläre sie euch und es ist besser, sich zu verstehen, andernfalls nehmen die Erklärungen kein Ende.

Jetzt könnt ihr den Leuten, die euch diese hinterlistigen Fragen stellen, antworten, daß die beste Art, irgend etwas zu empfangen, nicht darin besteht zu zerren, sondern zu geben. Wenn sie sich dem neuen Leben hingeben wollen, gut, dann wird das neue Leben in sie kommen.

Aber wenn sie das neue Leben in sich zerren wollen, werden sie ihre Tore mit ihrem Egoismus versperren. Das ist alles.

29. Juli 1956[1]

O Du, der immer zugegen bist – anwesend in allem, was ich tue, in allem, was ich bin – meine Aspiration strebt nicht nach Ruhe, sondern nach DEINEM UNEINGESCHRÄNKTEN SIEG.

10. August 1956[2]

Herr, durch mich hast Du die Welt herausgefordert, und alle feindlichen Kräfte erhoben sich im Widerstand.[3]
Aber Deine Gnade wird den Sieg erringen.

12. September 1956[4]

(Während der Mittwochsklasse)

… Eine supramentale Wesenheit nahm mich vollkommen in Besitz.
Sie war ein wenig größer als ich: ihre Füße reichten tiefer als meine Füße und ihr Kopf überragte meinen Kopf ein wenig.
… Ein massiver Block mit rechteckiger Grundfläche – *ein Rechteck mit quadratischer Grundfläche* – aus einem einzigen Stück.
… Ein Licht, nicht wie das goldene Licht des Supramentals: ein phosphoreszierendes Licht. Ich hatte den Eindruck, im Dunkeln wäre es *physisch* sichtbar gewesen.

---

1. Handschriftliche Notiz von Mutter.
2. Handschriftliche Notiz von Mutter.
3. Tatsächlich haben sich seit der „Supramentalen Manifestation" vom 29. Februar 1956 alle die körperlichen Beschwerden von Mutter sehr verstärkt, als ob alle Dunkelheiten des physischen Bewußtseins unter dem Druck des neuen Lichtes hervorbrächen. Derselbe Befund zeigte sich bei den Schülern in Mutters Umgebung – und ohne Zweifel in der ganzen Welt. Eine seltsame „dunkle Beschleunigung" beginnt die Welt einzunehmen.
4. Dieser Text wurde nach Mutters Worten aufgezeichnet. Über das Manuskript schrieb sie: „Dieser Bericht ist exakt" und unterzeichnete den Text. Die Worte, die Mutter dabei hinzufügte oder verbesserte, erscheinen in Kursivschrift.

... Es war dichter als mein physischer Körper: der physische Körper erschien mir wie etwas beinahe Unwirkliches – wie bröckelig – wie Sand, der zerfällt.

... Ich wäre unfähig gewesen zu sprechen, Reden schien mir klein, eng, unwissend.

... Ich sah (wie soll ich es ausdrücken?) die aufeinanderfolgenden Vorbereitungen in gewissen *vorherigen* Wesen, um dies zu erreichen.

... Es war, als ob ich mehrere Köpfe gehabt hätte.

... Die Erfahrung vom 29. Februar hatte eine allgemeine Bedeutung, aber diese hier war für mich.

... Eine Erfahrung, die ich noch niemals gehabt hatte.

... Ich beginne zu sehen, wie der supramentale Körper sein wird.

... Ich hatte eine ähnliche Erfahrung im Augenblick der Vereinigung des *höchsten schöpferischen Prinzips* mit dem physischen Bewußtsein. Aber das war eine subtile Erfahrung. Diese war solide – im Körper.

... Ich „hatte" die Erfahrung nicht, ich sah sie nicht: ich WAR sie.

... Und von mir strahlte sie aus: Myriaden kleiner Funken, die die ganze Welt durchdrangen – ich sah sie *in jeden der Anwesenden eindringen*.

... Eine weitere Etappe.

14. September 1956

(Brief von Satprem an Mutter)

Hyderabad, 14. September 1956

Liebe Mutter,

Seit meiner Abreise ist kaum ein Augenblick vergangen, daß ich nicht an Dich dachte, und ich wollte warten, Dir zu schreiben, bis alles in mir klar und entschieden ist, denn ich denke wohl, daß Du schon mehr als genug platonische Erklärungen bekommst.

Meine Freunde hier hören nicht auf, mir zu wiederholen, daß ich nicht bereit bin und daß ich wie R[1], den sie kennen, eine gewisse Zeit in die Welt gehen sollte. Sie sagen, daß meine Idee, in den Himalaja zu gehen, unsinnig ist und raten mir, für einige Jahre nach Brasilien zurückzukehren, zu W,

---

1. Ein alter Schüler, der das Ashram verließ; später beging er Selbstmord.

84

einem alten amerikanischen Multimillionär – der einzige „gute Reiche", den ich kenne –, er wollte mich irgendwie zum Erben seiner Geschäfte machen und behandelte mich ein wenig wie seinen Sohn. Er war sehr enttäuscht über meine Abreise nach Indien. Meine Freunde sagen mir, wenn ich eine Etappe in der Außenwelt verbringen sollte, dann am besten bei jemandem, der mich gern hat und der mir gleichzeitig eine materielle Unabhängigkeit für die Zukunft sichern kann.

Diese Geldangelegenheiten interessieren mich nicht. Tatsächlich interessiert mich nichts außer dem Etwas, das ich tief in mir fühle. Die ganze Frage für mich ist, wirklich zu wissen, ob ich bereit für das Yoga bin oder ob meine Fehler ein Zeichen der Unreife sind. Mutter, Du allein kannst mir sagen, was richtig ist.

Ich fühle mich ein wenig verloren, abgeschnitten von Dir. Die Idee, in den Himalaja zu gehen, ist unsinnig und ich gebe sie auf. Meine Freunde sagen mir, daß ich bei ihnen bleiben kann, solange ich will, aber das ist keine Lösung; ich habe nicht einmal mehr Lust, ein Buch zu schreiben, ich scheine an nichts mehr Geschmack zu finden außer an den Bäumen in diesem Garten hier und an der Musik, die einen großen Teil meiner Tage einnimmt. Es gibt keine andere Lösung als das Ashram oder Brasilien. Du allein kannst mir sagen, was ich tun soll.

Ich WEISS, daß letztendlich mein Platz bei Dir ist, aber ist es jetzt mein Platz, nach all diesen Fehlern? Spontan suche ich Dich, Du allein stellst das Licht dar und was es an Wahrem in der Welt gibt; ich könnte niemanden außer Dir lieben, nichts anderes interessiert mich als das Etwas in meiner Tiefe, aber wird nicht alles wieder anfangen, sobald ich ins Ashram zurückkehre? Du allein weißt, in welchem Stadium ich mich befinde, was richtig für mich ist, was möglich für mich ist.

Liebe Mutter, kann ich noch um Deine Liebe bitten, Deine Hilfe? Denn ohne Deine Hilfe ist nichts möglich, und ohne Deine Liebe hat nichts einen Sinn.

Ich fühle mich als Dein Kind, trotz all meiner Widersprüche und all meiner Fehler. Ich liebe Dich.

Bernard

(Mutters Antwort)

19.9.56

Mein liebes Kind,
Von meiner Seite gab es nie eine Trennung und ich war nicht streng ... Meine Gefühle können sich nicht ändern, sie gründen sich auf etwas anderes als die äußeren Umstände.

Aber vielleicht hast Du es so empfunden, weil Du Deine Arbeit im Ashram aus einem ganz persönlichen und daher notwendigerweise egoistischen Grund im Stich gelassen hast, und der Egoismus schneidet einen immer vom großen Strom der universellen Kräfte ab. Deshalb hast Du keine klare

Wahrnehmung von meiner Liebe und meiner Hilfe mehr, die dennoch immer bei Dir sind.

Du fragst mich, was ich sehe und ob Deine Schwierigkeiten nicht wieder auftauchen werden, sobald Du ins Ashram zurückkehrst. Das Gegenteil ist nicht sicher. Wenn Du zurückkommst, so wie Du jetzt noch bist, kann es sein, daß alles nach sehr kurzer Zeit wieder anfängt. Deshalb mache ich Dir einen Vorschlag – aber um ihn anzunehmen, mußt Du heroisch sein und sehr entschieden in Deiner Hingabe an mein Werk.

Diese Möglichkeit erschien mir, als ich las, was Du über Deinen Aufenthalt in Brasilien und über W schriebst, den einzigen „guten Reichen", den Du kennst. Hier mein Vorschlag, den ich sehr einfach zum Ausdruck bringe, so spontan wie er mir erschienen ist.

Gegenwärtig wird das Werk aus Mangel an Geld verzögert, beeinträchtigt und fast gefährdet.

Was Du nicht für Dich persönlich tätest, würdest Du es für das göttliche Werk tun?

Gehe nach Brasilien zu diesem „guten Reichen", mache ihm verständlich, wie wichtig unser Werk ist, wie sehr sein Reichtum maximal für das Wohl aller und das Heil der Erde genutzt würde, wenn er ihn, auch nur teilweise, unserem Wirken zur Verfügung stellte. Erringe diesen Sieg über die Macht des Geldes, und Du wirst zugleich von allen Deinen persönlichen Schwierigkeiten befreit sein. Dann kannst Du ohne Sorge zurückkommen: Du wirst für die Transformation bereit sein.

Denke darüber nach, nimm Dir Zeit und dann sag mir frei heraus, was Du dazu meinst, und wenn es Dir so wie mir erscheint, dann öffnet sich die Tür auf dem Weg, der Dich endlich frei und stark zu mir zurückführt.

Meine ganze Liebe ist bei Dir, und meine Segenswünsche verlassen Dich nie.

Mutter

7. Oktober 1956

Ich rief zum Licht,
Und Du gabst mir das Wissen.

Z fragte mich: „Warum haben Sie den Streik[1] nicht verhindert?" Ich antwortete: „Wahrscheinlich, weil ich nicht allmächtig bin!" Er beharrte: „Das ist es nicht. Ich mache keinen Unterschied zwischen Ihrem Willen und dem göttlichen Willen … und ich weiß, daß Sie das ebensowenig machen. Warum also haben Sie das nicht verhindert?"

---

1. Es handelt sich um einen Streik der Arbeiter des Ashrams, eine der zahllosen inneren und äußeren Schwierigkeiten, die Mutter überfielen.

Und plötzlich verstand ich es.

Ich hatte einfach nicht daran gedacht. Es hatte mein Bewußtsein nicht einmal berührt. Der göttliche Wille ist überhaupt nicht so, es ist kein Wille, sondern eine *Vision*, eine globale Vision, die sieht und … Nein, sie leitet nicht (leiten setzt etwas Äußeres voraus, und nichts ist außerhalb), eine schöpferische Vision, wenn du willst; aber auch das Wort schöpferisch hat nicht die Bedeutung, die man ihm gewöhnlich gibt.

Und was ist dieses Ashram (ich sage nicht einmal im Universum, nur auf der Erde)? – Ein Punkt. Und warum sollte dieser Punkt eine besondere Behandlung erhalten?… Vielleicht wenn die Leute hier das Supramental verwirklicht hätten. Aber sind sie außergewöhnlich, um eine außergewöhnliche Behandlung zu erwarten?…

Wie Sri Aurobindo es ausdrückt, die Leute betrachten Gott als einen verherrlichten Menschen: das ist der Demiurg, Jehovah – ich nenne das den „Herrn der Falschheit".

Das Willkürliche. Aber das Göttliche ist nicht so!

Die Leute sagen: „Ich habe alles aufgegeben, ich habe alles geopfert. Als Gegenleistung dafür erwarte ich außergewöhnliche Bedingungen: daß alles schön, harmonisch, leicht ist…"

Aber die göttliche Vision ist global. Die Leute des Ashrams wollten, daß dieser Streik nicht stattfindet – aber … die anderen? Sie sind unwissend, böse, voll von schlechtem Willen usw., aber auf ihre Weise folgen sie einem Weg, und warum wäre ihnen die göttlichen Gnade verweigert? – Weil ihre Aktion sich gegen das Ashram richtet? Es ist gewiß eine Gnade.

Ich sagte: ich dachte nicht einmal daran einzugreifen. Als die Dinge drohten, übel zu werden, setzte ich einfach eine Kraft ein, damit es nicht zu häßlich würde.

Complete surrender [vollkommene Hingabe] … Das bedeutet nicht, etwas Kleines an etwas Größeres übergeben, nicht seinen Willen im Göttlichen Willen verlieren: das bedeutet, seinen Willen in etwas AUF-LÖSEN, das von anderer Natur ist.

Was ersetzt diesen menschlichen Willen?

Ein Bewußtsein und eine Vision. Man ist erfüllt von Freude und …

Ich war anders (obwohl man sagte, daß ich *noninterfering* wäre, daß ich nicht eingriff). Ich handelte, um mich zu verteidigen, und auch dann verstand ich sehr schnell, daß dies eine Reaktion von Unwissenheit war und, wenn man im wahren Bewußtsein bliebe, alles sich von selbst ordnete.

Ein Bewußtsein, das sieht und das klärt.

Und deshalb funktioniert es nicht, wenn die Leute mich zum Handeln bringen wollen: ich bin sozusagen außerhalb meiner selbst. Sobald ich ins Innere gehe, ohne Leute, sehe ich.

Ich rief ein größeres „Paket" von Gnade herbei und betete, daß die Wahrheit der Dinge sei. Wir werden sehen, was geschieht.

8. Oktober 1956

> „Immer im Höchsten deiner selbst sein,
> was auch geschieht."

Dann fragte ich mich, wann und wie bin ich im Höchsten meiner selbst? Und ich sah folgendes.

Zwei Dinge, die parallel und gleichzeitig sind, die sozusagen immer zusammen sind.

Das eine: die Identität mit dem Ursprung, die eine unbedingte Erhabenheit in der Handlung und eine vollkommene Losgelöstheit gibt.

Das andere: eine Identität mit der höchsten Gnade, die in der Handlung die Auflösung, das Auslöschen aller begangener Irrtümer gibt, was auch immer und durch wen auch immer es sei – und das Auslöschen aller Folgen dieser Irrtümer.

In dem Augenblick, als ich das erkannte, sah ich, daß die dritte Haltung, die ich in der Handlung einnehme, der Wille zum Fortschritt für die ganze Erde und für jedes einzelne Individuum, nicht das Höchste meines Wesens ist.

*(Gegen 6 Uhr morgens,
als Mutter auf dem Balkon erschien.)*

*
* *

Man ist immer nur ein Lehrling des Göttlichen: das Göttliche von gestern ist nur ein Lehrling für das Göttliche von morgen ... Nein, ich spreche nicht von einer fortschreitenden Manifestation: das ist viel niedriger.

Wenn ich im Höchsten meiner selbst bin, bin ich schon zu hoch für die Manifestation.

Ich bin weit über das hinausgegangen, was ich heute Morgen schrieb.

Und wenn das Menschliche zu schwer, zu eng, zu dunkel ist, um dir zu folgen?

Es ist gerade das Gegenteil von dem, was du sagst; das Göttliche in seiner Göttlichkeit leistet keinen Widerstand gegen sich selbst in seiner manifestierten Form: Es geht weit, weit über die Notwendigkeit der Gnade hinaus; Es erkennt die einzige und ausschließliche Verantwortlichkeit; und daß Es selbst und Es allein sich in seiner Manifestation ändern muß, damit alles sich ändert.

(10 Uhr)

*
* *

Nimm wenigstens eine Blume.

Ich wollte diese kleine Rose nehmen („Zärtlichkeit für das Göttliche"), denn ich halte sie für die Manifestation, die der Göttlichen Liebe am nächsten kommt. Sie ist selbstlos, ursprünglich und innig.

Das wollte ich in meinen höchsten Himmel bringen als das Kostbarste im menschlichen Herzen.

(13 Uhr)

28. Oktober 1956

(Brief von Satprem an Mutter)

Pondicherry, 28. Oktober 1956

Liebe Mutter, übermorgen, der 30., ist mein Geburtstag. Ich möchte meine innere Lage vor Dir ausbreiten, damit Du mir hilfst, eine Entscheidung zu treffen.

Ich befinde mich angesichts der gleichen Schwierigkeiten wie vor meiner Abreise nach Hyderabad, und ich beging die gleichen Irrtümer. Der Hauptgrund für diesen Zustand besteht einesteils darin, daß die Worte und die Ideen ihre Kraft über mich verloren zu haben scheinen, und zum anderen, daß der vitale Elan, der mich bisher führte, tot ist. Worauf kann sich jetzt mein Glaube stützen? Ich habe wohl noch einen Glauben, aber er ist vollkommen ABSTRAKT geworden. Das Vital arbeitet nicht mit, so bin ich völlig ausgetrocknet, treibe im Leeren, nichts scheint mir eine Richtung mehr zu geben. In mir gibt es keine Empörung, sondern nur eine Leere.

In diesem Zustand muß ich ohne Unterlaß an meinen Wald in Guyana oder an die Wege von Afrika denken, und an die Inbrunst, die mich belebte. Ich muß scheinbar mein Ziel vor mir haben und auf es zugehen. Es scheint auch, daß die äußeren Schwierigkeiten mir helfen, meine inneren Probleme zu lösen: in mir ist ein Bedürfnis nach einem „Element" – Meer, Wald, Wüste – nach einer Umgebung, mit der ich kämpfe und dank derer ich wachse. Hier entbehre ich irgendwie einen dynamischen Stützpunkt. In der Eintönigkeit der Tage hier scheint sich alles in mir zu zersetzen. Sollte ich nicht in irgendeinen Wald von Guyana zurückkehren?

Mutter, ich flehe Dich an im Namen von Dem, was mich zu Dir führte, gib mir die Kraft zu tun, WAS GETAN WERDEN MUSS. Du, die siehst und die kann, treff eine Entscheidung für mich. Du bist meine Mutter. Was auch meine Fehler, meine Schwierigkeiten sind, ich fühle mich so tief als Dein Kind.

Bernard

P.S. Wenn Du siehst, daß ich hier bleiben soll, dann gib mir die Aspiration und die Kraft, die erforderlich sind. Ich werde Dir gehorchen. Ich will Dir gehorchen.

(Mutters Antwort)

30.10.56

Man muß sich vor dem Zauber der Erinnerungen in acht nehmen. Das, was von den vergangenen Erfahrungen bleibt, ist ihre Wirkung in der Entwicklung des Bewußtseins. Aber wenn man ein Wiederaufleben einer Erinnerung anstrebt, indem man sich in die gleichen Umstände zurückversetzt, bemerkt man sehr schnell, daß sie ihrer Kraft und ihres Zaubers beraubt wurden, denn sie haben ihre Nützlichkeit für den Fortschritt verloren.

Du hast das Stadium überschritten, wo der Urwald und die Wüste Deinem Wachstum dienen könnten. Sie brachten Dich in Beziehung mit einem größeren Leben als das Deine und erweiterten die Grenzen Deines Bewußtseins. Aber jetzt brauchst Du etwas anderes.

Dein ganzes Leben hat sich bis jetzt auf Dich selbst bezogen. Alles, was Du getan hast, selbst die scheinbar selbstloseste und am wenigsten egoistische Handlung, geschah im Hinblick auf Dein Wachstum oder Deine persönliche Erleuchtung. Es ist Zeit, für etwas anderes als für Dich selbst zu leben, für etwas anderes als Deine eigene Individualität.

Öffne ein neues Kapitel Deiner Existenz. Lebe nicht mehr, um Dich selbst oder Dein Ideal zu verwirklichen, so hoch es auch sein mag, sondern um einem ewigen Werk zu dienen, das Deine Individualität allerseits überschreitet.

Mutter

22. November 1956

(Brief von Satprem an Mutter)

Pondicherry, 22. November 1956

Liebe Mutter,
Seit Wochen und Wochen verbringe ich fast alle meine Nächte im Kampf mit Schlangen. Diese Nacht wurde ich von drei verschiedenen Sorten von Schlangen angegriffen, eine giftiger und widerlicher als die andere???

Bernard

24. November 1956

(Botschaft zum dreißigsten Jahrestag von „Krishnas Herabkunft")

Ohne Sorge um Zeit, ohne Angst um Raum springen wir bereinigt aus den Flammen der Prüfung und fliegen ohne Unterbrechung zur Verwirklichung unseres Ziels, dem supramentalen Sieg.

Mutter

12. Dezember 1956

(Brief von Satprem an Mutter)

Pondicherry, 12. Dezember 1956

Mutter, ein Brief von W: er verläßt Brasilien und zieht sich endgültig von seinen Geschäften zurück.
Mutter, was soll ich aus meinem Leben machen? Ich fühle mich vollkommen allein, im Leeren. Welche Hoffnung bleibt mir, wo ich mich nicht ins

91

Ashram fügen konnte? Es besteht kein Ziel mehr für mich. Ich bin nirgendwo. Nutzlos.

Ich wollte bei Dir bleiben, und ich liebe Dich, aber etwas in mir akzeptiert kein „Ende im Ashram". In mir ist ein Bedürfnis zu TUN, zu handeln. Aber was? Was? Habe ich in diesem Leben etwas zu tun?

Jahrelang träumte ich davon, ins chinesische Turkistan zu gehen. Soll ich mich dahin wenden? Oder nach Afrika?

Ich sehe nichts, nichts. O Mutter, ich wende mich an Dich in dieser Leere, die mich bedrückt. Höre mein Gebet. Sage mir, was ich tun soll. Gib mir ein Zeichen. Mutter, Du bist meine einzige Zuflucht, denn wer würde mir den richtigen Weg zeigen, wer liebte mich außer Dir. Oder ist es mein Schicksal, in die Nacht zu gehen?

Verzeih mir, Mutter, Dich so schlecht zu lieben, mich so schlecht zu geben. Mutter, Du bist meine einzige Hoffnung, sonst ist alles in mir vollkommen verzweifelt.

Dein Kind

Bernard

26. Dezember 1956

(Brief von Satprem an Mutter)

Pondicherry, 26. Dezember 1956

Mutter, vielleicht wäre es gut, Dir zu sagen, was in mir vor sich geht, so aufrichtig wie ich kann:

Diese Wahrheit meines Wesens, dieses Selbst, das ich am intensivsten fühle, spüre ich unabhängig von jeder Form und von jeder Institution. „Das" war da, soweit mein Bewußtsein zurückgeht, es drängte mich, mich sehr früh von meiner Familie, von meiner Religion, meinem Land, von einem Beruf, einer Heirat oder der allgemeinen Gesellschaft zu befreien. Ich fühle „Das" wie eine Art vollkommener Freiheit. Diesen gleichen tiefen Drang spüre ich seit mehr als einem Jahr in mir. Ist dieses Bedürfnis nach Freiheit falsch? Verdanke ich ihm nicht, daß sich das Beste in mir entfaltet?

Und praktisch geht folgendes in mir vor: ich habe niemals die Lösung mit W wirklich angenommen und ich habe Mühe, die Lösung Somaliland anzunehmen. Aber ich fühle mich von der Idee von Turkistan angezogen, von der ich Dir erzählte, und dies ist der Grund:

Vor zehn Jahren hatte ich zwei Eingebungen, von denen sich eine zu meiner großen Überraschung verwirklichte; die erste war, daß etwas Wichtiges mich in Süd-Amerika erwartete – und ich ging dorthin, ohne daß ich es voraussehen konnte. Die zweite ist, daß etwas mich in Turkistan erwartet.

Mutter, dies ist das Problem, in dem ich mich verzweifelt im Kreise drehe. Wo ist die Wahrheit meiner Bestimmung? Ist es das, was mich so stark drängt wegzugehen, oder ist es das, was gegen meine Freiheit kämpft? Schließlich ist das, was ich aufrichtig will, die Wahrheit meines Lebens zu erfüllen. Wenn ich einen Willen habe, ist es, daß DAS WAS SEIN SOLL, SEI. Mutter, wie das Wahre wissen? Ist dieses sehr alte und sehr DEUTLICHE Drängen in mir falsch?

Dein Kind

Bernard

CHRONIK DES WELTGESCHEHENS

1957

10. Jan.   Harold Macmillan übernimmt von Sir Anthony Eden das Amt des britischen Premierministers

15. Jan.   Colonnel Nasser beschließt, alle Geldinstitute, Versicherungs- und Handelsgesellschaften in Ägypten zu „ägyptisieren"

22. Jan.   Die französische Nationalversammlung erklärt sich für den gemeinsamen Markt (EWG)

26. Jan.   Zahlreiche Verhaftungen von ungarischen Schriftstellern und Journalisten

5. Feb.   Treffen der drei „Weisen" des Euratom in Washington. In einem Kommunique wird präzisiert, daß die Vereinigten Staaten ein umfassendes Programm zur Produktion von Kernenergie in Europa unterstützen

27. Feb.   In Peking konzediert Mao hinter verschlossenen Türen, daß Widersprüche zwischen den Herrschenden und den Massen bestehen können und auch tatsächlich bestehen

6. März   Die Goldküste wird zum souveränen Staat Ghana

7. März   Der amerikanische Kongreß stimmt für die Eisenhower-Doktrin, nach welcher Streitkräfte der Vereinigten Staaten jeder von kommunistischer Aggression bedrohten Nahost-Nation beistehen

13. März   Manifest der ost- und westdeutschen Atomphysiker gegen strategische und taktische Atomwaffen

14. März   Die Kongreß-Partei triumphiert in den Wahlen zur indischen Legislative außer im Bundesstaat Kerala

25. März   Die sechs Gründungsländer unterzeichnen in Rom die Verträge des Euratom und der EWG

4. April   Bundeskanzler Adenauer beansprucht für die Bundeswehr das Recht auf taktische Atomwaffen

12. April   Achtzehn deutsche Atomphysiker erklären sich ernsthaft gegen die Ausstattung der neuen bundesdeutschen Armee mit Atomwaffen

13. April   Norwegen verweigert die Einlagerung von Atomwaffen innerhalb seiner Grenzen

15. Mai   Erste Zündung einer britischen Wasserstoffbombe in dem Gebiet der Weihnachtsinseln

12. Juni   Die erste Interkontinental-Rakete Atlas explodiert kurz nach ihrem Start vom Cape Canaveral

Das britische Unterhaus gesteht Malaisien seine Unabhängigkeit zu

15. Juli   In einer Rede in Ostrawa/Tschechoslowakei erklärt Chruschtschow, daß „die UdSSR den Lebensstandard der USA erreichen wird" und somit „der Marxismus-Leninismus gut gebuttert einen besseren Geschmack erhalten wird"

24. Juli   Überschwemmungen in China fordern tausend Leben und eine Million Obdachlose

25. Juli   Die verfassungsgebende Nationalversammlung Tunesiens hebt die Monarchie auf und ruft die Republik aus

27. Aug.   Die UdSSR zünden mit Erfolg eine ballistische Interkontinental-Rakete

19. Sept.   Der Düsenjäger Mirage III bricht den Geschwindigkeitsrekord von 2 000 km/h

	Die erste unterirdische Atomexplosion bei Las Vegas
4. Okt.	Der erste künstliche Satellit der Welt wird in Rußland gestartet
31. Okt.	Während einer Tagung der wichtigsten Führer der FLN bestätigen diese ihren Widerstand gegen jede Art von Verhandlung ohne die vorherige Anerkennung der Unabhängigkeit Algeriens
3. Nov.	Die UdSSR starten den Sputnik II mit einem Hund an Bord
16. Nov.	Die Vertreter der sich an der Macht befindlichen kommunistischen Parteien verabschieden bei einer Versammlung in Moskau eine Resolution, welche „die Einheit der Standpunkte bezüglich aller untersuchten Fragen" unterstreicht. Jugoslawien weigert sich zu unterzeichnen
17. Dez.	Erfolgreicher Flug der amerikanischen Interkontinental-Rakete Atlas

1. Januar 1957

1957

Nur eine größere Macht als die
des Bösen kann den Sieg herbeiführen.
Kein gekreuzigter,
sondern ein verherrlichter Körper
wird die Welt retten.

18. Januar 1957

(Brief von Satprem an Mutter)

Pondicherry, 18. Januar 1957

Liebe Mutter,

Mich zerreißt der Konflikt zwischen dem Schattenteil einer Vergangenheit, die nicht sterben will, und dem neuen Licht. Ich frage mich, ob anstatt in irgendeine Wüste zu fliehen, es nicht besser wäre, diesen Konflikt zu lösen, indem ich ihn objektiviere und das Buch schreibe, über das ich mit Dir sprach.

Aber ich möchte wissen, ob es tatsächlich nützlich ist, dieses Buch zu schreiben, oder ist es eine untergeordnete Aufgabe, ein Notbehelf?

Du sagtest mir einmal, ich könnte Dir „nützlich" sein. Und zufällig stieß ich vor kurzem auf diese Stelle von Sri Aurobindo: „Jeder hat etwas Göttliches in sich, etwas *ihm Eigenes*, eine Möglichkeit der Vervollkommnung und Kraft in einer bestimmten Sphäre, wie klein auch immer, die Gott ihm anbietet, und er kann sie annehmen oder zurückweisen."

Könntest Du mir als Gnade sagen, was dieses Besondere in mir ist, das Dir nützlich sein, Dir dienen kann? Wenn ich wissen könnte, welches meine wahre Aufgabe in dieser Welt ist … Alle die widersprüchlichen Anstöße in mir stammen daher, daß ich wie eine *ungenutzte* Kraft bin, wie ein Wesen, dessen Platz nicht bestimmt ist.

Was siehst Du in mir, Mutter? Erfülle ich im Schreiben das, was erfüllt werden muß – oder gehört all das noch einer niederen Welt an? Und wozu kann ich dann dienen? Wenn ich zu etwas nützlich wäre, würde mir das ein wenig Luft zum Atmen geben.

Dein Kind

Bernard

3. März 1957

(Brief von Mutter an Satprem)

3.3.57

Ich nenne Dich Satprem (wahre Liebe), denn erst wenn Du zur göttlichen Liebe erwachst, wirst Du fühlen, daß Du liebst.

Mutter

29. März 1957

(Zwei Botschaften von Mutter anläßlich des Jahrestags ihrer ersten Begegnung mit Sri Aurobindo)

Die Herabkunft des Supramentals kann die Dinge beschleunigen, aber sie wird nicht als universelles Allheilmittel wirken oder alles in einem Augenwink verändern.

Das auf die Erde herabkommende Supramental wird nichts am Menschen ändern, wenn er sich an sein Ego klammert.

Sri Aurobindo

9. April 1957

(Brief von Satprem an Mutter)

Pondicherry, 9. April 1957

Mutter,
Ich möchte mich vor Deine Füße werfen und Dir mein Herz öffnen – aber ich kann es nicht. Ich kann es nicht.

97

Denn ich sehe, wenn ich mich jetzt hingebe, dann ist es um mich geschehen und es bleibt mir nichts anderes übrig, als meine Tage im Ashram zu beenden. Und alles in mir empört sich gegen diese Idee. Bei dem Gedanken, als General-Sekretär des Ashrams zu enden, wie Pavitra, bekomme ich einfach eine Gänsehaut. Es ist unsinnig und ich entschuldige mich für diese Sprache, Mutter, denn ich bewundere Pavitra – aber es ist stärker als ich, ich kann nicht, ich will nicht so enden.

Seit einem Jahr bin ich von dieser Idee hypnotisiert, daß ich verdammt bin, hier zu bleiben, wenn ich nachgebe. Ich entschuldige mich noch einmal für diese unsinnige Sprache, denn ich weiß wohl, daß das keine Verdammnis ist, aber ein Teil in mir empfindet es so.

Ich bin so angespannt, daß ich nicht einmal mehr die Augen schließen will, um zu meditieren, aus Furcht nachzugeben. Und ich verfalle allen möglichen Irrtümern, die ich schrecklich finde, einfach weil der Druck in manchen Augenblicken zu stark ist und ich buchstäblich ersticke. Mutter, ich bin ein jämmerlicher Schüler.

Ich merke, daß ich den ganzen Fortschritt verloren habe, den ich in den ersten beiden Jahren machen konnte, und daß ich wie am Anfang bin, schlechter als am Anfang – als ob alle meine Kräfte zerstört wären, mein ganzer Glaube an mich selber zerbrochen – das geht so weit, daß ich mich manchmal verfluche, hierher gekommen zu sein.

So ist es, Mutter. Ich empfinde zutiefst meine Unwürdigkeit. Ich bin das Gegenteil von Satprem, unfähig zu lieben und mich zu geben. Alles ist versiegelt.

Was tun? Ich wollte Dich um die Erlaubnis bitten fortzugehen, sobald das Buch beendet ist (ich bin nur deshalb darauf versessen, es zu beenden, weil es mich von der Vergangenheit befreit, die es darstellt). Ich erwarte nichts von der Welt, außer ein wenig äußeren Raum, mangels eines anderen Raumes.

Bernard

P.S. Wenn ich weggehe, weiß ich dennoch, daß ich wieder hierhin kommen muß ... Alles ist gegensätzlich und aus diesem Widerspruch KANN ICH NICHT HERAUSKOMMEN.

(Mutters Antwort)

11. April 1957

Mein liebes Kind,

Ich habe Deinen Brief gelesen und hier die Antwort, die mir unmittelbar kam. Ich füge die Versicherung hinzu, daß sich nichts geändert hat und sich nichts ändern kann in meiner Beziehung zu Dir und daß Du immer mein Kind bist und sein wirst – denn das ist die Wahrheit Deines Wesens.

Hier was ich geschrieben habe:

Du hast Dir in Deiner Unwissenheit ein Wahnbild Deiner Bestimmung erdacht und dann hast Du aus diesem Wahnbild ohne Realität ein

Schreckgespenst gemacht, um das sich der ganze Widerstand Deiner äußeren Natur kristallisiert hat.

Die Unwissenheit ist zweifach:

– im Universum gibt es nicht – kann es nicht zwei gleiche Schicksale geben;

– es ist unausweichlich das Schicksal eines jeden, das sich für ihn erfüllt, und je näher er dem Göttlichen ist, um so mehr nimmt dieses Schicksal göttliche Qualitäten an.

Dies sei gesagt, damit Du Dich nicht mehr von einer imaginären und unbegründeten Möglichkeit hypnotisieren läßt.

Ich bin immer mit Dir.

Mutter

Ohne Datum 1957

Wenn man einen schweren Entschluß zu fassen hat, wie kann man wissen, auf welcher Seite sein wahres Schicksal liegt?[1]

Man hat nicht ein Schicksal, sondern mehrere.

Jeder hat das Recht, sich wieder mit seinem höchsten Ursprung zu vereinen, was auch sein Platz in der Weltordnung ist – dies ist das Geschenk, das das Göttliche der Materie gemacht hat, und dies ist euer wahres Schicksal. Es ist ein besonderes Geschenk an die Erde; in den anderen Welten gibt es das nicht. Gleichzeitig hat jeder eine besondere Rolle in der Manifestation, die vom Höchsten für ihn festgelegt wurde, aber diese eine Rolle kann auf verschiedenen Ebenen vollzogen werden, gemäß dem Grad der Evolution von „Dem", was in euch ist. Wenn „Das" in euch noch sehr jung ist, kann eure Realisation zwar vollkommen sein und ihr könnt euch tatsächlich mit dem Höchsten vereinen, aber das Feld der Verwirklichung in der Welt wird begrenzt sein, ganz klein. In der vertikalen Richtung könnt ihr direkt das Höchste berühren, trotz eurer Kleinheit, aber auf dem horizontalen Plan wird die Ausdehnung eurer Verwirklichung sehr beschränkt sein. Wir können das Beispiel von Maheshwari, Mutter der Macht und All-Weisheit,

---

1. Diese Unterhaltung wurde aus dem Gedächtnis aufgezeichnet. Zu dieser Zeit war noch kein Tonbandgerät vorhanden, und Satprem hielt es leider für angebracht, alle persönlichen Elemente auszulassen, um nur den Aspekt der „Lehre" bestehen zu lassen. Der „schwere Entschluß", um den es sich handelt, war, das Ashram zu verlassen.

nehmen. Dieser Aspekt der Mutter kann verschiedene Formen annehmen, gemäß dem Grad der Evolution von „Dem" in euch: sie kann ein einfacher Gruppenführer sein, eine Königin, eine Kaiserin. Sie wird im Gruppenführer ebenso zugegen sein wie in der Kaiserin, aber das Feld der Verwirklichung ist offensichtlich sehr verschieden.

Auf dieser vertikalen Linie, die euch zu eurem göttlichen Ursprung führt, könnt ihr mehrere äußere Schicksale haben, entsprechend dem Zustand eurer Entwicklung. Das Yoga versucht, die Etappen zu beschleunigen, aber das ist nicht immer möglich. Es gibt psychologische Verbindungen im Wesen, die nur durch Erfahrung gelöst werden können. Diese Erfahrung kann in einigen Leben, einigen Jahren, einigen Monaten oder einigen Minuten gemacht werden.

Wenn man die Entfaltung aller Schicksale und aller Möglichkeiten des Schicksals aus dem höchsten Bewußtsein betrachtet, dann ist das etwas unendlich Interessantes. Man klagt manche Wesen des Größenwahns an, weil sie weite Projekte und große Pläne haben, die nicht immer mit den gegenwärtigen Möglichkeiten der Welt übereinstimmen. Meistens ist das ein einfacher Mangel an Urteilsvermögen ihrerseits, ein Mangel an Wissen. Sie sind zwar in Verbindung mit einer höheren Wahrheit getreten, die vielleicht einer zukünftigen Entwicklungsstufe ihrer Bestimmung entspricht (und deshalb sind sie so überzeugt), aber aus Mangel an Urteilskraft sehen sie nicht, daß der Augenblick dieser Wahrheit noch nicht gekommen ist, daß die Umstände nicht bereit sind oder daß die Bedingungen, in denen sie geboren wurden, sie daran hindern, das auszuführen, was sie als wahr empfinden. Es besteht ein Verschiebung zwischen der Vision der Wahrheit und den gegenwärtigen Möglichkeiten der Verwirklichung. Aber man darf diese großen Träume nicht töten, denn das hieße, etwas von seiner eigenen Zukunft zu töten. Vor allem muß man diese häßliche Moral von „es ändert sich doch nie etwas" energisch ablehnen und zurückweisen, diese brave, platte und ordinäre Einstellung eines Sancho Pansa. Man muß einfach warten können und seine Träume lange nähren.

Abschließend kann man sagen: im Universum gibt es nicht, kann es nicht zwei gleiche Schicksale geben.

Es ist unausweichlich das Schicksal eines jeden, das sich für ihn erfüllt, und je näher man dem Göttlichen ist, um so mehr nimmt dieses Schicksal göttliche Qualitäten an.

22. April 1957

(Brief von Satprem an Mutter)

Pondicherry, 22. April 1957

Liebe Mutter,
Dieses Buch ist beendet.[1] Ich würde es Dir gerne selbst bringen, wenn es Dich nicht stört und wann es Dir paßt.

Dein Kind

Satprem

24. April 1957

(Botschaft von Mutter)

In der Ewigkeit des Werdens ist jeder Avatar nur der Botschafter, der Vorläufer einer vollkommeneren zukünftigen Verwirklichung.

Mutter

3. Juli 1957

Auszug aus der Mittwochsklasse

Ich wurde gefragt, ob wir ein kollektives Yoga ausüben und was die Bedingungen für ein kollektives Yoga sind.

Ich könnte euch zuerst sagen: um ein kollektives Yoga auszuüben, muß eine Kollektivität bestehen! Und ich könnte euch die verschiedenen Bedingungen erklären, die für ein Kollektiv erforderlich sind.

---

1. *L'Orpailleur* [Der Goldwäscher].

Aber *(lächelnd)* letzte Nacht hatte ich eine symbolische Vision von unserem Kollektiv.

Diese Vision kam am Anfang der Nacht, und sie weckte mich mit einem ziemlich unangenehmen Eindruck auf. Dann schlief ich wieder ein und vergaß es. Als ich vorhin an die Frage dachte, die man mir gestellt hatte, kam die Vision wieder. Sie kam mit einer großen Intensität und so zwingend, daß jetzt, als ich euch gerade sagen wollte, welche Art von Kollektivität wir nach dem Ideal, das Sri Aurobindo uns im letzten Kapitel von *Das Göttliche Leben* gegeben hat, verwirklichen wollen – eine supramentale, gnostische Kollektivität, die allein das integrale Yoga von Sri Aurobindo ausführen kann und sich physisch in einem kollektiven, progressiven und mehr und mehr göttlichen Körper verwirklichen kann –, wurde die Erinnerung so zwingend, daß sie mich hinderte zu sprechen.

Ihr Symbol war sehr deutlich, wenn auch in einer völlig vertrauten Art, aber gerade diese Vertrautheit gab ihr einen Realismus, der keine Zweifel läßt ... Wenn ich es euch im einzelnen erzählte, könntet ihr wahrscheinlich nicht einmal folgen: es war sehr kompliziert. Es war das Bild eines (wie soll ich sagen?) unermeßlich großen Hotels, in dem alle irdischen Möglichkeiten in verschieden Wohnungen untergebracht waren. Und all das befand sich in einem Zustand der dauernden Transformation: Teile oder ganze Flügel wurden plötzlich zerstört und wieder aufgebaut, während alle Leute darin wohnten, sodaß, selbst wenn man sich im Inneren dieses ungeheuren Hotels bewegte, man in Gefahr lief, sein Zimmer nicht wiederzufinden, wenn man zurückkehren wollte! Weil alles zerstört worden war und es gerade nach einem anderen Plan wieder aufgebaut wurde. Es gab eine Ordnung, es gab eine Organisation ... und es herrschte dieses phantastische Chaos, das ich beschrieb. Und darin war ein Symbol. Es war ein Symbol, das sich gewiß auf das bezog, was Sri Aurobindo hier über die Notwendigkeit der Transformation des Körpers geschrieben hat[1], welche Art von Transformation stattfinden müßte, damit das Leben ein göttliches Leben sein könnte.

Es war ungefähr so: irgendwo in der Mitte dieses ungeheuren Gebäudes gab es ein Zimmer, das reserviert war – in der Geschichte schien es für die Mutter und ihre Tochter zu sein. Die Mutter war eine Dame, eine alte Dame, eine sehr wichtige Matrone, die große Autorität besaß und die ihre Ansichten über die gesamte Organisation hatte. Die Tochter hatte eine Kraft der Bewegung und Aktivität, durch die sie überall zugleich sein konnte, während sie dennoch in ihrem Zimmer

---

1. *The Supramental Manifestation*, S. 69 bis 75.

blieb; nun, es war etwas mehr als ein Zimmer: eine Wohnung, die vor allem die Eigenschaft hatte, sehr zentral zu sein. Aber sie war in ständigem Wortwechsel mit ihrer Mutter. Die Mutter wollte alles erhalten „so wie es war", mit dem herkömmlichen Rhythmus, das heißt mit dieser Gewohnheit, das eine zu zerstören, um etwas anderes zu bauen und wieder eines zu zerstören und etwas anderes zu errichten; das gab diesem Gebäude einen Anschein von entsetzlichem Durcheinander. Doch der Tochter gefiel das nicht, und sie hatte einen anderen Plan. Sie wollte vor allem etwas ganz Neues in diese Organisation bringen: eine Art Super-Organisation, die die ganze Unordnung unnötig machte. Als es schließlich unmöglich wurde, sich zu einigen, verließ sie das Zimmer, um eine Generalbesichtigung zu machen … Sie machte ihre Besichtigung, sie sah das alles, dann wollte sie in ihr Zimmer zurückgehen, um die endgültigen Maßnahmen zu treffen. Und dann begann etwas … sehr Seltsames.

Sie erinnerte sich genau an den Ort, wo dieses Zimmer war, aber jedesmal, wenn sie einen Weg nahm, um dorthin zu gehen, verschwand die Treppe oder alles war so verändert, daß sie ihren Weg nicht finden konnte! Dann ging sie hierhin, ging dorthin, stieg hinauf, stieg hinab, suchte, ging weg, kam zurück … unmöglich, den Weg zu diesem Zimmer wiederzufinden. Weil all das eine physische Erscheinung annahm – wie ich sie beschrieb, sehr vertraut und sehr gewohnt, wie immer in diesen symbolischen Visionen –, gab es irgendwo eine (wie soll ich es nennen?) Verwaltung dieses Hotels und eine Art Verwalterin, die alle Schlüssel hatte und die wußte, wo alle wohnten. Die Tochter suchte diese Person auf, um sie zu fragen: „Können Sie mir den Weg zu meinem Zimmer zeigen?" – „Ja gewiß! Das ist sehr leicht." Alle um sie herum sahen sie an, als ob sie dächten: „Wie können Sie das sagen?" Aber sie stand auf und verlangte gebieterisch einen Schlüssel, den Schlüssel des Zimmers, und sie sagte: „Ich führe Sie dahin." Dann nahm sie viele verschiedene Wege, aber so komplizierte, so absonderliche! Und die andere, die Tochter, folgte ihr, sehr aufmerksam, um sie nicht aus aus den Augen zu verlieren. Und gerade im Augenblick, als sie offensichtlich den Ort erreichen mußten, wo dieses sogenannte Zimmer lag, war plötzlich die Verwalterin (nennen wir sie die Verwalterin), die mit dem Schlüssel … verschwunden! Und das Gefühl dieses Verschwindens war so durchdringend, daß … gleichzeitig alles verschwand.

Um euch zu helfen, dieses Rätsel zu verstehen, will ich euch sagen, daß die Mutter die gegenwärtige physische Natur darstellt, und die Tochter ist die neue Schöpfung. Die Verwalterin ist das organisierende mentale Bewußtsein der Welt, so wie die Natur es bisher handhabte, das heißt der am höchsten entwickelte organisatorische Sinn, der sich in der gegenwärtigen materiellen Natur manifestiert hat. Das ist der Schlüssel der Vision.

Als ich erwachte, wußte ich natürlich unmittelbar, was die Lösung dieses scheinbar völlig unlösbaren Problems wäre. Das Verschwinden der Verwalterin und ihres Schlüssels war ein offensichtliches Zeichen, daß sie ganz und gar unfähig war, das auf seinen wahren Platz zu bringen, was man als das schöpferische Bewußtsein der neuen Welt bezeichnen könnte.

Ich wußte es, aber ich hatte nicht die Vision der Lösung, das besagt, daß es etwas ist, was noch zu manifestieren bleibt: dieses „Etwas" war in diesem Gebäude (dieser phantastischen Konstruktion) noch nicht manifestiert, und dieses „Etwas" ist genau die Bewußtseinsform, die diese zusammenhangslose Schöpfung in etwas Wirkliches verwandeln würde, in etwas wahrhaft Geplantes, Gewolltes, Ausgeführtes, mit einem Mittelpunkt, der an seinem Platz ist, einem anerkannten Platz, mit einer REALEN wirksamen Kraft.

(Schweigen)

Es ist in seiner Symbolik vollkommen klar, in dem Sinne, daß alle Möglichkeiten vorhanden sind, alle Aktivitäten da sind, aber in einer Unordnung und Verwirrung. Sie sind nicht geordnet, nicht zentralisiert, nicht um die eine zentrale Wahrheit, das eine zentrale Bewußtsein und den einen zentralen Willen vereinigt. Und da kommen wir zurück auf … genau diese Frage eines kollektiven Yogas und des Kollektivs, das fähig wäre, es zu verwirklichen. Und wie sollte dieses Kollektiv aussehen?

Es ist gewiß keine willkürliche Konstruktion, wie die Menschen sie bauen und alles durcheinanderwerfen, ohne Ordnung, ohne Realität, und wo all das nur durch illusorische Bindungen zusammengehalten wird, die hier durch die Mauern des Hotels symbolisiert waren und die in den gewöhnlichen menschlichen Konstruktionen (wenn man zum Beispiel eine religiöse Gemeinschaft nimmt) tatsächlich durch den Bau von Klöstern, einheitliche Kleidung, eine einheitliche Tätigkeit und sogar einheitliche Bewegungen dargestellt werden: alle tragen die gleiche Uniform, alle stehen zur gleichen Zeit auf, alle essen das Gleiche, alle beten zusammen usw., es besteht allgemeine Gleichheit. Und innen herrscht natürlich das Chaos der Bewußtseinsarten, die jede in ihre eigene Richtung laufen, denn diese Art Einheit, die bis zur Einheit des Glaubens und des Dogmas reicht, ist eine ganz und gar illusorische Einheit.

Das ist der gängigste Typ von menschlichem Kollektiv: eine Gruppe bilden, sich durch ein gemeinsames Ideal, durch eine gemeinsame Handlung, durch eine gemeinsame Verwirklichung verbinden und vereinigen, jedoch in einer völlig künstlichen Weise. Im Gegensatz dazu sagte uns Sri Aurobindo, daß eine wahre Gemeinschaft – was er eine gnostische oder supramentale Gemeinschaft nennt – nur auf der inneren Verwirklichung jedes ihrer Mitglieder aufbauen kann, indem jeder seine konkrete, reale Einheit und Identität mit allen anderen Mitgliedern der Gemeinschaft verwirklicht, das heißt der Einzelne darf sich nicht als irgendwie mit allen anderen vereinigt fühlen, sondern wie alle in einem, in ihm selbst. Für jeden müssen die anderen ebenso er selbst wie sein eigener Körper sein, und nicht in einer mentalen und künstlichen Weise, sondern durch eine Tatsache des Bewußtseins, durch eine innere Realisation.

(Schweigen)

Das bedeutet, bevor man hoffen kann, diese gnostische Gemeinschaft zu verwirklichen, muß jeder einzelne vorher ein gnostisches Wesen werden (oder zumindest anfangen, es zu werden). Es ist offensichtlich, daß die individuelle Arbeit vorangehen und die kollektive Arbeit folgen muß; aber es zeigt sich, daß spontan, ohne willkürliches Eingreifen des Willens, der individuelle Weg durch den kollektiven Zustand beeinflußt oder GEHEMMT wird. Es besteht eine gegenseitige Abhängigkeit zwischen dem Kollektiv und dem Individuum, von der man sich nicht ganz befreien kann, selbst wenn man es versucht. Und selbst der, welcher sich in seinem Yoga völlig vom Zustand des irdischen und menschlichen Bewußtseins zu befreien versuchte, wäre wenigstens in seinem Unterbewußtsein an den Zustand der Gesamtheit gebunden, der hemmt und nach hinten ZIEHT. Man kann versuchen, viel schneller zu gehen, man kann versuchen, das ganze Gewicht der Bindungen und Verantwortungen fallen zu lassen, aber trotz allem: selbst für den Fortgeschrittensten und Schnellsten auf dem Wege der Evolution ist die Verwirklichung abhängig von der Verwirklichung der Gesamtheit, abhängig vom Zustand, in dem sich das irdische Kollektiv befindet. Und das ZIEHT so stark zurück, daß es manchmal nötig ist, Jahrhunderte zu warten, damit die Erde bereit ist, das zu verwirklichen, was verwirklicht werden muß.

Darum sagte Sri Aurobindo an anderer Stelle auch, daß eine doppelte Bewegung erforderlich ist, daß die Anstrengung für den individuellen Fortschritt und für die individuelle Verwirklichung sich vereinigen muß mit einer Bemühung, die Gesamtheit zu heben und ihren Fortschritt herbeizuführen, der unerläßlich ist, um den weiteren

Fortschritt des Individuums zu erlauben: ein Fortschritt der Masse, könnte man sagen, der dem Individuum gestattet, einen weiteren Schritt nach vorne zu tun.

Und jetzt werde ich euch sagen, daß ich aus diesem Grunde dachte, einige gemeinsame Meditationen wären nützlich, um an einer etwas besser organisierten gemeinschaftlichen Atmosphäre zu arbeiten ... besser als mein großes Hotel letzte Nacht!

So ist der beste Gebrauch, der von diesen Meditationen gemacht werden kann (sie werden zunehmen, weil wir jetzt auch die „Verteilungen" durch kurze Meditationen ersetzen werden), im Grunde von sich selbst, so tief man gehen kann, den Ort zu finden, wo man eine Atmosphäre der Einheit fühlen, empfangen und vielleicht sogar schaffen kann, in welcher eine Kraft der Ordnung und der Organisation jedes Element an seinen Platz stellen kann und aus dem Chaos, das zur Zeit besteht, eine geordnete neue Welt entstehen läßt.

Jetzt wißt ihr es.

18. Juli 1957

(Brief von Satprem an Mutter)

Pondicherry, 18. Juli 1957

Liebe Mutter,

Ich bekomme einen Brief von Freunden, die das französische archäologische Institut in Afghanistan leiten. Sie brauchen Hilfe für ihre nächsten Ausgrabungen (15. August bis 15. Dezember) und bieten mir an, mich mitzunehmen, wenn ich mich ihnen anschließen will.

Wenn ich eine erneute Erfahrung außen machen soll, hat diese den Vorteil, kurz und nahe Indien zu sein und in einer interessanten Umgebung stattzufinden. Das einzige Unangenehme ist, daß ich die Reise bis Kabul selbst bezahlen müßte. Aber ich will nichts tun, was Dir mißfällt oder dem Du nicht wirklich zustimmst. Falls Du diese Erfahrung gut findest, müßte ich Anfang August abfahren.

Ich lege es *aufrichtig* in Deine Hände.

Dein Kind

Satprem

Ohne Datum 1957

(Brief von Mutter an Satprem, der abreisen möchte)

Donnerstag

Mein liebes Kind,

Die, zu denen ich gesagt habe: „Ihr seid meine Kinder", sind es immer, ganz gleich, wo sie sind und was sie tun.

So kannst Du gewiß sein, immer mein Kind zu bleiben – im übrigen, tue, was Dein Herz Dir sagt, und Du wirst immer meinen Segen haben.

Mutter

15. August 1957

(Botschaft zu Sri Aurobindos Geburtstag)

So wächst immer das Licht. Was den Schatten betrifft, er ist nur ein Schatten und wird im wachsenden Licht verschwinden.

Sri Aurobindo

27. September 1957

(Frage eines Kindes über eine Vision, in der Mutter ihm in einem leuchtenden Körper erschien:)

Warum bist du gekommen, wie wir sind? Warum bist du nicht gekommen, wie du wirklich bist?

Wenn ich nicht gekommen wäre, wie ihr seid, dann hätte ich dir niemals nahe sein können und ich hätte dir nicht sagen können:

„Werde was ich bin."

8. Oktober 1957

(Brief von Satprem an Mutter)

Pondicherry, 8. Oktober 1957

Mutter,

Ich möchte Dich um die Erlaubnis zu bitten, Indien zu verlassen. Seit mehr als einem Jahr kämpfe ich in mir, nicht wegzugehen, aber das scheint mir eine falsche Taktik zu sein.

Es kann keine Frage für mich sein, den Weg aufzugeben – und ich bleibe überzeugt, daß das einzige Ziel des Lebens spirituell ist. Aber ich brauche Hilfen auf dem Weg: ich bin noch nicht reif genug, um nur von inneren Kräften abzuhängen. Und wenn ich von Wald oder Boot spreche, geht es mir nicht nur um das Abenteuer und den Raum, sondern weil das auch Disziplinen sind. Der Druck und die äußeren Schwierigkeiten helfen mir, sie zwingen mich, dicht an das gedrängt zu bleiben, was das Beste in mir ist. Hier ist das Leben in gewisser Weise zu leicht. Und es ist zu schwierig, weil man sich seiner eigenen Disziplin unterwerfen muß – dazu habe ich noch nicht die Kraft, ich brauche Hilfe von den äußeren Umständen. Gerade die Schwierigkeiten des Lebens in der äußeren Welt helfen mir, mich zu disziplinieren, weil sie erfordern, daß alle meine vitalen Kräfte sich auf diese Anstrengung konzentrieren. Dieser vitale Teil ist *beschäftigungslos* und er macht Dummheiten, er schlägt über den Strang.

Ich glaube nicht, daß eine neue äußere Erfahrung wirklich die Dinge löst, aber ich glaube, daß sie mir helfen wird, ein Kap zu überwinden und mein inneres Leben zu festigen. Und wenn Du es willst, komme ich nach ein oder zwei Jahren wieder.

Ich habe die Durchsicht von *La Vie Divine* und *Le Cycle Humain* bald beendet, damit habe ich, glaube ich, das beste getan, womit ich Dir im Augenblick dienen kann. Am 30. Oktober ist mein Geburtstag, könnte ich sofort danach wegfahren?

Ich will nicht wegfahren, weil ich mit dem Ashram unzufrieden bin, sondern weil ich *unzufrieden mit mir selbst* bin und weil ich mich durch andere Mittel bezwingen will.

Ich gebe Dir recht wenig Liebe, aber ich habe mein Bestes versucht, und ich gehe nicht weg, um Dir untreu zu sein.

Dein Kind

Satprem

(Mutters Antwort)

8.10.1957

Mein liebes Kind,
Dies ist keine Antwort, sondern ein Kommentar.
Es gibt eine Freude, der Du scheinbar noch vollkommen verschlossen bist, das ist die Freude des DIENENS.
Um die Wahrheit zu sagen, das einzige in der Welt, an dem Du direkt oder indirekt interessiert bist, das bist DU SELBST. Und deshalb fühlst Du Dich in so engen, so erstickenden Grenzen eingesperrt.

Mutter

17. Oktober 1957

(Über die Freiheit)

Es gibt verschiedene Arten von Freiheit: mentale Freiheit, vitale Freiheit, spirituelle Freiheit, sie sind die Frucht fortgesetzter Meisterschaft. Aber es gibt eine ganz neue Freiheit, die durch die Supramentale Manifestation möglich geworden ist: das ist die Freiheit des Körpers.

Eines der allerersten Ergebnisse der supramentalen Manifestation war, dem Körper eine Freiheit und eine Selbständigkeit zu geben, die er nie zuvor kannte. Und wenn ich von Freiheit spreche, handelt es sich weder um einen psychologischen Begriff noch um einen inneren Bewußtseinszustand: es ist etwas anderes, und es ist viel besser – ein neues Phänomen im Körper, in den Zellen des Körpers. Die Zellen selbst haben zum ersten Mal gefühlt, daß sie frei waren, daß sie eine Macht der Entscheidung hatten. Ich spürte das sofort, als die neuen Schwingungen sich zu den alten mischten, und es zeigte mir, daß wirklich eine neue Welt entstand.

Normalerweise lebt der Körper immer mit diesem Eindruck, daß er nicht Herr im eigenen Hause ist: die Krankheiten dringen in ihn ein, ohne daß er sich dem wirklich widersetzen kann, und tausend Faktoren legen sich ihm auf, üben Druck auf ihn aus. Die einzige Kraft, die er hat, ist die, sich zu verteidigen und zu reagieren. Wenn die Krankheit eingedrungen ist, kann er kämpfen und die Krankheit besiegen (die moderne Medizin hat übrigens erkannt, daß der Körper

109

gesund wird, wenn er entschieden hat, gesund zu werden; es sind nicht die Medikamente, die heilen, denn wird das Übel ohne den Willen des Körpers vorübergehend durch ein Medikament besiegt, kommt es anderswo wieder hervor, bis der Körper selbst die Gesundung entscheidet). Aber das ist eine Kraft der Verteidigung, eine Kraft der Reaktion gegen einen Feind, der bereits eingedrungen ist, es ist keine wahre Freiheit.

Doch mit der supramentalen Manifestation ist etwas Neues im Körper entstanden, er fühlte, daß er Herr im eigenen Hause ist, selbständig, beide Beine fest auf dem Boden, wenn ich so sagen kann. Physisch machte das den Eindruck, daß das ganze Wesen sich aufrichtet, daß es den Kopf hebt – man ist Herr.

Seit jeher leben wir wie mit einer Last auf den Schultern, etwas beugt uns den Kopf, und man fühlt sich gezerrt, dirigiert von allerlei äußeren Kräften, man weiß nicht von wem oder was und wohin – und das nennen die Menschen Schicksal, Bestimmung. Wenn man Yoga ausübt, ist eine der ersten Erfahrungen – die Erfahrung der *Kundalini*, wie man es hier in Indien nennt – genau, daß das Bewußtsein sich erhebt, daß es diesen harten Panzer durchbricht, dort, auf der Schädeldecke, und man endlich ins Licht auftaucht. Dann sieht man, weiß, trifft eine Entscheidung und verwirklicht – es gibt noch Schwierigkeiten, aber in Wirklichkeit steht man darüber. Jetzt mit der supramentalen Manifestation kam diese Erfahrung in den Körper. Der Körper hob den Kopf und fühlte seine Freiheit, seine Unabhängigkeit.

Zum Beispiel während der Grippe-Epidemie lebte ich täglich unter Bazillenträgern. Aber eines Tages fühlte ich deutlich, daß der Körper entschieden hatte, nicht von dieser Grippe angesteckt zu werden. Er behauptete seine Unabhängigkeit. Es war keine Frage des höheren Willens, der die Entscheidung traf, es geschah nicht im höchsten Bewußtsein, nein: es war der Körper selbst, der entschied. Wenn man ganz oben in seinem Bewußtsein ist, sieht man die Dinge, weiß, aber wenn man tatsächlich in die Materie hinabdringt, zerläuft das wie Wasser im Sande. Das hat sich jetzt geändert, der Körper hat DIREKT die Macht, ohne äußere Eingriffe. Ich halte das für ein sehr wichtiges Ergebnis, selbst wenn es wenig auffällt.

Und diese neue Schwingung im Körper ermöglichte mir, den Mechanismus der Transformation zu verstehen. Es geschieht nicht durch einen höheren Willen, kein höheres Bewußtsein, das sich dem Körper aufzwingt: der Körper selbst erwacht in seinen Zellen, es ist eine Freiheit der Zellen selbst, eine ganz neue Schwingung, und die Störungen ordnen sich – selbst der supramentalen Manifestation vorangegangene Störungen.

All das geschieht natürlich graduell, aber ich habe Grund zu hoffen, daß dieses neue Bewußtsein nach und nach wachsen, an Boden gewinnen und sich siegreich den alten Kräften der Zerstörung und Vernichtung widersetzen wird, diesem Schicksal, das man für unabwendbar hielt.

18. Oktober 1957

(Brief von Satprem an Mutter)

Pondicherry, 18. Oktober 1957

Liebe Mutter,

Heute abend sprachst Du von der Möglichkeit, den Weg der Verwirklichung auf einige Monate, Tage oder Stunden zu verkürzen. Und gestern in Deinem Gespräch mit mir über die „Freiheit des Körpers" sprachst Du von der Erfahrung der Kundalini, vom *„breaking of the lid"* [Durchbrechen des Panzers], das einen ein für allemal jenseits der Schwierigkeiten ins Licht hebt.

Ich brauche eine praktische Methode, *die meinen gegenwärtigen Möglichkeiten und dem Ergebnis, zu dem ich gegenwärtig fähig bin, entspricht.* Ich habe das Gefühl, meine Bemühungen zu zerstreuen, indem ich mich bald hierhin, bald dahin konzentriere, das Gefühl, nicht mehr zu wissen, was ich genau tun soll, um das alles aufzubrechen und da herauszukommen. Kannst Du mir eine bestimmte Konzentration andeuten, an die ich mich dann halte, eine bestimmte Methode, auf der ich beharren werde.

Ich weiß wohl, daß im Yoga eine Flexibilität der Haltung empfohlen wird, aber mir scheint, daß mir für den Augenblick *eine* genau festgelegte Methode helfen würde, mich zu stabilisieren[1] – diese praktische Seite würde mir helfen. Ich würde das methodisch, hartnäckig machen, bis es ein für allemal bricht.

Dein Kind

Satprem

---

1. Diese einzige Methode sollte später das Mantra sein, wie Mutter selbst es entdeckte.

12. November 1957

Das integrale Yoga besteht aus einer ununterbrochenen Reihe von Prüfungen, durch die man gehen muß, ohne im voraus gewarnt zu werden, was euch verpflichtet, stets wachsam und aufmerksam zu sein.

Drei Gruppen von Prüfern stellen diese Proben. Dem Anschein nach haben sie nichts miteinander zu tun, und ihre Handlungsweisen sind so verschieden, manchmal scheinen sie so widersprüchlich, daß sie anscheinend nicht zum gleichen Ziel streben können, und dennoch ergänzen sie sich gegenseitig, arbeiten zusammen auf dasselbe Ziel hin und sind unentbehrlich für die Vollkommenheit des Ergebnisses.

Die drei Arten von Prüfungen sind: die, welche die Kräfte der Natur stellen; die, welche die spirituellen und göttlichen Kräfte stellen; und die, welche die feindlichen Kräfte stellen. Diese letzteren sind in ihrer Erscheinung am trügerischsten, und um nicht überrascht und unvorbereitet ergriffen zu werden, ist ein dauernder Zustand von Wachsamkeit, Aufrichtigkeit und Demut erforderlich.

Die gewöhnlichsten Umstände, die alltäglichsten Ereignisse des Lebens, die scheinbar unbedeutendsten Personen und Dinge gehören alle zu der einen oder anderen Art dieser Prüfer. In dieser großen und umfassenden Organisation von Prüfungen bilden die, welche allgemein für die wichtigsten Ereignisse des Lebens gehalten werden, die leichtesten Prüfungen, denn sie treffen euch wachsam und vorbereitet. Man strauchelt am leichtesten über die kleinen Steine des Weges, denn sie erregen keine Aufmerksamkeit.

Ausdauer und Geschmeidigkeit, *cheerfulness* [Freude] und Furchtlosigkeit sind die besonders erforderlichen Eigenschaften für die Prüfungen der physischen Natur.

Aspiration, Vertrauen, Idealismus, Begeisterung und großmütige Selbsthingabe für die spirituellen Prüfungen.

Wachsamkeit, Aufrichtigkeit und Demut für die Prüfungen, die von den feindlichen Kräften ausgehen.

Und glaubt nicht, auf der einen Seite stünden jene, die der Prüfung unterzogen werden, und auf der anderen Seite die Prüfer. Den Umständen und Augenblicken entsprechend ist man sowohl Prüfer als auch Prüfling, und es kann sogar geschehen, daß man zugleich, auf einmal, Prüfling und Prüfer ist. Und der Nutzen, den man daraus zieht, hängt in Qualität und Ausmaß von der Intensität der Aspiration und der Wachheit des Bewußtseins ab.

Und zum Schluß eine letzte Empfehlung: spielt niemals den Prüfer. Denn während es gut ist, sich ständig zu erinnern, daß man vielleicht gerade eine sehr wichtige Prüfung durchmacht, ist es hingegen äußerst gefährlich, sich für berufen zu halten, andere zu prüfen, denn das bedeutet eine offene Tür für die lächerlichsten und unheilvollsten Eitelkeiten. Die Höchste Weisheit entscheidet über diese Dinge und nicht der unwissende menschliche Wille.

*
* *

Jedesmal wenn ein Fortschritt gemacht werden muß, ist eine Probe zu bestehen.

13. November 1957

Werde weit wie die äußerste Grenze des Universums ... und darüber hinaus.

Akzeptiere stets alle Notwendigkeiten des Fortschrittes und löse sie in der Ekstase der Einheit auf. Dann wirst du göttlich sein.

Ohne Datum 1957

„Ich bin mit euch." Was bedeutet das genau? Wenn wir beten oder innerlich mit einem Problem kämpfen, werden wir dann wirklich immer gehört, trotz unserer Ungeschicklichkeit und unserer Unvollkommenheit, sogar trotz unseres schlechten Willens und unserer Irrtümer? Und wer hört uns? Du, die mit uns bist?

Bist du es in deinem höchsten Bewußtsein, eine göttliche unpersönliche Kraft, die Kraft des Yoga, oder bist du es in deinem Körper mit deinem physischen Bewußtsein – eine persönliche Gegenwart, die um jeden Gedanken und jede Handlung weiß, und nicht irgendeine anonyme Kraft? Kannst du uns sagen, wie, in welcher Weise du bei uns gegenwärtig bist?

Es wird gesagt, daß Sri Aurobindo und du ein einziges gleiches Bewußtsein bilden, aber gibt es eine persönliche Gegenwart von

*Sri Aurobindo und von dir, sind sie verschieden und erfüllt jede
eine eigene Rolle?*

Ich bin mit euch, denn ich bin ihr oder ihr seid ich.

Ich bin mit euch, das bedeutet eine ganze Welt von Dingen, denn
ich bin auf allen Ebenen mit euch, auf allen Stufen, vom höchsten
Bewußtsein bis zu meinem physischsten Bewußtsein. Hier in Pondicherry könnt ihr keinen Atem tun, ohne mein Bewußtsein zu atmen.
Es durchdringt fast materiell die Atmosphäre im Subtilphysischen
und reicht bis zum See, zehn Kilometer von hier. Darüber hinaus kann
mein Bewußtsein sich im materiellen Vital fühlbar machen, dann
auf der mentalen und den anderen höheren Ebenen, überall. Als ich
zum ersten Mal hierhin kam, fühlte ich Sri Aurobindos Atmosphäre –
fühlte sie materiell – zehn Meilen vor der Küste, zehn Seemeilen, nicht
Kilometer! Das geschah plötzlich, sehr konkret, eine reine, leuchtende,
leichte Atmosphäre, so leicht, sie hob einen empor.

Sri Aurobindo ließ vor langer Zeit diese Mahnung überall im Ashram anheften, die ihr alle kennt: „Handle immer so, als ob Mutter dich
sähe, denn sie ist in Wahrheit immer mit dir."

Das ist nicht einfach eine Redensart, das sind nicht Worte, es ist
eine Tatsache. Ich bin in sehr konkreter Weise mit euch, und jene,
welche die subtile Vision haben, können mich sehen.

In allgemeiner Weise ist meine Kraft immer am Werke und bewegt
andauernd die psychologischen Elemente eures Wesens, um sie in
neue Beziehungen zu bringen und euch die verschiedenen Seiten eurer
Natur deutlich zu machen, damit ihr seht, was geändert, entwickelt,
vermieden werden muß.

Aber abgesehen davon gibt es zwischen euch und mir ein besonderes
persönliches Band, mit allen, die sich zur Lehre von Sri Aurobindo und
mir gewandt haben – und die Entfernungen machen natürlich keinen
Unterschied, ihr könnt in Frankreich, am anderen Ende der Welt oder
in Pondicherry sein, dieses Band ist ebenso wahr und lebend. Und
jedesmal wenn ein Ruf kommt, jedesmal wenn es nötig ist, daß ich
etwas weiß, damit ich eine Kraft, eine Inspiration, einen Schutz oder
etwas anderes sende, erreicht es mich plötzlich wie eine Botschaft und
ich tue das Nötige. Diese Verbindungen entstehen offensichtlich in
jedem beliebigen Augenblick, und du hast vielleicht mehr als einmal
gesehen, wie ich plötzlich mitten in einem Satz, einer Arbeit innehalte:
das geschieht, weil irgend etwas mich erreicht, eine Verbindung, und
dann konzentriere ich mich.

Mit denen, die ich als Schüler angenommen habe, zu denen ich „Ja"
gesagt habe, besteht mehr als ein Band: sie begleitet eine Emanation

von mir. Diese Emanation warnt mich jedesmal, wenn ich wissen muß, was geschieht. Tatsächlich werde ich immer auf dem Laufenden gehalten, aber alles schreibt sich nicht in mein aktives Gedächtnis ein, sonst wäre ich völlig überfordert. Das physische Bewußtsein wirkt wie ein Filter, die Geschehnisse werden auf einer subtilen Ebene aufgenommen, sie bleiben dort in einem ruhenden Zustand, ein wenig wie eine Musik, die aufgenommen wurde, ohne abgespielt zu werden, und wenn ich etwas mit meinem physischen Bewußtsein wissen muß, schalte ich die subtile Ebene ein und die Schallplatte läuft ab. Dann sehe ich, wie die Dinge sind, ihre Entwicklung in der Zeit, das gegenwärtige Ergebnis.

Und wenn ihr mir aus irgendeinem Grunde schreibt, mich um Hilfe bittet, und ich antworte „ich bin mit dir" bedeutet es, daß die Verbindung mit euch aktiv wird, daß ihr sogar in meinem aktiven Bewußtsein seid, für eine Zeit, die nötige Zeit.

Und dieses Band zwischen euch und mir wird niemals zertrennt. Manche Leute verließen das Ashram vor langer Zeit im Zustand der Empörung, und dennoch fahre ich fort, auf dem Laufenden zu sein, mich um sie zu kümmern. Ihr werdet niemals aufgegeben.

In Wahrheit fühle ich mich für alle Leute verantwortlich, sogar für die, die ich nur eine Sekunde lang in meinem Leben getroffen habe.

Eines müßt ihr wissen: Sri Aurobindo und ich sind immer ein und dasselbe Bewußtsein, ein und dieselbe Person. Nur, wenn diese eine Kraft oder diese eine Gegenwart durch euer individuelles Bewußtsein geht, kleidet sie sich in einer verschiedenen Form, einem verschiedenen Aussehen, entsprechend eurer Veranlagung, eurer Aspiration, euren Bedürfnissen und der besonderen Haltung eures Wesens. Euer individuelles Bewußtsein wirkt wie ein Filter, ein Selektor, wenn ich so sagen kann: es trifft eine Wahl und bestimmt eine Möglichkeit im Unendlichen der göttlichen Möglichkeiten. Im Grunde gibt das Göttliche jedem Individuum genau das, was es von Ihm erwartet. Wenn ihr glaubt, daß das Göttliche entfernt und grausam ist, wird es entfernt und grausam sein, denn für euer höchstes Wohl wird es nötig sein, daß ihr Gottes Zorn fühlt. Es wird Kali sein für die Anbeter von Kali[1] und die Glückseligkeit für den Bhakta[2]. Und es wird die Allwissenheit sein für die, welche das Wissen suchen, die transzendente Unpersönlichkeit für die Illusionisten. Es wird der Atheismus für den Atheisten sein und die Liebe für den, der liebt. Es wird brüderlich und nah sein, ein immer treuer, immer zuverlässiger Freund für die, welche es als

---

1. *Kali:* der kriegerische (oder zerstörerische) Aspekt des Göttlichen.
2. *Bhakta:* der, welcher dem Weg der Liebe folgt.

inneren Wegweiser jeder Bewegung, jeder Minute fühlen. Und wenn ihr glaubt, daß es alles auslöschen kann, wird es alle eure Fehler, alle eure Irrtümer unermüdlich auslöschen, und ihr werdet in jedem Augenblick seine unendliche Gnade fühlen können. In Wahrheit ist das Göttliche das, was ihr in eurer tiefen Aspiration von Ihm erwartet.

Und wenn man dieses Bewußtsein betritt, wo man alles mit einem einzigen Blick sieht – die unendliche Vielfalt der Beziehungen des Göttlichen mit den Menschen –, dann sieht man, wie wunderbar das Ganze in allen Einzelheiten ist. Man kann die Geschichte der Menschen anschauen und sehen, wie sehr sich das Göttliche entwickelte gemäß dem, was die Menschen verstanden, wollten, hofften, träumten, und wie Es Materialist mit den Materialisten war und wie Es täglich größer wird und näher und leuchtender, in dem Maße, wie das menschliche Bewußtsein wächst. Jeder ist frei zu wählen. Die Vollkommenheit dieser unendlichen Vielfalt der Beziehungen von Mensch zu Gott durch die Geschichte der Welt hindurch ist ein unaussprechliches Wunder. Und all das zusammen macht nur eine Sekunde der ganzen Manifestation des Göttlichen aus.

Das Göttliche verhält sich mit euch gemäß eurer Aspiration. Das will natürlich nicht sagen, daß es sich den Launen eurer äußeren Natur beugt – ich spreche von der Wahrheit eures Wesens. Und doch formt es sich manchmal auch nach euren äußeren Aspirationen, und wenn ihr wie die Frömmler in diesem Wechsel von Entfernung und Umarmung, von Ekstase und Verzweiflung lebt, wird das Göttliche sich auch von euch entfernen oder nähern entsprechend dem, was ihr glaubt. Deshalb ist die Haltung sehr wichtig, selbst die äußere Haltung. Die Leute wissen nicht, wie wichtig der Glaube ist, wie sehr er ein Wunder ist und Wunder schafft. Und wenn ihr in jedem Augenblick erwartet, zum Göttlichen erhoben und gezogen zu werden, wird Es kommen und euch erheben und Es wird da sein, ganz nah und immer näher.

Ohne Datum 1957

(Mutters Sutras[1])

1) Sei ohne Ehrgeiz, vor allem täusche niemals etwas vor, sondern sei in jedem Augenblick das Höchste, was du sein kannst.[2]

2) Was dein Platz in der universellen Manifestation ist, kann allein der Höchste dir zeigen.

3) Der Höchste Herr hat unverrückbar den Platz bestimmt, den du im universellen Konzert einnimmst, aber was auch dieser Platz sein mag, du hast das gleiche Recht wie alle anderen, die höchsten Gipfel bis zur supramentalen Realisation zu erklimmen.

4) Was du in der Wahrheit deines Wesens bist, ist unabwendbar entschieden, und niemand kann dich hindern, es zu sein; aber der Weg, den du nimmst, um dorthin zu gelangen, ist deiner freien Wahl überlassen.

5) Auf dem Wege der aufsteigenden Evolution steht es jedem frei, die Richtung zu wählen, die er nehmen will: den schnellen und steilen Aufstieg zu den Gipfeln der Wahrheit, zur höchsten Realisation oder, den Bergen den Rücken kehrend, den leichten Abstieg in die unendlichen Windungen der zahllosen Inkarnationen.

6) Im Laufe der Zeit und selbst im Laufe deines gegenwärtigen Lebens kannst du ein für allemal unwiderruflich deine Wahl treffen und dann mußt du sie nur bei jeder neuen Gelegenheit bestätigen; wenn du aber am Anfang keinen endgültigen Entschluß gefaßt hast, mußt du jeden Augenblick von neuem zwischen der Falschheit und der Wahrheit wählen.

7) Aber sogar im Falle, daß du nicht am Anfang die unwiderrufliche Entscheidung getroffen hast, wenn du das Glück hast, in einem dieser außerordentlichen Augenblicke der universalen Geschichte zu leben, in denen die Gnade verkörpert auf der Erde anwesend ist, wird Sie dir in gewissen außergewöhnlichen

---

1. *Sutra:* Aphorismus in Sanskrit.
2. Der erste dieser Sutras war besonders für *L'Orpailleur* bestimmt und sollte als Inschrift dienen.

Augenblicken erneut die Möglichkeit geben, eine endgültige Wahl zu treffen, die dich geradewegs zum Ziele führen wird.

Ohne Datum 1957

(Über frühere Leben)

Wenn man wirklich darüber sprechen wollte, müßte man alles sagen, mit allen Einzelheiten, denn unter den unzähligen Erfahrungen, die ich seit fast achtzig Jahren hatte, gibt es scheinbar so verschiedene, so widersprüchliche, daß sich im Grunde sagen läßt: alles ist möglich. Eine Aussage über die früheren Leben, ohne den Faden von allem aufzunehmen, bedeutet deshalb, dem Dogmatismus die Tür zu öffnen. Eines Tages werden sie sagen: „Mutter hat dies gesagt, Mutter hat das gesagt ..." und so entstehen leider die Dogmen.

In dieser Fülle der Erfahrungen und weil ich mein Leben unmöglich mit Reden und Schreiben verbringen kann, merkt euch deshalb ausdrücklich, daß alles möglich ist, und seid nicht dogmatisch. Ich kann euch indessen einige allgemeine Anzeichen geben.

Nur wenn man sich bewußt mit seinem Göttlichen Ursprung identifiziert hat, kann man in voller Wahrheit von der Erinnerung an frühere Leben sprechen. Sri Aurobindo spricht von einer fortschreitenden Manifestation des Geistes in den Formen, die er bewohnt. Wenn man auf dem Gipfel dieser Manifestation angekommen ist, blickt man aus der Vogelperspektive auf den schon durchschrittenen Weg zurück und erinnert sich.

Aber es handelt sich nicht um ein Erinnern in der mentalen Art. Jene, die angeben, dieser Fürst im Mittelalter oder jene Person, an jenem Ort, in jener Epoche gewesen zu sein, sind Phantasten; sie sind einfach Opfer ihrer eigenen mentalen Einbildung. Tatsächlich bleiben von den vergangenen Leben nicht die schönen Bilder des Epinals, wo ihr euch als großer Herr in einem Schloß seht oder als siegreicher General an der Spitze einer Armee – das ist Roman. Was bleibt, ist die Erinnerung an die AUGENBLICKE, wo das psychische Wesen aus den Tiefen eures Wesens auftauchte und sich euch offenbarte, das heißt die Augenblicke, wo ihr voll bewußt wart. Diese Entwicklung des Bewußtseins vollzieht sich fortschreitend durch die Evolution hindurch, und die Erinnerung an die vergangenen Leben beschränkt sich im allgemeinen auf die kritischen Augenblicke dieser Evolution, auf die großen entscheidenden Wendepunkte, die einen Fortschritt eures Bewußtseins kennzeichneten.

In dem Augenblick, wo man solche Minuten in seinem Leben erlebt, kümmert man sich nicht im geringsten darum, sich zu erinnern, daß man dieser Herr war, an jenem Ort in jener Epoche lebte – es ist nicht die Erinnerung eures sozialen Standes, die bleibt. Im Gegenteil, man verliert das Bewußtsein dieser äußeren, unwesentlichen, vergänglichen Dinge, um ganz in dem Flammen dieser Offenbarung der Seele oder der göttlichen Berührung zu sein. Wenn man sich dieser Minuten seiner vergangenen Leben erinnert, hat diese Erinnerung eine solche Intensität, daß sie noch sehr nahe, noch lebend scheint, viel lebendiger als der Großteil der gewöhnlichen Erinnerungen unseres gegenwärtigen Lebens. Wenn man manchmal im Traume mit gewissen Ebenen des Bewußtseins in Berührung kommt, kann man Erinnerungen haben, die diese Intensität besitzen, diese, wenn ich so sagen kann, vibrierende Farbe, so viel intensiver als die Farben und Dinge der physischen Welt. Denn das sind die Augenblicke des wahren Bewußtseins und da kleidet sich alles in einen außerordentlichen Glanz, alles vibriert, alles wird geladen mit einer Qualität, die unserem gewöhnlichen Blick entgeht.

Diese Minuten der Verbindung mit der Seele sind meistens jene, die einen entscheidenden Wendepunkt in unserem Leben bezeichnen, eine überwundene Etappe, einen Fortschritt des Bewußtseins, und das entspricht häufig einer Krise, einer Situation von äußerster Intensität, wenn ein Aufruf im ganzen Wesen entsteht, ein so starker Aufruf, daß das innere Bewußtsein die unbewußten Schichten, die es verhüllen, durchstößt und sich hell leuchtend an der Oberfläche offenbart. Dieser sehr starke Aufruf des Wesens kann auch die Herabkunft einer göttlichen Emanation hervorrufen, einer Individualität, eines göttlichen Aspektes, der sich in einem gegebenen Augenblick mit eurer Individualität verbindet, um eine bestimmte Arbeit zu verrichten, diese Schlacht zu gewinnen, dieses oder jenes auszudrücken. Wenn die Arbeit beendet ist, zieht diese Emanation sich meistens zurück. Wenn man die Erinnerung an die Umstände bewahrt, die diese Minuten der Offenbarung oder Inspiration begleiteten, dann mag man eine Landschaft wiedersehen, die Farbe eines Kleides, das man trug, die Farbe der eigenen Haut, die Dinge, die euch in dieser Minute umgaben – all das wird in einer unauslöschlichen Weise mit außerordentlicher Intensität festgehalten, denn da enthüllen sich auch die Dinge des gewöhnlichen Lebens in ihrer wahren Intensität, in ihrer wahren Farbe. Das Bewußtsein, das

119

sich in euch offenbart, enthüllt zur gleichen Zeit das Bewußtsein, das in den Dingen ist. Mit Hilfe dieser Einzelheiten gelingt es manchmal, die Epoche, in der man lebte, oder die vollzogene Handlung, das Land, in dem man sich befand, zu rekonstruieren, aber es ist sehr leicht, einen Roman zu erfinden und seine Einbildung für die Wirklichkeit zu halten.

Man darf indessen nicht glauben, daß alle Erinnerungen an frühere Leben Augenblicke von großen Krisen, einer wichtigen Aufgabe oder einer Offenbarung sind. Es sind manchmal sehr einfache transparente Minuten, in denen eine uneingeschränkte Harmonie des Wesens sich ausdrückt, eine vollkommene Harmonie. Und das kann völlig unbedeutenden äußeren Situationen entsprechen.

Außer diesen unmittelbaren Dingen, die euch in dieser Minute umgeben, außer dieser Minute der Verbindung mit eurem psychischen Wesen, bleibt nichts. Wenn der bevorzugte Augenblick einmal vergangen ist, versinkt das psychische Wesen wieder in seinen inneren Dämmerschlaf und das ganze äußere Leben schmilzt in ein eintöniges Grau-in-Grau, von dem keine Spur bleibt. Übrigens entsteht ein wenig das gleiche Phänomen im Laufe des Lebens, das ihr jetzt lebt: außer den besonderen Augenblicken, wo ihr auf der Höhe eures mentalen, vitalen oder auch physischen Wesens seid, scheint der Rest eurer Existenz in eine neutrale Farbe ohne großes Interesse zu schmelzen, wo es wenig bedeutet, an diesem Ort gewesen zu sein anstatt an jenem anderen, dieses getan zu haben anstatt jenes. Wenn ihr plötzlich versucht, euer Leben zu betrachten, die zwanzig oder dreißig oder vierzig Jahre hinter euch, wie um ihren wesentlichen Gehalt zu sammeln, werdet ihr spontan zwei oder drei Bilder hervortreten sehen, welche die wahren Minuten eures Lebens sind, und alles andere verlischt. Eine spontane Wahl und eine ungeheure Aussonderung findet in eurem Bewußtsein statt. Das wird euch ein wenig die Idee geben, was mit den früheren Leben geschieht – die Wahl einiger herausragender Augenblicke und eine ungeheure Aussonderung.

Sicherlich sind die ersten Leben sehr unentwickelt, und es bleibt nur wenig von ihnen, sehr verstreute Erinnerungen, aber je mehr sich das Bewußtsein entwickelt, um so bewußter wird das psychische Wesen mit den äußeren Handlungen verbunden und um so zahlreicher, zusammenhängender, genauer werden die Erinnerungen; aber noch einmal, es bleibt die Erinnerung an die Verbindung mit der Seele und manchmal an die Dinge, die mit der psychischen Enthüllung verbunden waren – nicht der soziale Stand, nicht die wechselnden Aufmachungen. Und das erklärt, warum die angeblichen Erinnerungen an tierische Leben der höchsten Phantasie angehören: der göttliche

Funke ist bei ihnen zu tief vergraben, um bewußt an die Oberfläche des äußeren Lebens zu treten und sich mit dem äußeren Leben zu verbinden. Man muß ein vollkommen bewußtes Wesen werden, in allen Teilen seines Wesens, vollkommen vereint mit seinem göttlichen Ursprung, um wahrhaft sagen zu können, daß man sich an seine früheren Leben erinnert.

13. Dezember 1957

(Brief von Satprem an Mutter)

Pondicherry, 13. Dezember 1957

Liebe Mutter, hier ist, was in meiner Seele aufsteigt: ich fühle etwas in mir, das nicht benutzt wird, etwas, das versucht, sich im Leben auszudrükken. Ich möchte wie ein Ritter sein, Dein Ritter, und wie auf der Suche nach einem Schatz fortgehen, den ich Dir zurückbrächte. Diese Welt hat alles Märchenhafte verloren, alle Schönheit des Abenteuers, dieses Suchen, das die Ritter des Mittelalters kannten. Das drängt in mir, dieses Bedürfnis nach einem Suchen in der Welt und nach einem schönen Abenteuer, das zugleich ein Abenteuer der Seele wäre. Verstehst Du, daß beides VEREINT sei, das Innere und das Äußere, daß die Freude der Handlung und des Weges und der Suche dem Aufblühen der Seele helfe, wie ein Gebet der Seele sei, das sich im Leben ausdrückt. Die Ritter des Mittelalters wußten das. Das alles ist vielleicht kindisch, unsinnig in diesem 20. Jahrhundert, aber es ist das, was ich fühle, es ist das, was mich drängt, wegzugehen, nichts Niedriges, nichts Gewöhnliches, nur das Bedürfnis, etwas in mir zu erfüllen. Wenn ich Dir doch einen schönen Schatz heimbringen könnte!

Danach wäre ich vielleicht reifer, um das tägliche Leben des Ashrams anzunehmen, und ich würde besser wissen, mich zu geben.

Mutter, ich fühle das sehr stark, ich brauche Deine Hilfe, um dem wahren Weg meines Wesens zu folgen und um diesen neuen äußeren Zyklus zu erfüllen, wenn Du siehst, daß er erfüllt werden soll. Ich fühle so stark, daß mir noch etwas zu TUN bleibt. Führe mich, liebe Mutter.

Dein Kind

Satprem

21. Dezember 1957

Du sagtest mir neulich, daß du, um Dinge zu wissen, dich auf die subtile Ebene einstimmst und daß es da wie eine Schallplatte abläuft. Wie funktioniert das genau?

Es gibt eine ganze Stufenleiter von Bewußtseinsebenen, vom physischen Bewußtsein bis zu meinem strahlenden Bewußtsein in der Höhe, das den Willen des Höchsten kennt. Ich halte alle diese Bewußtseinsebenen vor mir und sie arbeiten gleichzeitig, in einer zusammenhängenden Weise, wirken auf jeder Ebene, sammeln die jeder Ebene eigenen Informationen, um die vollkommene Wahrheit der Dinge zu finden. Wenn ich nun eine Entscheidung über euch zu treffen habe, stimme ich mich direkt auf euch ein, aus dem höchsten Bewußtsein, das die tiefste Wahrheit eures Wesens sieht. Aber zur gleichen Zeit formt sich meine Entscheidung durch die Anzeichen, die mir die anderen Bewußtseinsebenen geben, besonders das physische Bewußtsein, das wie ein Aufnahmegerät arbeitet.

Dieses physische Bewußtsein zeichnet alles auf, was es sieht, alle eure Reaktionen, eure Gedanken, alle Taten, ohne Parteilichkeit, ohne Vorurteil, ohne persönlichen Willen. Nichts entgeht ihm. Seine Arbeit ist fast mechanisch. So weiß ich, was ich euch sagen oder von euch fordern kann, gemäß der integralen Wahrheit eures Wesens und seiner gegenwärtigen Möglichkeiten. Normalerweise, beim normalen Menschen, sieht das physische Bewußtsein die Dinge nicht so, wie sie sind, aus drei Gründen: aus Unwissenheit, aus Parteilichkeit, aus egoistischem Willen. Ihr färbt, was ihr seht, sondert aus, was euch mißfällt, kurz ihr seht nur das, was ihr sehen wollt.

Neulich hatte ich eine sehr auffallende Erfahrung: es entstand eine Verschiebung zwischen meinem physischen Bewußtsein und dem Bewußtsein der Welt. Es passierte mir, daß die im Licht und in der Wahrheit getroffenen Entscheidungen unerwartete Ergebnisse hervorbrachten, Störungen im Bewußtsein der anderen, die weder vorhergesehen noch gewollt waren, und ich konnte es nicht verstehen. Ich konnte suchen wie ich wollte, ich „verstand" es nicht – ich bestehe auf dieses Wort. Schließlich mußte ich aus meinem höchsten Bewußtsein herauskommen und mich nach unten in das physische Bewußtsein ziehen, um zu erfahren, was geschah. Und da sah ich in meinem Kopf etwas wie eine kleine Zelle, die zersprang, und plötzlich verstand ich: es hatte einen Fehler in der Aufnahme gegeben. Das physische Bewußtsein hatte versäumt, gewisse eurer niederen Reaktionen zu notieren. Dies konnte nicht aus Vorliebe oder durch persönlichen Willen geschehen (das ist seit langem aus meinem Bewußtsein geschieden, seit sehr langem). Und ich sah, daß dieses materiellste Bewußtsein schon ganz von der transformierenden supramentalen Wahrheit durchdrungen war, daß es nicht mehr dem Rhythmus des normalen Lebens folgen konnte. Es war mehr auf das wahre Bewußtsein eingestellt als auf die Welt!... Ich konnte ihm keine Vorwürfe machen, denn es war nicht zurückgeblieben, sondern im Gegenteil, es war voran, zu weit voran. Eine Verschiebung zwischen dem Rhythmus der Transformation meines Wesens und dem Rhythmus der Welt. Die supramentale Aktion auf die Welt ist langsam, sie wirkt nicht direkt, sondern sickert nach und nach in die aufeinanderfolgenden Schichten, und die Ergebnisse entstehen nur langsam. Da mußte ich mich gewaltsam nach unten ziehen, um auf die anderen zu warten.

Manchmal muß man es verstehen, nicht zu verstehen.

Diese Erfahrung konfrontierte mich wieder einmal mit der Notwendigkeit vollkommener Demut gegenüber dem Göttlichen. Es genügt nicht, sich hoch bis zu den Ebenen des obersten Bewußtseins zu erheben, diese Ebenen müssen auch in die Materie herabkommen und sie erleuchten. Andernfalls ist nichts wirklich getan. Man muß die Geduld haben, die Verbindung zwischen dem Hohen und dem Niedrigen herzustellen. Wenn ich nur auf mich hörte, wäre ich wie ein Sturm, ein Orkan, ich würde mich in die Zukunft stürzen – alles würde wegfallen. Dann gäbe es keine Verbindung mehr mit dem Rest.

Man muß die Geduld haben zu warten.

Demut, eine vollkommene Demut ist die Bedingung für alle Verwirklichungen. Das Mental ist so überheblich. Es bildet sich ein, alles zu verstehen, alles zu wissen. Und wenn es aus Idealismus handelt, um einem Zweck zu dienen, der ihm edel erscheint, dann ist es noch selbstsicherer, noch unverbesserlicher, und es ist fast unmöglich, es zur Einsicht zu bringen, daß hinter seinen edlen Begriffen, seinen großen uneigennützigen oder sonstigen Idealen etwas noch Höheres liegen könnte. Das einzige Heilmittel ist die Demut. Ich spreche nicht von der Demut gewisser Religionen, nicht von dem Gott, der seine Geschöpfe erniedrigt und sie nur auf den Knien sehen möchte. Als ich Kind war, empörte mich diese Art Demut und ich lehnte es ab, an einen Gott zu glauben, der seine Schöpfung erniedrigt. Es geht nicht um diese Demut, sondern um die Einsicht, daß man nicht weiß, nichts weiß und daß es etwas anderes geben kann als das, was uns gegenwärtig als das Wahrste, das Edelste, das Selbstloseste erscheint. Die wahre Demut, die darin besteht, sich ständig auf den Herrn zu beziehen, alles Ihm zu übergeben. Wenn ich einen Schlag bekomme (und es gab viele Schläge in meiner Sadhana), ist meine unmittelbare, spontane Reaktion, wie

eine Sprungfeder, mich Ihm hinzugeben und zu sagen: „Du Herr."
Ohne diese Demut hätte ich nichts verwirklichen können. Und wenn
ich sage „ich", geschieht das, um mich verständlich zu machen, aber
tatsächlich bedeutet „ich": der Herr durch meinen Körper, sein Instrument. Wenn man anfängt, diese Demut zu leben, nähert man sich der
Verwirklichung, sie ist die Voraussetzung, der Anfang.

*
* *

*(Handschriftliche Notiz von Mutter zu dem Gespräch
vom 21. Dezember 1957:)*

Hoch oben, eine andauernde Vision von dem Willen des Höchsten.
In der Welt, eine Vision des Gesamten, das zu tun ist.

Individuell, in jedem Augenblick und bei jeder Gegebenheit die
Vision der Wahrheit dieses Augenblickes, dieser Gegebenheit, dieses
Individuums.

Im äußeren Bewußtsein, eine unpersönliche und mechanische Aufzeichnung der Geschehnisse und des Zustandes der Leute und Dinge,
die zugleich das Feld der Handlung bilden und die Grenzen, die dieser
Handlung gesetzt sind. Die Aufzeichnung ist willentlich automatisch
und mechanisch, ohne jede Art der Bewertung, so objektiv wie möglich.

Ohne Datum 1957

(Notiz von Mutter an Satprem)

In seinem Inneren
findet man
die Prétentaine.[1]

---

1. *Prétentaine:* Name des Segelboots, auf dem Satprem allein um die Welt segeln
   wollte.

1958

CHRONIK DES WELTGESCHEHENS

1958

13. Jan. 9 325 Wissenschaftler aus 43 Nationen drängen den UN-Generalsekretär in einer Unterschriftensammlung zur augenblicklichen Einstellung aller Atombombenversuche

1. Feb. Die US-Luftwaffe startet den ersten amerikanischen Satelliten Explorer I

2. Feb. Vierundfünfzig Deputierte, darunter drei Minister, werden aus der Nationalversammlung der Volksrepublik China aufgrund der Äußerung „rechter" Auffassungen ausgeschlossen

27. März Chruschtschow, Generalsekretär der KPd SU seit 1953, wird zum Premierminister gewählt

28. März Außenminister Gromyko verkündet im höchsten Sowjet die Entscheidung der UdSSR, Atomversuche unilateral einzustellen

1. April Der Rebellenführer Fidel Castro eröffnet Feindseligkeiten gegen die Regierung des Präsidenten Batista in Cuba

15.-17.4 Die Konferenz der Nato-Verteidigungsminister in Paris stimmt dem Norstad-Plan zu, demzufolge dreißig Divisionen mit taktischen Atomwaffen ausgerüstet werden sollen

23. April Die US-Luftwaffe startet eine zweistufige Rakete mit einer Reichweite von 8 000 km

28. April Der Nobelpreisträger Dr. Linus Pauling erklärt, daß die bereits in der Atmosphäre vorhandene Radioaktivität von Atomwaffen 5 Millionen genetisch gestörte Geburten und Millionen Leukämie- und Krebs-Fälle hervorrufen wird

28.4-15.5 Vize-Präsident Nixon wird auf einer „Good-Will"-Tour in Südamerika vielfach angegriffen und verflucht

1. Juni Die französische Nationalversammlung setzt General de Gaulle mit 339 gegen 224 Stimmen mit außerordentlichen Vollmachten in das Amt des Ministerpräsidenten ein

18. Juni Explosion der bisher stärksten US-Wasserstoffbombe in Eniwetok

14. Juli Das iraqische Königshaus wird in einer militärischen Revolte gestürzt. König Faisal, der Kronprinz und der Premierminister fallen Attentaten zum Opfer

26. Juli Erfolgreicher Start des dritten künstlichen Satelliten der USA, Explorer IV

1.-5.8. Erste Unterquerung des Packeises über dem Nordpol durch das amerikanische Atom-U-Boot Nautilus

14. Aug. Tod des Physikers Frédéric Joliot-Curie

20.-26.8 General de Gaulle reist nach Madagaskar. Während einer Zwischenlandung in Brazzaville verkündet er das Recht auf Unabhängigkeit der Völker aller französischer Kolonialgebiete

22. Aug. Die Vereinigten Staaten und Großbritannien schlagen die Aussetzung aller Atomversuche für die Dauer eines Jahres vor

23. Aug. Die rotchinesische Luftwaffe beginnt mit einem massiven Bombardement von Quemoy, einer Insel in der Formosa-Straße

3. Sept. Seit Mai Aufstände in Tibet gegen die chinesischen Besatzer

28. Sept.	Die neue französische Verfassung, die General de Gaulle unterbreitet, wird über ein Referendum von einer beeindruckenden Mehrheit befürwortet. Von den überseeischen Territorien stimmt Guinea mit Nein
2. Okt.	Die Republik von Guinea wird in Conakry aus gerufen
9. Okt.	Tod Pius XII.
10. Okt.	Tod Maurice Vlamincks
23. Okt.	Boris Pasternak erhält den Nobelpreis für Literatur, ist aber durch die feindseligen Reaktionen der sowjetischen Machthaber gezwungen, diese Auszeichnung abzulehnen
28. Okt.	Wahl des Papstes Johannes XXIII
8. Nov.	Die dritte „Mond-"Rakete wird von Cape Canaveral gestartet und löst sich auf, nachdem sie 12 000 km ihrer vorgesehenen Flugbahn zurückgelegt hat
10. Nov.	Chruschtschow fordert im Moskauer Sportpalast die Aufhebung des Vier-Mächte-Status Berlins und dessen Angliederung an die DDR (2.Berlin-Krise)
17. Nov.	Staatsstreich im Sudan
13. Dez.	Die Jupiter-Rakete mit einem Affen an Bord wird auf Cape Canaveral gezündet
21. Dez.	General de Gaulle wird zum Präsident der Republik Frankreich gewählt

1. Januar 1958

(Auszug aus der Mittwochsklasse:)

O Natur, materielle Mutter,
Du hast gesagt, Du wirst mitarbeiten,
und die Herrlichkeit dieser Mitarbeit
kennt keine Grenzen.

(Botschaft zum 1. Januar 1958)

Mutter, erklärst du die Botschaft für dieses Jahr?

Da gibt es nichts zu erklären. Es ist eine Erfahrung, etwas, das geschah, und als es geschah, notierte ich es, und zufällig geschah es gerade in dem Augenblick, als ich etwas für das neue Jahr schreiben mußte (zu dem Zeitpunkt war es noch das nächste Jahr, das Jahr, das heute anfängt). Als ich mich erinnerte, daß ich etwas schreiben mußte, kam diese Erfahrung – nicht aus diesem Grunde, sondern gleichzeitig –, und als ich sie notierte, merkte ich ... daß es die Botschaft für dieses Jahr war!

(Mutter liest die Aufzeichnung ihrer Erfahrung)

Im Laufe einer unserer Unterrichtsstunden [am 30. Oktober 1957] sprach ich vom grenzenlosen Überfluß der Natur, von der unerschöpflichen Schöpfungskraft, die die unzähligen Formen nimmt und sie mischt, wieder trennt und wieder formt, sie auseinandernimmt, sie zerstört, um zu immer neuen Verbindungen zu kommen. Ich nannte es einen großen Kochkessel: man rührt darin und bringt etwas hervor; ist es nicht gut, wirft man es wieder hinein und nimmt etwas anderes ... Eine Form oder zwei Formen oder hundert Formen, für die Natur hat das überhaupt keine Bedeutung, es gibt Tausende und Tausende von Formen, und die Jahre, die Jahrhunderte, die Jahrtausende, die Jahrmillionen haben keinerlei Bedeutung, sie hat die Ewigkeit vor sich! Es ist ganz offensichtlich, daß sie das lustig findet und keine Eile hat. Wenn man zu ihr davon spricht, die Etappen zu verkürzen und diesen oder jenen Teil ihrer Arbeit schneller zu beenden, ist ihre Antwort immer dieselbe: „Aber warum, warum? Amüsiert euch das nicht?"

An dem Abend, als ich euch das sagte, identifizierte ich mich vollkommen mit der Natur, betrat ihr Spiel. Und diese Bewegung der Identifikation löste eine Antwort aus, eine Art neuer Vertraulichkeit zwischen der Natur und mir, eine lange Bewegung der Annäherung, die ihren Höhepunkt in einer Erfahrung am 8. November fand.

Plötzlich verstand die Natur. Sie verstand, daß dieses neue Bewußtsein, das geboren wurde, sie nicht abweisen will, sondern sie voll miteinbeziehen möchte. Sie verstand, daß diese neue Spiritualität sich nicht vom Leben entfernt, nicht ängstlich vor der ungeheuren Fülle ihrer Bewegung zurückschreckt, sondern im Gegenteil alle ihre Facetten eingliedern will. Sie verstand, daß das supramentale Bewußtsein nicht da ist, um sie zu verkleinern, sondern um sie zu vervollständigen.

Da kam von der Höchsten Realität dieses Gebot: „Erwache, O Natur, zur Freude der Zusammenarbeit." Und die ganze Natur sprang plötzlich in einem ungeheuren Freudensprung hervor und sagte: „Ich akzeptiere, ich nehme an der Arbeit teil." Und zur gleichen Zeit stellte sich eine Stille, eine vollkommene Ruhe ein, damit dieser empfangende Körper den ungeheuren Strom der Freude der Natur, der wie in einer Bewegung der Anerkennung hervorstürzte, aufnehmen und halten konnte, ohne zu brechen, ohne etwas zu verlieren. Sie willigte ein, sie sah, mit der ganzen Ewigkeit vor sich, daß dieses supramentale Bewußtsein ihr eine viel vollkommenere Erfüllung geben würde, ihrer Bewegung eine noch stärkere Kraft, ihrem Spiel mehr Weite, mehr Möglichkeiten.

Und plötzlich hörte ich, als käme es von allen Ecken der Erde, diese großen Klänge, die man manchmal im Subtilphysischen hört, ein wenig ähnlich denen von Beethovens Konzert in D, und die zur Stunde großer Fortschritte kommen, als würden fünfzig Orchester zusammen ausbrechen, ohne einen falschen Ton, um die Freude dieser neuen Vereinigung zwischen der Natur und dem Geist auszusprechen, die Begegnung alter Freunde, die sich nach langer Trennung wiederfinden.

Da kamen diese Worte: „O Natur, materielle Mutter, Du hast gesagt, Du wirst mitarbeiten, und die Herrlichkeit dieser Mitarbeit kennt keine Grenzen."

Und das strahlende Glück dieser Herrlichkeit wurde in vollkommenem Frieden empfangen.

So vollzog sich die Geburt der Botschaft für das Neue Jahr.

(Dann erklärt Mutter)

Ich muß euch noch eines sagen: man darf sich über die Bedeutung dieser Erfahrung nicht täuschen und sich einbilden, daß von nun an alles ohne Schwierigkeiten und immer nach euren persönlichen Wünschen geschieht. Auf dieser Ebene liegt das nicht. Das bedeutet nicht, daß es nicht regnen wird, wenn wir es nicht wollen; wenn wir wollen, daß ein Ereignis in der Welt geschieht, es sich sofort ereignen wird; daß alle Schwierigkeiten sofort beseitigt werden und alles wie im Märchen wird. So ist es nicht. Es ist tiefgründiger: die Natur akzeptierte in ihrem Spiel der Kräfte die neue Kraft, die sich manifestiert hat, und nahm sie in ihre Bewegungen auf. Und wie immer sind die Bewegungen der Natur auf einem Maßstab, der unendlich die menschliche Skala überschreitet und der für ein gewöhnliches menschliches Bewußtsein nicht erkennbar ist. Es ist vielmehr eine innere psychologische Möglichkeit, die in der Welt geboren wurde, als eine auffällige Änderung der irdischen Ereignisse.

Ich betone das, weil man vielleicht verleitet wäre zu glauben, die Märchen würden sich jetzt auf der Erde erfüllen. Dazu ist die Zeit noch nicht gekommen.

(Schweigen)

Man muß sehr viel Geduld haben und eine sehr weite und umfassende Sicht, um zu verstehen, wie die Dinge geschehen.

(Schweigen)

Die Wunder, die geschehen, könnte man nicht als wörtliche Wunder bezeichnen, in dem Sinne, daß es nicht so geschieht wie in den Geschichten. Es ist nur für eine sehr tiefe Schau der Dinge sichtbar – sehr tief, sehr verständnisvoll, sehr weit.

(Schweigen)

Man muß bereits fähig sein, den Methoden und Mitteln der Gnade zu folgen, um ihre Handlung zu erkennen. Man muß bereits fähig sein, sich nicht durch die Erscheinungen blenden zu lassen, um eine tiefere Wahrheit der Dinge zu sehen.

Ohne Datum 1958[1]

1) Nur das Göttliche ist wahr – alles übrige ist Lüge.
2) Nur das Göttliche ist wirklich – alles übrige ist Illusion.

---

1. Auf Englisch geschriebene Notiz von Mutter.

3) Nur das Göttliche ist das Leben – alles übrige gehört dem Reich des Todes an.

4) Nur das Göttliche ist Licht – alles übrige ist Halbdunkel.

5) Nur das Göttliche ist Liebe – alles übrige ist egoistische Sentimentalität.

*
* *

Und dennoch ist das Göttliche überall, im Unwissenden wie im Weisen.

Und dennoch ist das Göttliche überall, im Sünder wie im Heiligen.

22. Januar 1958

Es ist ein Irrtum, die Freude und das Glück zu verwechseln. Die beiden sind sehr verschieden. Nicht nur die Schwingungen sind verschieden, sondern auch die Farben. Es gibt ein Blau, ein helles silbernes Blau (das Blau von der Fahne des Ashrams), sehr leuchtend und transparent, das ist die Farbe des Glücks. Es ist etwas Passives, Frisches, das kühlt, verjüngt.

Dagegen ist die Farbe der Freude ein goldenes Rosa, ein blasses Gold, das etwas Rot enthält, auch ein sehr blasses Rot. Es ist aktiv, warm, kräftigend, verstärkend. Das erste ist die Sanftmut, das zweite ist die Zärtlichkeit.

Und die Glückseligkeit – das, was ich spontan Glückseligkeit nenne – ist die Verbindung von beiden. Sie liegt ganz auf der Höhe des supramentalen Bewußtseins, in einem diamantenen Licht: ein ungetöntes, funkelndes Licht, das alle Farben enthält. Freude und Glück sind wie die zwei Seiten eines Dreiecks, dessen Spitze die Glückseligkeit bildet.

Die Glückseligkeit enthält zugleich Kühle und Wärme, Passivität und Aktivität, Ruhe und Tat, Sanftmut und Zärtlichkeit. Die göttliche Zärtlichkeit ... ist etwas sehr verschiedenes von der Sanftmut, es ist ein äußerster Grad von Freude, eine so starke Schwingung für den Körper, daß er den Eindruck hat zu zerspringen; dann muß er weiter werden.

Das diamantene Licht der Glückseligkeit besitzt die Macht, alle feindlichen Kräfte aufzulösen. Nichts kann ihm widerstehen. Kein Bewußtsein, kein Wesen, kein feindlicher Wille kann sich ihm nähern,

ohne unmittelbar aufgelöst zu werden, denn es ist das Licht des Göttlichen in seiner reinen Schöpferkraft.

25. Januar 1958

(Über Pakistan)

Es ist ganz offenbar, daß aus dem einen oder dem anderen Grund – oder vielleicht aus keinem Grund – der Höchste
seine Meinung über diese Angelegenheit geändert hat.[1]

Ohne Datum 1958

Wenn die feindlichen Kräfte jene angreifen wollen, die mich
umgeben, und es ihnen nicht gelingt, sie offen feindlich gegen das
Werk von Sri Aurobindo zu richten oder sie persönlich gegen mich zu
wenden, handeln sie immer in der gleichen Weise, mit dem gleichen
Beweismittel: „Ihr könnt alle die inneren Verwirklichungen erlangen,
die ihr wollt, die schönsten nur möglichen Erfahrungen in den vier
Mauern eures Ashrams, aber auf der äußeren Ebene ist euer Leben
vergeudet, verloren. Zwischen eurer inneren Erfahrung und der konkreten Verwirklichung in der Welt besteht eine Kluft, die ihr niemals
überbrücken könnt".

Das ist das Beweismittel Nummer eins der feindlichen Kräfte. Ich
kenne es, seit Millionen von Jahren höre ich sie dasselbe wiederholen
und jedesmal entlarve ich sie. Es ist eine Lüge, es ist *die* Lüge. Alles,
was versucht, eine Scheidung zwischen der Erde und dem Geist herzustellen, kommt ihnen gelegen, alles, was die innere Erfahrung von
der göttlichen Verwirklichung in der Welt trennt. Aber das Gegenteil

---

1. Handschriftliche Notiz von Mutter auf Englisch (mit einem Anflug von Humor, der
an Sri Aurobindo erinnert).

133

ist wahr! Die innere Verwirklichung bildet den Schlüssel zur äußeren Verwirklichung. Wie wollt ihr das Wahre wissen, das ihr in der Welt zu verwirklichen habt, solange ihr nicht in Besitz der Wahrheit eures Wesens seid?

3. Februar 1958

(Brief von Satprem an Mutter)

Pondicherry, 3. Februar 1958

Liebe Mutter,

Was Du mir heute mittag sagtest, hat mich erschüttert. Ich hatte entschieden, nur nach meinem Kopf zu handeln, und jetzt bete ich darum, wahrhaft zu sein.

Ich wollte Dir sagen, „ich bleibe" ohne weiteres, etwas in mir wollte das, aber ich fürchte mich, einen Beschluß zu fassen, wenn ich nicht fähig bin, ihn beizubehalten. Eine andere Kraft als die meine ist erforderlich. Kurzum, Du müßtest den Willen haben, für mich zu wollen, Du müßtest ein Wort sprechen, das mir hilft, wirklich zu verstehen, daß ich hier bleiben muß. Erweise mir die Gnade, mir zu helfen und mich aufzuklären. Ich möchte unparteiisch entscheiden, im Einklang mit der einen Wahrheit und meinen wirklichen Möglichkeiten.

Ich bekam einen langen Brief vom Swami[1], der im wesentlichen sagt, daß ich fähig sein sollte, hier in Deiner Nähe zu verwirklichen, was ich zu verwirklichen habe, aber er lehnt es auch nicht ab, mich aufzunehmen, wenn ich auf meinem Vorhaben beharre.

Mutter, *aufrichtig* lege ich das alles in Deine Hände.

Ich bin Dein Kind.

Satprem

---

1. Ein Sannyasin oder Wandermönch, den Satprem einige Wochen später am 27. Februar in Ceylon aufsuchte und der ihm später die Initiation zum Sannyasin gab. Leider ist fast der ganze Schriftwechsel aus dieser Zeit verschwunden.

3. Februar 1958

(Dieser Text wurde in der Mittwochsklasse am 19.2.58 vorgelesen)

Zwischen den Wesen der supramentalen Welt und den Menschen besteht ungefähr derselbe Unterschied wie zwischen den Menschen und den Tieren. Vor einiger Zeit hatte ich die Erfahrung der Identifikation mit dem Tierleben, und es ist eine Tatsache, daß die Tiere uns nicht verstehen: ihr Bewußtsein ist so gebildet, daß wir ihnen fast vollkommen entgehen. Ich kannte indessen Haustiere – Katzen und Hunde, aber vor allem Katzen –, die eine fast yogische Anstrengung des Bewußtseins machten, um uns zu erreichen. Aber wenn sie uns leben und handeln sehen, verstehen sie uns im allgemeinen nicht, sie SEHEN uns nicht so, wie wir sind, und sie leiden wegen uns. Wir sind für sie ein dauerndes Rätsel. Nur ein sehr kleiner Teil ihres Bewußtseins hat eine Verbindung mit uns. Und für uns ist es das gleiche, wenn wir versuchen, die supramentale Welt zu sehen. Wir werden sie erst sehen, wenn die Verbindung des Bewußtseins hergestellt ist – und nur der Teil unseres Wesens, der diese Transformation durchgemacht hat, wird fähig sein, sie so zu sehen, wie sie ist –, sonst bleiben die beiden Welten getrennt wie die tierische und die menschliche Welt.

Die Erfahrung, die ich am 3. Februar hatte, ist ein Beweis dafür. Vorher hatte ich einen individuellen, subjektiven Kontakt mit der supramentalen Welt, indessen am 3. Februar bin ich konkret darin gegangen, so konkret wie ich früher in Paris spazieren ging, in einer Welt, die IN SICH BESTEHT, außerhalb aller Subjektivität.

Es ist wie eine Brücke, die zwischen den beiden Welten gebaut wird. Hier die Erfahrung, wie ich sie sofort danach diktierte:

(Schweigen)

Die supramentale Welt besteht andauernd und ich bin andauernd in einem supramentalen Körper dort. Heute hatte ich selbst den Beweis dafür, als mein irdisches Bewußtsein dorthin ging und zwischen zwei und drei Uhr bewußt dort blieb. Jetzt weiß ich, daß eine Zwischenzone zwischen der physischen Welt, so wie sie ist, und der supramentalen Welt, so wie sie ist, erforderlich ist, damit die beiden Welten sich in einer dauernden und bewußten Verbindung vereinigen. Diese Zone bleibt aufzubauen, sowohl im individuellen Bewußtsein als auch in der objektiven Welt, und sie ist dabei zu entstehen. Wenn ich früher von der neuen Welt sprach, die im Werden ist, sprach ich von dieser Zwischenzone. Und wenn ich auf dieser Seite hier bin, das heißt im Bereich des physischen Bewußtseins, und sehe, wie die supramentale

Macht, das supramentale Licht und die supramentale Substanz ständig die Materie durchdringen, ist es die Konstruktion dieser Zone, die ich sehe und an der ich teilnehme.

Ich befand mich auf einem ungeheuren Schiff, eine symbolische Darstellung des Ortes, wo diese Arbeit sich vollzieht. Dieses Schiff, so groß wie eine Stadt, ist in allen Einzelheiten organisiert, und sicherlich funktionierte es schon seit einiger Zeit, denn seine Organisation war vollkommen. Es ist der Ort, wo die für das supramentale Leben bestimmten Leute ausgebildet werden. Diese Leute (oder wenigstens manche von ihnen) hatten schon eine supramentale Transformation durchgemacht, denn das Schiff selbst und alles, was sich an Bord befand, war weder materiell noch subtilphysisch noch vital noch mental: es war eine supramentale Substanz. Diese Substanz selbst stammte vom materiellsten Supramental, die supramentale Substanz, die der physischen Welt am nächsten ist, die erste, die sich manifestieren wird. Das Licht war eine Mischung von Gold und Rot, die eine einheitliche Substanz von leuchtendem Orange bildete. Alles war so – das Licht war so, die Leute waren so – alles hatte diese Farbe, nur mit verschiedenen Nuancen, die einem erlaubten, die Dinge zu unterscheiden. Der allgemeine Eindruck war von einer Welt ohne Schatten: es gab Nuancen, aber keine Schatten. Die Atmosphäre war voller Freude, Ruhe und Ordnung; alles vollzog sich regelmäßig und in Stille. Und zur gleichen Zeit konnte man alle Einzelheiten einer Schulung erkennen, einer Ausbildung in allen Bereichen, dank derer die Leute an Bord vorbereitet wurden.

Dieses ungeheure Schiff erreichte gerade das Ufer der supramentalen Welt, und eine erste Gruppe von Leuten, die bestimmt waren, die zukünftigen Einwohner dieser supramentalen Welt zu sein, sollte aussteigen. Alles war für diese erste Landung eingerichtet. An der Landebrücke befanden sich eine gewisse Zahl von sehr hochgewachsenen Wesen. Sie waren keine menschlichen Wesen, sie waren nie Menschen gewesen. Sie sind aber auch keine dauernden Bewohner der supramentalen Welt. Sie waren von oben gesandt und dorthin gestellt worden, um die Landung zu kontrollieren und zu beaufsichtigen. Von Anfang an und die ganze Zeit hatte ich die Leitung dieses ganzen Geschehens. Ich selbst hatte alle Gruppen vorbereitet. Ich stand am oberen Ende der Landebrücke, auf dem Schiff, und rief die Gruppen eine nach der anderen und ließ sie ans Ufer gehen. Die hochgewachsenen Wesen, die dort aufgestellt waren, „untersuchten" die, die ausstiegen, um jene vorbeizulassen, die bereit waren, und jene zurückzuschicken, die es nicht waren und die ihre Ausbildung an Bord fortsetzen mußten. Als ich all das beobachtete, begann der Teil meines Bewußtseins, der von hier kam, außerordentlich interessiert zu werden: er wollte alle die Leute sehen und erkennen, sehen wie sie verändert waren, und feststellen, welche unmittelbar angenommen wurden und welche bleiben mußten, um ihre Ausbildung fortzusetzen. Nach einiger Zeit, während ich das alles beobachtete, begann ich zu fühlen, daß ich zurückgezogen wurde, damit mein Körper erwachte – von einem Bewußtsein oder einer Person hier[1] – und in meinem Bewußtsein protestierte ich: „Nein, nein, noch nicht! Noch nicht, ich will die Leute sehen!" Ich sah und notierte mit intensivem Interesse ... Es ging so weiter bis zu dem Augenblick, wo plötzlich die Uhr hier anfing drei zu schlagen, das rief mich abrupt zurück. Ein Gefühl von plötzlichem Absturz ging durch meinen Körper. Ich kam mit einem Stoß zurück, aber mit meiner ganzen Erinnerung, weil ich sehr plötzlich zurückgerufen worden war. Ich verhielt mich ruhig, ohne Bewegung, bis ich die ganze Erfahrung zurückbringen und bewahren konnte.

Auf dem Schiff war die Beschaffenheit der Objekte nicht so, wie wir sie auf der Erde kennen; zum Beispiel waren die Kleider nicht aus Stoff gemacht, und das, was dem Stoff glich, war nicht fabriziert: es war ein Teil ihres Körpers, es bestand aus derselben Substanz, die nur verschiedene Formen annahm. Es besaß eine Art Plastizität. Wenn eine Veränderung vollzogen werden sollte, geschah das nicht durch ein künstliches äußeres Mittel, sondern durch ein inneres Wirken des Bewußtseins, das der Substanz die Form oder Erscheinung gab. Das Leben schuf seine eigenen Formen. Es war EINE EINZIGE Substanz in allem; sie veränderte die Qualität ihrer Schwingung, je nachdem was nötig war und gebraucht wurde.

Die, welche für eine weitere Ausbildung zurückgeschickt wurden, waren nicht von einheitlicher Farbe: es war als hätte ihr Körper Flekken von einem trüben Grau, von einer Substanz, die der irdischen Substanz glich; sie waren trübe, als wären sie nicht ganz vom Licht durchdrungen, nicht transformiert. Sie waren nicht überall so, aber stellenweise.

Die hochgewachsenen Wesen am Ufer hatten nicht die gleiche Farbe, zumindest hatten sie nicht diese orangene Tönung, sie waren blasser, transparenter. Mit Ausnahme eines Teiles ihres Körpers konnte man nur die Umrisse ihrer Form sehen. Sie waren sehr groß, sie schienen kein Knochengerüst zu haben und fähig zu sein, je nach ihren Bedürfnissen verschiedene Formen anzunehmen. Nur von der Hüfte bis zu den Füßen hatten sie eine beständige Dichtigkeit, die man in ihrem

---

1. Tatsächlich kam eine der Personen aus Mutters Umgebung und zog sie aus der Erfahrung.

übrigen Körper nicht fühlte. Ihre Farbe war viel blasser und enthielt sehr wenig Rot, sie ging mehr in Gold oder sogar Weiß über. Die Teile von weißem Licht waren fast durchscheinend; sie waren nicht wirklich durchsichtig, aber weniger dicht, subtiler als die orangene Substanz.

Als ich zurückgerufen wurde und in den Augenblicken, wo ich sagte „noch nicht", hatte ich jedesmal eine blitzschnelle Vision von mir selbst, das heißt, von meiner Form in der supramentalen Welt. Ich war eine Mischung von dem, was die hochgewachsenen Wesen waren, und den Wesen an Bord des Schiffes. Mein oberer Teil, hauptsächlich der Kopf, war nur eine Silhouette, deren Inneres eine weiße Farbe mit einem orangenen Saum hatte. Je mehr es zu den Füßen hinabreichte, um so mehr glich die Farbe der von den Leuten des Schiffes, das heißt Orange; je höher es ging, um so mehr war es halb durchsichtig und weiß, und das Rot wurde schwächer. Der Kopf war nur eine Silhouette mit einer strahlenden Sonne im Inneren; Lichtstrahlen gingen davon aus, die die Wirkung des Willens waren.

Was die Leute betrifft, die ich an Bord des Schiffes sah, ich kannte sie alle. Manche waren von hier, vom Ashram, manche kamen anderswoher, aber ich kannte sie auch. Ich sah sie alle, aber weil ich wußte, daß ich mich hinterher nicht an alle erinnern würde, beschloß ich, keine Namen zu nennen. Das ist auch nicht nötig. Drei oder vier Gesichter waren sehr klar wahrnehmbar, und als ich sie sah, verstand ich das Gefühl, das ich hier auf der Erde hatte, wenn ich in ihre Augen schaute: sie enthielten eine so außerordentliche Freude … Im allgemeinen waren die Leute jung; es gab sehr wenige Kinder und ihr Alter schwankte ungefähr zwischen vierzehn und fünfzehn Jahren, gewiß nicht unter zehn oder zwölf Jahren (ich blieb nicht lange genug dort, um alle Einzelheiten zu sehen). Es gab keine sehr alten Personen außer einigen Ausnahmen. Die Mehrheit der Leute, die ans Ufer gingen, waren von mittlerem Alter. Schon vor dieser Erfahrung waren gewisse individuelle Fälle mehrere Male an einem Ort geprüft worden, wo man die Leute untersuchte, die zur supramentalen Entwicklung fähig waren; ich erlebte dort einige Überraschungen und notierte sie; manchen habe ich es sogar gesagt. Aber die, die ich an dem Tag aussteigen ließ, sah ich sehr genau: sie waren von mittlerem Alter, weder kleine Kinder noch alte Leute, mit nur sehr wenigen Ausnahmen, und das entsprach ziemlich genau dem, was ich erwartete. Ich beschloß, nichts zu sagen, keine Namen zu nennen. Da ich nicht bis zum Ende blieb, war es mir nicht möglich, ein genaues Bild zu geben: das Bild war weder völlig klar noch vollständig. Ich will nicht gewissen Leuten etwas sagen und anderen nicht.

138

Ich kann jedoch sagen, daß der Gesichtspunkt, die Beurteilung AUSSCHLIESSLICH auf der Substanz begründet war, aus der die Leute beschaffen waren, das heißt, ob sie vollkommen der supramentalen Welt angehörten, ob sie aus dieser so besonderen Substanz gebildet waren. Der angenommene Gesichtspunkt war weder moralisch noch psychologisch. Wahrscheinlich war die Substanz ihrer Körper das Ergebnis eines inneren Gesetzes oder einer inneren Bewegung, die in diesem Augenblick nicht in Frage standen. Jedenfalls ist es völlig klar, daß die Werte verschieden sind.

Als ich zurückkam, wußte ich gleichzeitig mit der Erinnerung an die Erfahrung, daß die supramentale Welt beständig ist, daß meine Anwesenheit dort beständig ist und daß nur ein fehlendes Kettenglied nötig wäre, um die Verbindung im Bewußtsein und in der Substanz herzustellen, und dieses Kettenglied ist dabei, sich zu bilden. Das gab mir den Eindruck (ein Eindruck, der recht lange blieb, fast einen ganzen Tag lang) von äußerster Relativität – nein nicht ganz: der Eindruck, daß die Beziehung zwischen dieser Welt hier und der anderen vollkommen den Gesichtspunkt verändert, nach welchem die Dinge bewertet oder eingeschätzt werden sollten. Dieser Gesichtspunkt hatte nichts Mentales, er gab ein seltsames inneres Gefühl, daß eine Menge von Dingen, die wir für gut oder schlecht halten, in Wirklichkeit nicht so sind. Es war sehr klar, daß alles von der Fähigkeit der Dinge abhängt, von ihrer Kapazität, die supramentale Welt zu übertragen oder in Beziehung mit ihr zu stehen. Das war so vollkommen anders, manchmal sogar so entgegengesetzt, verglichen mit unserer gewöhnlichen Bewertung! Ich erinnere mich an eine Kleinigkeit, die wir gewöhnlich schlecht beurteilen, wie komisch war es zu sehen, daß sie in Wahrheit hervorragend ist. Und anderes, das wir für wichtig halten, hat tatsächlich überhaupt keine Bedeutung: ob es so oder so ist, hat gar keine Bedeutung. Es ist sehr offensichtlich, daß unsere Einschätzung, was göttlich oder nicht göttlich ist, nicht stimmt. Über manches mußte ich sogar lachen... Unser gewöhnliches Gefühl, was anti-göttlich ist, scheint künstlich, es scheint auf etwas gegründet zu sein, das nicht wahr, nicht lebend ist (übrigens schien mir das, was wir hier als Leben bezeichnen, nicht lebend zu sein im Vergleich zu dieser Welt), jedenfalls sollte dieses Gefühl auf unserer Beziehung zwischen den beiden Welten gegründet sein und darauf, wie die Dinge diese Beziehung leichter oder schwieriger gestalten. Das würde unsere Bewertung von dem, was uns Gott näher bringt und was uns von ihm trennt, vollkommen ändern. Ich sah auch bei den Leuten, daß das, was ihnen hilft, supramental zu werden, oder was sie daran hindert, sehr verschieden ist von dem, was unsere gewöhnlichen moralischen Begriffe sich vorstellen. Ich fühlte, wie … lächerlich wir sind.

*
* *

(Dann wendet sich Mutter an die Kinder:) Es gibt hierzu eine Fortsetzung, wie das Resultat dieser Erfahrung in meinem Bewußtsein, aber es schien mir zu früh, es jetzt zu lesen. Das wird in der April Ausgabe als Fortsetzung erscheinen. Nur eines – mir liegt daran, es euch zu sagen – scheint mir im Augenblick der wesentlichste Unterschied zwischen unserer Welt und der supramentalen Welt zu sein (und nur, nachdem ich bewußt dorthin gegangen bin, mit dem Bewußtsein, das gewöhnlich hier arbeitet, ist mir dieser Unterschied sozusagen in seiner Enormität erschienen): alles hier, ausgenommen das, was innen und sehr tief geschieht, erschien mir vollkommen künstlich. Keine der Bewertungen des gewöhnlichen physischen Lebens gründet sich auf der Wahrheit. Desgleichen wie wir Stoff beschaffen und Kleider zusammenschneidern, sie über unseren Rücken hängen müssen, um uns zu kleiden, sind wir gezwungen, äußere Dinge zu nehmen und sie in unseren Körper einzuführen, um genährt zu sein. Für alles ist unser Leben künstlich.

Ein wahres, aufrichtiges, spontanes Leben wie in der supramentalen Welt ist ein Hervorquellen der Dinge durch den Einfluß des bewußten Willens, eine Macht über die Substanz, die bewirkt, daß diese Substanz sich dem angleicht, was wir entscheiden. Wer die Macht und das Wissen hat, kann erlangen, was er will, während der, der sie nicht hat, kein künstliches Mittel besitzt, um sich zu beschaffen, was er wünscht.

Im gewöhnlichen Leben ist ALLES künstlich. Gemäß dem Zufall und der Umstände der Geburt hat man eine mehr oder weniger gehobene Stellung oder ein mehr oder weniger bequemes Leben, nicht weil das der spontane, natürliche und aufrichtige Ausdruck eurer Seinsart und eures inneren Bedürfnisses ist, sondern weil der Zufall der Lebensumstände euch diese Dinge zur Verfügung stellt. Ein völlig unentwickelter Mensch kann eine sehr gehobene Stellung einnehmen, und ein Mensch, der wunderbare schöpferische und organisatorische Fähigkeiten hätte, kann sich in einer sehr beschränkten und untergeordneten Situation abmühen, während er in einer wahrhaftigen Welt seine volle Nützlichkeit entfalten könnte.

Diese Künstlichkeit, diese Unaufrichtigkeit, dieser vollkommene Mangel an Wahrheit, das erschien mir so erschreckend, daß … man sich fragt, wie wir in einer so falschen Welt wahre Beurteilungen haben können.

Aber anstatt daß Kummer, Gram, Empörung, Unbefriedigtheit euch erfüllt, hat man vielmehr das Gefühl, von dem ich abschließend sprach: eine so alberne Lächerlichkeit, daß mich während einiger Tage ein tolles Lachen überkam, wenn ich die Dinge und die Leute sah! Ein ganz unerklärliches unbändiges Lachen – erklärlich nur für mich –, wegen der Lächerlichkeit der Situationen.

Als ich euch zu einer Reise ins Unbekannte einlud, zu einer Abenteuerreise, wußte ich nicht, wie wahr ich sprach, und denen, die bereit sind, das Abenteuer zu wagen, kann ich versprechen, daß sie äußerst interessante Entdeckungen machen werden.

Ohne Datum 1958

(Einige Tage nach der Erfahrung vom 3. Februar hatte Mutter weitere Erfahrungen, die wie eine Fortsetzung davon sind:)

Jeder trägt mit sich, in seiner Atmosphäre, das, was Sri Aurobindo die „Kritiker" nannte; sie sind eine Art ständiger Abgesandte der feindlichen Kräfte. Ihre Rolle besteht darin, unbarmherzig jede Handlung, jeden Gedanken, die geringste Bewegung des Bewußtseins zu kritisieren und euch vor die verborgensten treibenden Kräfte eures Verhaltens zu stellen, die geringste niedere Schwingung zu offenbaren, die eure scheinbar reinsten, höchsten Gedanken oder Handlungen begleitet.

Hier geht es nicht um Moral. Diese Herren sind keine moralisierenden Kräfte, obwohl sie sich sehr wohl der Moral zu bedienen wissen! Und wenn sie es mit einem ängstlichen, zweifelnden Bewußtsein zu tun haben, dann können sie es ohne Gnade schinden, jede Minute ihm einflüstern: „Du hättest dies nicht tun sollen, du hättest das nicht tun sollen, du hättest vielmehr jenes tun, das sagen sollen, jetzt hast du alles verdorben, du hast einen unheilbaren Schaden angerichtet, sieh, wie durch deinen Fehler alles unrettbar verloren ist." Manches Bewußtsein kann sogar von ihnen besessen wurden: ihr verjagt den Gedanken und hopp! zwei Minuten danach ist er wiedergekommen; ihr verjagt ihn wieder und er ist immer da, um euch zu behämmern.

Jedesmal wenn ich diesen Herren begegne, bereite ich ihnen einen warmen Empfang, denn sie verpflichten euch zu vollkommener Aufrichtigkeit, sie spüren die subtilste Heuchelei auf und stellen euch in jedem Augenblick den geheimsten Schwingungen gegenüber. Und sie sind intelligent! Von einer Intelligenz, die bei weitem die unsere übertrifft: sie wissen alles. Mit einer wahrhaft bewundernswerten Feinheit verstehen sie es, den geringsten Gedanken, die geringste Begründung, die geringste Handlung gegen euch zu wenden. Nichts entschlüpft ihnen. Was diesen Wesen aber eine widrige Färbung gibt, ist, daß sie zuerst und vor allem Defätisten sind. Sie stellen euch das Bild immer im schlechtesten Licht dar, notfalls entstellen sie eure eigenen Absichten. Sie sind wahrhaft Instrumente der Aufrichtigkeit. Aber eines vergessen sie immer, willentlich, weisen es weit von sich, als ob es nicht existiere: das ist die göttliche Gnade. Sie vergessen das Gebet, dieses spontane Gebet, das plötzlich wie ein eindringlicher Ruf aus der Tiefe des Wesens hervorquillt und die Gnade herabkommen läßt, und das den Lauf der Dinge verändert.

Und jedesmal wenn ihr einen Fortschritt errungen habt, wenn ihr auf eine höhere Ebene gekommen seid, dann stellen sie euch alle Handlungen eures vergangenen Lebens vor Augen, und in einigen Monaten, einigen Tagen oder einigen Minuten lassen sie euch alle eure Prüfungen von neuem durchmachen, auf einer höheren Ebene. Und es genügt nicht, den Gedanken zu verdrängen, zu sagen: „Oh! ich weiß" und einen kleinen Mantel darüber zu werfen, um nicht zu sehen. Man muß dem gegenübertreten und siegen, sein Bewußtsein voll Licht bewahren, ohne das geringste Zittern, ohne ein Wort zu sagen, ohne die geringste Schwingung in den Zellen des Körpers, dann löst sich der Angriff auf.

Neulich in deiner supramentalen Erfahrung sagtest du auch, daß die moralischen Werte ihren Sinn völlig verloren hätten.

Aber unsere Auffassungen von Gut und Schlecht sind derart lächerlich! Derart lächerlich unsere Idee, was dem Göttlichen nahe ist und was dem Göttlichen fern ist! Die Erfahrung von neulich [3. Februar] war eine Entdeckung für mich, sie veränderte mich von Grund auf. Plötzlich verstand ich vieles aus der Vergangenheit, Handlungen, Teile meines Lebens, die unerklärt blieben – in Wahrheit ist der kürzeste Weg von einem Punkt zum anderen nicht die gerade Linie, die die Menschen sich einbilden!

Und während der gesamten Dauer dieser Erfahrung, eine ganze Stunde (eine Stunde der Zeit dort, das ist lang), lebte ich in einem Zustand außerordentlicher Heiterkeit, fast in einem Rausch … Der Unterschied zwischen den beiden Bewußtseinsarten ist so groß, daß, wenn man in dem einen Bewußtsein ist, das andere unwirklich erscheint, wie ein Traum. Als ich zurückkam, war ich zunächst betroffen über die Nichtigkeit des Lebens hier: unsere kleinen Auffassungen von unten erscheinen so lächerlich, so komisch ... Wir sagen von gewissen Leuten, daß sie Narren sind, aber ihre Narrheit ist vielleicht eine große Weisheit vom supramentalen Gesichtspunkt aus, und ihr Verhalten ist vielleicht sehr nahe der Wahrheit der Dinge – ich spreche nicht von den dunklen Narren, die einen Gehirnschaden erlitten haben, sondern von den vielen anderen unverständlichen Narren, den leuchtenden Narren: sie wollten die Grenze zu schnell überschreiten und der Rest konnte nicht folgen.

Wenn man die Welt der Menschen vom supramentalen Bewußtsein aus betrachtet, ist das vorherrschende Merkmal ein Gefühl der Entfremdung, der Künstlichkeit – eine unsinnige Welt, weil sie künstlich ist. Diese Welt ist falsch, weil ihre materielle Erscheinung in keiner Weise die tiefe Wahrheit der Dinge ausdrückt. Es ist wie eine Verschiebung zwischen der äußeren Erscheinung und dem Inneren. So kann ein Mensch, der in seiner Tiefe eine göttliche Kraft besitzt, sich auf der äußeren Ebene in der Lage eines Sklaven befinden. Das ist unsinnig! In der supramentalen Welt hingegen ist es der Wille, der direkt auf die Substanz wirkt, und die Substanz gehorcht diesem Willen. Ihr wollt euch bedecken: die Substanz, in welcher ihr lebt, nimmt unmittelbar die Form eines Kleides an, um euch zu bedecken. Ihr wollt euch von einem Platz zu einem anderen bewegen: euer Wille genügt, um euch zu befördern, ohne daß ihr ein Fahrzeug oder etwas Künstliches braucht. So wie das Schiff meiner Erfahrung keinerlei Maschinen benötigte, um sich fortzubewegen: der Wille formte die Substanz gemäß seinen Bedürfnissen. Als wir landen mußten, formte sich die Landebrücke von selbst. Als ich die Gruppen an Land gehen ließ, wußten es jene, die gehen sollten, automatisch, ohne daß ich ein Wort sagen mußte, und sie kamen der Reihe nach. Alles geschah schweigend, es war nicht nötig zu sprechen, um sich verständlich zu machen; aber das Schweigen selbst machte an Bord des Schiffes nicht diesen künstlichen Eindruck, den es hier macht. Wenn man hier Stille will, muß man schweigen: die Stille ist das Gegenteil von Lärm. Dort ist die Stille vibrierend, lebend, aktiv und verstehend, verständlich.

Die Unsinnigkeit hier, das sind alle die künstlichen Mittel, derer man sich bedienen muß. Irgendein Schwachsinniger hat mehr Macht, wenn er mehr Mittel besitzt, um die nötigen Künstlichkeiten zu erwerben. Hingegen in der supramentalen Welt hat der Wille um so mehr Macht über die Substanz, je bewußter man ist und je mehr man in Beziehung mit der Wahrheit der Dinge steht. Die Autorität ist eine wahre Autorität. Wenn ihr ein Kleid haben wollt, müßt ihr die Kraft haben, es zu formen, eine wahre Kraft. Habt ihr diese Kraft nicht, nun, dann bleibt ihr nackt. Da gibt es kein künstliches Mittel, um den Mangel an Kraft zu ersetzen. Hier ist Autorität nicht einmal unter einer Million der Ausdruck von etwas Wahrem. Alles ist ungeheuer dumm.

Als ich wieder herunterkam („herunter", das ist eine Redensart, denn es ist weder oben noch unten, weder innen noch außen, es ist ... irgendwo), brauchte ich eine gewisse Zeit, um mich wieder zurechtzufinden. Ich erinnere mich sogar, zu jemandem gesagt zu haben: „Jetzt fallen wir in unsere gewohnte Dummheit zurück." Aber ich verstand viele Dinge und kehrte von dort mit einer entscheidenden Kraft zurück. Jetzt weiß ich, daß unsere Weise hier, die Dinge zu bewerten, unsere kleine Moral, in keiner Beziehung zu den Werten der supramentalen Welt steht.

Ohne Datum 1958

Das Subtilphysische ist für mich viel wirklicher als diese entstellte Welt, aber man muß dort bewußt sein, um es zu sehen; indessen wenn man ein Ergebnis erzielen will, das den Eindruck des Herrlichen und Wunderbaren macht, dann muß dieses Subtilphysische TROTZ aller Falschheit in der materiellen Welt sichtbar werden. Das macht den großen Unterschied für das gewöhnliche physische Bewußtsein aus: es will trotz der Falschheit Kontakt damit haben, während das universelle Gesetz lautet: verlaßt die Falschheit, dann wird es wahr für euch werden.

Für mich ist diese subtile Welt viel wahrer als die materielle – sehr viel wahrer, sehr viel greifbarer, konkreter, wirklicher –, aber damit die anderen in der Welt hier an die subtilen Welten glauben, müssen sie entweder einen Anfang von Erfahrung haben, oder einwilligen, Vertrauen zu haben und zu sagen: „Gut, man sagt uns, daß es so ist, folglich ist es so." Andernfalls verlangen sie, um überzeugt zu sein, daß die Wahrheit sich trotz der Falschheit in der Welt der Falschheit manifestiert. Ihre Haltung ist folgendermaßen: „Wir wollen gern zugeben, daß es möglich ist, daß es wirklich ist, aber solange es nicht hier manifestiert ist, glauben wir nicht ganz daran."

Du sprichst von der supramentalen Welt?

Es ist überall das gleiche: alles, was in der Welt wahr ist, die Wunder, von denen man in Märchen spricht, inbegriffen. Die Dinge geschehen

144

in einer ganz anderen Weise, die dem physischen Bewußtsein wunderbar erscheint und die es aus seiner Sicht in der Tat ist, da diese Dinge keine physischen Vorgänge benötigen, um zu sein. Wie ich sagte[1]: um sich zu bewegen, sind keine Transportmittel nötig; um sich zu ernähren, muß man nicht äußere Dinge in den Körper stecken; um sich zu bekleiden, braucht man keine Kleider anzuziehen usw. ... Das Spiel der Kräfte ist der spontane Ausdruck der Wahrheit und des wahren Willens, der wahren Sicht.

Die Frage bleibt: jene, die gesehen haben und für die diese Dinge auf diese Weise geschehen sind (wie zum Beispiel die Kleine, die mit den Feen spielte), sind sie in dieses Bewußtsein eingetreten und erinnerten sich, als sie zurückkamen, oder hat sich wahrhaft dieser Zustand hier manifestiert? Für mich ist das noch eine Frage.

Weil das meist Leuten widerfährt, die ein einfaches Herz und ein einfaches Denken haben, ist es gut möglich, daß sie eine gewisse Zeit in einem anderen Bewußtsein und in einer anderen Welt leben, ohne es zu merken, und sich daran erinnern, wenn sie in die gewöhnlichen Bedingungen zurückkehren. Sie merken dabei keinen Unterschied.

15. Februar 1958

Letzte Nacht hatte ich die Vision, was aus dieser supramentalen Welt werden könnte, wenn die Leute nicht genügend vorbereitet wären. Das Durcheinander, das jetzt auf der Erde herrscht, wäre nichts im Vergleich zu dem, was eintreten könnte. Stellt euch vor, jeder kraftvolle Wille hätte die Macht, die Materie nach seinem Geschmack zu verwandeln! Wenn der kollektive Gemeinschaftssinn nicht entsprechend zur Entwicklung der Macht wüchse, wäre der daraus entstehende Konflikt noch schärfer und chaotischer als unsere materiellen Konflikte.

---

1. Erfahrung des „supramentalen Schiffes".

21. Februar 1958

(Botschaft zu Mutters achtzigstem Geburtstag)

Den Geburtstag eines vergänglichen Körpers zu feiern, mag einige fromme Gefühle befriedigen.

Die Manifestation des ewigen Bewußtseins zu feiern, kann in jedem Augenblick der universellen Geschichte geschehen.

Doch die Ankunft einer neuen Welt, der supramentalen Welt, zu feiern, ist ein wunderbares und außergewöhnliches Privileg.

Mutter

25. Februar 1958

(Über das Leiden)

Diese oberflächlichen Dinge sind nicht dramatisch. Sie erscheinen mir immer mehr wie Seifenblasen, vor allem seit dem 3. Februar.

Manche Leute kommen in Verzweiflung zu mir, in Tränen, in, wie sie es nennen, furchtbaren moralischen Leiden; wenn ich sie so sehe, dann verstelle ich ein wenig den Zeiger in meinem Bewußtsein, das euch enthält, und wenn sie weggehen, fühlen sie sich völlig getröstet. Es ist genau wie die Nadel in einem Kompaß: man verstellt den Zeiger im Bewußtsein ein wenig, und es ist vorbei. Natürlich kommt es aus Gewohnheit später wieder. Aber das sind nur Seifenblasen.

Ich habe auch Leiden gekannt, aber es gab immer einen Teil von mir, der sich abseits im Hintergrund halten konnte.

Das einzige, was mir jetzt noch in der Welt unerträglich erscheint, sind alle die physischen Gebrechen, die physischen Leiden, die Häßlichkeit, die Unfähigkeit, diesen Gehalt an Schönheit auszudrücken, der in jedem Wesen ist. Aber auch das wird eines Tages erobert werden. Auch da wird eines Tages die Kraft kommen, den Zeiger ein wenig zu verstellen. Man muß nur höher ins Bewußtsein steigen: je tiefer man in die Materie hinabdringen will, um so höher muß man sich im Bewußtsein erheben.

Das wird Zeit verlangen. Sri Aurobindo hatte sicher recht, wenn er von einigen Jahrhunderten sprach.

Februar 1958

Gestern morgen, im Zusammenhang mit einem Brief von A.H., verstand ich den christlichen Symbolismus. Es mag Leute geben, die ihn verstehen ... Plötzlich verstand ich ... Das ist außerordentlich metaphysisch. Ich verfolgte vom metaphysischen Gesichtspunkt die Idee, von der wir gestern sprachen: dieser „Fehler", der begangen wurde und der zuließ, daß die Welt das wurde, was sie ist, und soweit man es zurückverfolgen kann, bleibt immer eine Frage: „Wie ist das möglich?" Es war nicht mehr mit dem Mental, daß ich das sah.

Ich kam zu dem Schluß, daß vom praktischen Gesichtspunkt die Lösung darin besteht, daß der Teil der Menschheit, der diesen Fehler in seinem Leben und seinem Bewußtsein ausdrückt ... Oder vielmehr: der Teil der Menschheit – des menschlichen Bewußtseins –, der fähig ist, sich mit dem Supramental zu vereinen und sich zu befreien, wird vollkommen transformiert werden: er geht voran in eine zukünftige Wirklichkeit, die in ihrer äußeren Form noch nicht ausgedrückt wurde. Und der Teil, der der Einfachheit des Tieres, der Natur sehr nahe steht, wird vollkommen in die Natur aufgenommen und angeglichen werden. Aber der Begriff des mentalen Bewußtseins, das die Entartung zuläßt – akut werden läßt –, die mentale Entartung, die wird vernichtet werden. Das wird verschwinden. So etwas wird es nicht mehr geben.

In dem Gedanken, in der Vision ging ich viel weiter. Ich sah alle Stufen, jetzt sehe ich sie nicht mehr. Ich kann es nicht mehr erklären – da war plötzlich die Vision, die die Idee der Wiedergutmachung, der Erlösung verstand. Es war nicht mit Worten formuliert. Die Idee, daß nur ein Akt des Glaubens an ein göttliches Eingreifen fähig wäre ... das Mittel der Rettung war. Es war die Idee des Heiles. Ich verstand Christus und den Glauben an Christus. Ich verstand, und es bezog sich nicht nur auf das Christentum, die Erbsünde. Ich verstand, was die Erbsünde und die Erlösung durch den Glauben an Christus bedeutet.

7. März 1958

(Brief von Satprem an Mutter)

Kataragama, 7. März 1958

Liebe Mutter,

Seit meiner Abreise habe ich nicht aufgehört, fast andauernd Deine Kraft zu fühlen. Und ich empfinde eine unendliche Dankbarkeit, daß Du da bist, daß es diesen Faden von Dir zu mir gibt, um mich an irgend etwas in dieser Welt zu halten. Einfach zu wissen, daß Du existierst, daß ich ein Ziel, einen Mittelpunkt habe – das empfinde ich mit einer unendlichen Dankbarkeit. Am Tage nach meiner Abreise hatte ich auf einer Straße von Madras plötzlich eine durchdringende Erfahrung: ich fühlte, wenn es „das" in mir nicht gäbe, würde ich in kleinen Stücken auf das Pflaster fallen, ich würde zusammenbrechen, es gäbe nichts mehr, nichts. Und diese Erfahrung bleibt. Etwas in mir wiederholt fast andauernd wie eine Litanei: „Ich brauche Dich, ich habe nur Dich, Dich allein auf der Welt. Du bist meine ganze Gegenwart, meine ganze Zukunft, ich habe nur Dich..." Mutter, ich lebe in einem Zustand der Not, wie ein Durst.

Auf dem Weg kam ich bei J. und E. vorbei, die wie eingeborene Fischer leben, mit Lendenschurz, unter Kokospalmen am Rand des Meeres. Der Ort ist von vollkommener Schönheit und das Meer voller vielfarbiger Korallen. So verwirklichte ich plötzlich in vierundzwanzig Stunden einen alten Traum – oder besser gesagt, ich „reinigte" mich von einem hartnäckigen alten Traum: wie ein einfacher Fischer auf einer Insel im Pazifik zu leben. Und plötzlich *sah* ich in einem Blitz, daß dieser Art des Lebens jeglicher Mittelpunkt fehlt. Man „treibt" im Nirgendwo. Es läßt einen in eine Art höhere Trägheit versinken, eine erleuchtete Trägheit, und man verliert alle wahre Substanz.

Was mich angeht, ich bin vollkommen entfremdet durch mein neues Leben, wie mir selbst entrissen. Ich lebe im Tempel, inmitten der Pudjas, mit weißer Asche auf der Stirn, barfüßig, gekleidet wie ein Hindu, nachts auf dem Zement schlafend, ernährt von unmöglich scharfem Curry, mit einem starken Sonnenstich, um das Dampfbad abzurunden. Da bin ich ganz an Dich geklammert, denn wenn Du nicht da wärest, würde ich zusammenbrechen, alles wäre so sinnlos. Du bist die einzige Wirklichkeit – ich wiederhole mir das wie eine Litanei. Abgesehen davon halte ich physisch gut durch. Aber innen und außen bleibt nichts mehr außer Dir. Ich brauche Dich, das ist alles. Mutter, diese Welt ist entsetzlich öde. Ich habe wahrhaftig das Gefühl, daß ich mich verflüchtigen würde, wenn Du nicht da wärest. Aber nun, ohne Zweifel war es nötig, daß ich diese Erfahrung machte ... Vielleicht kann ich ein Buch daraus ziehen, das Dir dienen wird. Wir sind wie Kinder, die viele Bilder brauchen, um zu verstehen, und einige tüchtige Stöße, um unsere vollkommene Dummheit zu begreifen.

Der Swami will bald den Weg zurück durch Ceylon nehmen, um den 20. oder 25. März herum. Ich werde also bis Mai mit ihm herumziehen: Anfang Mai kommt er zurück nach Indien. Ich hoffe, bis dann meine Lektion gelernt zu haben, und zwar gründlich. Im Inneren habe ich wohl begriffen, daß es nur Dich gibt – aber es sind die schrecklichen Kinder der Oberfläche, die endgültig erzogen werden müssen.

Liebe Mutter, es drängt mich, für Dich zu arbeiten. Wirst Du mich noch haben wollen? Mutter, ich brauche Dich so sehr. Ich möchte Dir eine unsinnige Frage stellen: Denkst Du an mich? Ich habe nur Dich, nur Dich auf der Welt.

Dein Kind

Satprem

(Mutters Antwort)

11. März 58

Mein liebes Kind,

Es ist gut, sehr gut – um die Wahrheit zu sagen, geschieht alles, wie vorhergesehen, wie *das Beste*, was vorhergesehen war. Und ich bin glücklich darüber.

Auf Deine Frage antworte ich: ich denke nicht an Dich, ich *fühle* Dich; Du bist mit mir, ich bin mit Dir, im Licht ...

Dein Platz hier ist leer geblieben; Du allein kannst ihn füllen, und er erwartet Deine Rückkehr, wenn der Augenblick gekommen ist.

. . . .

Sobald auch „die schrecklichen Kinder" der Oberfläche ihre Lektion gründlich gelernt haben, brauchst Du nur Deine Rückkehr anzukündigen, und Du bist herzlich willkommen.

Mit Dir immer und überall.

Mutter

3. April 1958

(Brief von Satprem an Mutter)

Kataragama, 3. April 1958

Liebe Mutter,

Ich wartete, bis alles in mir gut geordnet ist, um Dir von neuem zu schreiben. Ein bedeutender Wechsel hat sich vollzogen: etwas in mir scheint sich „angeklammert" zu haben – vielleicht das, was Sri Aurobindo den „zentralen Willen" nennt – und ich lebe wörtlich unter dem Zwang der göttlichen

Realisation. Es ist das, was ich will, nichts anderes, es ist das einzige Ziel des Lebens, und ich habe endlich verstanden (nicht mit dem Kopf), daß die äußere Verwirklichung in der Welt die Folge der inneren Verwirklichung sein wird. So wiederhole ich Tausende und Tausende Male am Tag: „Mutter, ich will Dein immer bewußteres Instrument sein, Deine Wahrheit, Dein Licht ausdrücken. Ich will das sein, was Du willst, wie Du willst, wann Du willst." Jetzt herrscht in mir ein Bedürfnis nach Vollkommenheit, ein Wille, dieses Ego zu vernichten, eine wahre Einsicht, daß Dein Instrument zu werden gleichzeitig bedeutet, die ganze Fülle meiner Persönlichkeit zu finden. So lebe ich in einem Zustand fast ständiger Aspiration, ich fühle ständig oder fast ständig Deine Kraft, und wenn ich einige Minuten zerstreut bin, empfinde ich eine Leere, ein Elend, das mich zu Dir zurückführt.

Und gleichzeitig habe ich *gesehen*, daß Du es bist, die alles tut, Du, die in mir die Aspiration ist, Du, die den Fortschritt will, und alles, was „ich" in dieser Geschichte bin, das ist eine Wand, ein widerstrebendes Hindernis. O Mutter, zerbrich diese Wand, daß ich ganz durchsichtig vor Dir bin, daß Deine Kraft der Transformation alle Winkel und Ecken in meinem Wesen reinigt, daß nichts bleibt, nur Du und Du allein. O Mutter, möge mein ganzes Wesen ein lebender Ausdruck Deines Lichtes, Deiner Wahrheit sein. Mutter, vom Grunde meines Wesens bitte ich Dich nur um eines: Dein immer vollkommeneres Instrument zu sein, wie ein Lichtschwert in Deinen Händen zu werden. Ah, aus diesem Ego herauskommen, das alles herabsetzt, alles verkleinert, davon wegkommen! Alles ist Falschheit in ihm.

Und ich, der nichts von Liebe versteht, fange an zu erahnen, was „Satprem" bedeutet. Mutter, Deine Gnade ist unendlich, sie hat mich überall in meinem Leben begleitet.

Wir sind noch in Kataragama und werden erst gegen den 15. in den Norden von Ceylon nach Jaffna zurückgehen, dann werden wir Anfang Mai nach Indien kommen, wenn die Geschichten mit dem Visa in Ordnung gehen, erst in Indien, im Tempel von Rameswaram, kann ich das orangefarbene Gewand bekommen. Ich lebe hier wie ein Sannyasin, aber in Weiß gekleidet wie ein Hindu. Es ist ein nacktes Leben ohne irgend etwas. Ich habe übrigens gesehen, daß die Wahrheit nicht in der Entblößung liegt, sondern in der Änderung des Bewußtseins (das Verlangen findet immer ein Mittel, sich hinter den ganz kleinen Einzelheiten zu verstecken, hinter winzigen, dummen, aber stark verwurzelten Begierden).

Mutter, ich sehe alle die winzigen Kleinheiten, gegen die Dein göttliches Werk stößt. Zerstöre meine Kleinheit und nimm mich in Dich.

Möge ich aufrichtig sein, völlig aufrichtig.

Mit unendlicher Dankbarkeit bin ich Dein Kind.

Satprem

P.S. Mein Organismus ist nicht vollkommen in Ordnung aufgrund der unsinnig scharf gewürzten Nahrung und des Flußwassers, das für alles benutzt wird.

(Mutters Antwort)

Sri Aurobindo Ashram, 10.4.58

Mein liebes Kind,

Mit großer Freude werde ich Dich empfangen, wenn Du im Mai zurückkehrst.

Wir haben viel Arbeit zusammen zu erledigen, denn ich habe alles für Deine Rückkehr aufgehoben.

Ich versuche, Dir nahe zu sein, so MATERIELL wie möglich, um Deinem Körper zu helfen, die Prüfung siegreich zu bestehen.

Ich will, daß er für immer gestählt von da herauskommt, allen Angriffen überlegen.

Möge die Freude der leuchtenden Liebe mit Dir sein.

Bis bald,

Mutter

Ohne Datum 1958

(Über ihren eigenen Kommentar zur Dhammapada,

„Die Tausenden", macht Mutter folgende Bemerkung:)

All das sieht dogmatisch aus.

Jedesmal ist es nur EIN Aspekt der Frage; und im Grunde, um wahr zu sein, müßte man aber alles sagen. Man müßte sagen, daß dies EIN Gesichtspunkt ist und daß es alle die anderen gibt. Aber die Leute, das überschwemmt sie! Sie mögen das nicht, sie sind zufrieden, etwas Handfestes zu erwischen.

1. Mai 1958

Ich mache zur Zeit alle Erfahrungen, eine nach der anderen, die man im Körper machen kann. Gestern und heute morgen ... heute morgen war es besonders interessant:

Ich sah hier *(Herz-Zentrum)* den Meister des Yoga; er war nicht verschieden von mir, dennoch sah ich ihn, er war sogar ein wenig farbig. Er tut alles, er entscheidet alles, er organisiert alles, mit einer fast mathematischen Genauigkeit und in den kleinsten Einzelheiten – alles.

Den göttlichen Willen ausführen – seit langem mache ich die Sadhana, und ich kann sagen, daß nicht ein Tag verging, an dem ich nicht den göttlichen Willen ausführte. Aber ich wußte nicht, was es war! Ich lebte in allen inneren Bereichen, vom Subtilphysischen bis zu den höchsten Regionen, aber ich wußte nicht, was es war ... Ich mußte immer horchen, mich auf etwas beziehen, aufmerksam sein. Da, nichts mehr: eine Glückseligkeit! Es gibt keine Probleme mehr, alles geschieht in einer solchen Harmonie! Sogar wenn man seinen Körper verlassen müßte, wäre man glückselig. Und es würde auf die bestmögliche Weise geschehen. Erst jetzt fange ich an zu verstehen, was Sri Aurobindo in *The Synthesis of Yoga* schrieb! Und das menschliche Mental, das physische Mental erscheint so dumm, so dumm!

10. Mai 1958

Heute morgen betrachtete ich plötzlich meinen Körper (gewöhnlich schaue ich ihn nicht an: ich bin darin und arbeite), ich betrachtete meinen Körper und sagte mir: „Nun, was würde ein Beobachter zu diesem Körper sagen?" (Der Beobachter, von dem Sri Aurobindo in *The Synthesis of Yoga* spricht.) Nichts sehr Bemerkenswertes. Dann formulierte ich es wie folgt *(Mutter liest eine handgeschriebene Notiz)*:

> „Dieser Körper hat weder die unangefochtene Autorität des Gottes noch die unstörbare Erhabenheit des Weisen."

Was denn?

> „Er ist nur ein einfacher Lehrling des Übermenschlichen."

152

Das ist alles, was er versucht zu tun.

Ich sah und verstand sehr deutlich, daß ich, wenn ich mich konzentrierte, ihm die Haltung absoluter Autorität der ewigen Mutter hätte geben können. Als Sri Aurobindo mir sagte: „Du bist SIE", übertrug er zugleich diese Haltung von absoluter Autorität auf meinen Körper. Die innere Vision der Wahrheit war da, und folglich kümmerte ich mich sehr wenig um die Unvollkommenheiten des physischen Körpers – ich beschäftigte mich nicht damit und benutzte ihn einfach als Instrument. Sri Aurobindo machte die Sadhana für diesen Körper, der nur dauernd für sein Handeln offen bleiben mußte.[1] Danach, als er gegangen war und ich das Yoga selbst weiterführen mußte, um seinen physischen Platz übernehmen zu können, hätte ich die Haltung des Weisen einnehmen können. Ich tat es, denn in dem Augenblick, als er ging, war ich in einem Zustand unvergleichlicher Erhabenheit. Als er seinen Körper verließ und in den meinen einging und mir sagte: „Du wirst weitermachen, du wirst bis zum Ende der Arbeit gehen", zwang ich diesem Körper eine Erhabenheit auf: die Erhabenheit einer vollkommenen Losgelöstheit. Ich hätte so bleiben können.

Aber die vollkommene Erhabenheit bedeutet irgendwie auch, daß man sich vom Handeln zurückzieht, ich mußte also das eine oder das andere wählen. Ich sagte mir: „Ich bin weder ausschließlich dies noch ausschließlich das!" Und die Arbeit von Sri Aurobindo auszuführen bedeutet im Grunde, das Supramental auf der Erde zu verwirklichen. Dann begann ich diese Arbeit, und um die Wahrheit zu sagen, forderte ich nur das von meinem Körper. Ich sagte ihm: „Jetzt wirst du alles in Ordnung bringen, was zerstört ist, nach und nach wirst du diese höhere Menschlichkeit verwirklichen, die Brücke zwischen dem Menschen und dem supramentalen Wesen, also das, was ich den Übermenschen nenne."

Und das tue ich seit acht Jahren; und ganz besonders seit zwei Jahren, seit 1956. Das ist jetzt die Arbeit jedes Tages, jeder Minute.

Das ist meine Lage. Ich verzichtete auf die unangefochtene Autorität Gottes, ich verzichtete auf die unstörbare Erhabenheit des Weisen ... um der Übermensch zu werden. Darauf konzentrierte ich alles.

Wir werden sehen.

Ich lerne zu arbeiten. Ich bin nur ein Lehrling, ein einfacher Lehrling: ich bin dabei das Handwerk zu lernen.

*
* *

---

1. Diesen letzten Satz fügte Mutter schriftlich hinzu.

Kurz danach

Es ist der Körper, der physische Körper, der bei einer beträchtlichen Anzahl von Leuten hartnäckig widersteht.

Für die Menschen im Westen ist es viel schwieriger als für die Inder. Ihre Substanz ist wie durchsetzt von Falschheit. Bei den Indern kommt das natürlich auch vor, aber gewöhnlich liegt ihre Falschheit viel mehr im Vital als im Physischen – ihr Physisches diente immerhin Körpern, die erleuchteten Wesen gehörten. Die europäische Substanz scheint voller Empörung zu sein; in der indischen Substanz wird diese Auflehnung gemildert durch einen Einfluß von *surrender* [vollkommene Hingabe]. Neulich erzählte mir jemand von seinen Brieffreunden, und ich sagte ihm: aber raten Sie ihnen doch zu lesen, zu lernen, der *Synthese des Yoga* zu folgen: das führt Sie direkt auf den Weg. Da antwortete er mir: „Oh! sie sagen, da geht es nur um Hingabe, um Hingabe, immer Hingabe..." und davon wollen sie nichts wissen.

Sie wollen nichts davon wissen! Selbst wenn das Mental es annimmt, weisen der Körper und das Vital es zurück; der Körper weigert sich, weigert sich mit der Hartnäckigkeit eines Steines.

Geschieht das nicht aus Unbewußtheit?

Nein, sobald er bewußt wird, ist er sich seiner eigenen Falschheit bewußt! Er ist sich dieses Gesetzes bewußt, jenes Gesetzes, dieses dritten Gesetzes, jenes vierten Gesetzes, jenes zehnten Gesetzes – alles ist „Gesetze". „Wir sind dem physischen Gesetz unterworfen: das wird dieses Resultat ergeben, und wenn ihr dies tut, wird jenes geschehen, usw." Nein! Das quillt aus allen Poren! Ich weiß es wohl. Ich weiß es wohl. Das trieft von Falschheit. Im Körper haben wir überhaupt keinen Glauben an die göttliche Gnade, nichts davon, nichts, nichts, nichts! Wenn man sich nicht einer *Tapasya*[1] unterworfen hat, wie ich es tat, sagt man: „Ja, alle Innerlichkeit, Moral, alle Gefühle, die ganze Psychologie, das alles ist schön und gut; wir wollen das Göttliche und wir sind bereit zu... – aber schließlich bleiben die materiellen Tatsachen materielle Tatsachen, sie haben ihre konkrete Wirklichkeit: eine Krankheit ist eine Krankheit, Nahrung ist Nahrung und die Konsequenz von allem, was man tut, ist eine Konsequenz, und wenn man..." bla, bla, bla, bla, bla!

Man muß verstehen, daß das nicht wahr ist – daß das nicht wahr ist, daß das eine Lüge ist, daß all das nur eine Lüge ist. Es ist NICHT WAHR, es ist nicht wahr!

---

1. *Tapasya:* yogische Disziplin oder Askese.

Wenn wir innen in unserem Körper den Höchsten akzeptierten, wenn jemand die Erfahrung hätte, die ich vor einigen Tagen hatte[1]: das bedeutet das Höchste Wissen in Aktion, mit der völligen Beseitigung aller vergangenen und zukünftigen Konsequenzen. Jede Sekunde hat ihre Ewigkeit und ihr eigenes Gesetz, ein Gesetz absoluter Wahrheit.

Als ich diese Erfahrung hatte, verstand ich, daß ich noch vor einem Monat dabei war, gebirgshohe Dummheiten zu sagen. Ich lachte und stimmte fast den Leuten zu, die sagen: „Trotzdem wird der Höchste nicht über die Anzahl der Zuckerstücke entscheiden, die man in seinen Kaffee tut! Das hieße, seine eigene Seinsart auf den Höchsten zu übertragen." Und das ist eine Dummheit, so groß wie der Himalaja! Das ist eine Eselei, die anmaßende Eselei des Mentals, das sich auf das göttliche Leben überträgt und sich einbildet, das göttliche Leben entspräche seiner Übertragung.

Der Höchste entscheidet nicht: Er weiß. Der Höchste will nicht: Er sieht. Und zwar in jeder tausendstel Sekunde, ewig. Das ist alles. Und das ist der einzige wahre Zustand.

Ich weiß, daß die Erfahrung, die ich kürzlich hatte, neu ist, und daß ich die erste auf der Erde bin, die sie hatte. Aber sie ist das einzige, was wahr ist. Alles andere …

Ich begann meine Sadhana, als ich geboren wurde, ohne zu wissen, daß ich es tat. Ich setzte sie mein ganzes Leben fort, fast achtzig Jahre lang (man kann sagen, daß es während der ersten drei oder vier Lebensjahre noch etwas war, das sich im Unbewußten bewegte). Und eine willentliche, bewußte Sadhana begann ich vielleicht mit zweiundzwanzig oder dreiundzwanzig Jahren, auf einem vorbereiteten Boden. Ich bin über achtzig: ich dachte nur an das, ich wollte nur das, ich hatte kein anderes Interesse in meinem Leben und keine einzige Minute vergaß ich, daß es DAS war, was ich wollte. Es gab keine Zeiten der Erinnerung und andere, in denen ich vergaß: das war fortdauernd, unaufhörlich, Tag und Nacht, seit achtzig Jahren – und ich hatte die Erfahrung zum ersten Mal vor ungefähr einer Woche! So sage ich, daß die Leute, die es eilig haben, die ungeduldig sind, anmaßende Idioten sind.

… Es ist ein harter Weg. Ich bemühe mich, ihn so angenehm wie möglich zu machen, aber trotz allem ist es ein harter Weg. Und es ist offensichtlich, daß es nicht anders sein kann. Man wird mit Fausthieben und Hammerschlägen bearbeitet, bis man versteht. Bis man diesen Zustand erreicht, in dem alle Körper euer eigener sind. Dann fängt man an zu lachen! Man fühlte sich durch dieses gekränkt, jenes

---

1. Am 1. Mai 1958.

tat einem weh, man litt an diesem, an jenem – oh! wie komisch das erscheint! Und nicht nur der Kopf, auch der Körper findet das komisch!

(Schweigen)

... und das ist so tief verwurzelt: alle Reaktionen des körperlichen Bewußtseins sind so, sie ziehen sich irgendwie zusammen bei der Idee, eine höhere Macht eingreifen zu lassen.

(Schweigen)

Auf der positiven Seite bin ich überzeugt, daß wir in dem Resultat, das wir erreichen wollen, übereinstimmen, das heißt eine vollkommene und rückhaltlose Hingabe – in der Liebe, im Wissen und in der Handlung – an den Höchsten UND AN SEIN WERK. Ich sage an den Höchsten und an sein Werk, weil die Hingabe an den Höchsten allein nicht genügt. Wir sind jetzt für die supramentale Verwirklichung hier, das ist es, was von uns erwartet wird, aber um das erreichen zu können, muß die Hingabe vollkommen sein, ohne Vorbehalt, vollkommen uneingeschränkt. Ich denke, du hast das verstanden, das heißt, du hast den Willen, das zu verwirklichen.

Auf der negativen Seite – also die Schwierigkeiten, die zu überwinden sind – ist eines der schwerwiegendsten Hindernisse die Anerkennung, die das unwissende und lügnerische äußere Bewußtsein, das gewöhnliche Bewußtsein, allen angeblichen physischen Gesetzen schenkt, den Ursachen, Wirkungen und Folgen, all dem, was die Wissenschaft physisch, materiell entdeckt hat. All das stellt eine unbestreitbare Wirklichkeit im Bewußtsein dar, eine Wirklichkeit, die sich unabhängig und unbedingt der ewigen göttlichen Wirklichkeit gegenüberstellt.

Und das geschieht so automatisch, daß es unbewußt ist.

Wenn es sich um Regungen wie Zorn, Begierden usw. handelt, erkennt man, daß sie unrecht haben und verschwinden müssen, aber wenn es um materielle Gesetze geht – die des Körpers zum Beispiel, seine Bedürfnisse, seine Gesundheit, seine Nahrung und all das –, so haben diese Gesetze eine so starke, so dichte, so feste konkrete Wirklichkeit, daß sie ganz und gar unbestreitbar erscheinen.

Nun, um das überwinden zu können, was von allen Hindernissen das größte ist – diese Gewohnheit, das spirituelle Leben auf die eine Seite zu stellen und das materielle Leben auf die andere, diese Anerkennung des Existenzrechtes der materiellen Gesetze –, muß man den Entschluß fassen, koste es, was es wolle, nie eine dieser Regungen anzuerkennen.

Um dieses Problem klar erkennen zu können, ist es absolut unerläßlich, von vorrangiger Bedeutung, aus dem mentalen Bewußtsein herauszukommen, sogar aus der mentalen (auch der am höchsten entwickelten) Übersetzung der supramentalen Vision und der supramentalen Wahrheit. Nur im supramentalen Bewußtsein sieht man die Sache so, wie sie ist, in ihrer Wahrheit, und wenn man versucht, sie zu erklären, fängt sie sofort an zu entschlüpfen, weil man gezwungen ist, sie mental zu formulieren.

Ich selbst sah die Dinge erst im Augenblick dieser Erfahrung und als ein Resultat dieser Erfahrung. Aber sogar die Erfahrung selbst ist unmöglich zu formulieren, und sobald ich mich anstrengte, sie zu formulieren, und je mehr es mir gelang, sie zu formulieren, um so mehr verblaßte und entschwand sie.

Folglich, wenn man sich nicht erinnert, diese Erfahrung gehabt zu haben, bleibt man in demselben Zustand wie vorher, aber mit diesem Unterschied, daß man dann weiß, und man kann wissen, daß diese materiellen Gesetze nicht der Wahrheit entsprechen. Das ist alles. Sie entsprechen überhaupt nicht der Wahrheit, und folglich, wenn man seiner Aspiration treu sein will, darf man ihnen in keiner Weise Anerkennung schenken. Man muß sagen: das ist ein Übel, an dem wir vorübergehend leiden, für eine Zwischenzeit, aber es ist ein Übel und eine Unwissenheit. Denn es ist wirklich eine Unwissenheit (das ist keine Redensart): es ist eine Unwissenheit, es ist nicht die Sache, wie sie ist, sogar wenn es um unseren Körper geht, wie er ist. Folglich erkennen wir nichts an. Wir sagen: es ist ein Übel, das wir vorübergehend ertragen müssen, bis wir uns davon befreien, aber wir ERKENNEN ES NICHT als eine konkrete Wirklichkeit an. Es hat KEINE konkrete Wirklichkeit, es ist eine falsche Wirklichkeit – das, was wir als konkrete Wirklichkeit bezeichnen, ist eine falsche Wirklichkeit.

Und der Beweis dafür – ich habe den Beweis, weil ich es an mir selbst erfahren habe – besteht darin, daß von der Minute, wo man das andere Bewußtsein, das wahre Bewußtsein erreicht, sich AUGENBLICKLICH all diese Dinge verändern, die zuvor so echt, so konkret erschienen. Eine Anzahl von Dingen, von materiellen Tatbeständen meines Körpers veränderten sich augenblicklich. Die Erfahrung blieb nicht lange genug, daß sich alles ändern konnte, aber gewisse Dinge änderten sich und kehrten nicht zurück, die Änderung blieb. Das bedeutet, würde dieses Bewußtsein ständig aufrecht erhalten, so wäre es das ewige Wunder (was wir aus gewohnter Sicht als Wunder bezeichnen), das phantastische und ewige Wunder! Aus der supramentalen Sicht wäre es aber überhaupt kein Wunder, sondern die natürlichste Sache der Welt.

Wenn man also der supramentalen Aktion keinen dunklen, starren, hartnäckigen Widerstand entgegensetzen will, muß man ein für allemal einsehen, daß wir nichts von all dem anerkennen dürfen.

11. Mai 1958

Eines der Dinge, die mir am stärksten das Gefühl des Wunders vermitteln, ist wenn diese finstere Menge sich versammelt[1] – wirklich tamasische Wesen, mit schreienden Kindern, hustenden Leuten –, und dann plötzlich … verstummt es.

Jedesmal, wenn das geschieht, habe ich wirklich den Eindruck eines Wunders! Ich sage sofort: „O Herr, Deine Gnade ist unendlich!"

*
* *

Kürzlich geschah etwas sehr seltsames während einer Meditation. Ich erinnere mich nicht, wann genau, aber es war zu einer Zeit als viele Besucher hier waren, der Hof war gefüllt. Nach nur wenigen Minuten hörte ich deutlich eine Stimme zu meiner Rechten „OM" sagen. Und dann ein zweites Mal: „OM". Das berührte mich wirklich! Ich verspürte eine Emotion hier (Geste zum Herzen) wie schon seit vielen, vielen Jahren nicht mehr. Und alles, alles füllte sich mit Licht, mit Kraft: es war ganz und gar wunderbar. Das war eine Invokation, und während der ganzen Meditation blieb eine strahlende Gegenwart.

Ich fragte mich: Wer hat das vollbringen können? Ich war nicht sicher, daß ich nicht einfach etwas gehört hatte, deshalb fragte ich. Man antwortete mir: „Aber das war das Schiff, das ablegte!" Tatsächlich war nachts ein Schiff in See gegangen – das spricht für jene, die sagten, es war das Schiff. Doch für mich war es JEMAND, weil ich die Gegenwart von jemand spürte und dachte: oh, wenn jemand in der Inbrunst seiner Seele das sagte, in dieser … ich könnte sagen, ungläubigen Stille. Denn die Leute hier haben eine solche Angst davor, einer Tradition zu folgen oder Sklave alter Dinge zu werden, daß sie alles hinauswerfen, was nah oder entfernt einer Religion ähnelt.

---

1. Am letzten „Darshan" (24. April), bei dem Mutter vor den versammelten Besuchern und Schülern auf ihrem Balkon erschien.

Es war sehr seltsam, denn meine erste Reaktion war eine Bestürzung: wie kann jemand ... Ich war wirklich überrascht, aber nur für einen Bruchteil einer Sekunde, nicht einmal das. Und dann ...

Wenn es kein Mensch war, wenn es das Schiff war, dann hat das Schiff jedenfalls wirklich etwas vollbracht! Denn es war DAS – es war nichts anderes als eine Invokation. Und das Ergebnis war ungeheuer!

Die Leute dachten sofort: oh, es ist das Schiff. Aber selbst wenn es das Schiff war, dann hat das Schiff OM gesagt!

Ich fragte mich: wenn wir das Mantra, das wir neulich gehört haben *(Om Namo Bhagavate)*,[1] während der halbstündigen Meditation wiederholten, was würde geschehen?

Was würde geschehen?

Diese Dinge haben einen Einfluß auf meinen Körper. Es ist seltsam, aber das verdichtet etwas: das gesamte Zellenleben wird zu einer festen, kompakten Masse, mit einer ungeheuren Konzentration – eine einzige Schwingung. Anstatt all der gewohnten Schwingungen des Körpers gibt es nur noch eine einzige Schwingung. Es wird fest wie ein Stein, alles in einer einzigen Konzentration, als hätten sämtliche Körperzellen ...

Ich war steif davon. Am Ende der Waldszene war ich so steif *(Geste)*, eine einzige Masse.

17. Mai 1958

Im Grunde genommen, wenn ich selbst vollkommen geworden bin, dann wird der ganze Rest automatisch vollkommen werden. Aber es scheint mir nicht möglich zu sein, vollkommen zu werden, ohne daß auf der anderen Seite ein Anfang von Verwirklichung besteht. So geht es weiter, von einer Seite zur anderen, und wir taumeln voran wie ein Betrunkener!

---

1. In einem indischen Film über *Dhruva*, in dem dieses Mantra lange gesungen wurde. Der Film wurde am 29. April 1958 auf dem Ashram-Sportplatz gezeigt.

30. Mai 1958

(Über die gegnerischen Kräfte)

Eines habe ich erkannt, nämlich daß es in neunundneunzig Prozent der Fälle eine Ausrede ist, die die Leute sich geben. Ich sehe das konkret, bei fast allen Leute, die mir schreiben: „Ich werde gewaltsam von feindlichen Kräften angegriffen," es ist fast immer eine Ausrede. Das sind Dinge in ihrer Natur, die nicht nachgeben wollen, deshalb laden sie die ganze Schuld auf den Rücken der gegnerischen Kräfte.

Eigentlich gelange ich immer mehr zu einem Punkt, wo die Rolle dieser gegnerischen Kräfte auf die eines Prüfers reduziert wird – das heißt, sie sind da, um die Aufrichtigkeit eurer spirituellen Suche auf die Probe zu stellen. Diese Elemente haben ihre Wirklichkeit in der Handlung und für die Arbeit (das ist ihre große Wirklichkeit), aber sobald man über einen gewissen Bereich hinausgelangt, verringert sich all das so weit, daß es nicht mehr so klar abgestochen ist. In der okkulten Welt, oder besser gesagt, wenn man die Welt vom okkulten Gesichtspunkt betrachtet, sind diese gegnerischen Kräfte sehr reell, ihre Wirkung ist sehr reell, ganz und gar konkret, und ihre Einstellung zur göttlichen Verwirklichung ist eindeutig feindlich. Aber sobald man diesen Bereich hinter sich läßt und die spirituelle Welt betritt, in der es nur noch das Göttliche gibt – das Göttliche ist alles, und es gibt nichts, was nicht göttlich ist –, dann werden diese „feindlichen Kräfte" ein Teil des gesamten Spiels und man kann sie nicht mehr als „feindliche Kräfte" bezeichnen: sie nehmen lediglich diese Haltung ein; um es genauer auszudrücken: es ist nur eine bestimmte Haltung, die das Göttliche in seinem Spiel einnimmt.

Das gehört noch zu den Dualitäten, von denen Sri Aurobindo in *The Synthesis of Yoga* spricht, Dualitäten, die einander absorbieren. Ich weiß nicht, ob er von dieser hier gesprochen hat, ich glaube nicht, aber es ist dasselbe. Das ist noch eine Anschauungsart. Er sprach von den Dualitäten Persönlich-Unpersönlich, Ishwara-Shakti, Purusha-Prakriti ... es gibt noch eine: Göttlich und Anti-Göttlich.

6. Juni 1958

Es ist alles dasselbe, aber man kann das Wort Verwirklichung für etwas Dauerhaftes, das nicht vergeht, vorbehalten. Doch auf der Erde verblaßt alles – alles vergeht, nichts bleibt. In dieser Hinsicht hat es also nie eine Verwirklichung gegeben, weil alles vergeht. Es gibt nie etwas Permanentes. Ich erfahre es an mir selbst: ich folge der Sadhana sozusagen im Galopp, und keine zwei Erfahrungen sind je identisch oder wiederholen sich in gleicher Weise. Sobald etwas gefestigt ist, beginnt sofort das Nächste. Deshalb scheint es zu vergehen, aber es vergeht nicht: es bildet die Grundlage, auf der das Nächste aufbaut.

*
* *

Heute morgen auf dem Balkon hatte ich eine interessante Erfahrung: die Erfahrung der menschlichen Anstrengung, um sich dem Göttlichen zu nähern, in all ihren Formen und über alle Zeitalter hinweg. Und es war als weitete ich mich mehr und mehr, damit das gegenwärtige Werk alle diese Formen und alle Annäherungsarten zum Göttlichen, die die Menschen versucht haben, enthalte.

Das zeichnete sich in einem Bild ab, in dem ich weit wie das Universum war, und jede Annäherungsart zum Göttlichen war ein kleines Bild mit der charakteristischen Form dieses Ansatzes. Und mein Eindruck war: Warum beschränken sich die Leute immer – eng, eng, eng! Sie können etwas nur verstehen, wenn es eng ist.

Nehmt alles! Nehmt alles in euch auf. Dann werdet ihr beginnen zu verstehen – beginnen.

*
* *

Diese Art Umkehrung des Bewußtseins, von der ich neulich abend sprach, das heißt der erste Kontakt mit dem höheren Göttlichen, hatte ich 1910, und es hat mein Leben völlig verändert.

Von diesem Augenblick an hatte ich das Bewußtsein, daß alles, was wir tun, der Ausdruck des göttlichen Willens in uns ist. Aber es ist der göttliche Wille in unserem ZENTRUM, und eine Zeitlang war eine Tätigkeit des physischen Mentals geblieben. Doch zwei oder drei Tage nachdem ich Sri Aurobindo 1914 zum ersten Mal gesehen hatte, hörte das auf, und es hat nie wieder eingesetzt. Es war das Schweigen. Und das Bewußtsein richtete sich über dem Kopf ein.

In der ersten Erfahrung (1910) festigte sich das Bewußtsein in den Tiefen des psychischen Wesens, und von dort kam das Gefühl, nur noch das zu tun, was das Göttliche wollte – es war das Bewußtsein der Allmächtigkeit des göttlichen Willens, daß es keinen persönlichen Willen mehr gab, aber es blieb noch eine mentale Tätigkeit, und alles mußte schweigen. 1914 kam das Schweigen, und das Bewußtsein festigte sich über dem Kopf. Hier *(Herz)* und hier *(über dem Kopf)* besteht immer eine Verbindung.

Schließt das eine das andere aus?

Es ist gleichzeitig, es ist das gleiche. Wenn man anfängt wirklich bewußt zu werden, erkennt man, daß es von der Handlung abhängt, die man gerade auszuführen hat. Bei einer bestimmten Art von Arbeit sammelt sich die Kraft im Herzen, um von dort zu strahlen, bei einer anderen Art von Arbeit sammelt sie sich über dem Kopf, um dort zu strahlen, aber die beiden sind nicht getrennt: das Handlungszentrum verlagert sich hierhin oder dorthin, je nachdem was man zu tun hat.

Was die letzte Erfahrung angeht,[1] kann ich nicht behaupten, daß niemand sie je zuvor hatte, denn jemand wie Ramakrishna, solche Menschen mögen sie gehabt haben. Aber ich bin mir nicht sicher, denn als ich diese Erfahrung hatte (nicht die der göttlichen Gegenwart, die spüre ich schon seit langem in den Zellen, aber die Erfahrung, daß EINZIG das Göttliche im Körper handelt, daß Es der Körper GEWORDEN ist, und doch dabei seine Eigenschaften von göttlicher Allwissenheit und Allmacht bewahrt), nun, die ganze Zeit, in der es aktiv so blieb, war es absolut unmöglich, daß es die GERINGSTE Störung im Körper gebe, und nicht nur im Körper, sondern IN DER GESAMTEN UMGEBENDEN MATERIE. Es war als gehorchten alle Gegenstände, aber ohne daß sie entscheiden müßten zu gehorchen: automatisch. Eine göttliche Harmonie in ALLEM, in allem, ständig (das ereignete sich oben in meinem Badezimmer, sicherlich um zu beweisen, daß es in den banalsten Dingen liegt). Wenn sich das in dauerhafter Weise festigt, dann KANN es keine Krankheiten mehr geben, unmöglich. Es kann keine Unfälle mehr geben, es kann keine Krankheiten mehr geben, keine Störungen; und alle Dinge (wahrscheinlich allmählich) müssen in Einklang treten, wie er dort herrschte: alle Gegenstände im Badezimmer waren erfüllt von einem freudigen Enthusiasmus – alles gehorchte, alles!

Als ich aber anfing, mit den Leuten in Berührung zu kommen, verblaßte es ein wenig, weil es die erste Erfahrung war; ich hatte wirklich den Eindruck, daß es eine erste Erfahrung war, neu auf der Erde. Denn die Erfahrung der absoluten Identität des Willens mit dem göttlichen Willen hatte ich seit 1910, sie hat mich nie verlassen. Das ist es nicht, es ist etwas ANDERES. Hier wird DIE MATERIE DAS GÖTTLICHE. Und es kam wirklich mit dem Eindruck von etwas, das sich auf der Erde zum ersten Mal ereignet. Es ist schwer zu sagen, aber Ramakrishna

---

1. Vom 1. Mai 1958.

ist an Krebs gestorben, und jetzt, wo ich die Erfahrung hatte, weiß ich mit ABSOLUTER Gewißheit, daß das unmöglich ist. Hätte er sich entschieden zu gehen, weil das Göttliche es so wollte, wäre es ein geordneter Abschied in voller Harmonie und mit vollem Willen gewesen, während diese Krankheit ein Mittel der Unordnung ist.

Steht diese Erfahrung vom 1. Mai in Beziehung zur supramentalen Manifestation von 1956? Ist es eine supramentale Erfahrung?

Sie ist das Ergebnis der Herabkunft der supramentalen Substanz in die Materie. Nur sie konnte dies ermöglichen, nur das, was sie in die physische Materie gebracht hat. Es ist ein neues Ferment. Vom materiellen Standpunkt befreit sie die Materie von ihrem Tamas, ihrer unbewußten Schwere, vom psychologischen Standpunkt von ihrer Unwissenheit und ihrer Lüge. Die Materie wird subtiler. Aber es kam gewiß nur als eine erste Erfahrung, um zu zeigen, wie es sein wird.

Das ist wirklich ein Zustand absoluter Allwissenheit und Allmacht im Körper. Und es verändert alle umgebenden Schwingungen.

Wahrscheinlich wird der größte Widerstand von den bewußtesten Wesen kommen, aufgrund ihres Mangels an mentaler Empfänglichkeit, aufgrund des Mentals selbst, das will, daß die Dinge in ihrer unwissenden Art fortbestehen (Sri Aurobindo beschreibt das). Die sogenannte leblose Materie ist sehr viel antwortender, sehr viel: sie widersetzt sich nicht. Ich bin überzeugt, daß die Antwort in den Pflanzen und in den Tieren, zum Beispiel, sehr viel rascher kommen wird als bei den Menschen. Es wird schwieriger sein, auf ein sehr geordnetes Mental einzuwirken: Wesen, die in einem durch und durch kristallisierten, geordneten mentalen Bewußtsein leben, sind hart wie Stein! Das widersetzt sich. Meiner Erfahrung zufolge werden die unbewußten Dinge sicherlich leichter folgen können. Es war köstlich, das Wasser aus dem Hahn zu sehen, das Zahnwasser in der Flasche, das Glas, das Tuch, all das gab einem ein Gefühl der Freude und der Einwilligung! Dort gibt es sehr viel weniger Ego, kein bewußtes Ego. Je mehr sich das Wesen entwickelt, um so bewußter und widerstrebender wird das Ego. Sehr primitive, sehr einfache Wesen, kleine Kinder werden als erste antworten, weil sie kein organisiertes Ego besitzen. Aber diese großen Persönlichkeiten! Leute, die an sich selbst gearbeitet haben, die sich beherrschen, die sich strukturiert haben, die ein stählernes Ego haben, für die wird es schwierig sein.

Es sei denn, sie schreiten darüber hinaus und haben ein ausreichendes spirituelles Wissen, um das Ego zum Abtreten zu bringen, dann wird ihre Verwirklichung natürlich sehr viel umfassender sein – sie wird schwieriger sein, aber das Ergebnis wird sehr viel vollständiger sein.

> *Als du die Erfahrung vom 3. Februar 1958 hattest (das supra-mentale Schiff), erschien dir die Sicht deines gewohnten Bewußt-seins, das dennoch ein Wahrheits-Bewußtsein ist, überhaupt nicht mehr wahr. Sahst du Dinge, die du nie zuvor gesehen hattest, oder sahst du die Dinge anders?*

Ja, man geht in eine andere Welt.

Unser Bewußtsein hier ist wahr in Bezug auf unsere gegenwär-tige Welt, aber das andere ... ist etwas ganz anderes. Es bedarf einer Anpassung, damit die beiden sich berühren können, sonst springt man vom einen zum anderen. Das geht nicht. Es muß einen graduellen Übergang vom einen zum anderen geben. Das heißt, es fehlen eine ganze Vielzahl von Bewußtseinsstufen. Unser Bewußtsein hier muß bewußt mit dem anderen Bewußtsein in Verbindung gebracht werden, das bedeutet eine Menge von Stufen, die vom einen zum anderen füh-ren. Dann kann man graduell aufsteigen, und die Gesamtheit steigt auf.

Die Wirkung wird ein wenig wie die Beschreibung des Jüngsten Gerichts sein. Das ist eine absolut symbolische Form zur Vermittlung des Unterscheidungsvermögens zwischen dem, was der lügenhaften Welt angehört, die verschwinden muß, und dem, was zwar derselben Welt der Unwissenheit und der Trägheit angehört, was sich aber ver-wandeln kann. Das eine wird zur einen Seite gehen, das andere zur anderen. Alles, was sich transformieren kann, wird mehr und mehr von der neuen Substanz und dem neuen Bewußtsein durchdrungen werden, bis es dorthin aufsteigen kann und zum Verbindungsglied zwischen beiden wird. Aber alles, was unverbesserlich der Lüge und der Unwissenheit angehört, wird verschwinden. So wurde es auch in der *Gita* vorhergesagt: unter den Kräften, die wir als gegnerisch oder anti-göttlich bezeichnen, werden jene, die zur Transformation fähig sind, aufsteigen und sich dem neuen Bewußtsein nähern, während all das, was unwiderruflich in der Nacht und im Unwillen verwurzelt ist, zerstört wird und aus dem Universum verschwindet. Sicherlich wird es einen Teil der Menschheit geben, der etwas zu ... enthusiastisch auf diese Kräfte geantwortet hat und mit ihnen verschwinden wird. Das ist es, was in dem Begriff des Jüngsten Gerichts zum Ausdruck kommt.

Juni 1958

(Als das folgende Entretien *vom 19. März 1958 im Ashram „Bulletin" veröffentlicht wurde, machte Mutter einige Kommentare, die in direktem Zusammenhang mit der vorhergehenden Unterhaltung über das Jüngste Gericht stehen, und fügte einen längeren Auszug aus dem Gespräch von Ende Februar 1958 über das gleiche Thema hinzu.)*

Eines scheint offensichtlich: die Menschheit hat einen bestimmten Zustand allgemeiner Spannung erreicht – Spannung der Anstrengung, Spannung der Handlung, sogar Spannung des täglichen Lebens –, mit einer derart übertriebenen Hyperaktivität, einer so allgemeinen Hektik, daß die Spezies als ganzes einen Punkt erreicht zu haben scheint, wo sie den Widerstand zum Bersten bringen und zu einem neuen Bewußtsein durchbrechen muß oder in einen Abgrund der Finsternis und Trägheit zurückfallen wird.

Die Spannung ist so total und verbreitet, daß irgend etwas offensichtlich brechen muß. Es kann so nicht fortbestehen. Dies kann als sicheres Anzeichen betrachtet werden, daß ein neues Prinzip von Kraft, von Bewußtsein, von Macht in die Materie eingedrungen ist, das durch seinen Druck genau diesen zugespitzten Zustand verursacht. Äußerlich könnte man die alten Mittel der Natur erwarten, wenn sie einen Umbruch erreichen will, doch diesmal hat es eine neue Beschaffenheit, die offensichtlich nur in einer Elite erkenntlich ist, aber selbst diese Elite ist verbreitet genug – es beschränkt sich nicht auf einen Punkt, einen Ort in der Welt, die Anzeichen sind in allen Ländern, auf der ganzen Erde sichtbar: der Wille, eine aufsteigende, neue, höhere Lösung zu finden, eine Bemühung zum Aufbruch in eine weitere, umfassendere Perfektion.

Gewisse Ideen von mehr allgemeiner, verbreiteter, sozusagen kollektiver Natur beginnen in der Welt zu entstehen und zu wirken. Beide Tendenzen gehen Hand in Hand: die Möglichkeit einer größeren und vollständigeren Zerstörung – Erfindungen, die die Möglichkeit der Katastrophe unablässig vergrößern, eine viel massivere Katastrophe, als es je gegeben hat – und zugleich die Geburt oder vielmehr die Verwirklichung von sehr viel höheren und umfassenderen Ideen und Willenskräften, die, wenn sie einmal vernommen werden, eine viel weitreichendere, vollständigere und perfektere Lösung bringen werden als zuvor.

Dieser Kampf, dieser Konflikt zwischen den konstruktiven Kräften der aufsteigenden Evolution, der immer vollkommeneren und

165

göttlicheren Verwirklichung, und den immer zerstörerischeren Kräften – machtvoll zerstörerische Kräfte, deren Wahnsinn sich jeglicher Beherrschung entzieht – wird immer offensichtlicher, deutlicher, sichtlicher, und es ist wie ein Wettlauf oder ein Wettkampf, wer sein Ziel als erster erreicht. Es scheint, als wären alle gegnerischen, anti-göttlichen Kräfte, die Kräfte der vitalen Welt auf die Erde herabgekommen und belegen sie als ihren Handlungsraum, doch als wäre gleichzeitig auch eine noch höhere, mächtigere, neue spirituelle Kraft auf die Erde gekommen, um ihr ein neues Leben zu bringen. Das macht den Kampf schärfer, gewalttätiger, sichtbarer, aber anscheinend auch endgültiger, und deshalb besteht die Hoffnung auf eine baldige Lösung.

Vor noch nicht allzulanger Zeit richtete sich die spirituelle Aspiration des Menschen auf einen schweigenden, inaktiven Frieden, losgelöst von allen weltlichen Dingen, eine Flucht aus dem Leben, gerade um den Kampf zu meiden, um jenseits des Kampfes zu gelangen, sich von der Anstrengung zu befreien; in diesem spirituellen Frieden verschwand mit der Spannung, dem Kampf, der Anstrengung auch das Leiden in all seinen Formen, und das wurde als der wahre, einzige Ausdruck des spirituellen und göttlichen Lebens betrachtet. Das wurde als die göttliche Gnade, die göttliche Hilfe, das göttliche Eingreifen angesehen. Und auch jetzt noch, in dieser Zeit der Ängste, der Spannung, der Überspanntheit, ist dieser erhabene Friede die von allen Hilfen am besten empfangene und willkommenste, die erbetene und erhoffte Linderung. Auch jetzt noch ist er für viele das wahre Zeichen des göttlichen Wirkens, der göttlichen Gnade.

Was immer man auch verwirklichen möchte, es gilt tatsächlich damit anzufangen, diesen vollkommenen, unwandelbaren Frieden zu verwirklichen, das ist die Grundlage, auf der man aufbaut; doch außer wenn es einem um eine ausschließliche, persönliche und egoistische Befreiung geht, kann man dort nicht haltmachen. Es gibt einen weiteren Aspekt der göttliche Gnade, den Aspekt des Fortschritts, der alle Hindernisse bezwingt, der die Menschheit in eine neue Verwirklichung schnellt, die Tore einer neuen Welt öffnet und bewirkt, daß nicht nur einige Auserwählte die göttliche Verwirklichung genießen, sondern daß ihr Einfluß, ihr Beispiel, ihre Kraft der restlichen Menschheit einen neuen und besseren Zustand bringt.

Dies öffnet Wege der zukünftigen Verwirklichung, bereits vorhergesehene Möglichkeiten, wo ein ganzer Teil der Menschheit, der sich bewußt oder unbewußt dem Einfluß der neuen Kräfte geöffnet hat, in ein höheres, harmonischeres, vollkommeneres Leben erhoben wird ... Wenn eine individuelle Transformation hier nicht immer erlaubt oder möglich ist, wird es eine Erhöhung der Gesamtheit, eine

Harmonisierung der Gesamtheit geben, die eine neue Ordnung, eine neue Harmonie herbeiführt, die Ängste des gegenwärtigen Chaos und Kampfes verschwinden läßt und durch eine Ordnung ersetzt, um einen harmonischen Ablauf der Gesamtheit zu ermöglichen.

Andere Konsequenzen werden dazu führen, durch ein entgegengesetztes Mittel all das verschwinden zu lassen, was der Eingriff des Mentals im Leben an Perversion, Häßlichkeit schuf, eine ganze Sammlung von Entstellungen, die das Leiden, das Elend, die moralische Ärmlichkeit verschlimmerten, ein ganzer Bereich von abscheulichem und widerwärtigem Elend, der einen großen Teil des menschlichen Lebens zu etwas so Schrecklichem macht. All das muß verschwinden. Das macht die Menschheit in so vielen Punkten so viel minderwertiger als das Tierleben in seiner Einfachheit und spontanen Natürlichkeit und Harmonie, trotz allem. Das Leiden ist bei den Tieren nie so elend, so abscheulich wie in dem Teil der Menschheit, der durch den Einsatz einer ausschließlich zu egoistischen Zwecken verwendeten Mentalität pervertiert wurde.

Darüber muß man hinaussteigen, in das Licht und die Harmonie vorstoßen, oder sonst zurückfallen in die Einfachheit eines gesunden tierischen Lebens ohne Entstellungen.

(Nach einem Schweigen fügt Mutter hinzu:)

Aber all jene, die nicht erhoben werden können, jene, die den Fortschritt ablehnen, die werden automatisch den Gebrauch des mentalen Bewußtseins verlieren und auf eine vor-menschliche Stufe zurückfallen.

Ich will dir eine Erfahrung erzählen, die dir zum besseren Verständnis helfen wird. Das geschah kurz nach der supramentalen Erfahrung vom 3. Februar und ich befand mich noch in einem Zustand, wo die Dinge der physischen Welt so fern, so absurd erschienen. Eine Gruppe von Touristen hatte gebeten, mich besuchen zu dürfen, und eines Abends kamen sie zum Sportplatz. Sie waren reiche Leute, das heißt, sie besaßen mehr Geld, als sie zum Leben brauchten. Unter ihnen befand sich eine Frau mit einem Sari; sie war sehr dick, und ihr Sari war absichtlich so gelegt, daß er ihren Körper verdeckte. Als sie sich verbeugte, um meinen Segen zu empfangen, verrutschte eine Ecke des Saris und entblößte einen Teil ihres Bauches, einen nackten Bauch. Ein riesiger Bauch. Das gab mir etwas wie einen Schock ... Viele übergewichtige Leute haben überhaupt nichts Abstoßendes, aber hier sah ich plötzlich die Perversion, die Fäulnis, die sich hinter diesem Bauch verbarg, wie ein riesiger Abszeß, der die Gier, die Verdorbenheit, den Verfall des Geschmacks, das abscheuliche Verlangen ausdrückte und sich sättigte, wie kein Tier es täte, in einer groben und vor allem perversen Art. Ich sah die Perversion eines verdorbenen Mentals im Dienst des niedrigsten Hungers. Da stieg plötzlich ein Gebet in mir empor, eine Veda: „O Herr, das ist es, was verschwinden muß!"

Man kann sich gut vorstellen, wie das physische Elend, die ungleiche Verteilung der weltlichen Güter verändert werden könnte, man kann sich ökonomische und soziale Lösungen vorstellen, die dem abhelfen würden, aber dieses mentale Elend, die vitale Perversion, die kann sich nicht ändern, die WILL sich nicht ändern. Jene, die dieser Art Menschheit angehören, sind im voraus zur Auflösung verdammt.

Das ist die Bedeutung der Ursünde: die Perversion, die mit dem Mental begann.

Der Teil der Menschheit, des menschlichen Bewußtseins, der sich mit dem Supramental vereinigen und sich befreien kann, wird vollständig transformiert werden: er wird in eine zukünftige Wirklichkeit voranschreiten, deren äußere Form sich noch nicht ausgedrückt hat; der Teil, welcher der tierischen Einfachheit, der Natur sehr nahe steht, wird wieder in die Natur eingehen und direkt aufgenommen werden. Aber dieser korrumpierte Teil des menschlichen Bewußtseins, der durch seinen Mißbrauch des Mentals die Perversion zuläßt, wird aufgelöst werden.

Diese Art Menschheit ist Teil eines mißlungenen Versuchs – der abgebrochen wird. So wie bestimmte fruchtlose Arten im Laufe der universellen Geschichte verschwanden.

Manche Propheten des Altertums hatten diese apokalyptischen Visionen, aber wie meistens wurden die Dinge durcheinander gebracht und sie hatten ihre Visionen der Apokalypse, ohne zugleich die Vision der supramentalen Welt zu haben, die den einwilligenden Teil der Menschheit erheben und die physische Welt verwandeln wird. Dann, um denjenigen, die innerhalb dieses perversen Teils des menschlichen Bewußtseins geboren werden, eine Hoffnung zu vermitteln, lehrten sie die Erlösung durch den Glauben: jene, die an das Opfer des Göttlichen in der Materie glauben, werden automatisch erlöst, in einer anderen Welt – allein der Glaube, ohne Verständnis, ohne Intelligenz. Sie sahen nicht die supramentale Welt, und sie sahen nicht, daß das Große Opfer des Göttlichen in der Materie die Involution ist, die zur vollständigen Offenbarung des Göttlichen in der Materie selbst führen muß.

Ohne Datum (Juni 1958 ?)[1]

Wir bereiten den Verbindungspunkt vor, den Kommunikationspunkt, die Brücke zwischen dem mentalen menschlichen Bewußtsein und dem übermenschlichen und supramentalen Bewußtsein. Eine ganze Übergangswelt wird geschaffen, eine neue Schöpfung manifestiert und materialisiert sich.

Um sich hier auf der Erde zu verwirklichen, muß diese Schöpfung sich der bereits bestehenden materiellen Mittel und Kräfte bedienen, jedoch in einer neuen Weise, die sich den neuen Bedürfnissen anpaßt. Eine der wesentlichsten Kräfte ist die Finanzmacht.

22. Juni 1958[2]

Fragt nicht nach Einzelheiten der materiellen Existenz dieses Körpers: sie besitzen keinerlei eigentliches Interesse und dürfen die Aufmerksamkeit nicht beanspruchen.

Bewußt oder ohne es zu wissen, war ich mein ganzes Leben lang das, was der Herr wollte, daß ich sei, und tat, was der Herr wollte, daß ich tue – das allein zählt.

2. Juli 1958

Ramdas[3] ist wahrscheinlich eine Fortsetzung der Reihe von Chaitanya, Ramakrishna usw ...

(Schweigen)

Ein Thema für heute abend ...

---

1. Handgeschriebene Notiz von Mutter.
2. Handgeschriebene Notiz von Mutter.
3. Ein Yogi aus dem Nordwesten Indiens, der den Weg der Liebe *(bhakti)* verfolgte. Sein ganzes Yoga bestand darin, den Namen *Râm* zu wiederholen. Er gründete das *Anandashram* in Kanhargad. Er wurde 1884 geboren und starb 1963.

Eines habe ich nie vollständig gesagt. Einerseits gibt es die Einstellung, wie sie die Leute in dem Film von gestern abend[1] hatten: Gott ist alles, Gott ist überall, Gott ist in dem, der euch schlägt (wie Sri Aurobindo schreibt: „Gott versetzte mir einen heftigen Schlag, soll ich ihm sagen: „O Mächtiger, ich vergebe dir den Schmerz und die Grausamkeit, doch tue es nicht wieder!"?"[2]), eine Einstellung, die, ins äußerste Extrem getrieben, die Welt akzeptiert, so wie sie ist: die Welt ist der vollkommene Ausdruck des göttlichen Willens. Die andere Einstellung ist jene des Fortschritts und der Transformation. Dazu muß man voraussetzen, daß es Dinge in der Welt gibt, die nicht so sind, wie sie sein sollen.

In *The Synthesis of Yoga* sagt Sri Aurobindo manchmal: diese Vorstellung von Gut und Böse, Rein und Unrein, dieses Konzept ist für die Handlung notwendig. Aber die Puristen wie Chaitanya, Ramakrishna und die anderen lassen das nicht gelten, sie akzeptieren nicht, daß dies für die Handlung unerläßlich ist. Sie sagen einfach: das ist weil ihr die Handlung für etwas Notwendiges haltet, und das widerspricht eurer Wahrnehmung des Göttlichen in allen Dingen.

Wie die beiden in Einklang bringen?

Ich erinnere mich, einmal versucht zu haben, darüber zu sprechen, aber keiner konnte mir folgen und keiner hat auch nur verstanden, deshalb ließ ich es dann. Es ist geblieben, ich konnte nichts damit machen, weil niemand einen Sinn daraus entnehmen konnte. Doch jetzt könnte ich eine sehr einfache Antwort geben:

Laßt doch den Höchsten die Arbeit verrichten; schließlich muß Er sich weiterentwickeln, nicht ihr!

Ramdas ist überhaupt nicht der Ansicht, daß die Welt gut ist, so wie sie ist.

Nein, aber ich kenne diese Leute, gründlich! Chaitanya, Ramakrishna, Ramdas, ich kenne sie genau, sie sind mir äußerst geläufig: das stört sie nicht. Sie leben in einem Gefühl, sie haben eine sehr konkrete Erfahrung, leben in dieser Erfahrung, und es ist ihnen völlig egal, ob ihr Konzept (das sie nicht einmal herauskristallisieren, sie lassen es vage) Widersprüche enthält, denn sie bringen sie anscheinend in Einklang. Sie stellen sich keine Fragen, verspüren kein Bedürfnis nach einer absolut klaren Vision: ihr Gefühl ist völlig klar, und das genügt ihnen. Ramakrishna war so; er sagte die widersprüchlichsten

---

1. *Bishnupriya,* ein bengali Film.
2. Centenary Edition, XVII.81.

Dinge, ohne sich im geringsten daran zu stören, und sie sind alle gleichermaßen genau wahr.

Doch diese Eigenschaft, die Sri Aurobindo besaß, diese kristall-klare Sicht, in der alles an seinem Platz steht und bei der es keine Widersprüche mehr gibt – die erreichten sie nie. Das war ja Sri Auro-bindos Eigenheit, diese wirklich supramentale Sicht, kristallklar, voll-kommen, sogar vom Standpunkt des Verständnisses und des Wissens. So weit sind sie nie gegangen.

*
* *

Kurz darauf

Jedes Element, sagen wir jedes individuelle Element (obwohl es nicht genau das ist) steht an seinem Platz in Abhängigkeit davon, ob die Gnade auf das Individuum oder auf die Gesamtheit wirkt.

Wenn die Gnade auf die Gesamtheit wirkt, belegt jedes Ding, jedes Element, jedes Prinzip seinen Platz als Konsequenz der karmischen Logik der allgemeinen Bewegung. Das gibt uns den Eindruck der gegenwärtigen Störung und Verwirrung.

Wenn die Gnade individuell wirkt, gibt sie jedem den höchsten möglichen Platz entsprechend dem, was er ist, was er verwirklicht hat.

Und dann gibt es in wenigen Ausnahmefällen sozusagen eine Super-Gnade, die einen nicht in Abhängigkeit dessen plaziert, was man ist, sondern dessen, was man sein sollte. Das heißt, die universelle kosmische Stellung ist dem individuellen Fortschritt voraus.

In diesen Fällen sollte man den Mund halten und auf die Knie fallen.

Ohne Datum (Juli ?) 1958[1]

In Anbetracht der Welt, so wie sie ist und unverbesserlich zu bleiben scheint, gelangt der menschliche Intellekt letzten Endes zum Schluß, daß dieses Universum ein Fehler Gottes sein muß und daß die Manife-station oder Schöpfung gewiß die Konsequenz einer Begierde ist: die Begierde, sich zu manifestieren, die Begierde, sich zu kennen, sich sei-ner selbst zu erfreuen. Die einzige Lösung in dieser Lage wäre, diesem Fehler so bald als möglich ein Ende zu setzen und sich zu weigern, der Begierde und ihren finsteren Konsequenzen zu folgen.

---

1. Handgeschriebene Notiz von Mutter.

Der höchste Herr antwortet jedoch, daß die Komödie noch nicht zu Ende gespielt ist, und er fügt hinzu: „Wartet auf den letzten Akt; ohne Zweifel werdet ihr eure Meinung ändern."

✿

5. Juli 1958

Ich habe Z gerade mein Programm zur Bewältigung der gegenwärtigen Schwierigkeiten vorgestellt,[1] und ich glaube, wenn er mich nicht für vollkommen verrückt hielt, dann nur weil er einen sehr hohen Respekt vor mir hat! Und wie stets in solchen Fällen herrschte eine solche Freude in mir, ein wahres Frohlocken: alle Zellen tanzten. Ich verstehe, warum die Leute anfangen zu singen, zu tanzen ... eine ungeheure Kraft ist erforderlich, um so *(unerschütterlich)* zu bleiben: ein Verlangen zu singen sitzt in der Kehle!

*
* *

S brachte mir ein Foto *(am 21.2.58 nach dem Darshan aufgenommen).* Eine Heilige mit ihrem Heiligenschein! *(Mutter lacht verschmitzt)*
Die Augen sind schön.
Ich erinnere mich, es war am Ende des Darshans und ich wiederholte ständig innerlich: „Herr, Herr, Herr, Herr ...". Aber ohne Worte. Es kam so *(Geste)* und reichte weit, weit, weit! All das befindet sich hier *(Geste um den Kopf herum).* Und das *(Mutter deutet auf das Kinn),* das ist die Entschlossenheit (es hätte etwas mehr Licht auf dem Kinn sein sollen!), der Wille zur Verwirklichung.
Das ist es: die Fähigkeit der VOLLKOMMENEN plastischen Passivität, in TOTALER Stille und Hingabe, und zugleich hier und dort der UNBEZWING-BARE, ALL-MÄCHTIGE Wille mit der absoluten Macht der Ausführung, die sämtliche Widerstände durchbricht. Beides gemeinsam, ohne daß sie sich gegenseitig stören, in derselben Freude – darin liegt das GROSSE Geheimnis! Die Harmonisierung der Gegensätze, in der Freude und der Fülle, IMMER, IMMER, bei *allen* Problemen: darin liegt das große Geheimnis.

✿

---

1. Die finanziellen Schwierigkeiten des Ashrams.

6. Juli 1958

Heute morgen stellte ich mir die Frage: steht das Geld wirklich unter der Beherrschung der Natur? Ich muß schauen … Denn für mich persönlich gibt sie mir immer alles in Fülle.

Als ich jung war, war ich „arm wie eine Kirchenmaus", ärmer ging es nicht! Als Künstlerin mußte ich manchmal in die Öffentlichkeit treten (als Künstler hat man keine Wahl), und ich hatte glänzende Stiefel, die Risse bekamen … deshalb lackierte ich sie, damit man die Risse nicht sieht! Nur um dir die Lage zu beschreiben: sehr arm. Eines Tages sah ich in einem Schaufenster einen sehr schönen Unterrock mit Spitzen und Bändern (die Mode war gerade, lange Röcke zu tragen, die auf dem Boden schleifen, und ich hatte keinen Unterrock, der zu so etwas paßte – das war mir vollkommen gleichgültig, aber nachdem mir die Natur versprochen hatte, daß ich stets alles haben würde, was ich brauchte, wollte ich einen Versuch machen). Also sagte ich: „Wäre es nicht schön, einen Unterrock zu haben, der zu diesen langen Röcken paßt." Ich erhielt fünf! Sie kamen von allen Seiten!

So geht es. Ich bitte nie um etwas, aber wenn ich mir zufällig einmal denke: „das hätte ich gerne", dann kommt es in Fluten! Letztes Jahr machte ich den Versuch und sagte der Natur: „Hör zu, mein Kind, du sagst, du willst mitarbeiten, du hast mir versprochen, es würde mir an nichts fehlen. Auf der Ebene der Gefühle betrachtet, wäre es mir wirklich ein Vergnügen, eine Freude (in der Art von Krishnas Freude), VIEL Geld zu haben, um all das tun zu können, was ich möchte. Ich will nicht die Dinge für mich persönlich vermehren, nein, du gibst mir mehr als ich brauche. Aber es wäre eine Freude, frei geben zu können, großzügig sein zu können, nach Belieben ausgeben zu können – ich bitte dich um eine Crore Rupien[1] zu meinem Geburtstag!"

Sie hat nichts getan! Nichts, überhaupt nichts: eine vollkommene Weigerung. Weigert sie sich oder kann sie nicht? Vielleicht … Ich habe schon immer gesehen, daß das Geld unter der Herrschaft einer asurischen Kraft steht (ich spreche vom Bargeld, von „cash"; ich will keine Geschäfte unternehmen; wenn ich Geschäfte versuche, gelingen sie meistens recht gut, aber das meine ich nicht, ich rede von Bargeld). Diese Frage habe ich ihr noch nie gestellt.

Das kam so: es gibt diesen Ganesh[2] … Wir hielten eine Meditation (das liegt mehr als dreißig Jahre zurück) in der Halle, wo die

---

1. 1 Crore = 10 Millionen.
2. Ganesh: ein indischer Gott mit Elefantenkopf, Sohn von Parvati, der göttlichen Mutter.

„Prosperität" ausgeteilt wird.[1] Wir waren vielleicht zu acht oder zehn und bildeten Sätze mit Blumen: ich legte Blumen aus, und jeder bildete mit den Namen der verschiedenen Blumen einen Satz. Eines Tages ging es um Wohlstand oder Reichtum, und weil man immer sagt, Ganesh wäre der Gott des Geldes, des Reichtums, der weltlichen Güter, fragte ich mich: „Die ganze Geschichte über diesen Gott mit einem Elefantenrüssel – ist das nicht nur die menschliche Einbildung?" Daraufhin meditierten wir, und wen sehe ich eintreten und sich vor mir hinstellen: ein lebendiges Wesen, vollkommen lebendig und leuchtend, mit so einem Rüssel ... und er lächelte! Da fragte ich ihn in meiner Meditation: „Ah, also ist es wahr, daß du existierst!" – „Natürlich existiere ich! Und du brauchst nur um das bitten, was du brauchst, (was Geld angeht, wohlverstanden), und ich gebe es dir."

Ich bat ihn, und an die zehn Jahre lang kam es in Fluten. Wirklich erstaunlich. Ich bat um etwas, und zum nächsten Darshan oder einen Monat später oder einige Tage später (das wechselte), da traf es ein.

Dann kam der Krieg mit all seinen Schwernissen, und die Anzahl der Leute und die Ausgaben wuchsen fürchterlich (der Krieg kostete ein Vermögen: alles kostete zehnmal mehr als vorher). Und plötzlich hörte es auf, nichts mehr. Es hörte nicht ganz auf, aber nur ein dünnes Rinnsal blieb. Und wenn ich um mehr bat, kam es nicht. Eines Tages befragte ich Ganesh durch sein Bildnis (!): „Und was ist mit deinem Versprechen?" – „Ich kann es nicht, das ist zuviel für mich, meine Mittel sind sehr beschränkt!" Ich dachte mir: was für ein Pech! Und zählte nicht mehr auf ihn.

Einmal bat jemand sogar den Weihnachtsmann um Hilfe! Das war ein junges moslemisches Mädchen mit einer besonderen Sympathie für den Weihnachtsmann. (Ich weiß nicht warum, das gehörte nicht zu ihrer Religion!) Ohne mir etwas zu sagen, rief sie den Weihnachtsmann und sagte ihm: „Mutter glaubt nicht an dich, du mußt ihr ein Geschenk geben, um ihr zu beweisen, daß es dich gibt. Gibt ihr das zu Weihnachten." Und es kam! ... Sie war sehr stolz darauf.

Aber das kam nur einmal; und mit Ganesh ist es vorbei. Später bat ich dann die Natur. Es dauerte lange, bis sie einwilligte zu helfen. Aber über das Geld muß ich sie noch fragen. Für mich persönlich geht es weiter. Ich denke: „Ach, es wäre praktisch, so eine Uhr zu haben." Ich bekomme zwanzig! Ich sage mir: „Ach, wenn ich dies hätte." Und ich erhalte dreißig! Es kommt von allen Seiten, ohne daß ich etwas sage – ich bitte niemanden: es kommt.

---

1. Einmal monatlich verteilt Mutter an die Schüler das, was sie für den Monat benötigen.

Als ich das erste Mal hierher kam und mit Sri Aurobindo über die Erfordernisse für das Werk sprach, sagte er mir (er hatte es mir auch geschrieben), daß man drei Mächte besitzen müßte, um das Werk mit Gewißheit vollbringen zu können. Die erste ist die Macht über die Gesundheit, die zweite ist die Macht über die Regierung und die dritte ist die Macht über das Geld.

Die Gesundheit hängt natürlich von der Sadhana ab, aber auch das ist nicht gewiß: da ist noch ein anderer Faktor. Die zweite, die Macht über die Regierung, hat Sri Aurobindo gründlich betrachtet, studiert, überlegt, und mir schließlich gesagt: „Es gibt nur eine einzige Möglichkeit, diese Macht zu haben, und zwar SELBER die Regierung zu sein. Man kann Individuen beeinflussen, ihnen einen Willen vermitteln, aber sie sind gebunden. In einer Regierung gibt es keine Einzelperson, nicht einmal eine Gruppe von Personen, die allmächtig sind und alles entscheiden können. Man muß selber die Regierung stellen und ihr die gewollte Richtung geben."

Über das letzte, das Geld, sagte er mir: „Ich weiß noch nicht genau, wovon das abhängt." Eines Tages ging ich dann mit dieser Idee in Trance, und nach einer gewissen Reise erreichte ich einen Ort wie eine unterirdische Grotte (das heißt, es war mindestens im Unterbewußten, wenn nicht im Unbewußten), der die Quelle, den Ort und die Macht über das Geld darstellte. Ich wollte diese Grotte (eine Art innere Höhle) gerade betreten, da sehe ich eine riesige Schlange davor zusammengerollt, die sich aufrichtete, wie ein ungeheurer pechschwarzer Python, hoch wie ein siebenstöckiges Haus, der mir sagte: „Du darfst nicht durchgehen!" – „Warum? Laß mich vorbei." – „Ich würde dich schon vorbeilassen, aber wenn ich es täte, würden „sie" mich augenblicklich vernichten." – „Wer sind denn diese „sie"?" – „Das sind die asurischen[1] Kräfte, die das Geld beherrschen. Sie haben mich hierhin befohlen, um den Eingang zu bewachen, genau damit du nicht eintreten kannst." – „Und was gäbe einem die Macht?" Darauf antwortete er in etwa folgendes: „Ich habe sagen hören ..." (das heißt, er besaß dieses Wissen nicht selber, sondern hatte es von seinen Meistern, von seinen Herrschern gehört), " ... daß jener, der die vollkommene Macht über den menschlichen Geschlechtstrieb besäße (nicht nur in sich selbst, sondern eine allgemeine Macht, der das also überall, in allen Menschen beherrschen kann), der hätte das Recht einzutreten." Diese Kräfte könnten ihn also nicht daran hindern einzutreten.

Eine persönliche Verwirklichung ist sehr leicht, das ist nichts. Aber die persönliche Verwirklichung ist eines, und etwas ganz anderes ist

---

1. Die *Asuras* sind die Dämonen und dunklen Kräfte der Mentalebene.

die Macht, das in allen Menschen zu beherrschen, diese Impulse überall willentlich beherrschen zu können. Ich glaube ... diese Bedingung ist nicht erfüllt. Wenn das, was die Schlange sagte, richtig ist und dies wirklich das ist, was die gegnerischen Kräfte überwinden kann, die das Geld beherrschen, dann ist es nicht erfüllt.

In einem beschränkten Ausmaß besteht es – aber das bedeutet nichts. Es ist bedingt, begrenzt: mal funktioniert es, mal funktioniert es nicht. Es ist noch vom Zufall bedingt. Und wenn es um solche irdischen Dinge geht (ich sage nicht universell, aber doch irdisch), dann muß es natürlich vollkommen sein; es darf kein Ungefähr geben.

In diesem Fall ist es eine Angelegenheit zwischen den Asuras und der Spezies Mensch. Das einzige, was die Menschen tun können, ist sich zu transformieren, denn dadurch nehmen sie den asurischen Kräften die Macht, sie zu beherrschen.

Die Spezies Mensch ist Teil der Natur, aber wie Sri Aurobindo erklärte, sobald das Mental im Menschen zum Ausdruck kam, stellte ihn das in eine sehr verschiedene Beziehung zur Natur von der, die sie mit den niederen Arten hat. Alle niederen Arten bis zum Menschen stehen vollkommen unter der Herrschaft der Natur; sie tut mit ihnen, was ihr gefällt: sie können nichts ohne ihren Willen unternehmen. Der Mensch hingegen beginnt als Gleichstehender zu handeln und zu leben; gleichstehend nicht an Macht, aber vom Standpunkt des Bewußtseins (es beginnt, denn der Mensch ist fähig, die Natur zu untersuchen und ihre Geheimnisse zu entdecken). Er ist ihr nicht überlegen, bei weitem nicht, aber er erreicht das Niveau der Ebenbürtigkeit. Damit erhielt er – und das ist eine Tatsache – eine gewisse Macht der Unabhängigkeit, die er augenblicklich dazu benutzte, sich unter den Einfluß der gegnerischen Kräfte zu stellen, die nicht von der Erde stammen, sondern außer-irdisch sind.

Ich spreche von der irdischen Natur. Durch die mentale Kraft hatten die Menschen die Wahl und die Freiheit, Übereinkünfte mit den außer-irdischen vitalen Kräften zu schließen. Es gibt eine ganze vitale Welt, die mit der Erde nichts zu tun hat, die völlig unabhängig von der Erde ist, älter als die Erde ist und eine unabhängige Existenz führt. Die Menschen haben das auf die Erde gezogen! Sie haben herbeigeführt ... was wir jetzt sehen! In dieser Situation ... Die irdische Natur sagte mir: „Das entzieht sich meinem Einfluß."

Mit all dem gelangte Sri Aurobindo zum Schluß, daß nur die supramentale Macht fähig ist ... *(Mutter senkt ihre Hände)*, wie er sagt: alles zu beherrschen. Dann ist es vorbei – die Natur inbegriffen. Lange Zeit widersetzte sich die Natur (das habe ich oft beschrieben), sie sagte: „Warum hast du es mit diesen Dingen nur so eilig? Eines Tages wird es kommen." Doch voriges Jahr hatte ich diese außerordentliche Erfahrung.[1] Und aufgrund dieser Erfahrung sagte ich ihr: „Jetzt, wo wir uns geeinigt haben, gib mir einen Beweis – ich bitte dich um einen Beweis: tue dies." Sie hat nichts getan, gar nichts.

Vielleicht liegt in dieser … man kann kaum von Intuition sprechen, aber in einer Vorahnung dieser Tatsache, der Ursprung des Ausdrucks „für Geld seine Seele dem Teufel zu verkaufen", und daß das Geld als eine böse Kraft betrachtet wurde und all jene, die das spirituelle Leben suchten, davor zurückscheuten – aber die scheuen ja vor allem zurück, nicht nur vor dem Geld!

Vielleicht ist es nicht erforderlich, diese Macht über sämtliche Menschen zu haben, aber zumindest ausreichend, um auf die Masse wirken zu können. Wahrscheinlich ist es nach einem bestimmten Grad der Beherrschung einer Bewegung unbedeutend, was die Masse tut oder nicht tut (die große Masse der Menschheit, die kaum, kaum das mentale Bewußtsein erreicht hat). Sie steht noch unter der größeren Herrschaft der Natur. Es geht um die mentale Menschheit, jene, die das Mental wirklich entwickelten und es mißbrauchten, sofort den falschen Weg einschlugen – als erstes.

Dazu ist nichts zu sagen, schließlich taten die für die Schöpfung entsandten göttlichen Kräfte auch nichts anderes, als sofort den falschen Weg einzuschlagen![2] Der Ursprung, der Keim des wunderbaren Unabhängigkeitssinns, das heißt das Gegenteil von *surrender* [Hingabe]. Der Mensch sagte: „Ich habe die Macht zu denken, damit tue ich, was ich will, und keiner hat das Recht einzugreifen. Ich bin frei, ich bin ein unabhängiges Wesen – UNABHÄNGIG!" Und da haben wir es nun: wir sind alle unabhängige Wesen!

Gestern betrachtete ich all diese Mantras und Gebete und diese ganze Schwingung, die in die Atmosphäre eingedrungen ist und sie in einen Zustand des ständigen Rufens bringt, und ich erinnerte mich der alten Bewegungen und sah, wie sehr sich jetzt alles verändert hat! Ich dachte auch an die alten Disziplinen, von denen eine war zu sagen: „Ich bin Das."[3] Die Leute wurden geheißen, sich in Meditation zu setzen und zu wiederholen: „ich bin Das," um die Vereinigung zu erreichen. Und das erschien mir alles so veraltet, so kindisch! Und zugleich gehört es zum Ganzen. Ich betrachtete das, und es kam mir

---

1. Die Erfahrung der Mitarbeit der Natur, am 7. November 1957.
2. Die Überlieferungen besagen, daß die ersten für die Schöpfung entsandten göttlichen Kräfte die Asuras waren, die zu Dämonen wurden. Die Götter wurden dann geschaffen, um das von den Dämonen verursachte Chaos zu reparieren.
3. *So'ham*, das traditionelle Mantra des vedantischen Weges, der die Illusion der Welt verkündet.

so lächerlich vor, sich in Meditation zu setzen und zu sagen: „Ich bin Das"! „Ich" – was ist dieses „Ich", das „Das" ist; was ist dieses „Ich", wo ist es?... Ich suchte es, und ich erkannte einen mikroskopisch kleinen Punkt (es würde beinahe ungeheure Instrumente erfordern, um ihn zu sehen), einen winzigen dunklen Punkt in einer Unermeßlichkeit von Licht, und dieser kleine Punkt war der Körper. Und gleichzeitig – vollkommen gleichzeitig – sah ich die Gegenwart des Höchsten wie ein UNGEHEUER riesiges Wesen, in dem ich (das Gefühl des „Ich") mich befand, in dieser Haltung *(Geste der Hingabe).* Es gab keine Grenzen, und zugleich hatte man die Freude, durchdrungen zu sein, davon umgeben zu sein, und sich unendlich ausweiten zu können – sein ganzes Wesen auszuweiten, vom höchsten bis zum materiellsten Bewußtsein – und gleichzeitig diesen Körper zu betrachten und in jeder Zelle, jedem Atom eine strahlende göttliche Gegenwart vibrieren zu sehen, mit all ihrem Bewußtsein, all ihrer Macht, all ihrem Willen, all ihrer Liebe, wirklich alles, eine solche Freude! Eine außerordentliche Freude. Das eine störte nicht das andere, nichts war widersprüchlich, und alles wurde zugleich empfunden. Und da sagte ich: „Dieser Körper mußte wirklich diese lange Schulung von mehr als siebzig Jahren durchmachen, um das ertragen zu können, ohne anzufangen zu rufen, zu tanzen, zu springen, zu lachen und all das zu tun!" Nein, er blieb ruhig (jubelnd, aber sehr ruhig), er behielt die Beherrschung über seine Gesten und Worte. Obwohl er wirklich in einer anderen Welt lebte, konnte er den Anschein des normalen Verhaltens bewahren – wegen der Dressur durch die Beherrschung des VERSTANDES über das ganze Wesen. Das hat ihn so weit gezähmt und ihm einen solchen Zusammenhalt gegeben, daß ich in der Erfahrung BIN, in der Erfahrung LEBE, und gleichzeitig mit dem liebenswürdigsten Lächeln die dümmsten Fragen beantworten kann!

Das vollendet sich immer in einer Kantate an die Wirkung der Gnade: „Herr, Du bist wirklich wunderbar! Alle Erfahrungen, die ich durchmachen mußte, gabst Du mir, alles, was ich tun mußte, damit der Körper bereit sei, ließt Du mich tun, und stets mit dem Gefühl, daß Du es mich tun ließt!" – Und zur allgemeinen Mißbilligung aller wohlbesonnenen Menschen!

Ohne Datum (Juli ?) 1958

Um dieses Yoga zu verfolgen, muß man wenigstens einen Anfang von Schönheitssinn besitzen. Ohne ihn verfehlt man einen der wichtigsten Aspekte der physischen Welt.

Diese Schönheit, die Würde der Seele – dafür bin ich sehr empfänglich. Das berührt mich und erweckt stets einen großen Respekt in mir.

Schönheit der Seele?

Ja, sie zeigt sich im Gesicht; diese Würde, die Schönheit, die Harmonie der integralen Verwirklichung. Wenn die Seele im Physischen durchscheint, verleiht es diese Würde, die Schönheit, die Erhabenheit: die Erhabenheit, das Tabernakel zu sein. Selbst Dinge, die eigentlich keine besondere Schönheit haben, nehmen dann einen Sinn der ewigen Schönheit an, DIE ewige Schönheit.

So sah ich schon Gesichter von einem Extrem ins andere übergehen, blitzschnell. Jemand hatte diese Schönheit, die Harmonie, das Gefühl der göttlichen Würde im Körper – dann kam plötzlich die Wahrnehmung des Hindernisses, der Schwierigkeit und das Gefühl des Fehlers, der Unwürdigkeit, und damit eine plötzliche Entstellung der Erscheinung, eine Auflösung der Züge! Und dennoch dasselbe Gesicht. Es kam wie ein Blitz, schrecklich. Die Abscheulichkeit der Qual, der Entwertung (wirklich das, was die Religionen als „Qual der Sünde" ausdrücken), das gibt einem ein Gesicht! Sogar eigentlich schöne Gesichtszüge werden häßlich. Und es waren dieselben Züge, dieselbe Person.

Da sah ich, wie fürchterlich das Gefühl der Sünde ist, wie sehr es der Welt der Lüge angehört.

19. Juli 1958

Ein Pfirsich muß auf dem Baum reifen, diese Frucht sollte gepflückt werden, wenn die Sonne darauf scheint. Wenn die Sonne untergeht, kommt man, pflückt den Pfirsich und beißt hinein. Dann ist es ganz und gar paradiesisch!

Es gibt zwei solche Früchte: den Pfirsich und gold-grüne Reineclaude Pflaumen. Da ist es dasselbe, man muß sie auch frisch vom

179

Baum nehmen, hineinbeißen, und es füllt einen mit dem Saft des Garten Eden.

Jede Frucht sollte auf ihre besondere Art gegessen werden.

Das ist im Grunde das Symbol des irdischen Paradieses und des Baumes der Kenntnis: indem man die Frucht der Kenntnis ißt, verliert man die Spontaneität der Bewegung und beginnt zu objektivieren, zu lernen, zu fragen. Sobald sie davon aßen, waren sie voller Sünden.

Ich sage, jede Frucht sollte auf ihre besondere Art gegessen werden. Ein Wesen, das in Einklang mit seiner inneren Natur, seiner inneren Wahrheit lebt, muß spontan den Umgang mit den Dingen entdecken. Wenn man in Einklang mit der Wahrheit seines Wesens lebt, braucht man die Dinge nicht zu lernen: man tut sie spontan, entsprechend dem inneren Gesetz. Folgt man aufrichtig seiner Natur, spontan und aufrichtig, so ist man göttlich. Sobald man denkt und sich handeln sieht und zu fragen beginnt, ist man voller Sünden.

Das mentale Bewußtsein des Menschen hat die gesamte Natur mit der Idee der Sünde gefüllt, samt all dem Elend, das damit einhergeht. Die Tiere sind nicht auf unsere Art unglücklich, überhaupt nicht, nie, ausgenommen – wie Sri Aurobindo sagt – jene, die verdorben wurden. Das sind jene, die mit dem Menschen zusammenleben. Hunde haben bereits das Gefühl der Sünde und des Fehlers, denn ihre ganze Aspiration ist, dem Menschen zu ähneln. Der Mensch ist für sie Gott. Damit zeigen sie Heuchelei und Lüge: Hunde können lügen. Und die Menschen bewundern das und sagen: „Oh, wie intelligent sie sind!"

Sie haben ihre Göttlichkeit verloren.

Die Spezies Mensch ist wirklich kein sehr schönes Stadium in der Spirale.

Aber ist ein Hund nicht bewußter als ein Tiger, weiter entwickelt, höher in der Spirale, also dem Göttlichen näher?

Das ist keine Frage von „bewußter". Der Mensch ist ohne den geringsten Zweifel weiter entwickelt als der Tiger, aber der Tiger ist göttlicher als der Mensch. Das darf man nicht verwechseln, es geht um zwei sehr verschiedene Dinge.

Das Göttliche ist überall, in allem – das darf man nie vergessen, keine Sekunde lang –, es ist überall, in allem. Und alles, was sich unterhalb der mentalen Manifestation befindet, ist in unbewußter aber spontaner und folglich aufrichtiger Weise unvermengt göttlich, das heißt spontan und entsprechend seiner Natur; erst der Mensch hat mit seinem Mental den Begriff der Sünde eingeführt. Natürlich ist er viel bewußter! Darüber ist nicht zu diskutieren, das ist selbstverständlich, weil das, was wir Bewußtsein nennen („wir", das heißt, was die Menschen Bewußtsein nennen), darin besteht, objektivieren und mentalisieren zu können. Das ist allerdings kein wahres Bewußtsein, sondern der menschliche Begriff von Bewußtsein. Auf die menschliche Art ist der Mensch deshalb selbstverständlich viel bewußter als das Tier, aber mit dem Menschen treten Sünde und Perversion auf, die es außerhalb dieses Zustandes nicht gibt, den wir „Bewußtsein" nennen, der aber nicht wirklich bewußt ist, sondern lediglich darin besteht, die Dinge zu mentalisieren und sie objektivieren zu können.

Das ist eine aufsteigende Kurve, aber diese Kurve entfernt sich vom Göttlichen und man muß sehr viel höher steigen, um dort natürlich ein höheres Göttliches zu finden, weil es dann ein bewußtes Göttliches ist, während die anderen göttlich sind, ohne sich dessen bewußt zu sein, spontan und instinktiv. Alle unsere moralischen Begriffe von Gut und Böse sind nur das, was wir mit unserem entstellten, pervertierten Bewußtsein über die Schöpfung gelegt haben. Wir haben das erfunden.

Wir sind das entstellende Zwischenglied zwischen der Reinheit des Tieres und der göttlichen Reinheit der Götter.

21. Juli 1958

Die Menschen verstehen es nicht, die Energie zu bewahren. Wenn etwas geschieht, ein Unfall oder eine Krankheit, bitten sie um Hilfe: man gibt ihnen die doppelte, dreifache Energiedosis. Zufällig sind sie aufnahmefähig und empfangen sie. Diese Energie wird aus zwei Gründen gegeben: um nach dem Unfall oder der Krankheit wieder Ordnung herzustellen, und als Transformationskraft, um das zu reparieren oder zu verändern, was die wahre Ursache für die Krankheit oder den Unfall ausmachte.

Anstatt die Energie auch so zu verwenden, schleudern die Leute sie augenblicklich nach außen. Sie fangen an herumzurennen, zu handeln, zu arbeiten, zu reden … Sie fühlen sich voller Energie und schleudern alles nach außen! Sie können nichts in sich halten. Weil die Energie aber für den inneren Gebrauch gegeben wurde und nicht, um auf diese Weise vergeudet zu werden, fallen sie natürlich völlig flach. Das ist universell. Sie können einfach nicht diese Bewegung machen: nach innen dringen, die Energie einsetzen (man kann sie nicht aufbewahren), um den körperlichen Schaden zu beheben und in der Tiefe den Grund für

181

den Unfall oder die Krankheit zu suchen und das in eine Aspiration und innere Transformation zu verwandeln. Stattdessen fangen sie sofort an zu sprechen, sich zu regen, zu handeln, dies und jenes zu tun!

Im Grunde fühlt sich die große Mehrheit der Menschen nur dann lebendig, wenn sie die Energie vergeuden, sonst scheint es ihnen nicht das Leben zu sein.

Die Energie nicht zu verschwenden, heißt sie zu dem Zweck einzusetzen, zu dem sie bestimmt war. Wurde sie für die Transformation, die Verfeinerung des Wesens gegeben, muß sie dazu verwendet werden; wurde sie zur Wiederherstellung von etwas Gestörtem gegeben, muß sie dafür eingesetzt werden.

Wenn einem eine besondere Arbeit aufgegeben wurde und die Energie gegeben wird, um diese Arbeit zu tun, ist das natürlich sehr gut, sie wird zu ihrer Bestimmung eingesetzt; aber sie wurde dafür gegeben.

Doch sobald sich der Mensch energetisch fühlt, stürzt er sich in die Handlung. Oder jene, die keinen Sinn für das Nützliche haben, fangen an zu reden. Und schlimmer noch, jene, die überhaupt keine Selbstbeherrschung haben, werden intolerant und fangen an sich zu streiten! Widerspricht jemand ihrem Willen, fühlen sie sich voller Energie und halten das für den „Zorn Gottes"!

Ohne Datum (Juli ?) 1958

Warum, durch welchen Mechanismus, zerstreut die mentale Formulierung eine Erfahrung und beraubt sie des Großteils ihrer Wirkungskraft auf das Bewußtsein?

Wenn ihr zum Beispiel eine falsche Bewegung in euch auflösen wollt und durch eine Gnade die Kraft zu diesem Zweck entsandt wird, beginnt sie auf das Bewußtsein zu wirken. Wenn ihr sie dann sozusagen auf euch zieht, um sie zu formulieren, dann lenkt ihr sie natürlich ab und zerstreut sie.

Aber das ist nicht alles: allein die Tatsache, mit einer anderen Person zu sprechen, öffnet euch automatisch allem, was von dieser Person ausgehen mag; es geschieht stets ein Austausch. Derart kann ihre Neugier, ihre Düsternis, ihr guter oder sogar schlechter Wille eingreifen, verändern und entstellen.

Wenn ihr jedoch eurem Guru von eurer Erfahrung erzählen wollt und er akzeptiert, euch anzuhören, dann bedeutet es, daß er seine Kraft, sein Wissen, seine Erfahrung zur Wirkung der Kraft HINZUFÜGT und ihr hilft, ihr Ergebnis zu erreichen.

Aber der Schaden der Formulierung besteht trotzdem?

Ja, aber er behebt ihn.

7. August 1958

Beides gleichzeitig zu bewältigen ist sehr schwierig: die Transformation des Körpers, und sich um die Leute kümmern. Was tun? Ich versprach Sri Aurobindo, die Arbeit zu tun, also tue ich sie – ich kann nicht alles liegen lassen.

Wenn ich daran denke, wieviel Zeit die Hatha-Yogis der Arbeit am Körper widmen: sie tun nur das; solange, bis sie ein bestimmtes Stadium erreichen, tun sie die ganze Zeit nur das. Deshalb wollte Sri Aurobindo auch nichts davon wissen: er betrachtete das als sehr großen Zeitaufwand für ein ziemlich mageres Ergebnis.

* * *

Tag und Nacht arbeite ich an der Untersuchung, was alles zu transformieren ist ... Ich versichere dir, es gibt viel zu tun!

Letzte Nacht sah ich eine Vielzahl von Träumen (eigentlich keine Träume...), die mir früher sehr interessant erschienen, weil sie mir Hinweise und allerlei Indikationen gaben; jetzt sah ich das und dachte: „Um Himmelswillen! Was vergeude ich meine Zeit! In dieser ganzen Zeit könnte ich im supramentalen Bewußtsein leben und die Dinge sehen." Deshalb faßte ich in der Nacht den Entschluß, auch das zu ändern. Meine Nächte müssen sich ändern. Die Tage verändere ich bereits; die Nächte müssen sich noch ändern. Aber das gesamte Unterbewußte in der Materie, all das muß verändert werden! Trotz allem muß man sich damit befassen.

Wenn man sich einmal an die Arbeit macht, dann ist es eine so enorme Arbeit! Aber was tun?

8. August 1958

Seltsam, Dinge, die man in seinem Bewußtsein begriffen hat ... das Problem stellt sich von neuem in den Körperzellen.

Zweierlei ist in den Zellen: der Körper ist überzeugt von der göttlichen Gegenwart, überall, daß alles das Göttliche ist – darin lebt er; aber gleichzeitig scheut er vor bestimmten Berührungen zurück! Heute morgen sah ich beides zugleich und sagte mir: „Herr, ich weiß überhaupt nichts!"

Hier *(über dem Kopf)* wurde alles gelöst, ich könnte euch ganze Bücher darüber schreiben, wie man dies oder jenes löst, wie man die Synthese bildet, usw., aber hier *(im Körper)* ... Hier lebe ich die Synthese stolpernd, die beiden koexistieren, aber es ist nicht DAS *(nach oben gerichtete Geste der vereinten Hände).*

(Schweigen)

Es stellen sich Probleme! Kann zum Beispiel die supramentale Kraft in den Zellen, die supramentale Verwirklichung, bei einer Pest- oder Choleraepidemie die Störung beheben, die die Seuche zuließ? Ich spreche nicht von einem Individuum – individuell kann man, wenn man ein bestimmtes Bewußtsein hat, nicht berührt werden –, das meine ich nicht, ich meine unpersönlich.

Wir wissen nichts. Wir glauben zu wissen, aber sobald es um das geht *(den Körper)*, wissen wir nichts. Sobald man das Subtilphysische erreicht, weiß man alles, lebt in der Glückseligkeit, aber hier wissen wir überhaupt nichts.

9. August 1958

Wenn sich die menschliche Liebe unvermengt zeigte, wäre sie allmächtig. Unglücklicherweise enthält die menschliche Liebe ebensoviel SELBSTLIEBE wie Liebe für den anderen; es ist keine Liebe, in der ihr euch selbst vergeßt.

Die Götter der Puranas waren selbstverständlich noch viel schlimmer als die Menschen, das kam in dem Film neulich zum Ausdruck[1]

---

1. *Anusuya:* Frau des Rishi Atri und mit großer innerer Kraft begabt. In der Abwesenheit ihres Mannes kamen drei Götter (Brahma, Vishnu und Maheshwar) als

(die Geschichte ist übrigens vollkommen wahr). Die Götter des Übermentals sind unendlich viel egozentrischer, und für sie zählt einzig ihre Macht, das Ausmaß ihrer Macht. Der Mensch hat ihnen voraus, daß er ein psychisches Wesen besitzt und folglich die wahre Liebe und das Mitgefühl hat – darin liegt seine Überlegenheit über die Götter. Das kam in dem Film sehr deutlich zum Ausdruck, und es ist sehr wahr.

Die Götter haben keine Fehler, denn sie leben entsprechend ihrer eigenen Natur, spontan und ohne Zwang; das ist ihre göttliche Art. Stellt man sich aber auf einen höheren Standpunkt, schaut mit einer höheren Sicht, einer Sicht des Ganzen, so besitzen sie weniger Begabungen als der Mensch. In diesem Film wurde bewiesen, daß die Menschen durch ihre Fähigkeit zur Liebe und Selbsthingabe ebenso mächtig sein können wie die Götter, sogar noch mächtiger, aus diesem Grund – wenn sie nicht egoistisch sind, wenn es ihnen gelingt, ihren Egoismus zu überwinden.

Der Mensch steht dem Höchsten gewiß näher als die Götter. Wenn er die erforderlichen Bedingungen erfüllt, kann er näher sein – er ist es nicht automatisch, aber er kann es sein, er hat die Macht, die Möglichkeit, es zu sein.

12. August 1958

(Brief von Mutter an Satprem, der auf Reisen ist)

12.8.58

Mein liebes Kind,
Hinter allen Erscheinungen und den verschiedenen Wesenheiten bin ich stets zugegen in Deiner Nähe, und meine Liebe umgibt Dich.
Ich habe die Arbeit beiseite gelegt und wäre froh, sie nach Deiner Rückkehr mit Dir zu erledigen.

Brahmanen verkleidet und baten sie um Nahrung; dann weigerten sie sich zu essen, wenn Anusuya sie nicht nackt bedienen würde. Nachdem sie Brahmanen waren, konnte Anusuya sie nicht fortschicken, ohne ihnen zu essen zu geben; deshalb verwandelte sie die drei durch ihre innere Kraft in Babies und bediente sie dann nackt. (Der Film wurde am 5. August 1958 auf dem Ashramsportplatz gezeigt.)

Mein Segen verläßt Dich nie.
Mutter

29. August 1958

(Mutter schrieb die folgende Notiz nach einer Erfahrung, die sie während einer Meditation auf dem Sportplatz hatte, an der Swami J.J. teilnahm. Mit diesem Swami war Satprem in den Himalaja gereist, um die tantrische Initiation zu erhalten:)

Das Mantra, das jedem der Erinnerungsstücke vom Himalaja aufgeprägt ist, trägt eine starke Evokationskraft der Höchsten Mutter.[1]

In der Meditation am Donnerstag abend erschien er als der „Guru der tantrischen Initiation", vergrößert saß er auf einer symbolischen Darstellung der Kräfte und Reichtümer der materiellen Natur (zu meiner Linken, in der Mitte des Sportplatzes) und legte etwas in meine Hände, das genügend materiell war, daß ich die physischen Schwingungen davon spüren konnte, und das eine große Macht der Verwirklichung besaß. Es glich einer Art leuchtender und stark schwingender Kugel, die ich während der ganzen Meditation in den Händen hielt.

S, die mir gegenüber saß, fragte mich hinterher spontan, was ich während der Meditation in den Händen gehalten habe, und sie beschrieb es so: „Es war rund, sehr weich und leuchtete wie der Mond."

---

1. Der Swami hatte verschiedene „Erinnerungsstücke" vom Himalaja zurückgebracht und Mutter geschenkt.

30. August 1958

*(Mutter erzählt in Anwesenheit von Pavitra und Abhay Singh
eine Vision, die sie gerade hatte:)*

Es war genau 4 Uhr morgens, als es mich weckte ... Ich schien in meinem Badezimmer zu sein und mußte die Tür öffnen, die vom Badezimmer zu Sri Aurobindos Zimmer führt. In dem Augenblick, als ich die Hand auf die Türklinke legte, wußte ich mit Gewißheit, daß mich auf der anderen Seite die Vernichtung erwartete. Das hatte die Form, das Bild, der großen Angreifer, die Indien eroberten und natürlich alles auf ihrem Weg zerstörten ... Aber das war nur ein Eindruck.

Die Tür mußte also geöffnet werden, und ich ... fühlte und sagte: „Herr, möge Dein Wille geschehen." Ich öffnete die Tür, und hinter der Tür stand Z[1], in der Kleidung, die er normalerweise trägt, wenn er fährt, und er hielt oder stützte sich gleichzeitig auf einen dieser großen Traktorreifen. Ich war so bestürzt, daß ich aufwachte. Ich brauchte einige Zeit, bis ich verstand, was das bedeuten könnte ... Auch jetzt, weiß ich nicht ... Was war ich? War ich Indien, oder war ich die Welt?... Ich weiß es nicht. Und was stellte Z dar?... Es war so zwingend und klar, definitiv und absolut wie nur möglich: die Gewißheit, daß hinter der Tür die Vernichtung wartete, unabwendbar. Und es nahm die Form der großen Angreifer, der Tartaren, der Mongolen, die Indien vom Norden überfielen und alles zerstörten ... Es hatte diese Form. Aber was Z damit zu tun hat, weiß ich nicht. Was repräsentierte er?... Mein erster Impuls war, Abhay Singh zu sagen: „Verbiete ihm, den Traktor zu fahren."

(Pavitra:) Was hielt er in der Hand, Mutter?

Riesige Reifen ... Er stand aufrecht, dort, mit sehr erhabener Miene. Mit seinem weißen Overall, diesem langen „Schlafanzug"...

(Abhay Singh:) Gestern fuhr er den Kleinbus mit den Besuchern.

Hat der so große Reifen?

(Pavitra:) Etwas größer als die Reifen eines Jeeps.

Nein, dieser reichte bis hier *(Kopfhöhe)*. Es glich fast einem Traktorreifen, aber ohne das dicke Profil eines Traktorreifens.

(Abhay Singh:) Es gibt auch Traktorreifen, die kein dickes Profil haben.

---

1. Ein junger indischer Schüler, der in der Werkstatt arbeitet.

Ah! Dann ... Er stand aufrecht, und der Reifen reichte bis hier *(gleiche Geste)*. Dann muß es ein Traktorreifen gewesen sein.

Was kann das bedeuten, er und der Traktor? Ich weiß es nicht ... Es war nichts Persönliches, ich will sagen, es hatte nichts mit diesem Körper zu tun.

(Pavitra:) Die Industrialisierung von Indien?

(Schweigen)

Vielleicht.

September 1958

(Fragment einer Unterhaltung über die Übersetzung von Sri Aurobindos Aphorismus: „... Wissen ist soviel von der Wahrheit, als das Mental tastend in einem entstellten Medium erfassen kann; Weisheit, was das Auge der göttlichen Vision im Geist sieht." Mutter vergleicht die Wahrheit mit rein weißem Licht und setzt dann fort:)

... Aber dieses Weiß besteht ja aus allen Farben. So nimmst du eine Sache wahr, aber anstatt sie Weiß zu sehen, entgehen einige Farben deiner Wahrnehmung gänzlich: du siehst Rot, Grün, Gelb, Blau oder etwas anderes, jedoch nicht das Weiß, weil einige Farben fehlen. Das ist ein sehr gutes Bildnis. Das entstellte Medium kann nicht alles wahrnehmen, sondern nur teilweise erkennen – aber nicht teilweise die Teile eines vollkommenen Ganzen: ein Bestandteil einer Mischung, deren Gesamtheit ihm entgeht, weil das Medium ungeeignet ist, die Gesamtheit zu manifestieren oder auszudrücken oder auch nur zu erkennen.

Das Bildnis der Farben ist sehr zutreffend.

Die Wahrheit ist ein wiederhergestelltes weißes Licht, weil sie alles enthält, was ist. Das Medium eurer Sicht ist ungeeignet, alle Elemente oder alle Farben zu manifestieren – und man darf wohl sagen, daß die besten verloren gehen. Anstatt ein weißes Licht zu sehen, sieht man eine Sammlung von Farben des Objekts, von dem sie stammen.

Sri Aurobindo drückte es *absichtlich* so vage wie möglich aus: „soviel von der Wahrheit ... als das Mental erfassen kann." Es muß so vage wie möglich ausgedrückt werden: jede Präzision ist entstellend. Ich suchte eine ganze Stunde lang, ohne etwas zu finden. Ich sagte: „Autant de la vérité … que le mental peut saisir." „Autant" ist nicht sehr elegant und kein gutes Französisch, aber ich glaube es ist das einzige, was keine Entstellung bedeutet (außer du hast einen besseren Vorschlag). Was du sagst, ist jedenfalls unannehmbar; du kannst nicht sagen „der Teil oder Anteil der Wahrheit", es ist kein Anteil, überhaupt nicht.

Dann müssen wir sagen: „Das Wissen ist das, was das Mental in einem entstellten Medium von der Wahrheit erfassen kann…"

(Mutter willigt ein)

16. September 1958

Ich wünsche mir sehr, ein „wahres Mantra" zu haben.

Ich habe einen ganzen Vorrat von Mantras, die alle spontan kamen, niemals aus dem Kopf. Sie entsprangen spontan, wie man sagt, die Veda sei gekommen.

Ich weiß nicht mehr, wann das anfing; vor sehr langer Zeit, bevor ich hierher kam. Manche kamen hier. Aber meine Mantras waren immer sehr kurz. Zum Beispiel als Sri Aurobindo noch hier in seinem Körper war, egal wann, bei irgendeiner Schwierigkeit, irgendeinem Problem, kam es immer spontan: „My Lord!" einfach und spontan – „My Lord!" Und das stellte augenblicklich den inneren Kontakt her. Seit er gegangen ist, hat das aufgehört. Ich kann es nicht mehr sagen; das wäre, als sagte ich „My Lord, my Lord!" zu mir selbst.

Bevor ich nach Pondicherry kam, hatte ich ein Mantra auf Französisch: *Dieu de bonté et de miséricorde* [„Gott der Güte und der Barmherzigkeit"] … Die Leute verstehen nicht, was das bedeutet – es ist ein ganzes Programm, ein universelles Programm. Dieses Mantra wiederhole ich seit der Jahrhundertwende; es war das Mantra des Aufstiegs, der Verwirklichung. Jetzt kommt es nicht mehr in der gleichen Weise, sondern eher als Erinnerung. Es war absichtlich so gewählt: ich sagte immer *Dieu de bonté et de miséricorde*, weil ich da bereits verstand, daß alles das Göttliche ist, daß das Göttliche in allem ist und nur wir die Trennung zwischen göttlich und nicht-göttlich bilden.

Meine Erfahrung besagt, daß wir jeder individuell in Beziehung zu dem Aspekt des Göttlichen stehen, der nicht unbedingt am meisten unserer Natur entspricht, sondern der am dringendsten notwendig für unsere Entwicklung oder unsere Handlung ist. Für mich war es stets eine Frage der Handlung, denn für mich persönlich hatte jede Aspiration zur individuellen Weiterentwicklung ihre eigene Form, ihren eigenen, spontanen Ausdruck; deshalb benutzte ich keine festen Formulierungen. Aber sobald bei der Handlung das geringste Hindernis auftrat, entsprangen sie. Und erst sehr viel später merkte ich, daß sich das in einer bestimmten Form ausdrückte – ich wiederholte es, ohne die Formulierung zu kennen. Die Formulierung war: *Dieu de bonté et de miséricorde.* Es war als wollte ich alle Aspekte, die nicht diesem entsprachen, aus der Handlung entfernen. Das blieb ... mehr als zwanzig oder fünfundzwanzig Jahre meines Lebens. Spontan drückte es sich so aus.

Vor kurzem, als die Verbindung vollkommen physisch wurde, geschah es einmal, daß der gesamte Körper eine große Begeisterung verspürte, und ich merkte, daß sich spontan weitere Ausdrücke zu dem *Dieu de bonté et de miséricorde* hinzufügten. An dem Tag schrieb ich sie auf. Das sind keine Worte, sondern ein Hervorquellen von Bewußtseinszuständen.

> Herr, Gott der Güte und der Barmherzigkeit
> Herr, Gott der erhabenen Einheit
> Herr, Gott der Schönheit und der Harmonie
> Herr, Gott der Macht und der Verwirklichung
> Herr, Gott der Liebe und des Mitgefühls
> Herr, Gott des Schweigens und der Beschaulichkeit
> Herr, Gott des Lichts und des Wissens
> Herr, Gott des Lebens und der Unsterblichkeit
> Herr, Gott der Jugend und des Fortschritts
> Herr, Gott der Fülle und der Vielfältigkeit
> Herr, Gott der Kraft und der Gesundheit.

Die Worte kamen später, wurden den Bewußtseinszuständen sozusagen als Etiketten aufgesteckt, überlagerten sie. Manche der Verbindungen kommen einem unerwartet vor, aber sie sind der genaue Ausdruck der Bewußtseinszustände, in der Reihenfolge ihres Auftretens. Sie kamen einer nach dem anderen, als wollte die Verbindung immer vollständiger werden. Der letzte kam wie der Triumph. Als ich sie alle aufgeschrieben hatte (aufgeschrieben wirkt das natürlich alles ziemlich banal), lebte der Elan noch innerlich fort und ich hatte das Gefühl einer alles erobernden Wahrheit. Dem entsprang ein letztes Mantra:

> Herr, Gott der siegreichen Wahrheit!

Wie ein Triumph. Aber dieses Mantra schrieb ich nicht, weil ich das Gefühl nicht verderben wollte.

Diese Dinge dürfen natürlich nicht veröffentlicht werden. Wir können sie in die „Agenda der Supramentalen Manifestation" einreihen, für später. Später, wenn der Sieg errungen wurde, können wir sagen: „Wollt ihr die Kurve sehen ...?"

Was wird jetzt kommen? Ich höre die ganze Zeit das Sanskrit Mantra:

Om namo Bhagavate[1]

Es ist hier, überall um mich herum anwesend; es ergreift alle Zellen, und augenblicklich erheben sie sich in einen Aufstieg. Auch das Mantra von Narada:

Narayana, Narayana ...

(das ist auch ein Befehl, es bedeutet: jetzt tust Du, was ich will), aber es kommt nicht vom Herzen.

Was wird als nächstes kommen?

Nein, es wird auf einmal hervorquellen, und es wird sehr mächtig sein. Nur die Macht kann etwas ausrichten. Die Liebe verliert sich wie im Sand: die Leute bleiben in ihrer Verzückung ... und nichts rührt sich! Nein, es erfordert Macht, man muß wie Shiva handeln: rühren, schlagen ...

Wenn ich das Mantra habe, werde ich das sagen, anstatt Guten Tag und Auf Wiedersehen. Wenn ich Guten Tag oder Auf Wiedersehen sage, bedeutet das „Guten Tag, die Gegenwart ist hier, das Licht ist hier. Auf Wiedersehen, ich gehe nicht fort, ich bleibe hier."

Aber ich glaube, wenn ich das Mantra habe, wird etwas geschehen.

(Schweigen)

Bis jetzt bleibt von allen Formulierungen und Mantras das, was am direktesten auf den Körper wirkt und alle Zellen einnimmt und sie sofort ergreift *(schwingende Geste)*, das Sanskrit Mantra: OM NAMO BHAGAVATE.

Sobald ich mich zu einer Meditation setze, sobald ich eine Minute ruhig bin oder mich konzentriere, setzt sofort dieses Mantra ein, und es erweckt eine Antwort im Körper, in den Zellen des Körpers: sie beginnen alle zu schwingen.

Das kam so: Y war gerade zurückgekehrt und brachte mir eine Kiste voller Dinge, die er mir alle zeigte. Seine Erregung erzeugte viele

---

1. Gesprochen: Ohm namo Bhagavatee.

kleine gedrängte Wellen, die mir Kopfschmerzen gaben – jedenfalls war es sehr unangenehm. Als ich zur Meditation hinauskam, war das gerade geschehen, deshalb setzte ich mich hin und tat dies *(Geste der Klärung)*, damit das aufhört, da begann augenblicklich das Mantra.

Es stieg von hier auf *(Solar plexus):* Om Namo Bhagavate, OM NAMO BHAGAVATE, OM NAMO BHAGAVATE. Ungeheuer. Während der ganzen Viertelstunde der Meditation: es erfüllte alles mit Licht! In den tiefen Noten war es von einem bronzenen Gold (auf Höhe der Kehle war es fast rot) und in den Höhen glich es einem opalweißen Licht: OM NAMO BHAGAVATE, OM NAMO BHAGAVATE, OM NAMO BHAGAVATE.

Neulich (das war oben in meinem Badezimmer) kam es und ergriff den gesamten Körper. Es stieg auf: alle Zellen bebten. Und mit einer Macht! Ich unterbrach alle Tätigkeiten und ließ es sich entwickeln; die Schwingung wurde immer stärker, immer weiter, als der Ton zunahm. Alle Körperzellen wurden in eine Intensität der Aspiration gezogen … als würde der ganze Körper sich ausdehnen – ungeheuer. Mein Eindruck war, alles würde bersten.

Da verstand ich jene, die sich von allem zurückziehen, um ausschließlich das zu leben.

Und es besitzt eine solche transformative Macht! Der Eindruck, wenn ich das fortsetzte, würde etwas geschehen, ein gewisses Gleichgewicht der Körperzellen würde sich verändern.

Leider konnte ich die Erfahrung nicht fortsetzen, weil ich keine Zeit hatte: es war kurz vor dem Darshan, ich wäre zu spät gekommen. Etwas in mir sagte: „Das ist für Leute, die nichts zu tun haben." Da mußte ich sagen: „Ich gehöre meiner Arbeit." Und ich zog mich langsam zurück, bremste. Die Wirkung wurde unterbrochen. Aber es bleibt, daß jederzeit, wenn ich dieses Mantra wiederhole … alles zu schwingen beginnt.

Folglich muß jeder das finden, was für ihn individuell eine Wirkung besitzt. Ich spreche nur von der physischen Wirkung, denn mental, vital und in allen inneren Wesensbereichen nahm die Aspiration immer, jedesmal, ihre spontane Form an. Hier geht es nur um das Physische.

Das Physische scheint am offensten für etwas Wiederholtes zu sein. Wie zum Beispiel diese Musik, die wir Sonntags spielen, in der drei Reihen von Mantras vorkommen. Das erste ist das Mantra von Chandi; es ist der universellen Mutter gewidmet:

Ya devi sarvabhuteshu matrirupena sansthita
Ya devi sarvabhuteshu shaktirupena sansthita
Ya devi sarvabhuteshu shantirupena sansthita

Namastasyai namastasyai namastasyai namo namah.

Das zweite wendet sich an Sri Aurobindo (und ich glaube, sie haben meinen Namen ans Ende gesetzt), es enthält das Mantra, von dem ich eben sprach:

> *Om namo namah shrimirambikayai*
> *Om namo bhagavate shriaravindaya*
> *Om namo namah shrimirambikayai.*

Und das dritte gilt Sri Aurobindo: „Du bist meine Zuflucht."

Shriaravindah sharanam mama.

Jedesmal wenn diese Musik ertönt, hat es genau denselben Effekt auf den Körper. Etwas seltsames: als weiteten sich alle Zellen, der Eindruck, daß der Körper größer wird ... Alles weitet sich, als fülle er sich mit Licht – mit Kraft, großer Kraft. Und diese Musik bildet Spiralen, als wäre es leuchtender Weihrauch, weiß (nicht durchsichtig: wirklich weiß), der höher und höher steigt. Jedesmal sehe ich dasselbe: es beginnt in der Form einer Vase, dann weitet es sich wie eine Amphore, und schließlich sammelt es sich höher oben, um sich wie eine Blüte zu entfalten.

Bei diesen Mantras hängt es wirklich davon ab, was man sucht. Ich bin für ein kurzes Mantra, besonders wenn man eine sehr häufige, aber dennoch spontane Wiederholung erreichen will – ein, zwei, höchstens drei Worte. Denn man muß es jederzeit benutzen können, zum Beispiel bei einem Unfall. Es muß hervorquellen, ohne daran zu denken, ohne es zu rufen: daß es dem Wesen spontan entspringt, wie ein Reflex, genau wie ein Reflex. Dann erhält das Mantra seinen vollen Wert.

Bei mir persönlich werden an Tagen ohne besondere Sorgen oder Schwierigkeiten (an „normalen" Tagen, wo ich „normal" bin) alle Handlungen, alle Bewegungen, alle Worte, alle Gesten von diesem Mantra begleitet und wie unterstützt oder hinterlegt:

Om namo Bhagavate ... Om namo Bhagavate ...

Die ganze Zeit, die ganze Zeit, die ganze Zeit.

Das ist der normale Zustand. Und es erzeugt eine Atmosphäre von beinahe größerer materieller Intensität als das Subtilphysische; es ist ... fast wie die Ausstrahlung eines Mediums. Es hat eine große Wirkung: das kann einen Unfall abwenden. Und das begleitet mich die ganze Zeit, die ganze Zeit.

Jetzt mußt du herausfinden, was du damit anfangen kannst.

Es ist, um die Aspiration aufrecht zu erhalten – sich zu erinnern. Man fällt so leicht ins Vergessen. Um eine Art Automatismus zu erreichen.

Du hast kein Mantra, das von dir selbst gekommen ist, das dir einen lebendigeren Eindruck gibt?... Ihre Mantras sind lang?

Ihre Mantras sind lang und er [der Swami] hat mir kein Mantra der Mutter gegeben ... Es gibt welche, aber er hat sie mir nicht gegeben ... Ich weiß nicht, das alles hat keine große Wirkung auf mich, es ist etwas sehr Mentales.

Genau deshalb muß es in dir selbst entstehen.

(Schweigen)

Dieses Mantra, OM NAMO BHAGAVATE, kam mir nach einer bestimmten Zeit, weil ich mir sagte ... ich sah, ich suchte ein Mantra, das mein eigenes wäre, das heißt eines, das in Einklang mit dem steht, was dieser Körper auf der Welt zu vollbringen hat. Und in dem Augenblick kam dieses Mantra.[1] Es war wirklich die Antwort auf eine empfundene Notwendigkeit. Wenn du also eine Notwendigkeit verspürst – nicht hier, im Kopf, sondern hier *(Herzzentrum),* dann wird es kommen. Eines Tages wirst du entweder die Worte hören, oder sie entspringen deinem Herz ... Das mußt du dann bewahren.

19. September 1958

Eines hat die moderne Welt gänzlich verloren: das Gefühl des Heiligen.

Seit meiner Kindheit verbringe ich die Zeit damit, mich in Schleier zu hüllen: Schleier über Schleier über Schleier, damit man mich nicht sieht. Denn mich zu sehen, ohne die nötige Einstellung zu haben, ist

---

1. Als Addendum an die Agenda von 1959 veröffentlichen wir die verschiedenen Mantras und Gebete, die Mutter unter dem Titel *Gebete des Bewußtseins der Zellen* sammelte.

die große Sünde. Nun, „Sünde" im Sinne von Sri Aurobindos Auffassung: Dinge, die nicht mehr an ihrem rechten Platz sind.

---

1. Oktober 1958

(Über eine Erfahrung, die Mutter während der Mittwochsklasse auf dem Sportplatz hatte)

Es war so stark, so stark, daß es wirklich unaussprechlich war. Die negative Erfahrung, kein Individuum mehr zu sein, also die Auflösung des Egos, die habe ich schon seit langem und häufig: das Ego verschwindet gänzlich. Doch hier war es die positive Erfahrung, nicht nur das Universum in seiner Gesamtheit zu sein, sondern etwas anderes, das sich nicht beschreiben ließ, das aber völlig konkret war! Unaussprechlich[1] – und dennoch absolut konkret: die Göttliche Person jenseits des Unpersönlichen.

Die Erfahrung dauerte einige Minuten. Und alles, was wir sagen können, ist idiotisch. Aber ich war da, und ich mußte sprechen ...

---

4. Oktober 1958

Erreichen dich alle unsere Schwingungen, oder müssen sie eine besondere Intensität haben?

Um mich aus meiner Konzentration oder Tätigkeit zu ziehen, erfordert es etwas ziemlich Starkes. Aber wenn ich wüßte, wann du deine Konzentration oder deine Pudja machst, könnte ich mich darauf einstellen, und dann würde ich mehr erfahren; ansonsten ist mein inneres Leben zu ... Ich bin innerlich überhaupt nicht passiv, ich bin sehr aktiv, deshalb empfange ich eure Schwingungen meistens nicht,

---

1. Später fügte Mutter hinzu: „Denn ich sage nicht alles: in diesem Zustand herrscht ein Unwillen, sich auszudrücken!"

außer sie setzen sich besonders kräftig durch oder ich entscheide im voraus, für das, was von dieser oder jener Person kommt, empfänglich zu sein. Wenn ich weiß, daß zu einer bestimmten Zeit etwas geschehen wird, dann ist es, als öffnete ich eine Tür. Diese Dinge sind schwer zu erklären.

Zum Beispiel als du verreist warst,[1] hatte ich eine besondere Konzentration gemacht, damit alles gut gehe und dir nichts Unangenehmes zustößt; ich hatte sogar um eine besondere konstante Hilfe für dich gebeten und eine Formation gebildet. Und jeden Tag erneute ich meine Konzentration. Aus diesem Grund merkte ich, daß du mich regelmäßig riefst. Ich sah dich jeden Tag, jeden Tag, mit einer sehr beständigen Genauigkeit, es drängte sich mir auf, aber nur weil ich anfangs eine Formation gebildet hatte, um dir zu folgen.

Für die Leute hier im Ashram ist meine Arbeit nicht dieselbe. Da ist es eine überall gleichmäßig verbreitete Atmosphäre – eine sehr bewußte Atmosphäre –, die ich auf jeden einwirken lasse, entsprechend seinen Bedürfnissen. Ich verübe keine spezielle Tätigkeit für jeden einzelnen, außer etwas verlangt meine besondere Aufmerksamkeit. Als du verreist warst und ich mich auf dich einstellte, sah ich dein Bild sehr deutlich, es kam und präsentierte sich mir, als würdest du mich ansehen, doch jetzt, wo du wieder hier bist, sehe ich das nicht mehr. Jetzt habe ich eher ein Gefühl oder einen Eindruck; und weil diese Gefühle und Eindrücke unzählig sind, ist es eher eine Sache unter vielen anderen: es zwingt sich nicht absolut deutlich auf und zeigt sich mir nicht auf die gleiche Weise, wie dein genaues Bild, als wolltest du etwas erfahren.

Sobald ich alleine bin, gehe ich in eine sehr tiefe Konzentration, eine Art Bewußtseinszustand, eine universelle Aktivität. (Ist es tief? Ist es...) Es steht jenseits aller mentalen Bereiche, weit darüber hinaus, und das ist beständig. Sobald ich alleine bin oder mich irgendwo ausruhe, kommt das.

Neulich befand ich mich in diesem Zustand von Konzentration, als ich die Vision hatte, die ich dir erzählte. Ich fühlte etwas ziehen, etwas zog und wollte meine Aufmerksamkeit wecken. Ich fühlte es sehr deutlich. Also öffnete ich die Augen, die Augen des Mentals (die physischen Augen mögen offen oder geschlossen sein, das hat keinerlei Bedeutung – wenn ich mich konzentriere existieren die physischen Dinge nicht mehr), aber da öffnete ich willentlich die Augen des Mentals, weil ich dort etwas spürte und fühlte, daß ich gezogen wurde, und da hatte ich diese Vision. Jemand lenkte meine Aufmerksamkeit auf sich, um

---

1. Als Satprem Sannyasin wurde und mit dem Tantra-Swami in den Himalaja reiste.

mir etwas zu sagen. Um das tun zu können, muß man wirklich sehr mächtig sein, über eine große Konzentrationskraft verfügen, denn hier und anderswo gibt es gewiß eine Vielzahl von Leuten, die es versuchen, ohne daß ich etwas merke.[1]

Äußerlich, praktisch, geschieht es, daß ich plötzlich an jemanden denke, dann weiß ich, daß diese Person mich ruft oder an mich denkt. Als du verreist warst, hatte ich eine besondere Verbindung hergestellt, damit ich es jederzeit augenblicklich erfahre, wenn du mich aus irgendeinem Grund riefst; deshalb wußte ich es und paßte auf. Aber das geschieht nur in Ausnahmefällen. Im allgemeinen, wenn ich keine besondere Verbindung bilde, kommt und kommt und kommt es, und die Antwort geht automatisch zurück, hier, dort, dort – Hunderte Dinge, die ich nicht im Gedächtnis bewahre, denn das wäre ja fürchterlich. Diese Dinge behalte ich nicht im Bewußtsein, diese Arbeit geschieht automatisch.

Als du mich dann fragtest, ob X an mich denkt, untersuchte ich meine Atmosphäre und sah, daß es wahr ist, daß sogar viele Male jeden Tag der Gedanke von X vorbeistrich. Deshalb weiß ich, daß er sich besonders auf mich konzentriert: es geht durch mich hindurch, und ich antworte automatisch. Aber ich richte keine besondere Aufmerksamkeit auf X, außer du stellst mir eine Frage über ihn, dann stelle ich eine besondere Verbindung her und beobachte, und ich sehe, daß es wahr ist. Bei dieser Vision neulich war es jedoch etwas, daß sich mir aufzwang: ich befand mich in einem völlig anderen Bereich, in meiner inneren Andacht, in meiner Konzentration – einer sehr intensiven Konzentration – und es zwang mich, mit diesem Wesen in Verbindung zu treten, das in der Vision erschien. Offensichtlich war es ein sehr mächtiges Wesen. Und nachdem er mir sagte, was er mir mitteilen wollte, verschwand er auf sehr eigenartige Weise, überhaupt nicht plötzlich, wie die meisten Leute erscheinen und verschwinden. Als ich ihn zuerst sah, hatte er eine lebendige Form – das Wesen selbst war zugegen –, dann beim Weggehen, wahrscheinlich um die Wirkung festzustellen, um zu sehen, ob er sich verständlich gemacht hatte, hinterließ er etwas wie ein Bildnis seiner selbst. Dann verwischte sich dieses Bildnis und es blieb nur eine Silhouette, der äußere Umriß, schließlich verschwand er ganz und nur der Eindruck blieb zurück. Das war das letzte. So behielt ich den Eindruck und untersuchte ihn,

---

1. Es war der verstorbene Tantra-Guru des (lebenden) Gurus X., der Satprem die Initiation gab. Er erschien in einem dunkelblauen Licht und „erzwang" sich Mutters Aufmerksamkeit, um ihr bestimmte Dinge zu sagen.

um herauszufinden, worum es genau ging; alles wurde eingeordnet, dann war es vorbei, ich kehrte zurück zu meiner Konzentration.

Für die Arbeit trage ich willentlich alle in meinem aktiven Bewußtsein, und diese Arbeit tue ich bewußt; aber inwieweit die Menschen, oder jene hier im Ashram, sich dessen bewußt sind oder die Auswirkungen davon empfangen, hängt von ihnen ab ... jedoch nicht ausschließlich.

Zum Beispiel neulich, ich erinnere mich nicht genau, wann (ich vergesse alles absichtlich), jedenfalls im letzten Teil der Nacht, erlebte ich eine ziemlich lange Tätigkeit über die ganze Verwirklichung des Ashrams, vor allem auf dem erzieherischen und künstlerischen Gebiet. Ich führte eine Art Inspektion auf dem Gebiet aus, um zu sehen, wie die Dinge laufen. Dabei sah ich natürlich eine Anzahl von Leuten, ihre Arbeit, ihren inneren Zustand. Manche sahen mich und hatten in diesem Augenblick eine Vision von mir. Viele schliefen wahrscheinlich und merkten nichts, aber manche sahen mich. Und am nächsten Morgen sagte mir eine von denen, die im Theater arbeiten, daß sie eine wunderbare Vision von mir hatte, daß ich mit ihr gesprochen und sie gesegnet hatte, usw. Auf diese Art hatte sie meine Arbeit empfangen. Und das geschieht immer häufiger, diese Tätigkeit erweckt das Bewußtsein der anderen immer stärker.

Die Aufnahme ist natürlich stets unvollständig oder teils verändert: wenn es das Individuum durchdringt, schrumpft es, wird etwas Persönliches. Aber es ist unmöglich, daß jeder ein genügend weites Bewußtsein hat, um die Sache in ihrer Gesamtheit sehen zu können.

Du sagst, unsere Art, deine Arbeit aufzunehmen oder sich ihrer bewußt zu sein, hängt „nicht ausschließlich" von uns ab. Was meinst du damit?

Das hängt vom Fortschritt des Bewußtseins ab. Je mehr die Aktion supramentalisiert wird, um so mehr wird die Empfänglichkeit jedem Bewußtsein AUFGEZWUNGEN. Der Fortschritt in der Aktion macht sie zunehmend erkenntlicher, TROTZ dem Zustand des einzelnen. Offensichtlich beschränkt und verändert – und entstellt – die Gesamtheit das, was sie empfängt, aber die Beschaffenheit der Arbeit beeinflußt die Empfänglichkeit, setzt sich immer wirksamer durch ... man könnte sagen, immer entschiedener.

Es gibt eine Wechselwirkung zwischen dem individuellen und dem kollektiven Fortschritt, zwischen dem Arbeitenden und dem Bearbeiteten. Das geht so *(verzahnt)*. Je mehr der eine vorankommt, um so weiter geht auch der andere. Aber der Fortschritt oben beschleunigt nicht nur den Fortschritt unten, sondern bringt die beiden näher zueinander – verändert die Entfernung in der Beziehung. Das heißt, die Entfernung bleibt nicht konstant, der Fortschritt hier und der Fortschritt oben vollzieht sich nicht immer mit derselben Geschwindigkeit.

Der Fortschritt oben folgt einer bestimmten Kurve, manchmal nimmt die Entfernung zu, manchmal verringert sie sich (insgesamt bleibt sie ungefähr gleich), aber ich habe den Eindruck, die Empfänglichkeit der Gesamtheit wird zunehmen, je mehr die Aktion supramentalisiert wird. Die Notwendigkeit individueller Empfänglichkeit, mit all ihren Entstellungen, Veränderungen, Begrenzungen, wird an Gewicht verlieren, wenn der supramentale Einfluß seine Macht durchsetzt. Der Einfluß wird sich in solcher Weise durchsetzen, daß er nicht mehr den Unzulänglichkeiten des Empfängers unterliegt.

*
* *

(Wenig später, über die Erfahrung vom 1. Oktober: die Göttliche Person jenseits des Unpersönlichen)

Vorher hatte ich stets die negative Erfahrung der Auflösung des Egos, der Einheit der Schöpfung: alles Trennende verschwand. Diese Erfahrung nenne ich jedenfalls negativ. Letzten Mittwoch, während ich sprach (und das ist der Grund, warum ich am Ende die Worte nicht mehr finden konnte), war es plötzlich, als hätte ich diese negative Sache verlassen und die positive Erfahrung betreten: die Erfahrung, der Höchste Herr ZU SEIN, daß nichts existiert außer dem Höchsten Herrn – alles ist der Höchste Herr, es gibt nichts anderes. Und das Gefühl dieser unendlichen Macht, die keine Grenzen kennt, die nichts einschränken kann, war in diesem Augenblick so ungeheuer, daß alle Körperfunktionen, das heißt der mentale Apparat, der die Worte bringt, all das war … Ich konnte nicht mehr Französisch sprechen. Vielleicht hätte ich meine Worte auf Englisch finden können – wahrscheinlich, denn Sri Aurobindo fiel es leichter, sich auf Englisch auszudrücken, und so muß es gewesen sein: der Teil, der sich in Sri Aurobindo verkörpert hatte, machte die Erfahrung (der Teil des Höchsten, der in Sri Aurobindo verkörpert war, um sich zu manifestieren); dieser Teil kehrte zurück zum Ursprung und führte zu dieser Erfahrung, das merkte ich deutlich. Und aus diesem Grund wäre die Übersetzung in englische Worte wahrscheinlich leichter gewesen als auf Französisch (denn das Sprechen ist in solchen Augenblicken eine völlig mechanische Tätigkeit, wie eine Art Maschine, die selbständig weiterläuft). Und die Erfahrung hat natürlich etwas hinterlassen. Sie hinterließ etwas wie das Gefühl einer uneingeschränkten Macht. Gestern abend war sie da.

Die Schwierigkeit – es ist nicht einmal eine Schwierigkeit, sondern nur eine Art vorbeugende Maßnahme (die auch automatisch ist), um … Zum Beispiel war die Stärke der Kraft, die durch die Stimme ausgedrückt werden sollte, zu groß für das Stimmorgan. Deshalb muß man gerade ein wenig aufpassen, das heißt, es bedarf einer Art Filter in der äußerlichsten Expression, sonst hätte sich die Stimme gebrochen. Aber das geschieht nicht durch den Willen und den Verstand: es ist etwas Automatisches. Doch man spürt, daß … die Fähigkeit der Materie mit ungeheurer Geschwindigkeit wächst: die Fähigkeit zu enthalten und auszudrücken. Das geschieht natürlich allmählich, es kann nicht augenblicklich getan werden. Es gab stets Beispiele von Leuten, deren äußere Form zerbrach, weil es zu stark kam – da sehe ich deutlich, daß es dosiert kommt. Die Verantwortung dafür liegt ausschließlich beim höchsten Herrn, ich kümmere mich nicht darum – das geht mich nichts an und ich kümmere mich nicht darum –, Er regelt das. Deshalb kommt es graduell, nach und nach, damit kein grundlegender Gleichgewichtsbruch eintritt. Man bekommt den Eindruck, der Kopf wächst so ungeheuer, daß er platzen wird! Dann, in einem Augenblick der Unbewegtheit, paßt es sich an; nach und nach paßt es sich an.

Man muß aufpassen, daß man das „Gefühl des Nicht-Manifesten" genügend gegenwärtig behält, damit den Dingen – den Elementen, den Zellen und all dem – die Zeit bleibt, sich anzupassen. Das Gefühl des Nicht-Manifesten soll besagen, sich in das Nicht-Manifeste zurückziehen zu können.[1] Das taten ja all jene, die Erfahrungen hatten: sie glaubten immer, es gäbe keine Möglichkeit der Anpassung; deshalb ließen sie ihren Körper zurück und gingen weg.

*
* *

(Am Ende des Gesprächs, über das Geld:)

Das Geld gehört demjenigen, der es ausgibt, das ist eine unbedingte Regel. Ihr könnt das Geld anhäufen, aber es gehört euch erst in dem Augenblick, wo ihr es ausgebt. Dann habt ihr das Verdienst, den Ruhm, die Freude, das Vergnügen, es auszugeben!

Das Geld wurde geschaffen, um zu fließen. Bestehen bleiben muß die fortschreitende Bewegung des Wachstums der irdischen Produktivität – diese immer stärker zunehmende Bewegung, das Wachstum der irdischen Produktivität und der Fortschritt der irdischen Existenz. Der materielle Fortschritt des irdischen Lebens und das Wachstum

---

1. Die Unermeßlichkeit jenseits der kosmischen Schöpfung oder Manifestation, als festes Fundament, an dem alles andere abprallen kann.

der irdischen Produktivität müssen verstärkt werden, zunehmen, nicht aber dieses leblose Stück Papier oder Metall, das angehäuft wird und nicht lebt.

Das Geld darf nicht Geld erzeugen: das Geld muß ein Wachstum der Produktivität erzeugen, eine Verbesserung der Lebensbedingungen und einen menschlichen Fortschritt des Bewußtseins. Dazu muß es benutzt werden. Was wir Verbesserung des Bewußtseins, Fortschritt des Bewußtseins nennen, besteht in all dem, was die Bildung in all ihren Formen bieten kann – nicht so, wie sie allgemein verstanden wird, sondern so, wie wir sie hier verstehen: Bildung in Kunst, Bildung in … von der körperlichen Bildung, dem materiellsten Fortschritt bis zur spirituellen Bildung im Fortschritt des Yoga; die ganze Gamme, alles, was die Menschheit zu ihrer zukünftigen Verwirklichung führt. Das soll das Geld vermehren, und die materielle Grundlage für den Fortschritt der Erde, die bestmögliche Verwendung für die Güter der Erde – die intelligente Verwendung, keine verschwenderische Ausnutzung, die ihre Kräfte verliert. Eine Verwendung, die eine Erneuerung der Energien ermöglicht.

Es gibt im Universum eine unerschöpfliche Quelle von Energien, die nichts anderes wünschen, als sich zu erneuern; wenn ihr es versteht, die Dinge richtig durchzuführen, dann erneuern sie sich. Anstatt das Leben und die Energie eurer Erde auszusaugen und etwas Vertrocknetes und Lebloses aus ihr zu machen, müßt ihr die nötigen Schritte unternehmen, damit die Energien sich erneuern, ständig. Das sind keine bloßen Worte: ich weiß, wie es getan werden muß, und die Wissenschaft ist dabei, es vollkommen zu entdecken – sie entdeckt es in bewundernswerter Weise. Doch anstatt sich dessen zu bedienen, um die menschlichen Leidenschaften zu erfüllen, anstatt die Erfindungen der Wissenschaft zu benutzen, damit die Menschen sich gegenseitig ein wenig besser als bisher zerstören können, muß man es einsetzen, um die Erde reicher zu machen: die Erde bereichern, die Erde immer reicher, aktiver, großzügiger, produktiver zu machen und das gesamte Leben zu seiner höchstmöglichen Wirksamkeit wachsen zu lassen. Dazu dient das Geld. Und wenn es nicht so verwendet wird, dann ist es eine Sünde – ein „Kurzschluß" und eine Sünde.

Wieviele aber verstehen es, das Geld so zu nützen? Sehr wenige, und deshalb muß man es ihnen beibringen. Was ich beibringen nenne, heißt zeigen, ein Beispiel geben. Wir möchten ein Beispiel für das wahre Leben in der Welt sein. Diese Herausforderung stelle ich allen großen Finanzmännern: ich sagen ihnen, daß sie dabei sind, die Erde mit ihrem idiotischen System auszudörren und zu ruinieren, und daß sie sogar mit weniger, als sie jetzt für unnütze Dinge ausgeben

– hauptsächlich um etwas aufzublähen, das kein eigenes Leben besitzt, das nur ein Instrument für das Leben sein sollte, das keine eigene Wirklichkeit besitzt, das nur ein Mittel und kein Zweck ist (sie machen einen Zweck aus dem Mittel) –, anstatt einen Zweck daraus zu machen, müssen sie es als Mittel nehmen, und mit dem, was sie haben, könnten sie die Erde so schnell verwandeln! Sie verwandeln und wirklich mit den supramentalen Kräften in Verbindung bringen, die das Leben großzügig machen, ständig erneuern, anstatt es auszutrocknen, auf der Stelle zu treten, in sich zusammenzuschrumpfen – ein zukünftiger Mond zu werden. Ein toter Mond.

Man sagt, in einigen Milliarden von Milliarden Jahren wird die Erde eine Art Mond geworden sein. Die entgegengesetzte Bewegung muß eintreten, daß die Erde immer mehr wie eine prachtvolle Sonne wird, aber eine Sonne des Lebens. Keine Sonne, die verbrennt … Eine Sonne, die leuchtet – eine strahlende Pracht.

Ohne Datum 1958

Über die Finanzen[1]

Das Geld ist eine Kraft und sollte kein *individueller Besitz* sein; nicht mehr als die Luft, das Wasser oder das Feuer.

Als erstes: Auflösung der Erbschaft.

*
* *

Die Finanzmacht ist die Materialisierung einer vitalen Kraft, die sich in eine der größten Handlungskräfte verwandelt: die Macht anzuziehen, anzuschaffen und zu verwenden.

Wie alle anderen Kräfte muß sie in den Dienst des Göttlichen gestellt werden.

---

1. Handgeschriebene Notizen von Mutter. Sie gab auch den Titel.

6. Oktober 1958

Wenn ich nicht in meinem Körper bin, habe ich die verschiedensten Kontakte mit den Leuten, Kontakte in unterschiedlichen Kategorien. Und es wird nicht im voraus entschieden, geschieht nicht willentlich, wird nicht einmal gedacht: es wird einfach ... zur Kenntnis genommen.

Manche Beziehungen sind völlig in mir, vollkommen. Und das ist keine Beziehung zwischen Individuen: eine Beziehung zwischen Seinszuständen; das heißt, mit einem gegebenen Individuum kann es viele verschiedene Beziehungen geben. Wäre es ein einziger Block ... aber ich bin nicht sicher, ob es auch nur eine Person gibt, mit der die Beziehung global ist.

So sind manche Teile vollkommen in meinem Inneren – vollkommen, es gibt keinen Unterschied: es ist ich. Mit anderen Teilen ist man sich eines Austauschs bewußt – ein sehr bekannter, naher Austausch. Dann gibt es Teile außerhalb von mir, mit denen ich noch eine Beziehung habe, nicht ganz wie mit einem Fremden, aber wie mit einem Bekannten; es ist jedenfalls noch erforderlich, ihre Reaktionen zu beobachten, um das Richtige zu tun. Und der Anteil dieser verschiedenen Aspekte wechselt natürlich, je nach den verschiedenen Individuen.

*
* *

(Satprem beschwert sich über seine Probleme)

Schwierigkeiten werden uns ausschließlich dazu gegeben, unsere Verwirklichung vollkommener zu gestalten.

Jedesmal wenn wir etwas verwirklichen wollen und uns ein Widerstand oder ein Hindernis, oder sogar eine Niederlage begegnet (etwas, was uns als Niederlage erscheint), gilt es zu wissen, NIE zu vergessen, daß es ausschließlich, absolut dazu dient, die Verwirklichung vollkommener zu gestalten.

Deshalb ist die Gewohnheit, sich erdrückt, entmutigt oder auch unwohl zu fühlen, oder sich selbst zu beschuldigen, sich zu sagen: „Schon wieder begehe ich einen Fehler ..." – all das ist völliger Unsinn.

Sagt euch einfach: „Wir selber verstehen es nicht, die Dinge so zu tun, wie sie getan werden müssen; aber sie werden für uns getan, komme was mag!" Könnten wir nur erkennen, wie sehr das, was uns als, ja, als Schwierigkeit, Fehler, Versagen, Hindernis erscheint, wie sehr all das nur geschieht, um uns zu helfen, damit die Verwirklichung vollkommener wird.

Sobald man das weiß, wird alles leicht.

10. Oktober 1958

*(Satprem fragt Mutter, was er zu tun habe und was sein Platz in
der universellen Manifestation ist)*

In allen religiösen und besonders in den okkulten Initiationen wird
das Ritual der verschiedenen Zeremonien in allen Einzelheiten vorge-
schrieben: jedes ausgesprochene Wort, jede Geste trägt eine besondere
Bedeutung, und der geringste Verstoß gegen die Regeln, der geringste
Fehler kann zu verhängnisvollen Folgen führen. Im materiellen Leben
gilt dasselbe. Wenn wir die Initiation in die wahre Art zu leben besä-
ßen, könnten wir das physische Dasein transformieren.

Betrachtet man den Körper als das Tabernakel des Herrn, so wird
beispielsweise die Medizin zum initiatorischen Ritus des Dienstes für
den Tempel, und die Ärzte aller Bereiche sind die ausführenden Priester der verschiedenen Riten des Kultes. So wird die Medizin wirklich
ein heiliges Amt und muß als solches behandelt werden.

Dasselbe gilt auch für die Körperkultur und alle Wissenschaften,
die sich mit dem Körper und seinen Abläufen beschäftigen. Betrachtet
man das Universum als die äußere Hülle und die Manifestation des
Höchsten, dann können alle physikalischen Wissenschaften als Ritual
des Kultes angesehen werden.

Alles führt wirklich zu einem Punkt: die unbedingte Notwendigkeit
einer vollkommenen Aufrichtigkeit, einer vollkommenen Ehrlichkeit
und dem Gefühl der Würde dessen, was man tut, damit man es richtig
tut.

Könnten wir wirklich alle Einzelheiten der Zeremonie des Lebens,
des Kults des Herrn im physischen Leben vollkommen kennen, wäre
es wunderbar. Zu wissen, und keine Fehler mehr begehen, nie mehr
einen Fehler begehen. Man führt die Zeremonie mit der Vollkommenheit einer Initiation aus.

Und um das Leben von Grund auf zu kennen … Da gibt es eine sehr interessante Einzelheit! Seltsamerweise führt dieses Wissen zurück zu meinen Sutras[1] (die niemand verstand, oder nur „ungefähr" verstand):

> Der höchste Herr bestimmt unverrückbar deine Stellung im universellen Konzert, doch was auch immer diese Stellung sein mag, du hast dasselbe Recht wie alle anderen, die höchsten Gipfel bis zur supramentalen Verwirklichung zu erklimmen.

Die Stellung in der universellen Hierarchie ist unverrückbar – das ewige Gesetz –, aber die Entwicklung in der Manifestation ist ein Lernvorgang, progressiv und vollzieht sich im Inneren des Wesens. Das Interessante ist dabei, daß man, um ein vollkommenes Wesen zu sein, diese Stellung, welche sie auch sei, die seit allen Zeiten vorbestimmt ist, die Teil der Ewigen Wahrheit ist, mit der größtmöglichen Perfektion der evolutionären Entwicklung manifestieren muß. Diese Verbindung und Vereinigung der beiden Teile – der ewigen Stellung und der evolutionären Verwirklichung –, wird ein vollständiges und vollkommenes Wesen bilden, die Manifestation, wie der Herr sie von Anfang an haben wollte, seit aller Ewigkeit (das heißt, überhaupt kein Anfang!).

Und um den Kreis zu vervollständigen, darf man unterwegs auf keiner Ebene stehen bleiben, weder auf der höchsten spirituellen Ebene noch auf einer der Materie sehr nahen Ebene (wie zum Beispiel die okkulte, im Vital). Man muß bis in die Materie dringen, die Perfektion der Manifestation muß eine materielle Perfektion sein, sonst ist der Kreis nicht vollendet. Das erklärt auch den Fehler all jener, die fliehen wollen, um den Göttlichen Willen auszuführen. Genau das Gegenteil muß getan werden! Die beiden müssen in vollkommener Weise zusammengefügt werden. Deshalb sind alle aufrichtigen Wissenschaften, jene, die aufrichtig, ehrlich, ausschließlich mit dem Willen zu wissen ausgeführt werden, solch schwierige Wege – aber auch so sichere Wege zur vollkommenen Verwirklichung.

Daraus entstehen sehr interessante Dinge. (Was ich jetzt sage ist sehr persönlich und darf deshalb nicht verwendet werden, aber du kannst es trotzdem aufheben:)

Zwei Aspekte bestehen parallel, die vom ewigen und höchsten Standpunkt gleichermaßen wichtig sind, in dem Sinn, daß beide gleichermaßen unerläßlich sind, um die Verwirklichung wirklich zur Verwirklichung zu machen.

---

1. Siehe *Agenda* 1957, S. 117.

Einerseits das, was Sri Aurobindo – der als Avatar das höchste Bewußtsein und den höchsten Willen auf der Erde darstellte – erklärte, daß ich sei, und zwar die universelle höchste Mutter. Und auf der anderen Seite das, was ich durch die integrale Sadhana in meinem Körper verwirkliche. Ich könnte auch die höchste Mutter sein, ohne eine Sadhana auszuüben, und in der Tat, solange Sri Aurobindo in seinem Körper war, führte er die Sadhana aus; mir kamen die Ergebnisse zugute; die Ergebnisse wirkten sich automatisch auf mein äußeres Wesen aus, aber er tat die Arbeit, nicht ich: ich war nur der Zwischenträger, der seine Sadhana auf die Welt übertrug. Erst nachdem er seinen Körper verließ, wurde ich gezwungen, die Sadhana selber fortzusetzen; nicht nur wie zuvor seine Sadhana auf die Welt zu übertragen, sondern sie selber auszuführen. Als er ging, übertrug er mir die Verantwortung für das, was er in seinem Körper tat, ich mußte es jetzt tun. Es bestehen also diese beiden Aspekte, und mal überwiegt der eine, mal der andere (ich meine nicht aufeinanderfolgend in der Zeit, sondern ... das geht um Augenblicke), und sie versuchen, sich zu einer vollständigen und vollkommenen Verwirklichung zu vereinen: das unsägliche, unbewegte Ewige Bewußtsein der Vollzieherin des Allerhöchsten, und das Bewußtsein des Sadhak im integralen Yoga, der in seiner aufsteigenden Bemühung einen wachsenden Fortschritt anstrebt.

Zu diesen beiden Teilen fügte sich dann die Entwicklung und Initiation der supramentalen Verwirklichung; sie ist (jetzt verstehe ich das) die vollkommene Vereinigung dessen, was von oben kommt, und dessen, was von unten kommt, das heißt der ewigen Stellung und der evolutionären Verwirklichung.

Das wird so amüsant wie das Schauspiel des Lebens überhaupt ... Je nach ihrer Natur, ihrer Stellung, ihrer besonderen Beschäftigung und weil die Menschen sehr beschränkt, sehr partiell, unfähig zu einer umfassenden Sicht sind, haben die einen den Glauben – weil sie Vertrauen haben oder weil die Gnade ihnen eine Vision der Ewigen Mutter gab und sie diese Beziehung zur ewigen Mutter haben –, während andere, die selber in die Sadhana vertieft sind und das entwickelte Bewußtsein eines Sadhaks besitzen, eine Beziehung zu mir haben wie zu einer „verwirklichten Seele", wie sie es nennen. Letztere sehen mich als den Prototyp des Gurus, der einen neuen Weg lehrt, während erstere nicht diese Sadhak-Guru Beziehung haben (ich nenne die beiden Extremfälle, natürlich gibt es auch alle Zwischenstufen), sie stehen ausschließlich in Beziehung zur ewigen Mutter und erwarten in der Einfachheit ihres Herzens, daß sie alles für sie tut. Wären sie in dieser Haltung vollkommen, würde die ewige Mutter auch alles für sie tun – sie tut es in der Tat, aber weil sie unvollkommen sind, können sie es nicht zur Gänze empfangen. Diese zwei Wege sind sehr verschieden, die zwei Beziehungen sind sehr verschieden; und weil wir nach dem Gesetz der externen Dinge alle in einem materiellen Körper leben, herrscht eine Art irritiertes (beinahe irritiertes) Unverständnis zwischen den Anhängern der zwei Wege: jenen, die (unbewußt und ohne es zu wollen) das Verhältnis von Kind zu Mutter haben, und jenen in der anderen Beziehung von Sadhak zu Guru. Das ergibt ein ganzes Spiel von einer unendlichen Vielfalt.

Und das alles steht im Wandel, auf dem Wege zur Verwirklichung, in fortschreitender Bewegung; und wenn man das Ende nicht erkennen kann, versteht man folglich überhaupt nichts. Man lebt in Verwirrung. Erst wenn man das Ende erkennt, die letztendliche Verwirklichung, erst wenn man *das* BERÜHRT hat, dann versteht man alles, dann wird es so klar und so einfach, wie es nur sein kann. In der Zwischenzeit sind meine Beziehungen zu den verschiedenen Leuten sehr amüsant, wirklich wundersam!

Dabei halten jene mit der „äußerlicheren" Beziehung (obwohl sie es nicht ist), der Beziehung des Yoga, der Sadhana, die anderen für aberglaubig; und die anderen, die den Glauben oder die Erkenntnis oder die Gnade haben zu begreifen, was Sri Aurobindo ausdrücken wollte (vielleicht sogar bevor sie wissen, daß er es sagte, auf alle Fälle aber danach), die halten die ersteren für ungläubig und unwissend! Dann gibt es noch alle nur denkbaren Zwischenstufen, es ist wirklich lustig!

Das öffnet weite Horizonte; versteht man das, hält man den Schlüssel – den Schlüssel zu einer Vielzahl von Fragen: die verschiedenen Stellungen der verschiedenen Heiligen, die unterschiedlichen Verwirklichungen und … Das löst alle Ungereimtheiten der irdischen Manifestation.

Nimm zum Beispiel die Frage der Macht – *die* Macht – über die Materie. Jene mit der Auffassung, ich sei die ewige universelle Mutter und Sri Aurobindo der Avatar, wundern sich, daß unsere Macht nicht absolut ist. Sie wundern sich, daß es uns nicht genügt zu sagen: „es ist so", damit es „so" sei. Der Grund liegt darin, daß für eine integrale Verwirklichung die Vereinigung beider Aspekte unerläßlich ist: der Macht, die von der ewigen Stellung herrührt, und der Macht der Sadhana in der evolutionären Entwicklung. Die Frage stellt sich gleichermaßen bei jenen, die sogar den Gipfel yogischen Wissens erreicht haben (ich denke zum Beispiel an den Swami): wie kommt es, daß sie auf die Hilfe von Wesenheiten wie Göttern und Halbgöttern angewiesen sind, um Dinge verwirklichen zu können? – Denn sie haben innerlich wirklich die Vereinigung mit den höheren Kräften und Wesen erreicht, aber es war nicht von jeher vorbestimmt, daß sie dieses Wesen seien. Sie wurden nicht als dieses oder jenes geboren: durch ihre Entwicklung vereinigten sie sich mit ihren eigenen latenten Möglichkeiten. Jeder trägt das Ewige in sich, aber man kann Es nur berühren, wenn man die vollkommene Vereinigung des latenten Ewigen mit dem ewigen Ewigen erreicht.

Auf diese Weise erklärt sich alles, alles, alles: wie es vonstatten geht, wie es in der Welt abläuft.[1] Ich sagte: mir fehlen die Kräfte, mir fehlen die Kräfte! Vor einigen Tagen überlegte ich: „Aber ich WEISS doch, *wer* hier ist, wie kommt es…? Oberhalb von hier *(Geste über dem Kopf),* allmächtig, nichts kann widerstehen – aber darunter … gelingt es nicht." Deshalb sagen jene, die den Glauben haben, einen unwissenden aber wahren Glauben (er mag unwissend sein, ist aber wahr): „Wie! Sie haben keine Macht? Sie!?" Weil die Sadhana noch nicht vollendet ist.

Der Herr wird sein Universum erst besitzen, wenn das Universum bewußt der Herr geworden ist.

17. Oktober 1958

(Mutter liest die Fortsetzung der ersten sieben Sutras, die sie wahrscheinlich 1957 schrieb. SieheS. 117)

Es sind zwei Gruppen.

Die erste endet mit dem Wiederauffischen jener, die falsch gewählt haben(!):

7) Doch selbst in dem Fall, daß du anfangs nicht die unwiderrufliche Wahl getroffen hast, wenn du das Glück hast, in einer dieser unvorstellbaren Zeiten der universellen Geschichte zu leben, in denen die Gnade zugegen ist, auf der Erde verkörpert, dann gibt sie dir in manchen außergewöhnlichen Augenblicken die Möglichkeit, erneut die endgültige Wahl zu treffen, die dich direkt ans Ziel bringt.

---

1. Mutter fügte hinzu: „Ich übergehe den besten Teil der Erfahrung… Wenn ich es zu präzise formulieren will, verflüchtigt sich die ganze Unermeßlichkeit der Erfahrung. Die gesamte Welt mit allen Einzelheiten ihres Aufbaus offenbart sich – aber *alles* auf einmal; wie willst du das erklären? Es ist unmöglich."

Das ist die Botschaft der Hoffnung.
Dann geht es weiter *(Mutter liest:)*

8) Jede Trennung im Wesen ist eine Unaufrichtigkeit.

9) Die größte aller Unaufrichtigkeiten ist, eine Kluft zwischen seinem Körper und der Wahrheit seines Wesens aufzutun.

10) Wenn eine Kluft das wahre Wesen vom physischen Wesen trennt, füllt die Natur sie augenblicklich mit allen gegnerischen Suggestionen; die gefährlichste darunter ist die Angst und die schädlichste der Zweifel.

Das hatte ich geschrieben, bevor ich Sri Aurobindos Aphorismus über die „Wächter der Natur"[1] zu lesen bekam. Das fand ich sehr interessant, ich dachte: sieh! genau was ich empfunden hatte.
Hier ist noch einer (es ist aber nicht der letzte):

11) Nichts, nirgendwo zu erlauben, die Wahrheit des Wesens zu leugnen, das ist die Aufrichtigkeit.

22. Oktober 1958

(Botschaft von Mutter)

Sieg bedeutet: die endgültige Befreiung des auf der Erde verkörperten Bewußtseins von den Ketten der Unwissenheit. Das mußte über Zeitalter hinweg durch eine spirituelle Evolution vorbereitet werden. Natürlich bestand die Arbeit bis jetzt in einer Vorbereitung, deren Ergebnis die lange spirituelle Anstrengung und Erfahrung der Vergangenheit war. Sie

---

1. „Erblickten die Menschen auch nur einen Schimmer der unendlichen Freuden, perfekten Kräfte, leuchtenden Unermeßlichkeit spontanen Wissens, ruhigen Weiten des Wesens, die uns in den Bereichen erwarten, die unsere tierische Evolution noch nicht erobert hat, würden sie alles hinter sich lassen und nicht ruhen, bis sie diese Schätze erringen. Doch der Pfad ist schmal, die Tore sind schwer aufzustoßen, und Angst, Mißtrauen und Skepsis stehen im Weg, Wächter der Natur, um unsere Abkehr von ihren gewöhnlichen Gefielden zu verbieten." (Cent. Ed. XVII, 79)

hat ein Stadium erreicht, wo die entscheidende Anstrengung möglich geworden ist.

Sri Aurobindo

25. Oktober 1958

(Über Satprems Tantra-Guru)

Wenn X. seine Pudja macht, erkenne ich stets deutlich die besondere Form der Mutter, die er invokiert: ich sehe sie herabkommen.

Jeder steht in Beziehung mit dem universellen Ausdruck eines bestimmten Aspekts oder Willens oder Modus des Höchsten, und wenn sich die Aspiration darauf richtet, ist es auch das, was kommt, mit einer außerordentlichen Flexibilität. Und in dem Moment werde ich sogar der Zeuge (nicht der Zeuge im Sinne der Purusha[1]: ein viel … unendlicher und ewiger Zeuge als die Purusha). Ich sehe das, was antwortet, warum es antwortet, wie es antwortet. Und auf diese Weise weiß ich, was die Leute wollen (aber nicht hier unten, nicht einmal in ihrer höchsten Aspiration). Ich sehe es sogar, wenn die Leute selber nicht mehr bewußt sind – noch nicht bewußt, um genau zu sein (für mich ist es „nicht mehr", aber das macht nichts!), sich noch nicht irgendwo dieser Identifikation bewußt geworden sind. So sehe ich es.

Interessant.

Doch diese Leute machen die Pudjas all dieser Kräfte und Gottheiten, aber das ist nicht … nicht die Höchste Wahrheit. Das, was Sri Aurobindo wahren *surrender* nannte, die Hingabe an den Höchsten, stellt eine viel höhere Wahrheit dar als die, nur auf sich selbst zu zählen.

Das ist es auch, was immer die Komplikationen und Konflikte herbeiführt. Ich wunderte mich stets, daß die Atmosphäre des Ashrams sich mit Konflikten füllte, wenn er hier ist – der Grund liegt darin.[2]

---

1. *Purusha:* das Wesen oder Ich, welches das Werden (*Prakriti*) betrachtet und unterstützt.
2. Die okkulte Atmosphäre der tantrischen Pudjas wendet sich an Kräfte, die nicht in Einklang mit der völlig anderen Atmosphäre und der völlig anderen Einstellung des supramentalen Yogas stehen.

Wie kommt es, daß die Leute sich dieser Identifikation nicht
bewußt sind, die sie dennoch in einem Teil ihres Wesens haben?

Verstehst du, zwischen dem äußeren Bewußtsein und dem tiefsten Bewußtsein bestehen richtiggehende Löcher – fehlende „Verbindungsstücke" von Seinszuständen, die gebildet werden müssen und die sie nicht herzustellen wissen. Da ist ihr erster Eindruck, wenn sie dort hineinkommen, eine Panik! Sie glauben in die Nacht zu fallen, ins Nichts, ins Nicht-Sein!

Ich hatte einen dänischen Freund, ein Maler, der so reagierte. Er wollte, daß ich ihm beibringe, seinen Körper zu verlassen; er hatte interessante Träume und meinte es wäre wertvoll, bewußt dorthin zu gehen. Also half ich ihm „hinauszugehen" – aber es wurde eine Schreckenserfahrung!... Wenn er träumte, blieb wohl ein Teil seines Mentals bewußt, aktiv, und es bestand eine Art Verbindung zwischen diesem aktiven Teil und seinem äußeren Wesen, so erinnerte er sich an gewisse seiner Träume, aber es war nur ein sehr partielles Phänomen. Seinen Körper zu verlassen, bedeutet, nach und nach ALLE Seinszustände zu durchschreiten, wenn man es systematisch tut. Aber bereits beim Subtilphysischen war es fast nicht mehr individualisiert, und sobald er ein wenig weiter ging, gab es gar nichts mehr! Es hatte sich noch nicht gebildet, es existierte nicht.

So setzen sie sich hin (man sagt ihnen, sich zu verinnerlichen, in sich selbst zu dringen), und dann verspüren sie eine Bedrängnis! – Natürlich, denn sie haben den Eindruck, daß sie ... verschwinden: es gibt nichts mehr! Sie haben dort kein Bewußtsein!

2. November 1958

Gestern abend dachte ich mir: „Teufel nochmal! Wenn es nötig ist ... Individuell, mit dem einen oder anderen, wenn man die Besten nimmt, kann man vielleicht etwas erreichen, aber mit dieser ... dieser Masse[1]." Der Swami hatte es mir gesagt – sofort nach der ersten Meditation[2] hatte er mir gesagt: *„The stuff is not good!"* [Die Substanz ist nicht gut!] *(Mutter lacht)*

---

1. Mutter meint das Ashram als Gemeinschaft.
2. Während der gemeinsamen Meditation auf dem Ashram-Sportplatz.

Ich widersprach ihm nicht.

Diese ganze Gesamtheit bildet eine kollektive Entität, und darin verliert sich das Individuum. Hätte ich es individuell mit diesem oder jenem zu tun, wäre das anders. Aber alle gemeinsam, wenn man sie alle gemeinsam als Kollektiv nimmt, dann ist es nicht brillant.

4. November 1958

*(Bezüglich der Agenda vom 9. August 1958
über die Götter der Puranas)*

Die Götter der Puranas sind unerbittlich, ihre Anerkennung gilt einzig der Macht, und sie haben nichts von der wahren Liebe, Barmherzigkeit, tiefliegenden Güte, die das Göttliche in das menschliche Bewußtsein legte – was psychisch all die äußeren Mängel aufwiegt. Sie haben nichts davon, sie haben kein Psychisches. Die puranischen Götter besitzen kein Psychisches. Folglich handeln sie einzig entsprechend ihrer Macht. Das einzige, was sie bremst, ist, wenn ihre Macht nicht allmächtig ist, das ist alles.

Aber was stellt Anusuya dar?[1]

Sie ist das Portrait der idealen Frau in der hinduistischen Konzeption: sie verehrt ihren Mann wie einen Gott, das heißt, sie sieht in ihrem Mann den Allerhöchsten. Und diese Frau ist gerade deshalb viel mächtiger als alle die Götter der Puranas, weil sie diese psychische Fähigkeit der vollkommenen Selbsthingabe besitzt; ihr Glaube in die Gegenwart des Allerhöchsten in ihrem Mann gibt ihr eine sehr viel größere Macht als die aller Götter.

Die Geschichte in dem Film lautete folgendermaßen: Narada, gemäß seiner Gewohnheit, amüsierte sich. (Narada ist ein Halbgott von göttlichem Rang, das heißt, er kann nach Belieben mit den Menschen und mit den Göttern kommunizieren, und er dient als Zwischengänger, aber er amüsiert sich gerne!) Er stritt sich gerade mit einer der Göttinnen, ich weiß nicht mehr, welche … ja, der Streit war mit Saraswati[2].

---

1. In einem Film vom 5. August.
2. Saraswati: Aspekt des Wissens der göttlichen Mutter.

Saraswati sagte ihm, Wissen sei viel bedeutsamer als Liebe (viel bedeutsamer im Sinne, daß es viel mächtiger als die Liebe sei), und er antwortete ihr: „Sie wissen nicht, wovon Sie reden! *(Mutter lacht)* Die Liebe ist viel mächtiger als das Wissen." Da forderte sie ihn heraus: „Gut, beweisen Sie es mir." – „Ich werde es beweisen." Und so begann die ganze Geschichte. Er verursachte ein riesiges Durcheinander auf der Erde, um seinen Beweis zu erbringen.

Es ist eine Geschichte für das Kino, aber nun, die Göttinnen, die drei Frauen des Trimurthi, das heißt die Frau von Brahma, die von Vishnu und die von Shiva verbündeten sich (!) und versuchten alles, um Narada zu widerlegen. Ich erinnere mich nicht mehr an die Einzelheiten der Geschichte … Ja, es beginnt so: eine der drei, ich glaube es war Parvati, die Frau von Shiva (sie war auch die schlimmste!), macht gerade ihre Pudja. Shiva ist in Meditation versunken und sie beginnt ihre Pudja vor Shiva. In der Pudja verwendet sie Öl-Lichter, und ein Öl-Licht fällt ihr auf den Fuß und verbrennt sie. Sie schreit auf, weil sie sich den Fuß verbrannt hat. Das stört Shiva plötzlich aus seiner Meditation und er sagt: „Was ist es, Devi?" *(Lachen)* Sie antwortet: „Ich habe mir den Fuß verbrannt." Worauf Narada sagt: „Schämen Sie sich nicht: Sie stören Shiva in seiner Meditation, nur weil Sie eine kleine Verbrennung am Fuß haben – die Ihnen nicht einmal weh tun kann, wo Sie doch unsterblich sind!" Sie wird wütend und erwidert: „Zeigen Sie mir, daß es anders sein kann." Narada erklärt: „Ich werde Ihnen zeigen, was es heißt, seinen Mann wirklich zu lieben, Sie verstehen überhaupt nichts davon!"

Dann beginnt die Geschichte von Anusuya und ihrem Mann (ihr Mann ist … ein sehr braver Mann, aber schließlich kein Gott!). Er ruht sich gerade aus, den Kopf auf dem Schoß seiner Frau. Sie haben gerade ihre Pudja gemacht (beide sind Anbeter von Shiva), und nach der Pudja schläft er, mit seinem Kopf auf Anusuyas Knien. Inzwischen sind die Götter auf die Erde herabgekommen, insbesondere diese Parvati, und sie sehen die beiden dort. Parvati ruft aus: „Das ist eine hervorragende Gelegenheit!" Nicht weit entfernt brennt ein Kochfeuer, und mit ihrer Macht versetzt sie das Feuer auf Anusuyas Füße – die ein bißchen zusammenzuckt, weil es ihr weh tut. Es fängt an zu brennen: kein Schrei, keine Regung, nichts … weil sie ihren Mann nicht aufwecken will. Aber sie beginnt Shiva zu invokieren (Shiva war zugegen). Und weil sie Shiva invokiert (die Geschichte ist wirklich schön), weil sie Shiva invokiert, fängt Shivas Fuß an zu brennen! *(Mutter lacht)* Narada zeigt das Parvati: „Schauen Sie nur, was Sie tun, Sie verbrennen Ihrem Mann den Fuß!" Da muß Parvati das Feuer wieder wegschicken.

So ging es.

Eine schöne Geschichte.

Oh, die ganze Geschichte war sehr schön! Eines nach dem anderen, eines nach dem anderen, und jedesmal war Anusuyas Macht größer als die der Götter. Mir gefiel die Geschichte sehr.

Das endete ... (oh, es ist eine lange Geschichte, der Film dauerte drei Stunden!) Aber die ganze Zeit war es schön. Schön, um zu zeigen, daß die Aufrichtigkeit der Liebe viel mächtiger ist als alles andere.

Ich will dir nicht alles erzählen, sonst nimmt es kein Ende, aber du siehst den Gedanken.

*
* *

(Kurz darauf kommt Satprem zurück auf die Agenda vom 9.8.58, wo Mutter sagt, „die Götter sind viel schlimmer als die Menschen".)

Du mußt dazusagen, daß es um die puranischen Götter geht, denn die Christen, zum Beispiel, verstehen nicht einmal, was das bedeuten kann. Sie haben eine vollkommen andere Vorstellung der Götter.

Auf die alte griechische Mythologie könnte es zutreffen.

Aber nicht nur. In vielen Fällen trifft das zu. Und wenn die Christen nicht verstehen, gibt es trotzdem viele andere, die es verstehen!

Jene, die ein wenig gelesen haben und etwas mehr kennen als nur ihre kleine Rille.

Es besteht eine gewisse Ähnlichkeit zwischen den Göttern der Puranas und den Göttern der griechischen oder ägyptischen Mythologie: die Götter der ägyptischen Mythologie sind schreckliche Wesen... Sie köpfen die Leute, zerreißen ihre Feinde!...

Die Griechen waren auch nicht gerade sanft!

In Europa, in der modernen westlichen Welt glauben die Leute, all diese Götter – die griechischen Götter und die „heidnischen" Götter, wie sie sie nennen – seien menschliche Einbildung, seien keine echten Wesen. Man muß wissen, daß es echte Wesen sind, um verstehen zu können. Darin liegt der Unterschied. Für sie sind diese Götter nur ein Produkt der menschlichen Einbildung und entsprechen keiner Wirklichkeit im Universum. Das ist ein grober Fehler.

Um den Mechanismus des universellen Lebens und sogar des irdischen Lebens verstehen zu können, muß man wissen, daß all diese Wesen in ihren eigenen Bereichen eine lebendige Existenz führen, eine unabhängige Wirklichkeit haben. Sie würden existieren, selbst wenn es die Menschen nicht gäbe! Die meisten dieser Götter existierten schon bevor es den Menschen gab.

Diese Wesen sind Teil der fortschreitenden Schöpfung des Universums und haben selber an der Entstehung teilgenommen, von den ätherischsten oder subtilsten Bereichen bis zu den materiellsten. Sie sind eine Herabkunft des göttlichen Schöpfungsgeistes, um den „Unfug", den die Asuras stifteten, zu reparieren. Die Erstentsandten brachten Durcheinander, Düsternis und Unbewußtheit, deshalb, sagt man, kam ein zweites „Geschlecht" von Schöpfern, um diesen Schaden zu beheben, und jene (die Götter) kamen nach und nach durch die verschiedenen Ebenen der Wirklichkeit herab – man kann nicht sagen, zunehmend dichter, weil sie nicht dichter sind, man kann nicht einmal sagen, immer materieller, denn die Materie, so wie wir sie kennen, gibt es auf diesen Ebenen nicht –, durch immer konkretere Substanzen.

Je nach der okkulten Schule, je nach der Tradition, erhielten alle diese Wirklichkeitsebenen, diese Wirklichkeitsbereiche, verschiedene Namen, wurden unterschiedlich eingestuft, aber eine grundlegende Analogie besteht, und wenn man diese Überlieferungen weit genug zurückverfolgt, variiert kaum mehr als das Vokabular, je nach Land und Sprache. Die Beschreibungen sind völlig analog. Und jene, die den entgegengesetzten Weg beschritten, also ein Mensch, der durch sein okkultes Wissen einen seiner „Körper" verlassen kann (auf Englisch nennt man sie *sheath*: Hülle), um in einen subtileren Körper zu gehen – um in einem subtileren Körper zu *handeln* –, und das zwölf Mal hintereinander (jeder Körper geht aus dem materielleren Körper hervor, der materiellere Körper bleibt auf der entsprechenden Ebene zurück und man verläßt ihn durch aufeinanderfolgende Exteriorisationen), was solche Menschen sahen, was sie durch ihren Aufstieg entdeckten und sahen – seien es die Okkultisten des Westens oder die des Orients –, sie geben alle nahezu analoge Beschreibungen. Sie verwenden unterschiedliche Worte, aber die Erfahrungen sind sehr ähnlich.

Da ist die ganze chaldäische Tradition, dann die vedische Tradition, und beiden ging gewiß eine ältere Tradition voraus, die sich in die beiden Zweige spaltete. Überall waren die okkulten Erfahrungen dieselben. Einzig die Beschreibung variierte je nach Land und Sprache. Die Schöpfungsgeschichte wird nicht von einem metaphysischen oder psychologischen Standpunkt erzählt, sondern aus einer objektiven Sicht, und diese Geschichte ist ebenso wirklich wie unsere Geschichtsschreibung der historischen Epochen. Gewiß ist sie nicht die einzige mögliche Anschauungsweise, aber sie ist mindestens ebenso berechtigt wie die anderen, und sie anerkennt jedenfalls die konkrete Existenz all dieser göttlichen Wesen. Aber auch heute noch zeigen die Erfahrungen der westlichen und der orientalischen Okkultisten große Ähnlichkeit. Einzig ihre Ausdrucksweise unterscheidet sich, doch die Handhabung der Kräfte ist dieselbe.

All dies lernte ich von Theon. Er war wahrscheinlich ... entweder Russe oder Pole, ein russischer oder polnischer Jude, er sagte es nie, auch nicht, was er wirklich war, wo er geboren wurde oder sein Alter, nichts.

Er hatte zwei Namen angenommen: einen arabischen Namen, als er nach Algerien flüchtete (den Grund kenne ich nicht), nachdem er mit Blavatsky eine okkulte Gesellschaft in Ägypten gegründet hatte. Danach kam er nach Algerien, und dort nannte er sich zuerst „Aïa Aziz" (der „Wohlgeliebte" auf Arabisch). Später, als er seine „Kosmische Revue" und seine „Kosmische Gruppe" gründete, nannte er sich Max Theon, also der höchste Gott, der größte Gott! Und keiner kannte ihn unter einem anderen Namen als diese beiden, Aïa Aziz oder Max Theon.

Seine Frau war Engländerin.

Er behauptete, seine Initiation in Indien erhalten zu haben (er verstand ein wenig Sanskrit und kannte die Rig Veda sehr genau), und er hatte irgendwie eine Überlieferung ausgearbeitet, die er die „Kosmische Überlieferung" nannte und die er angeblich – ich weiß nicht auf welche Weise – von einer der Kabbala und den Veden vorangegangenen Überlieferung erhalten hatte. Jedenfalls gab es viele Dinge darin (Madame Theon war die eigentliche Seherin, sie hatte die Visionen, sie war wirklich bewundernswert), vieles, was ich selber gesehen und erfahren hatte, bevor ich sie kennenlernte, das sich auf diese Weise bestätigte.

So bin ich persönlich überzeugt, daß es in der Tat eine ältere Überlieferung als die beiden anderen gab, die ein Wissen enthielt, das einem integralen Wissen sehr nahe kam. Und es besteht eine Ähnlichkeit der Erfahrungen. Als ich hierher kam und Sri Aurobindo über manche Dinge berichtete, die ich aus okkulter Sicht wußte, sagte er mir jedesmal, daß sie der vedischen Überlieferung entsprächen. Über manche okkulte Praktiken sagte er mir, daß sie ganz und gar tantrisch waren – und zu der Zeit wußte ich nicht das geringste über die Veden oder Tantra.

Folglich gab es also höchst wahrscheinlich eine ältere Überlieferung als die beiden anderen. Ich habe Erinnerungen (für mich ist das immer etwas Erlebtes), sehr deutliche, sehr genaue Erinnerungen an eine Zeit, die gewiß SEHR viel älter als die vedische Zeit und die Kabbala, die chaldäische Überlieferung ist.

216

Aber im Westen gibt es nur äußerst Wenige, die wissen, daß dies nicht einfach subjektiv und der Einbildung entsprungen ist (einer mehr oder weniger gestörten Einbildung), sondern einer universellen Wahrheit entspricht.

So ist jede dieser Regionen, jedes dieser Gebiete von Wesen bevölkert, die in ihrem Bereich existieren, und wenn ihr auf einer bestimmten Ebene wach und bewußt seid – zum Beispiel, wenn ihr euren Körper verlaßt und auf irgendeiner höheren Ebene erwacht –, habt ihr dieselben Beziehungen mit den Dingen und Leuten auf dieser Ebene wie mit den Dingen und Leuten der materiellen Welt: die Beziehungen sind ganz und gar objektiv und hängen in keiner Weise davon ab, was ihr über diese Dinge denkt. Natürlich ist die Ähnlichkeit um so größer, je mehr man sich der physischen, materiellen Welt nähert, und von einem bestimmten Punkt an hat ein Bereich sogar einen direkten Einfluß auf den anderen. Jedenfalls findet ihr in dem, was Sri Aurobindo die „Bereiche des Übermentals" nennt, eine konkrete Wirklichkeit, völlig unabhängig von eurer persönlichen Erfahrung: ihr kehrt wiederholt dorthin zurück und begegnet den gleichen Dingen, mit Unterschieden, die WÄHREND EURER ABWESENHEIT entstanden. Ihr habt dieselben Beziehungen mit den Wesen dort wie hier mit den physischen Wesen, mit dem einzigen Unterschied, daß sie plastischer, flexibler, direkter sind (zum Beispiel habt ihr dort die Fähigkeit, eure äußere, sichtbare Form entsprechend eures inneren Zustands zu verändern). Ihr könnt euch mit jemandem verabreden, und zur abgemachten Zeit trefft ihr dann dieses Wesen mit gewissen Veränderungen, die während eurer Abwesenheit geschahen: das ist ganz und gar konkret, mit ganz und gar konkreten Ergebnissen.

Man muß jedoch wenigstens einen kleinen Anfang dieser Erfahrungen selber haben, um diese Dinge verstehen zu können. Ansonsten, wenn man überzeugt ist, daß dies menschliche Einbildung oder mentale Gebilde sind, wenn man glaubt, die Götter haben diese oder jene Form, weil die Menschen sie sich so vorstellen, und diese oder jene Schwächen und Stärken, weil die Menschen sie sich so ausgedacht haben – all jene, die behaupten, Gott besteht als Abbild des Menschen und existiert nur als Gedanke der Menschen –, die werden nichts verstehen, das erscheint ihnen völlig lächerlich, als eine Verrücktheit. Man muß es ein wenig erlebt haben, das Thema ein wenig berührt haben, um zu wissen, wie sehr es eine konkrete Sache ist.

Kinder wissen natürlich vieles – wenn sie nicht verdorben werden. So viele Kinder kehren jede Nacht zum gleichen Ort zurück und fahren fort, ein Leben weiterzuleben, das sie dort begonnen haben. Werden diese Fähigkeiten nicht mit dem Alter verdorben, kann man sie in sich aufrechterhalten. Zur Zeit als ich mich besonders mit Träumen beschäftigte, konnte ich genau an denselben Ort zurückkehren und eine Arbeit fortsetzen, die ich begonnen hatte, einen Ort besuchen, etwas verrichten, eine Arbeit der Organisation oder Entdeckung, Erforschung: man geht zu einem bestimmten Ort, wie man es im Leben tut, dann ruht man sich aus, später kehrt man zurück und nimmt es wieder auf – nimmt die Handlung dort wieder auf, wo man sie gelassen hatte, und setzt sie fort. So erkennt man, daß es Dinge gibt, die vollkommen unabhängig von euch bestehen, Veränderungen, die ihr nicht verursacht habt und die während eurer Abwesenheit geschahen.

Aber für all das muß man diese Erfahrungen selber ERLEBEN, selber sehen, sie mit genügend Aufrichtigkeit erleben, um zu sehen (wenn man aufrichtig und unbefangen ist), daß sie unabhängig von der mentalen Formation bestehen. Denn man kann auch das Gegenstück dazu betrachten, eine detaillierte Untersuchen über die Auswirkungen der mentalen Formation auf die Geschehnisse anstellen – das ist auch sehr interessant. Aber das ist ein anderes Gebiet. Diese Untersuchung läßt euch sehr sorgfältig, sehr vorsichtig werden, denn man erkennt, wie leicht man sich selber Illusionen vorspiegeln kann. So muß man beides studieren, die mentale Formation und die okkulte Wirklichkeit, um ihren WESENTLICHEN Unterschied zu erkennen. Letztere existiert in sich, völlig unabhängig von eurem Denken, und die andere ...

Mir widerfuhr die Gnade, daß man mir all diese Erfahrungen gab, ohne daß ich IRGEND ETWAS darüber wußte – meine Gedanken waren vollkommen ... weiß. Es gab überhaupt nichts aktiv Entsprechendes in meinen Gedanken. Ich lernte die Dinge, die geschehen waren, und ihre Gesetzmäßigkeiten erst DANACH, als ich aus Neugierde Untersuchungen begann, um herauszufinden was dahinter lag. Dann lernte ich. Aber vorher wußte ich nichts. Damit hatte ich den Beweis, daß diese Dinge vollkommen unabhängig von meiner Einbildung oder meinen Gedanken existierten.

Das geschieht nicht sehr häufig in der Welt. Deshalb erscheinen diese Erfahrungen, die uns vollkommen natürlich und offensichtlich vorkommen, als die reinste Einbildung für Leute, die nichts darüber wissen.

Versucht das nach Frankreich, in den Westen zu bringen: außer ihr bewegt euch im okkulten Milieu, werden sie euch mit großen Augen ansehen ... und hinter eurem Rücken sagen: „Diese Leute spinnen"!

*
* *

(Später bittet Satprem Mutter um eine Erläuterung des „wesentlichen Unterschieds" zwischen der okkulten Wirklichkeit und der mentalen Formation)

Wenn man sich mit diesem Gebiet beschäftigt hat, merkt man in der Tat, daß es der Erfahrung eine besondere Färbung gibt, wenn man ein Thema studiert hat, etwas mental gelernt hat: die Erfahrung mag vollkommen spontan und aufrichtig sein, aber die einfache Tatsache, das Thema zu kennen und es studiert zu haben, gibt ihr eine besondere Färbung; hat man hingegen nichts über die Frage gelernt, weiß überhaupt nichts darüber, und kommt dann die Erfahrung, so ist die Aufzeichnung völlig spontan und aufrichtig; sie mag mehr oder weniger adäquat sein, aber sie ist nicht das Resultat einer vorherigen mentalen Formation.

Was in meinem Leben geschah, ist, daß ich die Dinge erst erfuhr und studierte, NACHDEM ich die Erfahrung hatte – WEGEN der Erfahrung, weil ich die Erfahrung verstehen wollte, studierte ich die entsprechenden Themen.

Bei Visionen der vergangenen Leben ist es dasselbe: ich wußte NICHTS, nicht einmal über die Möglichkeit früherer Leben, als ich die Erfahrungen hatte, und erst nach den Erfahrungen untersuchte ich die Frage und bestätigte zum Beispiel historische Tatbestände, die in meiner Vision geschehen waren und die ich zuvor nicht gekannt hatte.

*
* *

(Dann fragt Satprem nach Einzelheiten über das sukzessive Austreten von einem Körper in einen anderen subtileren)

Es gibt subtile Körper und subtile Welten, die diesen Körpern entsprechen; in der psychologischen Vorgangsweise werden sie „Bewußtseinszustände" genannt, aber diese Bewußtseinszustände entsprechen wirklich bestimmten Welten. Die okkulte Methode besteht darin, sich der verschiedenen inneren Seinszustände oder subtilen Körper bewußt zu werden und sie genügend zu beherrschen, um sie der Reihe nach auseinander hervorgehen zu lassen. Denn es gibt eine ganze Stufenleiter zunehmender oder abnehmender Subtilität (je nach der Richtung), und die okkulte Methode besteht darin, aus einem dichteren Körper einen subtileren hervortreten zu lassen, immer weiter, bis in die ätherischsten Bereiche. Durch aufeinanderfolgende Exteriorisationen dringt man in immer subtilere Körper oder Welten. Das ist ein wenig, als würde man jedesmal in eine andere Dimension übergehen.

Die vierte Dimension der Physiker ist ja auch nichts anderes als die wissenschaftliche Wiedergabe eines okkulten Wissens.

Um ein anderes Bild zu nehmen, ließe sich sagen, der physische Körper steht in der Mitte – er ist der materiellste und dichteste, und auch der kleinste – und die inneren, subtileren Körper reichen immer weiter über den zentralen physischen Körper hinaus: sie durchdringen ihn und erstrecken sich immer weiter, wie Wasser, das aus einer porösen Vase verdunstet und eine Art Nebel darum herum bildet. Und je höher die Subtilität, um so mehr nähert sich die Ausbreitung der des Universums: letztlich universalisiert man sich. Dieser Vorgang ist absolut konkret und gibt einem eine objektive Erfahrung der unsichtbaren Welten und erlaubt einem sogar, in diesen Welten zu handeln.

Ohne Datum 1958

Verläßt man seinen Körper während des Schlafes und ist man in der vitalen Welt bewußt, kann man ein ebenso bewußtes vitales Leben führen wie das physische Leben. Ich kannte Leute mit dieser Fähigkeit, die von ihren Erfahrungen in der vitalen Welt so fasziniert waren, daß sie nur widerwillig in ihren Körper zurückkehrten. Seid ihr in der vitalen Welt bewußt und Herr eurer selbst und besitzt dort eine gewisse Macht, dann sind die Bedingungen dort wunderbar, unendlich vielseitiger und schöner als in der physischen Welt.

Stell dir zum Beispiel vor, du bist sehr müde und brauchst Ruhe. Verstehst du es, deinen Körper zu verlassen, und dringst bewußt in die vitale Welt, könntest du dort eine Region wie einen wunderbaren Urwald finden, in dem die ganze Pracht einer reichen und harmonischen Vegetation versammelt ist, mit bezaubernden Wasserflächen und einer Atmosphäre so voll von der lebenden, schwingenden Vitalität der Pflanzen!

Ein solches Leben, eine solche Schönheit, eine so überfließende Reichhaltigkeit und Fülle herrscht dort, daß du geladen mit Kraft und dem Gefühl einer ganz und gar wunderbaren Energie wiederaufwachst, selbst wenn du nur eine Minute dort bliebst.

Und das ist so objektiv, so konkret! Ich habe Leute dorthin geführt, ohne ihnen zu sagen, worum es sich handelt, und sie konnten diesen Ort genauso beschreiben wie ich.

Es gibt solche Regionen – nicht viele, aber es gibt welche.

Andererseits gibt es in der vitalen Welt auch viele unangenehme Orte, die man besser nicht besucht. Leute, denen es leicht fällt zu lernen, ihren Körper zu verlassen, müssen dies mit größter Vorsicht tun. Ich konnte es nie vielen Leuten beibringen, denn tun sie es alleine, bedeutete das manchmal, sie schutzlos Erfahrungen auszuliefern, die ihnen äußerst schädlich sein können.

Die vitale Welt ist eine Welt der Extreme. Eßt ihr zum Beispiel in der vitalen Welt eine Handvoll Weintrauben, könnt ihr davon für sechsunddreißig Stunden genährt sein, ohne hungrig zu werden. Man kann aber auch Dingen begegnen, Orte betreten, die euch innerhalb einer Minute all eurer Kräfte berauben und euch manchmal krank oder sogar behindert zurücklassen.

Ich kannte eine vom okkulten Gesichtspunkt ganz und gar außergewöhnliche Frau, der so ein Unfall in der vitalen Welt zustieß.[1] Sie wollte den Wesen der vitalen Welt jemand entreißen, der ihr nahe stand, und dabei bekam sie einen solchen Schlag aufs Auge, daß es erblindete.

Ohne so weit zu gehen, geschieht es, daß einem in der vitalen Welt Unfälle zustoßen, deren Spuren noch Stunden nach dem Aufwachen bleiben.

8. November 1958

Ich habe meine Botschaft für den ersten Januar gefunden ... Das geschah nicht absichtlich, aber gestern morgen dachte ich: bald muß ich meine Botschaft finden, aber was? Ich blieb vollkommen ... neutral, weiß. Dann, gestern abend in der Klasse *(Freitagsklasse vom 7. November)*, merkte ich, daß diese Kinder, die eine ganze Woche lang Zeit hatten, Fragen zu dem Text zu finden, keine einzige gefunden hatten! Eine schreckliche Schlaftrunkenheit! Keinerlei Interesse. Als ich fertig gesprochen hatte, fragte ich mich: aber was ist es in diesen Leuten, die sich für nichts anderes interessieren als ihre kleinen persönlichen Begebenheiten? Und ich begann in ihre mentale Atmosphäre einzudringen, auf der Suche nach einem kleinen Licht, das antwortet

1. Mutter spricht von Madame Theon.

... Das zog mich buchstäblich nach unten, wie in ein Loch, aber auf derart materielle Weise: meine Hand rutschte von der Armlehne des Stuhls, meine andere Hand geht so *(Geste auf den Boden)*, mein Kopf auch! Ich glaubte, mein Kinn würde auf den Knien landen!

Ich hatte den Eindruck ... kein bloßer Eindruck: ich sah. Ich stieg hinab wie in einen Spalt zwischen zwei schroffen Felsen, Felsen, die härter wären als Basalt, SCHWARZ, aber zugleich metallisch, mit so scharfen Zacken – man meinte, wenn man sie nur berührte, würde man zerfetzt. Es schien endlos und bodenlos zu sein, und der Spalt wurde immer schmaler, immer enger, immer enger, wie ein Trichter, so eng, daß kaum noch Platz blieb, um durchzukommen, selbst für das Bewußtsein. Der Grund war nicht zu sehen: ein schwarzes Loch. Und das ging tiefer und tiefer und tiefer, ohne Luft, ohne Licht, gerade eine Art Schimmer, der mir erlaubte, die Felszacken zu erkennen. Wie ausgestanzt, so schroff, so scharf ... Schließlich, als mein Kopf gerade meine Knie berührte, fragte ich mich: Aber was ist bloß auf dem Grund dieses ... Lochs?

Und sobald ich diese Worte ausgesprochen hatte, war es als hätte ich ganz unten auf dem Grund eine Sprungfeder berührt – eine Feder, die ich nicht sah, die aber augenblicklich wirkte, mit einer ungeheuren Macht – und die mich mit einem Stoß aus dieser Kluft herausschleuderte in ... *(Geste mit ausgebreiteten Armen, unbewegt)* eine Unermeßlichkeit ohne Grenzen, ohne Form, unendlich angenehm – nicht direkt warm, aber sie gab einen angenehmen Eindruck von inniger Wärme.

Es war allmächtig, von unendlicher Reichhaltigkeit: es besaß keine ... keine bestimmte Form, und es hatte keinerlei Grenzen (weil ich damit identifiziert war, wußte ich, daß es weder Grenzen noch Form besaß). Und diese Unermeßlichkeit bestand wie aus unzähligen unmerklichen Punkten – Punkte, die keinen Raum belegen (es gab keinen Raum), von dunklem, warmen Gold – aber das war nur ein Eindruck, eine Übersetzung (denn es war nicht sichtbar). All das war vollkommen LEBENDIG, lebendig mit einer scheinbar unendlichen Macht. Und dennoch unbewegt.

Das blieb ziemlich lange, die ganze restliche Meditation.

Es enthielt in gewisser Weise allen Reichtum der Möglichkeiten; und all das, was keine Formen besaß, hatte die Macht, Form zu werden.

Im ersten Augenblick fragte ich mich, was das wohl bedeutete. Später fand ich es, und heute morgen sagte ich mir: aber das will mir meine Botschaft für das neue Jahr geben! Dann schrieb ich es auf (das läßt sich natürlich nicht beschreiben – es ist überhaupt unbeschreiblich: es war ein psychologisches Phänomen, und die Formen waren nur ein Mittel, sich selber den psychologischen Zustand zu beschreiben). Hier ist meine Aufzeichnung, offensichtlich eine mentale Aufzeichnung, und ich habe vor, daraus meine Botschaft zu machen.

Die Ausdrucksweise schwankt ein wenig. Deshalb habe ich dir die Papiere mitgebracht, damit wir den endgültigen Text zusammen entscheiden.

Ich habe nichts beschrieben, nur eine Tatsache festgehalten *(Mutter liest)*:

> Auf dem tiefsten Grund der härtesten, starrsten, engsten, erstickendsten Unbewußtheit berührte ich eine allmächtige Feder, die mich mit einem Stoß in eine Unermeßlichkeit ohne Form und ohne Grenzen schleuderte, die Quelle aller Schöpfung.

Das ist ein weiterer Beweis. Die Erfahrung war völlig ... das englische Wort *genuine* drückt es aus.

Authentisch und spontan?

Ja, die Erfahrung hatte ich nicht gesucht, ich hatte nicht entschieden, dies zu tun. Es entsprach keiner inneren Einstellung. Bei einer Meditation kann man entscheiden: ich werde so oder so oder so meditieren, ich werde dies oder jenes tun. Allgemein habe ich bei Meditationen eine Art innerer (oder höherer) Eingebung, was zu tun ist, und das tue ich dann. Aber hier war das nicht der Fall. Ich hatte entschieden: nichts, ich entscheide nichts, ich bleibe „einfach so".

Dann geschah es.

Plötzlich, als ich sprach (während ich sprach), hatte ich den Eindruck: also wirklich, kann man überhaupt irgend etwas mit einer derartigen Substanz anfangen? Dann, als ich aufhörte zu sprechen, fühlte ich mich gezogen. Da verstand ich. Denn ich hatte mir die Frage gestellt: „Was GESCHIEHT darin, hinter all diesen Formen?..." Ich war nicht gerade irritiert aber sagte mir doch: das müßte ein wenig wachgerüttelt werden! Und sobald ich zu Ende gesprochen hatte, zog mich das – zog mich aus meinem Körper heraus, ich wurde buchstäblich aus meinem Körper gezogen.

Dann, dieses Loch ... Ich sehe jetzt noch, was ich da sah, diese Kluft zwischen zwei Felsen. Man sah keinen Himmel, man sah ... nur eine Art Widerschein eines Schimmers auf den Kanten der Felsen, ein Schimmer von „etwas" jenseits, das *(lachend)* der Himmel sein mußte! Aber es war nicht zu erkennen. Und während ich dort hinabstieg, in diese Kluft glitt, sah ich die Zacken; und diese schwarzen Felsen, wie mit dem Meißel herausgestochen, glänzten, so frisch war der Schnitt, und diese messerscharfen Kanten. Hier eine, dort eine, dort eine, überall, auf allen Seiten. Und ich wurde weiter und weiter gezogen, tiefer und tiefer – das nahm kein Ende und wurde immer erdrückender, erstickender. Tiefer und tiefer...

Und physisch folgte der Körper. Mein Körper hat gelernt, in einem bestimmten Maß die inneren Erfahrungen auszudrücken. Der Körper enthält die Kraft des Körpers oder die Form des Körpers oder den Geist des Körpers (je nach den Schulen trägt es verschiedene Namen), das, was den Körper als letztes verläßt, wenn man stirbt, allgemein braucht es sieben Tage, um ihn zu verlassen.[1] Mit einer besonderen Ausbildung kann das ein bewußtes – unabhängiges und bewußtes – Leben führen, sodaß es nicht nur im Trancezustand (in Trance geschieht es sehr häufig, daß man sprechen und sich bewegen kann, mit ein wenig Übung und Ausbildung), sondern auch im kataleptischen Zustand die Kraft hat, Laute hervorzubringen und den Körper sogar zu bewegen. Mit der notwendigen Ausbildung erhält der Körper dann schlafwandlerische Fähigkeiten – nicht der gewöhnliche Somnambulismus, aber er kann unabhängig weiterleben.[2] Und so geschah es gestern abend, ich hatte meinen Körper verlassen, aber mein Körper nahm an der Erfahrung teil. Und ich wurde nach unten gezogen: die eine Hand glitt von der Armlehne, dann die andere, dann berührte mein Kopf fast die Knie! (Das Bewußtsein war anderswo, ich sah den Körper von außen – nicht, daß ich nicht wußte, was ich tat: ich sah ihn von außen.) Dann sagte ich: irgendwo muß das aber aufhören, wenn das so weitergeht *(lachend)*, wird mein Kopf auf dem Boden landen! Und ich dachte: was ist bloß auf dem Boden des Lochs?...

Kaum war die Frage formuliert, erreichte ich ihn, den Boden des Lochs, und es war wirklich wie eine ungeheure, allmächtige Feder, und... *(Mutter schlägt auf den Tisch)* hopp! wurde ich aus all dem herausprojiziert in eine Unermeßlichkeit. Und mein Körper richtete sich augenblicklich wieder auf, mein Kopf hob sich – er folgte der Bewegung. Ein Zuschauer hätte es sehen können: plötzlich, hopp! voll ausgestreckt, den Kopf in der Luft.

---

1. Später präzisierte Mutter: „Wenn man sich exteriorisiert, bewahrt dieser Geist des Körpers eine Verbindung mit dem exteriorisierten Wesen, und das exteriorisierte Wesen hat eine Macht über ihn – das ist ja gerade, was bewirkt, daß man nicht ganz tot ist! Das hervorgegangene Wesen hat die Macht, den Körper zu bewegen."
2. Hinterher erläuterte Mutter noch: „Er hat keinen unabhängigen Willen (das hervorgegangene Wesen hat die Macht, den Körper zu bewegen), er hat einzig, durch eine Ausbildung, die Fähigkeit, den Willen des Wesens auszudrücken, mit dem er über dieses Band verbunden bleibt, das erst beim Tod zerreißt, dem Geist des Körpers."

Ich verfolgte all das, ohne es im geringsten zu objektivieren; ich wußte nicht, was es war, was geschah, keine Erklärung, nichts: es geschah „einfach so". Ich erlebte es, das war alles. Die Erfahrung war vollkommen spontan. Und nach diesem ziemlich … schmerzvollen Abstieg war es auf einmal eine Art Super-Wohlbefinden. Anders kann ich es nicht erklären, *ease* [Behagen], aber in seinem Maximum. Eine vollkommene Unbewegtheit mit einem Gefühl der Ewigkeit – aber mit einer unglaublichen INTENSITÄT der Bewegung und des Lebens! Eine innerliche Intensität (Intensität, die sich nicht manifestiert: innerlich, in sich enthalten). Und unbewegt (wenn es ein Außen gegeben hätte, dann unbewegt in Bezug auf das Außen), in einem … unzählbaren Leben, es läßt sich nicht anders beschreiben als in bildhafter Weise unendlich. Eine Intensität, eine MACHT, eine Kraft … und ein Friede – der Friede der Ewigkeit. Ein Schweigen, eine Ruhe. Eine MACHT mit der Fähigkeit … zu allem. Allem. Ich dachte es nicht, ich objektivierte es nicht: ich erlebte es mit Wohlbefinden – mit großer Behaglichkeit. Und das dauerte bis zum Ende der Meditation. Als es anfing langsam zu verblassen, brach ich die Meditation ab und ging hinaus.

Später, als ich zum Ashram zurückkehrte, fragte ich mich: Was ist das? Was bedeutet das? Dann verstand ich.

Jetzt werde ich es sauber hinschreiben, gibt mir doch ein Blatt Papier.

(Mutter fängt an, ihre Botschaft aufzuschreiben)

„Auf dem tiefsten Grund der härtesten, starrsten…" Denn im allgemeinen gibt das Unbewußte gerade den Eindruck von etwas Amorphem, Inerten, Formlosen, neutral und grau (als ich damals in die Bereiche des Unbewußten eindrang, fiel mir das als erstes auf). Aber hier war es eine Unbewußtheit … die hart, starr, GEBALLT war, als hätte sie sich zum Widerstand geballt: jegliche Anstrengung gleitet ab, greift nicht, dringt nicht ein. Deshalb schreibe ich „härtesten, starrsten, engsten" (der Eindruck von etwas, das euch immer enger drosselt), „erstickendsten" – ja, erstickend ist das Wort.

„… berührte ich eine allmächtige Feder, die mich mit einem Stoß in eine Unermeßlichkeit ohne Form und ohne Grenzen schleuderte, die Quelle aller Schöpfung." Das war … ja, ich glaube, es war nicht die gewöhnliche Schöpfung, die vorzeitliche Schöpfung, sondern die SUPRAMENTALE Schöpfung. Denn es entsprach nicht der Erfahrung von der Rückkehr zum Höchsten, zum Ursprung von allem: ich hatte wirklich den Eindruck, in den Ursprung der supramentalen Schöpfung projiziert zu werden – etwas, das sozusagen bereits vom Höchsten objektiviert wurde, mit dem präzisen Ziel der supramentalen Schöpfung.

Das war mein Eindruck.

Ich glaube nicht, daß ich mich täusche, denn es gab wirklich diesen Eindruck von Macht, Wärme, Gold ... Es war nicht flüssig: wie ein Stäuben. Und jedes dieser Dinge (man kann sie nicht Stückchen oder Fragmente nennen, nicht einmal Punkte, es sei denn, man nimmt sie als Punkte im mathematischen Sinne, Punkte, die keinen Raum belegen), es war etwas ähnliches wie mathematische Punkte, aber aus lebendigem Gold, ein Stäuben von heißem Gold; man kann nicht sagen hell oder dunkel; es war auch kein Licht: eine Vielzahl kleiner goldener Punkte, nichts als das. Es war fast, als berührten sie meine Augen, mein Gesicht ... mit einer innen enthaltenen Macht und Wärme, ungeheuer! Und zugleich das Gefühl einer Fülle, eines allmächtigen FRIEDENS ... Reich und voll. Bewegung in ihrem Äußersten, unendlich schneller als alles, was wir uns vorstellen können, und zugleich der absolute Frieden, die vollkommene Ruhe.

(Mutter kommt zurück auf ihre Botschaft)

Ich nehme nicht das Wort ... Es sei denn, anstelle von „Quelle aller Schöpfung" sage ich: „Quelle der neuen Schöpfung". Aber dann, dann wird es überwältigend! Es ist genau DAS. Es ist das. Aber ist die Zeit gekommen, es zu sagen? Ich weiß nicht...

Quelle der neuen Schöpfung...

11. November 1958

(Mutter bringt eine weitere Modifikation ihrer Botschaft für den 1. Januar 1959: anstatt „eine allmächtige Feder, die mich mit einem Stoß in eine Unermeßlichkeit ohne Form und ohne Grenzen schleuderte, die Quelle der neuen Schöpfung", schreibt Mutter: „eine Unermeßlichkeit ohne Form und ohne Grenzen, in der die Keime der neuen Welt schwingen".)

Die Objektivierung der Erfahrung geschah graduell, wie immer bei mir. Wenn ich eine Erfahrung habe, bin ich ganz und gar „weiß" wie ein neugeborenes Kind: alles widerfährt ihm „einfach so". Ich weiß nicht, was geschieht, ich erwarte nichts. Wie lange brauchte ich, um das zu lernen!

Ich habe keinen vorherigen Gedanken, kein vorheriges Wissen, keinen vorherigen Willen: all dies existiert nicht. Ich bin einfach wie ein Aufnahmespiegel für die Erfahrung. Die Einfachheit eines kleinen Kindes, das das Leben lernt. Genauso. Und das ist wirklich das Ergebnis der Gnade: angesichts der Erfahrung, die Einfachheit eines kleinen Kindes, das gerade geboren wurde. Und es ist spontan so, aber auch willentlich, das heißt während der Erfahrung gebe ich mir große Mühe, mich nicht dabei zu beobachten, wie ich der Erfahrung habe, damit nichts des vorherigen Wissens eingreift. Danach schaue ich. Das ist keine mentale Ausarbeitung, nicht einmal etwas Höheres als das Mental (nicht einmal ein Wissen durch Vereinigung, das mich die Dinge sehen läßt): nein, der Körper (wenn die Erfahrung im Körper stattfindet), der Körper ist ... auf Englisch würde man sagen *blank*. Als wäre er neugeboren, als wäre er in diesem Augenblick mit der Erfahrung geboren worden.

Und erst nach und nach, nach und nach wird die Erfahrung mit dem vergangenen Wissen in Verbindung gebracht. Dann erscheint graduell ihre Erklärung und Einschätzung.

Das ist unerläßlich, wenn man nicht willkürlich sein will.

So ist im Grunde nur die letzte Formulierung richtig, aber aus Sicht der „historischen" Entwicklung ist es interessant, den Fortlauf zu sehen. Bei der Erfahrung der Supramentalen Manifestation war es dasselbe Phänomen. Beide Erfahrungen, die vom 7. November und die des Supramentals, geschahen auf genau die gleiche Weise: ich war die Erfahrung und nichts anderes. Ausschließlich die Erfahrung in dem Augenblick, wo sie geschah. Und nur langsam, beim Verlassen der Erfahrung, trat das vorherige Wissen, die vorherigen Erfahrungen, die ganze Ansammlung der vergangenen Geschehnisse hinzu und betrachtete das, ordnete es ein.

Aus diesem Grunde geschieht die Formulierung nach und nach, stolpernd: kein literarisches Stolpern, sondern um so präzise, so genau und zugleich so bündig wie nur möglich zu sein.

Wenn ich etwas schreibe, erwarte ich nicht, daß die Leute es verstehen, aber ich versuche zu erreichen, daß die Erfahrung, das Bild, möglichst wenig durch diese Art Reduzierung der Beschreibung entstellt wird.

Und was bedeutet diese Feder?

Die Feder? Genau folgendes: in den tiefsten Tiefen des Unbewußten liegt die höchste Feder, die uns das Allerhöchste berühren läßt. Es ist wie der Höchste, der uns den Höchsten berühren läßt: die allmächtige Feder. Wenn man den äußersten Grund des Unbewußten erreicht, berührt man den Höchsten.

Dann ist das der kürzeste Weg!

Nicht der kürzeste Weg! Für mich war es bereits schwierig, den Grund des Unbewußten zu berühren, aber für die Leute würde das eine Ewigkeit dauern.

Es gleicht ein wenig dem, was Sri Aurobindo in *A God's Labour* beschreibt.

Der Höchste auf dem äußersten Grund des Unbewußten schleudert euch direkt zum Höchsten?

Ja, weil in der äußersten Tiefe des Unbewußten der Höchste ist. Das gleicht der Idee, daß die höchsten Höhen die tiefsten Tiefen berühren. Das Universum ist wie ein Kreis – es wird dargestellt durch die Schlange, die sich in den Schwanz beißt, deren Kopf den Schwanz berührt. Das bedeutet, daß die höchsten Höhen die materiellste Materie berühren, ohne Zwischenträger. Ich habe das mehrere Male beschrieben. Aber hier war es eine Erfahrung. Ich wußte nicht, was geschah, ich erwartete nichts und … es war überwältigend: mit einem Schlag wurde ich emporgeschnellt! Ich versichere dir, wenn jemand die Augen offen gehabt hätte, hätte er lachen müssen: ich wurde immer tiefer nach unten gezogen, immer tiefer gebeugt, mein Kopf berührte fast meine Knie, und auf einmal – hopp! Vollkommen gerade, den Kopf völlig aufgerichtet, mit einem Schlag!

Aber sobald man es beschreiben will, läuft es einem wie Wasser durch die Finger; die ganze Fluidität geht verloren, verschwindet. Eine etwas vage, poetische, artistische Ausdrucksweise ist viel wahrer, der Wahrheit viel näher: etwas Verschwommenes, etwas Undefiniertes. Es wird nicht so konkretisiert wie eine starre, mentale Ausdrucksweise – diese Starrheit, die das Mental in das Unbewußte brachte.

Diese Vision des Unbewußten … *(Mutter verweilt einen Moment in Betrachtung)* es war ein MENTALES Unbewußtes. Denn der Ausgangspunkt war mental. Ein besonderes Unbewußtes – starr, hart, widerstrebend – all das, was das Mental unserem Bewußtsein gebracht hat. Es ist viel schlimmer, viel schlimmer als ein rein materielles Unbewußtes! Sozusagen ein „mentalisiertes" Unbewußtes. Diese ganze Steifheit, diese Härte, diese Enge, diese Starrheit – eine STARRHEIT – entstammt der Anwesenheit des Mentals in der Schöpfung. Als das Mental noch nicht manifestiert war, war das Unbewußte nicht so! Es war formlos und besaß die Plastizität der Formlosigkeit – diese Plastizität ist verschwunden.

Das ist ein schreckliches Bild der mentalen Wirkung im Unbewußten.

Es hat das Unbewußte aggressiv gemacht – vorher war es das nicht. Aggressiv, widerstrebend, HARTNÄCKIG. Vorher war das nicht da.

Das ist der Gedanke. Es war sozusagen kein „urspüngliches" Unbewußtes. Es ist ein mentalisiertes Unbewußtes. Mit allem, was das Mental an WIDRIGKEIT, an Widerstand, Härte, Starrheit gebracht hat.

Das wäre interessant zu erwähnen.

Denn der Ausgangspunkt war gerade die Betrachtung des mentalen Unbewußtseins dieser Leute. Das mentale Unbewußtsein. Und das mentale Unbewußtsein WEIGERT SICH, sich zu ändern – dies hat das andere nicht; das andere hat nichts, existiert nicht, ist in keiner Weise organisiert, hat keine spezielle Seinsart, während das hier ein ORGANISIERTES Unbewußtes ist – organisiert durch den Anfang eines mentalen Einflusses. Hundertmal schlimmer!

Dieser Punkt ist wichtig zu notieren.

Es ist anders als die Erfahrung, die ich damals mit dem ursprünglichen Unbewußten hatte. Diesmal war es die Erfahrung des Unbewußten, dem der Einfluß des Mentals in der Schöpfung widerfahren ist. Es wurde … ein VIEL größeres Hindernis als zuvor. Vorher hatte es nicht einmal die Kraft zu widerstehen, es hatte nichts, es war wirklich unbewußt. Jetzt ist es ein Unbewußtes, das sich in seiner Weigerung gegen die Änderung organisiert hat!

Diese Erfahrung ist sehr neu.

Und die allmächtige Feder ist das vollkommene Bild dessen, was geschieht – was geschehen muß, geschehen wird – FÜR ALLE: auf einmal wird man in die Unermeßlichkeit geschleudert.

14. November 1958

(Brief von Satprem an Mutter)

Pondicherry, 14. November 1958

Mutter,

Ich habe das Gefühl, verkleidet zu sein.[1] Und ich verabscheue Heuchelei – ich habe viele Fehler, aber nicht diesen.

Deshalb glaube ich, es ist besser, ich gehe fort.

Über meine Freunde in Hyderabad kann ich in Beziehung mit Leuten treten, die Unternehmungen in den Wäldern des belgischen Kongo besitzen. Dorthin will ich gehen, allein und fern von allem.

Aber da stellt sich wieder diese verfluchte Frage des Geldes, um die Überfahrt zu bezahlen. Hinterher werde ich schon durchkommen, das ist mir auch ziemlich egal, ich fürchte nichts mehr.

Mir scheint, je früher ich abreise, desto besser, wegen dieser Heuchelei, die ich verabscheue.

Satprem

(Mutters Antwort)

Freitag abend, 14. November 1958

Satprem,

Heuchelei läßt sich nicht heilen, in dem man nach unten zieht, was bereits oben ist, sondern in dem man nach oben hebt, was noch unten ist. Einem Impuls der Revolte nachzugeben, bedeutet eine Niederlage und eine Feigheit, die einer Seele wie der Deinen unwürdig sind.

Fliehe nicht vor der Schwierigkeit, halte ihr mutig stand und erringe den Sieg.

Meine Liebe ist mit Dir.

Mutter

15. November 1958

(Über eine Erfahrung, die Mutter am 13. November in Zusammenhang mit Satprems Schwierigkeiten hatte)

Im Grunde genommen ist man vielleicht solange nicht von den feindlichen Kräften befreit, bis man nicht endgültig im Licht aufgetaucht ist, jenseits der niederen Hemisphäre. Dort verliert der Begriff „feindliche Kräfte" seinen Sinn: sie sind nur noch Kräfte des Fortschritts, die euch zum Fortschritt zwingen. Doch um die Dinge in dieser Weise zu

---

1. Durch das orange Sannyasins-Gewand.

sehen, muß man die niedere Hemisphäre verlassen haben, denn unten ist ihr Widerstand gegen den göttlichen Plan sehr reell.

In den alten Überlieferungen hieß es, man könne nicht länger als zwanzig Tage in diesem höheren Zustand leben, ohne seinen Körper zu verlassen und zum Höchsten Ursprung zurückzukehren. Jetzt trifft das nicht mehr zu.

Genau dieser Zustand der vollkommenen Harmonie jenseits aller Angriffe wird mit der supramentalen Verwirklichung möglich. Er wird sich für all jene verwirklichen, die für die supramentale Transformation bestimmt sind. Die feindlichen Kräfte wissen das wohl: in der supramentalen Welt werden sie automatisch verschwinden. Ohne weitere Nützlichkeit werden sie sich auflösen, ohne daß wir irgend etwas zu tun hätten, einfach durch die Gegenwart der supramentalen Kraft. Deshalb entfesseln sie sich jetzt mit solcher Wut, in einer Verneinung von allem, allem.

Aber die Verbindung zwischen den beiden Welten, die noch nicht erbaut wurde, ist jetzt dabei zu entstehen; das war die Bedeutung der Erfahrung vom 3. Februar 1958[1]: eine Verbindung zwischen den beiden Welten herzustellen. Denn beide Welten bestehen bereits – nicht eine über der anderen: ineinander, in zwei verschiedenen Dimensionen. Nur besteht keine Kommunikation zwischen beiden; sie überlagern sich sozusagen, ohne verbunden zu sein. In der Erfahrung vom 3. Februar sah ich bestimmte Personen von hier (auch von anderswo), die bereits in einem Teil ihres Wesens der supramentalen Welt angehören, aber es gibt keine Verbindung, kein Bindeglied. Jetzt ist genau der Augenblick in der universellen Geschichte, dieses Bindeglied herzustellen.

Welcher Zusammenhang besteht zwischen der Erfahrung vom 3. Februar und der vom 7. November [die allmächtige Feder]? Ist das, was du auf dem Grund des Unbewußten gefunden hast, dasselbe Supramental?

Die Erfahrung vom 7. November bedeutete eine neue Etappe in der Konstruktion des Bindeglieds zwischen den beiden Welten. Ich wurde wirklich in den Ursprung der supramentalen Schöpfung geschleudert: dieses warme Gold, diese lebendige, ungeheure Macht, dieser erhabene Friede. Und ich sah noch einmal, daß die herrschenden Werte der supramentalen Welt nichts mit unseren Werten hier zu tun haben, selbst die Werte unserer höchsten Weisheit, selbst jene, die wir für die göttlichsten halten, wenn wir ständig in der göttlichen Gegenwart leben – sie sind völlig anders.

---

1. Das supramentale Schiff.

Nicht nur in unserem Zustand der Anbetung und Hingabe an den Höchsten, sondern auch in unserem Zustand der Identifikation ist die BESCHAFFENHEIT der Identifikation völlig anders, je nachdem ob wir uns auf dieser Seite befinden, in dieser Hemisphäre fortschreiten, oder ob wir auf die andere Seite gekommen sind, die andere Welt, die andere Hemisphäre, die höhere Hemisphäre erreicht haben.

Die Beschaffenheit oder Art der Beziehung, die ich in dem Moment mit dem Höchsten hatte, war vollkommen anders als die, die wir hier haben – selbst die Identifikation hatte eine andere Beschaffenheit. Bei all den niederen Bewegungen versteht man sehr leicht, daß sie anders werden, aber das war der Gipfel unserer Erfahrung hier, diese Identifikation, die bewirkt, daß es der Höchste ist, der entscheidet und lebt – er entscheidet und lebt auf andere Weise, wenn wir in dieser Hemisphäre sind, als wenn wir im supramentalen Leben sind. Und was in dem Moment [der Erfahrung vom 13. November] die Intensität der Erfahrung ausmachte, war, daß es mir gelang, die beiden Bewußtseinszustände gleichzeitig zu erkennen, wenn auch verschwommen. Es ist fast, als wäre der Höchste selbst anders, das heißt unsere Erfahrung von ihm. Dennoch ist es in beiden Fällen der Kontakt mit dem Höchsten. Wahrscheinlich ist unsere Wahrnehmung von ihm anders, oder unsere Art, es zu übersetzen, jedenfalls ist die Beschaffenheit der Erfahrung anders.

In der anderen Hemisphäre herrscht eine Intensität und eine Fülle, die sich durch eine andere Macht als hier ausdrücken. Wie das beschreiben? – Man kann es nicht.

Die Beschaffenheit des Bewußtseins selbst scheint sich zu ändern. Es ist nicht etwas Höheres als der Gipfel, den wir hier erreichen können, es ist keine WEITERE Stufe, nein: hier sind wir am Ende, wir haben den Gipfel erreicht ... Die Beschaffenheit ist anders. Beschaffenheit in dem Sinn, daß dort eine Fülle, ein Reichtum, eine Macht besteht (dies ist nur eine Übersetzung auf unsere Art), aber „etwas" dort ... entgeht uns. Es bedeutet wirklich eine neue Bewußtseinsumkehrung.

Wenn wir anfangen das spirituelle Leben zu leben, ereignet sich eine Umkehrung des Bewußtseins, die uns beweist, daß wir das spirituelle Leben begonnen haben; nun, eine weitere Umkehrung vollzieht sich, wenn wir die supramentale Welt betreten.

Und vielleicht wird es jedesmal, wenn eine neue Welt sich öffnet, eine weitere Umkehrung geben. Das bedeutet, daß sogar unser spirituelles Leben, das eine so totale Umkehrung im Vergleich zum gewöhnlichen Leben darstellt, wieder so völlig anders im Verhältnis zum supramentalen Bewußtsein, zur supramentalen Verwirklichung erscheint, daß ... die Werte beinahe entgegengesetzt sind.

Man könnte es folgendermaßen illustrieren (aber das ist ungenau, mehr als verringert, entstellt): es ist, als wäre unser ganzes spirituelles Leben aus Silber gemacht, während das supramentale aus Gold besteht, als hätte das ganze spirituelle Leben hier eine Schwingung von Silber, nicht kalt, aber einfach ein Licht, ein Licht, das bis zum Gipfel reicht, ein völlig reines, reines und intensives Licht, doch die supramentale Welt enthält einen Reichtum und eine Macht, die den ganzen Unterschied ausmachen. Das ganze spirituelle Leben des psychischen Wesens und unser ganzes gegenwärtiges Bewußtsein, das dem gewöhnlichen Bewußtsein so warm, so voll, so wunderbar, so leuchtend erscheint, diese ganze Pracht wirkt arm im Verhältnis zur Pracht der neuen Welt.

Das Phänomen läßt sich sehr gut so erklären: aufeinanderfolgende Umkehrungen bewirken, daß sich mit jeder weiteren Stufe ein IMMER neuer Reichtum der Schöpfung offenbart und alles Vorhergehende dann als Ärmlichkeit erscheint. Das, was uns im Vergleich zu unserem gewohnten Leben als höchster Reichtum erscheint, wirkt wie eine Ärmlichkeit verglichen mit dieser neuen Umkehrung des Bewußtseins. Das war meine Erfahrung.

Letzte Nacht, als ich versuchte zu verstehen, was fehlt, damit ich dich wirklich vollständig aus dieser Schwierigkeit herausbringen könnte, erinnerte ich mich wieder an das, was ich neulich über die Macht, die Macht der Transformation, die wahre Macht der Verwirklichung, die supramentale Macht sagte. Wenn man das betritt, wenn man darin auftaucht, dann sieht man – sieht, daß es im Vergleich zu dem, was wir hier sind, wirklich die Allmächtigkeit bedeutet. Da berührte ich, erlebte ich wieder die beiden Zustände zugleich.

Aber solange das nicht eine vollendete Tatsache geworden ist, wird es noch ein allmählicher Vorgang, ein Anstieg sein: nach und nach gewinnt man an Grund, steigt höher und höher; doch solange die neue Umkehrung sich nicht vollzogen hat, ist es, als wäre alles noch zu tun. Das ist die Wiederholung der Erfahrung von unten – sie wiederholt sich oben.

(Schweigen)

Jedesmal hat man den Eindruck, vorher an der Oberfläche der Dinge gelebt zu haben. Dieser Eindruck wiederholt sich wieder und wieder. Bei jeder neuen Eroberung hat man den Eindruck: bisher lebte ich nur an der Oberfläche der Dinge – an der Oberfläche der Verwirklichung, an der Oberfläche der Hingabe, an der Oberfläche der Macht. Es war nur die Oberfläche der Dinge, die Oberfläche der Erfahrung. Hinter einer Oberfläche gibt es eine Tiefe, und erst wenn man in diese Tiefe dringt, berührt man das Wahre. Diese Erfahrung wiederholt sich jedesmal: das, was als Tiefe erschien, wird eine Oberfläche. Eine Oberfläche mit allem, was sie an Ungenauigkeit, ja, Künstlichkeit bedeutet – künstlich, eine künstliche Übertragung. Es macht den Eindruck von etwas nicht wirklich Lebendem, einer Kopie, einer Nachahmung: ein Bild, eine Reflektion, nicht DIE Sache selber. Betritt man eine andere Region, so hat man den Eindruck, die Quelle und die Macht und die Wahrheit der Dinge zu entdecken; und diese Quelle, diese Macht und diese Wahrheit werden ihrerseits eine Erscheinung, eine Nachahmung, eine Übertragung im Vergleich zu etwas Konkretem: die neue Verwirklichung.

(Schweigen)

In der Zwischenzeit müssen wir einfach zugeben, daß wir den Schlüssel noch nicht besitzen, wir halten ihn noch nicht in den Händen. Oder besser gesagt, wir wissen genau, wo er liegt, es bleibt nur eines zu tun: die vollkommene Hingabe, von der Sri Aurobindo spricht, die vollständige Unterwerfung unter den Göttlichen Willen, was auch geschieht, auch in der Nacht.

Es kommt Nacht und Sonne, Nacht und Sonne, wieder die Nacht, viele Nächte, aber man muß sich an diesen Willen der Hingabe klammern, sich wie im Sturm festklammern, und alles in die Hände des Höchsten Herrn legen. Bis an den Tag, wo es die ewige Sonne sein wird, der vollkommene Sieg.

20. November 1958

(Mutter sucht den Ursprung in der Vergangenheit von Satprems Schwierigkeiten)

Ich habe nicht die gesamte Information, sonst würde ich gewiß ... Zwei Dinge zeigten mir ... Ich sah es neulich. Zuerst als du meinen Brief nicht verstandest, weil ich ihn an einen Teil von dir adressierte, der ohne Zweifel verstehen müßte: ich richtete mich an etwas anderes als das, was dieser Teil von dir sieht und weiß, dieser Kern, dieser Knoten der Revolte, der allem zu widerstehen scheint, der trotz der Erfahrungen, der errungenen Fortschritte, der Öffnungen verschlossen bleibt. Vor allem die Tatsache, daß es den Erfahrungen standhält, nicht von den Erfahrungen berührt wird, zeigte mir etwas, und dieser Punkt verstand nicht, was ich schrieb. Denn der Teil von dir, der die Erfahrung hatte, muß notwendigerweise verstehen, was ich schrieb, ohne den Schatten eines Zweifels.

Es wird Zeit brauchen …

Ich hatte zwei Visionen, die gewiß in Beziehung damit stehen. Die letzte kam gestern; sie betraf ein vergangenes Leben in Indien. Es ging um etwas, das vor ungefähr tausend Jahren in Indien geschah (vielleicht etwas mehr, darüber bin ich mir noch nicht ganz sicher). Und das enthielt beide Dinge – seltsamerweise enthielt es beides zugleich: die Quelle der Verwirklichungsmacht in diesem Leben, und das zu überwindende Hindernis.

Die letzte Vision kam gestern abend. Du warst viel größer als jetzt; du trugst das orangene Gewand und du standst mit dem Rücken gegen ein Bronzetor, ein Bronzetor wie von einem Tempel oder einem Palast … gleichzeitig war es symbolisch (es war eine Tatsache, es geschah wirklich so, war aber zugleich symbolisch). Und … unglücklicherweise ging es nicht weiter, weil ich gestört wurde. Aber das enthielt den Schlüssel.

Ich war zugleich SEHR FROH über die Vision, denn sie enthielt eine GROSSE Macht, aber es war auch ein wenig … schrecklich. Doch es war prachtvoll. Als ich das sah … Diese Vision wurde mir gegeben, weil ich mich mit dem Willen konzentrierte, die Lösung zu finden, und zwar eine wahre Lösung, eine dauerhafte und endgültige Lösung – das heißt, ich fühlte diese spontane Dankbarkeit, die zur Gnade geht, wenn sie eine wirksame Hilfe bringt. Dann wurde ich leider gestört: jemand kam und rief mich, das unterbrach es, aber es wird wiederkommen.

Jetzt WEISS ich – vorher wußte ich nicht. Neulich morgen sah ich, und es wurde mir sehr deutlich gesagt, daß es ein zu tilgendes Karma[1] ist; deshalb sagte ich es dir, aber da wußte ich noch nicht, was.

Und ich sah, daß mit der neuen Macht, mit der supramentalen Macht … Das ist etwas vollkommen Neues … Es wurde immer als Tatsache betrachtet, daß nichts die Macht hat, die Folgen eines Karmas zu beseitigen; nur indem man sie durch eine Reihe von Handlungen tilgte, konnte man die Folgen verwandeln … abtragen, beseitigen. Doch jetzt WEISS ich, mit der supramentalen Macht kann dies erreicht werden, ohne alle Stadien des Vorgangs durchzumachen.

Ein Punkt steht jedenfalls fest: es handelt sich um etwas, das in Indien geschah, und der Ursprung des Karmas und seine Lösung

---

1. *Karma:* positive oder negative Konsequenzen von Taten vergangener Leben (jede Tat besitzt ihren eigenen selbst-antreibenden Dynamismus).

liegen zusammen. Und es hat mit dieser Initiation zu tun, die du in Rameswaram erhalten hast.[1]

So hängen die Schwierigkeit und der Sieg zusammen; das ist sehr interessant.

> *Aber was habe ich bloß in einem früheren Leben getan ... Was habe ich getan? Worum handelt es sich?!*

Ja, das ist die Frage. Ich glaube es zu wissen, aber ich will nichts sagen, bevor ich nicht sicher bin.

(Schweigen)

Es ist gut, daß es allmählich kommt.

(Schweigen)

Das Erforderliche – das Erforderliche ist einfach Ausdauer, die Fähigkeit durchzuhalten, das heißt innerlich nicht nachgeben. Nicht nachgeben ... wenn du in dir fühlst: „Ich kann es nicht aushalten."

Mir scheint auch, daß es verhältnismäßig viel leichter ist, als wenn man dem alleine gegenübersteht.

Wenn du dich, sogar im Augenblick des Angriffs, an etwas klammern kannst, das weiß, oder etwas in dir, das die Erfahrung hatte, wenn du trotz allem, was verneint und sich auflehnt, die Erinnerung daran bewahren kannst, sei es auch nur die Erinnerung, und dich daran klammerst ... Vor allem nicht ... halte den Kopf so ruhig wie nur möglich. Folge nicht der Bewegung, folge nicht der Schwingung.

Wegen all dem – allem, was ich sah und was mir gesagt wurde – bin ich sicher, daß es entscheidend ist, das heißt, dir wird diese Möglichkeit gegeben, einen entscheidenden Sieg zu erringen, in dem Sinne, daß es nicht auf dieselbe Art wiederkehren wird.

Eine solche Kluft liegt zwischen dem, was wir in Wahrheit sind, und dem, was wir gegenwärtig sind, daß es manchmal schwindelerregend ist. Sich nicht in den Taumel gehen lassen. Wie ein Stein bleiben, bis es vorübergeht.

---

1. Eine Tempel-Insel in Südindien, wo Satprem Sannyasin wurde.

22. November 1958

Seit immer, seit ich sehr jung war, hatte ich eine Art Intuition meines Schicksals. Ich hatte den Eindruck, etwas tilgen zu müssen, mich aufbrauchen zu müssen. Irgendwie bis auf den Grund einer Nacht dringen, um zu finden. Ich glaubte, das wäre im KZ geschehen. Vielleicht war das noch nicht tief genug...
Siehst du einen Sinn darin?

Das läßt sich kaum aussprechen, es ist eine Folge von Eindrücken. Ich weiß, als du vorhattest, mit dem Swami[1] zu gehen, sah ich, daß eine Tür sich öffnete, daß es die Wahrheit war, daß es DORT war.

Ich hatte sofort den Eindruck, das würde dich in direkten Kontakt bringen mit ... dieser Art Fatalität, die man hier Karma nennt und die eine Folge ist von ... ja, etwas, das abzutragen ist, das auf dem Bewußtsein lastet.

Die Dinge geschehen folgenderweise: das psychische Wesen geht von Leben zu Leben, aber in manchen Fällen verkörpert sich das Psychische zu dem Zweck, etwas ... auszuarbeiten ... eine bestimmte Erfahrung zu machen, etwas Bestimmtes zu lernen, etwas durch eine bestimmte Erfahrung zu entwickeln. Jetzt kann es geschehen, daß in dem Leben, wo die Erfahrung gemacht werden sollte, die Seele (aus den verschiedensten Gründen) nicht an den richtigen Ort kam oder es irgendeine Verschiebung gab, eine Verbindung ungünstiger Umstände – manchmal geschieht das –, und die Inkarnation bricht völlig ab, die Seele zieht sich zurück. Oder in anderen Fällen steht die Seele einfach vor der Unmöglichkeit, das Wesentliche zu tun, was sie wollte, und wird in ... nachteilige Umstände verwickelt. Nicht nur objektiv nachteilig, sondern nachteilig für ihre eigene Entwicklung, und das führt sie zur Notwendigkeit, die Erfahrung unter sehr viel schwierigeren Bedingungen zu wiederholen.

Wenn dann – auch das kann ja passieren – der zweite Versuch wieder abgebrochen werden muß, wenn die Umstände es ihr noch schwieriger machen, ihr Vorhaben durchzuführen; weil sie sich zum Beispiel in einem Körper mit unzureichendem Willen oder einer Entstellung des Denkens, einem zu ... zähen Egoismus befindet und das Leben mit Selbstmord endet, dann wird es fürchterlich. Das habe ich viele Male gesehen, das führt zu einem schrecklichen Karma, und es kann sich in Leben nach Leben wiederholen, bevor die Seele siegen und ihr Ziel

---

1. Der Tantra-Guru, den Satprem in Ceylon aufsuchte und mit dem er in den Himalaja ging.

erreichen kann. Jedesmal werden die Bedingungen schwieriger, jedesmal erfordert es eine noch größere Anstrengung. Und Leute, die das wissen, sagen: „Dem kann man nicht entrinnen!" Die Sehnsucht, dem zu entgehen, verleitet euch zu noch größeren Dummheiten[1], dadurch akkumuliert sich die Schwierigkeit noch weiter. In manchen Augenblicken – manchen Augenblicken und Umständen – gibt es niemand, der euch helfen könnte, und das ergibt … diese so schrecklichen Dinge, diese so abscheulichen Umstände …

Hatte die Seele aber auch nur EINEN Ruf, EINEN Kontakt mit der Gnade, so bewirkt dies, daß man im nächsten Leben einmal die Bedingungen findet, wo ALLES mit einem Streich weggefegt werden kann. Du kannst dir nicht vorstellen, wievielen Leuten, wievielen Seelen ich in dieser Zeit auf der Erde begegnete, die diese Möglichkeit so intensiv suchten – und sie fanden sich alle auf meinem Weg.

Manchmal bedarf es dazu eines großen Mutes, manchmal einer großen Ausdauer, manchmal genügt … eine wahre Liebe. Und wenn der Glaube da ist, dann genügt eine winzige Kleinigkeit, um … alles wegfegen zu können. Ich habe es oft getan; manchmal versagte ich. Aber meistens konnte ich es entfernen. Doch was es erfordert, das ist: ein großer stoischer Mut oder die Fähigkeit auszudauern und DURCHZUHALTEN. Der Widerstand (vor allem bei früheren Selbstmorden), der Widerstand gegen die Versuchung, diese Unfähigkeit zu wiederholen; diese Versuchung bildet eine so schreckliche Formation. Oder diese Gewohnheit, die sich dadurch ausdrückt, daß man vor dem Leiden flieht: fliehen, fliehen, anstatt … die Schwierigkeit aufzunehmen, standzuhalten.

Vor allem aber dies: das Vertrauen in die Gnade, oder die Wahrnehmung der Gnade, oder die Intensität des Rufens, oder natürlich die Antwort – die Antwort, der Knoten öffnet sich, zerbricht, die Antwort auf diese wunderbare Liebe der Gnade.

Ohne einen starken Willen ist es schwierig, vor allem anderen die Fähigkeit, der Versuchung zu widerstehen, einer über alle Leben hinweg verhängnisvollen Versuchung – denn ihre Macht akkumuliert sich. Jede Niederlage gibt ihr neue Kraft. Ein winziger Sieg kann sie auflösen.

Das schrecklichste von allem ist, wenn einem die Kraft, der Mut, etwas Unbezähmbares fehlt. Wie oft sagen sie mir: „Ich will sterben, ich will fliehen, ich will sterben" – ich erwidere: „Aber sterbt doch für

---

1. Mutter erläuterte: „Die unbewußte Erinnerung an die Vergangenheit erweckt eine Art unwiderstehliches Verlangen, der Schwierigkeit zu entkommen, und man begeht wieder dieselbe Dummheit oder eine noch größere."

euch selbst! Niemand bittet euch, euer Ego überleben zu lassen! Sterbt für euch selbst, wenn ihr sterben wollt! Habt diesen Mut, den wahren Mut, euren Egoismus sterben zu lassen."

Doch weil es sich um ein Karma handelt, ist es unerläßlich, selber etwas zu TUN. Das Karma ist eine Konstruktion des Egos; das Ego MUSS etwas tun, man kann nicht alles für es tun. Genau DAS ist der Punkt: Karma ist das Resultat der Handlungen des Egos, und wenn das Ego abtritt, löst sich das Karma auf. Man kann ihm helfen, man kann ihm beistehen, ihm Kraft geben, ihm Mut vermitteln, aber es muß sie einsetzen.

(Schweigen)

Das war es, was ich für dich sah, daß die Kristallisierung dieses Karmas in einem Leben in Indien geschah, in dem du mit der Möglichkeit der Befreiung konfrontiert wurdest, und … Die Einzelheiten kenne ich nicht; die materiellen Tatbestände kenne ich überhaupt nicht; bis jetzt weiß ich nichts, ich hatte nur die eine Vision. Ich sah dich, wie ich es beschrieb, größer als jetzt, in einem indischen Körper, aber nordindisch, denn er war nicht dunkel, sondern hellhäutig, aber mit einer HÄRTE im Wesen, die Härte einer Art Verzweiflung vermischt mit Auflehnung, Unverständnis und einem Ego, das sich widersetzt. Das ist alles, was ich weiß. Das Bild war: du, mit dem Rücken gegen ein Bronzetor gedrängt – GEDRÄNGT. Den Grund dafür sah ich nicht. Und, wie gesagt, etwas geschah und ich konnte es nicht weiterverfolgen.

Der andere Hinweis war, was ich dir neulich sagte. Als du den Swami begleiten wolltest, sah ich sofort einen Lichtstrahl: ah, der Weg öffnet sich! Deshalb sagte ich: es ist gut. Und während du in Ceylon unterwegs warst, folgte ich dir von Tag zu Tag. Du riefst sehr viel mehr als das zweite Mal, als du im Himalaja warst; und mit den physischen Schwierigkeiten, die du durchmachtest, war ich dir sehr nah, sehr nah – ich fühlte die ganze Zeit, was geschah.

Als du in Rameswaram warst, sah ich ein GROSSES Licht, wie eine Glorie. Ein großes Licht. Dieses Licht war sehr stark über dir, beeindruckend, als du zurückkamst. Zugleich hatte ich aber das Gefühl, daß es beschützt werden mußte – umgeben, beschützt –, daß es sich noch nicht gefestigt hatte, gefestigt, bereit all den Dingen zu widerstehen, die eine Erfahrung zersetzen. Ich hätte dich isolieren wollen, wie unter einer Glasglocke, doch ich sah, daß dies mit den Vorteilen auch Nachteile bringen würde. Und mir gefiel die Art, wie du gegen den unverständigen Empfang wegen deinem Gewand, deinem geschorenen Kopf ankämpfen wolltest. Selbstverständlich war das ein viel kürzerer Weg als der andere, aber ein schwierigerer.

Ich hatte den wachsenden Eindruck, könnte sich das verwirklichen, was ich sah, wie ich es sah ... Ich sah zwei Dinge: eine Reise – überhaupt keine Pilgerfahrt im herkömmlichen Sinne – eine Reise in Einsamkeit, unter schwierigen Bedingungen, ein Aufenthalt in sehr schroffer Einsamkeit, angesichts der Berge, in schwierigen physischen Bedingungen. Die Berührung mit der Erhabenheit der Natur verübt in bestimmten Augenblicken einen großen Einfluß auf das Ego: sie hat die Macht, es aufzulösen. Aber all diese Geschichten, die organisierten Pilgerfahrten und all das ... der ganze kleinliche Aspekt des menschlichen Lebens verdirbt alles ...

Ja, diese Reise war abscheulich...

... verdirbt alles.

Das andere war die tantrische Initiation. Aber ich wünschte mir eine Initiation in wenigstens ebenso günstigen Bedingungen wie in Rameswaram, das heißt durch jemand sehr Fähigen, soweit als möglich vor der formalistischen und äußeren Seite beschützt. Eine WAHRE Initiation: jemand, der fähig wäre, die Macht herbeizuziehen und der dich in genügend rigorose Bedingungen versetzen könnte, damit du diese Macht halten könntest – sie empfangen und sie halten.

Sobald du abgereist warst und ich euch folgte, sah ich, daß nichts von alledem geschehen würde, sondern etwas sehr Oberflächliches ohne großen Nutzen. Als ich aber deine Briefe erhielt und sah, daß du in Schwierigkeiten warst, tat ich etwas. Es gibt bestimmte besonders günstige Orte für okkulte Erfahrungen, Benares ist einer dieser Orte, die Atmosphäre dort ist geladen mit den Schwingungen okkulter Kräfte, und wenn man über die geringsten Fähigkeiten verfügt, entwickeln sie sich dort spontan. Genauso, wie die spirituelle Aspiration sich sehr stark und spontan entwickelt, sobald man nach Indien kommt. Das sind Gnaden. Gnaden, weil dies die Bestimmung des Landes ist und seine Geschichte war und es sich immer sehr viel mehr nach oben und nach innen wendete als nach außen. Jetzt ist es dabei, all das zu verlieren und sich im Schlamm zu wälzen, aber nun ... es war so und es ist noch immer so. Als du mit deinem Gewand von Rameswaram zurückkamst, sah ich wirklich mit großer Befriedigung, daß noch eine GROSSE Würde und eine GROSSE Aufrichtigkeit in dem Streben der Sannyasins für ein höheres Leben und die Selbsthingabe bleibt – in einer gewissen Anzahl von Leuten, um dieses höhere Leben zu verwirklichen. Als du zurückkamst, wurde das etwas sehr Konkretes und sehr Wirkliches, das sofortige Hochachtung erweckte. Vorher hatte ich nur eine Kopie, eine Nachahmung, eine Heuchelei, ein Schauspiel gesehen – nichts wirklich Erlebtes. Hier sah ich, daß es wahr, erlebt, wirklich war, daß es noch ein großes Erbe von Indien darstellt. Ich glaube aber nicht, daß es jetzt noch sehr weitverbreitet ist. Jedenfalls ist es noch vorhanden und, wie ich sagte, dem gebürt Hochachtung.

Als ich dich dann in Schwierigkeiten fühlte, und die äußeren Umstände nicht nur die innere Entwicklung verschleierten, sondern sie verdarben, da schrieb ich dir etwas Kurzes (ich erinnere mich nicht mehr genau, wann, aber ich schrieb nur ein, zwei Worte, steckte sie in einen Umschlag und schickte sie dir), aber diese zwei Worten begleitete ich mit einer großen Konzentration, sandte dir etwas. Ich habe die Daten nicht verglichen, aber wahrscheinlich geschah es, wie ich wollte, als du in Benares warst, und du hattest diese Erfahrung.

Als du das zweite Mal zurückkamst, nach deinem Aufenthalt im Himalaja, hattest du nicht mehr dieselbe Flamme wie das erste Mal. Da verstand ich, daß dieses schwierige Karma noch andauerte, es war noch nicht aufgelöst. Ich hatte gehofft, der Kontakt mit den Bergen – aber in einer wahren Einsamkeit (ich will nicht sagen, daß dein Körper alleine sein müßte, sondern ohne all die äußeren und oberflächlichen Dinge) … Nun, es ist nicht geschehen. Das bedeutet, daß die Zeit noch nicht gekommen war.

Als die Schwierigkeiten hier dann wieder auftauchten, kam ich aufgrund ihrer Beharrlichkeit, ihres Anscheins unabwendbarer Fatalität zu dem Schluß, daß es ein Karma ist – sicher wurde ich mir dessen erst jetzt.

Schon immer hatte ich aber die Vorahnung der wahren Lösung: daß das nur durch eine SEHR MUTIGE Selbsthingabe aufgelöst werden kann – nicht mutig oder schwierig in materieller Weise, sondern … Ein bestimmter Bereich des Vitals in dir, ein mentalisiertes, noch sehr materielles Vital, das sich leicht von den Umständen beeinflussen läßt, das stark an die Wirksamkeit äußerer Maßnahmen glaubt – das ist es, was sich widersetzt.

Doch dies ist alles, was ich weiß.

Wenn die Stunde gekommen ist, daß ein Karma überwunden und in der Gnade absorbiert werden kann, erscheint mir meistens das Bild oder das Wissen oder die Erfahrung der genauen Tatsachen, die den Ursprung des Karmas ausmachten, und in dem Moment kann ich … die reinigende Geste ausführen.

Bis jetzt ist das noch nicht geschehen.

Nur – und das ist es, was ich dir neulich schrieb und was du nicht verstanden hast – gerade am schmerzlichsten Punkt, wenn man die stärksten Suggestionen durchmacht, genau dann muß man durchhalten. Sonst ist es immer wieder von vorne anzufangen, immer wieder. Ein Tag, ein Augenblick kommt, wo es getan werden muß. Und jetzt ist wirklich eine Gelegenheit auf der Erde, die sich nur einmal in Jahrtausenden anbietet, eine bewußte Hilfe, mit der notwendigen Macht...

Das ist in etwa alles, was ich weiß.

Irgendwie verspüre ich das Bedürfnis, etwas zu tun – etwas zu tun.

Etwas TUN, ja, das hat dich im Griff.

Ich bin dabei vor Ort zu verrotten.

Wie?

Ich ... ich habe den Eindruck, vor Ort zu verrotten.

Verrotten?

Zu zerfallen. Alles zerfällt.

Das ist es gerade ... *(Schweigen)* Das ist der Knoten des Karmas: dieses Gefühl, dieser Eindruck macht den Knoten des Karmas aus.

Mein Eindruck ist, daß ich etwas zu tun habe, ich weiß nicht was, und danach ...

Aber du betrachtest es als etwas physisch zu Tuendes?

Ja, ich weiß nicht, diese Geschichte mit dem belgischen Kongo zum Beispiel, das schien mir ...[1]

Entschuldige, aber das ist eine Albernheit!...

Ich weiß nicht. Ich verspüre es jedenfalls nicht so ... Physisch im Urwald zu leben, ein intensives physisches Leben, in dem man frei ist, rein ist, fern von ... Vor allem das hier nicht ankurbeln, vorbei mit dem Kopf, aufhören irgend etwas zu denken. Und wenn es ein Yoga geben soll, dann geschieht es spontan, natürlich, physisch, und ohne sich eine einzige Frage hier oben zu stellen – vor allem, daß der Kopf nicht mehr weiterläuft.

---

1. Satprem wollte in den Urwald im Kongo gehen und dort die unmöglichsten Dinge tun.

26. November 1958

(Auszug aus der letzten „Mittwochsklasse")

Im Grunde lebt die überwältigende Mehrheit der Menschen wie Gefangene mit all ihren Türen und Fenstern verschlossen. Da ersticken sie (das ist eigentlich natürlich), aber sie tragen mit sich den Schlüssel, der die Türen und Fenster öffnen könnte, und sie benutzen ihn nicht ... Sicherlich wissen sie eine Zeitlang nicht, daß sie den Schlüssel besitzen, aber selbst lange, nachdem sie es wissen, lange, nachdem man es ihnen gesagt hat, zögern sie, ihn zu benutzen, und bezweifeln, daß er wirklich die Türen und Fenster öffnen könnte, oder sogar, daß es gut sei, die Türen und Fenster zu öffnen! Sogar wenn sie den Eindruck haben, „letztlich wäre es vielleicht doch gut", bleibt noch ein Zweifel: „Was wird geschehen, wenn diese Türen und Fenster geöffnet werden?..." Und sie haben Angst. Sie haben Angst, sich in diesem Licht und dieser Freiheit zu verlieren. Sie wollen bleiben, was sie „sich selbst" nennen. Sie lieben ihre Lüge und ihre Sklaverei. Etwas in ihnen liebt das und klammert sich daran. Ihr Eindruck bleibt, daß sie ohne ihre Grenzen nicht mehr existieren würden.

Aus diesem Grunde ist der Weg so lang, aus diesem Grunde ist er so schwierig. Denn würde man wirklich einwilligen, nicht mehr zu sein, wäre alles so leicht, so schnell, so leuchtend, so freudig – allerdings vielleicht nicht auf die Art, wie die Menschen sich die Freude und die Leichtigkeit vorstellen. Eigentlich gibt es sehr wenige Wesen, die nicht die Schlacht lieben. Nur sehr wenige, die einwilligen würden, daß es keine Nacht mehr gibt, und die sich das Licht nicht als das Gegenteil der Dunkelheit vorstellen: „Ohne Schatten gäbe es kein Gemälde. Ohne Kampf gäbe es keinen Sieg. Ohne Leiden gäbe es keine Freude." Das ist es, was sie denken, und solange man so denkt, ist man noch nicht in den Geist geboren.

27. November 1958

(Mutter fragte sich bezüglich Satprems Karma und der tantrischen Disziplin, die er gerade verfolgte, um dieses Karma aufzulösen, warum sie das Karma nicht selber direkt auflösen konnte und es nötig war, über „Vermittler" vorzugehen.)

Ich betrachtete den Vorgang oder den Ablauf der Dinge mehr vom spirituellen, allgemeinen Gesichtspunkt, während das hier ein okkulter Gesichtspunkt im Detail ist.

Einen Punkt hatte ich zum Beispiel immer für bedeutungslos gehalten, und zwar die Vermittler für eine Handlung zwischen dem individuellen spiritualisierten Wesen, der bewußten Seele, und dem Höchsten. Aus meiner persönlichen Erfahrung war ich immer der Ansicht, wenn man sich in der Handlung ausschließlich an den Höchsten wendet und es direkt ausdrückt, müßten und würden die Dinge automatisch geschehen. Zum Beispiel, wäre man stets offen und wollte in jeder Sekunde bewußt nur das ausdrücken, was der Höchste Herr ausgedrücken will, dann geschähe dies automatisch. Doch mit allem, was ich über die Pudjas, über bestimmte Texte, auch bestimmte Zeremonien lernte, wurde mir die Notwendigkeit der „Vorgangsweise" sehr deutlich. Es ist dasselbe wie im physischen Leben: im physischen Leben erfordert, wie wir wissen, alles eine Vorgangsweise, und das Wissen um die Vorgangsweisen macht die physikalischen Wissenschaften aus. Jetzt scheint es, daß bei den okkulteren Abläufen dem Wissen und vor allem der EINHALTUNG der Vorgangsweisen eine viel größere Bedeutung zukommt, als ich anfangs glaubte.

Als ich das untersuchte, als ich diese Wissenschaft der Vorgänge, der Vermittler betrachtete, verstand ich auf einmal die Funktionsweise des Karmas, die ich vorher nicht verstanden hatte. Ich hatte damit gearbeitet, das heißt, ich hatte wiederholt eingegriffen, um das Karma von jemand zu verändern, aber manchmal hatte ich warten müssen, ohne genau zu wissen warum: die Wirkung war nicht sofort eingetreten. Ich wartete einfach, ohne mich über die Gründe der Verspätung, des Wartens zu kümmern: das war nun mal so. Meistens endete es, wie ich eben sagte, mit der genauen Vision von Ursprung und zugrundeliegenden Ursache des Karmas; und kaum hatte ich diese Vision, so kam auch die Macht und es wurde aufgelöst. Aber mit dem genauen Grund dieser Ablaufsweise beschäftigte ich mich nicht.

Eines Tages machte ich eine Bemerkung darüber zu X[1], als er mir die verschiedenen Bewegungen, die Vorgangsweisen, die Abläufe der Pudjas zeigte oder beschrieb. Ich sagte ihm: „Ach, damit die Wirkung sofort eintritt, damit das Ergebnis sofort kommt, muß man zum Beispiel die Rolle oder die Teilnahme von gewissen Geistern, gewissen Kräften anerkennen, muß die Freundschaft oder Mitarbeit dieser Kräfte gewinnen, um das sofortige Resultat zu erreichen?" Darauf antwortete er: „Ja, sonst läßt es dem Spiel der Kräfte eine unbestimmte Zeit, und Sie wissen nicht, wann Sie das Ergebnis Ihrer Pudja erhalten."

Das fand ich sehr interessant. Denn eines der Hindernisse, die ich spürte, war, daß die Kraft zwar durchaus wirkte, aber eine Zeitspanne schien unvermeidlich, eine bestimmte Rolle für die Zeit in der Arbeit schien unumgänglich: ein Spielraum für die Kräfte der Natur. Doch mit der Kenntnis ihrer Abläufe eliminieren sie das. Damit verstand ich, warum jene, welche die Initiation empfangen oder studiert haben und den vorgeschriebenen Methoden folgen, anscheinend mächtiger sind – sogar mächtiger als jene, die im höchsten Bewußtsein bewußt sind.

Interessant war für mich, daß für sie (jene, die der tantrischen oder einer anderen Initiation folgen) der Zweifel darin besteht, ob es ihnen gelingt, die Antwort der Wahren Macht, der göttlichen Macht, der höchsten Macht zu erhalten: sie tun alles Nötige, aber das bleibt ein Fragezeichen. Während ich mich in der entgegengesetzten Lage befinde: die Macht ist da, ich habe sie, aber wie bringe ich sie in der Materie zum Einsatz? Die Vorgangsweise, um das zu erreichen, fehlte mir – nicht gänzlich, vom psychologischen Standpunkt kenne ich sie, doch da ist ein ganzes Spiel bewußter, individualisierter Kräfte, die überall in der Natur vorhanden sind und die ihr Existenzrecht geltend machen. Weil es so eingerichtet wurde, muß es etwas vom Höchsten Willen ausdrücken, sonst hätte Er sich nicht dieser Vermittler bedient – in Seinem Plan haben die Vermittler offensichtlich einen legitimen Platz.

Das erinnert mich an die Geschichte, die X mir über seinen [verstorbenen] Guru erzählte: sein Guru konnte die Anwesenheit von Kali herbeibefehlen (das ist etwas, was mir sehr natürlich vorkommt, wenn man die nötige Entwicklung erreicht hat), aber er konnte nicht nur Kalis Kommen herbeibefehlen, sondern Kali mit ihren ich-weiß-nicht-wieviel Millionen Kriegern!... Für mich war Kali immer einfach Kali, sie verrichtet eine Arbeit; aber in der universellen Organisation drückt

---

1. Satprems Tantra-Guru.

sich ihr Handeln, die unzählige Vielfalt ihres Handelns durch eine unzählige Vielzahl von bewußten Wesenheiten aus, die arbeiten. Diese Individualisierung der Kräfte gibt ihnen sozusagen ein Bewußtsein und einen bestimmten Handlungsspielraum, und darin liegt der ganze Unterschied der Wirkung. In dieser Hinsicht bedeutet das okkulte System ein ganz und gar unerläßliches Gegenstück zur spirituellen Handlung.

Die spirituelle Handlung ist direkt, aber es kann passieren (das war jedenfalls meine Erfahrung), daß sie nicht augenblicklich wirkt. Sri Aurobindo sagte, daß sie mit der supramentalen Gegenwart augenblicklich werden wird – diese Erfahrung hatte ich. Aber das würde bedeuten, daß die Supramentale Macht automatisch all diese Vermittler dirigiert, ist sie hingegen nicht da, benötigt selbst die höchste spirituelle Macht ein besonderes Wissen, um auf diesen Bereich einzuwirken, ein Wissen, das dem okkulten oder initatorischen Wissen in all diesen Bereichen entspricht. Deshalb sagte ich X: „Sie haben mich viel gelehrt, während Sie hier waren!" Es gibt immer etwas zu lernen.

Natürlich, wenn das Supramental hier ist, wird das völlig anders sein. Das sehe ich deutlich: in den Augenblicken, wo es hier ist, wendet sich alles, und all das gehört zu einer Welt ... der Welt der Vorbereitung. Es ist wie eine Vorbereitung, eine lange Vorbereitung.

Da stellt sich die Frage, ob man zuerst all das beherrscht haben muß, um überhaupt die Möglichkeit zu haben, das Supramental beizubehalten, es in der Manifestation zu FIXIEREN. Darin liegt der große Unterschied. Zum Beispiel fehlt jenen, welche die Macht haben, Kräfte oder Wesen zu materialisieren, die Möglichkeit, sie zu fixieren: diese Dinge bleiben fließend, sie wirken eine Weile und dann lösen sie sich wieder auf. Darin liegt der Unterschied zu den Geschehnissen in der physischen Welt: diese Bündelung von Energie, die bewirkt, daß es ... *(Mutter klopft auf die Armlehnen ihres Sessels)* beständig bleibt. Alle die Dinge der außer-physischen Bereiche sind nicht beständig, sie sind fließend: fließend und folglich ungewiß.[1]

---

1. Einige Tage später verreiste Satprem. Dann wurde Mutter „krank". Die erste große Wende ihres Yogas trat ein: der Anfang des Yogas der Zellen.

28. November 1958

(Auszug aus der letzten „Freitagsklasse")

In seiner gegenwärtigen Form ist der physische Körper wirklich nur ein sehr entstellter Schatten des ewigen Lebens des Ich, aber der physische Körper ist fähig, eine fortschreitende Entwicklung zu verfolgen; durch jede individuelle Form entwickelt sich die physische Substanz weiter, und eines Tages wird sie fähig sein, eine Brücke zu schaffen zwischen dem physischen Leben, wie wir es kennen, und dem supramentalen Leben, das sich manifestieren wird.

30. November 1958

(Brief von Mutter an Satprem)

Sonntag morgen

Satprem,
Hier hast Du das Nötige, um nach Hyderabad zu gehen. Was immer Du auch entscheiden magst, ich werde stets mit Dir sein, unveränderlich, in der Wahrheit Deines Wesens.
Mutter

Dezember 1958

(Diese Notiz wurde von Mutter auf Englisch geschrieben. Es geht um einen Angriff von Schwarzer Magie, der ihr Leben bedrohte und jedenfalls ihr äußeres Dasein vollkommen veränderte. Eine neue Etappe setzt ein.)

Zwei oder drei Tage, nachdem ich mich in mein Zimmer oben zurückzog,[1] fiel ich früh in der Nacht in einen sehr schweren Schlaf

---

1. Am 9. Dezember zog Mutter sich in ihr Zimmer im Obergeschoß des Ashrams zurück. Tatsächlich war ihr schon seit mehr als einem Monat unwohl. Am 26.

und verließ meinen Körper sehr viel materieller als gewöhnlich. In diesem Grad von Materialität sieht man die materielle Umgebung genauso, wie sie wirklich ist. Der Teil, der den Körper verlassen hatte, schien unter einem Bann zu stehen und nur halb bewußt zu sein. Als ich im ersten Stock ankam und dort alles vollkommen schwarz war, wollte ich wieder noch oben gehen, aber da entdeckte ich, daß jemand meine Hand festhielt, ein junges Mädchen, das ich in der Dunkelheit nicht erkennen konnte, dessen Berührung aber sehr bekannt war. Sie zog mich an der Hand und sagte lachend: „Nein, komm, komm mit mir nach unten, wir werden die junge Prinzessin töten." Ich konnte nicht verstehen, was sie mit dieser „jungen Prinzessin" meinte, und folgte ihr ziemlich unwillig, um zu sehen, was es war. Als ich das Vorzimmer am oberen Ende der Treppe erreichte, die ins Erdgeschoß führt, wurde meine Aufmerksamkeit von der weißen Form Kamalas[1] innerhalb dieser vollkommenen Dunkelheit angezogen, die mitten im Durchgang zwischen dem Flur und Sri Aurobindos Zimmer stand. Sie befand sich in vollem Licht, während alles andere schwarz war. Dann sah ich einen solchen Ausdruck intensiver Besorgnis auf ihrem Gesicht, daß ich ihr sagte: „Ich komme zurück", um sie zu beruhigen. Das Geräusch meiner Stimme rüttelte mich aus dieser Halb-Trance, in der ich mich vorher befand, und plötzlich dachte ich: „Wohin gehe ich eigentlich?" und schob die dunkle Figur, die mich zog, weg von mir, und als sie die Treppe hinunterlief, erkannte ich in ihr ein junges Mädchen, das viele Jahre mit Sri Aurobindo und mir gelebt hatte und vor fünf Jahren gestorben war. Während ihres Lebens stand dieses Mädchen unter einem äußerst diabolischen Einfluß. Dann sah ich unten sehr deutlich (wie durch die Wände des Treppenhauses) ein kleines schwarzes Zelt, das in der umgebenden Dunkelheit fast nicht auszumachen war, und in der Mitte des Zeltes die Umrisse eines Mannes mit glattrasiertem Kopf und Gesicht (wie die Sannyasins oder die buddhistischen Mönche), von Kopf bis Fuß mit einer enganliegenden gestrickten Kleidung bedeckt, die den Konturen seines hohen, schlanken Körpers folgte. Keine anderen Stoffe oder Kleidungsstücke konnten eine Andeutung über seine Identität geben. Er stand vor einem schwarzen Topf, der über einem Feuer hing, dessen rötliche Glut auf ihn schien. Er hatte

---

November hielt sie die letzte „Mittwochsklasse" auf dem Sportplatz, am 28. November die letzte „Freitagsklasse", am 6. Dezember die letzte „Übersetzungsklasse", am 7. Dezember spielte sie zum letzten Mal Tennis und machte ihren letzten Besuch auf dem Sportplatz. Am 9. Dezember kam sie noch einmal nach unten zur Meditation am Samadhi. Vom 10. Dezember an blieb sie einen Monat in ihrem Zimmer. Eine große Epoche fand ihr Ende. Mutter wird nur noch ausnahmsweise das Ashram verlassen.
1. Eine Schülerin.

seinen rechten Arm über dem Topf ausgestreckt, zwischen zwei Fingern hielt er eine dünne Goldkette, die einer meiner eigenen glich und unnatürlich sichtbar und hell erschien. Langsam schwenkte er die Kette und sang einige Worte, die sich in meinen Gedanken übersetzten als: „Sie muß sterben, die junge Prinzessin, sie muß bezahlen für alles, was sie getan hat, sie muß sterben, die junge Prinzessin ..."

Dann wurde mir plötzlich klar, daß ich selber die junge Prinzessin war, ich brach in Lachen aus und erwachte in meinem Bett.

Mir gefiel die Idee nicht, daß etwas oder jemand die Macht hatte, mich ohne meine vorherige Einwilligung so materiell aus meinem Körper zu ziehen. Deshalb gab ich der Erfahrung einige Bedeutung.

4. Dezember 1958

(Brief von Satprem an Mutter)

Hyderabad, 4. Dezember 1958

Liebe Mutter,

Ich kam nach Hyderabad mit der Absicht, eine Afrikareise vorzubereiten, als es aber Zeit wurde, zu den Taten zu schreiten, konnte ich es einfach nicht. Es ist stärker als ich, ich kann Indien nicht verlassen, ich kann nicht ohne meine Seele leben.

Bis in diese Tage glaubte ich noch, mich auf irgendeine äußere Lösung verlassen zu können, um meine Probleme zu lösen, doch jetzt stehe ich am Fuße der Mauer, ich sehe, daß nichts zu TUN ist und daß die einzige Lösung in dem liegt, was Du mir eines Tages sagtest: „Einzuwilligen, nicht mehr zu sein."

Mutter ich beging gar viele Fehler, hatte viele Revolten und stolperte in viele Löcher. Hilf mir, mich wieder aufzurichten, gib mir dennoch ein wenig Deiner Liebe. Das muß sich ändern.

Ich will nicht in Hyderabad bleiben. Dies ist nicht die Atmosphäre, die ich brauche, obwohl es hier sehr ruhig ist.

Wenn Du willst, kann ich zum Ashram zurückkehren und mich Hals über Kopf in die Arbeit stürzen, um all das zu vergessen. Dort ist viel zu tun, die Übersetzungen von Herbert sind zu korrigieren, die Überarbeitung von *La Synthèse des Yoga*, Deinen alten *Entretiens* und der *Dhammapada*, und vielleicht würdest Du auch die Arbeit mit mir wieder aufnehmen wollen?

Andernfalls, wenn Du glaubst es wäre besser zu warten, könnte ich den Swami in Rameswaram aufsuchen und alle meine kleinen persönlichen

Reaktionen ihm gegenüber auslöschen. Dann würde ich mein Bestes tun, das Licht des ersten Mals wiederzufinden und gestärkt zu Dir zurückzukommen. Ich weiß es nicht. Ich werde tun, was Du sagst. All das muß sich wirklich ändern. Ich weiß auch nicht, ob der Swami mich noch nehmen will.

Mutter ich brauche Dich, ich brauche Dich. Vergib mir und sag mir, was ich zu tun habe.

Dein Kind
Satprem

(Mutters Antwort)

8.12.58

Mein liebes Kind,

Gerade empfange ich Deinen Brief und las ihn mit all meiner Liebe, die Liebe, die versteht und tilgt. Wenn Du zurückkommst, wirst Du stets höchst willkommen sein und gewiß werden wir unsere Arbeit zusammen wieder aufnehmen. Ich werde froh darüber sein und es ist sehr notwendig. Doch vorher wäre es gut für Dich, nach Rameswaram zu gehen, *ich weiß, Du wirst dort gut empfangen werden*, bleib dort für die notwendige Zeit, um Deine Erfahrung wiederzufinden und zu festigen. Dann komme hierher zurück, stärker und gewappneter, um eine neue Etappe äußerer und innerer Arbeit in Angriff zu nehmen. Am Ende der Mühen liegt Der Sieg.

Mit all meiner vertrauenden Liebe.

Mutter

15. Dezember 1958

(Brief von Satprem an Mutter)

Rameswaram, Montag, 15.12.1958

Liebe Mutter,

Ich erhielt erst jetzt Deinen ersten Brief, den Du nach Hyderabad geschickt hattest. Er kommt zur rechten Zeit, um mir wohl zu tun; ich mache schwerwiegende Stunden durch.

Der Swami empfing mich sehr wohlwollend und er tut alles, was er kann, mit großer Herzlichkeit, und ich folge seinen Anweisungen auf den Buchstaben genau, denn ich glaube, Dein Segen wirkt durch ihn. Darüber hinaus ist er Dir vollkommen ergeben und sprach von Dir, wie kein anderer je zu mir sprach – er versteht viele Dinge. Meine Reaktionen ihm gegenüber waren ungerecht.

Am Neumond, als ich sehr niedergeschlagen war, gab er mir das erste tantrische Mantra – ein Mantra an Durga. Über einen Zeitraum von 41 Tagen soll ich es 125000 Mal wiederholen und jeden Morgen zum Tempel gehen, mich vor Parvatis Heiligtum aufrecht halten und dieses Mantra wenigstens eine Stunde lang in mir wiederholen. Danach soll ich für eine halbe Stunde zu Shivas Heiligtum gehen und ein anderes Mantra sagen. Praktisch muß ich ständig Durgas Mantra in einer schweigenden Konzentration in mir wiederholen, was ich auch äußerlich tue. Unter diesen Umständen fällt es mir schwer, an Dich zu denken, und das bewirkt einen leisen Konflikt in mir, doch ich glaube Dein Segen wirkt durch den Swami und durch Durga, die ich allzeit invokiere – ich erinnere mich dessen, was Du über die Notwendigkeit der „Vermittler" sagtest, und gehorche dem Swami ohne Vorbehalte.

Mutter, die Dinge stehen weit davon entfernt, so zu sein wie bei meinem ersten Aufenthalt in Rameswaram, und ich durchlebe so manche Stunden der Hölle – der Feind scheint sich mit unvorstellbarer Wut zu entfesseln. Das kommt in Wellen, aber wenn sie verebben, bin ich buchstäblich ZERBROCHEN, physisch, mental und vital erschöpft. Heute morgen, auf dem Weg zum Tempel, erlebte ich eine dieser Stunden, ein schreckliches Leiden überfällt mich dann plötzlich. Ja, ich hatte den Eindruck, BEDRÄNGT zu sein, genau wie in Deiner Vision, mit dem Rücken vor der Wand. Ich durchschritt diese riesigen Bogengänge aus gehauenem Granit, und ich sah mich dahergehen, sehr klein, sehr allein, allein, und sehr schmerzlich, voll von einer namenlosen Hoffnungslosigkeit, weil es nirgendwo einen Ausweg gab. Da war das Meer, ganz nah, in das ich mich werfen könnte, oder sonst Parvatis Tempel – es gab kein Afrika mehr als Flucht, alles hatte sich um mich verschlossen und ich wiederholte: Warum, warum? Ein unmenschliches Leiden, als fielen mir meine letzten zwanzig Jahre des Alptraums auf die Schultern. Ich biß die Zähne zusammen und ging in den Tempel, um mein Mantra zu sagen. Das war so stark in mir, daß ich in kalten Schweiß ausbrach und beinahe in Ohnmacht fiel. Dann legte es sich. Jetzt noch habe ich den Eindruck, völlig zermartert zu sein. Doch ich sehe deutlich, daß die Stunde gekommen ist: entweder ich lasse mein Leben hier, oder ich komme VOLLKOMMEN verändert von hier zurück. Es muß sich ändern. Mutter, Du bist mit mir, ich weiß es, und Du beschützt mich, Du liebst mich – ich habe nur Dich, ich habe nur Dich, Du bist meine Mutter. Wenn diese schwarzen Stunden wiederkommen – und sie müssen wiederkommen, um alles zu exorzieren, zu besiegen –, dann beschütze mich trotz mir selbst. Mutter, daß Dein Segen mich nicht aufgibt. Ich will all diesen alten Phantomen ein Ende bereiten, in Deinem Licht wiedergeboren werden, es muß sein, anders kann das nicht weitergehen.

Mutter, ich glaube ein wenig zu verstehen, was Du selber erleidest, und daß die Kreuzigung des Göttlichen in der Materie eine wahre Kreuzigung ist. In dieser Minute des Bewußtseins gebe ich Dir die Opfergabe all meiner Prüfungen, die Opfergabe meiner kleinen Leiden, und ich will siegen, damit es Dein Sieg werde, eine Last weniger auf Deinen Schultern.

Mutter, vergib mir alles Böse, was ich auf Dich werfen konnte. Ich habe das Vertrauen, daß ich mit Deinem Segen siegreich hervorgehen werden, als Dein Kind ohne Schatten, in allen Fasern meines Wesens. O Mutter, wie sehr

251

Du all unser Leiden alleine trägst ... wenn es mir nur gelingen könnte, mich in den schwarzen Stunden daran zu erinnern.

Ich bin zu Deinen Füßen, meine Mutter, meine einzigen Stütze.

Satprem

Mutter, daß mich nicht eine dieser Wellen wegfegt. Beschütze mich. Liebe mich! Doch ALLES muß JETZT besiegt werden. Ich will kämpfen. Ich bitte Dich deshalb nicht, mich zu verschonen, sondern mir zu helfen, durchzuhalten.

(Mutters Antwort)

17.12.58

Mein liebstes Kind,

Gerade erreicht mich Dein Brief vom 15. Ja, ich weiß, die Stunde ist ernst. Hier war es auch schwerwiegend. Ich mußte alles unterbrechen, der Angriff auf meinen Körper war zu heftig. Jetzt geht es besser – aber ich habe noch keine meiner äußeren Tätigkeiten wieder aufgenommen und ich bleibe oben in meinem Zimmer. Im Unsichtbaren geht die Schlacht weiter, und ich halte sie für entscheidend. Du bist ein Teil davon, ein inniger Teil dieser Schlacht. Dies, um Dir zu sagen, *ich bin mit Dir,* im umfassendsten Sinne des Wortes. Ich weiß, was Du erleidest, *ich fühle es* – aber *wir müssen durchhalten.* Die Gnade ist allmächtig. Sobald als möglich, ohne eine Minute länger zu warten, als nötig ist, um all das zu transformieren, was zu transformieren ist, wird die Prüfung ein Ende nehmen und wir werden im Licht und in der Freude auftauchen. So vergiß nie, daß ich mit Dir bin – in Dir – und WIR WERDEN SIEGEN:

mit allem, was die Liebe an Trost und Ausdauer bringen kann.

Mutter

Mach Dir keine Sorgen über meinen Körper – er ist auf dem sicheren Weg zu Genesung.

*
* *

Mein liebes Kind, ich füge noch einige Worte zu meinem Schreiben von heute morgen hinzu, um Dich zu bitten, den Anweisungen des Swami sehr genau zu folgen – er weiß diese Dinge und hat sich sehr aufrichtig als ein Handlungsinstrument für meinen Segen angeboten.

Wenn Du Durga invokierst, invokierst Du mich durch sie, wenn Du Shiva invokierst, invokierst Du mich durch ihn – und letztlich gehen alle Gebete zum Höchsten Herrn.

In aller Liebe,

Mutter

24. Dezember 1958

(Brief von Satprem an Mutter)

Rameswaram, 24. Dezember 1958

Liebe Mutter,

Dein letzter Brief war mir ein großer Trost. Wärest Du nicht da, bei mir, wäre alles derart absurd und unmöglich. Ich störe Dich wieder, weil der Swami mir sagt, daß Du Dir Sorgen um mich machst und ich Dir schreiben soll. Nicht viel hat sich geändert, außer daß ich mich anklammere und vertraue. Gestern machte ich wieder eine schlechte Welle durch, im Tempel, und ich fand nur die Kraft, mit jedem Herzschlag Deinen Namen zu wiederholen, wie ein Ertrinkender. Ich blieb reglos wie ein Stein, vor dem Heiligtum, mit Deinem Namen (mein Mantra wollte nicht kommen), dann ging es vorbei. Es war hart. Ich habe das Vertrauen, daß ich mit jeder Welle an Kraft gewinne und daß Du da bist. Doch ich bin mir auch bewußt, wenn der Feind so heftig wirkt, dann ist es, weil etwas in mir darauf antwortet, oder antwortete, etwas, das seine Hingabe noch nicht vollbracht hat – das ist der Kern. Mutter, möge Dein Segen mir helfen, alles in Deine Hände zu legen, alles, ohne einen Schatten. Ich wollte so sehr in das Licht auftauchen, ein für allemal, herauskommen.

Ich folge den Anweisungen des Swami auf das Wort. Manchmal scheint mir das alles an Wärme, an Spontaneität zu mangeln, aber ich halte mich fest. Ich muß dazusagen, daß wir mitten im Bazar leben, in einem Lärm, der zwanzig Stunden am Tag andauert, was die Dinge nicht erleichtert. So wiederhole ich mein Mantra, wie man mit der Faust gegen die Mauern eines Gefängnisses schlägt. Manchmal entsteht eine kleine Öffnung, Du schickst mir eine kleine Freude, und dann ist alles leicht.

Das Mantra an Durga, sagt der Swami, ist dazu bestimmt, das Unterbewußte zu durchdringen. Um die Arbeit zu vervollständigen, macht er seine Pudjas an Kali, und schließlich hat noch einer seiner Freunde, X, der „Hohe Priester" des Tempels von Rameswaram (der, der über meine Initiation präsidierte) und der über große okkulte Mächte verfügt, es unternommen, acht Tage lang jeden Tag ein „sehr mächtiges" Mantra über mich zu sagen, um die dunklen Kräfte aus meinem Unterbewußtsein zu entwurzeln. Das begann vor vier Tagen. Während er sein Mantra wiederholt, hält er ein Glas Wasser in der Hand, und dann gibt er mir dieses Wasser zu trinken. Es heißt, daß am achten Tag, wenn der Feind überwunden wurde, dieses Wasser gelb wird – dann ist die Operation vollendet und das giftige Wasser wird weggeschüttet. Mir ist lieber, Du weißt dies. Jedenfalls mag ich diesen X sehr gerne, er ist ein sehr leuchtender, guter Mann. Wenn ich mit all dem nicht erlöst werde!!

Tatsächlich glaube ich nur an die Gnade. Mein Mantra und all der Rest erscheinen mir nur wie kleine Kunstgriffe, um zu versuchen, die Gnade günstig zu stimmen.

Mutter, liebe mich. Ich habe nur Dich, ich will nur Dir gehören.

Ich bin zu Deinen Füßen.

Dein Kind
Satprem
Bist Du völlig genesen? Frohes neues Jahr, liebe Mutter.

(Mutters Antwort)

Frohes neues Jahr!
Sri Aurobindo Ashram
Pondicherry, den 26.12.58
Mein liebes Kind,
Ich erhalte Deinen Brief vom 24. Du hast gut daran getan zu schreiben, nicht daß ich mich sorgte, aber ich höre gerne von Dir, weil das meine Arbeit fixiert, mir nützliche materielle Einzelheiten gibt. Ich bin froh, daß X etwas für Dich tut. Mir gefällt dieser Mann und ich zählte auf ihn. Hoffentlich wird er Erfolg haben. Vielleicht wird das auch hier nützlich sein – denn ich habe ernsthafte Gründe zu glauben, daß zusammen mit den Angriffen bestimmte okkulte und sogar magische Praktiken direkt gegen meinen Körper gerichtet wurden. Das erschwert die Dinge ein wenig, und ich habe noch keine meiner gewohnten Tätigkeiten wieder aufgenommen – ich bleibe noch oben, um mich „auszuruhen"; in Wahrheit, um zu kämpfen. Gestern verlief die Weihnachtsausteilung ohne mich, und wahrscheinlich wird es am ersten Januar desgleichen sein. Auch die Arbeit wurde zur Gänze unterbrochen. Und ich weiß noch nicht, wielange das andauern wird.
Halte mich auf dem Laufenden über die Ergebnisse von Xs Vorgehen, das interessiert mich sehr...
Ich liebe Dich, mein Kind, und ich bin mit Zuversicht und Zärtlichkeit bei Dir.
Zweifele nicht am Sieg, er ist gewiß.
Mutter

28. Dezember 1958

(Brief von Satprem an Mutter)

Rameswaram, 28. Dezember 1958

Liebe Mutter,
Ein Satz in Deinem Brief gab mir zu denken, wo Du schreibst, Xs Vorgehen für mich könnte „auch hier nützlich sein". Nach einigem Zögern beschrieb ich dem Swami die okkulten Angriffe gegen Dich.
Wenn Du es wünschst, könnten zwei Dinge getan werden, um Deine Handlung zu unterstützen: entweder könnte X von hier aus bestimmte mantrische

Tätigkeiten für Dich unternehmen, oder, besser, er könnte sofort mir dem Swami nach Pondicherry kommen und es vor Dir tun.

Liebe Mutter, ich habe das Gefühl, Du wirst diesen Kampf ganz alleine ertragen, tragen wollen. Oh, ich glaube vieles über den Mechanismus dieser Angriffe zu verstehen, die Beziehung zu mir, die Liebe des Göttlichen, das alles umfaßt und das Leiden und das Böse der Menschen in sich aufnimmt – all das überwältigt mich mit plötzlichem Verständnis. Ich glaube zu sehen, zu fühlen, was Du alles durchstehst und für uns auf Dich nimmst. Das Leiden des Göttlichen in der Materie ist eine überwältigende Erkenntnis für mich – jetzt sehe ich, ich will kämpfen, ich will vollkommen auf Deiner Seite stehen, ich bin jetzt und für immer *entschieden*.

Doch Du hast genug mit den höheren Beutetieren zu tun, ohne auch noch mit den kleinen Skorpionen kämpfen zu müssen. Ich bitte Dich, Mutter, akzeptiere die angebotene Hilfe, bewahre Deine Kräfte für den hohen Kampf. Ich verstehe durchaus, daß Deine Liebe auch den Skorpionen gilt, die Dich angreifen, aber es ist doch nicht verboten, sich gegen ihr Gift zu schützen, Du hast auf anderen Ebenen genug zu tun.

X steht auf dem Gipfel der tantrischen Initiation, seine Macht ist nicht das Ergebnis blossen Wissens, er hält sie direkt vom Göttlichen, das liegt traditionell seit zehn Generationen in seiner Familie. *Keine* Schwarze Magie kann seiner Macht widerstehen. Seine Vorgangsweise ist jedoch nicht brutal, er wendet nicht mechanisch Formeln an, er hat Das Wissen und weiß zu dosieren wie ein fachkundiger Chemiker, stets im Licht, in der Liebe und der Sänfte. Wenn Du akzeptierst, daß er zu Dir kommt, wird er sofort die Quelle erfahren und sogar die Kraft, die Dich angreift, zum Sprechen bringen können. Er hat diese Macht. Selbstverständlich werden weder X noch der Swami darüber reden und die Sache wird vertraulich bleiben. Es genügt, daß Du ein Wort oder ein „einverstanden" Telegramm schreibst.

Die Arbeit kann auch von hier getan werden, aber das wäre natürlich nicht ganz so wirksam. Dann müßtest Du eine genau Zeit angeben, um das Vorgehen in Rameswaram und Pondicherry zu koordinieren. Der Swami kann auch etwas in seinen Pudjas tun. Die Entscheidung liegt bei Dir. Ich hoffe Du wirst diese Schlacht nicht unnötig verlängern wollen.

Auf meiner Seite, in meinem geringen Maßstab, ergreife ich den Stier bei den Hörnern, und der Feind wird fortan nicht mehr meine Komplizenschaft haben. Möge mein ganzes Wesen sich zu Deinem einzigen Licht kehren – als Dein Helfer, Dein Instrument, Dein Ritter.

X entschied, seine Tätigkeit für mich über die acht vorgesehenen Tage hinaus fortzusetzen, das entspricht zweifellos Dosierungen, die mein Verständnis übersteigen.

Mutter, ich kämpfe mit Dir, für Dich, für Deinen Sieg.

Mit all meiner Liebe bin ich zu Deinen Füßen.

Satprem

Alles hat sich für mich verändert, seit ich verstehe, daß es nicht nur eine persönliche Schlacht ist und daß ich *dienen* kann. Dein Segen ist überall, überall.

(Mutters Antwort)

Sri Aurobindo Ashram, 30.12.58

Mein liebes Kind,

Gerade kam Dein Brief vom 28. An jenem Tag spürte ich deutlich, daß eine entscheidende Veränderung in der Lage eintrat, und ich verstand sofort, daß Du mit dem Swami gesprochen hattest und auch daß das, was ich Dir geschrieben hatte, ein Anlaß für Dich war, einen großen Schritt zu tun. Darüber bin ich sehr glücklich, und ich kann mit Gewißheit sagen, daß das Schlimmste überstanden ist. Trotzdem schätze ich überaus Xs Angebot, in mehreren Hinsichten. Und obwohl ich es nicht für nötig oder auch wünschenswert halte, daß sie alle beide hierhin kommen (das würde eine wahrhafte Revolution, vielleicht sogar eine Panik unter den Ashrambewohnern hervorrufen), bin ich sicher, daß ihr Eingreifen direkt in Rameswaram nicht nur nützlich, sondern sehr wirksam sein könnte...

Ja, alles hat sich geändert, seit Du verstanden hast, daß Deine Schlacht nicht nur eine persönliche Schlacht ist und daß Du, indem Du sie gewinnst, dem göttlichen Werk einen wahren Dienst leistest.

Ein frohes neues Jahr, mein liebes Kind! – Ich bin sicher, es wird uns einen entscheidenden Sieg bescheren.

Ich bin bei Dir mit all meiner Liebe.

Mutter

P.S. Ich schlage dem Swami vor, abends um 8 Uhr 45 mit ihnen in Verbindung zu treten, wenn ihnen diese Zeit paßt.

1959

CHRONIK DES WELTGESCHEHENS

1959

1. Jan.	Der gemeinsame Markt (EWG) tritt in Kraft
2. Jan.	Die erste sowjetische Mondrakete wird gezündet
3. Jan.	Alaska wird zum 49. Staat der USA
8. Jan.	Die kubanische Rebellenbewegung ist siegreich. Fidel Castro zieht in Havanna ein
17. Jan.	Dahomey, Ober-Volta, der Sudan und Senegal beschließen, sich in einer Mali-Föderation zusammenzuschließen, dieser treten schließlich allein die beiden letztgenannten Staaten bei
14. Feb.	Fidel Castro wird als Premierminister Kubas „designiert"
16.-19.2	Gewaltsame Rassenunruhen in Brazzaville
26. Feb.	Ausweitung der Unruhen in Zentralafrika; in Südrhodesien wird der Ausnahmezustand erklärt. Die Führer der nationalen Bewegungen werden verhaftet
4. März	Pionier IV, die unbemannte Raumsonde der Vereinigten Staaten passiert den Mond und wird in eine Umlaufbahn in Richtung Sonne gelenkt
4.-6.3	Staatstreich des Militärs in Khartum
11. März	Eisenhower schließt einen Atomkrieg nicht aus, falls es über die Berlin-Frage zu Feindseligkeiten kommen sollte
19.-23.3	Ein antikommunistischer Aufstand in Tibet wird durch die rotchinesische Armee blutig niedergeschlagen. Der Dalai Lama flieht nach Indien
27. März	Ein Zyklon verwüstet Madagaskar: über 160.000 Opfer
17. April	Überschwemmungen in Latein-Amerika richten Schäden in Millionenhöhe an
4. Mai	Wiederaufnahme der Genfer Konferenz über den Verzicht auf Atomversuche
18.-23.5	Dritter Kongreß sowjetischer Schriftsteller. Die Delegierten beklagen sich über das „Grau-in-Grau" der Literatur, das aus dem Mangel an Verantwortungsbewußtsein der Literaten entstände
18.-23.5	Die Genfer Außenminister-Konferenz gerät in eine Sackgasse über die widerstreitenden Ost-West Vorschläge zum deutschen Sicherheits-Problem
24. Mai	Tod des US-Außenministers John Foster Dulles
9. Juni	Stapellauf der „George Washington", dem ersten mit Raketen gerüsteten Atom-U-Boot
14. Juli	Tod des großen Clowns Grock
28. Juli	Bei Krawallen in Brazzaville gibt es fünfunddreißig Tote
1. Aug.	Fünfte Weltkonferenz gegen Atomwaffen in Hiroschima
4. Aug.	Rebellion in Laos; die Regierung ruft den Ausnahmezustand aus
25. Aug.	Die Vereinigten Staaten gewährt Laos Kredithilfe in Form von leichten Waffen
16. Sept.	General de Gaulle erklärt für Algerien das Recht auf Selbstbestimmung durch Referendum
22. Sept.	Einweihung des ersten überseeischen Telefonkabels zwischen Europa und den Vereinigten Staaten

26. Sept.   Salomon Bandaranaike, der Premierminister Ceylons, kommt durch ein Attentat ums Leben
Der Taifun *Vera* verheert Japan

1. Okt.   Die Volksrepublik China feiert ihr zehnjähriges Bestehen in Gegenwart von Chruschtschow, der den Kommunisten dort davon abrät, mit Waffengewalt die Festigkeit kapitalistischer Systeme auf die Probe zu stellen

4. Okt.   Start des dritten sowjetischen Raumschiffs Lunik-II. Am 6. umrundet es den Mond und fotografiert dessen erdabgewandte Seite

20. Okt.   Zwischenfall an der sino-indischen Grenze bei Ladakh

27. Okt.   Wiederaufnahme der Arbeit der Genfer Konferenz über den Atomwaffenverzicht
Ein Orkan verwüstet Mexiko und hinterläßt über tausend Tote

7. Nov.   Chou-En-Lai schlägt Jawaharlal Nehru vor, an den sino-indischen Grenzen eine entmilitarisierte Zone zu schaffen

20. Nov.   Die politische Kommission der UNO verabschiedet eine afro-asiatische Resolution, in der Frankreich gebeten wird, „von den Atomversuchen in der Sahara Abstand zu nehmen"

13. Dez.   Anläßlich seiner Dakar-Reise verkündet General de Gaulle die Entwicklung der Kolonnialgemeinschaft zu einer losen Gruppierung unabhängiger Staaten

21. Dez.   Chou-En-Lai schlägt Jawaharlal Nehru für den 26. Dezember ein Treffen vor, um den sino-indischen Grenzkonflikt zu bereinigen; Jawaharlal Nehru lehnt bis auf „gegebene Zeit" ab.

6. Januar 1959

(Brief von Satprem an Mutter)

Rameswaram, 6. Januar 1959

Liebe Mutter,

Dieser Brief, um Dir zu sagen, daß sich ein Knoten in mir gelöst hat, in sehr deutlicher Weise, ohne erkenntlichen Grund; plötzlich atmete ich frei.

Das geschah, als ich gerade die Hoffnung verlor, je herauszukommen. Ich vermeinte eine Art grundlegende Schicht zu berühren, voller Schmerz, voller Leiden, und voller Revolten wegen dem Übermaß an Leiden. Und ich sah, daß alle meine Anstrengungen, all die Meditationen, die Aspirationen, die Mantras nichts taten, als diese leidende Schicht zu überdecken, ohne sie zu berühren. Ich sah sehr deutlich diesen grundlegenden Knoten in mir, voller Schmerz und allzeit bereit zur absoluten Verneinung. Ich sah das und sagte: „Mutter, einzig Dein Segen kann das entfernen"; an jenem Morgen, als ich an allem verzweifelte, sagte ich Dir das im Tempel. Da löste sich der Knoten. Xs Tun hat viel dazu beigetragen, Dein Segen wirkte durch ihn. Wirklich, in letzter Zeit durchlebte ich eine wahrhaftige Hölle.

X setzt seine Arbeit an mir jeden Tag fort, das soll insgesamt 41 Tage dauern: er sagte mir, er wolle Dinge aus mehreren Leben auflösen. Wenn es vorüber ist, wird er es mir erklären. Ich kann Dir nicht sagen, wie leuchtend und gut dieser Mann ist, er ist eine große Seele. Er gibt mir auch Sanskritunterricht, und langsam, ein wenig jeden Abend, erzählt er mir über das Tantra.

Seine Tätigkeit für Dich soll noch fünf Tage weitergehen, danach hat er die Gewißheit, daß Du vollkommen befreit sein wirst. Seiner Meinung nach handelt es sich in der Tat um einen Magie-Angriff von innerhalb Pondicherry, vielleicht sogar jemand im Ashram!! Er sagte mir, diese unheilvolle Person wird letztlich gezwungen sein, vor Dir zu erscheinen … Ich lerne viele interessante Dinge bei ihm.

Mutter, um Dir meine Dankbarkeit auszudrücken, will ich jetzt daran arbeiten, mich vollkommen Deinem Licht zu öffnen und wirklich ein Instrument ohne Ego zu werden, Dein bewußtes Instrument. Mutter, Du bist die einzige Wirklichkeit.

Mit Liebe und Dankbarkeit bin ich Dein Kind.

Satprem

(Mutters Antwort)

Sri Aurobindo Ashram

Pondicherry, 8.1.59

Mein liebes Kind,

Ich erwartete Deinen Brief mit Ungeduld und bin froh über das, was Du schreibst.

Ich verfolgte Schritt für Schritt die Entwicklung Deines Kampfes und ich weiß, daß es schrecklich war, doch meine Zuversicht in die Lösung wankte nie – denn ich weiß, daß Du in guten Händen bist. Ich bin so froh, daß X sich um Dich kümmert, Dir Sanskrit beibringt, Dir über das Tantra erzählt. Das ist genau, was ich mir wünschte.

Seine Tätigkeit hier war sehr wirksam und wirklich sehr interessant. Ich weiß noch nicht, ob jemand wirklich Schwarze Magie machte, und der „Täter" ist noch nicht vor mir erschienen. Aber schon seit einigen Tagen ist der unheilvolle Einfluß vollkommen verschwunden, ohne eine Spur in der Atmosphäre zu hinterlassen. Der mantrische Eingriff von X und dem Swami beschränkte sich jedoch nicht nur darauf: er hatte noch ein weiteres höchst interessantes Ergebnis. Ich bereite einen langen Brief an den Swami vor, um ihm all das zu erklären...

Die Schmerzen auf der linken Seite sind noch nicht ganz vergangen, und einige Komplikationen brachten Verzögerungen. Aber ich fühle mich viel besser. In der Tat bin ich dabei, meine Gesundheit wieder aufzubauen, und ich verspüre keinerlei Eile, meine aufreibenden Tage von vorher wiederaufzunehmen. Hier oben habe ich die Ruhe zu arbeiten und werde die Gelegenheit dazu nützen, in Muße das *Bulletin* vorzubereiten. Da ich die Seiten über die Botschaft, die wir zusammen für den 31. vorbereitet hatten, noch nicht durchgelesen hatte, habe ich sie überarbeitet und in einen Artikel verwandelt. Es wird der erste für die Februarausgabe sein. Jetzt werde ich noch die anderen auswählen und Dir dann schreiben, welche es sind und in welcher Reihenfolge ich sie bringen möchte.

Satprem, mein Kind, ich bin wirklich mit Dir und ich liebe Dich.

Mutter

14. Januar 1959

(Brief von Satprem an Mutter)

Rameswaram, 14. Januar 1959

Liebe Mutter,

Heute morgen sagte X mir, er würde mit Freude seine Tätigkeit für Dich fortsetzen, wenn das Deiner Arbeit helfen könnte; er hat sie auch beibehalten, obwohl er wußte, daß der unheilvolle Einfluß aus dem Ashram entfernt worden war. Diesbezüglich sagte X mir, daß der bösartige Geist weiterhin das Ashram umkreist, jedoch außerhalb seiner „Grenzen", und es wäre erforderlich, wenn Du beistimmst, daß er irgendwann nach Pondicherry kommt, um den „Übeltäter" direkt in den Griff zu bekommen und ihn endgültig unschädlich zu machen, damit er nicht mehr beim geringsten Anlaß die Sadhaks oder Deine Arbeit stören kann. X könnte dann diesen Geist zwingen, vor ihm zu erscheinen, und dadurch die Atmosphäre von ihm befreien. Auf alle Fälle würde diese Reise nicht in nächster Zukunft stattfinden und es wäre leicht, ihr einen offiziellen Vorwand zu geben: Vorträge über das Tantra Shastra, die alle Sanskritisten im Ashram interessieren würden. Darüberhinaus würde sich Xs Arbeit ruhig in seinem Zimmer vollziehen, während er seine tägliche Pudja macht. Von hier aus, in Rameswaram, ist es etwas schwierig, die Atmosphäre von Pondicherry genügend anzuziehen, um die Arbeit mit Präzision verrichten zu können. Natürlich wird nichts ohne Dein ausdrückliches Einverständnis geschehen. Der Swami schreibt Dir auch, um Dir die Offenbarungen zu erzählen, die X von seinem [verstorbenen] Guru über Deine Erfahrungen und die Machenschaften gewisser Ashrammitglieder erhielt.

Wie Du vielleicht weißt, ist X der zehnte in der Tradition von Bhaskaraya (meine Rechtschreibung des Namens stimmt vielleicht nicht ganz), dieser große Tantriker, den Du in einer Vision sahst und der das Kommen von Kali mit all ihren Kriegern herbeibefehlen konnte. Von X empfing auch der Swami seine Initiation.

Dein letzter Brief bedeutete eine große Erleichterung für uns, zu wissen, daß es Dir endlich physisch wieder besser geht. Wir hoffen aber sehnlichst, daß Du die unzähligen Tätigkeiten, die Dich vorher in Beschlag nahmen, nicht wieder annimmst – so viele Leute kommen egoistisch zu Dir, um des Prestiges willen, um sagen zu können, daß sie Deine Bekannten sind!! Natürlich weißt Du das ...

Auf meiner Seite ist sicherlich ein Schritt geschafft, ich werde nicht mehr von dieser schmerzlichen Flut mitgerissen. Angriffe und Depressionen kommen noch, aber sie besitzen nicht mehr die Heftigkeit von vorher. X sagte mir, zwei Drittel der Arbeit sind vollbracht und in zehn Tagen wäre alles gereinigt, dann wird das „Ding" in einem Krug verschlossen und irgendwo vergraben oder ins Meer geworfen, danach wird er mir alles erklären. Ich werde Dir darüber schreiben.

Über die eigentliche tantrische Initiation sagte X mir folgendes: „Ich werde dir die Initiation geben. Du bist tauglich. Du gehörst zu dieser Reihe. Es wird bald geschehen, in einigen Monaten oder Jahren. Bald wirst du die Wegkreuzung erreichen. Wenn die Zeit gekommen ist, wirst du selber kommen und eine Tür in mir öffnen und ich werde dir die Initiation geben." Und er deutete etwas an, eine wichtige Arbeit für das Göttliche, die mir für die Zukunft bestimmt ist, eine Arbeit für die Mutter. Von praktischer Bedeutung ist, daß ich unbedingt schnell meine Sanskrit-Kenntnisse entwickeln muß. Das Mantra, das er mir gab, scheint an Macht zu gewinnen, je mehr ich es wiederhole.

Liebe Mutter, durch welche Gnade hast Du mich durch all diese Jahre geführt und beschützt. In manchen Augenblicken habe ich die *Vision* dieser Gnade, es bringt mich den Tränen nahe. Ich sehe so deutlich, daß Du alles tust, daß Du alles Gute in mir bist, daß Du meine Aspiration und meine Kraft bist. „Ich" bin alles Schlechte, alles Widerstrebende, „ich" bin schrecklich falsch und lügenhaft. Wenn sich Dein Segen eine Sekunde von mir zurückzieht, breche ich zusammen, ich bin hilflos, Du alleine bist meine Kraft, die Quelle meines Lebens, die Freude und Erfüllung, die ich anstrebe.

Ich bin zu Deinen Füßen, Dein Kind seit immer.

Satprem

(Mutters Antwort)

16.1.59

Mein liebes Kind,

Heute morgen kam Dein Brief ... Ich bin sehr froh über alles, was X Dir sagt und daß er Dich fähig findet, die tantrische Initiation zu empfangen. Das war mein Eindruck, ich könnte sagen meine Überzeugung, der er eine erleuchtete Bestätigung gab. So ist alles gut.

Was meine Gesundheit und das Ashram angeht, schätze ich *unendlich*, was er getan hat und weiter zu tun bereit ist. Ich werde mich sehr über seinen Besuch freuen, und wenn er in ungefähr einem Monat käme, einige Tage vor dem „Darshan", wird es nicht nötig sein, einen Vorwand für seinen Besuch zu finden, er wird völlig natürlich erscheinen.

Meine Gesundheit macht gute Fortschritte. Aber ich habe die Absicht, sehr vorsichtig zu sein und mich nicht von Tätigkeiten in Beschlag nehmen zu lassen. Seit gestern habe ich das Balkon-Darshan wieder begonnen und es geht gut. Das ist im Moment alles.

Ich benutze die Gelegenheit, um zu arbeiten. Ich habe die Artikel für das Bulletin ausgesucht. Hier sind sie: 1) Botschaft; 2) Es verstehen, ruhig zu bleiben; 3) Kann es Übergangszustände zwischen dem Menschen und dem Übermenschen geben? 4) Das Anti-Göttliche; 5) Die Rolle des Geistes; 6) Karma (diesen habe ich überarbeitet, um ihn weniger persönlich zu gestalten); 7) Der Kult des Herrn in der Materie. Jetzt möchte ich die ersten zwölf Aphorismen[1] für den Druck vorbereiten. Du hast die letzten beiden aber noch nicht durchgesehen. Ich schicke sie Dir. Könntest Du sie ansehen, wenn Du mit Deinen Sachen für das Bulletin fertig bist? Es eilt nicht, nimm Dir Zeit. Störe nicht Deine *wahre Arbeit* dafür. Denn in meiner Sicht ist diese Arbeit der inneren Befreiung bei weitem die wichtigere.

Du findest beiliegend zwei kleine Scheine. Ich dachte, Du wirst sie für Briefmarken und dergleichen brauchen.

Niemals verlasse ich Dich, und meine Liebe ist auch stets bei Dir.

Mutter

---

1. *Thoughts and Aphorisms* von Sri Aurobindo, auf Französisch übersetzt und kommentiert von Mutter.

21. Januar 1959

(Brief von Satprem an Mutter)

Rameswaram, 21. Januar 1959

Liebe Mutter,

Dies ist was X mir sagte: „Ich habe eine Botschaft von meinem Guru empfangen. In meiner Vision war die Mutter zugegen, neben meinem Guru, und sie lächelte. Mein Guru sagte mir, daß deine gegenwärtigen Schwierigkeiten deine Probezeit sind, daß ich dir aber schon jetzt den ersten Grad der Initiation geben kann und daß für dich die drei Grade der Initiation in beschleunigter Weise aufeinander folgen können. Ich werde dir also die Initiation diesen *Freitag oder Samstag* geben, am Tag des Vollmonds oder am Vorabend. Der erste Grad wird drei Monate dauern, in denen du das Mantra, das ich dir geben werde, hunderttausend Mal wiederholen mußt. Nach drei Monaten werde ich dich in Pondicherry besuchen oder du kommst für vierzehn Tage zu mir, und ich gebe dir den zweiten Grad, der ebenfalls drei Monate dauern wird. Nach diesen drei Monaten wirst du die volle Initiation erhalten." X warnte mich, daß der erste Grad, den ich erhalten werde, Angriffe und Prüfungen hervorrufen wird, daß sie aber alle mit dem zweiten Grad verschwinden werden. Einmal gewarnt, doppelt vorsichtig. Aus ich weiß nicht welchem Grund sagte X mir, die besondere Art meiner Initiation müsse geheim bleiben und er werde dem Swami nichts davon sagen, und er fügte hinzu, als er die Rapidität des Vorgangs beschrieb: „Du wirst aber nicht weniger als der Swami sein." (!!) Ich wollte, daß Du all dies weißt – Du warst ja auch in Xs Vision zugegen. All das geschah zu einer Zeit, als ich die verzweifeltste Krise durchmachte, die ich je erlebte. Liebe Mutter, ich werde Dir nie ganz meine Dankbarkeit sagen können, und dennoch werde ich bei der geringsten Prüfung niedergeschmettert. Warum gibst Du mir soviel Segen?

Ich würde gerne zum Februar-Darshan nach Pondicherry zurückkommen und wieder für Dich arbeiten. Heute schicke ich ein zweites Paket an Pavitra und morgen setze ich mich an die Aphorismen, denn ich will Dich nicht länger warten lassen. Das dritte und letzte Paket werde ich Pavitra gegen Monatsende schicken, rechtzeitig für die Druckerei. Deine Aufmerksamkeit berührt mich sehr, Mutter, auch die Scheine, die Du geschickt hast.

Liebe Mutter, möge mein ganzes Leben in Deinem Dienst stehen, möge mein ganzes Wesen Dir gehören. Ich schulde Dir alles.

In Liebe und Dankbarkeit bin ich Dein Kind.

Satprem

Liebe Mutter, verschwende Deine Zeit nicht, indem Du mir schreibst, Du hast so vieles auf den Händen und mir ist etwas unwohl beim Gedanken, Dich so sehr zu stören.

(Mutters Antwort)

Sri Aurobindo Ashram

Pondicherry, 27.1.59

Mein liebes Kind,

Ich wollte abwarten, bis der Freitag und Samstag, von denen Du schriebst, vergangen waren, bevor ich Deinen Brief vom 21. beantwortete. Dann spürte ich, daß Du mir die Aphorismen schicktest, und wartete noch ein wenig. Jetzt habe ich sie mit Deinem Brief vom 23. erhalten. Ich habe sie noch nicht angesehen. Wenn Du immer noch vor hast, zum „Februar-Darshan" zurückzukommen, halte ich es überhaupt für besser, daß wir das ganze Buch zusammen durchsehen. Auf meiner Seite wird es nicht viel Arbeit geben, denn die Mittwochs- und Freitagsklassen wurden seit Anfang Dezember abgebrochen und ich weiß noch nicht, wann sie wieder anfangen werden[1]. Zur Zeit übersetze ich die Aphorismen alleine, und es scheint recht schnell und gut zu gehen. Das könnte auch überarbeitet werden, und das Buch über die Dhammapada könnte für die Veröffentlichung vorbereitet werden.

Im Moment gehe ich nur morgens um sechs zum Balkon nach unten und komme sofort danach wieder zurück, ohne mit den Leuten zu reden – und nachmittags gehe ich nochmals um drei Uhr nach unten, um zu baden, und kehre um halb fünf zurück. Ich weiß noch nicht, was nächsten Monat geschehen wird. Ich werde eine Möglichkeit finden müssen, Dich zu treffen, damit wir zusammen arbeiten können – ich werde darüber nachdenken.

Ich bitte Dich nicht, mir Einzelheiten zu schreiben[2], denn ich weiß, daß dies Dinge sind, die man besser nicht schreibt. Doch Du weißt, daß ich rege Anteilnahme dafür empfinde.

Meine Liebe ist stets bei Dir, umgibt und unterstützt Dich.

Die Segenswünsche der Gnade sind mit Dir.

Mutter

27. Januar 1959

(Brief von Satprem an Mutter)

Rameswaram, 27. Januar 1959

Liebe Mutter,

X wird also für eine Dauer von elf Tagen eine besondere Arbeit für Dich unternehmen, und wenn nach dieser Periode das Leiden weiter anhält, wird er mich nach Pondicherry schicken, um Dir persönlich etwas zu übersenden. Ich würde gerne selber etwas tun können, um Deine Schmerzen zu lindern.

---

1. Überhaupt nicht.
2. Über die Initiation.

Durch einen besonderen Segen gab X mir die beiden ersten Grade der tantrischen Initiation, die normalerweise mehrere Jahre auseinander liegen, auf einmal, und in sechs Monaten wird er mir die volle Initiation geben, wenn alles gut geht. Ich habe also ein Mantra bekommen, zusammen mit der Kraft es zu verwirklichen. X sagte mir, daß eine Realisation *am Anfang des fünften Monats* eintreten müßte, wenn ich das Mantra genau so wiederhole, wie er mich anwies, aber er sagte auch nochmals, daß die gegnerischen Kräfte alles nur mögliche unternehmen werden, um mich daran zu hindern, mein Mantra zu sagen: mentale Suggestionen und sogar Krankheiten. X hat begriffen, daß ich eine Arbeit im Ashram zu tun habe, und hat mir die äußeren Formen erlassen (Pudjas und andere Rituale), das ändert aber nichts daran, daß ich mein Mantra sehr präzise täglich wiederholen muß (3333 Mal, das bedeutet etwas mehr als drei Stunden ohne Unterbrechung morgens und etwas mehr als zwei Stunden abends). Ich werde mich also darauf einstellen müssen, in Pondicherry morgens sehr früh aufzustehen, denn *keinesfalls* wird Deine Arbeit darunter leiden.

Davon abgesehen hat er die „Reinigungsarbeit" noch nicht ganz beendet, die er seit mehr als einem Monat an mir verrichtet, aber ich glaube, alles wird in Kürze abgeschlossen sein.

Liebe Mutter, ich fühle eine Art Besorgnis, daß alle diese Mantras mich Dir nicht näher bringen – ich meine Dich in Deinem physischen Körper, denn mir wurde nicht aufgetragen, mich auf Dich in physischer Form zu konzentrieren. So sehe ich Dich fast nicht mehr in meinen Träumen, oder immer nur sehr verschwommen. Letzte Nacht träumte ich, daß ich Dir Blumen brachte (keine sehr schönen), von denen eine „Mantra" hieß, aber ich sah Dich nicht in dem Traum. Mutter, ich möchte wahr sein, das Nötige tun, sein, wie Du willst, daß ich sei.

Ich bin Dein Kind, Dir allein gehöre ich.

Satprem

(Mutters Antwort)

Sri Aurobindo Ashram

Pondicherry, 29.1.59

Mein liebes Kind,
Gerade kam Dein interessanter Brief vom 27.

Alles ist gut so – ich bin voller Zuversicht und Du kannst Dich auf meine bewußte Hilfe verlassen, um alle Hindernisse und alle schlechten Willen zu überwinden, die versuchen werden, Deinen Fortschritt zu unterbrechen oder zu verzögern. Wir müssen beharrlicher, viel beharrlicher als der Gegner sein und das Ziel rechtzeitig erreichen, koste es was es wolle.

Seit meinem letzten Brief habe ich nachgedacht, und ich sehe, daß ich dreimal wöchentlich morgens zwischen zehn und elf Uhr für eine Stunde nach unten kommen kann, um mit Dir zu arbeiten. Du darfst aber nur das Allernötigste tun, damit Dir alle erforderliche Zeit für die andere Sache [die tantrische Arbeit] bleibt.

Wie schon gesagt, habe ich weder Klassen noch Übersetzung wieder aufgenommen und weiß nicht, wann ich es tun werde. Es bleibt also nur die alte Arbeit zu vervollständigen, und das wird nicht sehr lange dauern.

Mein Körper wünscht sich auch ein Mantra zum Wiederholen. Die, welche er hat, genügen ihm nicht mehr. Er wünscht sich eines, um seine Transformation zu beschleunigen. Er ist bereit, es so oft zu wiederholen wie nötig, solange es nicht mit lauter Stimme geschehen muß, denn er ist nur sehr selten alleine und möchte niemand davon erzählen. Um die Wahrheit zu sagen, ist die Umgebung des Ashrams nicht sehr geeignet für diese Art Vorhaben. Du wirst Vorkehrungen treffen müssen, um nicht unerwartet gestört oder unterbrochen zu werden. Hauspersonal, Neugierige, sogenannte Freunde, alle können den gegnerischen Kräften als Instrumente dienen, um Steine in den Weg zu legen. Ich werde mein Bestes tun, um Dich zu beschützen, aber Du wirst selber alle Hände voll zu tun haben und Du wirst so unnachgiebig wie eine Eisenstange sein müssen.

Ich schreibe Dir all dies nicht, um Dich davon abzubringen zu kommen. Doch *ich will, daß Du es schaffst*, das ist für mich das Allerwichtigste, vor allem anderen, was auch der Preis sei. Habe deshalb die Gewißheit, daß ich immer mit Dir bin und ganz besonders, wenn Du Dein Mantra wiederholst ...

In ständiger Kommunion in der Bemühung zum Sieg verlassen Dich meine Liebe und meine Kraft nicht.

Mutter

31. Januar 1959

(Brief von Satprem an Mutter)

Rameswaram, 31. Januar 1959

Liebe Mutter,

Ich mußte lange über den Teil Deines Briefes nachdenken, wo Du sagtest, daß Dein Körper ein Mantra bräuchte, um seine Transformation zu beschleunigen. Sicherlich könnte X etwas auf diesem Gebiet tun, ich habe aber noch nicht mit ihm darüber gesprochen (und ich werde dem Swami nichts davon sagen).

X weiß wenig über Deine Arbeit, und das, was der Swami ihm davon erklären konnte, ist ziemlich unzulänglich, denn ich glaube nicht, daß er es selber sehr gut versteht. Ich müßte mich also vor X ziemlich klar ausdrücken und ihm genau und in einfachen Worten erklären, was Du brauchst. Das Wort „Transformation" ist zu abstrakt. Jedes Mantra hat eine sehr spezifische

Wirkung – ich glaube es wenigstens – und ich müßte X sagen können, welche Kräfte und Fähigkeiten Du jetzt genau benötigst, in konkreter Weise; ihm das allgemeine Ziel und die einzelnen Auswirkungen beschreiben. Dann kann er das oder die zutreffenden Mantras finden.

Meine Erklärungen werden einfach sein müssen, denn X spricht nur wenig Englisch, das verbietet mir sprachliche Feinheiten. (Ich bringe ihm ein bißchen Englisch bei, während er mich das Sanskrit lehrt, und es gelingt uns doch recht gut, uns zu verständigen. Er versteht mehr, als er sprechen kann.)

Dem Swami will ich nicht davon erzählen, denn X ist nicht sehr froh über die Art, wie der Swami jede Gelegenheit nutzt, um sich Dinge anzueignen, besonders Mantras (das erkläre ich Dir genauer, wenn wir uns wiedersehen). Vor allem die Art, wie er „ich" sagt. Nichts sehr Schwerwiegendes: die schlechte Seite des Swami, er hat auch gute. Das weiß Du ja.

Ich möchte also erst nach reiflicher Überlegung mit X sprechen, in sehr präzisen Worten, und ich warte, daß Du mir schreibst, was ich sagen soll. Die Sache ist zu wichtig, um ungenau oder leichtfertig angegangen zu werden.

. . . .

Über meine Rückkehr nach Pondicherry möchte ich Dich entscheiden lassen. Es drängt mich, Dich wiederzusehen, aber die Dinge dürfen nicht übereilt werden und die Darshanzeiten sind schwer für Dich.

Im Prinzip wird X seine „Reinigung" an mir am 6. Februar abschließen. Nach diesem Datum werde ich also tun, was Dir richtig scheint.

Mein Mantra sage ich jetzt nur teilweise, und X wird einen „günstigen" Tag festlegen, um wirklich gemäß den Regeln anzufangen, wenn ich in Pondicherry bin, denn normalerweise soll man den Ort nicht mehr wechseln, wenn man diese Arbeit einmal begonnen hat. Ein günstiger Tag ist der 12. Februar, wenn Du entscheidest, daß ich zu diesem Datum zurückkehren soll (oder ein wenig früher, um die Dinge einzurichten), sonst wird ein anderer, späterer Tag bestimmt.

Dein Brief, Mutter, füllte mich mit Kraft und Entschiedenheit. Ich will siegreich sein und Dir dienen. Ich sehe sehr deutlich, daß ich nach und nach viele nützliche Dinge von X lernen kann. Das Wesentliche ist, zuerst dieses Ego zu verlieren, das alles verdirbt. Durch Deinen Segen glaube ich wirklich eine entscheidende Wende vollzogen zu haben und fühle jetzt einen Anfang wahrer Hingabe – ich spüre Deine Liebe, ich spüre Deine Gegenwart, die Dinge öffnen sich ein wenig.

Mutter, ich liebe Dich und wünsche so sehr, Dir wahrhaft zu dienen.

Dein Kind,

Satprem

P.S. Da sind noch alle die alten *Entretiens*, die wir auch irgendwann zusammen durchsehen müßten, vielleicht nicht alle, aber manche Fragen müssen geregelt werden. Welcher Segen, mit Dir arbeiten zu dürfen!

(Mutters Antwort)

Sri Aurobindo Ashram

Pondicherry, 2.2.59

Mein liebes Kind,

Ich bekam Deinen Brief vom 31. Er bestätigt in vielen Punkten meine Erfahrung dieser letzten Tage. Über all das sprechen wir nach Deiner Rückkehr.

Ich habe viel über mögliche Mantras nachgedacht und erkannte auch die Schwierigkeit, etwas zu empfangen, das *nicht verengt* … Man muß wenigstens eine Idee der Möglichkeit (wenigstens) des Supramentals haben, um zu verstehen, was ich suche …

Was Deine Rückkehr angeht, der Tag, den Du nennst, ist die Saraswati Pudja – ich werde für die Segnung nach unten kommen. Wenn Du am Vortag, dem 11. ankommst, stelle ich mich darauf ein, Dich vom 12. an um zehn Uhr zu sehen, und Du kannst Dein Mantra beginnen.

Du brauchst mir nur einen kurzen Brief zu schicken und mir sagen, ob Du einverstanden bist. Sag mir auch, ob Du Geld für die Rückfahrt brauchst und wieviel, rechtzeitig, daß ich es Dir schicken kann.

Alles andere werden wir hier besprechen.

Also bis bald.

Sag X, daß mein Körper auf dem Wege zur vollständigen Genesung ist.

Mit meiner Liebe und meinen Segenswünschen.

Mutter

12. Februar 1959

(Botschaft von Mutter)

Selbst wenn es viel Dunkelheit gibt – und diese Welt ist voll davon, und die physische Natur des Menschen auch – so kann dennoch ein Strahl des wahren Lichts letztlich gegen eine zehnfache Dunkelheit überwiegen. Glaubt dies, und heftet euch daran.

Sri Aurobindo

29. Dezember 1932

21. Februar 1959

(Botschaft zu Mutters Geburtstag)

Im Mental, dem Schöpfer differentieller Widersprüche, herrscht angeblich eine beständige Unvereinbarkeit zwischen den transzendenten und den kosmischen Zuständen des Göttlichen – so wie zwischen dem Persönlichen und dem Unpersönlichen, dem Einen und den Vielen. Für das supramentale Bewußtsein hingegen erheben sich diese Probleme nicht, denn dort wird die Erfahrungsweise mentalen Unwissens beseitigt und die Grundlage aller Dinge ist eine unvergängliche Einheit – jeglicher Ausdruck dort kann diese Einheit (die wesentlich und nicht numerisch ist) weder verringern noch widerlegen, sondern lebt in ihr und durch sie, verliert nie den Halt der über-kosmischen Wirklichkeit, die er ausdrückt. Der Unterschied zwischen Supramental und Mental kann dem Mental nur schwer erklärt werden, denn er widerspricht der Logik des Mentals und ersetzt sie durch eine Art des Wissens, die *swayamprakasha* [selbst-offenbarend] ist und in einem Wissen durch Identität verwurzelt liegt, von dem das Mental bestenfalls nur ein Abbild oder einen Schatten erhaschen kann. Es macht jedoch einen ungeheuren Unterschied in den Möglichkeiten des Bewußtseins, ein Unterschied, den man nicht durch Denken, sondern nur durch Erfahrung erkennen kann.

Sri Aurobindo

10. März 1959

(Satprem kehrte also zum Ashram zurück, weil er aber sehr bald wieder vom Reisefieber ergriffen wurde, ist diese Agenda *des Jahres 1959 leider von großen Löchern durchsät und nahezu inexistent. In der folgenden Unterhaltung geht es um einen von Mutters Kommentaren über die Dhammapada: „Das Böse".)*

Ich verbrachte eine Nacht – eine Nacht des Kampfes –, wo aus irgendeinem Grund eine Horde von Kräften des Vitals in mein Zimmer eindrang, Kräfte aller Arten: Wesen, Dinge, entstehende Wesen, Überbleibsel von Wesen – alles nur mögliche … Ein fürchterlicher Ansturm, wirklich abscheulich.

In diesem Gewimmel erkannte ich einige etwas bewußtere Willenskräfte – Willenskräfte des Vitals –, und ich sah, wie sie versuchten, eine Reaktion im Bewußtsein der Menschen hervorzurufen, um sie dazu zu bringen, gewisse Dinge zu denken, zu wollen, oder wenn möglich auszuführen.

Eine dieser Kräfte sah ich, die versuchte, einen Zorn in jemand zu entfachen, damit er einen Schlag austeile: einen spirituellen Schlag. Diese Formation hielt einen Dolch in der Hand (einen vitalen Dolch, denn es war ein vitales Wesen: grau und schleimig, scheußlich), es hielt einen sehr spitzen Dolch und führte vor, was zu tun sei: „Wenn jemand so etwas tut …" (es tat, als habe jemand etwas völlig Unannehmbares getan) „… dann verdient er dies …", und das Bild war vollständig: das Wesen stürzte sich mit seinem Dolch nach vorne, im Vital.

Ich kenne die Folgen dieser Dinge, deshalb stoppte ich es gerade rechtzeitig und gab ihm einen Schlag. Dann war ich die Geschichte leid und setzte ihr ein Ende, machte eine Säuberung. Ich machte eine fast physische Säuberung, denn vorher hielt ich meine Hände fest zusammen (ich war halb in Trance) und breitete sie mit einer sehr plötzlichen Bewegung aus, nach rechts und nach links, mit Kraft, wie um etwas wegzufegen, und brrrt!… alles verschwand sofort.

Hätte ich das nicht getan … Ich schaute, nicht direkt mit Neugierde, aber um zu lernen – um zu lernen, in welcher Atmosphäre die Leute leben! Und das ist IMMER so! Sie werden ständig von einer HORDE kleiner wimmelnder und abscheulicher Formationen bedrängt, die alle ihre bösartigen Suggestionen machen.

Nimm zum Beispiel diese Bewegung des Zorns, wenn jemand von seiner Leidenschaft mitgerissen wird und Dinge tut, die er in seinem Normalzustand nie tun würde: das ist nicht er, der sie tut, sondern diese kleinen Formationen, die dort in der Atmosphäre wimmeln und nur auf eine Gelegenheit warten … um hervorzustürzen.

Wenn man sie sieht, oh, das ist … erstickend! Wenn man damit in Beziehung steht … Man fragt sich wirklich, wie es möglich ist, in einer solchen Atmosphäre zu atmen. Und dennoch ist das die Atmosphäre, in der die Leute STÄNDIG leben! Sie leben darin. Sie leben nur dann NICHT dort, wenn sie höher steigen. Aber andere sind vollends unten, und dort sind sie ein Spielzeug für diese Dinge; ihre Reaktionen sind manchmal nicht nur unerwartet, sondern ganz und gar schrecklich, weil sie das Spielzeug dieser Dinge sind.

Jene, die höher steigen und ein etwas intellektuelles Gebiet betreten, betrachten das von oben: sie können es beherrschen, können ihren Kopf frei behalten und atmen; doch jene, die darin leben …

Sri Aurobindo nennt diesen Bereich „die Zwischenzone“, in dieser Zone, sagt er, kann man alle beliebigen Erfahrungen machen, wenn man dort eindringt. Aber *(lachend)* das ist nicht sehr empfehlenswert! – Jetzt verstehe ich! Ich hatte diese Erfahrung, weil ich gerade las, was Sri Aurobindo diesbezüglich im letzten Buch von *On Yoga* schreibt, in einem Brief; ich wollte sehen, was es ist. Ah, jetzt weiß ich!

Und das ist es, was ich auf meine Art ausdrücke, wenn ich sage, die Gedanken „kommen, gehen, kehren ein und aus"[1]. Gedanken, die materielle Dinge betreffen, entstammen dieser Welt, eine Art Willenskräfte, die aus dem Vital kommen und sich ausdrücken wollen, und die sehr oft wahrhaft mörderisch sind. Ist man unzufrieden, hat zum Beispiel jemand etwas gesagt, was einem mißfällt, so hat man eine Reaktion … und es ist stets dasselbe: da sind kleine Wesenheiten, die warten, und wenn sie meinen, der Augenblick sei gekommen, beginnen sie ihren Einfluß und ihre Suggestionen; und das ist es, was sich vital durch das Wesen mit dem Dolch ausdrückt, das hervorstürzt, um einen Stoß zu versetzen, noch dazu in den Rücken! Nicht einmal von vorne. Im menschlichen Bewußtsein drückt sich das durch eine Bewegung von Zorn, von Wut, von Empörung aus: „Dies darf nicht sein! Man darf nicht!…" und der nächste sagt: „Ja! Wir werden dem ein Ende setzen!"

Das ist sehr interessant zu sehen, einmal, aber es ist nicht sehr angenehm.

---

1. In diesem Kommentar zur Dhammapada.

März 1959

(Brief von Satprem an Mutter)

Pondicherry, März 1959

Liebe Mutter,

X verläßt mich gerade. Er begann damit, zu sagen, er habe Deine Erlaubnis, mit mir über gewisse Dinge bezüglich der schwarzen Kräfte zu reden, die Dich angriffen. Ich fragte ihn, warum er nicht direkt mit Dir spricht, weil Du sicherlich besser und *mehr* verstehen würdest als ich. Er erwiderte: „Mehrere Male fragte Mutter über diese schwarzen Kräfte, und jedesmal fühlte ich mich in „großer Verwirrung". Dort (bei Dir) ist ein solcher Ort, ein Ort Höchster Macht, Ort der Göttlichkeit, da *kann* ich nicht über kleine Dinge sprechen, da *kann* ich nicht Englisch sprechen. Ich habe es versucht, aber es stört meine „Meditation". Deshalb bat ich um Mutters Erlaubnis, mit dir zu reden; mit dir kann ich über diese Dinge reden." Das war beinahe wörtlich seine Aussage. Liebe Mutter, er sagte das in einer solchen Weise, da war etwas so *Heiliges,* als er von Dir dort oben sprach, daß ich mich vor seinen Füßen niederwerfen wollte. (Oh Mutter! Wie schlecht wir uns Dir nähern ...)

Er begann seine Erzählung folgendermaßen: „Dieses Mädchen aus Mutters Gefolge[1] wurde zu ihren Lebzeiten von einem äußerst mächtigen mantrischen Zauberer angegriffen. Doch der Schutz war zugegen und schließlich fiel der Angriff auf den Mantriker zurück, der daran starb. Er starb in großer Wut und mit einem starken Willen zur Rache, und er begann das Ashram in der „Preta Loka" zu umkreisen (ich glaube, das entspricht der vitalen Welt), auf der Lauer nach einer Gelegenheit, Schaden anzurichten. Doch die Reinheit, die göttliche Kraft war so stark, daß er nichts tun konnte. Als das Mädchen starb, griff er sie an und die beiden verschmolzen: er absorbierte sie. Und sie umstreiften weiterhin das Ashram auf der Suche nach einem physischen Instrument, um eindringen zu können. Sie fanden eine Öffnung über gewisse Leute mit schwarzen Gedanken. Durch meine Pudjas wurden mir *sieben von ihnen* bekannt. Sie wurden alle sieben durch mein Yantram[2] angezogen. Manche unter ihnen stahlen bei ihrer Arbeit Geld von Mutter. Das lernte ich gestern, und ich begann eine besondere Pudja, um ihre Gedanken zu wenden und sie wieder auf den rechten Weg zu bringen." (Hier deutete er an, daß dies leicht sein werde.)

. . . .

Schließlich sagte X mir: „Das ist alles. Mehr sage ich dir Freitag, nach der Pudja. Dann wird die Arbeit beendet sein."

Damit endete die Diskussion dieses Themas. Als wir uns seinem Haus näherten, sagte ich ihm: „Es würde Mutter sehr nützlich sein, die Namen

---

1. Ein junges Mädchen aus Mutters und Sri Aurobindos nächster Umgebung, das Mutter viel Schaden zufügte. Sie starb einige Jahre nach Sri Aurobindos Abschied.
2. *Yantram:* Zeichnung, meist aus geometrischen Linien gebildet, die dazu dient, bestimmte Kräfte zu invokieren oder zu materialisieren.

dieser Personen zu kennen, das würde ihrer eigenen Arbeit helfen." Und ich schlug ihm vor, er könnte sie aufschreiben und Dir in einem versiegelten Umschlag übermitteln.

Dazu begann er ziemlich kategorisch „Nein" zu sagen. Ich betonte die Hilfe, die das Deiner Arbeit bringen würde, und daß niemand außer Dir die Namen erfahren würde, wenn er sie in einen verschlossenen Umschlag legte. Dann sagte er: „Gut, morgen werde ich versuchen die höchste Gottheit um die Namen von drei unter ihnen zu bitten, die Haupttäter."

Es war keine Rede von dem *lebenden* Zauberer, der von einem Ashram-Mitglied bezahlt wurde (zweifelsohne einer dieser sieben), um Dich zu beseitigen. Wenn Du willst, kann ich ihm diese Frage ein anderes Mal stellen.

. . . .

Liebe Mutter, entschuldige alle die Male, wo ich mit „kleinen Dingen" zu Dir kam.

Ich bete, daß Du mich von meiner Kleinheit befreist, daß Du all die so kleinen und häßlichen Dinge *klar in mein Bewußtsein* bringst und daß ich stets mit einem weiteren Herzen zu Dir komme, besser fähig, Dich zu sehen und Dich zu lieben.

Dein Kind,

Satprem

März 1959

(Brief von Satprem an Mutter über Xs Nachforschung, um herauszufinden, wer Schwarze Magie gegen Mutter gewirkt hatte)

Pondicherry, März 1959

Liebe Mutter,

Morgen treffen wir uns, aber es ist besser, die Dinge genau festzuhalten, und wenn Du willst, lese ich Dir meinen Brief vor. Dies ist, was X mir sagte:

„Heute morgen während der Pudja kam die Botschaft; mein Guru sprach in Form von Sanskrit Slokas, und das ist nicht leicht, auf Englisch zu erklären. Normalerweise hätte ich ziemlich lange auf die Antwort warten müssen, aber wegen der Größe der Mutter kam die Antwort sofort. Die Botschaft verdächtigte nicht nur 7, sondern 25 bis 50 Personen, alle oder fast alle Gujaratis." (Hier sagte X etwas, das ich nicht sicher bin, richtig verstanden zu haben: seinem Guru schien es nicht leicht zu fallen, oder er hatte keine Lust, so viele Namen zu geben, wenn Mutter aber darauf besteht, könnte noch etwas getan werden.) Dann sprach die Botschaft von einer Rivalität zwischen Gujaratis und Bengalis (um die Schlüssel-Stellungen in Ashram einzunehmen), ich stelle das zwischen Klammern, denn es ist mehr eine Interpretation meinerseits, was ich „fühlte". X benutzte auch nicht das Wort „Rivalität" – das ihm wohl nicht geläufig war –, sondern sagte „Verwirrung zwischen Gujaratis und Bengalis". Dann bezog sich die Botschaft speziell auf die Gujaratis in „head-departments". Ich fragte X, ob es um die Leiter der Abteilungen oder die Hauptabteilungen ging. Er antwortete: „Alle Gujaratis", dann nahm er sich zurück und sagte: „75 % unter ihnen". Dann sagte er: „Im Ashram sind wenige, *wenige* Leute von sehr hohem Niveau, und viele … „, ohne den Satz zu vervollständigen. Die Botschaft ging weiter und erklärte in eindeutiger Weise, daß diese Gujaratis sich damit beschäftigen, Mutters Geld zu horten, während sie äußerlich vorgeben, dem Ashram zu dienen. Hier *glaubte ich zu verstehen*, daß eine bengalische Gruppe versuchte, die Gujaratis abzusetzen, um die Geschäfte zu ihrem Nutzen führen zu können. Das war der Kern der Botschaft. Ich fragte X, ob er nicht die genauen Sanskrit Slokas, die er hörte, aufschreiben könne. Er sagte ja, dann sagte er, er würde das später zu Hause sehen???

Dann sagte X: „Ich werde etwas unternehmen, um Ordnung dahinein zu bringen und die Gedanken dieser Leute auf den richtigen Weg zu lenken. Das kann ich aber nicht hier in Pondicherry tun. Es wird ungefähr zwei Monate dauern. Zwei Monate lang werde ich eine Pudja über einem besonderen Yantram machen, und wenn es getan ist, werde ich Mutter dieses Yantram zusammen mit bestimmten Manuskripten für die Bibliothek schicken. Mutter muß dann dieses Yantram in ihrer Nähe aufbewahren, das wird ihr bei ihrer eigenen Arbeit helfen, um diese schlechten Elemente im Griff zu behalten."

Ich bat X um Einzelheiten, wenigstens über jene, die den Zauberer bezahlten. Er sagte, er würde mir morgen mehr darüber berichten.

Schließlich laß ich X Deinen Brief vor. Er sagte sofort „ich weiß" über die Kugel aus Licht: „Das ist die Shakti der Mutter, ihre Macht, in einer konzentrierten Form" (er fand das Wort „konzentriert" nicht, sondern sagte „Sammlung"). Diese globale, konzentrierte Shakti kam heute wieder; das ist ein sehr gutes Zeichen. Hier deutete er an, dies wäre das Zeichen, daß die „schwarze Kraft" endgültig besiegt oder beherrscht wurde. (Nächstes Mal erzähle ich Dir einen seltsamen Traum, den ich letzte Nacht hatte und der eine Beziehung damit zu haben scheint.[1]) Das Licht wurde durch den schwarzen Angriff zerstreut, aber es ist zu stark, als daß es wirklich berührt werden könne. Es kehrte zurück. Er habe auch an gewissen physischen Zeichen gesehen, daß es Mutter besser geht.

Dann sprach X den Wunsch aus, *sitzend* vor Dir zu meditieren anstatt aufrecht: „Siehst du, heute morgen flog ich, ich berührte den Boden nicht, außerhalb meines Körpers." Deshalb wäre es ihm angenehmer zu sitzen. Dann fügte er hinzu: „Jeden Tag geschieht eine andere Handlung. Mutter weiß es, aber dir kann ich etwas davon sagen, denn du bist mir sehr nahe, *du bist mein Herz* (ich war sehr gerührt, als er mir das sagte). Am ersten Tag

---

1. In diesem „Traum" sah Satprem einen Titanen in einem riesigen Flugzeug zerschellen. Dennoch schien der Titan nicht tot oder nicht ganz tot zu sein.

stand mein Guruji dort, zu meiner Seite, mit seiner Hand auf meiner Schulter segnete er mich. An einem anderen Tag wurde ich sehr groß, zehn Fuß statt fünf, und große, große Macht kam in mich." Dies waren ungefähr seine Worte, ich weiß nicht mehr, wie er es genau sagte. Ich weiß nur, daß etwas sehr Machtvolles in ihn kam und er sich hinterher ausruhen mußte. Mehr sagte er mir nicht, er wiederholte: „Mutter weiß".

Das ist ziemlich alles, liebe Mutter.

Jedesmal wenn er zu mir kommt, „gibt" er mir etwas; eine große Kraft will bei mir hervorkommen, die er zu ziehen scheint; sie versucht im Hals aufzusteigen und durch den Kopf hervorzukommen. Ich weiß nicht genau. Etwas geschieht, das ist alles, was ich weiß.

Mit Liebe bin ich Dein Kind.

Satprem

März 1959

(Brief von Satprem an Mutter)

Pondicherry, März 1959

Liebe Mutter,

Ich erzählte X meinen Traum über den Titanen und sagte ihm, der Titan in dem abgestürzten Flugzeug war nicht oder schien nicht tot zu sein. Er antwortete sofort: „Ja, morgen wird er sterben." Morgen ist der letzte Tag seiner Pudja.

. . . .

Ich sagte X, er solle sich nicht über den Schwarm von Namen sorgen, daß Du bereits wüßtest, Dich aber über diese reduzierte Zahl von sieben Personen wundertest. Er sagte: „Sie sind die Leiter der Abteilungen."

. . . .

Ich vergaß am Anfang zu erwähnen, daß X den Absturz des Titans mit der Tatsache, daß die Lichtkugel in Deine Hände zurückkehrte, verbindet.

Liebe Mutter, Du hast mich diesbezüglich bereits mehrere Male beruhigt, aber ein Gedanke kommt bei mir sehr häufig auf und BESORGT mich, als wäre etwas *nicht richtig* darin, daß Du hier bist, Du als Mutter, mit allem, was Du für mich bedeutest, und der Tatsache, daß ich X „Guru" nenne und mich zu seinen Füßen verbeuge. Das ist subtil auszudrücken, denn ich spüre wirklich, daß X Guru eines gewissen Teils für mich ist, und ich verbeuge mich sehr *spontan* zu seinen Füßen, weil ich fühle, daß er etwas von Dir ist. Dennoch ist mir unwohl, als würde ich Dich betrügen oder beraubte meine Beziehung zu Dir *eines Absoluts*. Weißt Du, einer „der es mit keinem verderben will", das

277

ist abscheulich, wenn ich das höre. Etwas in mir wiederholt: Es dürfte nur Mutter geben. Ah, ich weiß nicht, wie ich es Dir erklären soll, aber das stört mich. Liebe Mutter, kläre mich auf oder beruhige mich, oder befreie mich von dem, was nicht richtig ist.

Ich bin Dein Kind.

Satprem

März 1959

(Brief von Satprem an Mutter)

Pondicherry, März 1959

Liebe Mutter,

Gerade verließ ich X, er schickte mich einige Minuten nach meiner Ankunft bei ihm wieder weg: „Ich möchte nicht, daß du *jetzt* hier bleibst." Und er fügte hinzu: „Eine schwere Arbeit ist zu tun." Er machte gerade ein „Japam" als ich um fünf Uhr ankam.

X sieht *müde* aus, und sein Junge – der sehr empfindlich ist – sah auch nicht gut aus.

Heute morgen sagte X: „Letzte Nacht kämpfte ich wie ein Löwe." Und es scheint noch nicht vorüber zu sein, obwohl er mir gerade sagte: „Er ist fortgegangen" (der Titan). Ich fragte ihn, ob er tot sei, er antwortete: „Ja, ja, verschlossen" – aber ich glaube, er sagte das vor allem, um meinen Fragen zu entgehen, und das widerspricht seinem „eine schwere Arbeit ist zu tun."

. . . .

Dann sagte X: „Er (der Titan) kam zu mir im Kampf, doch er wagte es nicht, zu nahe zu kommen, und er fragte mich:
– Warum störst du mich?
– Weil es meine Pflicht ist."
Das ist alles zu diesem Thema.

. . . .

Ich vergaß noch, Dir zu sagen: heute morgen erklärte mir X folgendes: „Ich würde gerne nach einiger Zeit für 14 Tage oder so nach Pondicherry zurückkommen und einigen Leuten hier im Ashram die Initiation geben, wenn Mutter es gestattet. Denn hier ist Bedarf an starken Leuten, eine *Polizei als Wache*." Und er fügte hinzu: „Es gibt keine Verwirrung (ich glaube, er meint Widerspruch) zwischen meiner Tradition und dem Ashram..." Er deutete an, das verfolgte Ziel sei dasselbe. Und selbstverständlich hängt all das zur Gänze von Dir und Deinen Wünschen ab. (Ich hatte den deutlichen

Eindruck bei all dem, daß er wie ein Mitglied des Ashrams sprach, das sein Bestes tun möchte, um das Ashram zu verteidigen und zu beschützen.)

Dein Kind mit Liebe,

Satprem

(Mutters Antwort)

Wahrscheinlich bekam X es mit dem Titanen zu tun, der meinen Körper seit seiner Geburt verfolgt und der all jene angreift und in Besitz zu nehmen versucht, die mir nahe kommen. Dieser Titan wird von einer sehr mächtigen asurischen Kraft unterstützt.

Die kleine Anzahl jener, denen ich voll vertrauen kann, würde sich nicht der initiatorischen Disziplin unterwerfen. Unter den anderen würden jene, die es akzeptieren, dies höchst wahrscheinlich aus Ehrgeiz tun, und das brächte uns noch viel unangenehmere Mißgeschicke als die Erfahrung mit Z.

26. März 1959

(Über Satprems letzte Wanderungen und seine grundlegende Auflehnung, die ihn immer wieder die Straßen aufsuchen läßt)

Hinter dem Titanen, der uns besonders jetzt angreift, liegt etwas anderes. Dieser Titan wurde von jemand anders entsandt. Er ist seit meiner Geburt hier, wurde mit mir geboren; ich fühlte ihn, seit ich sehr klein war, doch erst nach und nach, als ich meiner selbst bewußt wurde, begriff ich, WER er war und was hinter ihm steht.

Dieser Titan wurde ausdrücklich entsandt, um meinen Körper anzugreifen, er kann es aber nicht direkt tun, deshalb benutzt er die Leute in meiner Umgebung. Das ist wie eine Fatalität: all jene, die mir etwas näher stehen, und besonders solche, die der Liebe fähig sind, wurden von ihm angegriffen; manche erlagen, wie dieses Mädchen, das von ihm absorbiert wurde. Er folgt mir wie ein Schatten, und jedesmal, wenn irgendwo um mich herum die kleinste Öffnung entsteht, ist er bereit.

Die Macht dieses Titans stammt von einem Asura. Es gibt vier Asuras. Zwei vollzogen bereits ihre Bekehrung, und die beiden anderen, der Herr des Todes und der Herr der Lüge, machten einen Versuch der Bekehrung, indem sie einen physischen Körper annahmen – sie waren

279

eng mit meinem Leben verknüpft. Die Geschichte dieser Asuras wäre wirklich interessant zu erzählen ... Der Herr des Todes verschwand: er verlor seinen physischen Körper, ich weiß nicht, was aus ihm geworden ist.[1] Und der andere, der Herr der Lüge, der jetzt diese Erde beherrscht, hat wohl versucht, sich zu bekehren, doch er fand das abscheulich!

Manchmal nennt er sich „Herr der Nationen". Er ist es, der alle Kriege in Gang setzt, und durch die Vereitelung seiner Pläne konnte der letzte Krieg gewonnen werden ... Dieser will sich überhaupt nicht bekehren, er will nichts von der physischen Transformation oder der supramentalen Welt wissen, denn das bedeutete sein Ende. Er weiß auch ... Wir sprechen miteinander; jenseits von all dem haben wir eine Beziehung. Und schließlich *(lachend)* bin ich ja seine Mutter! Eines Tages sagte er mir: „Ich weiß, daß du mich zerstören wirst, doch vorher werde ich so viele Katastrophen verursachen, wie ich kann."

Und dieser Asura der Lüge entsandte den Titanen, der immer an meinen Fersen hängt. Er wählte den mächtigsten Titan, den es auf der Erde gibt, und entsandte ihn ausdrücklich, um diesen Körper anzugreifen. Folglich, selbst wenn es gelänge, diesen Titanen zu fesseln oder zu töten, ist es wahrscheinlich, daß der Herr der Lüge eine andere Form entsendet, und noch eine, und noch eine, um sein Ziel zu erreichen.

Letztlich besitzt einzig das Supramental die Macht, das zu zerstören. Wenn der Augenblick gekommen ist, wird all das verschwinden, ohne daß irgend etwas zu unternehmen ist.

März 1959

(Brief von Satprem an Mutter)

Pondicherry, März 1959

Liebe Mutter,

Als ich X verließ, sagte er mir: „Mit Mutter sprach ich meine Muttersprache."

. . . .

X sagte, er würde in einem halben Jahr einen ganzen Monat hier verbringen, um die Initiation vorzubereiten und auszuführen. Er sprach darüber,

---

1. Das war Theon.

nachdem er P auf der Straße begegnet war, und er sagte in ziemlich rätselhaftem Ton so etwas wie: „Ja *hier* werden starke Männer benötigt. Hier wird die Macht benötigt." Ich verstand nicht recht, denn es wurde mit vielen Untertönen gesagt.

Ich bin Dein Kind, liebe Mutter.

Satprem

März 1959

(Brief von Satprem an Mutter über die tantrische Initiation, die Mutter durch X an zwei andere Ashramschülern geben lassen wollte)

Pondicherry, März 1959

Liebe Mutter,

Ich sprach mit X über die Frage der Initiationen. Er sagte, auch er habe *nur zwei* Personen gesehen (wenn er sagt „gesehen", glaube ich nicht, es ist physisch gemeint). Er sagte, viele Leute wären sehr „begierig", doch selten seien solche, denen Du voll vertrauen könntest – und diese hätten vielleicht ein Stadium erreicht, wo es ihnen schwerfällt, sich einer initiatorischen Disziplin zu unterziehen.

Ich fragte ihn nach seinem Eindruck des Darshans heute morgen. Er deutete in etwa an: „Ich gab Mutter bereits, in einigen Sekunden, meine Eindrücke."

Da Du auch seine Eindrücke über die Meditation am Sportplatz erfahren wolltest, fragte ich ihn. Er sagte ungefähr, daß die Sanskrit-Tonbandaufnahme[1] heute nachmittag genügen würde, um „die Dinge in Ordnung zu bringen", weil sie eine Macht enthalte, die den Meditationen helfen sollte.

. . . .

Vorhin besuchte X mich, und etwas geschah, ich weiß nicht, immer diese Kraft, die er mit großer Macht aus mir zieht. Doch vor allem wollte ich Dir sagen: als ich wieder aufstand (ich war zu seinen Füßen) war er schön wie ein Gott, sein Blick war göttlich, es kam wirklich von sehr hoch oben.

Dein Kind, mit Liebe,

Satprem

---

1. Ein von X gesprochener Sanskrit-Text, der zu Beginn der gemeinsamen Meditationen auf dem Ashram-Sportplatz gespielt werden soll.

Ende März 1959

(Brief von Satprem an Mutter)

Pondicherry, März 1959

Liebe Mutter,
Dein Brief heute morgen *berührte* mich. Jetzt wiederhole ich, mehrmals am Tag, daß es ein Feind ist, der Feind.
Ich bin Dein Kind, Mutter, und ich will, daß diese Krise DIE LETZTE sei.
Mit Liebe.

Satprem

29. März 1959

(Botschaft von Mutter)

Es ist wohl nicht sehr nützlich, mental vorherzubestimmen, was die genauen Ergebnisse der Herabkunft eines supramentalen Bewußtseins in eine Welt sein werden, in der bisher die mentale Intelligenz das höchste evolutionäre Produkt und die führende Kraft war. Denn das Supramental ist ein Bewußtsein, das auf ganz andere Weise wirken wird als das Mental, und die Richtlinien, die letzteres für es vorzeichnet, werden von der höheren Energie seiner Selbst-Ordnung und Aktion hier kaum respektiert werden.

Sri Aurobindo

7. April 1959

(Brief von Satprem an Mutter)

Pondicherry, 7. April 1959

Liebe Mutter,

Ich bestätige vor Dir den Entschluß, den ich heute morgen am Samadhi faßte.

Fortan weigere ich mich, zum Komplizen dieser Kraft zu werden. Sie ist mein Feind. Welche Form er auch annimmt und welchen Widerhall er auch in meiner Natur findet, ich weigere mich, ihm nachzugeben, und klammere mich an Dich. Du bist die einzige Wirklichkeit: dies ist mein Mantra. Alles, was versucht, mich an Dir zweifeln zu lassen, ist mein Feind. Du bist die einzige Wirklichkeit.

Und jedesmal, wenn ich den Schatten nahen fühle, rufe ich Dich, sofort.

Daß Du nie mehr wegen mir leidest. O Mutter, reinige mich und öffne mein Herz.

Dein Kind,
Satprem

P.S. Vielleicht ist es gut, Dir die beiden Stützpunkte zu nennen, die diese Kraft beim letzten Angriff in mir fand:

1)Die Tatsache, daß ich ständig belästigt werde, und, manchmal, eine gewisse Abscheu vor mentaler Arbeit. Mit der daraus folgenden Suggestion: eine Hütte in Rameswaram zu haben und mich ausschließlich auf die innere Entwicklung zu konzentrieren.

2)Ich fühle mich sehr gezogen – nicht immer, aber periodisch – von dem Bedürfnis zu schreiben (keine mentalen Dinge) und es ärgert mich, daß *L'Orpailleur* nicht erscheint, weil ich mir nicht die Zeit genommen habe, gewisse Korrekturen durchzuführen. Wenn alles gut geht, mache ich Dir die Gabe von all dem (vielleicht ist es ein *versteckter Ehrgeiz?* aber ich bin nicht sicher – ich glaube eher, es ist ein Bedürfnis, oder?) und wenn es schlecht geht, „schimpfe" ich, nicht die Zeit zu haben, etwas anderes zu schreiben.

Das ist die Situation. Erleuchte mich, Mutter.

Satprem

(Mutters Antwort)

Mittwoch morgen 8.4.59

Satprem, mein liebes Kind,

Dein Entschluß war direkt zu mir gegangen und ich hatte ihn in die Tiefe meines Herzens genommen und mit meinem höchsten Willen gesagt: „Es sei so."

Jetzt kam gerade Dein Brief und bestätigte meine Erfahrung. Es ist gut.

Ich habe Dein Postskriptum gelesen und ich verstehe. Auch das war eine Bestätigung dessen, was ich fühlte. Ich bin nicht einverstanden, daß Du mit Arbeit belästigt wirst, vor allem nicht mit dringender Arbeit, die schnell getan werden muß – das widerspricht der Ruhe und inneren Konzentration, die so unerläßlich sind, um sich von seinen Schwierigkeiten zu befreien. Ich werde das Nötige veranlassen, um dem abzuhelfen. Das war auch der Grund, warum ich Dir in letzter Zeit sagte, daß meine Arbeit nicht dringend ist. Doch vor allem die am Bulletin muß für den Augenblick aufhören.

Der zweite Punkt enthält auch sein Element der Wahrheit – wir werden darüber sprechen.

Mit all meiner Liebe umhülle ich Dich, mein Kind, und sage Dir: habe Mut, der Sieg ist gewiß, nicht gestutzt und partiell, sondern *umfassend*.

Mutter

13. April 1959

(Brief von Satprem an Mutter)

Pondicherry, 13. April 1959

Liebe Mutter,

Hier ist der Entwurf für das geplante Buch über Sri Aurobindo, für *Éditions du Seuil*.

Es ist nur eine Skizze, und die vorgeschlagene Reihenfolge kann sich entsprechend der inneren Notwendigkeiten ändern, während ich schreibe, aber dies sind die betrachteten Themen. Jetzt würde ich gerne wissen, was Du fühlst, ob Du Änderungen, Zuträge oder Abträge siehst.

Dein Kind mit Liebe,

Satprem

Ohne Datum 1959

(Über Anatole France und „Die Revolte der Engel")

… Diese Kinder verstehen nicht Sri Aurobindos Ironie. Sie lesen das wörtlich *(Geste an der Oberfläche)*. Und seltsamerweise ist es dasselbe Phänomen, wenn sie Anatole France lesen. Anatole France zu lesen, ohne seine Ironie zu verstehen, wirkt schrecklich banal.

Sie erkennen die Ironie nicht.

Sri Aurobindo hatte das. Er verstand die Ironie von Anatole France so gut, er hatte dasselbe – so subtil, so verfeinert …

„Sehr gut", würde er sagen, hätte er *Die Revolte der Engel* gelesen, „das ist wahr, welchem von beiden[1] soll man glauben?" *(Mutter lacht)*

21. April 1959

Hier oben, angefangen beim Zentrum zwischen den Augenbrauen, ist die Arbeit getan, seit langer Zeit. Es ist weiß. Seit Zeitaltern und Zeitaltern besteht die Vereinigung mit dem Höchsten, ständig.

Unterhalb dieses Zentrums liegt der Körper. Und dieser Körper hat wohl das konkrete Gefühl des Göttlichen, in jeder seiner Zellen; was aber noch getan werden muß, ist diesen Körper zu universalisieren. Darin besteht die Arbeit, ein Zentrum nach dem anderen. Ich verstehe, was Sri Aurobindo meinte, wenn er wiederholte: „Werdet weit." All das muß universalisiert werden; das ist die Voraussetzung, die Grundlage, damit das Supramental in den Körper herabkommen kann.

In den alten Überlieferungen wurde diese Universalisierung des physischen Körpers als die höchste Verwirklichung angesehen, doch sie ist nur eine Grundlage, die Grundlage, damit das Supramental herabkommen kann, ohne alles zu zerbrechen.

---

1. Jehovah, oder dem aufständischen Engel, der seinen Platz einnehmen will.

285

23. April 1959

(Brief von Mutter an Satprem)

23.4.59, 7 Uhr abends

Satprem, mein liebes Kind,

Ich hoffe, Du hast X geschrieben, daß es abgemacht ist, wir erwarten ihn *mit seiner Familie* am 30. [April] früh morgens, und ich rechne damit, daß er mir während seines Besuchs jeden Morgen eine Meditation gibt.

. . . .

Versichere ihm, daß alles in Ordnung ist und wir ihn erwarten, und daß ich mit seinen Meditationen rechne.

Immer bei Dir mit Liebe und Fürsorglichkeit.

Mutter

24. April 1959

(Handschriftliche Notiz von Mutter an Satprem)

24. April 1959

Die göttliche Vollkommenheit ist stets zugegen über uns; doch daß der Mensch in Bewußtsein und Tat göttlich werde und innerlich und äußerlich das göttliche Leben lebe, das ist die Bedeutung der Spiritualität; alle geringeren Bedeutungen, die dem Wort gegeben werden, sind unzulängliche Fehlschritte oder Hochstapeleien.[1]

---

1. Mutters französische Übersetzung eines Textes von Sri Aurobindo, *The Human Cycle*, XV, 247.

Anfang Mai 1959

(Brief von Satprem an Mutter)

Pondicherry, Mai 1959

Liebe Mutter,

Ich sprach gerade einige *Minuten* mit X. Er verließ Dich völlig „gerührt" (in seiner tiefen Weise). „Ich stand aufrecht vor Mutter und wußte nicht mehr, wo ich war. Nach einer Viertelstunde fand ich mich dort." Mehrere Male sagte er: „Große Kraft, Große Kraft … Ein Ozean. Sie *allein* kann verstehen." Als ich ihm meine Überraschung bekundete, weil er auf dem Weg zu Dir gesagt hatte, er würde dieses „Japa" stehend vor Dir erst morgen anfangen, antwortete er: „Als ich bei Mutter ankam, fühlte ich Den Befehl von oben, und ich begann sofort."

Er sagte mir, dieses Japa mit Dir müsse an drei aufeinanderfolgenden Tagen stattfinden, folglich regelt das die Frage unserer Gespräche, Du wirst bis Mittwoch oder Donnerstag beschäftigt sein. Er sagte 10:15 wäre besser für ihn (das kann auch heißen 10:20), weil er mit dem ersten Teil seiner Pudja erst um 10 Uhr fertig wird. Deshalb kamen wir heute morgen auch mit Verspätung (er „saß" noch, als ich ihn abholte). Überhaupt ist X stets „überraschend" in seinen Taten, und er hat kaum ein Gefühl der Zeit. Er sagte mir: „Verstehst du, hier bin ich im Hause von Annapurna[1] und ich bin so froh, meine Japas und Pudjas machen zu können, ohne von meinen Familiensorgen gestört zu werden. Hier kann ich *endlich* ausschließlich für Das leben. Hier herrscht überall eine große Schwingung." Da vergißt er die Zeit.

Dein Kind,
Satprem

P.S. Die Gottheit, die er in seinen *jetzigen* Pudjas invokiert, ist Durga.

Mai 1959

(Brief von Satprem an Mutter)

Pondicherry, Mai 1959

Liebe Mutter,

Als X aus Deinem Zimmer kam, war er noch erschütterter als gestern. Es war physisch sichtbar. Er sagte nichts, außer wieder, daß Du allein verstehen könntest.

. . . .

---

1. *Annapurna:* „Jene, die die Welten ernährt", Gattin von Shiva, einer der Aspekte der höchsten Mutter.

Dann sprach er plötzlich über mich, er sah mich mit seinem dritten Auge an und sagte in völlig rätselhafter Weise: „Ich weiß nicht, warum *diese Gedanken* mir jedesmal kommen, wenn ich an dich denke..." (ich weiß nicht, welche Gedanken er meint) und fügte hinzu: „du wirst für *zwei* Monate nach Rameswaram kommen – ich werde Mutter fragen – *eine solche Sache* wird geschehen... Wenn die Zeit gekommen ist, werde ich dir schreiben, und du wirst bei mir wohnen." Das sind seine genauen Worte, die so ziemlich alles bedeuten können.

Heute morgen, kurz bevor er in Dein Zimmer ging, hielt er besorgt inne, weil er jemand durch die halb-offene Tür Deines Vorzimmers sah. Er fragte mich, wer dort sei, aber ich schob ihn zu Dir und sagte, es wäre nichts. Wenn das vermieden werden könnte, wäre es besser.

Oh! er war so überwältigt, als er die Treppe von Dir herabkam! Er brauchte mindestens fünf Minuten, um sich wieder zu sammeln.

Dein Kind,
Satprem

Anfang Mai 1959

(Brief von Mutter an Satprem)

Donnerstag, 1 Uhr

Satprem, mein liebes Kind,
Ich bekam Deinen Brief mit den Neuigkeiten.
Über E sagte mir X selber, daß er ihm gestern abend die Initiation gab (mehr sagte er nicht). Anscheinend erwachte die Kundalini und der Strom war so stark, daß E ganz rote Augen bekam.
. . . .
Hat X Dir nichts über unsere Meditation von heute morgen gesagt? Frage ihn nicht, aber wenn er selber darüber spricht, wäre ich interessiert zu wissen, was er sagt.
Immer bei Dir in der Liebe und dem Licht.

Mutter

288

Mai 1959

(Brief von Satprem an Mutter)

Pondicherry, Mai 1959

Liebe Mutter,

Ich habe X Deinen Brief[1] vorgelesen. Zuerst sagte er: „Ich werde es morgen erklären." Dann fügte er hinzu: „Normalerweise konzentriere ich mich auf die Gottheit, die über die Meditation präsidieren oder uns helfen wird, bevor ich zu Mutter gehe. Auf diese Weise kommt eine Gottheit (Göttin) und mit ihr die Zeremonie und das Ritual und die Farben. Ich werde es morgen erklären." Weil ich seinem „morgen" nicht ganz traue, beharrte ich, besonders über diese leuchtende Kugel[2], und fragte ihn, ob es dieselbe wie die Shakti der anderen Erfahrungen sei. Er sagte nein, es wäre etwas anderes und wiederholte „mehr morgen". Abschließend sagte er: „Es ist sehr gut, sehr gut."

. . . .

Morgen werde ich um 9 Uhr 30 da sein.

Ich bin zu Deinen Füßen, Mutter, mit Dankbarkeit. Ich bin ein schwieriger Fall, aber ich liebe Dich trotzdem.

Satprem

7. Mai 1959

(Brief von Satprem an Mutter)

Pondicherry, 7. Mai 1959

Liebe Mutter,

Ich sprach mit X über Deine Erfahrung, aber mit all diesen Leuten bleibt so wenig Zeit, daß ich weder alle Einzelheiten geben noch sehr deutliche Erklärungen bekommen konnte. X kennt dieses Licht sehr gut, diese blau-violetten leuchtenden Wellen mit dem weißen Balken in der Mitte. Seine Beschreibung stimmte genau mit der Deinigen überein … Kurzum, er meinte, dieses Licht stamme vielleicht von seinen Konzentrationen auf Dich, auch wenn er in Rameswaram ist. Ich erklärte ihm diese Universalisierung Deines Körpers.

---

1. In dem Mutter um bestimmte Erklärungen der Erfahrungen bat, die sich während ihrer Meditationen mit X zutrugen.
2. Eine andere Kugel, oder vielleicht dieselbe, diesmal aber von einer orangenen Farbe.

Er stimmte bei, wie jemand, der versteht, jedoch ohne zu kommentieren. Über die orange Kugel sagte er: „Jedesmal, bevor ich mit Mutter meditiere, spreche ich einige Buchstaben aus. Und wie du weißt, besitzt jeder Buchstabe eine Farbe. Es gibt 51 Arten, die Buchstaben anzuordnen, und 51 „Pfade" oder 51 Stellen im Körper, an denen die Kraft wirken kann. So ist die orange Kugel wahrscheinlich das Ergebnis einiger dieser Buchstaben, vielleicht ein Schutz für Mutters Körper." Jedenfalls schien er es für ganz normal zu halten, daß Deine Erfahrungen dieses blau-violetten Lichts zeitlich ungefähr mit Eurer Beziehung übereinstimmen. In allen Pudjas werden diese „Diagramme" oder „Yantrams" verwendet, die stets aus geometrischen Formen bestehen. (Eines Tages erklärte er mir: „Diese Diagramme sind die Stationen, auf die die Göttinnen herabkommen.")

Als ich heute abend D abholte, sagte sie mir, sie wäre von Schwierigkeit befallen worden, als hätte dieses Mantra Rückschläge verursacht. X führte sofort eine kleine „Operation" aus, und sie ging lächelnd wieder fort.

Zu mir sagte er: „Morgen werde ich dir ein anderes Mantra mit drei Buchstaben geben. Jetzt werde ich die Kraft in eine weibliche Form verwandeln. Nach einiger Zeit wirst du ein kleines Mädchen von ungefähr zehn Jahren vor dir erscheinen sehen, und *sie wird kommen, um dir zu helfen*. Dieses Mantra mußt du in drei Monaten 300000 Mal wiederholen. Nach den drei Monaten werde ich dir die *volle* Initiation geben." Dann erklärte er, man könne nicht das ganze Meer auf einmal in einen Topf bringen, man müsse den Körper allmählich daran gewöhnen, und die Sadhana bestehe genau darin, den Körper daran zu gewöhnen, mehr und mehr von dieser Unermeßlichkeit der Kraft zu empfangen. (Dies ist stark zusammengefaßt.)

Dein Kind,
Satprem

19. Mai 1959

Solange man auf dem aufsteigenden Weg bleibt, ist die Arbeit relativ leicht. Diesen Weg hatte ich bereits zu Beginn des Jahrhunderts durchlaufen und eine ständige Beziehung zum Höchsten geschaffen, zu Dem, was jenseits des Persönlichen, jenseits der Götter und allen äußeren Ausdrucksweisen des Göttlichen, aber auch jenseits des Absoluten Unpersönlichen liegt. Darüber läßt sich nicht reden: man muß die Erfahrung selber machen. Und genau das muß in die Materie herabgebracht werden. Darin besteht der absteigende Weg, der, den ich mit Sri Aurobindo begann; und dort ist die Arbeit immens.

Bis zum Mental und zum Vital kann man es noch herabbringen (obwohl Sri Aurobindo sagte, bereits beim Mental würde es Tausende Leben benötigen, wenn man nicht einen vollkommenen *surrender* [Hingabe] praktiziert. Mit Sri Aurobindo drangen wir bis unterhalb der Materie hinab, bis ins Unterbewußte und sogar ins Unbewußte. Doch nach dem Hinabstieg kommt die Transformation, und wenn es an den Körper geht, wenn man ihn auch nur einen Schritt voranbringen will – nicht einmal einen ganzen Schritt, nur einen winzigen Schritt! –, dann verhakt sich alles: es ist als setzte man den Fuß in einen Ameisenhaufen … Dennoch ist die Gegenwart, die Hilfe der höchsten Mutter ständig anwesend; da erkennt man, daß eine derartige Arbeit für die normalen Menschen unmöglich ist oder Millionen Leben erfordern würde. Und um die Wahrheit zu sagen, außer man verrichtet die Arbeit für sie und die Sadhana des Körpers für das gesamte irdische Bewußtsein, werden sie niemals die physische Transformation erreichen oder nur in so ferner Zukunft, daß es besser ist, nicht darüber zu reden. Öffnen sie sich aber, überlassen sich in einer vollkommenen Hingabe, so kann die Arbeit für sie getan werden: sie müssen es nur zulassen.

Der Weg ist schwer. Dennoch ist dieser Körper voller gutem Willen; jede seiner Zellen ist erfüllt vom Psychischen; er ist wie ein Kind. Neulich rief er spontan aus: „O mein Sanfter Herr, gib mir die Zeit, Dich zu verwirklichen!" Er bat nicht, daß es schneller gehe, er bat nicht, von seiner Arbeit erleichtert zu werden: er bat nur um die ZEIT, die Arbeit zu tun. „Gib mir die Zeit!"

Diese Arbeit am Körper hätte ich schon vor dreißig Jahren beginnen können, doch ich wurde ständig in das aufreibende Ashramleben verwickelt. Es erforderte diese Krankheit[1], damit ich mich wirklich der Sadhana des Körpers widmen konnte. Man kann nicht sagen, ich hätte dreißig Jahre verloren, denn vor dreißig Jahren, selbst wenn ich es gekonnt hätte, wäre diese Arbeit wahrscheinlich verfrüht gewesen. Auch das Bewußtsein der anderen mußte sich entwickeln – die beiden Fortschritte hängen zusammen, der individuelle Fortschritt und der kollektive Fortschritt, der eine kann nicht vorankommen, wenn der andere nicht vorangeht.

Ich erkannte auch, daß für diese Sadhana des Körpers ein Mantra wesentlich ist. Sri Aurobindo gab keines; er sagte, man müsse die Arbeit auch tun können, ohne auf äußere Mittel zurückzugreifen. Hätte er den Punkt erreicht, wo wir jetzt stehen, würde er erkennen müssen, daß die rein psychologische Methode nicht ausreicht und daß ein Japa

---

1. Ende 1958, als Mutter die *Entretiens* am Sportplatz abbrach und das Ashram nur noch ausnahmsweise verließ.

notwendig ist, denn einzig das Japa besitzt einen direkten Einfluß auf den Körper. So mußte ich die Vorgangsweise ganz alleine entdecken, mußte mein Mantra selber finden. Doch jetzt, wo die Dinge bereit sind, schaffte ich in einigen Monaten die Arbeit von zehn Jahren. Darin liegt die Schwierigkeit, es braucht Zeit, die Zeit …

Und ich wiederhole mein Mantra ständig – wenn ich wach bin und sogar wenn ich schlafe. Ich sage es, während ich mich anziehe, während ich esse, während ich arbeite, während ich mit anderen spreche; stets ist es im Hintergrund, die ganze Zeit, die ganze Zeit.

Man erkennt auch sofort den Unterschied zwischen denen, die ein Mantra haben, und den anderen. Bei jenen, die kein Mantra benutzen, selbst wenn sie eine lange Gewohnheit der Meditation oder Konzentration haben, bleibt etwas Verschwommenes, etwas Ungenaues um sie. Während das Japa denen, die es praktizieren, eine Art Präzision, Solidität gibt: ein festes Gerüst. Sie sind wie gestählt.

Mai 1959

(Brief von Satprem an Mutter)

Pondicherry, Mai 1959

Liebe Mutter,
Du hast mich auf höchst eindrucksvoller Weise von meinen Kopfschmerzen und einer anfangenden Infektion am Weisheitszahn befreit. So schreibe ich Dir.

. . . .

Ich kam mit X auf das Thema der finanziellen Schwierigkeiten des Ashrams zu sprechen und benutzte die Gelegenheit, um ihm von der eingetretenen unscheinbaren „Entspannung" zu erzählen, und ich sagte ihm, Du hättest Dich gefragt, ob er nicht etwas getan hätte. (Ich schreibe Dir all dies *stark zusammengefaßt*.) X antwortete, daß er sofort nach seiner Rückkehr nach Rameswaram drei Tage lang eine besondere Pudja der Dankgebung gemacht hatte und seine Gottheit bat, es Dir hundertfach zu vergelten (dies ist meine freie Übersetzung dessen, was er ausdrücken wollte). Dann erzählte ich ihm von diesen Männern mit zig Millionen Rupien, die am Ashram vorbeistreifen, und diesem Geld, das im letzten Moment unter einem adversen Druck eine andere Richtung nimmt. All das gab X zu denken. Ein anderes

Mal werde ich ihm sagen, was Du versuchst, materiell hier zu verwirklichen. Er spürte etwas.

Dein Kind mit Liebe,

Satprem

25. Mai 1959

(Brief von Mutter an Satprem)

Dienstag, 1 Uhr (25. Mai 1959)

Satprem, mein liebes Kind,
Ich kann nur das Gebet wiederholen, das ich heute morgen an den Höchsten Herrn richtete:
„Möge Dein Wille geschehen, in allem und jederzeit.
Möge Deine Liebe sich manifestieren."
Für Dich, ich erhielt Dein feierliches Versprechen in einem Augenblick klaren Bewußtseins, und ich bin sicher, Du wirst darin nicht wanken.
Meine Liebe ist mit Dir.

Mutter

(Satprems Antwort)

27. Mai 1959

Mutter,
Wenn es geschieht, um mir all meine Fehler vorzuhalten, daß Du mich an mein „feierliches Versprechen" erinnerst, bin ich bereit, alle Fehler zuzugeben. Ich bin schuldig ohne mildernde Umstände und erwarte keinerlei Nachsicht.
Ich kann mir gut vorstellen, daß Deine Aufgabe hier auf der Erde nicht besonders ermutigend ist und Du unsere menschliche Substanz idiotisch und widerspenstig findest. Ich möchte nicht noch mehr Schlechtes auf Dich werfen, als Du schon empfängst, bitte Dich aber auch, meine Lage zu verstehen. Ich bin nicht geschaffen für dieses ausgetrocknete Leben, nicht geschaffen, den ganzen Tag Sätze zusammenzufügen, nicht geschaffen, um alleine in meinem Loch zu leben, ohne einen Freund, ohne Liebe, ohne anderes als Mantras und die Erwartung eines Besseren, das nicht kommt. Jetzt will ich

293

schon seit drei Jahren abreisen und gebe jedesmal wieder nach, aus Skru-
peln, daß ich Dir fehlen könnte und weil ich auch an Dir hänge. Doch nach
dem [Buch über] „Sri Aurobindo" wird es wieder etwas anderes sein, immer
wird irgend etwas meine Abreise zu einem „Verrat" machen. Ich bin es leid,
in meinem Kopf zu leben, immer nur im Kopf, mit Papier und Tinte. Das
war nicht mein Traum, als ich zehn war und über die wilde Heide lief. Ich
ersticke. Du verlangst zu viel von mir; oder besser gesagt, ich bin nicht wert,
was Du von mir erwartest.

Was mich hätte hier halten können, ist, Dich zu lieben. Und ich empfinde
für Dich Hingabe, Hochachtung, Respekt, Anhänglichkeit, aber nie dieses
Wunderbare und Warme und Volle, das einen in einem gemeinsamen Pochen
mit einem Wesen verbindet. Aus Liebe könnte ich alles tun, alles akzeptieren,
alles ertragen, alles aufgeben – doch ich fühle nicht diese Liebe. Man kann
sich nicht nur mit dem Kopf „hingeben", durch eine mentale Entscheidung.
Seit fünf Jahren versuche ich das zu tun. Ich versuche Dir nach bestem
Vermögen zu dienen. Aber ich kann nicht mehr. Ich ersticke.

Ich mache mir keine Illusionen und bilde mir keineswegs ein, mein Leben
würde anderswo endlich erfüllt werden. Nein, ich weiß, daß all das verdammt
ist, aber dann soll es wenigstens *wirklich* verdammt sein. Will das Göttliche
mir nicht seine Liebe gönnen, soll er mir seinen Fluch geben. Nicht aber
dieses Leben zwischen zwei Welten. Oder wenn ich zu widerspenstig bin, soll
er mich brechen. Nicht aber diese Lauheit, dieses Ungefähr.

Ich bin nicht wirklich schlecht, Mutter. Ich halte dieses Leben ohne Liebe
nicht mehr aus. Das ist alles.

Jemand hier hätte mich retten können, weil ich sie hätte lieben können.
Oh, es ist nichts von alledem, was Du Dir vielleicht vorstellst. Meine Seele
liebt ihre Seele. Etwas sehr Ruhiges. Wir kennen uns jetzt schon seit fünf
Jahren, und es wäre mir nie auch nur in den Sinn gekommen, das Liebe zu
nennen. Doch alle äußeren Umstände sind gegen uns. Und ich will niemand
von Dir abkehren. Jedenfalls sage ich mir, wenn ich schon auf den Boden des
Lochs sinke, ist das kein Grund, jemand anderen dorthin mitzuschleppen.
Das ist deshalb ein weiterer Grund für mein Weggehen. Ich will nicht weiter
alleine in meiner Ecke ersticken. (Es ist nutzlos, mich nach ihrem Namen zu
fragen, ich werde *nichts* sagen.)

Du bürdest mir eine weitere Probe auf, indem Du mich bittest, nach
Rameswaram zu gehen. Ich akzeptiere Deinetwegen. Aber ich werde mit
meinem härtesten Eisen gewappnet dorthin gehen und nicht nachgeben, weil
ich weiß, daß alles immer von neuem zu wiederholen ist. Mir liegt nicht
daran, ein „großer Tantriker" oder dies oder jenes zu werden, ich will nur
lieben. Und weil ich nicht lieben kann, gehe ich fort. Ich werde morgen früh
um 2 Uhr in Rameswaram ankommen und um 11 Uhr wieder mit dem Zug
abreisen.

Nach Neukaledonien will ich gehen. Dort oder woanders … Dort gibt es
Wälder. Afrika verschließt sich. Du mußt mir ein letztes Mal helfen, indem
Du mir die Mittel gibst, fortzugehen und mit einem Minimum an Erfolg-
schancen etwas anderes zu versuchen – obwohl ich mich dort, wo ich jetzt
stehe, ziemlich wenig um „Chancen" kümmere. Ich bräuchte 2000 Rupien,

wenn Dir das möglich wäre. Wenn Du nicht willst, oder nicht kannst, gehe ich trotzdem, egal wo, egal wie.

Und noch einmal, Du kannst alle Urteile über mich fällen, ich gestehe alle Fehler ein. Ich bin schuldig in einer schuldigen und idiotischen Welt (die wahrscheinlich ihre Idiotie noch liebt).

Satprem

Die „Aphorismen" für morgen sind fertig.
Mehr habe ich nicht zu sagen.

(Mutters Antwort)

28.5.59

Satprem, mein liebes Kind,

Heute morgen erschien mir das Problem und seine Lösung sehr deutlich; da ich aber aus offensichtlichen Gründen in dieser Angelegenheit Richter in eigener Sache bin, kann ich keine Entscheidung treffen; nicht daß mein Urteil notwendigerweise egoistisch wäre, aber es besäße keine Autorität.

Allein jemand, der Dich liebt und der das Wissen hat, kann die wahre Lösung des Problems finden. X erfüllt diese Voraussetzungen bestens. Gehe zu ihm und zeige Dich ihm so, wie Du bist, ohne zu verschlechtern oder zu verschönern, mit der Aufrichtigkeit und Einfachheit eines Kindes. Er kennt Deine Seele und ihre Aspiration; erkläre ihm Dein physisches Leben und Dein Verlangen nach Raum, Einsamkeit, wilder Natur, einfachem und freiem Leben. Er wird verstehen, und in seiner Weisheit wird er erkennen, was am Besten zu tun ist.

Was er entscheidet, werden wir tun.
Meine Liebe ist unveränderlich mit Dir.

Mutter

28. Mai 1959

(Brief von Satprem an Mutter)

Pondicherry, 28. Mai 1959

Mutter,

Ich will nicht, daß Du meinetwegen leidest, es gibt schon zuviel Leiden in der Welt. Ich werde tun, was Du willst. Ich gehe nach Rameswaram und bleibe dort solange X will. Ich habe *gesehen,* daß es keine glückliche Lösung geben kann. So beuge ich mich den Umständen.

Wenn es Deine Augen nicht zu sehr anstrengt, würde ich Dich bitten, das Folgende zu lesen. Ich möchte Dir erklären, was ich sah, sehr deutlich.

Nach der Bewegung der Auflehnung heute morgen ergriff mich eine große Traurigkeit, eine große Bitterkeit, wie im Angesicht einer großen Ungerechtigkeit.

Eine spirituelle Bestimmung liegt in mir, aber sie umfaßt noch *drei* andere Bestimmungen und ist so innig mit ihnen verbunden, daß ich nichts davon abziehen kann, ohne etwas meiner lebendigen Seele abzutrennen. Das ist der Grund, warum diese unterdrückten Bestimmungen periodisch erwachen und mich rufen – und die dunklen Kräfte ergreifen diese Gelegenheiten, um Chaos in mir zu säen und mich zu drängen, alles zu verderben, weil ich mich nicht wirklich erfüllen kann. Das Problem ist unlösbar.

1) Da ist die Bestimmung des Abenteurers: jener in mir, der das Meer oder den Wald und die weiten Räume und den Überlebenskampf braucht. Das ist das Beste meiner Kindheit. Ich kann das knebeln und mir sagen, „das Abenteuer ist innen", und das kann eine Zeitlang „gehen". Aber das ungezähmte Kind in mir lebt dennoch weiter, und es stellt etwas sehr Gutes in mir dar. Ich kann es nicht mit Argumenten töten, selbst mit spirituellen Argumenten. Und wenn ich ihm sage, alles ist „innen", nicht „außen", dann antwortet es „warum wurde ich dann geboren, warum die Manifestation in einer äußeren Welt?" Letztlich geht es nicht um Argumente. Es ist eine Tatsache, wie der Duft der Heide.

2) In mir ist auch die Bestimmung eines Schriftstellers. Auch das hängt mit dem Besten meiner Seele zusammen. Auch das ist ein tiefes Bedürfnis, wie das Laufen in der Heide, denn während ich gewisse Dinge schreibe, atme ich in einer Weise. Aber in den fünf Jahren, seit ich hier bin, mußte ich erkennen, daß ich physisch nicht die Zeit habe, das zu schreiben, was ich will (ich erinnere mich, wie ich den *Orpailleur* ertrotzen mußte, und ich hatte noch nicht einmal Zeit ihn zu korrigieren). Dies ist kein Vorwurf, Mutter, denn Du tust alles, was Du kannst, um mir zu helfen. Aber ich erkenne, um zu schreiben, erfordert es eine gewisse *„Muße",* und es gibt *zu viele Dinge,* die weniger persönlich und wichtiger zu tun sind. All das kann ich knebeln und mir sagen, daß ich einen „Sri Aurobindo" schreiben werde – aber das befriedigt nicht diesen anderen in mir, und periodisch erwacht er und drängt mich, um mir zu sagen, daß er auch atmen möchte.

3) Eine Bestimmung in mir fühlt auch die menschliche Liebe als etwas Göttliches, das verwandelt werden und ein sehr mächtiger Handlungsmotor werden könnte. Ich hielt das nicht für möglich, außer im Traum, bis ich hier jemandem begegnete. Aber Du glaubst nicht an diese Dinge, folglich werde ich nicht wieder davon sprechen. Auch das kann ich knebeln und mir sagen, daß eines Tages alles in der inneren göttlichen Liebe erfüllt wird. Aber das hindert nicht diesen anderen in mir daran, weiterzubestehen und das Leben für trocken zu halten und zu sagen: „Warum die äußere Manifestation, wenn alles Leben in den inneren Bereichen stattfindet?" Auch das kann ich nicht mit Argumenten ersticken.

So bleibt die rein spirituelle Bestimmung, das rein Innerliche. Das versuche ich ohne großen Erfolg seit fünf Jahren zu tun. Es gibt gute Zeiten der Mitarbeit, weil ein Teil meines Wesens unter allen Umständen glücklich sein kann. Aber diese Errungenschaft bleibt irgendwie verstümmelt, besonders wenn man das spirituelle Leben auf einer umfassenden Basis gründet. Und diese drei Bestimmungen in mir haben *wahre*, gute Gründe, sie sind nicht minderwertig, sie sind nicht nebensächlich, sie sind aus denselben Fäden gewoben, die das spirituelle Leben in mir bildeten. Mein Fehler ist, der Auflehnung Einlaß zu verschaffen, wenn ich zu schmerzlich spüre, daß der eine oder andere erstickt.

Du siehst also, das alles ist *unlösbar*. Ich kann mich nur den unglücklichen Umständen beugen. Ich fühle eine Ungerechtigkeit irgendwo, aber ich habe nur zu schweigen.

. . . .

Dann war ich betroffen, als Du mir sagtest, ich wollte „alle Scheiben einschlagen". Du impliziertest so deutlich, daß ich das Ashram in „übler Weise" verließ. Auch das lähmte mich. Ich glaubte mein Bestes getan zu haben und die Unterdrückung der anderen Teile in mir so lange als möglich fortgesetzt zu haben, um Dir zu dienen.

Das ist alles. Es gibt keine Lösung. X wird nicht verstehen und ich werde ihm nichts sagen. Aber ich gehorche Dir, weil alles vergeblich ist und weil es schon zu viele Schmerzen in der Welt gibt und weil auch jemand in mir Dich *braucht*, jemand, der Dich auf seine Weise liebt.

Satprem

(Mutters Antwort)

Freitag, 29.5.59

Satprem, mein lieber Kleiner,
Ich habe Deinen Brief ganz gelesen und ich bleibe überzeugt, daß eines Tages alle Teile Deines Wesen, ohne einen einzigen auszuschließen, ihre volle Befriedigung finden werden. Aber das sehen wir später.

Für den Augenblick will ich Dir nur aus der Tiefe meines gerührten Herzens sagen: danke.

Mit all meiner Liebe.

Mutter

Ich sehe Dich morgen früh um zehn und hoffe, einige kleine Mißverständnisse können aufgeklärt werden.

Ich schicke Dir schon jetzt den Brief, den ich für morgen früh vorbereitet hatte.

(Mutters Brief)

Die Worte, die Du hörtest, habe ich nicht ausgesprochen – ich wollte Dir von meiner Erfahrung der Nacht erzählen, aber ich war wie gelähmt, weil ich deutlich fühlte, daß Du mich nicht mehr verstandest. Seit ich Deinen Brief

297

erhielt, konzentrierte ich mich auf Dich, um zu versuchen Dir zu helfen, und als die Nacht kam, zu der Zeit, wo ich in Beziehung mit X trete, rief ich ihn zur Hilfe und er sandte mir diese kleine Kali, die er schon einmal geschickt hatte. Damit ging ich zu Dir, nahm Dich in meine Arme und drückte Dich kräftig an mein Herz, um Dich so weit als möglich vor Stößen zu beschützen, und dann ließ ich Kali ihren Kriegstanz gegen diesen Titan machen, der immer noch versucht, Dich in Besitz zu nehmen und der die Revolte in Dir verursacht. Sie muß zumindest teilweise Erfolg gehabt haben, denn sehr früh morgens machte der Titan sich etwas enttäuscht aus dem Staube, aber im Weggehen warf er dies heraus: „Es wird dir leid tun, denn du hättest weniger Sorgen gehabt, wenn er gegangen wäre." Ich schleuderte ihm seine Suggestion lachend ins Gesicht und sagte: „Nimm das mit dem Rest deiner gemeinen Person, ich brauche es nicht!" Und die Atmosphäre klärte sich.

Ich wollte Dir all dies sagen, aber ich konnte nicht, denn Du warst noch fern von mir und es hätte ausgesehen, als wollte ich angeben. Das Mißverständnis der Entfernung ließ Dich andere Worte hören, als jene, die ich aussprach.

3. Juni 1959

(Brief von Satprem an Mutter)

Rameswaram, 3. Juni 1959

Liebe Mutter,

Ich richtete X von Dir aus, daß Du Dich um mich sorgtest. Er hatte auch gefühlt, daß es nicht gut ging und „arbeitete" von seiner Seite. Er trug mir auf, Dir sofort zu schreiben, daß „alles in Ordnung ist".

. . . .

Dann erklärte ich ihm, daß Dir ein Mantra gekommen war, das Du besonders von fünf bis sechs Uhr wiederholst, und beschrieb diesen Höhepunkt, wo Du Dankbarkeit, Enthusiasmus usw. ausdrücken wolltest, sowie das französische Mantra. Nach der Erklärung gab ich ihm Deinen Text auf Französisch und Sanskrit. Er *fühlte* und verstand sehr gut, was Du wolltest. Seine erste Reaktion, nachdem er es las, war zu sagen: „Große Bedeutung, große Kraft ist da. Es ist gut." Ich sagte ihm, abgesehen von der Bedeutung des Mantras wolltest Du wissen, ob es vom Standpunkt der „Schwingung" gut sei. Er sagte, er würde Deinen Text in einer der nächsten Pudjas nehmen und ihn selber wiederholen, um zu sehen. Er hatte vor, das heute morgen zu tun, aber er bekam ein Fieber (seit seiner Rückkehr von Madura geht es ihm nicht gut: Erkältung und Sonnenstich). Sobald ich das Ergebnis seines „Tests" weiß, schreibe ich Dir.

Für mich sagte er ungefähr folgendes: „Als erstes möchte ich eine Zusage von dir haben, daß du unter keinen Umständen je das Ashram verläßt. Was immer auch geschieht, selbst wenn Yama[1] vor deiner Tür tanzt, darfst du nie das Ashram verlassen. Im kritischen Augenblick, wenn der Angriff am stärksten ist, mußt du alles in Seine Hände werfen, dann und nur dann kann das Ding entfernt werden." (Ich weiß nicht mehr, ob er „entfernt" oder „zerstört" sagte.) „Das ist der einzige Weg. *Sarvam mama Brahman* (Du bist meine einzige Zuflucht). Hier in Rameswaram werden wir 45 Tage lang zusammen meditieren, und die asurische Shakti mag mit voller Kraft angreifen, und ich werde mein Bestes tun, nicht nur zu schützen, sondern zu zerstören, doch dazu benötige ich deine Entschlossenheit. Nur durch deine eigene Entschlossenheit kann ich die Macht bekommen. Wenn die Kraft dir Suggestionen macht: Mangel an Abenteuer, Mangel an Natur, Mangel an Liebe, dann denke dir, daß ich der Wald bin, ich die See bin, ich die Frau bin!!" In der Zwischenzeit verdoppelte X fast die Anzahl der Mantras, die ich jeden Tag wiederholen muß (aber es ist dasselbe Mantra, das er mir in Pondicherry gab). Mehrmals wiederholte er, daß ich für ihn nicht nur ein „Schüler" wie die anderen bin, sondern wie sein Sohn.

Dies war eine erste eilige Unterhaltung, und die Dinge haben sich noch nicht entwickelt. Ich sagte nichts. Ich traue meinen Reaktionen nicht, wenn ich in meinen gänzlich negativen Krisen stecke. Und um die Wahrheit zu sagen, beim letzten Mal, in meiner letzten Krise in Pondicherry, weiß ich nicht, ob es wirklich Xs okkulte Arbeit war, die die Dinge wieder einrenkte, denn ich persönlich (aber das mag ein unwissender Eindruck sein) hatte das Gefühl, daß ich dank Sujata und ihrer kindlichen Einfachheit wieder herausfand.

Seit ich Pondicherry verließ, lebe ich jedenfalls wie eine Art Automat (das begann im Zug), ich bin leer und bar jeden Gefühls für wen es auch sei. Ich mache weiter, wie durch einen vorherigen Schwung, aber eigentlich bin ich wie betäubt.

Entschuldige meine Handschrift. Ich schreibe Dir auf dem Bauch liegend in der Dharamshala[2] in der Nähe von X, denn die „Hütte", die er mir zuweist, ist noch nicht fertig.

. . . .

Gestern abend ging X plötzlich sehr *heftig* auf den Kriegspfad gegen den indischen „Kongress"[3] und begann mit unwiderlegbarem Ton, wie jemand, der weiß, sehr interessante Voraussagungen zu machen.

Vor Ablauf von fünf Monaten (September, Oktober oder November) wird Pakistan mit amerikanischer Unterstützung oder Militärhilfe Indien

---

1. *Yama:* der Gott des Todes im Hindu Pantheon.
2. Indische Karawanserei
3. *Indian National Kongress:* Widerstandsorganisation gegen die britische Kolonialherrschaft, die nach Indiens Unabhängigkeit unter Jawaharlal Nehru zur größten politischen Partei wurde.

angreifen. Und ungefähr gleichzeitig wird China Indien angreifen, wegen dem Dalai-Lama, unter dem Vorwand, daß Indien dem Dalai-Lama seine Unterstützung gibt und daß Tausende Tibeter nach Indien flüchten und dort anti-chinesische Tätigkeiten unternehmen. Dann wird Amerika Indien seine Hilfe gegen China anbieten, und, sagt X, „da werden wir sehen, welche Politik der Kongress verfolgt, der vorgibt, sich mit keinem Block verbünden zu wollen. Wenn Indien die amerikanische Hilfe annimmt, wird es kein Pakistan mehr geben, nur amerikanische Truppen, um Ausschreitungen zwischen Hindus und Moslems zu verhindern, und eine einzige Regierung für beide Länder." Ich bemerkte, dies höre sich ganz wie ein Weltkrieg an …

Dann machte er folgenden Vergleich: „Wenn man einen Kiesel in einen Teich wirft, zeigt sich zuerst nur ein Zentrum, der Einschlagspunkt, und von diesem Zentrum strahlt alles aus. Gegenwärtig gibt es zwei solche Zentren in der Welt, zwei Orte mit großen Schwingungen: der eine ist Indien und Pakistan, und von dort strahlt es in ganz Asien. Der andere ist … „

Jedenfalls hörte ich ihn noch nie so heftig den Kongress angreifen, wie er es gestern abend tat, fast mit Gewalt.

Das ist alles, Mutter. Trotz meiner Betäubung denke ich an Dich (ich bin nicht blockiert, im Gegenteil, mir scheint sich das Band seit unserer letzten Begegnung erneuert zu haben, aber ich bin seltsam leer). Ich kann nicht verstehen, wie Du mich lieben kannst. O Mutter, ich muß wirklich anfangen zu leben, wirklich zu lieben.

Dein Kind,

Satprem

(Mutters Antwort)

4.6.59

Mein liebstes Kind,

Ich erhielt und las Deinen sehr interessanten Brief.

Über den Sanskrit Text und das Mantra erwarte ich Deinen nächsten Brief.

Für Dich stimme ich dem voll bei, was er Dir sagte. Mit all meiner Inbrunst und all meiner Liebe bete ich, daß ihm gelingt, was er in diesen 45 Tagen der Meditation machen will. Darauf hatte ich gehofft.

Über das, was hier geschah, kann ich nur eines sagen: wenn der Höchste Herr jemanden retten will, kleidet Er seinen Willen in alle notwendigen Erscheinungen.

Was die Leere angeht, die Du fühlst (vielleicht ist es auch schon besser geworden), jenen, die sich über dieses Gefühl beklagten, sagte Sri Aurobindo immer, das sei etwas sehr Gutes: es ist das Zeichen, daß sie von etwas Besserem und Wahrerem erfüllt werden.

Xs Prophezeiungen nahm ich sorgfältig zur Kenntnis.

Sicherlich ist sein politischer Zorn nicht nur verständlich, sondern auch begründet. Betrachtet man die Dinge jedoch von einem äußeren Standpunkt, sind sie nicht ganz so einfach. Ich kann über all das nicht im Detail schreiben,

aber als Beispiel nenne ich Dir, daß hier in Pondicherry jene, die sich bemü-
hen (und nicht ohne Erfolgsaussichten), den Kongress zu verdrängen, unsere
schlimmsten Feinde sind, die Feinde von allem, was selbstlos und spirituell
ist, und kämen sie an die Macht, wären sie in ihrem Haß zu allem fähig.

Für all diese irdischen Geschehnisse verlasse ich mich immer auf die
Sicht und die Weisheit des Göttlichen, und sage zum Höchsten: „Herr, möge
Dein Wille geschehen."

Ich hoffe bald von Dir zu hören.

Meine Liebe ist mit Dir.

Mutter

4. Juni 1959

(Brief von Satprem an Mutter)

Rameswaram, 4. Juni 1959

Liebe Mutter,

. . . .

Über die Prophezeiungen, von denen ich in meinem Brief gestern sprach,
sagte X etwas Unübersetzbares, das ausdrückte: „Sehen wir Mutters Reaktion" (denn ich sagte ihm, daß ich Dir alles geschrieben habe). Dann sagte
er: „Da sind noch einige andere geheime Dinge, die ich dir sagen werde."
Als Beispiel nannte er: „Ich werde dir sagen, *wo* die Atombomben fallen
werden." Wenn diese Dinge Dich interessieren oder wenn Du etwas siehst
oder fühlst, wäre es vielleicht gut, daß Du Dein Interesse in einem Brief an
mich ausdrückst, den ich X dann *übersetze*. Spontan versicherte ich X, daß
es zweifelsohne Deine Arbeit erleichtern würde, Einzelheiten zu erfahren.
Aber es wäre besser, *das käme von Dir*, wenn Du es für gut hältst.

Über mich sagte X: „Etwas wird geschehen."

Ich brauche Dich, Mutter.

Dein Kind,
Satprem

(Mutters Antwort)

6.6.59

Satprem, mein liebstes Kind, gestern abend kam Dein zweiter Brief vom 4.

Bezüglich meines Mantras: gestern, bevor ich Deinen Brief erhielt, begann
ich es zu wiederholen und ich fühlte, daß es gut ging. Wenn X also keine
Veränderungen sieht, brauchst Du es mir nicht zurückzuschicken. Die Kraft,
die X mir gibt, empfange ich ohne das Papier.

301

Ich weiß nicht, ob ich mir das nur einbilde, aber mehrere Male hatte ich das Gefühl, wenn X dieses Mantra sagte, würde es sein Fieber heilen.

Was die Prophezeiungen angeht, bin ich daran *äußerst interessiert.* Sag es X, und auch, daß Einzelheiten dieser Art eine große Hilfe für meine Arbeit bedeuten, sie geben mir physische Anhaltspunkte, die eine große Präzision in der Handlung ermöglichen. Selbstverständlich bin ich sehr dankbar für alle Hinweise, die er mir geben möchte.

Für Dich, mein liebes Kind, *muß* und wird in der Tat „etwas geschehen". Richte X von mir aus, daß ich mit meiner ganzen Kraft an dem, was er unternimmt, teilnehme. Er wird verstehen.

Ich bin mit Dir und wiederhole: die Gnade ist unendlich und die Liebe ist unbesiegbar; habe Vertrauen und wolle den Sieg, das meint X mit Deiner Mitarbeit.

Mutter

7. Juni 1959

(Brief von Satprem an Mutter)

Rameswaram, 7. Juni 1959

Liebe Mutter,

Ich dachte, manche Einzelheiten von Gesprächen mit X könnten Dich interessieren:

1) X sprach von den vedischen Zeiten, als ein einziger „Kaiser" oder Weiser die gesamte Welt beherrschte, mit der Hilfe von „Statthaltern"; dann wurden diese Statthalter nach und nach zu unabhängigen Königen und die Konflikte entstanden. Dann fragte ich ihn, was nach diesem nahenden Krieg geschehen würde, ob die Welt besser würde. Er antwortete: „Ja, große Weise wie Sri Aurobindo, die jetzt in ihren subtilen Körpern wandern, werden erscheinen. Einige Weise werden vielleicht die Körper von führenden Politikern im Westen annehmen. Es wird das Ende der unwissenden atomaren Maschinen und der Anfang eines neuen Zeitalters sein, wo große Weise die Welt führen." Die Vision von X scheint also Sri Aurobindos Vorhersage für 1967 zu entsprechen.

Er gab keine weiteren Einzelheiten über diesen Krieg, außer zu sagen, daß die Länder, die am meisten leiden würden, jene des Nordens und des Osten seien, er nannte: Birma, Japan, China, Rußland. Er sagte ziemlich kategorisch, daß Rußland weggefegt würde und es der Triumph von Amerika sein werde.

2) X gab mir gewisse Details über seine Kräfte der Weissagung, aber vielleicht ist es besser, das nicht in einem Brief zu schreiben. Bei diesem

Anlaß sagte er, er wolle keine Geheimnisse vor mir haben: „Ich möchte, daß du alles weißt. Ich möchte dich zum Hauptschüler meiner Überlieferung machen. Wenn die Zeit kommt, wirst du wissen, was ich meine. Mit dir habe ich eine vollständige Verbindung, nicht nur in meinen Gedanken, sondern in meinem Blut und Körper."

Ein anderes Mal sagte er: „Ich kümmere mich *immer* um dich." Und als ich ihn fragte, warum er sich soviel Mühe machte, antwortete er: „Weil es mir befohlen wurde." Diese Zuwendung von ihm und von Dir überrascht mich, denn ich empfinde mich nicht als gut, und ich *weiß*, daß ich beim geringsten Anlaß ernsthaft bereit bin, alles zu verlassen, weil sich etwas in mir zutiefst auflehnt, aus *Übermaß an Leiden*, aus Mangel an Liebe und Erfüllung, aus Übermaß an Einsamkeit. Gestern abend war es wieder in voller Stärke da, *mit meiner ganzen Zustimmung*, und dann kann mich niemand in der Welt zurückhalten. Das ist es, dieser PUNKT *des Leidens*, der veranlaßt, daß ich allem den Rücken kehren will. Nicht Selbstmord begehen: *den Rücken kehren*.

X beschrieb mir die Geschichte meiner letzten drei Leben (ziemlich makaber), aber das schreibe ich Dir ein anderes Mal.

3) X hat seine Arbeit für mich oder für Dich noch nicht begonnen, weil ihm bis heute unwohl war. Eines abends machte er eine sehr schöne Bemerkung über Dich und Dein Mantra, aber es lag nicht so sehr in den Worten wie in dem ganzen Ton, mit dem er sagte: „Wer? Wer? Gibt es eine einzige Person in der Welt, die so sagen kann: *„Triomphe à toi … Mahima … Mahima"* [Dein sei der Sieg…]?" Und drei oder vier Mal wiederholte er Dein Mantra mit einem solchen Ausdruck …

Er tat noch nicht, was er mit Deinem Mantra in seinen Pudjas vorhatte, denn er war krank und mußte seine Pudjas unterbrechen. Aber jetzt geht es ihm wieder gut.

. . . .

Weitere Einzelheiten kann ich Dir nicht geben, außer daß ich nicht glücklich bin. Tatsächlich bin ich seit drei Jahren nur durch meine Geldnot gefesselt, sonst wäre ich auf anderen Wegen, weit von hier – ohne mehr Hoffnung im Herzen, aber wenigstens mit Raum vor mir. Ich bin nur hier, um Dir einen Gefallen zu tun, aber ich weiß nicht, ob ich mein Bedürfnis nach Raum lange verdrängen kann – das dauert schon zu lange an. Dies ist die ungeschminkte Wahrheit. Aber was kann ich tun, ich bin gebunden. Könnte ich wahrhaft lieben, wären die Dinge anders, aber ich scheine niemanden zu lieben, nicht einmal mich selbst, und die einzige Liebe, zu der ich fähig bin, die menschliche Liebe, ist mir *verboten*. So kann ich nichts tun, auf keiner Ebene, und hoffe auf nichts mehr. Entschuldige, ich wünsche nicht, Dich zu schmerzen, aber ich kann auch nicht so tun, als wäre ich zufrieden mit meinem Schicksal.

Satprem

8. Juni 1959

(Brief von Satprem an Mutter)

Rameswaram, 8. Juni 1959

Liebe Mutter,

Noch bevor ich Deinen zweiten Brief bekam, wo Du schreibst, Dein Mantra gehe gut, sagte mir X heute morgen, er habe Dein Mantra während seiner Pudja wiederholt und es wäre sehr gut, nichts ist zu ändern: „die Schwingung ist gut."

Hier noch einige zusätzliche Hinweise über die kommenden Geschehnisse.

Da ich zu zweifeln schien, sagte X mir: „Es besteht kein Zweifel, der Krieg wird im November stattfinden." (Eigentlich zwischen September und November), und bei allem, was folgte, hatte er einen Ton absoluter Gewißheit: „Die erste Atombombe wird in China fallen. Rußland wird erdrückt. Es wird ein Sieg für Amerika sein. Nicht mehr als zwei oder drei Bomben werden eingesetzt werden. Es wird sehr schnell gehen." Und er wiederholte, daß der Anfang des Konfliktes in Indien liegen würde, mit der Aggression von Pakistan und dann China.

Das Erdbeben, das er erwähnte, verspricht eine Art „Pralaya" zu werden (das war Xs Wort), denn nicht nur Bombay wird betroffen sein. Hier was er sagte: „Amerika unterstützt Pakistan, aber die Götter unterstützen Pakistan nicht, und die Götter werden Pakistan strafen. Die Hälfte von Westpakistan, Karachi inbegriffen, wird ins Meer sinken. Das Meer wird in Rajasthan eindringen und auch Indien berühren …"

X sagte auch, Indien würde sich auf Amerikas Seite gegen den kommunistischen Block stellen (trotz der amerikanischen Hilfe für Pakistan), und Amerika würde auch die Hilfe an Pakistan einstellen, sobald Indien sich auf Amerikas Seite stellt. Auf jeden Fall wird es das Ende von Pakistan sein.

Nachdem ich ihm Deinen Brief übersetzte, sagte mir X, er würde mir weitere Einzelheiten in zwei oder drei Tagen geben.

Ich sollte Dir die Enthüllungen schreiben, die X mir über meine drei letzten Leben gab, aber ich habe weder den Mut noch die Lust, wieder über mich selbst zu sprechen.

Dein Kind,
Satprem

P.S. X stellte mir Fragen über meine Familie. Ich kam auf meine Mutter zu sprechen (wenn Du Dich erinnerst, als Du ihr Bild sahst, sagtest Du, Du würdest sie sehr gut kennen). Er sagte mir sofort: „Du *mußt* deine Mutter besuchen. Du wirst im August gehen und im September schnell mit dem Flugzeug zurückkommen!" Natürlich erwiderte ich, all das erschiene mir als die höchste Phantasie, angefangen damit, daß ich nicht das nötige Geld dazu hätte und sicherlich nicht Dich darum bitten würde. Er sagte: „Ich werde meine Mutter fragen. Sie wird alles richten."

(Mutters Antwort)

10.6.59

Satprem, mein liebes Kind,

Ich hätte Dir eine Fülle von Dingen zu erzählen über das, was ich diese Tage über Dich hörte, sah und tat. Neue Türen des Verständnisses haben sich geöffnet – aber all diese Dinge sind unmöglich aufzuschreiben.

Über das Mantra habe ich seit zwei Tagen die Gewißheit und alles geht gut.

Ich bin höchst interessiert an allem, was X Dir offenbart hat. Aber auch darüber kann ich nicht schreiben.

Wenn X Dir sagt, Du sollst Deine Mutter im August besuchen und Anfang September zurückkommen, mußt Du es tun. Wir werden zurechtkommen. Meine Finanzen befinden sich in einem beinahe verzweifelten Zustand, aber das kann nicht lange so weitergehen. Denn was getan werden muß, wird getan werden.

. . . .

Du bist ständig bei mir, und ich folge allen Deinen inneren Bewegungen mit Liebe und Fürsorglichkeit.

Das große Geheimnis ist zu lernen, sich zu geben ...

Mit all meiner Zärtlichkeit.

Mutter

9. Juni 1959

(Brief von Satprem an Mutter)

Rameswaram, 9. Juni 1959

Liebe Mutter,

Entschuldige meine letzten Briefe. Ich litt.

Ich habe das Gefühl, sehr fern von Dir zu sein, seit Monaten. Ich sehe Dich nicht mehr in meinen Träumen, ich fühle Dich nicht mehr. Welchen Weg verfolge ich bloß?

Trotz all meiner Revolten brauche ich Dich, brauche ich Wahrheit, Licht und Liebe. Ich glaube all das schon gekannt zu haben, gehabt zu haben, und enteignet worden zu sein. Vielleicht leide ich deshalb.

Mutter, führ mich zu Dir, ich bin blind und ohne Kraft.

Dein Kind,

Satprem

(Mutters Antwort)

Donnerstag, 11. Juni 59

Satprem, mein liebstes Kind,
Ich erhielt Deinen guten Brief vom 9. Er wärmt mein Herz.
All die Dinge, die Du brauchst, Wahrheit, Licht, Liebe, meine Gegenwart in Dir, hattest Du und Du hast sie noch immer, sie wurden Dir nicht entzogen, aber etwas kam, das sie Deiner Wahrnehmung verschleierte, und das macht Dich unglücklich. Sie warten in Deiner Nähe, in Dir, ungeduldig, daß der Schatten sich auflöse und Du erkennst, daß sie Dich nicht verlassen haben.
Mit all meiner Liebe.

Mutter

11. Juni 1959

(Brief von Satprem an Mutter)

Rameswaram, 11. Juni 1959

Liebe Mutter,
Seit gestern abend bin ich ein befreiter Mensch. Ein kleines Wort von X genügte, und plötzlich fiel etwas wie ein Gewicht von mir, endlich *wußte* ich, daß ich Erfüllung finden würde. All das ist noch so neu, so unwahrscheinlich, daß ich noch nicht ganz daran glauben kann und mich frage, ob hinter diesem versprochenen Glück nicht doch noch irgendein übler Streich auf mich wartet; so werde ich erst beruhigt sein, wenn ich Dir alles gesagt und erzählt habe. Aber X bittet mich, noch einige Tage zu warten, bevor ich Dir diese Geschichte erzähle, denn er will mir noch zusätzliche Details geben, damit Du alle Elemente so genau wie möglich hast.
Ich wollte aber nicht länger warten, Dir meine Dankbarkeit auszusprechen. Ich weiß noch nicht genau, wie das alles ausgehen wird, wie diese Bestimmung, die er mir vorhersagt, verwirklicht werden kann, aber ich möchte Dir wiederholen, mit all meiner Zuversicht: ich bin Dein Kind, möge Dein Wille geschehen, jetzt und immer.

Satprem

P.S. X will mir auch gewisse Einzelheiten über den kommenden Krieg für Dich geben.

13. Juni 1959

(Brief von Satprem an Mutter)

Rameswaram, 13. Juni 1959

Liebe Mutter,

Ich bekam Deine beiden letzten Briefe vom 10. und 11. Ich sagte X, was Du über diese Frankreichreise schreibst und daß Deine Finanzen in einem „beinahe verzweifelten" Zustand sind. Er antwortete mit vollkommener Gewißheit: „Bald wird es mehr werden, sehr bald wird es sich ändern." Natürlich habe ich Gewissensbisse, Dein großzügiges Angebot anzunehmen, und ich weiß nicht, was ich tun soll. Ich hatte nie gedacht, nach Frankreich zurückzukehren, außer in sehr ferner Zukunft. Ich weiß nicht, warum mir X sagte, ich solle dorthin gehen, außer vielleicht, weil er fühlte, wer meine Mutter ist. Ich weiß, daß sie traurig ist und mich für verloren hält und glaubt, sie wird sterben, ohne mich wiederzusehen. Für sie wäre es sicher eine große Freude. Ansonsten verspüre ich keinerlei Bedürfnis, in diese Richtung zu gehen: jedesmal, wenn ich nach Frankreich komme, habe ich das Gefühl, in einem Gefängnis zu landen. So wäre ich nur froh über die Freude meiner Mutter, einer großen Seele, doch ist das ein ausreichender Grund?

Sonntag, den 14.

X entschied, er wolle Dir *selber* die Geschichte meiner vergangenen Leben berichten, sowie das, was er für die nächste Zukunft sah. Er bat mich also, nichts zu sagen. Vielleicht sind da auch einige Elemente, über die er nicht mit mir reden wollte. (X sagte mir, er fühle sich jetzt fähig, Englisch mit Dir zu sprechen.)

. . . .

Noch etwas: wir kamen auf Sri Aurobindo und Lele[1] zu sprechen. Über Lele sagte X: „er war ein Anhänger von Bhaskarayas Schule, deshalb besteht eine enge Verbindung …". Ich weiß nicht, ob das richtig ist, aber X schien zu *wissen*.

Für mich scheinen die inneren Dinge eine Wende zum Besseren genommen zu haben, seit X mir gewisse Enthüllungen mitteilte, aber ich will lieber nichts sagen, ich wage nichts zu sagen, solange ich aus Erfahrung weiß, daß all dies so unbeständig wie Dynamit ist.

Dein Kind,
Satprem

---

1. *Lele:* der Tantra-Guru, dem Sri Aurobindo 1908 begegnete und der ihm das mentale Schweigen und die Erfahrung des Nirvana gab.

13. Juni 1959

(Brief von Mutter an Satprem)

13. Juni 1959

Satprem, mein liebes Kind,
Ich wiederhole nur, was ich heute morgen Sujata sagte:
Ihr seid alle beide meine lieben Kinder,
ich liebe euch und segne euch.

Mutter

17. Juni 1959

(Brief von Satprem an Mutter)

Rameswaram, 17. Juni 1959

Liebe Mutter,
Ich erhielt Deine Karte vom 13. Ich wage nicht zu schreiben, denn alles, was die sofortigen Tatsachen angeht, ist zu verworren.

Das einzige, was sich mit Gewißheit und stetig wachsender Kraft bestätigt, ist meine Seele. An sie klammere ich mich mit aller Kraft. Sie ist meine einzige Zuflucht. Hätte ich nicht das, würde ich mein Leben in die Luft gehen lassen, denn das äußere Leben und die nächste Zukunft erscheinen mir unmöglich, unerträglich.

Dein Segen für Sujata und mich berührt mich. Aber dort liegt eine weitere Unmöglichkeit.

In den letzten Tagen mußte ich erkennen, daß es vielleicht eine zu starke Vereinfachung bedeutet, alle meine „Krisen" den gegnerischen Kräften anzulasten. Ich sehe immer mehr – weil ich in meinem Leiden nur meine Seele habe und mich ihr anvertraue, sonst könnte ich nie all das ertragen, was ich durchgemacht habe und durchmache – und ich sehe, daß auch eine Kraft der Wahrheit mich periodisch drängte fortzugehen, die Wahrheit meiner Bestimmung, die im Ashram nicht ihre Erfüllung findet.

Mutter, ich habe in letzter Zeit so sehr gelitten und so sehr gebetet, es kann unmöglich meiner Seele nicht gelingen, die Umstände so einzurichten, daß ich endlich lebe – daß ALLES *wirklich* in Einklang gebracht wird: nicht später oder „eines Tages", denn das *kann nicht mehr* so weitergehen, ich bin am Ende – und sehr bald.

Mutter, ich bete mit solcher Wahrheit im Herzen, daß ich sicher bin, die Götter werden zu Hilfe kommen, und Du wirst mir auch helfen. Ich denke nicht nur an Sujata, ich denke an all diese Bestimmungen in mir, die ersticken.

Dein Kind,
Satprem

P.S. Ja, ich bin auch sicher, das „große Geheimnis ist, sich zu geben", aber vielleicht führt dieses Wort leicht zu Mißverständnissen, denn ich glaube nicht „sich zu geben" bedeutet sich zu verstümmeln. Darüberhinaus gehört mein Leben *offensichtlich* Dem und hat nur für Das einen Sinn.

Kannst Du mir sagen, ob ich wirklich meiner Mutter schreiben soll, daß ich sie besuche?

25. Juni 1959

(Brief von Satprem an Mutter)

Rameswaram, 25. Juni 1959

Liebe Mutter,

X bat mich, Dir zu erzählen, was er über meine früheren Leben sah (aber ich habe den Eindruck, daß er mir nicht alles gesagt hat und Dir gewisse Elemente selber sagen will).

Zuerst muß ich Dir einen Traum erzählen, den ich einige Tage nach meiner Ankunft in Rameswaram hatte. Ich wurde verfolgt und floh wie ein Mörder (diesen Traum hatte ich schon Hunderte Male, seit Jahren), aber diesmal enthielt der Traum ein neues Element: ich wurde verfolgt und erklomm eine Art Treppe, um zu entkommen, und plötzlich *sah* ich in einem Blitz eine weibliche Form ins Leere stürzen. Ich sah nur die untere Hälfte ihres Körpers (mit einer Art malvefarbenem Sari), weil sie bereits in Leere fiel. Und ich hatte das schreckliche Gefühl, diese Frau ins Leere gestoßen zu haben, und ich floh, erklomm diese Treppe, von meinen Verfolgern bedrängt, und da war dieses Bild der stürzenden Frau, das mir ein schreckliches Gefühl gab. Als ich das Ende der „Treppe" erreichte, versuchte ich eine Tür hinter mir zu schließen, um mich vor meinen Verfolgern zu schützen, aber sie waren bereits da, zu spät ... und ich erwachte.

Letztes Mal, als ich in Rameswaram war, hatte ich zwei andere sehr eindringliche Träume, deren Bedeutung mir aber nicht recht klar war. Im einen erwürgte ich jemand mit bloßen Händen, es war ein fürchterliches Gefühl. Und im anderen *sah* ich eine nächtliche Szene mit einem erhängten Mann, den man herunterholte, alle möglichen Leute mit Laternen machten sich um den Kadaver zu schaffen, und plötzlich wußte ich, daß dieser Gehängte, den man herunterholte, *ich* war.

Ich hatte X *nichts* über diese Träume gesagt, als er mir die Geschichte meiner drei letzten Leben erzählte: dreimal beging ich Selbstmord; das erste Mal im Feuer, das zweite Mal durch Hängen und das dritte Mal indem ich mich ins Leere stürzte. Im ersten dieser drei Leben war ich mit einer „sehr guten" Frau verheiratet, aber aus irgendeinem Grund verließ ich sie und „wanderte hierhin und dorthin, auf der Suche nach etwas". Da begegnete ich einem Sannyasin, der mich zu seinem Schüler machen wollte. Aber ich konnte mich nicht entscheiden und war „weder auf der einen Seite noch auf der anderen". In diesem Zustand suchte mich meine Frau auf und flehte mich an, zu ihr zurückzukehren. Anscheinend wies ich sie zurück. Sie warf sich ins Feuer. Von Schrecken überkommen folgte ich ihr und ging auch ins Feuer. An diesem Punkt bildete sich „eine Verbindung" mit gewissen Wesen (des Jenseits) und ich fiel unter ihre Macht. Unter dem Einfluß dieser Wesen wiederholte sich dasselbe Drama in zwei weiteren Leben, mit leichten Variationen.

Im zweiten dieser drei Leben war ich wieder mit derselben Frau verheiratet und verließ sie wieder unter dem Einfluß desselben Mönchs, und wieder wanderte ich zwischen den zwei Welten hin und her. Wieder flehte meine Frau mich an und wieder wies ich sie zurück. Sie erhängte sich, und ich erhängte mich auch.

In meinem letzten Leben gelang es dem Mönch, mich zum Sannyasin zu machen, und als meine Frau kam und mich anflehte, sagte ich ihr: „Es ist zu spät, jetzt bin ich Sannyasin". Da stürzte sie sich ins Leere, und überwältigt vom Schrecken der plötzlichen Erkenntnis all dieser Dramen und der Güte meiner Frau (denn es scheint, sie war eine große Seele), warf auch ich mich wiederum ins Leere.

Und für dieses gegenwärtige Leben weißt Du ja.

X sagte mir: „Jetzt ist deine letzte Geburt, ich erhielt den *Befehl*, dich zu befreien." Sei's drum. Und er fügte hinzu: „Ich werde dir mit eigenen Händen das weiße Gewand geben."

X gab mir ein neues Mantra. Mein Körper ist sehr müde von zu großer nervlicher Spannung. Ich lebe in einer Art Höhle mit zehn Zentimetern Dreck auf dem Boden und den Wänden, mit zwei Öffnungen, eine zum Bazar und die andere auf einen verfallenen Innenhof mit einem Brunnen. Rechts neben mir wohnt eine Verrückte, die einen Teil des Tages kreischt. Nur mein Mantra *brennt* beinahe ständig in meinem Herzen, und ich-weiß-nicht-welche Hoffnung, daß die Zukunft eines Tages glücklich und wieder in Einklang sein wird. Und da sind Sujata und Du.

Dein Kind,

Satprem

310

9. Juli 1959

9.7.59

Kalki [1]

10. Juli 1959

(Brief von Satprem, nach Pondicherry zurückgekehrt, an Mutter)

Pondicherry, 10. Juli 1959

Liebe Mutter,

Du entschuldigst mich, aber ich kann nicht zu unserer Verabredung kommen. Mein Herz ist gebrochen. Ich könnte nicht zu Dir sprechen.

Eben fand ich die Kraft, mich nicht umzubringen. Das Schicksal wiederholte sich einmal mehr, doch diesmal wies nicht ich sie zurück, wie in den vergangenen Leben, sondern sie wies mich ab: „Zu spät". Einen Augenblick glaubte ich auch verrückt zu werden, so schmerzte es mich – dann sagte ich: „Möge Dein Wille geschehen" (der des Höchsten Herrn) und wiederholte: „Deine Gnade ist zugegen, selbst in den größten Schmerzen." Doch ich bin gebrochen, wie ein lebendiger Toter. Sei beruhigt, ich werde folglich nie das weiße Gewand tragen, das Guruji mir gab.

Du wirst verstehen, daß ich nicht die Kraft habe, zu Dir zu kommen. Meine einzige Kraft ist, mich nicht aufzulehnen, meine einzige Kraft ist, an die Gnade zu glauben, was auch die Hindernisse. Ich glaube, ich habe zu viel Kummer im Herzen, um mich noch gegen irgend etwas aufzulehnen. Mir scheint, etwas wie ein tiefes Mitleid für diese Welt zu fühlen.

Gut, diesmal schweige ich.

Adieu Mutter.

Satprem

---

1. Diese handschriftliche Notiz trug nur dieses eine Wort und das Datum. Kalki ist der Name des letzten Avatars, der auf einem beflügelten weißen Pferd kommt, um die „Barbaren" *(Yavan)* zu zerstören. Sein Erscheinen kennzeichnet das Ende des Eisenalters oder *Kali-Yuga*, in dem wir uns befinden, und die Rückkehr des Zeitalters der Wahrheit, *Satya-Yuga*.

14. Juli 1959

(Brief von Satprem an Mutter)

Pondicherry, 14. Juli 1959

Dienstag abend

Liebe Mutter,

Dies ist was ich Dir heute morgen hätte sagen sollen. Ich hatte Angst. Seit einem Monat habe ich Angst vor Dir, Angst, daß Du nicht verstehst. Aber ich kann nicht mit dieser Last in mir fortgehen. Ich flehe Dich an, verstehe mich, Mutter. Ich begehre nichts Schlechtes, nichts Unreines. Ich fühle, ich habe etwas mit Sujata zu *gestalten*, ich fühle, sie ist absolut ein Teil von etwas, das ich zu erfüllen habe, das wir zusammen zu erfüllen haben. In den fünf Jahren, seit wir uns kennen, hatte ich nie einen falschen Gedanken – plötzlich öffnete sie mein Herz, das so ummauert war, da war es wie ein Wunder in mir und zugleich eine Angst. Eine Angst, vielleicht weil diese Liebe in mehreren vergangenen Leben vereitelt wurde.

. . . .

Mutter, ich brauche Sujata wie meine eigene Seele. Mir scheint, daß sie ein Teil von mir ist, daß sie allein mir helfen kann, mit dieser schrecklichen Vergangenheit zu brechen, und daß sie allein mir helfen kann, wirklich zu lieben. Ich brauche so sehr den Frieden, ein ruhiges, FRIEDLICHES Glück – eine Grundlage des Glücks, auf der ich meine Kräfte konstruktiv einsetzen könnte, anstatt immer im Kampf, immer zerstörerisch. Mutter, ich weiß nicht genau, was sein soll, aber ich *weiß*, daß Sujata mit dieser Verwirklichung verbunden ist.

Das ist alles, Mutter. Vergib mir, aber ich habe solche Angst. Denn wie ist dies im Ashram möglich? Was würden die Leute sagen?

Mutter, meine ganze Seele schreibt Dir dies. Ich schwöre, in mir herrscht ein großes Bedürfnis nach Liebe, nach Schönheit, nach Höhe, nach Reinheit. Und wir werden zusammen für Dich arbeiten, endlich in der Freude.

Dein besorgtes Kind,

Satprem[1]

---

1. Kurz darauf verreiste Satprem und kehrte erst zwei Monate später zurück.

Nacht vom 24. zum 25. Juli 1959[1]

Erstes Eindringen der supramentalen Kraft in den Körper.

Sri Aurobindo in einem konkreten und permanenten subtilphysischen Körper lebend.

11. August 1959

(Brief von Mutter an Satprem, unterwegs)

11.8.59

Satprem, mein liebes Kind,

Jetzt kann ich Dir sagen, daß ich Dich keine einzige Stunde verließ; ich war ständig bei Dir, mit der Hoffnung, Deine inneren Augen würden sich öffnen und mich sehen, wie ich über Dich wache und Dich mit meiner Kraft und meiner Liebe umgebe. In Deiner eigenen Tiefe wollte ich, daß Du die Gewißheit, die Wahrheit und die Freude findest.

Jetzt schreibe ich Dir, was ich Dir von Anfang an sagen wollte: wenn Du zum Ashram zurückkommst, trage nicht mehr das orange Gewand[2], komme mit der weißen Kleidung, die X Dir gab …

Und wir überlassen dem Höchsten Herrn die Sorge, über die Einzelheiten der Zukunft zu entscheiden.

Mit all meiner Liebe und meinen Segenswünschen.

Mutter

---

1. Handschriftliche Notiz von Mutter. Es geht um eine entscheidende Erfahrung, auf die sich Mutter später mehrere Male beziehen wird.
2. Das Gewand der Sannyasins.

15. August 1959

(Brief von Mutter an Satprem, unterwegs)

... Und jetzt, heute[1], schreibe ich Dir wieder, denn es ist der Tag der großen Amnestien, der Tag, an dem alle vergangenen Fehler ausgelöscht werden ...
Mit meiner unwandelbaren und ewigen Liebe.

6. Oktober 1959

(Der Vogel kehrte also wieder einmal zurück ...)

Mit seiner ganzen äußeren Entwicklung wird der Westen vielleicht einige Jahrhunderte brauchen, bevor die Verbindung zwischen den zwei Welten entstehen kann. Dennoch liegen die beiden Welten – die physische Welt und die Welt der Wahrheit – nicht weit von einander entfernt. Sie überlagern sich fast. Die Welt der Wahrheit ist hier, dicht dagegen, wie eine Auskleidung der anderen.

Kurz vor dem 15. August hatte ich eine einzigartige Erfahrung, die all das erleuchtet.[2] Das supramentale Licht drang direkt in meinen Körper ein, ohne über die inneren Wesen zu gehen. Dies war das erste Mal. Es kam durch die Füße (eine rote und goldene Farbe, wunderbar, warm, intensiv) und stieg höher und höher. Je höher es stieg, um so höher stieg auch das Fieber, denn der Körper war diese Intensität nicht gewohnt. Als all dieses Licht den Kopf erreichte, glaubte ich, ich würde bersten und müsse die Erfahrung abbrechen. Da erhielt ich den sehr deutlichen Befehl, Ruhe und Frieden herabzubringen, dieses ganze Körperbewußtsein, all diese Zellen zu weiten, damit sie das supramentale Licht enthalten können. Ich weitete mich: gleichzeitig mit dem Aufstieg des Lichts, brachte ich die Weite, den unerschütterlichen Frieden herab. Und plötzlich kam eine Sekunde der Ohnmacht.

Ich landete in einer anderen Welt, jedoch nicht fern (ich war nicht völlig in Trance). Es war eine beinahe so substantielle Welt wie die physische. Dort gab es Zimmer, auch Sri Aurobindos Zimmer, mit dem Bett, auf dem er sich ausruht, und er lebte dort, er war die ganze Zeit

---

1. 15. August, Sri Aurobindos Geburtstag.
2. Siehe Notiz vom 24.-25. Juli, S. 313.

dort: das war sein Wohnsitz. Sogar mein Zimmer war dort, mit einem
großen Spiegel, wie ich hier einen habe, mit Kämmen, verschiedenen
Dingen. Und diese Gegenstände hatten eine beinahe so dichte Substanz wie in der physischen Welt, doch sie enthielten ihr eigenes Licht
in sich. Sie waren nicht durchscheinend, nicht durchsichtig, nicht
strahlend, sondern in sich leuchtend. Die Gegenstände, die Substanz
der Zimmer, hatten nicht die Opazität der physischen Gegenstände,
waren nicht trocken und hart wie in der physischen Welt.

Und Sri Aurobindo war dort, von einer Majestät, einer herrlichen
Schönheit. Er hatte all sein schönes Haar von früher. All das war so
konkret, so substantiell (man brachte ihm sogar eine Art Nahrung).
Ich blieb eine Stunde lang dort (vorher und nachher schaute ich auf
die Uhr). Ich sprach mit Sri Aurobindo, denn ich hatte wichtige Fragen
für ihn über die Art, wie gewisse Dinge zu verwirklichen waren. Er
sagte nichts. Er hörte mir ruhig zu und schaute mich an, als wären alle
meine Worte überflüssig: er verstand alles, sofort. Und er antwortete
durch eine Geste, zwei Bewegungen des Gesichts. Eine unerwartete
Geste, die überhaupt nicht einem meiner Gedanken entsprach: zum
Beispiel nahm er die drei Kämme, die bei dem Spiegel lagen (Kämme,
wie ich sie hier habe, nur größer), und steckte sie sich ins Haar; einen
setzte er mitten auf seinen Kopf und die zwei anderen auf beide Seiten, wie um sein Haar über den Schläfen zu sammeln. Sie bedeckten
wirklich seinen Kopf wie eine Art Krone. Und ich verstand sofort – er
wollte damit ausdrücken, daß er mein Konzept annahm: „Siehst du,
ich nehme dein Konzept der Dinge und bedecke meinen Kopf damit; es
ist mein Wille." In dieser Weise blieb ich eine Stunde dort.

Als ich aufwachte, hatte ich nicht den gewohnten Eindruck, von
weither zurückzukommen und in meinen Körper zurückkehren zu
müssen. Nein, es war einfach, als wäre ich in dieser anderen Welt
gewesen, hätte dann einen Schritt zurückgetan und befand mich wieder hier. Ich brauchte eine gute halbe Stunde, um zu begreifen, daß
diese Welt hier genauso existierte wie die andere, daß ich nicht mehr
auf der anderen Seite war, sondern wieder hier, in der Welt der Lüge.
Ich hatte alles vergessen: Leute, Dinge, was ich zu tun hatte; alles war
verschwunden, als hätte es überhaupt keine Wirklichkeit.

Es ist nicht so, als müsse die Welt der Wahrheit aus freien Stücken
geschaffen werden: sie ist vollkommen fertig, gleich hier, wie eine Auskleidung der unseren. Alles ist hier, ALLES ist hier.

Zwei ganze Tage blieb ich darin, zwei Tage höchster Glückseligkeit.
Und Sri Aurobindo war die ganze Zeit bei mir: wenn ich ging, ging er
mit mir; wenn ich mich setzte, saß er neben mir. Am 15. August blieb

er auch die ganze Zeit während dem Darshan da. Aber wer merkte es? Einige wenige – ein, zwei – fühlten etwas. Und wer sah es? – Niemand.

Ich zeigte Sri Aurobindo diese ganze Welt, dieses ganze Arbeitsgebiet, und fragte ihn, WANN die andere, die wahre Welt, die so nah ist, unsere Welt der Lüge ersetzen würde. *Not ready.* „Nicht bereit" ist alles, was er antwortete.

Sri Aurobindo gab mir zwei solche Tage: eine vollkommene Seligkeit. Nach zwei Tagen merkte ich dann doch, daß ich nicht dort bleiben konnte, weil die Arbeit nicht vorankam. Die Arbeit, die muß im Körper getan werden; die Verwirklichung muß hier, in der physischen Welt vollzogen werden, sonst bleibt sie unvollständig. So zog ich mich zurück und machte mich wieder an die Arbeit.

Dennoch würde äußerst wenig genügen, um von dieser Welt in die andere überzugehen, daß die andere wahr würde. Ein kleiner Klick oder eher eine kleine Umkehrung der inneren Einstellung. Wie das beschreiben?... Für das normale Bewußtsein ist es unerkenntlich: es genügt eine winzige innere Verschiebung, eine Veränderung der Beschaffenheit.

Das ist wie beim Japa: eine kleine unmerkliche Veränderung, und man geht über von einem mehr oder weniger mechanischen, mehr oder weniger wirksamen und wirklichen Japa, zum wahren Japa voller Macht und Licht. Ich fragte mich sogar, ob dieser Unterschied das ist, was die Tantriker die „Macht" des Japa nennen. Neulich war ich zum Beispiel krank, stark erkältet. Jedesmal, wenn ich den Mund öffnete, hatte ich einen Krampf im Hals, hustete und hustete. Dann kam das Fieber. Da schaute ich und sah, woher das kam, und ich entschied, daß es aufhören mußte. Ich stand auf, um wie gewohnt mein Japa zu machen, indem ich in meinem Zimmer auf und ab gehe. Ich mußte einen gewissen Willen dahinter setzen. Natürlich könnte ich mein Japa in Trance machen, in Trance auf und ab gehen, während ich mein Mantra wiederhole, denn in Trance spürt man nichts, keine der Unbequemlichkeiten des Körpers. Die Arbeit muß aber im Körper getan werden! Also stand ich auf und begann mein Japa. Mit jedem ausgesprochenen Wort: das Licht, die volle Macht. Eine Macht, die alles heilt. Ich begann das Japa müde, krank, und komme daraus erfrischt, ausgeruht, geheilt zurück. Und jene, die mir sagen, es macht sie müde, angespannt, entleert, die tun es einfach nicht in der richtigen Weise.

Ich verstehe, warum manche Tantriker einem raten, das Japa mit dem Herzzentrum zu wiederholen. Wenn man einen gewissen Elan hineinlegt, jedes Wort mit einer Wärme der Aspiration ausgesprochen wird, dann verändert sich alles. Ich konnte diesen Unterschied in mir selber spüren, in meinem eigenen Japa.

Tatsächlich isoliere ich mich nicht von der Welt, wenn ich in meinem Zimmer auf und ab gehe – das wäre so viel angenehmer!... Alle möglichen Dinge treten an mich heran: Suggestionen, Willenskräfte, Aspirationen. Da mache ich automatisch die Geste des Aufopferns: diese Dinge nähern sich mir, berühren fast meinen Kopf, und ich wende sie nach oben und biete sie dem Licht dar. Die Dinge dringen nicht in mich ein: jemand kann zum Beispiel mit mir sprechen, während ich mein Japa sage, und ich höre genau, was er mir sagt, ich antworte sogar, aber die Worte bleiben etwas außerhalb, in einem gewissen Abstand von meinem Kopf. Manchmal kommt jedoch etwas mit Nachdruck, präzisere Willenskräfte, die sich mir zeigen, dann muß ich eine kleine Arbeit durchführen, all das, ohne das Japa zu unterbrechen. In solchen Augenblicken ändert sich manchmal die Beschaffenheit meines Japas: anstatt die volle Macht, das volle Licht zu haben, ist es etwas, das zweifelsohne noch seine Wirkung hat, aber eine mehr oder weniger sichere, mehr oder weniger verspätete Wirkung; es wird ungewiß wie alle Dinge in der physischen Welt. Dennoch ist der Unterschied zwischen den beiden Japas unmerklich: kein solcher Unterschied wie zwischen einer mehr oder weniger mechanischen Wiederholung des Japas und einer bewußten Wiederholung, denn selbst während meiner Arbeit bewahre ich das volle Bewußtsein meines Japas und wiederhole es mit der vollen Bedeutung in jeder Silbe. Trotzdem besteht ein Unterschied. Das eine ist das allmächtige Japa, das andere ein beinahe gewöhnliches Japa ... In der inneren Haltung besteht ein Unterschied. Vielleicht muß man, damit das Japa wahr wird, eine Art Freude, einen Elan, eine enthusiastische Wärme hineingeben – vor allem die Freude. Dann ändert sich alles.

Und es ist dasselbe, derselbe unmerkliche Unterschied, um Zugang zur Welt der Wahrheit zu erhalten. Auf der einen Seite ist die Lüge, und auf der anderen, sehr nah, wie eine Auskleidung, das wahre Leben. Es genügt ein kleiner Unterschied der inneren Beschaffenheit, eine kleine Umkehrung, um auf die andere Seite zu gelangen, in die Wahrheit und das Licht.

Vielleicht genügt es, die Freude hinzuzugeben.

Das muß ich in meinem Körper beobachten, denn dort geschieht es, dort bereiten die Dinge sich vor.

Diese andere Welt, von der du sprichst, die Welt der Wahrheit, ist das die supramentale Welt?

Für mein Gefühl ist dieses Leben, das Sri Aurobindo gegenwärtig lebt, nicht die volle Erfüllung des supramentalen Lebens für ihn.

In dieser anderen Welt war die Unendlichkeit, Majestät, vollkommene Ruhe, die Ewigkeit – alles war dort.

Vielleicht war es die Freude, die fehlte.

Gewiß hatte Sri Aurobindo selber die Freude. Aber ich hatte den Eindruck, es war nicht vollkommen, und daß ich deshalb die Arbeit fortsetzen mußte. Ich fühlte, daß es erst vollkommen sein würde, wenn es sich hier verändert hat.

15. Oktober 1959

(Brief von Satprem an Mutter)

Rameswaram, 15. Oktober 1959

Liebe Mutter,

Hier sind zwei oder drei Dinge, die Dich interessieren könnten:

1) X sprach wieder über den Krieg, ohne daß ich ihn irgend etwas gefragt hätte. Er wiederholte: „Es wird Krieg geben" und sprach wieder von einem Angriff Chinas gegen Indien...

2) X sprach von den finanziellen Schwierigkeiten des Ashrams und sagte mir: „Ich werde dir das Geheimnis der Ursache dieser Schwierigkeiten sagen." Ich glaube, er will das heute oder morgen tun. Jedenfalls sagte er, daß er „arbeitet" („ich bereite vor..."), um die Bedingungen zu ändern, und er fragte, ob jetzt schon eine Verbesserung eingetreten wäre. Ich antwortete, daß ich nicht glaube, die Lage habe sich sehr verändert. Er sprach auch über gewisse Personen im Ashram, aber das sage ich Dir mündlich. Er sprach in recht lustiger Weise über diese Leute, „Leute, die vorgeben, Mutter zu verehren, aber ihren Kopf wie eine Mülltonne haben!"

. . . .

7) X will mich kommenden Sonntag nach Pondicherry zurückschicken (Sonntag, den 18., Ankunft Montag, den 19. morgens). Er sagte, es wäre sinnlos, daß ich jetzt länger hier bleibe, weil sein Haus nicht fertig ist und er nichts tun kann. Aber er sagte, „ich werde dich für drei Monate zu mir holen und dir eine Ausbildung geben, mit der du Vergangenheit, Gegenwart und Zukunft erfahren kannst und dieselben Qualifikationen haben wirst wie ich"!

8) Er gab mir bestimmte Vorgehensweisungen, die ich Dir mündlich sagen werde.

Mutter, ich sehne mich so sehr, daß alles in meinem Bewußtsein in Einklang trete und daß mich die tantrische Disziplin, das Japa, usw. nicht von Dir entfernen. Ich will Dein Kind sein, offen für Dich, daß es keine Widersprüche gebe. Ich möchte so sehr Deine *fast physische* Gegenwart in mir wiederfinden, wie früher. Daß alles hell, rein, eins sei.

Ich möchte wie Sujata sein, völlig transparent, Dein Kind mit ihr zu Deinen Füßen. Mutter, hilf mir. Ich brauche Dich. Sujata ist dabei, etwas in mir zu *heilen*, das sehr schmerzlich war, wie aufgeschürft, verletzt, und das mich in die Auflehnung trieb. Mit dieser Linderung möchte ich ein neues Leben der Selbsthingabe beginnen. Dieser Wohnungswechsel ist für mich wie das Symbol eines anderen Wechsels. O Mutter, möge der schmerzhafte Weg vorüber sein und alles sich in der Freude Deines Willens erfüllen.

Dein Kind,
Satprem

25. November 1959

Es besteht ein Unterschied zwischen der Unsterblichkeit und dem Zustand ohne Tod. Sri Aurobindo beschrieb das sehr gut in *Savitri*.

Der Zustand ohne Tod kann in Zukunft für den menschlichen Körper in Aussicht gestellt werden: eine ständige Wiedergeburt. Anstatt zurückzufallen und zu zerfallen, aus Mangel an Plastizität und aus Unfähigkeit, sich der universellen Bewegung anzupassen, löst sich der Körper sozusagen nach vorne auf.

Ein Element bleibt konstant: in jeder Art von Atomen ist die innere Anordnung der Bestandteile anders, und das macht den Unterschied zwischen den Substanzen aus; vielleicht hat desgleichen jedes Individuum eine andere, ihm eigene Art, die Zellen seines Körpers anzuordnen, und diese besondere Art bleibt über alle äußeren Wandlungen hinweg erhalten – alles andere löst sich auf und bildet sich wieder; aber es löst sich in einem Elan nach vorne auf, anstatt sich rücklings im Tod erdrücken zu lassen, und es bildet sich erneut in einer ständigen Aspiration, der fortschreitenden Bewegung der göttlichen Wahrheit zu folgen.

Doch dazu muß der Körper – das Bewußtsein des Körpers – zuerst lernen, sich zu weiten. Das ist unerläßlich, sonst werden alle Zellen zu einer Art kochendem Brei unter dem Druck des supramentalen Lichts.

Meistens wenn der Körper das Höchstmaß an Intensität der Aspiration oder an Ekstase der Liebe erreicht, kann er es nicht beibehalten. Er wird flach, unbewegt. Er fällt zurück. Die Dinge werden zur Routine – man wird mit einer neuen Schwingung bereichert, aber alles nimmt wieder seinen gewohnten Lauf. Deshalb muß man sich weiten, um zu lernen, die Intensitäten der supramentalen Kraft zu ertragen, ohne zu wanken, um immer nach vorne zu gehen, immer in der aufsteigenden Bewegung der göttlichen Wahrheit, ohne in die Gebrechlichkeit des Körpers zurückzufallen.

Das will Sri Aurobindo ausdrücken, wenn er von *intolerable ecstasy* spricht[1]; es ist keine unerträgliche Ekstase, sondern eine Ekstase ohne Wankendwerden.

---

1. *Gedanken und Aphorismen*, Nr. 92: „Transfiguriert wird die Grausamkeit zu einer Liebe, die unerträgliche Ekstase ist…"

Gebete des Bewußtseins der Körperzellen

(1951 – 1959)

21. September 1951

O mein sanfter Herr,
höchste Wahrheit,
ich ersehne, daß
diese Nahrung, die
ich aufnehme, allen Zellen
meines Körpers
Deine All-Wissenheit,
Deine All-Mächtigkeit,
Deine All-Güte
einflöße.

25. Juli 1958

O mein sanfter Herrscher,
Herr Gott der Güte
und der Barmherzigkeit.
Was Du willst, daß wir wissen, werden wir wissen,
was Du willst, daß wir tun, werden wir tun,
was Du willst, daß wir seien, werden wir sein – für alle Zeiten.
Om – namo – bhagavate
Denn Du bist es, der ist, der lebt und der weiß – Du bist es,
der alles tut, und Du bist das Ergebnis alles Tuns.

*
* *

O mein Herr, mein Herr!
Was Du von mir willst, laß es mich sein.
Was Du willst, daß ich tue, laß es mich tun.

GEBETE DES BEWUSSTSEINS DER ZELLEN[1]

(die Stadien von Mutters Japa)

1958-1959

3. Oktober 1958

Und der Körper sagt dem Höchsten Herrn:

> Was Du willst, daß ich sei, werde ich sein,
> was Du willst, daß ich wisse, werde ich wissen,
> was Du willst, daß ich tue, werde ich tun.

21. Januar 1959

OM

OM, Höchster Herr

Ergreife Besitz von diesem Körper

Manifestiere Dich in ihm.

Ohne Datum

O Göttliches Licht, supramentale Wirklichkeit,
mit dieser Nahrung durchdringe den Körper
gänzlich, dringe in alle Zellen,
ziehe in alle Atome ein;

---

1. Alle diese Gebete wurden von Mutters Hand unter dieser Überschrift notiert.

daß alles vollkommen
aufrichtig und empfänglich werde,
frei von allem, was
Deine Manifestation behindert;
insgesamt
öffne Dir alle Teile
meines Körpers, die nicht
schon Du selbst sind.

Januar 1959

Invokation

Herr, Gott der Güte und Barmherzigkeit,
Herr, Gott der erhabenen Einheit,
Herr, Gott der Schönheit und der Harmonie,
Herr, Gott der Macht und der Verwirklichung,
Herr, Gott der Liebe und des Mitgefühls,
Herr, Gott des Schweigens und der Kontemplation,
Herr, Gott des Lichts und des Wissens,
Herr, Gott des Lebens und der Unsterblichkeit,
Herr, Gott der Jugend und des Fortschritts,
Herr, Gott des Überflusses und der Fülle,
Herr, Gott der Kraft und der Gesundheit,
Herr, Gott des Friedens und der Unermeßlichkeit,
Herr, Gott der Macht und der Unbesiegbarkeit,
Herr, Gott der siegreichen Wahrheit.
Ergreife Besitz von diesem Körper,
Manifestiere Dich in ihm.

Ohne Datum 1959 (?)

OM, Höchster Herr

Ergreife Besitz von diesen Zellen
Ergreife Besitz von diesem Gehirn
Ergreife Besitz von diesen Nerven
Ergreife Besitz von diesem Körper
Ergreife Besitz von dieser Materie
Ergreife Besitz von diesen Atomen

OM, Höchster Herr

Manifestiere Deine Pracht

Ohne Datum 1959 (?)

Om, Höchster Herr,
Gott der Wahrheit und der Vollkommenheit.
Herr, Gott der Reinheit und der Vollkommenheit
Gott der Gerechtigkeit und des Friedens
Gott der Liebe und der Glückseligkeit

Januar 1959

Ich bin kein Gelehrter
Ich bin eine schöpferische Kraft in Aktion, das ist alles.
Alles hängt ab vom Willen des Herrn.
Wenn dies Sein Wille ist, dann
weiß ich, wenn ich wissen muß,
kämpfe ich, wenn ich kämpfen muß,
liebe ich, wenn ich lieben muß,
und immer besteht die Notwendigkeit zu lieben, zu wissen und zu
kämpfen.

Januar 1959

O mein sanfter Herr,
Du allein, Du bist groß,
Du allein, Du siehst groß,
Du allein kannst mich dorthin führen, wohin ich gehen will.

Januar 1959

O Herr, wie süß es ist, Dich zu brauchen!...

9. Oktober 1959 (Durga)

Du bist mein Licht, meine Macht
und meine Freude
Du bist meine erhabene
Verwirklichung.

9. Oktober 1959 (Durga)

O Herr, Du bist mein Frieden, meine Macht und meine Freude,
Du bist meine erhabene Verwirklichung.

327

9. Oktober 1959, (Durga)

Om

Höchster Herr,
Du bist mein Licht, meine Macht
und meine Freude
Du bist meine erhabene Verwirklichung.

❀

Ohne Datum

OM

Om, Höchster Herr, Gott der Güte und der Barmherzigkeit,
Om, Höchster Herr, Gott der Liebe und des Mitgefühls,
Om, Höchster Herr, ergreife Besitz von diesen Zellen,
Om, Höchster Herr, ergreife Besitz von diesem Gehirn,
Om, Höchster Herr, ergreife Besitz von diesen Nerven,
Om, Höchster Herr, ergreife Besitz von diesem Gedanken,
Om, Höchster Herr, ergreife Besitz von diesem Wort,
Om, Höchster Herr, ergreife Besitz von dieser Tat,
Om, Höchster Herr, ergreife Besitz von diesem Körper,
Om, Höchster Herr, ergreife Besitz von diesem Herzen,
Om, Höchster Herr, ergreife Besitz von dieser Materie,
Om, Höchster Herr, ergreife Besitz von diesen Atomen,
Om, Höchster Herr, ergreife Besitz von diesem Unterbewußtsein,
Om, Höchster Herr, ergreife Besitz von diesem Unbewußtsein,

Om, namo, bhagavate

Om, Höchster Herr, Gott der Güte und der Barmherzigkeit
Om, Höchster Herr, Gott der Liebe und der Glückseligkeit
Om, Höchster Herr, manifestiere Deinen Willen
Om, Höchster Herr, manifestiere Deine Wahrheit
Om, Höchster Herr, manifestiere Deine Reinheit
Om, Höchster Herr, manifestiere Deine Vollkommenheit
Om, Höchster Herr, manifestiere Deine Einheit
Om, Höchster Herr, manifestiere Deine Ewigkeit
Om, Höchster Herr, manifestiere Deine Unendlichkeit

Om, Höchster Herr, manifestiere Deine Unsterblichkeit
Om, Höchster Herr, manifestiere Dein Schweigen
Om, Höchster Herr, manifestiere Deinen Frieden
Om, Höchster Herr, manifestiere Dein Dasein
Om, Höchster Herr, manifestiere Dein Bewußtsein
Om, Höchster Herr, manifestiere Deine All-Mächtigkeit
Om, Höchster Herr, manifestiere Deine Glückseligkeit
Om, Höchster Herr, manifestiere Deine Kenntnis
Om, Höchster Herr, manifestiere Deine All-Wissenheit
Om, Höchster Herr, manifestiere Deine Weisheit
Om, Höchster Herr, manifestiere Deinen Gleichmut
Om, Höchster Herr, manifestiere Deine Intensität
Om, Höchster Herr, manifestiere Dein Licht
Om, Höchster Herr, manifestiere Deine Harmonie
Om, Höchster Herr, manifestiere Dein Mitgefühl
Om, Höchster Herr, manifestiere Deine Schönheit
Om, Höchster Herr, manifestiere Deine Liebe
Om, Höchster Herr, erringe Deinen Sieg.

Gloire à Toi, Seigneur triomphateur suprême[1]
Gloire à Toi, Seigneur triomphateur suprême
Gloire à Toi, Seigneur triomphateur suprême
Gloire à Toi, Seigneur triomphateur suprême
Gloire à Toi, Seigneur triomphateur suprême
Gloire à Toi, Seigneur triomphateur suprême
Gloire à Toi, Seigneur triomphateur suprême
Gloire à Toi, Seigneur triomphateur suprême
Gloire à Toi, Seigneur triomphateur suprême
Gloire à Toi, Seigneur triomphateur suprême
Gloire à Toi, Seigneur triomphateur suprême
Gloire à Toi, Seigneur triomphateur suprême
Mahima Tawaïwa prabho parama jitwara[2]
Mahima tawaïwa prabho parama jitwara
Mahima tawaïwa prabho parama jitwara
Mahima tawaïwa prabho parama jitwara
Mahima tawaïwa prabho parama jitwara
Om, namo bhagavate[3]
Mahima tawaïwa prabho parama jitwara
Om, namo bhagavate

---

1. „Dein sei der Sieg, Herr, höchster Eroberer".
2. „Dein sei der Sieg, Herr, höchster Eroberer", von Mutter in Sanskrit geschrieben.
3. OM, ich grüße den Höchsten Herrn.

Mahima tawaïwa prabho parama jitwara
Om, namo bhagavate
Mahima tawaïwa prabho parama jitwara
Om, namo bhagavate
Mahima tawaïwa prabho parama jitwara
Om, namo bhagavate
Mahima tawaïwa prabho parama jitwara
Om, namo bhagavate
Mahima tawaïwa prabho parama jitwara
Om, namo bhagavate
Mahima tawaïwa prabho parama jitwara
Om, namo bhagavate
Mahima tawaïwa prabho parama jitwara
Om, namo bhagavate
Mahima tawaïwa prabho parama jitwara
Om, namo bhagavate
Mahima tawaïwa prabho parama jitwara
Om, namo bhagavate
Mahima tawaïwa prabho parama jitwara
Om, namo bhagavate
Mahima tawaïwa prabho parama jitwara

Om Tat Sat
Om Sat Chittapas Ananda[1]
Om namo bhagavate
Om mein sanfter Herr
OM, mein Wohl-Geliebter

---

1. Die höchsten Prinzipien des Seins: *Tat* (das Absolute, „Das"), *Sat* (Sein), *Chit* (Bewußtsein), *Tapas* (Energie), *Ananda* (Glückseligkeit).

1960

CHRONIK DES WELTGESCHEHENS

1960

1. Jan.	Kamerun erlangt seine Unabhängigkeit
4. Jan.	Tod von Albert Camus bei einem Autounfall
12. Jan.	Wiederaufnahme der Genfer Konferenz über das Verbot von Atomversuchen
21. Jan.	Die USA bergen eine mit einen Schimpansen bemannte Raumkapsel
24. Jan.	Beginn der „Barrikaden-Woche" durch die Partisanen des französischen Algerien. Der Belagerungszustand wird dekretiert
13. Feb.	Die erste französische Atombombe explodiert bei Reggane in der Sahara
1. März	Ein heftiges Erdbeben verheert Agadir (Marokko): 10 000 Tote
2. März	General Norstad sieht die Schöpfung einer „Interventions-Streitkraft" vor, die in die NATO integriert würde und über herkömmliche sowie atomare Bewaffnung verfügen sollte
15. März	Eröffnung der Zehner-Konferenz über die Ost-West-Abrüstung
21. März	Gewalttätige Aufstände in Südafrika
1. April	Explosion der zweiten französischen Atombombe in Reggane. Proteste Japans, Ghanas und des Sudan
9. April	Gegen Hendrik Verwoerd, den Premierminister der südafrikanischen Union, wird ein Attentat versucht
20. April	Einweihung von Brasilia, der neuen Hauptstadt Brasiliens
24. April	Heftige Erdbeben im Iran. Die Stadt Ler wird zerstört
27. April	Togo erhält seine Unabhängigkeit
8. Mai	Besuch Jawaharlal Nehrus in Paris
10. Mai	Das Atom-U-Boot *Triton* vollendet eine Umschiffung der Welt in vierundachtzig Tagen bei zweimaligem Auftauchen
16. Mai	Chruschtschow besteht darauf, daß sich die USA für den Luftzwischenfall (U 2) vom 1. Mai entschuldigt
21.-27.5	Heftige Erdbeben erschüttern Chile und lösen eine Springflut aus, welche die Küsten des Pazifiks verheert. Die Vulkane der Anden eruptieren: es gibt mehrere Tausend von Toten
23. Mai	Der Ns.-Schlächter Adolf Eichmann wird in Argentinien von Israelis aufgespürt und zum Prozeß nach Israel überführt
2. Juni	Dreiundfünfzig französische Jugendbewegungen einigen sich erstmalig auf eine gemeinsame Position und erklären sich für die Beendigung des Algerienkrieges
7. Juni	Die Kommission der Zehn nimmt ihre Abrüstungsgespräche in Genf wieder auf. Die Repräsentanten von fünf Ostblock-Ländern verlassen die Konferenz am 27., ohne daß eine Übereinkunft gefunden wurde
20. Juni	Mali proklamiert seine Unabhängigkeit
23. Juni	Lumumba bildet die erste unabhängige Regierung des ehemals belgischen Kongo
30. Juni	Somalia erlangt die Unabhängigkeit. Ausrufung der madegassischen Republik
2. Juli	In der dominikanischen Republik wird der Notstand erklärt

11. Juli	Die Kongo-Provinz Katanga proklamiert ihre Unabhängigkeit. Am 12. fordert die kongolesische Regierung die Intervention der US Streitkräfte
14. Juli	John F. Kennedy wird zum demokratischen Präsidentschaftskandidaten der USA ernannt.
20 Juli	Erfolg der „Freiheitspartei" bei allgemeinen Wahlen in Ceylon. Frau Bandaranaike wird aufgerufen, eine Regierung zu bilden
27. Juli	Richard M. Nixon wird zum republikanischen Präsidentschaftskandidaten ernannt.
1. Aug.	Unabhängigkeitserklärung von Dahomey, am 3. von Niger, am 5. von Ober-Volta, am 7. von der Elfenbeinküste
7. Aug.	Fidel Castro verkündet die Verstaatlichung von US-Unternehmen
11. Aug.	Unabhängigkeitserklärung des Tschad, am 13. der zentralafrikanischen Republik, am 15. des ehemals französischen Kongo, am 17. von Gabun
16. Aug.	Unabhängigkeitserklärung von Zypern
23. Aug.	Vertagung der Konferenz über den Verzicht auf Atomversuche in Genf auf den 27. September
3. Sept.	Blutige Kämpfe im Kongo zwischen Partisanen von Regierungschef Lumumba und denjenigen von Staatspräsident Kasawubu
8. Sept.	Der Aufenthalt im Ostsektor wird Westdeutschen ohne besondere Erlaubnis verboten
14. Sept.	Colonnel Mobutu, Stabschef der kongolesischen Armee bemächtigt sich der Regierungsverantwortung, um sie einem „Studentenkolleg" anzuvertrauen
20. Sept.	Dreizehn neue Staaten werden in die UNO aufgenommen
1. Okt.	Nigeria ruft seine Unabhängigkeit aus
9. Nov.	John F. Kennedy wird mit knapper Mehrheit zum Präsidenten der Vereinigten Staaten gewählt
22. Nov.	Das Projekt nuklearer „Abschreckung" wird von der französischen Nationalversammlung gebilligt
9.-13.12	Die Algerien-Reise von General de Gaulle wird zum Vorwand für blutige Demonstrationen: über 100 Tote
19. Dez.	Unterzeichnung eines sowjetisch-kubanischen Wirtschaftsabkommens
20. Dez.	General de Gaulle fordert ein „offenes und massives Ja" für die Selbstbestimmung des algerischen Volkes
27. Dez.	Explosion der dritten französischen Atombombe in Reggane

1. Januar 1960

1960

Zu wissen ist gut,

zu erleben ist besser,

zu sein, das ist vollkommen.

Mutter

28. Januar 1960

Mit all diesen Wiederholungen von Mantras, diesen Stunden des Japas, die ich jeden Tag zu machen habe, scheinen die Schwierigkeiten sich vervielfältigt zu haben. Als würde das alle Schwierigkeiten aufrühren oder steigern.

Der Sieg gehört dem Ausdauerndsten.

Als ich vor einem Jahr mein Japa begann, überfielen mich alle nur möglichen Schwierigkeiten, alle Widersprüche, alle Vorurteile; die Atmosphäre füllte sich mit Widerständen. Wenn ich anfing, für das Japa auf und ab zu gehen, stieß sich dieser arme Körper sogar, begann falsch zu atmen, zu husten: er wurde von allen Seiten angegriffen. Bis auf den Tag, wo ich mir den Widersacher schnappte und ihm sagte: „Hör gut zu, du kannst tun, was du willst, aber ich werde bis zum Ende gehen und nichts wird mich daran hindern können, selbst wenn ich das Japa hundert Millionen Mal wiederholen muß." Das hatte ein wirklich erstaunliches Resultat, als würde mit einem Schlag ein Schwarm von Fledermäusen ins Licht fliegen. Von dem Augenblick an begann es gut zu gehen.

Wir begreifen nie genug, welche unwiderstehliche Wirkung ein fest entschlossener Wille haben kann.

Es gab natürlich noch Schwierigkeiten, aber Schwierigkeiten, die dem entstammten, was im Inneren zu ändern war.

Die Schwierigkeiten kommen gerade von den winzigen, scheinbar banalsten Dingen, die keinerlei besonderes Interesse bieten, die aber den Weg verstellen. Sie entstehen aus einem Nichts, einer Einzelheit: ein Wort, das gerade einen empfindlichen Punkt berührt, die Krankheit eines Mitmenschen, egal was, und plötzlich zieht es sich zusammen; dann muß die ganze Arbeit von vorne begonnen werden, als wäre noch nichts getan worden.

Von allen Formen des Egos könnte man meinen, das physische Ego wäre am schwersten zu überwinden (oder das körperliche Ego, denn für das Physische geschah die Arbeit schon vor langer Zeit). Man könnte meinen, die Form des Körpers stelle gerade einen Sammelpunkt dar und daß ohne diese Sammlung, ohne diese Härte, kein physisches Leben möglich wäre. Aber das ist nicht wahr! Der Körper ist ein wirklich wunderbares Werkzeug; er ist fähig, sich zu weiten, unermeßlich zu werden; dann vollzieht sich alles, alles, die geringste Geste, die geringste Arbeit, in einer wunderbaren Harmonie, mit einer bewundernswerten Plastizität. Aber plötzlich, wegen irgendeiner Dummheit, einem Luftzug, einem Nichts, vergißt er – er fällt in sich zurück, in die Angst zu verschwinden, die Angst, nicht mehr zu sein. Dann muß alles wieder von vorne begonnen werden. Hier, in diesem Yoga der Materie, merkt man, wieviel Ausdauer erforderlich ist. Ich habe mir ausgerechnet, daß ich für hundert Millionen Wiederholungen des Japas zweihundert Jahre brauchen würde. Nun, ich bin bereit, zweihundert Jahre zu kämpfen, wenn es sein muß, aber die Arbeit wird getan werden.

Sri Aurobindo hatte mich ausdrücklich gewarnt, als ich noch in Frankreich war, daß dieses Yoga in der Materie das schwierigste von allen ist. Für die anderen Yogas sind die Pfade gründlich ausgetrampelt, man weiß, wo es lang geht, wie man vorzugehen hat, was in diesem oder jenem Fall zu tun ist. Doch für das Yoga der Materie wurde noch nie etwas getan, so muß man in jedem Augenblick alles erfinden!

Gewiß geht es jetzt besser, vor allem seit Sri Aurobindo sich im Subtilphysischen eingerichtet hat[1], ein fast materielles Subtilphysisches. Aber es bleiben noch viele offene Fragen ... Mal versteht der Körper, dann vergißt er. Die Hindernisse des Widersachers sind nichts, weil man deutlich sieht, daß sie von außen kommen, daß sie feindlich sind, also tut man das Nötige. Doch all die kleinen Dinge des täglichen materiellen Lebens, dort liegt die Schwierigkeit – plötzlich versteht der Körper nicht mehr, er vergißt.

Dennoch ist er FROH. Er tut die Arbeit gerne, er lebt nur für dies, um sich zu ändern, sich zu transformieren, das ist sein Daseinsgrund. Und er ist ein so williges Instrument, so voll von gutem Willen! Einmal

---

1. Erfahrung vom 24.-25. Juli 1959, „Sri Aurobindos Wohnstätte".

begann er sogar wie ein Baby zu weinen: „O Herr, gibt mir Zeit, die Zeit, um mich zu transformieren..." In ihm ist eine so treuherzige Inbrunst für die Arbeit, aber er braucht Zeit – die Zeit ist ein Problem. Er will nur leben, um zu siegen. Leben, um den Sieg des Herrn zu erringen.[1]

31. Januar 1960

(Brief von Mutter an Satprem über die „Dhammapada", die sie früher auf dem Sportplatz kommentierte)

... Als ich anfing, die Dhammapada vorzulesen, hatte ich gehofft, meine Zuhörer würden genügend Interesse am „praktischen" spirituellen Aspekt nehmen, daß ich ihnen jedesmal nur einen Vers vorlesen könnte. Sehr schnell erkannte ich aber, daß sie dies schrecklich langweilig fanden und keinerlei Anstrengung machten, aus der Meditation einen Nutzen zu ziehen. Da bestand die einzige Lösung darin, das Thema wie eine intellektuelle Studie zu behandeln, und deshalb begann ich es kapitelweise zu lesen.

3. März 1960

Die Erfahrungen folgen einander in beschleunigtem Rhythmus – fabelhafte Erfahrungen. Sicherlich, müßte ich jetzt sprechen, würde ich überhaupt nicht mehr so wie damals reden. Deshalb ist es auch notwendig, alle diese alten *Entretiens* zu datieren, zumindest jene vor der [supramentalen] Manifestation vom Februar 1956, damit eine klare Trennung zwischen den vorherigen und den darauffolgenden besteht.

---

1. Eigentlich endete Mutter mit dem vorletzten Satz. Dann sandte sie Satprem am Tag darauf folgende Notiz: „Freitag, 29.1.60 – Gestern, als ich Dich verließ, war die Erfahrung zugegen, aber in der Hast des Abschieds kamen nicht die richtigen Worte, oder besser gesagt, kamen nur unvollständig (ich sagte: »Leben, um zu siegen«). Was mein Körper fühlte, war: »Leben, um den Sieg des Herrn zu erringen«."

Noch vor wenigen Tagen, am Morgen des 29., hatte ich eine dieser Erfahrungen, die ein Leben kennzeichnen. Es geschah oben in meinem Zimmer. Ich wiederholte mein Japa und schritt mit offenen Augen auf und ab, als plötzlich Krishna erschien: ein völlig goldener Krishna, in einem goldenen Licht, welches das ganze Zimmer erfüllte. Ich ging weiter und sah nicht einmal mehr die Fenster, den Teppich, überall schien dieses goldene Licht mit Krishna in der Mitte. Das dauerte eine gute halbe Stunde. Er trug die Kleider, mit denen man ihn meist darstellt, wenn er tanzt. Er war so leicht, tanzend: „Siehst du, heute abend beim Darshan[1] werde ich da sein." Und plötzlich kam der Darshan-Sessel ins Zimmer! Krishna kletterte hinauf, und mit einem verschmitzten Funkeln in den Augen sagte er: „Ich werde hier sitzen, siehst du, und es wird kein Platz mehr für dich bleiben!"

Als ich abends zur Verteilung nach unten kam, ärgerte ich mich als erstes: ich hatte gesagt, ich wollte niemand im Saal haben, gerade weil ich eine Atmosphäre der Konzentration, der geistigen Unbewegtheit herstellen wollte; aber da waren sie schon mindestens zu dreißig (jene, die den Saal geschmückt hatten), und alle dreißig bewegten sich ununterbrochen – eine Fülle kleiner Schwingungen. Und bevor ich auch nur einen Laut sagen konnte und mich kaum hingesetzt hatte, legten sie mir den Korb mit den Medaillen[2] auf den Schoß und reihten sich vor mir auf.

Aber dann geschah das Erstaunliche, daß auf einmal niemand mehr da war! Niemand – ich war verschwunden. Vielleicht war ich überall (aber eigentlich bin ich immer überall, ich habe immer das Bewußtsein, überall zugleich zu sein), doch gewöhnlich bleibt das Gefühl eines Körpers, eines physischen Zentrums: an diesem Abend gab es kein Zentrum mehr! Nichts mehr, niemand mehr, nicht einmal das Gefühl einer anwesenden Person – nichts. Ich war verschwunden. Sicherlich war da etwas, das die Medaillen verteilte, die Freude sie zu empfangen, die Freude einander anzusehen. Es war nur die Freude der ablaufenden Handlung, die Freude des Blickes, überall die Freude, aber ich? – Nichts, niemand, verschwunden. Und erst hinterher, später, erkannte ich, daß die Dinge so abliefen, weil alles verschwunden war, sogar der höhere Intellekt, der die Dinge versteht und organisiert („versteht", ich meine, der die Dinge enthält). Auch das war verschwunden. Und das blieb während der ganzen Verteilung so. Erst als der Körper

---

1. Das Darshan des 29. Februar 1960, erster Jahrestag der Supramentalen Manifestation.
2. Zum Andenken des ersten Jahrestags der Supramentalen Manifestation wurde eine Medaille an die Schüler verteilt.

wieder nach oben ins Zimmer ging, kehrte das Bewußtsein dessen, was ich bin, wieder zurück.

Es gibt einen Vers in *Savitri*, wo Sri Aurobindo das sehr gut beschreibt: sich auslöschen, damit es nur noch den Höchsten Herrn gibt.

Und viele, viele solche Erfahrungen geschehen. Das ist erst ein winzig kleiner Anfang. Es kam, um die neue Etappe zu kennzeichnen: die vergangenen vier Jahre und die kommenden vier Jahre; denn alles wandte sich diesem Körper zu, um ihn vorzubereiten, alles konzentrierte sich auf ihn: die Natur, der Meister des Yogas, der Höchste, alles … So werden die Dinge erst dann wirklich interessant zu erzählen sein, wenn es vollendet ist, nicht vorher. Andererseits wird es vielleicht auch nie vollendet sein! Es ist ein kleiner Anfang, sehr klein.

7. März 1960

(Brief von Satprem an Mutter)

Pondicherry, 7. März 1960

Mutter,
Hier der Brief vom Verleger. *Alles* kommt von Dir, alles *gehört* Dir.
Möge ich Dir immer dienen können.
Mit Liebe.

Dein Kind,

Satprem

ÉDITIONS DU SEUIL
27, RUE JACOB, PARIS-VIe – DAN 8460, 61, 62

Paris, 1. März 1960

Lieber Satprem,
. . . Verleger und Freund sind sich hier einig, um Ihnen zu sagen, daß *L'Orpailleur* ein schönes Buch ist, dessen Reichtum und Kraft mir noch stärker auffielen als damals, als ich die erste Version las. Ich kann Ihnen gar nicht sagen, wie sehr Ihr Job[1] mir verwandt ist – in seinen Schatten und

---

1. Hauptfigur des Romans.

seinen Lichtern. Die Freude, die wilde, unzähmbare Freude, die insgeheim wächst und dann aufbricht, alles umfaßt, diese Freude im Herzen des Buchs brennt den Leser – jedenfalls die wenigen, die irgendeine Veranlagung zur Flamme haben. Letztendlich weiß ich nicht, ob *L'Orpailleur* bemerkt werden wird oder nicht, ob die Kritiker ihm einen Artikel, einen Kommentar, ein Echo gönnen werden oder nicht, ob die Buchläden ihn „verkaufen" werden oder nicht (armer Goldwäscher!). Doch ich weiß, daß für einige Leser – 2, 3, 10 ? – Ihr Buch der Schrei sein wird, der sie aus dem Schlaf reißt. Auf Ihren Gesang wird ein anderer Gesang im Leser antworten. Wo, wie wird das Konzert enden? Wer weiß – *alles* ist möglich!

Meine Worte sind ein wenig zusammenhanglos – aber mir ist nicht danach, Ihnen eine wohlgeformte Rede zu halten. Eine Weise, Ihnen noch einmal zu sagen, daß ich glücklich – und dankbar bin.

Mit meiner ganzen Freundschaft.

M.C.

7. April 1960

(Brief von Satprem an Mutter)

Hyderabad, 7. April 1960

Liebe Mutter,

Einige Zeilen, um Dir zu sagen, daß ich mich nach Dir sehne. Mehr und mehr erkenne ich, daß ich im Grunde nie glücklich sein werde, bis ich nicht ganz in Dir verschwunden bin. Das ist es, es darf *nur noch* Das geben. Ich verstehe es wohl, aber ich bin so versperrt, so dickfellig. Jedenfalls „denke" ich viel an Dich und lebe wirklich nur durch dieses Etwas, das mich tief in mich hinein zieht. Hätte ich das nicht, wäre alles so absurd.

Mein Platz nach Rameswaram ist für den 13. am Abend reserviert, so werde ich voraussichtlich am 15. dort ankommen.

Ich habe mir Arbeit mitgebracht (die Überarbeitung vom *Cycle Humain*) und das hilft mir zu leben. Ich erkenne noch nicht so recht den Sinn dieser Reise. Kurz vor meiner Abfahrt kündete der Verleger in Paris mir an, daß „mein" Buch im September erscheinen wird.

In manchen Augenblicken habe ich den Eindruck, alles ist mir sehr nah – könntest Du mir nicht helfen, besser Deiner Gegenwart bewußt zu sein (nicht als unpersönliche Kraft, sondern als Du)? Ich liebe Dich, Mutter, Du bist wirklich meine Mutter und ich brauche Dich so.

Mit meiner ganzen Liebe bin ich zu Deinen Füßen.

Satprem

(Mutters Antwort)

12.4.60

Mein liebes Kind,
Dein guter Brief vom 7. ist angekommen.

Die innere Verschmelzung, von der Du als anzustrebende Wahrheit sprichst, ist bereits eine vollendete Tatsache, deutlich erkennbar für mich. Seit langer Zeit fühle ich Dich als einen unerläßlichen Bestandteil meines Wesens; und mir scheint, daß einzig die Wirbel an der Oberfläche Dich daran hindern, dies ebenfalls zu fühlen und zu leben.

Doch ich bin überzeugt, das wird kommen. In der Zwischenzeit versuche ich, Dich meine Gegenwart nicht als „unpersönliche Kraft", sondern als wirkliche und konkrete Gegenwart fühlen zu lassen, und ich bin froh, teilweise Erfolg gehabt zu haben …

Laß mich von Dir hören, ich freue mich darüber.
Ich bin mit Dir in der Liebe und der Freude.

Mutter

Für den *Orpailleur* ist es gut. Mein Eindruck bleibt, daß alles gut gehen wird.

13. April 1960

(Brief von Satprem an Mutter)

Hyderabad, 13. April 1960

Liebe Mutter,
Mein Freund hier gab mir ein Buch „Tempelritter und Alchimist", über die Gruppe, der er sich in Frankreich anschließen will – auch sie behaupten, die Verwandlung der Materie zu suchen, und verkünden das Ende des „Homo sapiens" und die Schöpfung des Übermenschen.

Es eilt mir, in Deiner Nähe zu sein und an dem Buch über Sri Aurobindo zu arbeiten – ich möchte meine ganze Seele dahinein geben und, mit Deinem Segen, etwas Leuchtendes daraus machen.

Liebe Mutter, ich bin Dein Kind, ich will immer vollkommener Dir gehören.

Mit Liebe,

Satprem

341

(Mutters Antwort)

18.4.60

Mein liebes Kind,

Gestern erhielt ich Deinen Brief vom 13. April; die Briefe brauchen lange von Hyderabad.

Du sprichst von dem Buch über Sri Aurobindo; auch ich wäre froh, wenn wir diese Arbeit zusammen tun.

Gestern war der Tag der Verteilung. Ich lege sechs Taschentücher in den Umschlag, für Dich und wenn Du welche verschenken willst. Ich lege auch die Botschaft für den 24. April dazu.

. . . .

Immer bei Dir, in der Liebe und der Freude.

Mutter

14. April 1960

(Brief von Satprem an Pavitra)

Hyderabad, 7. April 1960

Lieber Pavitra,

Hier ein Auszug aus der *Revue des Deux Mondes* [Revue der Zwei Welten] vom März 1960. Dieser Auszug entstammt einer Vorlesung von 1931 in der Lenin Schule für Politische Kriegsführung in Moskau, von Dimitry Manouilski:

„Unsere Gelegenheit wird in zwanzig oder dreißig Jahren kommen. Um zu siegen, brauchen wir ein Element der Überraschung. Die Bourgeoisie muß eingeschläfert werden. Wir werden deshalb zuerst die spektakulärste Friedensbewegung starten, die es je gegeben hat. Wir werden elektrisierende Vorschläge und außerordentliche Zugeständnisse machen. Die kapitalistischen Länder, dumm und dekadent, werden mit Freude an ihrer eigenen Zerstörung mitarbeiten. Sie werden die neue Gelegenheit zur Freundschaft aufschnappen. Sobald sie ihre Verteidigung bloßlegen, werden wir sie mit unserer geballten Faust zermalmen." (Zitiert in *Revue militaire d'Information,* Dezember 1959)

Was hält Mutter davon?

Brüderlich,

Satprem

342

(Pavitras Antwort)

16.4.60

Satprem,

Ich las Mutter den Auszug aus der *Revue des Deux Mondes* vor. Hier ihr Kommentar:

„Daß dies ihre vordergründige Absicht ist, mag gut sein, ich weiß es. Aber sie irren sich, wenn sie glauben, es wird so ausgehen ... Wir werden sehen!"

In Freundschaft,

Pavitra

20. April 1960

(Brief von Satprem an Mutter)

Rameswaram, 20. April 1960

Liebe Mutter,

. . . .

Bei meiner Ankunft *schmerzte* und schockierte es mich, X in einem abscheulichen Haus leben zu sehen, das einem Bahnhof in Miniatur (und weniger gut) gleicht, mit Schnörkeln aus grell-gelbem Zement. Überall Zement – sogar den „Innenhof" haben sie einbetoniert und den schönen Baum ausgerissen, der dort stand. O Mutter, das ist Raubbau, barbarisch! Du kannst es Dir nicht vorstellen! Wirklich, M hat ein Verbrechen begangen.

Als Trost hatte ich die Freude, Deine beiden Briefe vorzufinden. Ja, seit einiger Zeit scheint es mir, Deine physische Gegenwart besser zu fühlen. Aber warum bin ich bloß so blockiert, wo liegt der Fehler? Ich habe ständig das Gefühl, abseits von mir selbst zu leben, oder besser gesagt in einem winzigen Bruchteil meiner selbst, und es gelingt mir nicht, des Restes bewußt zu werden – eine beständige Amnesie. Das ist unangenehm und recht dumm. Was wird diesen Panzer hochgehen lassen?

Es eilt mir, zu Dir zurückzukommen.

Dein Kind mit Dankbarkeit und Liebe.

Satprem

24. April 1960

(Brief von Mutter an Satprem)

... Das geschieht, um Dir zu verstehen zu geben, daß jedesmal, wenn Du krank bist, etwas in Deinem inneren Wesen krank ist.

26. April 1960

(Brief von Satprem an Mutter)

Rameswaram, 26. April 1960

Liebe Mutter,
. . . .
An manchen Tagen ist alles so einfach, dann sehe, fühle ich, daß es genügt, sich nur tragen zu lassen – und alles ist leicht. Das „ich" muß wirklich ein Ende nehmen.

Es wird eine Freude sein, Dich wiederzusehen und die Arbeit wieder aufzunehmen. Hier halte ich so viele Stunden wie möglich frei, um den *Cycle Humain* zu korrigieren ... Es gelingt mir vollkommen, X in seinem inneren Leben zu folgen, ohne Einschränkungen, doch ich muß mich sehr anstrengen, um ihm in seinem äußeren Leben folgen zu können.

Mutter, ich bin zu Deinen Füßen mit meiner Liebe und meiner Dankbarkeit.

Dein Kind,
Satprem

6. Mai 1960

Manchmal gewinnt man den Eindruck, daß es ein außerordentliches Geheimnis zu entdecken gibt, und daß es hier liegt, fast vor unseren Augen, daß wir Das Ding erfassen werden, wissen werden ...

Manchmal, eine Sekunde lang, sieht man Das Geheimnis; eine Öffnung entsteht, dann verschließt es sich wieder. Dann wieder enthüllen sich die Dinge für eine Sekunde, man weiß wieder ein wenig mehr.

Gestern war Das Geheimnis offenbar, völlig klar, weit offen. Aber das ist nicht etwas, das sich erklären läßt; die Worte wirken idiotisch – man muß selber die Erfahrung machen.

Von diesem Geheimnis spricht Sri Aurobindo ein wenig überall, vor allem in seinen *Essays on the Gita*. Er sagt uns, die Gita selber deutet Das an, dieses Etwas jenseits des Unpersönlichen, sogar jenseits des Persönlichen hinter dem Unpersönlichen, jenseits des Transzendenten.

Dieses Geheimnis sah ich, ich sah, daß in der irdischen Materie, auf der Erde, der Höchste vollkommen wird.

„Wird" ist gewiß eine Redensart, denn alles ist bereits, und der Höchste ist, was Er ist. Doch wir leben innerhalb der Zeit, in einer fortschreitenden Entwicklung, und es wäre absurd zu behaupten, diese Materie wäre gegenwärtig der Ausdruck eines vollkommenen Göttlichen.

Dieses Geheimnis sah ich (und es wird immer deutlicher erkennbar, je mehr das Supramental sich präzisiert), und ich sah es im äußeren Leben aller Tage, im physischen Leben, genau das, was alle Spiritualitäten zurückweisen ... eine Art Präzision, eine Genauigkeit bis ins Atom.

Ich sage nicht, das „Göttliche" wird vollkommen in der Materie, denn das Göttliche ist bereits dort, sondern daß *der Höchste* in der Materie vollkommen wird.

16. Mai 1960

Eine grundlegende Notwendigkeit ist die Demut. Demütig sein. Nicht demütig im normalen Sinn, nicht einfach sich sagen: ich bin klein, ich bin nichts – nein, etwas anderes ... Denn die Fallstricke sind unzählbar, und je weiter man im Yoga geht, um so subtiler werden sie, um so mehr verkleidet sich das Ego hinter wunderbaren und heiligen Erscheinungen. Man sagt: „Ich will von nichts abhängen als Ihm. Ich will die Augen schließen und in Ihm allein ruhen." Und dieser so angenehme „Er" ist genauso, wie man sich ihn wünscht, er ist das Ego, oder ein ungeheurer Asura, ein Titan (je nach der Fähigkeit des einzelnen). Und die gibt es überall auf der Erde: das ist ihr Weidegrund. Deshalb ist das allererste, was zu tun ist, sich sein Ego in die Tasche zu stecken – nicht um es aufzuheben, sondern um es sobald als möglich loszuwerden!

Und jedesmal, wenn etwas im Inneren beharrt: „Aber ich fühle es so, ich denke so, ich sehe es so: das ist meine Seinsart, das ist meine Auffassung, das ist meine Beziehung mit dem Göttlichen, usw.", dann kann man sicher sein, daß der Gott, den man sich geschaffen hat, ein Gott des Egos ist.

Dann sagt man: „Ich will die Augen schließen, um nur Ihn zu sehen; ich will nichts mehr mit der äußeren Welt zu tun haben." Und man vergißt, daß es Die Liebe gibt! Das ist das Große Geheimnis, das, was hinter dem Existierenden und dem Nicht-Existierenden, dem Persönlichen und dem Unpersönlichen liegt – Die Liebe. Nicht eine Liebe zwischen zwei Dingen, zwischen zwei Wesen … Eine Liebe, die alles enthält.

Am Anfang des Jahrhunderts schrieb ich die *Gebete und Meditationen* und sprach auch von „Ihm", doch das schrieb ich mit all meiner Aspiration, all meiner Aufrichtigkeit (jedenfalls mit aller Aufrichtigkeit der bewußten Teile meines Wesens), und ich verschloß das in einer Schublade, damit niemand es liest. Nur Sri Aurobindo bat mich später, es zu veröffentlichen, weil es anderen nützen könnte … Hätte ich damals, vor fünfzig Jahren, gewußt, was ich heute weiß, wäre ich erdrückt worden!… All diese „Schmach", diese „Unwürde" …

Im Grunde ist es gut, erst nach und nach zu lernen, gut, Illusionen zu haben – nicht um der Illusionen willen, sondern als notwendige Etappen auf dem Weg.

Alles kommt zu seiner Zeit.

Und das Wunderbare ist, daß in jedem Augenblick die Gnade, die Freude, das Licht, die Liebe sich unaufhörlich inmitten von all dem ergießen, trotz dem Ego, trotz der Unwürdigkeit, trotz der Schmach.

Demütig sein …

*
* *

Kurz darauf

Vor zwei Tagen war ich krank, dieser Schnupfen, ein Fieber. Ich weiß warum: ein Punkt ist zu transformieren. Vielleicht setzte der Körper sich mit zuviel Eifer daran und brachte etwas ins Schwanken. Aber dank dessen hatte ich eine interessante Erfahrung: X hatte seine Kraft auf mich gerichtet, um die Genesung zu beschleunigen. Entsprechend der Natur eines jeden färbt sich die Kraft sozusagen: sie kleidet sich in eine verschiedene Farbe. In mir übersetzte sich das als eine neue physische Erfahrung, die von vier Uhr morgens bis halb sieben dauerte, bis ich gezwungen war, mit Leuten zu sprechen und mich um äußere Dinge zu kümmern. Es war wie eine Art Ewigkeit, eine absolute PHYSISCHE Unbewegtheit, in der es keine Möglichkeit einer Krankheit mehr gab – tatsächlich gab es überhaupt nichts mehr in dieser Unbewegtheit, wie ein Nirvana. Aber das hinderte mich nicht daran, meine gewohnten Bewegungen durchzuführen, um mich anzuziehen.

Gestern verbrachte ich den ganzen Tag damit zu versuchen, diese Erfahrung zu verstehen.

Und ich erkannte, daß in dieser physischen Ewigkeit (die zweieinhalb Stunden dauerte: das ist lange für eine Erfahrung) etwas fehlte, etwas, das abwesend war: die Freude des Bewußtseins. Denn mein ganzes Leben lang war ich es immer gewohnt, über alles bewußt zu sein, immer, in jeder Sekunde. Und die Freude des Bewußtseins war abwesend. Da dankte ich der Gnade, mir das gezeigt zu haben: diese Art Nirvana war ganz einfach ein physisches Tamas.[1]

(Schweigen)

X hat die Macht, die Dinge sehr materiell zu machen; das ist seine große Macht. Und das ist der Grund, daß die Dinge immer gestört werden, wenn er hierher kommt. Plötzlich verstrickt sich jener, der schnelle Fortschritte machte, in Schwierigkeiten; das versprochene Geld versiegt; man wird krank; Dinge gehen kaputt – das ist genau weil er die Macht hat, den Dingen von oben eine Materialität zu verleihen. Denn man kann immer ganz nach oben im Bewußtsein gehen und von dort oben die Schwierigkeiten wegfegen (ab einem bestimmten Punkt in der Sadhana existieren die Schwierigkeiten wirklich nicht mehr; es genügt, die unerwünschte Schwingung zu erwischen, und es ist vorbei, man zerstreut sie). Dort hoch oben geht es einem gut; aber unten, da wimmelt es. Wenn X kommt, wird genau dieses Gewimmel sehr empfindlich.

Die Beherrschung muß eine WAHRE Beherrschung sein, eine sehr demütige, sehr schlichte Beherrschung, die von ganz unten ausgeht und Schritt für Schritt die Herrschaft erlangt. Tatsächlich ist es eine Schlacht gegen die kleinen Dinge, Winzigkeiten: Seinsgewohnheiten, Denkweisen, Gewohnheiten des Fühlens und Reagierens.

---

1. *Tamas:* Trägheit. Später erkannte Mutter jedoch, daß es nicht Tamas war, sondern etwas anderes.

Wenn sich diese Beherrschung von ganz unten mit dem Bewußtsein von ganz oben verbündet, dann kann die Arbeit wirklich einsetzen – nicht nur die Arbeit an sich selbst, sondern die Arbeit für alle.

21. Mai 1960

Was wir als Reinheit bezeichnen, die wahre Reinheit, hat nichts mit all den Dingen zu tun, die die Moral lehrt – die wahre Reinheit ist das Nicht-Ego.

Es darf nur noch Ihn geben.

Er, nicht nur weil man Ihm alles gegeben hat und sich völlig hingegeben hat (das genügt nicht), sondern Er, weil Er das menschliche Instrument zur Gänze in Besitz genommen hat.

Manchmal steht man unter dem Eindruck, mit der Schwierigkeit nie fertig zu werden. Eine ungeheure Welt von gegnerischen Kräften belagert uns – Meere von Kräften, die sich umwälzen, vermischen und in gigantischen *Pralayas*[1] versinken, sich neu bilden und neu mischen –, angesichts dessen sagt man sich, man müßte das Göttliche sein, um mit der Schwierigkeit zu Rande zu kommen. Aber das ist es genau! (Und die gegnerischen Kräfte helfen euch selber, das zu sehen: dies ist ihre Aufgabe.) Wir müssen DAS GÖTTLICHE SEIN, das ist die Lösung, das ist die wahre göttliche Reinheit.

*
* *

Wenn X hier ist, bekommt man den Eindruck, die Dinge fallen zurück, anstatt fortzuschreiten. Und wenn er wieder abgereist ist, macht man plötzlich einen Satz nach vorne. Dann merkt man, daß der Fortschritt ein wirklicher Fortschritt ist, daß die gewonnenen Dinge wirklich gewonnen wurden: sie lösen sich nicht wieder auf. Und das ist Xs wahre Macht, eine sehr materielle Macht. Denn im Bewußtsein dort oben hat man oft den Eindruck, die Dinge könnten sein, könnten sich verwirklichen (und die Vision ist vorhanden, die Macht ist vorhanden, ich habe sie – die unsichtbare Macht über die Erde). Aber wenn man auf die materielle Ebene herabkommt, bleibt alles ungewiß. Mit X hingegen, wenn die Dinge einmal herabkommen, verflüchtigen sie sich

---

1. *Pralaya:* Apokalypse, das Ende einer Welt.

nicht mehr. Zweifelsohne besteht darin der Grund, daß der Höchste ihn auf meinen Weg brachte.

Zum Beispiel hatte ich ein Problem, bei dessen Lösung er mir half. Schon immer wurde ich ununterbrochen, Tag und Nacht, buchstäblich bestürmt von den Gedanken der Leute: durch alle möglichen Rufe, Fragen, Formationen, die zu mir kommen und die ich wohl oder übel beantworten mußte. Denn ich habe mir angewöhnt, stets über alles bewußt zu sein. Aber das behinderte meine Arbeit, vor allem wenn ich eine absolute Konzentration brauchte – und ich konnte mich nicht von den Leuten abtrennen, mich von der Welt abtrennen. Ich hatte keine andere Wahl, als die Rufe, die Fragen zu beantworten und die nötige Kraft, das nötige Licht, die Heilungskraft auszusenden und ständig diese Formationen, diese Gedanken, diese Willenskräfte, diese falschen Bewegung, die mich überfielen, zu reinigen.

Es war nötig, eine Verlagerung zu bewerkstelligen, eine Art Vermittlung nach oben: daß ich jedes dieser Dinge, die zu mir kommen, nach oben hebe und daß jedes Ding, jeder Umstand direkt, sozusagen automatisch die Kraft von oben, das Licht, die Antwort von oben empfange und daß ich nur ein Vermittler und ein Kanal für das Licht und die Kraft sei.

Ich hatte es lange versucht und konnte keine wirkliche Lösung finden. Manchmal schien es mir beinahe zu gelingen, als fehlte nur noch ein Nichts, ein winziger Mechanismus zu erfassen (und im Grunde ist das die Macht: ein Mechanismus zu erfassen; plötzlich erfaßt man das Mittel, die nötige Schwingung – das ist, was sie in Indien *Siddhi* nennen). Und plötzlich, nach seiner Abreise, kam es. Es kam in dem Augenblick, wo ich mein Japa wiederholte, als ich im Zimmer auf und ab ging ... Als hielt ich all das in den Armen – so konkret – und hob es zum Licht, mit diesem OM, das aufstieg, von tief unten aufstieg, OM! – Ich trug alle diese Leute, und das breitete sich aus, breitete sich PHYSISCH aus, ich trug die Erde, trug das gesamte Universum, aber in so greifbarer Weise, so konkret, trug all das zum Höchsten Herrn.

Und das war keine unsichtbare Macht: es war konkret, greifbar, MATERIELL.

24. Mai 1960

Es geschah letzte Nacht. Zum ersten Mal löste sich das physische Ego so vollständig auf, während ungefähr drei Stunden.

Es gab nur noch Die Kraft, nur noch *Sat-Chit-Ananda*, und nicht nur im Bewußtsein, sondern in den Empfindungen – das Satchitananda breitete sich in stetigen Fluten im Universum aus.

Diese Erfahrungen sind stets absolut, während sie andauern; dann erkenne ich an bestimmten, mir geläufigen Anzeichen (ich bin daran gewöhnt), daß das Bewußtsein des Körpers anfängt sich wieder zu verschließen. Besser gesagt, „etwas" – offensichtlich eine Höchste Weisheit – entscheidet, daß es für dieses Mal reicht und der Körper genug hatte. Er darf nicht zerbrechen; deshalb werden Vorkehrungen getroffen. Die Erfahrungen kommen in kleinen Abschnitten, die ich gut kenne. Der letzte ist immer ein bißchen unangenehm, weil mein Körper für die Arbeit mehr oder weniger sonderbare Stellungen einnimmt. Er ist dann nur noch eine Art Maschine, und am Ende fällt es ihm etwas schwer, zum Beispiel die Knie zu entspannen oder die Finger zu öffnen – ich glaube sogar, es macht ein Geräusch, wie etwas, das in eine bestimmte Stellung gezwängt wurde und nur noch ein spontanes, rein automatisches Eigenleben hat. Sehr viele Leute gehen auf diese Weise in Trance und können dann nicht mehr selbständig herauskommen: sie bleiben in irgendeiner Stellung stecken und jemand muß ihnen heraushelfen. Das ist mir nie passiert; ich konnte mir immer irgendwie helfen. Aber gestern abend dauerte die Erfahrung sehr lange. Am Ende machte es sogar einen kleinen Knacks, wie bei einem Rheumatismus.

Während der ganzen Zeit von ungefähr drei Stunden war das Bewußtsein vollkommen anders. Dennoch war es hier; es war nicht außerhalb der Erde, es war auf der Erde, aber völlig anders – sogar das Bewußtsein des Körpers war anders. Und das, was blieb, war sehr mechanisch: es war ein Körper, aber es hätte auch etwas beliebiges anderes sein können. Diese ganze Macht des Bewußtseins, die ich seit mindestens sechzig Jahren allmählich in jeder Körperzelle erwachsen ließ, damit sie bewußt werden (und das geht ununterbrochen weiter), all das wurde zurückgezogen: es blieb nur noch etwas beinahe Lebloses. Ich konnte zwar noch vom Bett aufstehen und sogar ein Glas Wasser trinken, aber all das war … seltsam. Und als ich mich wieder hinlegte, brauchte der Körper fast eine dreiviertel Stunde, um wieder so zu werden, wie er gewöhnlich ist; erst nachdem ich eine andere Art von *Samadhi* [Trance] betrat und wieder verließ, kehrte mein ganzes Bewußtsein zurück. Dies war meine erste derartige Erfahrung.

Während dieser drei Stunden bestand nur noch der Höchste, der sich durch die ewige Mutter manifestierte.

Aber es war nicht das Bewußtsein, Mutter zu sein oder ewig zu sein, nichts derartiges: die stetigen, allmächtigen und so außerordentlich verschiedenartigen Fluten des sich manifestierenden Höchsten.

Es war so unermeßlich wie das Universum, und eine stetige Bewegung: die Bewegung der Manifestation von etwas, das ALLES zugleich und einzig ist. Es gab keine Teilungen. Und von einer außerordentlichen Vielfalt von Farben, Schwingungen, Kräften! Ein Einziges, das alles enthielt.

Die drei höchsten Prinzipien waren sehr deutlich zugegen: Sein, Bewußtsein (aktives und verwirklichendes Bewußtsein) und Ananda. Eine universelle Unermeßlichkeit, die immer weiter ging, weiter ging, weiter ging ...

Es bewegt sich und bewegt sich nicht. Wie das erklären? Es war in Bewegung, in stetiger Bewegung, ohne Unterbrechung, und dennoch fand keine Verlagerung statt. Ich hatte ... oder besser gesagt, es machte den Eindruck von etwas, das die ganze Zeit war, das sich nie wiederholte, das nicht begann, nicht endete, das sich nicht fortbewegte und das ständig in Bewegung war.

Worte können das nicht ausdrücken. Keine einzige Übersetzung, selbst des höchsten Mentals, kann das ausdrücken. Sogar die Erinnerung, die ich jetzt noch davon habe, ist unaussprechlich. Man muß darin sein, um es zu fühlen, sonst ...

Dennoch war es für das Bewußtsein sehr deutlich. Es war weder mysteriös noch unverständlich: ganz und gar offensichtlich – aber nicht übersetzbar für unser mentales Bewußtsein. Denn es waren widersprüchliche Dinge, die dennoch alle zugleich bestanden, ohne Unterscheidungen: sie wurden nicht zueinander hinzugefügt; alles war all das zugleich. Wie das erklären! Äußerst schwierig. Es erfordert die Erfahrung ...

Wenn etwas das Denken übersteigt, bleibt eine Art Vorstellung oder Über-Vorstellung. Doch hier in meiner Erfahrung ging es nicht um das Denken: es ging um die Empfindungen. Es lag nicht jenseits des Denkens: es lag jenseits der Empfindungen. Ich LEBTE das. Und es gab kein Ich mehr. Es gab nur noch dieses Etwas; und dennoch war es eine Empfindung. Wie kann das erklärt werden?

Als ich mich wieder hinlegte, dauerte die Übergangszeit eine gute dreiviertel Stunde, während der meine Arbeit darin bestand, die Rolle des individuellen Bewußtseins auf der Erde zu bestimmen. Plötzlich verstand ich, wozu es dient. Denn solange die Erfahrung andauerte, bestand überhaupt nicht der Eindruck, daß es irgendeine

Individualität erforderte, damit diese höchste Flut sich manifestierte. Und ich verstand, daß die Individualität genau dazu diente, in dieser Flut alles in Berührung zu bringen, was zu „mir" strebte – das, was sie „mich" nennen, diese individualisierte Repräsentation des Göttlichen –, um Hilfe und Unterstützung zu erhalten und in Berührung gebracht zu werden. Ich sage nicht „um MIT dieser Flut in Berührung gebracht zu werden", sondern „um IN dieser Flut in Berührung gebracht zu werden", denn es kam nicht von außen, nichts war außerhalb dieser Flut, nichts existierte außerhalb.

Das wirklich sehr Schöne war die GENAUIGKEIT und die Macht, mit der die Kräfte gelenkt wurden. Eine dreiviertel Stunde lang konnte ich das beobachten: für jede Sache, die kam (das konnte der Gedanke einer Person sein, ein Ereignis, irgend etwas), gab es eine besondere kleine Konzentration in dieser Flut, die genau auf diesen Punkt ging, wie eine besondere Betonung.

All das geschah vollkommen ohne Ego, ohne persönliche Reaktion; einzig das Bewußtsein der Höchsten Aktion. Das allein existierte.

Natürlich war das gesamte normale und höhere Mental (und selbstverständlich das physische Mental, denn das muß aufgelöst werden, um überhaupt in Trance gehen zu können), alles, was im Kopf, über dem Kopf, um den Kopf herum vorgeht: vollkommen unbewegt.

Am Ende der Nacht, gegen zwei Uhr morgens, blieb nach all dem eine Art ungenaue Formulierung: wie kann dieser Zustand, den ich in Trance, in Samadhi erlebte und der es erfordert, sich hinzulegen, in einem sich bewegenden physischen Körper beständig werden? Dort ist etwas zu finden. Und welche Form wird das nehmen? Denn in meinem Bewußtsein ist es ständig so, diese universelle Flut; aber das Problem ist IM KÖRPER: das Problem der Kraft in ihrer materiellsten Form.

Doch während der Dauer meiner Erfahrung hatte ich überhaupt nicht den Eindruck von etwas Außergewöhnlichem, sondern die einfache Tatsache, daß nach all seiner Vorbereitung das Bewußtsein des Körpers bereit war für die vollkommene Identifikation mit Dem. In meinem Bewußtsein ist das immer so, ein ständiger, konstanter, ewiger Zustand, insofern als er nie abbricht. Es ist so und verändert sich nicht. Nur die Begrenztheit des materiellen Bewußtseins verringert die Unermeßlichkeit der Schwingung, kann sie färben oder manchmal sogar verändern und ihr eine persönliche Erscheinung geben. Wenn ich zum Beispiel jemandem begegne und mit ihm spreche, und meine Augen konzentrieren sich auf diese Person, so habe ich meistens das Gefühl, diese Flut kommt von mir und geht zu der Person oder kommt durch mich, um zu der Person zu gehen. Das ist das Gefühl der Augen, des Körpers. Und das begrenzt oder verändert auch ein ganz klein wenig die Unermeßlichkeit der Sache … Doch auch dieses Gefühl ist beinahe zur Gänze verschwunden: der fast ständige Eindruck dieser Unermeßlichkeit, die handelt. Nur in manchen Augenblicken ist man mehr oder weniger verinnerlicht, mehr oder weniger an der Oberfläche, und dann hat man den Eindruck, es geht durch einen Körper; Augenblicke, wo das Bewußtsein des Körpers ein wenig zurückkehrt. Und das verringert die Sache.

Diese Erfahrung der letzten Nacht ermöglichte mir auch zu verstehen, was X in einer unserer Meditationen fühlte. Er beschrieb seine Erfahrung, indem er sagte, ich wäre dieser mysteriöse Baum, dessen Wurzeln im Höchsten liegen und dessen Zweige sich über die Welt verbreiten[1], und einer dieser Zweige wäre in ihn eingedrungen und das wäre eine einzigartige Erfahrung gewesen. Er sagte: „Das ist die Mutter."

Jetzt verstehe ich, daß das, was er sah und was sich durch dieses vedische Bild ausdrückte, diese Art ständige Flut ist.

Und dieser Kontakt zwischen ihm und mir in seiner Erfahrung ist nur ein Punkt, ein Tropfen, nichts; nur das Bewußtsein kann sich durch Worte ausdrücken, aber DIE SACHE ist universell. Letzte Nacht war es universell; es gab kein Zimmer, kein Bett, keine Tür – dennoch war es konkret, so konkret, eine Pracht! Die ganze Freude: das ständige Ergießen in einer grenzenlosen Pracht.

Ich zögerte, darüber zu sprechen (wegen dem offenen Problem: das permanent zu machen, sogar im aktiven Bewußtsein), und ich sagte mir, wenn ich darüber spreche, wird es schwieriger werden, die Lösung zu finden … Aber das macht nichts. Wir werden einfach eine noch größere Anstrengung machen müssen, denn etwas verflüchtigt sich immer, wenn man darüber spricht.

28. Mai 1960

K hat seinen Körper verlassen. Die Operation war außergewöhnlich gut gelungen, fast wunderbarerweise: eine dieser schrecklichen Operationen, wo einem ein Teil des Körpers herausgenommen wird. Vier Tage lang ging es ihm recht gut, dann wurde alles gestört.

---

1. Der Baum *Ashwatha* (siehe *Katha Upanishade*, II, iii, 1).

Zur Zeit der Operation und danach hatte ich einfach die Kraft auf ihn gerichtet, wie ich es immer in solchen Fällen tue, damit alles zum Besten geschehe. Dann kam vor einigen Tagen während meinem Japa eine Art Befehl – ein sehr deutlicher Befehl –, sich auf ihn zu konzentrieren, damit er seiner Seele bewußt werden könne, sodaß er in den bestmöglichen Umständen gehen würde. Und ich sah, daß die Konzentration hervorragend wirkte: anscheinend wiederholte er in den letzten Tagen ununterbrochen *Mâ-Mâ-Mâ*[1]... sogar als er halb im Koma lag.

Die Konzentration wurde immer stärker. Vorgestern wurde sie sehr mächtig, und gestern morgen um halb eins zog es mich nach innen: er kam zu mir in einer Art Schlaf, aber ein bewußter Schlaf, und ich sagte sogar fast mit lauter Stimme: „Oh, K!"

Das dauerte eine viertel Stunde, ich war völlig innen, im Inneren, wie um ihn aufzunehmen.

Ein Detail war interessant: als ich um zwei Uhr nachmittags nach unten ging, traf ich seine Familie an, sie sagten mir, man habe sie telefonisch informiert, daß er um 11:45 gestorben war. Während ich ihn um 12:30 kommen sah.

Das zeigt, daß die äußeren Zeichen ... Dies ist nicht das erste Mal, daß mir das auffällt: die Ärzte beobachten alle die äußeren Anzeichen, sie erklären euch für tot, aber ihr seid noch in eurem Körper!

Er war also noch in seinem Körper.

In dieser Übergangszeit geschieht es dann wahrscheinlich, wenn man sagt, daß jemand „wieder aufersteht". Das muß in dieser Zeit geschehen: sie haben ihren Körper noch nicht verlassen, sie sind noch nicht wirklich tot, auch wenn das Herz allen Anschein des Stillstandes gibt. So verließ K seinen Körper um halb eins, während er offiziell um Viertel vor zwölf starb. Also eine dreiviertel Stunde später.

Es geschieht sehr langsam, sehr sanft (wenn es richtig getan wird), sehr sanft, ohne Stöße, ohne Erschütterung.

Heute morgen verbrennen sie ihn.

Wenn sie sich hier mit dem Verbrennen beeilen, verbrennen sie die Leute manchmal lebendig!... Man sollte warten.

Weil die Form ein Bewußtsein enthält, das Leben der Form. Da ist ein Bewußtsein (ein Bewußtsein in der Form, die die Zellen angenommen haben). Das braucht SIEBEN TAGE, um den Körper zu verlassen. Deshalb kommt es manchmal bei der Verbrennung zu ruckartigen Bewegungen – sie sagen, das sei mechanisch. Es ist nicht mechanisch, ich weiß, das ist es nicht.

---

1. *Mâ:* Mutter in den indischen Sprachen.

Ich weiß es. Ich weiß, daß es dieses Bewußtsein der Form gibt, weil ich es einmal verlassen habe. Das war vor langer Zeit, ich kam in einen Zustand, den man als kataleptisch bezeichnet, und nach einiger Zeit begann der Körper wieder zu leben; das heißt, er konnte noch sprechen und sich sogar bewegen (Theon gab mir diese Ausbildung). Der Körper konnte aufstehen und sich bewegen. Dennoch hatte ihn alles verlassen!

Als alles ihn verlassen hatte, wurde er natürlich kalt, aber es bleibt ein körperliches Bewußtsein, dem es gelingt, ein wenig Energie aus der Luft, aus der Umgebung zu ziehen ... Und in diesem Zustand konnte ich sprechen: ich sprach – ich sprach sogar sehr gut, beschrieb alles, was ich in diesen anderen Regionen sah.[1]

Deshalb gefällt mir diese Gewohnheit, die Leute zu verbrennen, nicht besonders.

Ich glaube hier in Indien (abgesehen von rein sanitarischen Vorsichtsmaßnahmen bei gefährlichen Seuchen) tun sie es vor allem, weil sie große Angst vor all den kleinen Wesenheiten haben, die den Begierden, den Impulsionen entstammen – Dinge, die in der Luft sind, die sich verbreiten und „Phantome" oder kleine Wesenheiten bilden. Alle Begierden, alles Festklammern an Dingen, all das bildet kleine Stückchen, die bei der Auflösung des Körpers auseinander gehen (jedes geht seine eigene Richtung), und diese Stückchen sammeln dann neue Kräfte in der umgebenden Atmosphäre: wenn sie sich an jemanden heften können, saugen sie ihn aus. Sie fahren fort, die Erfüllung ihrer Begierde zu suchen.

Die Welt, die Atmosphäre ist voller Plunder.

Die Leute hier sind viel empfindlicher als in Europa, weil sie sich viel mehr nach innen gerichtet haben; dadurch sind sie sich all dieser kleinen Wesenheiten bewußt und haben natürlich Angst davor. Und je mehr sie Angst davor haben, um so mehr werden sie ausgesaugt!

Viele dieser kleinen Wesenheiten werden, glaube ich, durch das Feuer zerstreut – das verwüstet sie.

Einen kenne ich hier (ein Junge, der hier starb), den man verbrannte, als er noch nicht gegangen war! Er hatte ein schwaches Herz und es wurden nicht genügend Vorsichtsmaßnahmen getroffen, das heißt,

---

1. Das war in Tlemcen. Während Mutter in Trance war, verursachte Theon durch eine Bewegung des Zorns den Bruch des Fadens, der Mutter mit ihrem Körper verband. Er war wütend, weil Mutter sich in einem Bereich befand, wo sie das „Mantra des Lebens" sah, und sie sich weigerte, ihm dieses Mantra zu sagen. Mit der Enormität des Ergebnisses seines Zorns konfrontiert, riß Theon sich zusammen, und es erforderte all Mutters Kraft und all Theons okkultes Wissen, damit sie wieder in ihren Körper zurückkehren konnte – was eine Art sehr schmerzhafter Reibung im Augenblick des Wiedereintritts verursachte, vielleicht die Art Reibung, die Neugeborene schreien läßt.

wahrscheinlich hätte man ihn nicht operieren dürfen. Es war unser Ingenieur. Er starb im Krankenhaus. Die Operation war nicht schwerwiegend, eine Blinddarmoperation, aber das Herz schaffte es nicht, seine normale Tätigkeit wieder aufzunehmen.

Aber er wußte es nicht (!), weil er gewohnt war, seinen Körper zu verlassen; er machte sogar Experimente: er verließ seinen Körper, ging im Zimmer umher, betrachtete seinen Körper von außen, beobachtete den Unterschied zwischen dem Subtilphysischen und dem materiellen Physischen usw. So merkte er es nicht. Erst als sie seinen Körper verbrannten ...

Ich versuchte, den Zeitpunkt hinauszuschieben, aber es geschah im Krankenhaus, deshalb war es schwierig. Ich war in meinem Zimmer, als sie seinen Körper verbrannten, da sah ich ihn plötzlich kommen – in Tränen – und er schluchzte: „Aber ... Aber ich bin tot! Doch ich WOLLTE NICHT sterben! Warum bin ich gestorben? Ich WOLLTE NICHT sterben!" – Es war schrecklich. Ich nahm ihn auf, drückte ihn an mich, damit er Ruhe fände.

Mehrere Jahre blieb er da.

Und wenn zum Beispiel in einer Versammlung über die Konstruktion oder Reparatur von Gebäuden beraten wurde, fühlte man sogar seine Gegenwart und er beeinflußte die Anwesenden.

Er wollte wieder leben. Es gelang mir, ihm eine Gelegenheit zu verschaffen. Er war sehr bewußt, das Kind ist es noch nicht ...

Aber die Leute sind verrückt, derart unwissend!... Was tun ...

Mai (?) 1960

(Brief von Satprem an Mutter)

Pondicherry

Mutter,
Du schickst mir diese Blume: „Mitarbeit des Vitals". Das ist mir ein Anlaß, Dir etwas zu sagen, das mir seit Jahren auf dem Herzen liegt und das folglich jedesmal, wenn es schlecht geht, hervorkommt:
Seit sieben Jahren bin ich hier, und ich kann keine einzige konkrete Erfahrung aufzählen, keine einzige Vision (die einzigen, die ich hatte, kamen

in Ceylon oder in Rameswaram). Es ist mir nicht einmal gelungen, ein wenig bewußtere Nächte zu haben.

Das ist vielleicht Grund zur Entmutigung; jedenfalls stelle ich mir Fragen und das Vital ist nicht zufrieden [das Mental und das Physische auch nicht].

Entschuldige, wenn ich Dir die Dinge so offen sage.

Satprem

3. Juni 1960

(Brief von Satprem an Mutter)

Pondicherry, 3. Juni 1960

Liebe Mutter,

Ich bin etwas entmutigt. Jede Nacht gleite ich in ein schwarzen Loch, aus dem ich morgens *erschöpft* erwache. Keine einzige Sekunde bewußten Schlafes. Ich brauche eine Stunde, um mich von meinem „Schlaf" zu erholen. Im Grunde zehre ich ständig an meinen Nerven und die geringste Kleinigkeit ermüdet meinen Körper.

. . . .

Doch das macht nichts. Ich würde liebend gerne alle Müdigkeit ertragen, wenn ich wenigstens ein bißchen bewußt wäre. Aber da ist nichts; als wäre ich so blockiert wie eine Pariser Conçierge!

Mutter, es vergeht kaum ein Augenblick meines wachen Lebens, wo ich nicht nach „mehr Bewußtsein" strebe – aber dieses Loch, in das ich nachts rutsche, als wäre nichts geschehen!

Entschuldige mein Jammern. Wenn ich wenigstens wüßte, was ich tun muß, damit sich das ändert.

Dein Kind,
Satprem

(Mutters Antwort)

Sonntag Nachmittag

Mein liebes Kind,

Die beste Ruhe ist, für einige Augenblicke *in das innere Schweigen zu gehen.*

Mit Segenswünschen.

Mutter

4. Juni 1960

(Satprem beschwert sich über seine schlechten Nächte)

Wenn man morgens müde aufwacht, ist das wegen dem *Tamas* [Trägheit] und nichts anderem: eine ungeheure Masse von Tamas; ich erkannte das, als ich das Yoga des Körpers begann. Und es ist unvermeidlich, solange der Körper nicht transformiert ist.

Ich lege mich sehr früh hin: um acht Uhr. Da ist noch überall Lärm, aber das macht nichts; wenigstens bin ich sicher, nicht mehr gestört zu werden. Dann muß man sich flach hinlegen und alle Muskeln, alle Nerven entspannen (das kann man sehr leicht lernen), ich nenne das, „wie ein Lappen" auf dem Bett zu werden: daß nichts mehr bleibt. Gelingt es einem, das auch mit dem Mental zu tun, so entledigt man sich all der idiotischen Träume, die einen noch müder aufwachen lassen, als man beim Einschlafen war: das ist eine Aktivität der Hirnzellen, die unkontrolliert weiterläuft, und das ermüdet sehr. Also eine vollkommene Entspannung, eine Art vollständige Ruhe ohne Spannung, wo alles innehält. Doch das ist erst der Anfang.

Nach dieser Entspannung bin ich es gewohnt, mein Mantra zu wiederholen. Mit diesen Mantras hat es etwas Besonderes auf sich (ich weiß nicht, wie das bei den anderen ist: ich spreche von meinem, das ich selber fand; es kam spontan), und zwar bewirkt es je nach den Anlässen, den Augenblicken, je nach dem, was man den Zweck des Wiederholens nennen könnte, völlig verschiedene Auswirkungen. Zum Beispiel beim Auf- und Abgehen in meinem Zimmer benutze ich es, um die Verbindung herzustellen: mein Mantra ist ein Mantra des Herbeirufens; ich rufe damit den Höchsten und stelle die Verbindung mit dem Körper her.

Das war der ursprüngliche Grund für mein Japa. Denn der Ton besitzt eine eigene Macht, und indem man den Körper einen Ton wiederholen läßt, veranlaßt man ihn gleichzeitig, die Schwingung zu empfangen. Ich habe aber auch gemerkt, wenn etwas in den Körperfunktionen gestört ist (ein Schmerz, eine Störung, eine einsetzende Krankheit) und ich mein Mantra auf eine bestimmte Weise wiederhole (dennoch dieselben Worte, dasselbe Mantra, aber mit einer bestimmten Absicht wiederholt, vor allem mit einer Bewegung der Hingabe, Hingabe des Schmerzes, der Störung und ein Ruf, wie eine Öffnung), dann hat es eine wunderbare Wirkung! Das Mantra wirkt genau, wie es gebraucht wird: auf genau diese Weise und keine andere. Und nach kurzer Zeit richtet sich alles wieder. Gleichzeitig erhalte ich natürlich das genaue Wissen des Ursprungs der Störung und des Mittels zu seiner Behebung; aber unabhängig davon wirkt das Mantra direkt auf den Schmerz.

Ich benutze mein Mantra auch, um mich in Trance zu versetzen: nach dieser Entspannung auf dem Bett und einer so vollständigen Selbsthingabe wie nur möglich, von allem, von oben bis unten, und einer möglichst vollständigen Unterdrückung aller Widerstände des Egos, beginnt man das Mantra zu wiederholen.[1] Nach zwei oder drei Wiederholungen bin ich in Trance (anfangs dauerte es länger). Und von dieser Trance geht man über in den Schlaf: die Trance dauert so lange wie erforderlich, und ganz natürlich, spontan, geht man über in den Schlaf. Aber wenn man von diesem Schlaf erwacht, erinnert man sich an alles! Der Schlaf war wie eine Fortsetzung der Trance. Und im Grunde ist der einzige Sinn des Schlafes, daß der Körper die Wirkung der Trance verarbeitet und diese Wirkung überall angenommen wird und daß der Körper seine natürliche Arbeit der Elimination von Giften ausführt. Für mich bestehen die Schlafzeiten kaum noch in nennenswerter Weise: manchmal beschränken sie sich auf eine halbe Stunde, eine viertel Stunde. Doch anfangs schlief ich über längere Zeiten: eine Stunde oder sogar zwei Stunden hintereinander. Und wenn ich aufwachte, gab es keine Spur dieser Schwere, die der Schlaf hinterläßt: die Wirkung der Trance dauerte an.

Selbst für jene, die noch nie in Trance waren, ist es gut, vor dem Einschlafen ein Mantra zu wiederholen (oder ein Wort, ein Gebet). Aber die Worte müssen ein Eigenleben haben (ich meine nicht, eine intellektuelle Bedeutung, nichts derartiges, sondern eine Schwingung). Die Wirkung auf den Körper ist außerordentlich; das schwingt, schwingt, schwingt ... und ganz ruhig läßt man sich gehen, als wolle man einschlafen. Und der Körper schwingt immer mehr, immer mehr, immer mehr, und man gleitet dorthinein.

Das ist die Heilung des Tamas.

Das Tamas verursacht den schlechten Schlaf. Es gibt zwei Arten von schlechtem Schlaf: der Schlaf, der euch beschwert, euch verstumpft, als verliere man alle Ergebnisse der Anstrengungen des vergangenen Tages; und der Schlaf, der euch auslaugt, als hätte man die ganze Zeit in einer Schlacht verbracht. Ich habe auch gefunden, daß die Nächte besser werden, wenn man den Schlaf in Abschnitte teilt (das kann man sich angewöhnen). Das heißt, man muß in gewissen Abständen zu seinem gewohnten Bewußtsein und seiner gewohnten Aspiration

---

1. Mutter fügte später hinzu: „Oder irgendein anderes Wort, das eine Kraft für euch enthält, ein Wort, das spontan dem Herzen entspringt, wie ein Gebet, und das eure Aspiration beinhaltet."

zurückkehren können, unter dem Ruf des Bewußtsein zurückkehren … Man darf aber keinen Wecker benutzen! In Trance ist es nicht gut, erschüttert zu werden.

Im Augenblick des Einschlafens kann man eine Formation bilden, sagen: „Ich werde um diese Zeit aufwachen" (als Kind gelingt einem das sehr gut).

Für die erste Schlafperiode sollte man mindestens drei Stunden rechnen; für die letzte genügt eine. Aber die erste muß mindestens drei Stunden dauern. Im Grunde müßte man sich für wenigstens sieben Stunden hinlegen; sechs Stunden genügen nicht, um viel auszurichten (ich stelle mich natürlich auf den Standpunkt der Sadhana, um die Nächte nützlich zu machen).

Während einiger Jahre schlief ich insgesamt nur zweieinhalb Stunden jede Nacht. Meine ganze Nacht dauerte nur zweieinhalb Stunden. Ich ging direkt ins Sat-Chit-Ananda, dann kehrte ich zurück: so vergingen die zweieinhalb Stunden. Doch der Körper wurde müde. Das ging fünf oder sechs Jahre so, als Sri Aurobindo noch in seinem Körper war. Und tagsüber ging ich ständig in Trance, beim geringsten Anlaß (aber es war eine Trance, kein Schlaf: ich blieb bewußt). Doch ich sah, daß der Körper angegriffen wurde, ihm blieb nicht mehr die notwendige Zeit, die Giftstoffe zu verbrennen.[1]

… Über den Schlaf gäbe es viel Interessantes zu erzählen, weil das eins der Dinge ist, die ich am gründlichsten studierte. Zu erzählen, wie ich meiner Nächte bewußt wurde (das lernte ich bei Theon; und jetzt, wo ich Indiens ganzes Wissen kenne, sehe ich, daß Theon SEHR erfahren war). Aber es stört mich sehr zu sagen: „Ich tue dies, ich tue jenes…" Ich würde von diesen Dingen lieber in Form einer Abhandlung sprechen, ein Essai über den Schlaf, zum Beispiel. Sri Aurobindo sprach oft von seinen Erfahrungen, aber er sagte sehr selten „ich" – das sieht immer wie Angeberei aus!

Sri Aurobindo sagte (und ich tat dies, ohne zu wissen, was es war), daß der wahre Grund für den Schlaf, der yogische Grund, darin besteht, das Bewußtsein wieder in Kontakt mit dem Sat-Chit-Ananda zu bringen. Für manche Leute geschieht das sofort; andere brauchen acht, neun, zehn Stunden, um es zu schaffen. Aber eigentlich, normalerweise sollte man erst wieder aufwachen, wenn der Kontakt hergestellt worden ist. Deshalb ist es sehr schlecht, sich in künstlicher Weise wecken zu lassen (mit einem Wecker, zum Beispiel), denn so verliert man die ganze Nacht.

---

1. Unglücklicherweise bat uns Mutter, viele Stellen aus diesem Text zu entfernen. Jetzt tut es uns leid.

Meine Nächte sind jetzt geordnet: ich lege mich um acht Uhr hin
und stehe um vier auf, eine sehr lange Nacht, in drei Abschnitte geteilt.
Und ich stehe pünktlich um vier Uhr morgens auf; aber ich bin immer
schon zehn Minuten oder eine viertel Stunde früher wach und mache
eine Durchsicht der Nacht: die Träume, die Tätigkeiten usw., so daß ich
bereits voll aktiv bin, wenn ich aufstehe.

Die Nutzung der Nacht ist etwas Ausgezeichnetes, das eine doppelte
Wirkung hat: eine „passive", indem es euch hindert, wieder zurückzufallen und zu verlieren, was ihr gewonnen habt (das wäre betrüblich),
und eine aktive: ihr macht einen Fortschritt, führt euren Fortschritt
weiter. Man nutzt die Nacht, so bleibt keine Spur von Müdigkeit.

Zwei Dinge sind zu vermeiden: in die Stumpfheit des Unbewußten
zu fallen, wo all die Dinge des Unterbewußten und des Unbewußten
aufsteigen und euch überrollen, in euch eindringen; und eine vitale
und mentale Hyperaktivität, in der man seine Zeit damit verbringt,
buchstäblich zu kämpfen – schreckliche Kämpfe. Die Leute kommen
zerschlagen daraus hervor, als ob sie Hiebe bekommen hätten – und
sie bekamen sie, es ist nicht „als ob"! Ich sehe da nur eine Lösung, und
zwar die Beschaffenheit des Schlafes zu ändern.

Juni 1960

(Brief von Mutter an Satprem)

Montag morgen

Mein liebes Kind,
Ich habe Dir etwas Interessantes zu erzählen, das in der Nacht von Freitag
auf Samstag geschah. Das kann nicht geschrieben werden. Ich erzähle es Dir
morgen. Aber mir scheint, Du solltest Dich danach besser fühlen.
Bis morgen um zehn.
Meine Liebe wacht über Dich.

Mutter

7. Juni 1960

... Ich muß noch einen Mann empfangen, den ich gestern sah. Aber ich sagte ihm, um elf Uhr. Wenn ich hier um fünf vor elf weggehe, genügt es.

Man bringt mir diese Leute zur „Prosperität", um sie mir vorzustellen. Weißt du, ich hatte absolut den Eindruck, sie ernähren sich nur von Banknoten! *(Mutter lacht)* Das macht einen grau, oh!... Und trocken wie morsches Holz.

Sie kamen her, um irgendwelche Geschäfte mir ihrem Sohn zu regeln (Sohn, Schwiegersohn, Neffe, was auch immer, aber es ist natürlich immer derselbe Mann!) – Geldgeschäfte. Dann baten sie, mich zu sehen. Ich glaubte, sie würden eine Frau zu mir schicken – überhaupt nicht: die ganze Gruppe stand vor mir, und sie begannen mir eine Rede über die Geschäfte zu halten!... Dann amüsierte ich mich. Als sie ausgesprochen hatten (sie gingen nicht weg, sie blieben vor mir stehen), sagte ich ihnen: „Hören Sie zu, wenn Sie schon hier sind, muß es einen GRUND HABEN!" So gab ich ihnen eine Lektion ... Aber stell dir vor, einen von ihnen berührte es, so sehr, daß er bat, mich heute morgen wiederzusehen. Er trug einen schönen rosa Turban!

Ich sagte gut, laßt ihn kommen.

So, jetzt du, was hast du zu sagen?

Ich habe Arbeit mitgebracht ... Zu sagen?...

Geht es nicht gut?

(Satprem verzieht das Gesicht)

Glaubst du? Ich bin nicht sicher, stell dir vor!

Du bist nicht sicher, daß ...?

Daß es nicht gut geht.

???

Du siehst ein bißchen ... Am Balkon machtest du so ein Gesicht! *(Mutter lacht)* Aber ...

Nein, es ist wegen deinen Nächten.[1]

Ich weiß nicht ... [mit einem Ton der Abscheu] Wirklich ... Ich weiß nicht, ich habe das Gefühl, nur Dynamit könnte all das bewegen.

---

1. Satprem beschwert sich immer noch über seine Nächte.

Wie?

Ich fühle, es würde ständig Dynamit erfordern, um all das in die Luft zu jagen. Nichts bewegt sich: es tut nichts, fühlt nichts, sieht nichts. Es ist ... blockiert.

(langes Schweigen)

Du fühlst es wie eine Mauer?
Ich glaube ...

Ich fühle, daß ich eine bestimmte Schwelle nicht überwinde. Ich drehe mich immer im selben Kreis, in derselben Runde ...

Ja.

... Daß etwas brechen muß, PHYSISCH brechen muß. Sonst könnte es Jahrhunderte so weitergehen.

Hmm!... Aber das Leben ist so. Das physische Leben ist so – für alle. Dieses Gefühl, daß es sich so dreht und dreht und dreht und dreht – die Leute, die Dinge, die Länder, die ganze Welt.

Natürlich ändert sich etwas, aber es ist so ... uuh! Ja, wenn das in diesem Tempo weitergeht, braucht es Milliarden Jahre, um einen merklichen Fortschritt zu erreichen. Genausogut können wir sagen, daß es sich überhaupt nicht bewegt.

Dieses Gefühl war in den letzten Tagen sehr stark – daß es sich nicht bewegt.

Aber gerade jetzt ... Denn, wenn ich mit dir in Verbindung bin (nicht wenn wir hier sitzen, sondern am Balkon oder bei der Meditation), jederzeit, dann ist diese Verbindung sehr gut – sehr gut –, sehr leuchtend, sehr klar. Das schrieb ich dir auch : es wird immer spürbarer. Aber wenn ich mit dir HIER bin, fühle ich, daß es sich nicht bewegt ... Etwas verhindert, daß es HIER geschieht. Als du gerade sprachst (als du mir eine Grimasse machtest!), schaute ich ...

Ich hatte fast den Eindruck ... Ja, das ist es: wie ein Höhlenmensch – oh! *(Mutter macht sich lustig)* Es war einer der Künstler und Dichter und Schriftsteller der Höhlen! Das heißt, das intellektuelle Höhlenleben! Aber die Höhle ist doch niedrig, und wenn du darin bist, mußt du dich beugen, und du willst dich ständig aufrichten. Das macht dich wütend! Das ist genau mein Eindruck – keine Höhle für einen aufrechten Menschen, sondern eine Höhle für einen Löwen, oder für ein ... irgendein Tier auf vier Beinen.

Das ist symbolisch. Ich beschreibe symbolische Dinge.
Deshalb ...

(Schweigen)

Sieh, das ist so: deine Höhle (sie IST wirklich so, und ich verstehe, daß du sie mit Dynamit in die Luft jagen willst), aber wenn du bis zum Grund gingest – ganz bis zum Ende, dann hätte die Höhle keine Decke mehr, sie wäre unter offenem Himmel. Ich sehe es. Du gehst zum Grund. Da ist es sehr schwarz. Sehr schwarz und nicht sehr verlockend, und es gibt den Eindruck ... daß es noch schlimmer sein wird – aber es wird nicht schlimmer sein. Gehe ganz bis ans Ende, und dann kann man plötzlich aufrecht stehen.

(langes Schweigen)

Das gibt diesen Anschein: du bestehst darauf, dort durchkommen zu wollen, wo es nicht geht.

Und das ist erstickend und aufreibend und widerlich und ... ermüdend ...

(Schweigen)

Du wirst mir wieder eine Grimasse schneiden!

So fühle ich es ... (wie das erklären?) Es gibt immer wenigstens zwei Wege, die Dinge zu tun. Ich habe den sehr starken, sehr starken Eindruck, du willst, daß ich dich bei der Hand nehme und wir zusammen gehen ...

Hast du diese Vorstellung?

(keine Antwort)

Nicht einmal das. Ich spreche von unserer Beziehung, nicht äußerlich und physisch.

Seltsamerweise gelingt es mir sehr selten, dich in sehr physischer Weise zu „sehen", so wie du bist.[1]

Du siehst mich nur physisch?

Nein, im Gegenteil, es fällt mir schwer ...

Aber mein Kind! Es ist völlig nutzlos, mich physisch zu „sehen"!

Es ist eher etwas, das ich mir nicht abbilde und das ich „Mutter" nenne.

---

1. Satprem meint in Meditation – sich Mutter physisch vorzustellen oder ihre physische Form als „Objekt" der Meditation zu nehmen. Eigentlich hatte er große Angst, gefangen zu werden!

Ja. Aber das ist viel besser! Das ist viel besser. Dies behindert die meisten Leute: sie müssen mich sehen, wie ich bin – aber wie ich bin, wie mein Körper ist, ist idiotisch. Völlig idiotisch.

Nein, nein! Das meine ich nicht, ich spreche von der Beziehung mit dir, die wahre – was ich dir vorhin sagte. Denn, siehst du ... Ich werde dir alles sagen! *(Mutter lacht)* Ich habe das Gefühl, es würde sehr schnell gehen, wenn ich dich aufnehmen und hierhin setzen könnte *(Geste zum Herz)*, dich hier tragen und dir sagen: „Bleib ruhig, und plock!" Aber das geht nicht (leider). Du bleibst immer auf deinen Beinen, mit dem Kopf, der gegen die zu niedrige Decke stößt. Und ich kann nicht darin sein! Ich weiß nicht einmal *(lachend)*, ob meine Füße dort Platz hätten!

Jedenfalls ist es nicht so, daß ich nicht versuche – ich versuche. Es ist nicht so, daß du nicht kannst – du kannst. Das ist das Ärgerliche ... Weißt du, als beharrtest du darauf, den Schlüssel im Schloß in die falsche Richtung zu drehen.

Ich weiß nicht. Wahrscheinlich ist es das Ego.

Wie, das Ego?

Das Ego, der Knoten, ich weiß nicht. Ich weiß nicht, welche Bewegung es erfordert.

(Schweigen)

Stell dir vor, neulich befand ich mich mitten in der Nacht plötzlich in dir. Da sagte ich mir: „Ah, so ist er! Also..." Damit wachte ich mitten in der Nacht auf. Sofort fragte ich mich: „Aber ... *(lachend)* aber warum ist er so!?" Das dauerte ... vielleicht ein oder zwei Minuten: ich war dabei ... ich war genau in dieser Situation, mit den Füßen in alle Richtungen treten zu wollen! Und in einer Art Wut – nicht Wut ... Und plötzlich sagte ich mir: „Aber warum all das? Die Lösung ist doch sehr leicht, es genügt, dies zu tun...", und sofort tat ich, was ich immer tue (ich bin immer in diesem Zustand), ich ließ mich in den Höchsten schmelzen – „was soll das alles!" In der Sekunde danach war alles gut.

Aber ich dachte: das müßte doch eine Wirkung gehabt haben [auf Satprem]! Wie kommt es? Ich war ... buchstäblich in dir.

Es war wirklich wie ... Vielleicht fühlt dies ein Kind, wenn es im Bauch der Mutter eingesperrt ist und mit den Beinen in alle Richtungen tritt – und wie es tritt! Es ist es leid, eingesperrt zu sein.

Eine Art Wut gegen etwas, das euch einsperrt.

Wohlgemerkt bist du hier kein Einzelfall, das sagte ich schon: das ganze physische Leben erscheint mir so, als wären die Leute in einer

Art Panzer verschlossen … dieses Gefühl der Trennung, der Absonderung. Überall diese Teilung, überall, überall. Schrecklich. Alle Begegnungen geschehen durch Stöße.

(Schweigen

Mutter betrachtet Satprem)

Gut.

Der Eindruck, das zerbrechen zu müssen, ist falsch: es darf nicht zerbrechen (dann blieben noch die Bruchteile – wir wollen keine Bruchteile), es muß … schmelzen.

Etwas, das schmilzt.

11. Juni 1960

Wenn ich Fragen beantworte, geschieht es nicht durch den Willen: verschiedene Materialien zeigen sich mir, die ich dann benutze, um der Antwort eine Form zu geben, aber das ist nur die Form. Die Antwort selber ist hier, aber sie nimmt eine Form an, der Unterschied zwischen Antwort und Form erscheint mir ungefähr so wie zwischen einem Bild und einer Erscheinung.

Manchmal kommt die Kraft, direkt. Sie sammelt die Worte, egal welche Worte, das macht keinen Unterschied: die Worte ändern ihre Beschaffenheit, werden ausdruckskräftig WEGEN der Macht, die in sie getreten ist. So geschieht es, wenn ich die Sache direkt betrachte.

Wenn mir aber Fragen gestellt werden, dringt die ganze mentale Atmosphäre des Fragestellers mit ein und dient als Auskleidung. Diese Auskleidung ist sehr häufig nur ein Bild – ein Großteil ihres Lebens ist verschwunden.

Derselbe Unterschied besteht, wenn ich etwas sage oder wenn ich sehe (zum Beispiel wenn ich eines der wesentlichen Probleme betrachte, die erst gelöst werden können, wenn die Welt sich verändert). Wenn ich so in der Stille schaue, hat das eine Macht des Lebens und der Wahrheit – die sich verflüchtigt, wenn es in Worte gesetzt wird. Es kommt zu einer Verringerung, einer Verarmung, und natürlich einer Entstellung. Wenn man schreibt oder spricht, zerfällt die Erfahrung, das ist unvermeidlich.

Wir bräuchten eine neue Sprache.

Manchmal passiert es mir, daß ich eine Vision habe (keine Vision mit Bildern, das ist es nicht: es hat weder Form noch Ton noch Worte … es ist DIE SACHE selber; ich lebe die Sache). Dann, danach, wenn ich es jemandem sage … Das ist sehr deutlich spürbar: der Eindruck, daß man etwas zieht, um es sichtbar, erkenntlich und mitteilbar zu machen – die Pracht ist verschwunden.

Wir brauchen neue Ausdrucksorgane … Das wird kommen.

Juni 1960

(Brief von Satprem an Mutter)

Pondicherry, Juni 1960

Liebe Mutter,
Dies um Dir zu sagen, daß die Korrekturbögen des *Orpailleur* heute morgen um elf abgeschickt werden …

Ich habe nicht viele Seiten von *La Synthèse* fertig, treffe ich Dich trotzdem morgen, wie Du es geplant hattest?

Dein Kind,

Satprem

P.S. Bitte beschütze „meinen" *Orpailleur!*

(Mutters Antwort)

17.6.60

Mein liebes Kind,
Ich bin bei Dir, und das Nötige wird geschehen.
Sorge Dich nicht, alles wird gut gehen.
Im Frieden und der zuversichtlichen Freude.

Mutter

12. Juli 1960

Letzte Nacht passierte mir etwas ziemlich Amüsantes. Ich wurde geweckt, oder eher von einer Trance in eine andere Trance versetzt, durch eine Stimme. Es war ungefähr elf Uhr. Keine menschliche Stimme. Ich erinnere mich nicht mehr der genauen Worte, aber es ging um das Ashram, seinen Schutz, seinen Erfolg, seine Macht. Das Interessante war: als ich aufwachte, befand ich mich in einem Zustand, wo diese Formation, die dem Ashram und der Kraft entspricht, die sich hier konzentriert, um das zu verwirklichen, was diese Stimme wollte, als ein winzig kleiner Teil von mir selbst erschien.

Ich hörte diese Stimme und erwachte mit dem Gefühl dieser Macht, dieses Lichtes, dieser Kraft, die sich hier konzentrierten, um zu verwirklichen, und die alles in Bewegung setzten (wie immer, es ist immer dasselbe: eine Macht in Bewegung). Es war von einem blendend weißen Licht. Amüsant fand ich dabei, daß ich mich völlig in meinem normalen Zustand befand und das Ashram einen winzig kleinen Teil von mir bildete. Während der ganzen Erfahrung blieb es so: ein winziger Teil von mir. Alles andere war … nicht direkt zerstreut, aber eine sehr allgemeine Tätigkeit, wie sonst auch in allen Nächten. Ich sah deutlich das Ashram, es war etwas Besonderes, aus einem besonderen Grund geschaffen, aber es war als hätte ich einen unermeßlichen Körper, und dies war winzig klein. Das dauerte eine Stunde. Ich fand das amüsant; alles andere waren Dinge, die geschehen, die auch interessant sind, aber dies war so spontan. Ich schaute (ich wußte nicht, wo mein Kopf war), ich schaute von oben … winzig klein.

Ich war hier oben (Geste), das, was ich war, und das Ashram war … Es ging genau von hier aus (Nabelhöhe) und breitete sich von dort aus (Geste nach unten), und es war umrandet, um zu zeigen, daß es eine besondere Formation darstellt … umrandet im Unbewußten der irdischen Schöpfung. Alles andere war ich, mit den gewohnten Schwingungen der Macht und des Lichts. Und innerhalb dieser Formation floß es hierher, floß es dorther, ein Strom, ein anderer Strom, noch einer, die sich sammelten. Es floß und dennoch kam es nicht heraus, wurde nicht weniger. Es war keine Bewegung der Schwingung, sondern wie ein Pulsieren – es fängt nicht an, es kommt nicht heraus, und es bewegt sich. Das ist sehr schwer zu beschreiben …

Proportional zu dem, was ich war, reichte die Formation, die dem Ashram entsprach, ungefähr bis hier, zur Höhe des Nabels (aber es gab keine Körperabgrenzungen, eher Attribute: unbestimmte Formen, die aber relativ zueinander positioniert waren, als stellte jede einen Teil des Körpers dar; jede symbolisierte entweder eine Funktion oder einen

Teil einer Welt oder einen Modus der Manifestation). Und die Formation lag ungefähr hier, auf Nabelhöhe, und reichte bis zur Blinddarmgegend ... Hier, ich mache dir eine kleine Zeichnung: Es hatte eine längliche Form, etwas diagonal (es hat immer diese Form). Es begann wie ein Kopf und verjüngte sich nach unten. Es war nicht offen. Um es herum lagen dunklere Schichten, von einem sehr dunklen Violett, die Farbe des Schutzes. Und im Inneren drang ein funkelndes Licht ein – es drang die ganze Zeit ein –, drang ein, ohne Löcher zu machen: es ging durch alles hindurch, durch das Violett, durch all das. Es drang ein und ging hindurch. Und darin funkelte es in allen Farben. Wie ein Sprühregen. Es ist immer wie ein Sprühregen von Kraft – ein Sprühregen, dessen Wasser nicht verschwindet, nicht abfließt: es sammelt sich. Wie eine Ansammlung von Energien, wie eine Kondensierung. Und es sammelt sich an, ohne mehr Raum einzunehmen. Eine Art Verdichtung. Und darin bewegt es sich, das schwingt, schwingt, schwingt und kommt und kommt – es kommt von man-weiß-nicht-wo, aber es kommt und sammelt sich an.

So war es: eine Kraft mit einem funkelnden weißen Licht in ihrem Zentrum – das Licht, das die Kraft der göttlichen Mutter ist – und sobald es sich darin aufstaute oder sich konzentrierte oder sich kondensierte, nahm es alle Farben an: Schwingungen in allen Farben ... Wie eine Materialisierung – diese Farben wären wie eine Materialisierung der göttlichen Kraft, wenn sie in die Materie dringt (ebenso wie die Materie eine Kondensierung von Energie ist, scheint dies eine Kondensierung der göttlichen Kraft zu sein; es machte wirklich diesen Eindruck).

Das gleicht den tantrischen Dingen. Ich habe die tantrischen Formationen gesehen, und wie sie systematisch die Kraft unterteilen: all diese Schwingungen, all diese Farben. Das ist sehr interessant: sie sind alle zusammen und alle verschieden. Das heißt, sie unterteilen sie, um sie zu unterscheiden und jede besonders verwenden zu können. Jede stellt eine besondere Wirkung für einen besonderen Zweck dar. Ich glaube, darin besteht ihr Wissen. Und ich habe den Eindruck, wenn sie ihre Pudja machen oder ihre Mantras wiederholen, dann versuchen sie, das wieder zu weißem Licht zu verbinden. Ich bin nicht sicher. Ich weiß, daß sie jede getrennt zu einem getrennten Zweck verwenden, aber wenn sie sagen, ihre Pudja ist „gelungen", heißt das vielleicht, daß es ihnen gelungen ist, das Licht wiederherzustellen. Ich sage das jedoch unter allen Vorbehalten, denn ich müßte X einmal bei seiner Pudja zusehen, um es zu wissen – so, von der Ferne, bin ich mir nicht sicher. Das ist nur ein Eindruck.

Das sehe ich jetzt die ganze Zeit, jedoch mit dieser göttlichen Kraft, mit dem göttlichen Bewußtsein, von dem Sri Aurobindo spricht, wenn er sagt: „Die Kraft der Mutter ist mit euch." So kommt das: ein blendendes Weiß – vollkommen weiß und vollkommen leuchtend. Und indem es sich darin sammelt, bildet es lebendige Schwingungen in allen Farben. Und das kommt und kommt und kommt. Manchmal dauert es eine halbe Stunde, dreiviertel Stunde, eine Stunde – nichts geht heraus. Die ganze Zeit dringt es ein. Und es sammelt sich. Wie eine Akkumulation, eine Verdichtung von all dem.

Der mentale Beobachter, die beobachtende Intelligenz betrachtete all das: „So ist das also." (Eine Intelligenz, die betrachtet, ohne irgend etwas zu verändern.) Wie ein Beobachter, der mit sich selbst spricht.

In meiner Vision war es ein Körper, so groß wie das Universum; und das Ashram, winzig klein, winzig klein.

*
* *

(Kurz darauf, über ein altes „Entretien")

Die Himmel und die Höllen sind zugleich wahr und falsch. Sie existieren und sie existieren nicht. Ich habe schon Himmel und Höllen gesehen, in die manche Leute nach ihrem Tod gehen, und es ist äußerst schwierig, ihnen klar zu machen, daß dies nicht wahr ist. Einmal brauchte ich mehr als ein Jahr, um jemanden zu überzeugen, daß seine sogenannte Hölle nicht die Hölle war, und ihn von dort herauszubekommen.

Doch es gibt etwas anderes: der psychologische Zustand, den man sich selber bereitet, die asurische Hölle, in der man lebt, wenn man eine asurische Natur in sich kultiviert.

*
* *

Keine Schwingung geht verloren – aber was geschieht dann mit all diesen schrecklichen Dingen in allen Winkeln der Erde, stauen sie sich nicht auf? Nehmen die schlechten Schwingungen nicht ein immer riesigeres Volumen ein?

Sie verwandeln sich. Und manchmal werden sie augenblicklich verwandelt.

Wirklich spüren und sehen kann man das nur, wenn man in konkreter Weise die Tatsache lebt, daß alles göttlich ist, daß überall ER ist, in allem, immer, bei allen Geschehnissen.

Die erste Reaktion ist immer ein Zurückscheuen vor den anscheinend schrecklichen Dingen; wenn man das aber überwinden kann und wirklich die Erfahrung hat, dann ändert sich alles.

So gibt es Hunderte und Hunderte von kleinen Erfahrungen, jede wie ein kleiner Kiesel, um den Weg zu zeigen. Dann erkennt man, daß IMMER beide Dinge zusammen kommen: das Zerstörerische und das Konstruktive. Man kann das eine nicht sehen, ohne das andere zu sehen. Und es kommt ein Augenblick, wenn die Anstrengung sich auf die Eroberung der negativen Teile der Schöpfung und des Todes richtet (wie am Ende von *Savitri*) und es einem gelingt, das zu besiegen, dann steht man darüber. Betrachtet man da all diese Dinge, selbst die dem Göttlichen scheinbar am äußersten entgegengesetzten, selbst die Grausamkeiten, die aus Freude an der Grausamkeit verübt werden, so erkennt man Die Gegenwart: Die Gegenwart, die die Wirkung dieser Taten aufhebt. Und das ist wirklich wunderbar.

Eines Tages erlebte ich eine überraschende Erfahrung, als X seine Pudja macht, um all diese Titanen einzusperren. Er war in Schwierigkeiten und ich wollte eingreifen, um ihm zu helfen, als ich abrupt aufgehalten wurde: vor mir stand eine schwarze Masse (schwärzer als das schwärzeste physische Objekt), doch plötzlich sah ich in ihrem Zentrum die göttliche Liebe leuchten, in einer Pracht, die ich noch nie zuvor gesehen hatte.

Das ist jetzt ständig so: jedesmal, wenn ich etwas Häßliches oder Schreckliches – eine Verneinung des göttlichen Lebens – sehe oder höre oder es geschieht … so steht dahinter diese Flamme, so wunderbar! Und das hebt die negative Wirkung auf.

Eine Großartigkeit der Verwirklichung, die nicht sein könnte, wenn dieses Böse, dieser Schrecken, diese Verneinung nicht gewesen wäre.

In unserem Bewußtsein haben wir eine Bewegung der Zurückscheu, aber das ist, weil diese Dinge in die Vergangenheit verschwinden und nicht mehr an ihrem Platz sind, deshalb verwandeln sie sich in Abscheu und Abstoßung – weil wir unwissend sind. Haben wir jedoch die Fähigkeit, uns darüber zu erheben und in Kontakt mit Dem zu sein, was IMMER dahinter steht, dem höchsten Licht, so erscheint dieses Licht um so höher, je mehr das andere sein Gegenteil ist.

Dann weiß man.

Man weiß, und es gibt kein Unbehagen, keine Verkrampfung mehr; man fühlt sich mehr und mehr getragen durch alles, was man zurückwirft: man bleibt in einer Bewegung nach vorne, weiter, weiter, höher, immer höher.

15. Juli 1960

(Brief von Mutter an Satprem)

15.7.60

Mein liebes Kind,

Dies um Dir zu sagen, daß ich Dich nachts immer häufiger sehe und daß wir zusammen, in der Welt, wo ich Dir begegne, eine Art Arbeitsgemeinschaft eingerichtet haben.

Das liegt noch in einem Bereich des physischen Mentals, aber ein Mental, das eine Bemühung zur leuchtenden Ordnung macht und das deutlich danach strebt, sich in die höheren Bereiche zu erheben.

Besonders letzte Nacht hatte ich einen sehr positiven Eindruck (eine Art Gefühl), daß ich mich *auf Dich verlassen kann.*

Sonntag werden wir sehen, was für die „Manuskripte" getan werden kann.

Mit all meiner Zärtlichkeit,

Mutter

18. Juli 1960

Natürlich datieren wir die alten *Entretiens,* aber nicht jeder achtet auf das Datum. Wie kann das mit den Dingen von jetzt vermischt werden, die auf einer völlig anderen Ebene liegen!

In einer bestimmte Erfahrung befindet man sich vollkommen außerhalb der Zeit, das heißt, früher, später, oben, unten, all das ist dasselbe. In dieser Identifikation, im Augenblick der Identifikation gibt es weder Vergangenheit noch Gegenwart noch Zukunft mehr. Und das ist wirklich die einzige Art zu wissen.

Je weiter die Erfahrungen sich entwickeln, um so mehr machen mir diese alten *Entretiens* den Eindruck von jemandem, der um einen Garten herumgeht und beschreibt, was darin liegt. Doch es kommt der Punkt, wo man in den Garten hineintritt, und dann weiß man etwas besser, was darin liegt! Ich beginne hineinzugehen. Ich beginne.

23. Juli 1960

Letzte Nacht geschah etwas Interessantes, genau zwischen zehn und elf Uhr. Ich befand mich in einem Fahrzeug. Ich konnte das Fahrzeug nicht sehen, aber ich befand mich darin. Vor mir saß jemand, der es lenkte; ich sah nur seinen Rücken und kümmerte mich nicht darum, wer es war: es war die Person, die es tun sollte.

Dann schien es, als wären die Pforten der Zerstörung geöffnet worden. Fluten – Fluten, so riesig wie ein Ozean – ergossen sich über … etwas … die Erde? Es glich einem ungeheuren Strom mit einer irrsinnigen Geschwindigkeit und einer unaufhaltbaren Macht. Das Wasser war brackig: nicht transparent, sondern brackig. Und es war unbedingt notwendig, einen bestimmten Ort VOR dem Wasser zu erreichen. Denn würde das Wasser zuerst dort ankommen, könnte nichts mehr getan werden. Käme ich hingegen vorher an (ich sage „ich", aber es war nicht ich mit diesem Körper), käme ich vor dem Wasser dort an, auf der anderen Seite, bedeutete das die absolute Sicherheit; und von dieser Sicherheit aus war es möglich, gab es eine Chance, den Zurückgebliebenen zu helfen.

Das Fahrzeug bewegte sich (ich sah und fühlte die Bewegung), es bewegte sich mit noch größerer Geschwindigkeit als diese Flut. Die Flut war ungeheuerlich, aber die Geschwindigkeit des Fahrzeugs war noch größer. Dann war es wunderbar … An verschiedenen Stellen gab es besonders schwierige und gefährliche Stellen, und IMMER erreichte ich sie vor dem Wasser, gerade bevor das Wasser die Durchfahrt versperrte. Das ging weiter und weiter und weiter. Schließlich, mit einer letzten Anstrengung (nicht wirklich Anstrengung: es war ein Wille), mit einem letzten Schub stießen wir durch; und das Wasser kam sofort dahinter – es ergoß sich mit phantastischer Geschwindigkeit. Eine Schwelle war überwunden. Sofort auf der anderen Seite änderte es seine Farbe. Es wurde … es wechselte seine Farbe und bekam blaue

373

Übertöne – dieses mächtige Blau der Kraft, der geordneten Kraft in der materiellsten Welt. Es war dort, und das Fahrzeug kam zum Stillstand. Ich blickte noch nach vorne, in die Richtung der Bewegung, dann drehte ich mich um und sagte: „Ah, sehen wir, jetzt werden wir den Zurückgebliebenen helfen."

Hier, ich mache dir eine Skizze:

Das Wasser floß dort nach rechts. An manchen Stellen lagen auf dem Weg des Fahrzeugs Senkungen mit Rissen, durch die das Wasser kommen konnte; tatsächlich kam es wohl auch, sobald ich vorbeigefahren war; das war das Gefährliche: wenn man ein bißchen zu spät kam, war das Wasser bereits da und man konnte nicht mehr durchkommen; selbst wenn es nur einige Tropfen waren, kam man nicht mehr durch, das war so. Nicht daß es sehr breit war, aber ... Das Wasser drang ein („drang ein" ... wir benutzen unscheinbare Worte), es drang ein, aber ich sah es vor uns, das Fahrzeug bewegte sich mit voller Geschwindigkeit und anstatt anzuhalten, brauste es gerade rechtzeitig vorbei, wie eine Achterbahn, genau wie eine Achterbahn. Wir kamen immer gerade rechtzeitig, um durchzukommen. Dann wieder dasselbe: hier bricht es, dort bricht es (es gab viele dieser Risse, ich habe nur zwei gezeichnet, aber es gab mehrere, fünf oder sechs), und wieder sausten wir vorbei, und so ging es weiter, bis zu der Stelle, wo das Wasser sich wendete.

Ganz am Ende war ein Platz, wo das Wasser sich wendete, um nach unten zu fließen – das war der Große Übergang. Wurde man darin erwischt, war es vorbei. Man mußte das erreichen und überqueren, bevor das Wasser durchfloß. Hier konnte man überqueren. In einem letzten Stoß, wie ein Blitz mit höchster Geschwindigkeit kamen wir durch.

Und sofort auf der anderen Seite, selbst ohne daß der Boden höher wäre (der Grund war nicht erkenntlich), war es die augenblickliche Sicherheit. Der Strom breitete sich überall aus, Wogen und Wogen und Wogen, so weit das Auge reichte, aber hier, an der Großen Wende wurde er eingefaßt, und sobald er daran vorbeifloß war es eine völlige Überflutung, es ergoß sich über etwas … die Erde. Der Strom nahm die Kehre – er folgte der Kehre –, aber ich befand mich bereits auf der anderen Seite. All das darunter war verschwunden, alles überflutet. Nur sobald man hier auf der anderen Seite war, konnte es einen nicht berühren: dort konnte das Wasser nicht hinkommen, es wurde von etwas Unsichtbarem aufgehalten und wendete sich.

Es war auch alles wie vorbereitet, als wäre eine Kehre für das Wasser vorbereitet, damit es sich dort wendete.

Hier, unter mir, unter dem Fahrzeug, schien die Erde zu liegen, es sah wirklich wie die Erde aus: dort stürzte das Wasser hin.

Der Pfad des Fahrzeugs lag nicht auf der Erde, sondern darüber (wahrscheinlich im interstellaren Raum!), ein besonderer Weg für dieses Fahrzeug. Und man wußte nicht, woher das Wasser kam: ich konnte den Anfang nicht sehen, es verlor sich im Horizont. Es kam herunter wie ein Wildbach – nicht steil wie ein Wasserfall, sondern wie ein Sturzbach. Mein Weg führte zwischen diesen Wasserfluten und der darunterliegenden Erde hindurch. Ich sah das Wasser, überall, vor mir, hinter mir – das war das Wunderbare: überall, wohin ich blickte, war Wasser, außer auf diesem Weg (und auch dort gab es Einbrüche). Wasser in Bewegung. Aber in dieser Bewegung lag ein bewußter Wille, und es galt den Großen Übergang vor diesem bewußten Willen zu erreichen. Dieses Wasser hatte eine Ähnlichkeit mit den physischen Dingen, aber es enthielt ein Bewußtsein einen bewußten Willen, und es galt … es war wie eine Schlacht zwischen dem Bewußtsein, das ich darstellte, und diesem Willen. Und bei jedem Riß kam ich gerade rechtzeitig durch. Als ich die Große Wende erreichte, erkannte ich einen Willen in diesem Wasser. Und ich kam gerade rechtzeitig durch, sauste vorbei wie ein Blitz, mit phantastischer Rapidität! Nicht einmal die Zeit eines Blitzes. Dann, wie ein Stillstand – und da wurde es blau. Ein Viereck.

Anfangs wußte ich nicht, was das alles bedeutete; heute morgen dachte ich dann: „Das muß etwas mit der Weltsituation zu tun haben."

Es besaß alle Ausmaße von etwas beinahe … Die Erde erschien klein im Vergleich. Es glich einer dieser Sintfluten auf der Erde, aber in einem viel größeren Maßstab.

Das Schöne und wirklich Interessante war diese ungeheure Geschwindigkeit, wie ein Pfeil, und immer gerade rechtzeitig vorbeizukommen, immer gerade im letzten Augenblick. Und als ich die andere Seite erreicht hatte (man spürte deutlich, daß nichts bestehen bleiben könnte, wie bei einer Sintflut), aber auf der anderen Seite war das vorbei, es gab nicht mehr die GERINGSTE Möglichkeit, davon berührt zu werden – vor allem das war mein Gefühl. Es wurde abrupt aufgehalten. Nichts konnte einen berühren.

Ich drehte mich um und sah die Überflutung überall, und ich dachte: „Sehen wir jetzt, ob wir hier etwas unternehmen können." Hinter mir kam jemand, der mich interessierte – jemand oder etwas, es war noch „etwas" –, sehr sympatisch und es hatte ein wenig diese blaue Farbe der anderen Seite (es handelte sich nicht um Individuen, sondern wie repräsentative Wesen für etwas, die mir ziemlich dicht folgten: wenn ich hier war, war das dort, aber es erreichte mich nicht, es blieb zurück; je schneller ich wurde, um so langsamer wurde das; es fiel immer weiter zurück). Das interessierte mich besonders. Ich dachte: „Oh! Er ist so nah (er oder es), er könnte gerade noch durchkommen." Dann sah ich, daß dieser ganze zerstörerische Wille mit seinem Instrument, dem Wasser – symbolisiert durch das Wasser – schon da war und sich ausbreitete. Aber jene, die auf diesem Pfad waren, konnten möglicherweise noch gerettet werden. Daran dachte ich sofort, das war mein erster Wille: „Sehen wir, ob das noch durchkommen kann, ob wir erreichen können, daß es durchkommt." Ich erinnerte mich der besonders gefährlichen Stellen (im Vorbeifahren, in dieser Rapidität, merkte ich mir: „Ah, hier kann dies noch getan werden … jenes kann noch getan werden" – die Dinge hatten dieselbe Rapidität in meinem Bewußtsein, und ich merkte sie mir entlang des ganzes Weges), und sobald ich auf der anderen Seite angekommen war, sandte ich die Botschaft an diese Stellen.

Darunter breitete sich das Wasser nach Herzenslust aus, dort war es … hoffnungslos. Aber auf diesem Pfad bestand noch Hoffnung, sogar nach der Durchfahrt: wahrscheinlich besaß ich eine gewisse Macht, um bei der Überwindung dieser rissigen Stellen zu helfen. Aber das sah ich nicht mehr, weil ich aufwachte. Das unterbrach alles. Wahrscheinlich wußte ich nicht, was es zu bedeuten hatte, weil ich so plötzlich aufwachte.

All dies ist eine Übersetzung in menschliche Sprache, denn es war … Nun.

Das geschah früh in der Nacht – am Anfang der Nacht handelt es sich nicht um Visionen, nicht um Dinge, die man beobachtet, sondern um Dinge, die man tut.

Schon lange sehe ich, daß die Nächte Taten sind. Es sind keine Bilder oder Symbole oder Darstellungen mehr, sondern alles Taten. Taten, die auf einem Maßstab geschehen, der sicherlich nicht menschlich ist.

Bedeutet das Krieg?

Ich fühle den Krieg nicht.

Neulich kam S.M. ... Er ist völlig auf dem Laufenden der Geschehnisse, wie sie innerhalb der Regierung bekannt werden. Er bringt mir die Neuigkeiten (nicht jene, die der Öffentlichkeit gegeben werden). Sie sind nicht gut. Aber er wollte wissen, weil er Vertrauen hat. (So großes Vertrauen, daß er zu Nehru und den anderen sagt: „Oh, Mutter sagt ... dies und jenes." Es trifft sich, daß es stimmt – zum Glück!) Nachdem er mir die Lage beschrieb, fragte er.

Logisch, aus Sicht der Vernunft, scheint der Krieg unvermeidlich. Aber weil er mich fragte, schaute ich – schaute besonders in den Nächten, und auch anders. Und ich sagte: „Ich spüre das nicht. Ich spüre keinen Krieg."

Noch heute morgen, als ich diese Vision betrachtete, stellte ich mir die Frage: „Wird es Krieg geben?" – Ich fühle es nicht so ... Vielleicht ist es sogar schlimmer.

Das schien nicht menschlich zu sein, verstehst du?

Ich erinnere mich, vor einiger Zeit ging ich eines Nachts irgendwo hin. Jetzt ist es nicht mehr so deutlich, aber eines blieb, und zwar hatte ich Indien verlassen, dann kam ich nach Indien zurück und begegnete ÜBERALL riesigen Elefanten, die sich dort niedergelassen hatten – ungeheure Elefanten. Zu der Zeit hatte ich keine Idee, daß die Kommunisten in Indien den Elefanten als Wappen gewählt hatten. Das erfuhr ich später. Ich fragte mich: „Was bedeutet das, stellt das Indiens Armeen dar?...", aber es schienen keine Kriegselefanten zu sein. Sie glichen eher den Mammutelefanten, riesig, und sie schienen sich hier niederzulassen, mit der ganzen Macht einer ungeheuren Trägheit. Das war der Eindruck: etwas mit dem Gewicht der Trägheit, sehr tamasisch, das sich nicht mehr fortbewegt. Diese Belagerung gefiel mir nicht. Als ich zurückkehrte, gab mir das ein etwas unangenehmes Gefühl, und einige Tage lang fragte ich mich, ob das Krieg bedeutete. Dann erfuhr ich zufällig in einem Gespräch, daß die Kommunisten den Elefanten als Symbol gewählt hatten, während die Kongress-Partei den Ochsen nahm ... In meiner Vision ging ich zwischen den Elefanten umher, ohne daß sich irgend etwas bewegte (wie eigentlich immer). Wenn es zu eng war, versuchten manche sogar Platz zu machen.

Aber ich glaube, wenn es sich um menschliche Wesen handelt, nehmen die Visionen eine besondere Form an: ein bestimmtes Bild. Nicht diese Flut. Das war sehr, sehr unpersönlich. Das waren Kräfte. Der Eindruck, die Schleusen wurden geöffnet: etwas, das aufgestaut, zurückgehalten, angesammelt worden war, und plötzlich …

Das Fahrzeug und die Fortbewegung stellen die Sadhana dar: da besteht nicht der geringste Zweifel. Ich verstand, daß die Rapidität der Sadhana größer war als die der zerstörerischen Kräfte. Und es endete mit einem sicheren Sieg, da gibt es auch keinen Schatten eines Zweifels … Der Eindruck der MACHT, sobald wir die andere Seite erreichten (das „Viereck"), eine genügende Macht, um den anderen helfen zu können.

Dies waren universelle Kräfte. Ich kann nicht sagen, daß es Krieg bedeutete. Die Kriege – ich sah so viele Kriege im voraus, ausgedehnte Kriege, lokale Kriege, so viele – und bis jetzt zeigten sie sich mir nie in dieser Form. Sie zeigten sich immer in Form von Bränden: Flammen, Flammen, das brennende Haus. Nicht als Überschwemmung.

Eine Naturkatastrophe?

Die gab es schon. Es gibt viele Vorhersagungen, von verschiedenen Stellen, daß 1962 … manche Leute verkünden sogar das Ende der Erde, aber das ist ein Blödsinn! Denn die Erde wurde mit einem bestimmen Ziel geschaffen, und bevor diese Dinge erfüllt werden, wird sie nicht verschwinden.

Aber vielleicht gibt es … Veränderungen.

*
* *

Kurz darauf

Tatsächlich war die finanzielle Lage des Ashrams noch nie so schlecht. Wir leben von Tag zu Tag, von Minute zu Minute … Eines Tages wird es platzen – all das hängt zusammen *(Mutter bezieht sich auf die gerade beschriebene Vision der Überschwemmung).*

Ich sehe deutlich auf der anderen Seite; ich sehe eine schlammige, schwarze Form – eine schwarze, schwarze Kraft. Und ich sehe die [göttliche] Kraft auf die Leute wirken, und durch ein Wunder kommt das Geld – dann … ist es wie ein Panzer[1]: das Geld kommt nur beschwerlich durch, ein kleines Rinnsal von Tag zu Tag.

---

1. Mutter meint, die Leute innerhalb des Ashrams bilden einen Panzer. Siehe auch Xs Bemerkungen in dem undatierten Brief von Mai 1959, S. 287.

Solange die Sadhana vorangeht, ist das alles, was nötig ist.

Jedenfalls erhalte ich so von Zeit zu Zeit, unter dem einen oder anderen Aspekt, unter der einen oder anderen Form, eine Art Zusicherung, ein Versprechen, daß es gut gehen wird.

*
* *

Wenn man liest, was Sri Aurobindo in *The Synthesis of Yoga* beschreibt, wie die Dinge sein sollten und was sie jetzt sind, und vergleicht man beides, dann bekommt man wirklich den Eindruck, sich im Kreise zu drehen.

Mehr und mehr ist es das allgemeine Yoga – die gesamte Erde – das ist Tag und Nacht so, wenn ich gehe und wenn ich spreche und wenn ich esse. Es ist immer so. Als wäre die gesamte Erde ... als nähme man einen Teig und ließe ihn aufgehen.

Aber wenn man sein *Yoga of Self-Perfection* liest und dann sieht ... nur was wir jetzt sind ... uff! Was für eine Hefe das braucht, um all das aufgehen zu lassen!

Doch das stimmt nicht, es ist ER, der tut, immer Er.

Manchmal stagnieren die Dinge, erscheinen so ganz und gar finster und dumm. Dann macht man einfach so *(Geste der Hingabe)*, einfach, wirklich – tut es, nicht nur im Denken –, und augenblicklich ist es wie eine Dusche von Glückseligkeit ... Ein winziger Punkt, eine winzige Sache erscheint euch hartnäckig dumm und störrisch; wenn man einfach das tun kann (wenn man will, kann man): „Hier, hier!" – Es Ihm geben, einfach so, Ihm wirklich geben: „Das bist Du, das gehört Dir, nimm es, mach daraus, was Du willst." So kommt augenblicklich anstatt dieser Verspanntheit und diesem unangenehmen Gefühl: „was kann man damit nur anfangen?" – eine Dusche, das kommt wie eine Dusche. Wirklich das Ananda. Natürlich, wenn man dumm genug ist, die Schwierigkeit zurückzurufen, kommt sie zurück. Bleibt man aber ruhig, hält man seinen Kopf sehr ruhig, so ist sie verschwunden, vorbei, geheilt! Und derer gibt es Tausende und Tausende und Tausende ...

Ich bin ungefähr bei siebenhunderttausend in meinem Japa. Ich wiederhole es tausendvierhundertmal am Tag. Aber du mußt viel mehr als ich haben![1]

Ich sehe jedenfalls nicht, welche Wirkung das hat ...

Nein ... Morgens, wenn ich gehe, sehe ich den Unterschied. Doch, es macht einen Unterschied!

---

1. Satprem machte zu dieser Zeit fünf Stunden Japa am Tag, dann allmählich sieben Stunden – bis es bricht.

Anfangs hatte ich gesagt, ich würde es zehn Millionen Mal sagen, und wenn das nicht genügte, würde ich es hundert Millionen Mal sagen. Zehn Millionen brauchen ... zwanzig Jahre!

Wir werden sehen.

Auch das ist amüsant.

Dieser Eindruck von etwas *everlasting* [ewigdauerndem] ist angenehm. Ruhig ... Man schwimmt in der Ewigkeit.

Von einem gewissen Zeitpunkt an macht man sich keine Sorgen mehr, weder um sich selbst noch um die Welt, um nichts. Wenn man das erreicht, spürt man immer das Lächeln, ist immer zufrieden. Und wenn etwas geschieht, richtet es nichts an, man schaut mit dem Lächeln, stets mit dem Lächeln.

So ist es, mein Kind.

26. Juli 1960

Ich wachte um drei Uhr auf („wachte auf", kam jedenfalls aus meiner Tätigkeit). Mir blieb noch eine Stunde vor dem Aufstehen. Also konzentrierte ich mich und ging nach innen.

Um zehn nach vier kam ich aus meiner Konzentration – sehr spät. Denn ich war SEHR beschäftigt (!), ich war in einer Art kleinem Haus, wie mein Zimmer, aber oben auf einem Turm, denn ich sah die Landschaft von oben. Es war wie mein Zimmer, mit großen Fenstern; ich war viel größer als ich eigentlich bin, denn unter jeder Fensterbank war ein Schrank, wie in meinem Zimmer, und ich überragte die Fensterbank weit mehr als hier; in meinem Zimmer reicht sie mir bis zur Brust, während sie in der Vision viel tiefer lag. Und von dort ... ah, welch schöne Landschaften!... Ein Fluß lief vorbei, da waren Wälder, die Sonne schien – wirklich schön!... Und ich war sehr beschäftigt, Worte in einem Lexikon nachzuschlagen!

Ich hatte ein Wörterbuch hervorgeholt und sagte: „Hier, dieses ist es." Jemand stand neben mir – aber dieser Jemand ist stets symbolisch: jede Tätigkeit nimmt eine besondere Form an, die dieser oder jener Person ähneln kann. (Die Personen, die mich in meiner täglichen Arbeit umgeben, sind wie Familien in diesen Welten; dort sind es Typen – jeder stellt einen Typus dar – so weiß ich, daß die Erfahrung in Beziehung zu allen Personen desselben Typus steht; wären sie bewußt, wüßten sie, daß ich bei ihnen war und ihnen dies oder jenes sagte. Aber es handelt sich nicht um eine einzelne Person: es ist ein Typus. Kein Typ von Charakter: ein Typ von Tätigkeit oder Beziehung mit mir.)

Ich war bei einem bestimmte „Typ" und suchte ein Wort, ich wollte das Verb *vaincre* [siegen] konjugieren: *je vaincs, tu vaincs, il vainc* – ah! und *nous vainquons* [wir siegen], wie schreibt man das? Das war so komisch! Und ich suchte *vainquons* im Wörterbuch, wie schreibt man das?

Gleichzeitig ließ mich das fühlen, wie vollkommen willkürlich dieses ganze Wissen ist, wie unwirklich. Eine völlig willkürliche Konvention, die in keiner Weise auch nur dem geringsten Licht entspricht.

Und ich war sehr, oh, sehr, sehr … besorgt zu wissen, wie *je vaincs, tu vaincs*, wie das weitergeht: *nous vainquons, vous vainquez*. Und ich wachte um Viertel nach vier auf … ohne das Wort im Lexikon gefunden zu haben!

Dann, als ich aufwachte, fragte ich mich plötzlich: „Aber wie schreibt man das jetzt wirklich?" Ich brauchte eine halbe Minute. Das war so komisch!

Am Ende der Nacht ist es immer eine Erforschung irgendeines Teils der unterbewußten mentalen Tätigkeit. Dort macht man Entdeckungen … unglaublich! Aber es ist schön. Es ist selten unangenehm. Einige Zeit war es sehr unangenehm, eine Zeit, wo es eine Bedrückung, eine Anstrengung, Widerstände bedeutete: ich wollte irgendwo hingehen, und es war unmöglich; ich mühte mich und kämpfte, aber alles stellte sich quer: die ebenen Wege fielen plötzlich steil ab wie eine Kluft und ich mußte die Kluft überqueren. Jahrelang war das so. In letzter Zeit ließ ich auch diese Periode an mir vorbeilaufen … Doch jetzt ist das vorbei. Jetzt ist es … schön, amüsant, ein bißchen … es hat die Einfachheit eines Kindes.

Aber das ist kein persönliches Unterbewußtes: es ist das Unterbewußte von … mehr als das Ashram. Für mich stellte das Ashram keine getrennte Individualität dar (nur in dieser Vision neulich [12. Juli 1960], das erstaunte mich auch). Das ist es nur in sehr geringem Ausmaß. Es ist noch die Bewegung des Ganzen, das Ganze wird mit aufgenommen. So ist es, als beträte ich das Unterbewußte der ganzen Erde, und es kleidet sich in Formen, die mir sehr geläufig sind, die aber gänzlich symbolisch und sehr amüsant sind, sehr amüsant! Ich brauchte einen Moment, um mir zu sage, daß *vainquons* mit quons geschrieben wird. Und ich war mir nicht sicher! Ich hatte vor, Pavitra um ein Lexikon mit den Konjugationen der Verben zu bitten; wenn ich beim Schreiben auf Schwierigkeiten stoße, kann ich dann nachschauen!

Neulich hatte ich etwas geschrieben (einen Brief, den ich Pavitra zu lesen gab). Er sagte: „Ich glaube, da ist ein Rechtschreibfehler." Ich erwiderte: „Das ist gut möglich, ich mache viele!" Er holte ein hervorragendes Wörterbuch. Ich hatte geschrieben *aie* [habe], im Imperativ – ich erinnerte mich vage, früher gelernt zu haben, daß nur die Verben der ersten Konjugationsform im Imperativ kein *s* nehmen: sie enden mit *e*, ohne *s* nach dem *e*. Und *avoir* gehört nicht zur ersten Konjugationsform (das ist die Logik), deshalb hatte ich ein *s* geschrieben! Pavitra sagte, es sei ein Fehler. Er holte ein Wörterbuch, und es war tatsächlich ein Fehler, den man nicht machen sollte! Heute morgen hatte ich vor, ihn um ein Wörterbuch zu bitten.

Das ist etwas sehr Einfaches, eine Konvention, ein konventionelles Gebilde, das irgendwo im Unterbewußten des Gehirns liegt, und man schreibt automatisch. Wenn man aber versucht, das Licht einer etwas höheren Vernunft dort hineinzubringen, wird es schrecklich! Es hält nicht mehr zusammen, man hat alles vergessen.

Man muß in der automatischen Konvention stecken, um sich zu erinnern: das ist sehr schwierig *(Mutter lacht)*. Deshalb mache ich eine Fülle von Rechtschreibfehlern … *(halblaut, mit schelmischer Stimme)* Ich glaube, ich werde ihn um sein Wörterbuch bitten! *(lachen)*

Vaincre!… Ich wollte gerade jemandem schreiben, um ihm den Sieg zu verkünden. Der Gedanke war sehr klar, sehr schön. Und plötzlich wurde ich unterbrochen: wie schreibt man *vainquons*? und wie schreibt man *vaincs*? Die Person neben mir wußte überhaupt nichts, nichts. Sie sagte: „Das schreibt man *vain*", v-a-i-n [*vain*: vergeblich]. Ich sagte: „Nein, ich glaube nicht!" *(lachen)* So ging es, das war so komisch!…

Und du, bist du gut in Rechtschreibung?

Oh, das kommt darauf an! Wenn ich nicht darauf achte, geht es … Meistens mache ich keine Fehler – nicht zu viele!

Ja, ja, das geschieht völlig automatisch in einer Art Konvention irgendwo.

Hat man aber das Pech, die Konvention zu verlassen, und schaut hin, ist es vorbei, man weiß nichts mehr.

10. August 1960

(Über zwei Professoren der Ashramschule, die Mutter schrieben,
um zu fragen, ob „nur" Sri Aurobindo studiert werden sollte.
Dieses Gespräch fand in Gegenwart von Pavitra statt.)

Ein achtseitiger Brief – nichts als Leidenschaft.

(Pavitra:) Ja, Mutter.

Das verläuft alles hier *(Geste auf die Stirn).*

(Pavitra:) Leidenschaft und Reaktionen.

Leidenschaft, Leidenschaft – aber diese Leidenschaft ist das gleiche
wie die Reaktionen.

Sie stopfen es voll von etwas, das sie für Intellektualität halten, aber
sie ist nicht gerade sehr leuchtend, ihre Intellektualität – aber nun …
(Mutter zeigt einen Brief) Hier, ich werde euch das für eure Bereiche-
rung vorlesen: (!)

> *„Und schließlich, liebe Mutter, was ich wirklich fragen wollte, ist*
> *das Ziel unseres Lehrzentrums. Ist es, Sri Aurobindos Werke zu*
> *lehren? Und nur diese? Alle seine Werke oder nur einige? Oder*
> *sollten wir die Schüler dafür vorbereiten, Sri Aurobindos und*
> *Mutters Werke zu lesen? Sollten wir sie auf das Ashramleben*
> *vorbereiten oder auch für „äußere" Tätigkeiten? So viele ver-*
> *schiedene Meinungen machen die Runden, und selbst die alten*
> *Schüler, von denen wir erwartet hätten, daß sie wissen, geben so*
> *viele widersprüchliche Erklärungen …"*

(lachend, zu Pavitra:) Das ist wohl an Sie gerichtet!

> *„… daß man nicht mehr weiß, was man glauben soll und wor-*
> *auf man sich gründen kann. Auf welcher Grundlage können*
> *wir also arbeiten, mangels eines wahren und sicheren Wissens?*
> *Ich bitte Sie, Mutter, uns aufzuklären."*

Ich habe geantwortet, die Briefe müßten schon auf dem Weg sein.
Ich schrieb (es war auf Englisch): das ist nicht so sehr eine Frage der
Organisation wie der Haltung – als erstes. Dann sagte ich: mir scheint,
solange die Professoren selber nicht die gewöhnliche Intellektualität
verlassen (!), werden sie nie fähig sein, ihre Pflicht zu erfüllen.

Doch hier ist, was ich Z schrieb. *(Mutter liest:)*

„Die Frage ist nicht die Vorbereitung auf die Lektüre dieser oder anderer Werke. Es geht darum, all jene, die dazu fähig sind, aus der allgemeinen menschlichen Routine des Denkens, Fühlens und Handelns herauszuziehen; jenen, die hier sind, alle Voraussetzung zu geben, die Sklaverei der menschlichen Denk- und Handlungsweise abzuwerfen; jene, die zuhören wollen, zu lehren, daß es eine andere, wahrere Art zu leben gibt; lehren, daß Sri Aurobindo uns zeigte, wie wir das wahre Wesen werden und leben können – und daß das Ziel der Ausbildung hier darin besteht, die Kinder darauf vorzubereiten, *dieses Leben* zu leben, und sie dazu zu befähigen.

Für die anderen, jene, die auf die menschliche Weise denken und leben wollen, ist die Welt weit und sie hat Platz genug für alle.

Wir suchen keine große Anzahl, sondern eine Auslese. Wir suchen keine glänzenden Schüler, sondern lebendige Seelen."

Wenn ich ihnen das oft genug … in den Schädel hämmere, werden sie es vielleicht irgendwann begreifen.

Dann fragte Z wegen den Sprachen: sollte man EINE Sprache wählen oder … ich weiß nicht. Und wenn man nur EINE Sprache hat, welche Sprache?… Und sie schlägt vor: „Sollte es eine verbreitete oder internationale Sprache sein, oder die Muttersprache [der Schüler]?" Ich antwortete: „Wenn man nur EINE einzige Sprache kennt, sollte sie besser international oder verbreitet sein."

Das sind selbstverständliche Dinge, ich verstehe nicht einmal, warum das überhaupt diskutiert wird.

Dann stellen sie Fragen über das Lehren von Literatur und Dichtung. Ich habe geantwortet. Und unter meine Antwort schreibe ich:

„Studiert man sorgfältig, was Sri Aurobindo über *alle* Themen geschrieben hat …"

Er hat über ALLES geschrieben, es gibt kein Thema, über das er nicht etwas schrieb! Man muß es lediglich überall finden können.

„… so kann man leicht ein vollständiges Wissen über die Dinge der Welt erlangen."

Was ich „studieren" nenne, heißt Sri Aurobindos Bücher herzunehmen, und wenn er dies zitiert, über jenes spricht, dann die betreffenden Bücher haben: er zitiert dies, dann muß man dieses Buch lesen; er spricht über jenes, dann muß man Schriften darüber studieren. Das meine ich mit „studieren". Nachdem man dann die verschiedenen Schriften gelesen hat, vergleicht man, was Sri Aurobindo darüber sagt, und dann hat man eine Gelegenheit zu verstehen. Wenn jemand wirklich lerneifrig ist, kann er mit Sri Aurobindos Büchern eine „Studie" über alles Geschriebene und Gelehrte machen. Man muß gerne arbeiten.

Ich SEHE ja diesen Geisteszustand, dieses Mental, oh! ... es ist widerlich. Die Leute haben SOLCHE Angst sich zu kompromittieren, SOLCHE Angst auszusehen ... als seien sie sektär; solche Angst auszusehen, als hätten sie einen Glauben, solche Angst ... Oh, es ist schändlich!

Gut.

Das werde ich euch in den Schädel klopfen, bis es einsinkt!

*
* *

(Pavitra gibt Mutter ein neues französisches Wörterbuch: das „Alles-in-Einem")

Oh, die französischen Verben!...

(Pavitra:) Ja, Mutter, das ist ein Wörterbuch, in dem für jedes Verb steht, zu welcher Gruppe es gehört, wie es konjugiert wird ...

Gruppe?

... Zum Beispiel „choyer" [umhegen] ... (Pavitra zeigt Mutter die Seite), „choyer" wird wie „aboyer" [bellen] konjugiert.

Was für ein Vergleich! *(Mutter lacht)* Oh, diese psychologische Feinfühligkeit!

Aber mir geht es vor allem um die Rechtschreibung der Verben. Konjugieren kann ich, glaube ich!

(Pavitra:) Da steht alles: wie man Bridge spielt, wie man Tennis spielt, die Kunst, ein Huhn zu zerlegen ...

Gut.

(Satprem:) „Alles-in-Einem", das ist schon fast Yoga!

*
* *

(nachdem Pavitra das Zimmer verläßt)

Ich lese weiter im *Yoga of Self-Perfection*, das ist wirklich etwas ... man sagt sich ohne Unterlaß: „hervorragend". Alles-alles-alles, alle Einzelheiten, alles steht dort. Er sah es voraus: sah dies voraus, gab die Lösung; sah jenes voraus, gab die Lösung; sah jenes, gab ...

385

Hast du es gelesen?

Vor langer Zeit.

Was bringst du mir?

Bald werde ich die Essays on the Gita *durchgelesen haben ...*

Ah!

... Für die Vorbereitung des Buches.[1] Ich bin noch nicht ganz durch, aber fast. Jeden Tag zwinge ich mich zu lesen („zwinge", naja) ...

Dort ist es auch AUSSERORDENTLICH!...

Ja, dort stehen viele Dinge.

Die Betonung auf die menschliche Göttlichkeit ist dort so interessant ... Könnte man das in sich herstellen (bei den meisten Leuten, die ich kenne, sah ich das), könnte man in beständiger Weise dieses Gefühl der inneren Göttlichkeit herstellen, würde eine FÜLLE von Dingen ... man braucht nicht die geringste Anstrengung zu unternehmen: sie fallen von euch wie Staub.

Man braucht nicht gegen die Schwierigkeiten zu reagieren; man wird sofort gezogen, als käme man heraus, so *(Geste von zwei Fingern, die einen aus dem Schlamm ziehen).*

16. August 1960

(Brief von Mutter an Satprem anläßlich des ersten Exemplars seines ersten Romans: L'Orpailleur*)*

16.8.60

Satprem
Ein sehr schönes Buch,
ein großer Erfolg,

---

1. Ein erstes Buch über Sri Aurobindo, das nie veröffentlicht wird (es hieß *Sri Aurobindo und die Transformation der Welt*). Es war für eine gewisse „Sammlung spiritueller Meister" bestimmt, und Sri Aurobindo vermochte nie in eine Sammlung zu treten.

Vorläufer
auf dem Weg
zu weiteren,
noch schöneren
Büchern.

Mutter

20. August 1960

(Mutter macht sich an die Klassifizierung alter Papiere, Notizen usw., und stößt auf einen Plan des nahegelegenen Sees mit einem Projekt für ein Film-Studio)

Das liegt am See. Das Grundstück gehörte damals der Mission, und der Verwalter war ein guter Freund von uns, obwohl er Missionar war, und er hatte uns versprochen, er würde es einrichten, daß wir das Grundstück kaufen können. Alles wurde vorbereitet, und mir wurde das Geld für den Kauf versprochen (sie verlangten mehr als fünfzig- oder sechzigtausend Rupien). Dann kam das Geld nicht, und der Missionarsfreund ging weg. Er ist nicht mehr dort, jetzt ist es jemand anderes.

(Mutter betrachtet ein Stück Papier) „Antonin Raymond anrufen". Das war für die Bebauung: der Architekt.[1]

Und da stand auch „das vorläufige Quartier für Z, den amerikanischen Filmregisseur, einrichten". Dann starb Z.

So geht es: die Dinge ändern sich. Nicht, daß das Projekt zum Stillstand kommt, aber es wird gezwungen, andere Wege einzuschlagen.

Aber wurde dieses ganze Projekt des Kinos jetzt völlig aufgegeben?

Nein, nein. Es ging nicht um ein Kino, sondern eine Schule – eine Schule für Fotografie, Fernsehen und Film. Das Projekt wurde überhaupt nicht fallen gelassen.

---

1. Der Architekt, der auch „Golconde", die Gästeherberge des Ashrams entworfen hatte.

Aber L hat das Programm erweitert *(Mutter deutet auf die Karte des Sees).* Das ist nur ein kleiner Teil seines großen Projekts. Da ist eine Landwirtschaftsschule, eine moderne Molkerei mit Weidegründen: viel Landwirtschaft – Obst, große Reisfelder, viele verschiedene Dinge. Dann eine Keramik-Werkstätte. Meine Keramikfabrik am anderen Ende des Sees, um den Ton zu verwenden – denn es wurde mit der Regierung vereinbart, daß eines Tages der See ausgebaggert werden muß. Die fruchtbare Oberschicht wird für die Felder verwendet. Zuerst werden wir die Steine von den Feldern entfernen (weißt du, die Hügel dort), die Steine dienen zur Konstruktion: ein Steinbruch. Die Steine hinterlassen Löcher, und die Löcher füllen wir mit der Erde vom See. Aber unter dieser oberen Erdschicht liegt eine Tonschicht, ein so dichter, fester, harter Ton, daß er für die Landwirtschaft untauglich ist, unmöglich zu verwenden – aber hervorragend, um Keramik herzustellen. Deshalb machen wir am Ende, dort, auf indischem Boden [im Staat Madras] eine große Keramikfabrik. Auf der anderen Seite haben wir eine kleine Schamottefabrik.

All das ist riesig. Ein enormes Programm![1]

Das können wir zu den anderen Sachen legen.

*
* *

(Mutter betrachtet eine alte Notiz vom 10. Februar 1956[2])

Das war Anfang Februar 56, ungeheuer. Ungeheuer, ich empfing alle asurischen Kräfte der Zerstörung … Sie versuchten ihr Bestes.

Und natürlich bedient sich das in großzügiger Weise der Menschen meiner Umgebung! – Das ist ihre einzige Möglichkeit, meinen Körper zu erreichen.

Ich bin daran gewöhnt.

*
* *

(Mutter nimmt eine andere Notiz)

Ich weiß nicht mehr, in welcher Zeit das war. Jemand hatte seine Hände auf meine Schultern gelegt – ich war etwas überrascht. Es war jemand, der sich einbildete, ich würde irgend etwas Außerordentliches fühlen! Ich muß wohl mein Gesicht verzogen haben (ich hatte das nicht erwartet). Hinterher fragten sie mich: „Welche Erfahrung hatten

---

1. Vielleicht der Anfang von Auroville.
2. Die Notiz ist nicht mehr erhalten geblieben.

Sie (!), was fühlten Sie?" – Ich antwortete nicht. Als ich allein war, schrieb ich dies:

Ungefähr das,
was der Christ fühlen mußte,
als er das Gewicht
des Kreuzes
auf seinen Schultern spürte.

Ich erinnere mich noch an die Erfahrung. Es war vollkommen wahr. Nichts Intellektuelles. Genau der Eindruck, den der Christ empfinden mußte, als er das Gewicht des Kreuzes auf seinen Schultern spürte. Das Gewicht einer ganzen Düsternis, einer Unbewußtheit, eines allgemeinen schlechten Willens, eines vollkommenen Unverständnisses ... Und es war wirklich so ... als trug ich eine schreckliche Last – schrecklich wegen ihrer Düsterkeit, nicht wegen ihres Gewichts. Und ich sagte mir: „Sieh! So muß der Christ es empfunden haben, als man das Kreuz auf seine Schultern legte."

So viele! *(Mutter deutet auf einen Stapel verschiedenster Zettel)* In einem anderen Stapel sind nochmal so viele! Diese krankhafte Angewohnheit, Papiere aufzuheben!

Aber nein, Mutter, zum Glück heben wir sie auf!

Oh! Aber ich habe so viele, viele! Da gibt es sicher noch einige Schachteln voll.

*
* *

(Kurz darauf, über eine spätere Klassifizierung dieser Notizen)

Mit viel Geduld und viel Zeit könnten wir sie ordnen, aber ich müßte erst überzeugt sein, daß es der Mühe wert ist. All diese alten Papiere sind wie totes Laub. Wir sollten ein Freudenfeuer daraus machen.

Oh! Nein!

Das ist EURE Meinung, nicht meine. Ich werde dir genau sagen, welchen Eindruck das auf mich macht: jedesmal, wenn jemand diese Dinge ordnen wollte, dachte ich immer: „Oh, ja, diese Ordnung wird sehr nützlich sein ... nach meinem Tod!"

Ich würde es vorziehen, nicht zu sterben ... wenn möglich. Und wenn ich nicht sterbe, ist all das vollkommen überflüssig, denn wenn ich nicht sterbe, ist es der Beweis für einen ununterbrochenen Aufstieg; folglich wird das, was am Ende kommt, sehr viel interessanter sein.

Du bist der einzige, der mich überzeugte, daß die „Geschichte" des Wegverlaufs irgendein Interesse bergen könnte, deshalb lasse ich dir freie Hand ... Oben habe ich einen schönen Ordner mit all dem zusammengestellt.[1] Er füllt sich, das wird überwältigend sein! *(Mutter lacht)* Mit einer erschreckenden Dokumentation!

Aber nein!

Jedenfalls ... ich tue es sehr sorgfältig. Ich sammele alles, lege alles zusammen.

Aber es gibt einen, der diese Arbeit überaus schätzt, und das ist Nolini.[2] Einmal fragte er mich zaghaft: „Könnte ich wohl eine Kopie bekommen?" Ich sagte gut. Oh, das schätzt er! Und etwas wie die letzten Notizen, etwas Amüsantes, gebe ich ihm dann. Damit ist er glücklich. Er ist dir ewig dankbar! *(Mutter lacht)* Oh! Ohne dich, wäre das nie zustande gekommen, da kannst du beruhigt sein. Nie.

Gut, mein Kind.

*
* *

(Mutter steht auf, um hinauszugehen, und hält das erste Exemplar des Orpailleur in den Händen, das Satprem gerade aus Frankreich erhalten und ihr gegeben hatte)

Ich nehme dein Buch mit, oder ...? Du willst es nicht haben?

Ich brauche es nicht.

Du willst es nicht haben. Mir gefällt es sehr, sehr – es ist ein sehr guter Freund *(Mutter drückt das Buch an sich)*.

Ah! Ich müßte Briefe hier und dort nach Frankreich schreiben [um das Erscheinen des Buches bekanntzugeben]. An A habe ich schon geschrieben, aber ich muß ihm noch einmal schreiben. Doch ich nehme an, er weiß, daß es erschienen ist – er muß es wissen. Ich hatte ihm geschrieben, er solle das genau verfolgen ...

Ich weiß nicht, ob es schon in den Buchläden ist, ich glaube es soll Anfang September herauskommen.

Oh, das war nur der Vorläufer!

Ich glaube. So lautete jedenfalls das Programm [von Éditions du Seuil].

---

1. Die zukünftige „Agenda".
2. Der älteste Schüler.

Hast du ihnen gesagt, daß es angekommen ist?

Ja, ja, ich habe einen Brief geschrieben.

Hast du ihnen gesagt, daß du froh bist?

Ja, ja.

(Schelmisch) Hast du ihnen gesagt, daß Mutter froh ist? Darauf pfeifen sie! *(Mutter lacht)*

(Satprem, unerschütterlich): Sie wissen nicht so recht, wer das ist, „Mutter".

Nein, zum Glück! Zum Glück, mein Kind! Zum Glück.

(Beim Hinausgehen, auf der Türschwelle, erzählt Mutter Satprem, daß sie drei Romane sah, eine Trilogie, deren dritter über sie wäre. Sie fügt hinzu:)

Sri Aurobindo sagte mir während meinem Japa: *I will help him all through.* [Ich werde ihm bis zum Ende helfen.]

27. August 1960

Ich würde dich gerne viel öfter sehen, drei-, viermal in der Woche, jeden zweiten Tag – wenn mich nur die Leute …

Mit den Briefen ist es dasselbe.

Sie ermorden mich mit Briefen.

Ich habe einen Korb, in dem ich sie ablege: jetzt schließt er nicht mehr! Jeden Morgen verbringe ich dreiviertel Stunden damit, Briefe zu schreiben. Jeden Tag geben sie mir sechs, sieben, acht, zehn Briefe; was kann ich da tun? Sri Aurobindo selber verbrachte schließlich seine ganzen Nächte damit, Briefe zu schreiben – bis er blind wurde.

Das kann ich nicht machen, weil ich anderes zu tun habe. Und mir liegt auch nicht daran, blind zu werden. Ich brauche meine Augen, sie sind meine Arbeitsinstrumente.

Dazu kommen noch die Leute, die mich sehen wollen. Jetzt wollen alle mich sehen! Und wenn sie dann einmal gekommen sind, sind sie zufrieden und verlangen, daß es fortgesetzt wird! Wenn ich sehr unangenehm wäre und ihnen sagte ... *(Mutter lacht)* aber das geht nicht an, verstehst du!

... Man darf sich nicht beunruhigen lassen. Es gibt wirklich nur eines zu tun: in einem Zustand beständigen Friedens, beständigen Gleichmuts zu bleiben, denn die Dinge sind nicht ... sind nicht angenehm. Oh, wenn du wüßtest, was für Briefe sie mir alle schreiben ... erst einmal die ungeheure Anzahl von Eseleien, die überhaupt nicht geschrieben werden sollten; dazu kommt eine solche Darbietung von Unwissenheit, von Egoismus, von schlechtem Willen, von vollkommenem Unverständnis und einer Undankbarkeit ohne Gleichen, und all das ... mit einer Naivität! Sie werfen das alle über mich, jeden Tag, von den unerwartetsten Stellen.

Wenn mich das berühren sollte *(Mutter lacht)*, dann wäre ich schon seit langem ... ich weiß nicht, wo. Das ist mir vollkommen egal, aber vollkommen – das bewegt mich nicht, ich lächele darüber.

(Schweigen)

Deshalb laß dich nicht davon beunruhigen ... Oft denke ich an dich, weil ich weiß, daß du sehr empfindlich gegen all das bist. Es ist ... wirklich häßlich; ein ganzer Bereich der menschlichen Intelligenz (das „Intelligenz" zu nennen, ist ein zu großes Kompliment), ein Bereich des menschlichen Mentals ist sehr-sehr ... abstoßend. Das muß zurückgelassen werden. Das berührt uns nicht. WIR sind woanders – woanders. Wir stecken NICHT in dieser Rille! Automatisch.

Wir halten unseren Kopf außerhalb davon.

Dich sehe ich außerhalb, ich fühle dich außerhalb, ich begegne dir immer.

Gut. Auf Wiedersehen.

2. September 1960

(Brief von Satprem an Mutter)

Pondicherry, 2. September 1960

Liebe Mutter,

Als X aus Deinem Zimmer kam, wiederholte er mehrere Male *„Very wonderful"* [sehr wunderbar]. Dann erklärte er mir, *„White rays were vibrating* *everywhere"* [weiße Strahlen vibrierten überall]. Überall entlang der Kundalini, weiß und gelb, blau, und vor allem weiß.

Er schien ganz und gar ekstatisch zu sein, als er von seiner Erfahrung sprach.

Abschließend sagte er:

„Where is the Mother and where is X?" [Wo ist Mutter, und wo ist X?], wohl um auszudrücken, daß die Trennungen verschwunden waren.

Mit Liebe,

Satprem

20. September 1960

Mehrere Male brachte mir X seine Geringschätzung für die Mehrzahl der Leute im Ashram zum Ausdruck: „Warum behält Mutter all diese empty pots *[leeren Töpfe]", sagte er.*

Wenn er sich auch nur einen Augenblick lang einbildet, daß ich glaube, alle Leute hier würden die Sadhana machen, irrt er gewaltig!

Die Idee ist, daß die gesamte Welt vorbereitet werden muß, in all ihren Formen, auch die am wenigsten für die Transformation fähigen. Es erfordert eine symbolische Repräsentation aller Elemente der Erde, an denen gearbeitet werden kann, um die Verbindung herzustellen [mit der supramentalen Welt]. Die Erde ist eine symbolische Repräsentation des Universums, und die Gruppe eine symbolische Repräsentation der Erde.

Das hatten wir 1914 mit Sri Aurobindo entschieden (das liegt schon lange zurück); denn wir sahen die beiden Möglichkeiten: das, was wir jetzt tun, oder uns in die Einsamkeit und Abgeschiedenheit zurückziehen, bis wir nicht nur das Supramental erreicht, sondern die materielle Transformation begonnen haben. Und Sri Aurobindo sagte mit Recht, daß man sich nicht abkapseln kann, denn je mehr man selber wächst, um so mehr universalisiert man sich, und folglich ... *you take the burden upon yourself* [man nimmt die Last auf sich], auf jeden Fall.

Das Leben gab die Antwort selber, indem es die Leute brachte und einen Kern bildete. Natürlich sahen wir deutlich, daß dies die Arbeit komplexer und schwieriger gestaltete (es bedeutet eine große Verantwortung und eine große materielle Arbeit für mich), aber vom allgemeinen Standpunkt, für das Werk, ist es unerläßlich, sogar unvermeidlich. Trotz allem, und wie wir später feststellten, bedeutet jeder zugleich eine Möglichkeit und eine besondere Schwierigkeit, die zu lösen ist. Ich glaube, ich habe sogar einmal gesagt, jeder hier stellt eine Unmöglichkeit dar![1]

Gewiß ist diese Anschauung zu weit entfernt von der spirituellen Lehre, in der X lebt [der traditionelle Tantrismus], als daß er dies verstehen könnte. Mir liegt auch nicht daran, daß hier Proselytenmacherei betrieben wird [um X zu überzeugen]; das würde ihn völlig unnötig beunruhigen. Das ist nicht der Grund für sein Hiersein. Er kam für etwas Spezielles, das ich suchte und das er mir brachte und das ich gelernt habe. Jetzt ist es gut, er gehört zur Gruppe, auf seine Weise, das ist alles. Und in gewisser Hinsicht hat seine Gegenwart hier eine sehr gute Wirkung auf eine ganze Kategorie von Leuten, die vorher nicht berührt wurden und die sich jetzt zunehmend wohlwollender zeigen. Es war zum Beispiel schwierig, all die Traditionalisten zu erreichen, die Leute, die an den alten spirituellen Formen hängen; nun, jetzt ist es, als hätte etwas sie berührt.

Als Amrita[2], von Eifer ergriffen, ihm erklären wollte, was wir hier tun und was Sri Aurobindo erreichen wollte, führte das beinahe zu Unannehmlichkeiten. Danach dachte ich: „ich werde mich einmal mit ihm identifizieren, um zu sehen" (ich hatte es nie getan, weil ich das meistens nur tue, wenn ich für jemanden verantwortlich bin, um ihm wirklich zu helfen, und ich hatte mich nie bezüglich X verantwortlich gefühlt), ich wollte die innere Lage feststellen, was und was nicht möglich ist. Das war an dem Tag, als du ihn in diesem ekstatischen Zustand von unserer Meditation kommen sahst und er dir sagte, die Trennungen wären weggefallen – das mußte kommen! Ich erwartete es.

Als ich das tat, sah ich, was X für mich bewirken wollte. Ich erinnerte mich in der Tat, daß ich ihm anfangs gesagt hatte, alles gehe gut von hier an *(Geste oberhalb der Schädeldecke)*, daß ich aber darunter, im äußeren Wesen, die Transformation beschleunigen wollte und daß dort manche Dinge schwierig zu handhaben seien.

Solange Sri Aurobindo hier war, kümmerte ich mich nicht um all das: ich hielt mich die ganze Zeit in der Höhe auf und tat, was die Gita und die traditionellen Schriften empfehlen, das heißt, ich überließ die Sorge dafür der Natur. Eigentlich überließ ich sie Sri Aurobindo. Ich sagte mir: „Er wird damit zurechtkommen, er wird das richten, er wird damit tun, was er wünscht." Und ich blieb die ganze Zeit in der Höhe.

---

1. *Entretiens suivis de Quelques Paroles*, S. 251-252.
2. Einer der Ashramsekretäre.

Und von dort oben arbeitete ich, während ich das Instrument unten so beließ, wie es war, weil ich wußte, daß er sich darum kümmerte.

Tatsächlich war es zu der Zeit sehr anders, denn ich bemerkte nicht einmal den geringsten Widerstand oder die geringste Schwierigkeit im äußeren Wesen: die Arbeit daran geschah automatisch. Später, als ich beides tun mußte – das, was er tat, und das, was ich tat –, wurde es sehr viel komplizierter und ich merkte, es gab viele … man könnte sagen „Löcher": Dinge, die entwickelt, transformiert, geordnet werden mußten, um die umfassende Arbeit verrichten zu können. Also begann ich damit. Und mehrmals bedauerte ich, nicht manche der alten indischen Disziplinen studiert und verfolgt zu haben. Denn zum Beispiel als ich mit Sri Aurobindo an der Herabkunft der supramentalen Kräfte arbeitete, Herabkunft vom Mental ins Vital, sagte er mir immer wieder, daß all meine Bewegungen, meine Gesten, meine Haltung, meine Reaktionen ganz und gar tantrisch seien, als hätte ich die tantrische Disziplin durchgemacht (wenn wir zusammen „meditierten", wenn wir arbeiteten). Aber es geschah spontan, entsprach keinem Wissen, keiner Idee, keinem Willen, nichts; und ich dachte, es geschehe einfach deshalb so, weil er diese Dinge wußte und ich ihm natürlich folgte.

Später, nachdem Sri Aurobindo seinen Körper verlassen hatte, sagte ich mir: „Wenn ich nur wüßte, was er wußte, wäre es leichter!" Und aus diesem Grund dachte ich: „ich werde die Gelegenheit nutzen", als der Swami und später X kamen. Ich hatte dem Swami geschrieben, daß ich gerade an der Transformation der Körperzellen arbeitete und gemerkt hatte, daß mit Xs Einfluß die Arbeit schneller weiterkam. Deshalb wurde vereinbart, daß X helfen würde, wenn er kam – so begannen die Dinge, und X blieb bei dieser Idee. Nur bin ich inzwischen vorangeprescht – ich warte nicht! Ich preschte voran, durcheilte die Etappen. Und jetzt hat sich die Lage umgekehrt. Das, was ich wissen wollte, habe ich erfahren. Ich hatte die Erfahrung, die ich suchte, aber er ist noch bei … Er ist sehr lieb, er will mir wirklich helfen. Als er also neulich zur Meditation kam und ich mich mit ihm identifizierte, erkannte ich, daß er mir Schweigen, Beherrschung und den vollkommenen Frieden im physischen Mental geben wollte. Mein „Mittel", wenn ich so sagen kann, ist, so wenig wie möglich Beziehung mit dem physischen Mental zu haben, in die Höhe zu gehen und dort zu bleiben: das hier bleibt schweigend, unbewegt *(Geste auf die Stirn)*, nach oben gewendet, während Das *(Geste darüber)* sieht, handelt, weiß, entscheidet – alles liegt dort. Und dort fühlt man sich wohl.

Früher auf dem Weg war ich einmal eine Zeitlang in dieses physische Mental hinabgedrungen, um zu versuchen, es ein wenig zu ordnen und zu organisieren (das geschah ziemlich schnell, ich blieb nicht lange dort). Als ich jetzt in X einging, merkte ich … Das war recht seltsam, denn es ist der entgegengesetzte Vorgang von dem, den wir verfolgen: in seinem materiellen (physischen und vitalen) Bewußtsein hat er sich geschult, unpersönlich, offen, grenzenlos, in Verbindung mit allen universellen Kräften zu sein. Im physischen Mental: Schweigen, Unbewegtheit. Und im spekulativen Mental, dort ganz oben im Kopf: eine Organisation! Schrecklich!… Die gesamte Tradition in ihrer wunderbarsten Organisation, aber von einer *Starrheit!* Und es hatte eine hübsche Lichtqualität: ein silbriges Blau, SEHR hübsch. Und sehr ruhig, wunderbar ruhig und still und unbewegt. Aber darüber lag eine derart massive Decke: die äußere Form glich starren Blöcken. Alles im Inneren war so hübsch, und dann das … Ich erinnere mich, ganz oben war etwas wie ein sehr großer Würfel, gesäumt von einer violetten Linie, die Linie der Macht – all das leuchtend. Es ähnelte einer Pyramide: kleinere Würfel bildeten eine Art Grundschicht, und die Unterseite dieser Würfel verlor sich in etwas Nebeligem und ging unmerklich über in den materiellsten Bereich, das heißt ins physische Mental … Der oberste Würfel war der größte und der leuchtendste, aber auch der starrste – hier läßt sich sogar sagen: unbeugsam. Die anderen waren bereits etwas weniger präzise; und ganz unten wurde es sehr vage. Aber oben! – Dort oben wollte ich ja durchdringen.

Als ich dort ankam, fühlte ich eine halbe Sekunde der Bedrängnis: ich stand unter dem Eindruck, dort ließe sich nichts machen – nicht für ihn insbesondere, sondern universell, für alle Menschen seiner Kategorie – daß es hoffnungslos sei. Wenn das wirklich die Vollkommenheit darstellte, dann war nichts mehr zu machen. Das dauerte nur eine halbe Sekunde, aber es war schmerzlich. Dann versuchte ich es. Das heißt, ich wollte mein Bewußtsein hineinbringen – das ewige und universelle, unendliche Bewußtsein, der ursprüngliche Ausdruck der Manifestation –, und … nichts zu machen. Unmöglich. Einige Minuten lang versuchte ich es, und ich sah, daß es ganz und gar unmöglich war. Dann mußte ich eine seltsame Bewegung machen (ich konnte nicht durchkommen, es war undurchdringlich), ich mußte in das sogenannte niedere Bewußtsein zurückkehren (das nicht niederer ist, dort war es weit, unpersönlich), und dort kam ich heraus und fand wieder … mein Gleichgewicht. Das gab mir diese wahnsinnigen Kopfschmerzen, von denen ich dir erzählte. Ich kam von dort heraus, als hätte ich das Gewicht eines unnachgiebigen Absoluts getragen – schrecklich. Unglücklicherweise konnte ich mich danach nicht ausruhen: Leute erwarteten mich, ich mußte reden – etwas sehr Ermüdendes für mich. Dann begann es in meinem Kopf zu brodeln, wie ein … Da war dieses dunkelblaue Licht, das Licht der Macht in der Materie, durchdrungen von weißen und goldenen Blitzen, und all das fuhr in meinem Kopf hin und her – ich glaubte, ich würde einen Gehirnschlag bekommen! *(Mutter lacht)*

Es dauerte eine gute halbe Stunde bis ich das beruhigen konnte – Ruhe, Ruhe herstellen. Und ich erkannte, daß es daher kam, daß er die Macht hineinbringen wollte, mir die Macht im physischen Mental vermitteln wollte! Doch sobald man mich in Verbindung mit der Macht setzt, zerplatzt alles! *(Mutter lacht)* Ich hatte wirklich den Eindruck, mein Hirn würde platzen!

In der Nacht ging es besser, weil ich konzentriert blieb, aber der Kopf tat noch etwas weh. Am nächsten Morgen sagte ich mir, oder genauer, sagte ihm innerlich: „Ob du es willst oder nicht, ich werde das, was dort oben ist, herunterbringen; nur so fühle ich mich wohl!" Und ich erzählte dir schon, was geschah: sobald ich mich hinsetzte, überraschte mich sehr, daß er nicht so handelte wie am Vortag; denn ich hatte wieder dasselbe getan, ich vereinte mich sozusagen mit seinem Willen (um zu wissen), aber mit dem Entschluß, bewußt in Verbindung mit dem höchsten Bewußtsein zu bleiben, wie ich es immer tue, und es herabzubringen. Und da kam eine wunderbare Flut. Er war vollkommen zufrieden, er protestierte nicht!… Die Kopfschmerzen verschwanden völlig, nichts mehr, es war perfekt. Nur ganz am Ende der Meditation wollte er wieder seinen kleinen Trick anfangen, um mein physisches Mental in dieses Gebäude einzusperren, aber das dauerte nicht lange … ich sah es von oben.

Er fühlt nichts davon, er fühlt es nicht. Wenn man ihm das erzählte, würde er energisch protestieren – für ihn stellt das die Öffnung auf die Unendlichkeit dar!… Das ist übrigens immer so: man ist immer eingeschlossen, jeder – jeder ist eingeschlossen in bestimmten Grenzen und spürt es nicht, denn würde er es spüren, käme er heraus! Ich weiß genau, als ich bei Sri Aurobindo war, hielt ich mich offen *(Geste nach oben)*, und ich hatte immer das Gefühl: „Ja, mein Kind …", er duldete mich, so wie ich war, und wartete, daß es sich ändere. Das ist einfach so. Jetzt fühle ich meine Grenzen, sie sind die Grenzen der gegenwärtigen Welt, und ich fühle, daß dahinter eine Unermeßlichkeit, eine Ewigkeit, eine nicht-manifestierte Unendlichkeit liegt, und daß wir hier eingeschlossen sind. Das sickert nur langsam durch – es ist nicht die große Öffnung. Was ich zu erreichen versuche, ist die große Öffnung. Und erst wenn die große Öffnung geschaffen wurde, wird es wirklich … unantastbar sein, und aller Widerstand der Welt, all ihre Trägheit, sogar all ihre Düsternis wird das nicht verschlingen können – das Entscheidende und Transformierende … Ich weiß nicht, wann das kommen wird.

Doch die Erfahrung mit X war höchst interessant. An dem Tag lernte ich viele, viele Dinge ... In jedem beliebigen Punkt kann man das Unendliche finden, wenn man sich nur genügend konzentriert (und dieses Unendliche fand er in seiner eigenen Erfahrung), man könnte es sein eigenes Unendliches nennen. Was WIR aber suchen, ist nicht das, sondern die direkte und umfassende Verbindung zwischen dem manifestierten Universum und dem Unendlichen, aus dem dieses Universum hervorging. Das ist dann keine individuelle oder persönliche Verbindung mit dem Unendlichen, sondern eine totale Verbindung. Sri Aurobindo besteht auf diesem Punkt, er sagt, es ist ganz und gar unmöglich, die Transformation zu erlangen (nicht die Berührung: die supramentale Transformation), ohne universell geworden zu sein, das ist die erste Voraussetzung. Man kann erst supramental werden, wenn man universell geworden ist. Und universell werden, heißt alles gelten zu lassen, alles zu sein, alles zu ... ja, alles gelten zu lassen. Und alle Leute, die in einem System eingeschlossen sind, sei es auch im allerhöchsten Teil des Denkens, sind nicht DAS.

Doch einem jeden seine Bestimmung, jedem seine Arbeit, jedem seine Verwirklichung; und die Bestimmung oder die Verwirklichung von jemandem ändern zu wollen, bedeutet eine große Schuld. Denn es wirft ihn einfach aus dem Gleichgewicht – das ist alles, was man erreicht.

Aber für jene, die eine integrale Verwirklichung suchen, stellen all diese Mantras, das tägliche Japa, wirklich eine Hilfe dar, oder bedeutet es auch, sich einzuschließen?

Es diszipliniert einen. Es bedeutet eine fast unterbewußte Disziplin, mehr des Charakters als des Denkens.

Verstehst du, hier, vor allem anfangs, als Sri Aurobindo hier war, zerschlug er alle die Moralbegriffe (du weißt, die *Aphorismen*). All diese Dinge zerschlug er, wieder und wieder. Jetzt haben wir hier eine Bande von *youngsters* [Bengeln], die darin mit der Idee aufwuchsen „man kann alles tun, was einem gefällt, das hat keinerlei Bedeutung!", all dies seien gewöhnliche Moralbegriffe, um die es nicht wert ist, sich zu kümmern. Ich habe große Schwierigkeiten, ihnen klar zu machen, daß man die gewöhnliche Moral nur verlassen kann, um in eine höhere zu gehen ... Deshalb muß man vorsichtig sein, ihnen nicht zu früh Macht zu geben.

Das bedeutet eine fast physische Disziplin. Dann sah ich auch, daß das Japa eine ordnende Wirkung auf das Unterbewußte, das Unbewußte, die Materie, die Körperzellen, auf all das verübt – es braucht Zeit, aber durch seine Wiederholung, durch seine Beharrlichkeit hat es schließlich eine Wirkung. Es hat eine ähnliche Wirkung wie zum Beispiel tägliche Klavierübungen. Man wiederholt mechanisch, und schließlich flößt das den Händen Bewußtsein ein – es flößt dem Körper Bewußtsein ein.

Wenn ich bei X bin, fällt es mir sehr schwer, ihm klar zu machen, daß ich Arbeit habe. Er versteht nicht, daß man arbeiten kann.

Natürlich! Was uns wichtig erscheint, eine regelmäßige Arbeit, stellt für ihn im Grunde eine Unwissenheit dar. Ein andächtiges, ekstatisches Leben ist das Wahre für diese Leute – mit einem Gefühl der Barmherzigkeit und der Wohltätigkeit, aus dem ihr trotzdem ein wenig eurer Zeit nehmt, um den armen Unwissenden zu helfen! Aber das Wahre ist die ekstatische Andacht. Da stellen die, welche fortgeschritten sind und dennoch der Arbeit eine Bedeutung zuschreiben, etwas Unsinniges dar!

Mein einziges Mittel, ihm klar zu machen, daß ich arbeiten muß, ist ihm zu sagen: „Mutter trug mir auf, das zu tun", dann sagt er nichts mehr!

Ja, er wagt es nicht … Er versteht nicht recht. „Welch seltsame Ideen!" Er muß denken, ich habe recht seltsame Ideen, aber nun … Im Grunde denkt er sich: „Oh, das ist nur, weil sie in Frankreich geboren wurde; da trägt sie noch diese Last!"

Das ist sehr komisch.

Sri Aurobindo sah das deutlicher. Er sagte – das war sogar das erste, was er den Jungen um sich sagte, als ich 1914 ankam (er hatte mich nur einmal gesehen) –, er sagte ihnen, daß ich, Mirra (er nannte mich sofort beim Vornamen), „frei geboren wurde".

Und das ist wahr, ich weiß es, ich wußte es. Das heißt, die ganze Arbeit, die man tun muß, um sich zu befreien, wurde schon getan, vor langer Zeit – das ist praktisch!

Am nächsten Tag sah er mich eine halbe Stunde. Ich setzte mich (das war auf der Veranda im *Guest House*), ich setzte mich dort auf die Veranda; vor ihm stand ein Tisch und ihm gegenüber saß Richard. Sie begannen zu reden. Ich setzte mich zu seinen Füßen, machte mich ganz klein. Der Tisch stand vor mir, auf Stirnhöhe, und gab mir etwas Deckung … Ich sagte nichts, dachte nichts, versuchte nichts, wollte nichts – setzte mich einfach in seine Nähe. Als ich eine halbe Stunde später aufstand, hatte er Schweigen in meinen Kopf gebracht. Das war alles, ohne daß ich auch darum gebeten hätte – vielleicht sogar, ohne daß er es versuchte!

Ich hatte es versucht – oh! Jahrelang hatte ich versucht, das Schweigen im Kopf zu erlangen ... Es war mir nie gelungen. Ich konnte davon Abstand nehmen, aber es lief weiter ... Jetzt waren alle mentalen Konstruktionen, alle mentale, spekulative Organisation, all das war weg – ein Loch.

Und ein so friedliches, leuchtendes Loch!

Ich gab große Acht, daß nichts es störe. Ich sprach nicht, ich paßte sehr auf, nicht zu denken, und drückte das fest, fest an mich – sagte mir: hoffentlich bleibt es, wenn es nur so bliebe, wenn es nur so bliebe, wenn es nur so bliebe ...

Einige Zeit später hörte ich Sri Aurobindo sagen, er habe das für zwei andere Personen hier getan, und sobald sie das Schweigen im Kopf hatten, wurden sie von Panik ergriffen! „Mein Gott, ich bin verdummt!!" Und sie warfen alles über Bord! Sie begannen sofort wieder zu denken.

Sobald es vorbei war, war es vorbei. Es war gründlich gefestigt.

Jahrelang, von 1912 bis 1914, hatte ich Übungen über Übungen gemacht, alles nur Mögliche, sogar *Pranayama* [Atemübungen] – damit es schweige! Daß es wirklich schweige!... Ich konnte es verlassen (verlassen war nicht schwierig), aber innen lief es weiter!

Das dauerte ungefähr eine halbe Stunde. Ich blieb ruhig sitzen – ich hörte die Geräusche ihrer Unterhaltung, hörte aber nicht zu. Und als ich dann aufstand, wußte ich nichts mehr, dachte nichts mehr, besaß keine einzige mentale Konstruktion mehr – alles weg, vollkommen weg, weiß! Als wäre ich gerade geboren worden.

*
* *

Kurz darauf

Vor einigen Tagen habe ich die Zuckerfabrik eingeweiht.[1] Dabei hatte ich eine lustige Erfahrung.

Vom materiellen Gesichtspunkt ist es dort beinahe höllisch: der Lärm, der Geruch – ein ekelhafter Geruch. Ich konzentrierte mich vollends auf meinen Willen, physisch nicht gestört zu werden: man führte mich über steile Treppen, hinauf, hinab, in tiefe Gruben schauen; an manchen Stellen gab es nicht einmal ein Geländer, so mußte man sich gut festhalten.

Und ich sah all dieses Zuckerrohr – diese Berge von Zuckerrohr – die hineingeworfen werden: stampf, stampf und nochmal stampf.

---

1. Die *New Horizon Sugar Mills,* die einem Schüler gehören. Die Einweihung fand am 15. September statt.

Dann kommen sie wieder hervor, um destilliert zu werden. Und ich sah (all diese Pflanzen sind lebendig, wenn sie dort hineingeworfen werden, sie sind voller Vitalität: sie wurden gerade frisch geschnitten), und dieses Zerstampfen schleudert plötzlich mit äußerster Gewalt die vitale Kraft aus der Substanz heraus, und diese vitale Kraft kommt mit ... das englische Wort ist sehr ausdrucksvoll: *angry* [zornig]. Nicht das, was wir „böse" nennen, nein, es ist *angry*, wie ein bellender Hund. Etwas Wütendes und Aggressives: *an angry force* [eine zornige Kraft].

Und das sah ich – ich sah sie kreisen. Das kommt und kommt und kommt, und es staut sich auf, staut sich auf (sie arbeiten vierundzwanzig Stunden am Tag, sechs Tage ohne Unterbrechung; am siebten ruhen sie sich aus). Und ich überlegte: aber das muß eine Wirkung auf die Leute haben, dieses zornige Ding; vielleicht ist es das, was die Unfälle verursacht? Denn ich sah, wenn es ganz zerstampft war und wieder die Rampe heraufkam, hing diese angesammelte Kraft daran. Das besorgte mich etwas, ich dachte: das ist nicht ungefährlich, derartiges zu tun!... Was sie rettet, ist ihre Unwissenheit und ihre Gefühlslosigkeit. Aber die Inder sind nicht, nie ganz so gefühllos wie die Leute im Westen; sie sind viel offener in ihrem Unterbewußtsein.

Ich sagte niemandem davon, aber es beschäftigte mich etwas. Und genau am nächsten Morgen ging die Maschine kaputt! Als man es mir berichtete, dachte ich sofort, ah!... Dann wurde sie wieder gerichtet – wieder kaputt: dreimal. In der nächsten Nacht, kurz vor zehn Uhr ... Ich muß dazusagen, daß ich tagsüber gedacht hatte: aber warum diese Kräfte nicht anziehen, sie aufnehmen, sie befriedigen, ihnen den Frieden und die Freude geben und sie verwenden? Ich dachte es, konzentrierte mich etwas, und dann beschäftigte ich mich nicht weiter damit. Um zehn Uhr abends kamen sie über mich – in Fluten! Das kam und kam; und die ganze Zeit arbeitete ich daran ... Sie waren nicht bösartig (nicht sehr leuchtend, weit davon entfernt!), aber rechtschaffen, ehrlich: rechtschaffene Kräfte. So arbeitete ich daran. Das fing genau um halb zehn an, eine Stunde lang arbeitete ich daran. Nach einer Stunde reichte es mir: „Hört, schön und gut, ihr seid sehr lieb, aber ich kann nicht meine ganze Zeit so verbringen! Wir werden das später sehen" – denn diese Sache beanspruchte mein ganzes Bewußtsein: sie kamen und kamen (du begreifst, was das für einen Körper bedeutet!). Um halb elf sagte ich ihnen: „Hört zu, meine Kleinen, haltet euch ruhig, das reicht für heute..." Um halb elf ging die Maschine wieder kaputt!

Ich erfuhr es natürlich, weil in der Fabrik alles aufgezeichnet wird, und am nächsten Morgen, als man mir die Panne mitteilte, fragte ich nach der genauen Zeit – es war um Punkt halb elf.

Danach machte ich eine Art Abmachung mit ihnen – es sind ja immer neue, das ist die Schwierigkeit! Wenn es noch immer dieselben wären! Immer neue Scharen kommen. Es erforderte eine besondere Formation dort. Das versuchte ich zu erreichen, diese permanente Formation, um sie zu nehmen, sie aufzunehmen, sie zu beruhigen, sie etwas auszubreiten, daß keine Konzentrierung entsteht, die schließlich gefährlich würde.

Ich fand das interessant.

Der letzte Zwischenfall geschah vor einigen Tagen, als eine große Aufregung in der Fabrik herrschte, weil im Laufe des Tages der offizielle Besuch eines Ministers erwartet wurde. An dem Tag, genau um halb vier, hatte ich das Gefühl, ich müsse eine kleine Konzentration machen. So gab ich acht und sah, daß der arme L[1] mir Gebete sandte. Er betete, betete, rief mich – rief mich so kräftig, daß ich mich gezogen fühlte. Ich war gerade dabei zu baden. (Du kennst die Wirkung, wenn man sehr stark gezogen wird: es läßt einen mitten in der Geste stehenbleiben und das Bewußtsein geht dahin! Man tut nichts mehr, hält inne. Genau so geschah es im Badezimmer.) Als ich das sah, ordnete ich alles sorgfältig. Dann müssen sie ihre Zeremonie begonnen haben, denn plötzlich spürte ich: ah! jetzt ist es beruhigt, es geht gut. Und ich beschäftigte mich mit anderen Dingen.

Am nächsten Tag besuchte mich L und erzählte, daß kurz vor halb vier die Maschine wieder kaputt gegangen war, daß diesmal aber alles sofort wieder ins Laufen kam; sie wußten sofort, was zu tun war. Und er sagte, um Viertel vor vier habe er angefangen, mich zu bitten, daß alles gut gehe – ich erwiderte: oh! ich weiß!

Solche Dinge kann man tun. Im Grunde kann man viel tun – nur die Unwissenheit der Menschen bereitet die Schwierigkeiten.

---

1. Der Schüler, der die Zuckerfabrik leitet.

24. September 1960

Stell dir vor, ich glaubte das Gehör zu verlieren! Doch jetzt merke ich, daß ich nicht höre, weil ... ich anderswo bin.

Gerade machte ich eine kleine Konzentration und stellte mich auf deine Stimme ein. Kein einziges Wort entging mir! Die Worte wurden vollkommen deutlich.

Meistens bin ich nicht da. Manche Leute höre ich, andere höre ich nicht. Doch ich glaubte nicht, das hinge davon ab: ich glaubte mein Gehör zu verlieren. Jetzt gerade unterbrach ich alles, machte eine Konzentration und stellte mich darauf ein – es wurde so deutlich!

Im Grunde muß es dasselbe bei meinen Augen sein. Hin und wieder sehe ich wunderbar deutlich, und andere Male ist alles verschwommen. Das muß denselben Grund haben ... Wahrscheinlich muß ich lernen, mich zu konzentrieren!

Ja, du darfst lachen – mich auf das konzentrieren, was ich tue. Nicht innen konzentrieren ... Das ist es ja, innen bin ich etwas zu konzentriert!

2. Oktober 1960

2.10.60[1]

Diese wunderbare Welt der
Glückseligkeit, die vor unseren
Toren unseren Ruf erwartet,
um auf die Erde herabzukommen.

Mutter

*
* *

Diese Welt der Glückseligkeit über uns wartet – nicht, daß wir bereit seien, sondern daß wir einwilligen, gestatten, sie zu empfangen!

Das ist es, was ich auf diesem Foto betrachte.[2]

Im Grunde ist es das, was ich herbeiziehe.

*
* *

---

1. Manuskript von Mutter. Dieser Text wird die Neujahrs-Botschaft für das Jahr 1961 bilden.
2. Ein Foto von Mutter, das die Botschaft begleiten wird.

Meine Nächte enthalten so vieles, da unternehme ich nicht immer die notwendige Arbeit, um mich zu erinnern – das erfordert viel Zeit. Gelegentlich stehe ich nachts auf und stelle die genaue Erinnerung an alles Vorhergegangene zusammen, das dauert manchmal eine halbe Stunde! Weil aber andere dringende Arbeit mich ruft, nehme ich mir nicht die Zeit, mich an alles zu erinnern, und dann verblaßt es. Damit könnte man ganze Bände füllen!

Aus dokumentarischer Sicht werden die Nächte jedenfalls sehr interessant ... Gerade im *Yoga of Self-Perfection* beschreibt Sri Aurobindo den Zustand, den man erreicht, wo alle Dinge einen Sinn annehmen, einen inneren Wert der Bedeutung, der Erleuchtung bestimmter Punkte, der Hilfe. Ich sehe jetzt unendlich mehr, als ich früher sah. Früher beschränkte es sich stark auf einen persönlichen Kontakt mit den Leuten. Jetzt ... Und in meinen Nächten hat jedes Ding, jede Person die Erscheinung, die Geste, das Wort, die Handlung, die GENAU ihren gegenwärtigen Zustand beschreibt. Das wird interessant.

Natürlich ist es mir viel lieber, in den großen Kräfteströmen zu bleiben – persönlich sind diese großen Aktionen viel interessanter. Aber diese dokumentarischen Dinge haben auch ihren Wert. Dies ist so vollkommen anders als die Träume oder sogar die Visionen, die man beim Betreten gewisser repräsentativer intellektueller Bereiche haben kann (wie ich sie früher hatte). Dies ist so anders, mit einem anderen Inhalt, einem anderen Leben: es träg in sich sein Licht, sein Verständnis, seine Erklärung – man sieht, und es ist zur Gänze erklärt.

Das gibt mir immer das Gefühl, mich ein wenig einzuengen, doch es ist interessant. Es ist nützlich, weil ich ständig mit Leuten zu tun habe, Dinge ausführe: da gibt es mir den Hinweis, was ich jedem einzelnen sagen muß, was zu tun ist. Das ist nützlich. Es hat aber nicht die Fülle und die Freude der großen Bewegungen der unpersönlicheren Kräfte.

Bevor ich mich hinlege, sage ich mir manchmal: „Ich werde das Nötige tun (denn das Mittel besteht), um die Nacht in diesen großen Kräfteströmen zu verbringen." Aber dann denke ich: „Oh, wie bist du egoistisch, mein Mädchen!" Manchmal kommt es dann, manchmal kommt es nicht – wenn etwas anderes Wichtiges zu tun ist, kommt es nicht. Es würde jedoch genügen, daß ich vor dem Einschlafen eine bestimmte Konzentration mache, um die ganze Nacht so zu verbringen, in dieser ... wirklich sehr weit von hier, sehr weit – ich kann nicht sagen, sehr weit von der Erde, nein, denn es ist sicherlich eine Übergangszone zwischen den Kräften oben und der irdischen Atmosphäre. Jedenfalls ist es vor allem das; es ist auch ein großer universeller Strom, aber hauptsächlich ist es das, was herabkommt und auf die Erde geht; die ganze Zeit, die ganze Zeit durchdringt das die irdische

Atmosphäre, begleitet von dieser umfassenden Sicht – das ergibt wunderbare Nächte … Ich kümmere mich überhaupt nicht mehr um die Leute – jedenfalls nicht auf diese Art: auf eine unpersönlichere Weise.

(Schweigen)

Mein ganzes Leben lang wurde ich belästigt von … etwas wie dem Pflichtgefühl, aber ohne seine Dummheit. Sri Aurobindo sagte mir, es wäre ein „Kritiker"; daß ich einen „beträchtlichen" in mir habe! Daß er mir ständig einrede: „Nein, das ist nicht so, sondern es muß so und so sein … Ah, nein! Du hast unrecht, dies zu tun; oh! tue dies…". Er hatte recht, aber ich habe ihn vor langer Zeit hinausgeworfen – eigentlich war es Sri Aurobindo, der ihn hinauswarf. Doch mir bleibt diese Gewohnheit … nicht das Angenehme zu tun. Das zu tun, was getan werden SOLL: ob es angenehm ist oder nicht, hat keine Bedeutung.

Auch das hatte Sri Aurobindo mir erklärt. Ich sagte ihm: „Ja, Sie sprechen immer von der „Freude am Leben", das Leben um seiner Freude willen." Sobald ich gewahr wurde, sobald ich in Gegenwart des Höchsten gebracht wurde, hieß es: „Für Dich – ausschließlich das, was Du willst. Du bist der eine, einzige, ausschließliche Grund des Daseins." Und das blieb, und es ist so stark, daß auch jetzt noch (jetzt fühle ich die Ekstase, das Ananda im Überfluß, alles, alles kommt), selbst wenn das kommt, wendet sich immer etwas in mir an den Herrn und sagt: „Ist das WIRKLICH in Deinem Dienst? Ist es, was Du von mir erwartest, was Du von mir verlangst?"

Doch das beschützte mich vor jeglicher Vergnügungssucht im Leben. Es bedeutete einen wunderbaren Schutz, denn die Vergnügung erschien mir derart unnütz – unnütz, ja: es dient eurer persönlichen Befriedigung. Später begriff ich auch, daß das idiotisch ist, weil es überhaupt nichts befriedigt (aber wenn man sehr klein ist, weiß man das noch nicht). Es gab mir keine Freude: „Nein, ist das wirklich nützlich, hat das einen Zweck?"

Und für die Nächte blieb mir diese Einstellung. Da ist diese Ausbreitung des Bewußtseins, das Unpersönlich-Werden, diese wunderbare Freude, außerhalb von … all dem zu sein. Aber zugleich: „Ich bin in diesem Körper, auf dieser Erde, um etwas zu tun – das darf nicht vergessen werden. Und das ist es, was ich zu tun habe." Wahrscheinlich habe ich unrecht!…

Ich warte, daß der Herr es mir deutlich sagt!

Wenn ich das sage, sehe ich Ihn immer lächeln – aber ein Lächeln
… Ein sehr sanftes Lächeln … das euch mehr ermutigt, als euch zu
berichtigen!

2. Oktober 1960

(Brief von Satprem an Mutter)

Sonntag abend

Liebe Mutter,
Mir ging die Übersetzung der Botschaft nicht aus dem Sinn, als wäre sie
noch nicht vollends befriedigend. Dann bot sich eine andere Möglichkeit an,
die *vielleicht* besser ist? Hier ist sie:

> Diese wunderbare Welt der Glückseligkeit,
> vor unseren Toren,
> die unseren Ruf erwartet,
> um auf die Erde herabzukommen.

So behalten wir das Wort „Ruf", das stark ist. Es genügt, das Relativ zu
versetzen (du hattest zuerst übersetzt: die vor unseren Toren unseren Ruf
erwartet…).
Ich weiß es nicht. Vielleicht ist es so einprägsamer?

Dein Kind, mit Liebe,

Satprem

(Mutters Antwort-Karte)

Montag morgen

Ja, mein liebes Kind, so ist es viel besser – so wird es poetisch.[1]
Mit all meiner Zärtlichkeit.

Mutter

---

1. Fehlt nur ein schelmisches „!". Diese Karte wurde begleitet von einer Blume: „Ari-
stokratie der Schönheit".

8. Oktober 1960

Wenn ich *The Synthesis of Yoga* lese, spüre ich in manchen Momenten so deutlich, daß er genau dieses Wort an genau diese Stelle setzte und daß es nicht woanders sein kann – und darin liegt die Schwierigkeit beim Übersetzen.

Denn die richtige Stelle im Englischen ist nicht dieselbe wie im Französischen. Die Stellung des Adverbs, zum Beispiel, ist im Englischen von kapitaler Wichtigkeit für die Präzision der Bedeutung. Im Französischen auch, aber meistens ist sie nicht dieselbe! Wenn es wenigstens genau das Gegenteil vom Englischen wäre, wäre es sehr leicht, aber es ist nicht das genaue Gegenteil. Oder die Reihenfolge der Worte bei einer Folge von Adjektiven oder einer Aufzählung: im Englischen kommt meistens das wichtigste Wort zuerst und das am wenigsten wichtige zuletzt. Im Französischen ist es meistens das Gegenteil – aber das funktioniert nicht immer!

Der Geist der Sprache ist nicht derselbe. Etwas geht immer verloren. Darin liegt sicherlich der Grund, daß die Offenbarungen (was Sri Aurobindo „Offenbarungen" nennt) mir manchmal in der einen Sprache kommen, manchmal in der anderen. Und das hängt nicht von meinem momentanen Bewußtseinszustand ab, sondern von dem, was gesagt werden soll.

Wahrscheinlich wären die Offenbarungen präziser, wenn wir über eine vollkommenere Sprache verfügten. Unsere Sprache ist arm.

Das Sanskrit war besser. Sanskrit ist eine viel vollständigere und viel subtilere Sprache. Deshalb war es wahrscheinlich besser. Aber die modernen Sprachen sind so künstlich (im Sinne von oberflächlich, intellektuell): sie schneiden die Dinge in kleine Stückchen und berauben sie des dahinterliegenden Lichts.

Ich las auch *On the Veda*, und dort spricht Sri Aurobindo über den Unterschied zwischen dem modernen Geist und dem alten Geist, und vom linguistischen Gesichtspunkt ist gerade das besonders deutlich. Gewiß war Sanskrit sehr viel fließender und ein besseres Instrument für ein globaleres Licht, ein umfassenderes Licht, das mehr Dinge in sich selbst enthält.

Hier, bei den modernen Sprachen, geht es wie durch ein Sieb, und alles teilt sich in kleine Stücke; dann muß man sich anstrengen, um sie wieder zusammenzufügen. Und etwas geht immer verloren.

Ich bezweifle sogar, daß der moderne Geist, so wie er jetzt gebaut ist, das Sanskrit noch auf diese Weise kennen kann. Ich glaube sie zerschneiden auch das Sanskrit, aus Gewohnheit!

Wir brauchen eine neue Sprache.

Eine neue Sprache schaffen.

Nicht irgendein Esperanto! – Töne, die von dort oben entspringen.

Man muß DEN Ton erfassen. Es muß einen Ton am Ursprung der Sprachen geben ... Daher die Macht, ihn zu erfassen und wiederzugeben. Schwingen lassen: hier schwingt es nicht auf dieselbe Weise wie dort oben.

Das wäre eine interessante Arbeit.

Daß die Worte eine Kraft hätten – eine Ausdruckskraft. Ja, daß sie die Bedeutung in sich tragen!

11. Oktober 1960

Ich komme gerade zum Ende vom *Yoga of Self-Perfection* ... Wenn man ein Menschenleben ansieht, was es (selbst in den besten Fällen) an Idiotie, Dummheit, Kleinheit, Engstirnigkeit darstellt (ich spreche nicht einmal von Unwissenheit, denn dort ist es schreiend), selbst bei jenen, die sich einbilden, sie hätten ein großzügiges Herz, tolerante Gedanken, den Willen, Gutes zu tun!... Jedesmal wenn sich das Bewußtsein in eine bestimmte Richtung wendet, um ein Ergebnis zu erreichen, zeigt sich augenblicklich alles Vergangene des Daseins (nicht nur persönlich, sondern in dieser Art Kollektivität, die jedes Wesen repräsentiert), alles, was dieser Bemühung widerspricht, in seinem grellsten Licht.

Heute morgen geschah das, während ich in meinem Zimmer auf und ab ging. Ich hatte mein Japa beendet ... Ich mußte aufhören und den Kopf zwischen die Hände nehmen, um nicht anzufangen zu schluchzen. Ich sagte mir: „Nein, aber das ist fürchterlich! Und zu sagen, wir suchen die Vollkommenheit!"

Dann kam natürlich etwas wie ein Trost: Nur der Kontrast läßt die Dinge so elend erscheinen, nur weil das Bewußtsein dabei ist DAS WAHRE zu erfassen, kann es dies wahrnehmen.

Es ist richtig, daß die Dinge, die ich heute morgen sah und die mir so ... vor allem häßlich und dumm erschienen (ich hatte in meinem ganzen Leben nie eine moralistische Einstellung, Gott sei Dank! aber die häßlichen und dummen Dinge erschienen mir stets ... ich versuchte mein Bestes, aus ihnen herauszukommen, schon von ganz klein auf). Und ich erinnere mich gut, daß diese Dinge, die mir jetzt nicht nur lächerlich, sondern beinahe schamhaft erscheinen, früher als bemerkenswert nobel und außergewöhnlich erhaben im Leben betrachtet wurden – dieselben Dinge. Da verstand ich, daß es alles nur eine Frage der Proportionen ist.

Und die Welt ist so: was uns jetzt ganz und gar unannehmbar vorkommt, Dinge, die NICHT TOLERIERT werden können, waren früher einmal sehr gut.

Vorgestern schaute ich die ganze Nacht ... Ich hatte diesen Abschnitt von Sri Aurobindo in *The Synthesis of Yoga* gelesen, wo es um die „supramentale Zeit" geht (das heißt, Vergangenheit-Gegenwart-Zukunft koexistieren in einem globalen Bewußtsein). In den Minuten, wo man sie hat, geht es sehr gut! Man versteht vollkommen! Aber wenn man sie nicht hat ... Vor allem die Frage der Intensität der Aspiration, der Macht des Fortschritts, wie das aufrecht erhalten? Das mit der globalen Sicht beibehalten?... Die Sicht, in der alles koexistiert ... In diesen Augenblicken gleicht es eher einer Art Spiel, fast einer Belustigung (nicht jeder findet das lustig!). Aber all das in sich enthalten und gleichzeitig die Freude der Aufeinanderfolge?... Ist die Freude der Aufeinanderfolge, die Dinge eins nach dem anderen zu sehen, gleichwertig mit der Intensität des Willen zum Fortschritt?... Die Worte sind idiotisch!

Die Bemühung, das zu sehen, das zu verstehen, beschäftigte mich die ganze Nacht. Als ich heute morgen aufstand, dankte ich dem Herrn: „Offensichtlich, würdest Du mich vollends in dieses Bewußtsein stellen, könnte ich nicht mehr ... könnte ich nicht mehr meine Arbeit tun!" Wie kann man arbeiten! Denn ich kann den Leuten Dinge nur sagen, wenn ich sie fühle, wenn ich sie sehe, wenn ich sehe, daß dies zu sagen ist; wäre ich gleichzeitig in einem Bewußtsein, wo ich alles weiß, das uns hierher brachte, alles, was ich sagen werde, und alles, was der andere fühlen wird – wie kann das gehen!

Noch viele Jahrhunderte werden durchzumachen sein, bevor es völlig das wird, was Sri Aurobindo beschreibt – keine Eile!

Und das mentale Schweigen, von dem du neulich sprachst, das Sri Aurobindo dir 1914 gab ...

Es ging nie weg. Ich behielt es immer. Wie eine einheitliche weiße Fläche, nach oben gewendet. Jederzeit ... Man spricht wie eine Maschine, aber dort bewegt sich nichts; es kann sich jederzeit nach oben wenden. Es IST nach oben gewendet, aber man kann es merken oder nicht. Und wenn man zuhört, hört man, was von oben kommt. Und mein aktives Bewußtsein, das sich hier befand *(Geste auf die Stirn)*, hat sich oberhalb eingerichtet, und das bewegt sich nicht mehr.

Ich hatte das X gesagt, oder genauer, sagen lassen, um seine Reaktion zu erfahren. Und ich merkte, daß er überhaupt nicht verstand! Einmal fragte Amrita ihn, wie er die Dinge SAH und WUSSTE? Da versuchte er zu erklären und sagte Amrita, daß er sein Bewußtsein durch eine fortschreitende Anstrengung ziehen müsse: jenseits des Herzens, jenseits des Zentrums der Kehle ... es bis hier ziehen *(Geste zur Schädelspitze)*, und wenn man dort ankommt, ist man göttlich, man weiß! Plötzlich verstand ich, warum es ihm ganz und gar unmöglich erscheinen mußte, als ich ihm erklärte, daß es dort, über dem Kopf liegt! Für ihn ist es *the crown of the head* [die Schädelspitze] – (was sie den tausendblättrigen Lotos nennen), und das liegt gerade an der Schädelspitze; in meiner Erfahrung hingegen öffnet sich das, steigt auf, geht darüber, und dann bleibt es dort ... Für einige Jahre änderte es sogar meine [physische] Sicht: es war als betrachtete ich die Dinge von dort oben. Manchmal kehrt das zurück, als schaute man plötzlich von dort oben, anstatt von Augenhöhe.

Doch die Fähigkeit, Gedanken zu bilden, liegt dort, darüber, nicht mehr hier *(Stirnhöhe)*. Und das ist das Gegenteil von ihrer Lehre.

Ich glaube die Tantriker kennen sieben Chakras.[1] Theon hingegen sagte, er kenne mehr, und zwar zwei unter dem Körper und drei darüber. Das entspricht auch meiner Erfahrung: ich kenne zwölf. Und die Verbindung mit dem Göttlichen Bewußtsein liegt wirklich hier *(Geste oberhalb des Kopfes)*, nicht hier *(Schädelspitze)*. Man muß sich nach oben versetzen.

> *Wenn man das Japa wiederholt, verübt das einen Druck auf das physische Bewußtsein, aber es hört nicht auf zu laufen! Wie das zum Schweigen bringen? Sobald die Konzentration nicht absolut ist, fängt das physische Mental an zu laufen – egal womit, es schnappt sich irgendein Wort, irgendeine Gegebenheit, und läuft und läuft. Du hältst inne, setzt es unter Druck, aber zwei Minuten später kommt es wieder ... Es erhält keinerlei innere Zustimmung: es mahlt Worte oder mahlt Ideen oder Gefühle, endlos. Was tun?*

Ja, das ist das physische Mental. Das Japa wird genau deshalb wiederholt, um das physische Mental zu beherrschen.

Ich benutzte es aus einem sehr spezifischen Grund ... Denn ich machte eine Invokation an ... (die Worte sind etwas ungewöhnlich) an

---

1. *Chakra:* Bewußtseinszentrum – 1. auf der Schädeldecke *(sahasrara)*, 2. zwischen den Augenbrauen *(ajna)*, 3. auf Kehlhöhe *(vishuddha)*, 4. auf Höhe des Herzen *(anahata)*, 5. im Solarplexus *(manipura)*, 6. auf Nabelhöhe *(svadhishthana)*, 7. am Ende des Rückgrats *(muladhara)*.

den Herrn von morgen. Nicht den unmanifestierten Herrn, sondern den Herrn, so wie er sich „morgen" manifestieren wird, das heißt die göttliche Manifestation in der supramentalen Form, um Sri Aurobindos Worte zu verwenden.

Der erste Laut meines Mantras ist der Ruf an das: Evokation. Mit dem zweiten Laut machen die Zellen des Körpers den *surrender*, geben sich, geben sich hin. Und der dritte Laut ist die Identifikation von dem [Körper] mit Dem, was das göttliche Leben hervorbringt. Das sind meine drei Laute.

Anfangs, während der ersten Monate meines Japas, fühlte ich sie ... ich hatte beinahe ein detailliertes Bewußtsein dieser Myriaden Zellen, die sich mit dieser Schwingung öffnen: die Schwingung des ersten Lautes, eine ganz und gar besondere Schwingung (dort oben gibt es das Licht und all das, aber danach: eine Schwingung, die ursprünglich ist), und diese Schwingung drang ein und wurde in allen Zellen wiedergegeben. Das dauerte einige Monate an.

Auch jetzt noch, wenn irgend etwas hier oder dort nicht in Ordnung ist, brauche ich das nur zu wiederholen, mit derselben Konzentration wie am Anfang ... Wenn ich das Japa sage, bildet es ein Ganzes, das aus dem Laut und den Worten besteht, aus dem Verständnis der Worte und dem Gefühl der Worte – das bildet ein Ganzes. Das muß ich wiedergeben. Und es entwickelt sich die ganze Zeit: die Art des Wiederholens. Dennoch sind die Worte dieselben, der ursprüngliche Ton ist derselbe, aber alles entwickelt sich zu einer umfassenderen Verwirklichung und einem zunehmend vollständigeren ZUSTAND. Wenn ich jetzt eine bestimmte Wirkung erzielen will, reproduziere ich eine bestimmte Art dieses Zustands. Kommt es zum Beispiel zu einer Störung im Körper (man kann nicht von Krankheit sprechen, aber etwas, das nicht stimmt) oder will ich aus einem bestimmten Grund eine bestimmte Arbeit an einer bestimmten Person durchführen, kehre ich zu einem bestimmten Zustand in der Wiederholung meines Japas zurück, der eine direkte Wirkung auf die Zellen des Körpers hat; und dasselbe Phänomen wiederholt sich: genau diese außerordentliche Schwingung, jene, die ich wiedererkannte, als die supramentale Welt herabkam. Das kommt und schwingt wie ein Pulsieren in den Zellen.

Doch jetzt ist mein Japa anders geworden, das sagte ich schon. Es ist als nähme ich die gesamte Welt, um sie emporzuheben: keine Konzentration auf den Körper mehr, sondern die gesamte Welt nehmen – die gesamte Welt –, manchmal in ihren Einzelheiten, manchmal in ihrer Gesamtheit, und die ganze Zeit, die ganze Zeit, um Die Verbindung herzustellen [mit der supramentalen Welt].

Aber was du beschreibst, diese Art Geräuschmühle oder Wort-mühle, die ewig dasselbe wiederholt, das griff ich einige Male plötzlich auf, zwei- oder dreimal (nicht sehr oft und mit langen Zwischenräu-men). Das kam mir immer phantastisch vor! Wie das anhalten?... Immer auf dieselbe Weise. Das ist ja etwas, das außen geschieht – es liegt nicht innen, sondern außen, auf der Oberfläche, meistens hier irgendwo *(Geste auf die Schläfen)* –, und die Lösung besteht darin, sein Bewußtsein nach oben zu ziehen, dorthin gehen – weiß – nach oben. Es ist immer dieses Weiß, weiß wie ein Papier, spiegelblank. Eine vollkommen flache und weiße und unbewegte Oberfläche – weiß! Weiß wie leuchtende Milch, nach oben gekehrt. Nicht durchsichtig: weiß.

Wenn die Mühle einsetzt – meistens auf dieser Seite *(Geste zur rech-ten Seite des Kopfes)* – das plappert vor sich hin, nimmt irgendeinen Laut, ein Wort und dann läuft es weiter. Das passierte mir vielleicht ein dutzendmal, aber es kommt nicht von mir: das kommt von außen, von jemand oder etwas oder einer bestimmten Arbeit. Dann nimmt man es, nimmt es wie mit einer Zange, und dann … *(Geste, das Ding nach oben zu ziehen)* und dann lasse ich es dort, in diesem unbewegten Weiß – man braucht es nicht lange dort zu lassen!

Bist du dir nicht dieser Sache dort oben bewußt? Dieser weißen Platte auf der Schädelspitze? Das ist der Empfänger der Inspirationen. Es ist einfach wie eine Platte, die empfängt, die selber aber nicht aktiv ist: es dringt hindurch, ohne daß man es merkt. Wenn es dann etwas konzentrierter kommt, hält alles inne, bleibt alles stehen.

Ich erinnere mich, vor einigen Tagen wollte ich etwas erfahren, das geschehen sollte. Ich dachte: mit dem Bewußtsein der supramentalen Zeit kann ich es wissen – ich MUSS wissen, was geschehen wird. Was wird geschehen? – Keine Antwort. Dann verhielt ich mich wie gewohnt, konzentrierte mich dort, hielt alles an und schaute oben – völliges Schweigen. Nichts. Keine Antwort. Dann wurde ich ein ganz bißchen ungeduldig: „Aber warum denn nicht wissen?!" Da kam (ich übersetze mit Worten) das Äquivalent von: „Das geht dich nichts an"!!

Immer mehr verstehe ich: alles, was angelegt wurde, alles, was hier zusammengestellt wurde, alle die Zellen, die Nerven, alles, was einem Eindrücke vermittelt, dient einzig für die Arbeit, hat kein anderes Ziel als die Arbeit; alle Dummheiten, die man begeht, sind für die Arbeit; alle Irrtümer, die man denkt, sind für die Arbeit; Das richtet euch her, so wie ihr seid, weil ihr so die Arbeit tun könnt – es geht euch nichts an, zu versuchen anders zu sein. Jetzt komme ich zu dem Schluß: „Sehr gut, wie Du willst, möge Dein Wille geschehen!" – Nein, nicht „möge er geschehen": er GESCHIEHT; es ist wie Du willst, genau wie Du willst!

Letzten Endes wird es sehr amüsant!

*
* *

*(Über ein altes „Entretien" am Sportplatz, vom 4. Juli 1956, wo
Mutter über ihre erste Verwirklichung des Göttlichen sprach)*

Genau in dem Augenblick, wo die Sternschnuppe aufleuchtete, entsprang es meinem Bewußtsein: „Die Vereinigung mit dem Göttlichen verwirklichen, für meinen Körper!" Und genau vor Ablauf der zwölf Monate geschah es.

Ich erinnere mich, es war an der Tür unseres Ateliers in Paris.[1] Das Bild ist noch da … Nur so erinnere ich mich: einfach Bilder, die kommen.

Ich vollende *The Synthesis of Yoga*, und was Sri Aurobindo sagt, entspricht genau allem, was mir in meinem Leben widerfuhr. Er erklärt, wie man, solange man nicht supramental geworden ist, Fehler machen kann. Sri Aurobindo beschreibt all die Dinge, die einem Bilder senden können; es handelt sich nicht immer um das Bild oder die Spiegelung der Wahrheit dessen, was war oder ist oder sein wird: es gibt auch die Bilder all der menschlichen mentalen Formationen und all der Dinge, die in Betracht gezogen werden wollen. Das ist höchst interessant. In diesen wenigen Seiten fand ich die Beschreibung der Arbeit, die ich mein ganzes Leben lang fortsetzte, um zu versuchen, all das AUSZUFILTERN, was man sieht. Das ist so interessant!

Ich bin mir nur dann der Dinge gewiß, wenn es sich um eine bestimmte Art von Bild handelt; dann kann die gesamte Welt behaupten: „die Dinge geschahen nicht so", doch ich sage: „ich habe mein Bild". Diese Art Bild ist gewiß, denn ich studierte dies, studierte die Unterschiede der Beschaffenheit, den Aufbau der Bilder. Das ist sehr interessant.

*
* *

Im Grunde sehe ich immer mehr, daß sich das Höchste Bewußtsein JEDER BELIEBIGEN Sache bedient, wenn der Augenblick gekommen ist.

In diesen *Entretiens* wolltest du zum Beispiel das „douce Mère" [liebe Mutter] auslassen, weil die Leute drüben es nicht verstehen würden. Da erhielten wir gerade einen Brief von jemand, der plötzlich eine sehr schöne Erfahrung hatte, als er auf das „douce Mère" stieß: er sah, fühlte plötzlich diese mütterliche Gegenwart der Liebe und des Mitgefühls, die über die Erde wacht. Der Augenblick war gekommen, und genau dann tat es seine Arbeit. Das ist sehr interessant.

---

1. Wahrscheinlich in der Rue du Val de Grâce.

Mental sagt man sich: „Oh, das ist nicht gut!" Ich neige auch dazu zu sagen: „Veröffentlicht das doch nicht, sprecht nicht über dies oder jenes." Dann erkannte ich, daß dies eine Eselei ist! Daß es etwas gibt, das alles nützt. Selbst das, was uns unnütz erscheint – vielleicht schlimmer als unnütz: schädlich –, es kann vollkommen nützlich sein, plötzlich jemandem genau den richtigen Schock versetzen.

15. Oktober 1960

Jeden Tag sehe ich Z. Jetzt fragte er mich: „Warum tun Sie nichts für mich?"!! Ich erwiderte: „Jedesmal, wenn Sie kommen, tue ich ZWANGSLÄUFIG etwas für Sie, ich kann nicht anders tun!" Aber da es Teil seiner Arbeit ist, zählt das nicht![1]

Gewiß, ich sage ihm nicht: „Ah, jetzt meditieren wir!..." Nun muß ich mich an seinem Geburtstag hinsetzen und ihm sagen: „Jetzt meditieren wir" – So hat er die Gewißheit. Welche Albernheit!

Das ist sehr amüsant: die Sache selber existiert nicht für die Leute; nur ihre Einstellung zu dieser Sache zählt, das, was sie davon halten. Wie seltsam!

Jede Sache trägt ihre Wahrheit in sich – ihre absolute, so leuchtende, so helle Wahrheit. Und steht man *damit* in Verbindung, so ordnet sich alles wunderbar; aber die Menschen stehen NICHT damit in Verbindung, sie sind immer in Beziehung über ihre Gedanken: ihre Gedanken darüber, ihr Gefühl darüber (oder noch schlimmer); aber das höchste ist immer ihr Gedanke. Das ist es, was diese ganze Verwirrung und dieses Durcheinander stiftet – die Dinge selber sind vollkommen gut, und sie werden zur Verwirrung.

---

1. Zs Arbeit bestand darin, Mutter jeden Tag zu besuchen und auf ihre Gesundheit und ihre Nahrung zu achten.

414

19. Oktober 1960

(Vorabend der „Kali-Pudja", die in Indien jedes Jahr der Göttin Kali, dem Kriegeraspekt der universellen Mutter, gewidmet ist)

Sie ist schon seit zwei Tagen hier und … Oh! Besonders gestern war sie so sehr … in einer Stimmung – wie eine Kriegerin. Da sagte ich ihr: „Aber schau her! Warum sie nicht durch … einen Überfluß von Liebe verändern?"

Sie erwiderte (ich erinnere mich ihrer Antwort): „Zuerst einen kräftigen Schlag in die Brust …" (sie sagte nicht „auf die Nase"!), „… einen kräftigen Schlag auf die Brust, und wenn sie dann auf dem Boden liegen und nach Luft schnappen, dann sind sie bereit."

Das ist eine Anschauungsweise!

*
* *

(Über den Tantra-Guru)

Diese Leute verneinen die Wirklichkeit aller physischen Bedürfnisse.

Das ist sehr gut, wenn man DAS ENDE erreicht hat, wenn man die vollkommene Beherrschung seines Körpers durch das spirituelle Bewußtsein erlangt hat. Aber vorher bin ich damit nicht einverstanden – überhaupt nicht einverstanden.

Es ist dasselbe, wenn X den Leuten sagt: „Ich gebe Ihnen zu essen, eßt!" Und er gibt euch zehnmal soviel, wie ihr vertragen könnt. Ihr sagt ihm: „Mein Magen kann das nicht verdauen." Er erwidert, das sei ein Witz: „Eßt, Ihr werdet schon sehen!" Und dort oben, wenn man die Beherrschung erlangt hat, ist das in der Tat vollkommen in Ordnung. Doch davon sind wir noch weit entfernt! Er selber ist ständig krank.

Dann antwortet er: „Jeder wird mal krank." – Das ist kein Grund.

Es ist schön und gut zu sagen: wenn ihr im Geist lebt, betrifft es euch nicht. Das ist schön und gut, aber … SEHR VIEL später. Seit zwei Jahren bin ich dabei das zu lernen, und ich sehe, wie schwierig es ist, und man darf nicht prahlen. Es ist Prahlerei zu sagen: Oh, mir ist das egal! Das DARF euch nicht egal sein. Dieser Körper dient nicht uns – er wurde uns nicht für uns selbst gegeben, sondern um Die Arbeit zu tun, und folglich muß er intakt sein.

Das ist es, was mich oft stört: warum haben wir nicht die Beherrschung? Wir SOLLTEN die Beherrschung haben. Mit genügend Bewußtsein sollte man Herr über seinen Körper sein können.

Ja, das war gerade das Außergewöhnliche bei Sri Aurobindo. Er hatte das ohne Anstrengung ... Aber für sich selbst tat er es nicht!

Das war etwas UNDENKBARES für die Menschen.

Er wollte weggehen.

Er hatte entschieden zu gehen. Und er wollte uns nicht wissen lassen, daß er es absichtlich tat, denn er wußte, wenn ich auch nur einen Augenblick merkte, daß er es absichtlich tat, würde ich mit solcher Heftigkeit reagieren, daß er nicht hätte gehen können!

Und er tat dies ... ertrug all das, als wäre es eine Unbewußtheit, eine normale Krankheit, nur um uns nichts wissen zu lassen – und er ging in dem Augenblick, wo er gehen mußte. Aber ...

Mir kam nicht einmal der Gedanke, er könnte gegangen sein, als er dort vor mir lag, so fern war es ... Und danach, als er seinen Körper verließ und in mich eindrang und ich all das begriff ... Unvorstellbar!

Unvorstellbar.

Das ist vollkommen übermenschlich. Kein einziger Mensch hätte vermocht, etwas derartiges zu tun. Und welche ... welche vollkommene Beherrschung über seinen Körper das erforderte!

Aber für die anderen ... er entfernte die Krankheiten einfach so *(Geste, gelassen eine Krankheit mit zwei Fingern zu nehmen und sie aus dem Körper zu beseitigen)*. Das ist dir auch einmal passiert, nicht? Du sagtest mir, ich hätte es für dich getan – es war nicht ich: er tat es ... Er gab einem den mentalen Frieden einfach so *(Mutter streicht kurz über die Stirn)*. Seine Handlungen waren ganz und gar ... Für die Leute hatte es alle Merkmale einer vollkommenen Beherrschung ... Ganz und gar übermenschlich.

Eines Tages wird er dir das selber erzählen.[1]

Jetzt weiß ich es.

Un-ge-heu-er ...

> *Ich würde dich gerne etwas fragen ...*
> *Warum war es nötig, daß er ging?*

Oh! Das kann nicht gesagt werden.

(langes Schweigen)

Ich kann es sagen, aber nur in äußerst oberflächlicher Weise ... Damit er DIREKT, das heißt, ohne seinen Körper zu verlassen, das tun könne, was er zu tun hatte, wäre es nötig gewesen ...

---

1. Tatsächlich erzählte er es Satprem fünfzehn Jahre später, als dieser den *Göttlichen Materialismus* schrieb.

(Schweigen)

Man könnte sagen: Die Welt war nicht bereit. Doch um die Wahrheit zu sagen, war die Gesamtheit der Dinge in seiner Umgebung nicht bereit. Und das SAH er (dies verstand ich später), er sah, daß es unendlich schneller ginge, wenn er nicht hier wäre.

Und er hatte VOLLKOMMEN recht, es entsprach der Wahrheit.

Als ich das sah, akzeptierte ich. Erst als ich das sah, als er mir das zu verstehen gab, akzeptierte ich, sonst …

Da war eine schwierige Zeit.

(Schweigen)

Das dauerte nicht lange, aber es war schwer.

Ich hatte gesagt, zwölf Tage, als er ging – zwölf Tage.[1] Im Grunde gab ich dem gesamten Werk zwölf Tage, um zu wissen … Äußerlich sagte ich: Nach zwölf Tagen werde ich euch wissen lassen, ob das Ashram (das Ashram war natürlich nur ein Symbol), ob das Ashram weitergeht oder ob es zu Ende ist.

Dann (ich weiß nicht genau wann, es dauerte nicht zwölf Tage: ich hatte das am 9. Dezember gesagt, und am 12. war alles entschieden, klar, gesehen, verstanden), am 12. empfing ich wieder Leute, empfing Besucher. Die Aktivitäten begannen erst wieder zwölf Tage nach dem 5. Dezember. Aber am 12. war es entschieden.

All das blieb in der Schwebe, bis zu dem Moment, wo er mich die GANZE, gesamte Sache verstehen ließ … Aber das ist für später.

Er wird es dir selber sagen, später, das ist wahr.

22. Oktober 1960

(Pavitra zeigt Mutter ein Foto des Hauses, in dem sie in Paris gewohnt hatte, in der Rue du Val de Grâce)

Sieh, das Haus am Val de Grâce! Es sieht bewohnt aus, die Fenster haben Vorhänge. Dort wohnte ich – ein kleines Haus, sehr klein, mit einem Schlafzimmer auf der ersten Etage.

---

1. Während zwölf Tagen nach Sri Aurobindos Abschied am 5. Dezember 1950 unterbrach Mutter alle Tätigkeiten.

Hier ist die Küche, dort das Wohnzimmer, dort eine Werkstatt; und dort, hinter der Küche, ein kleines Zimmer, das als Eßzimmer diente und auf einen Innenhof führte. Zwischen dem Eßzimmer und der Küche war ein Badezimmer und ein Vorzimmer: von der Küche führten drei Stufen zu einem winzigen Vorzimmer und eine Treppe zum Schlafzimmer. Und neben dem Schlafzimmer war ein WC, kaum größer als eine Schublade.

Das ist Teil eines größeren Gebäudes. Rechts und links davon stehen zwei siebenstöckige Häuser, und hier liegt die Straße.

Die Wohnung war nicht groß. Aber die Werkstatt war ziemlich geräumig – ein schönes Zimmer ... Dort empfing ich Madame David-Neel: wir trafen uns fast jeden Abend.

In der Werkstatt hatten wir eine große Bibliothek, der ganze hintere Teil diente als Bibliothek: mehr als zweitausend Bücher, die meinem Bruder gehörten. Ganze Reihen von Klassikern. Und dort hatte ich meine Sammlung der *Revue Cosmique* und meine Postkarten-Sammlung (im unteren Regal). Hauptsächlich Karten aus Algerien, aus Tlemcen – fast zweihundert. Und fünf Jahrgänge der *Revue Cosmique*. In einem Französisch geschrieben! Wirklich lustig.

Theons Frau diktierte die Texte auf Englisch, während sie in Trance war. Und eine Engländerin, die vorgab, Französisch zu kennen wie ein gebürtiger Franzose, übersetzte sie. Sie sagte: „Ich benutze nie ein Wörterbuch, Wörterbücher sind überflüssig." Was für Übersetzungen das ergab! Alle die offensichtlichen Fehler von englischen Worten, die nicht wörtlich übersetzt werden dürfen, machte sie. Dann schickten sie es mir nach Paris, damit ich es korrigiere. Es war so gut wie unmöglich.

Dann war da noch Thémanlys, ein Studienfreund meines Bruders, der Bücher schrieb, aber ein geistiger Faulenzer war, der nicht arbeiten wollte! Die übergab er mir dann, doch das war mir unmöglich, damit war nichts anzufangen. Und was für Worte er benutzte! Für jede subtile Bedeutung, jede innere Bedeutung erfand er ein Wort – eine fürchterliche Barbarei! Und ich mußte mich um alles kümmern: den Drucker suchen, die Korrekturen lesen – die gesamte Arbeit, lange Zeit.

Es handelte sich um Geschichten, Erzählungen: die Initiation in Form von Geschichten ... Das enthielt viele, viele Dinge. Madame Theon wußte wirklich viele Dinge. Aber es wurde in einer solchen Form präsentiert, daß es unlesbar war.

Ein oder zwei Sachen hatte ich auch selber geschrieben: Erfahrungen, die ich notiert hatte, und deshalb würde ich diese Hefte gerne wiederfinden, denn darunter waren recht interessante Dinge; ich hatte

Visionen, die ich Madame Theon erzählte, und sie gab mir die Erklärungen dazu. So schrieb ich die Erfahrung mit der Erklärung auf. Das war gut lesbar und interessant, weil der Symbolismus gezeigt wurde.

(Pavitra:) Und was war diese Chronik von Ki?

Er heißt nicht „Ki", sondern *Chi*, weil es sich um den Gründer von China handelt! – Das waren phantastische Dinge! Die Geschichte war fast kindisch, aber sie enthielt eine ganze Welt von Wissen. Madame Theon war eine hervorragende Okkultistin. Diese Frau besaß unvorstellbare Fähigkeiten, unvorstellbar.

Sie war eine kleine Frau, rundlich, fast weich – sie gab einem den Eindruck, sie würde schmelzen, wenn man darauf drückte! Ich erinnere mich, einmal … Andrés Vater besuchte uns dort in Tlemcen – er war Maler, Künstler. Theon trug ein dunkel-violettes Gewand. Und Theon sagte ihm: „Dieses Gewand ist purpur" (das englische Wort *purple*). Der andere erwiderte: „Nein, auf Französisch heißt das nicht purpur, sondern violett." Theon beharrte: „Wenn ich purpur sage, dann ist es purpur!" Und sie begannen sich über diese Lächerlichkeit zu streiten. Da sprang plötzlich ein Blitz aus meinem Kopf: „Nein, das ist doch zu lächerlich!" – Ich sagte kein Wort, aber das entsprang meinem Kopf (ich sah diesen Blitz). Madame Theon stand auf, kam zu mir und stellte sich hinter mich (wir tauschten kein Wort aus, weder sie noch ich; während die beiden anderen sich wie zwei Kampfhähne gegenüberstanden) und sie drückte meinen Kopf an sich – ich glaubte wirklich, in ein Daunenbett zu sinken!

Nie, nie zuvor in meinem Leben fühlte ich einen solchen Frieden – vollkommen leuchtend und sanft … ein so sanfter, zarter, leuchtender Frieden. Danach flüsterte sie mir ins Ohr: „Man darf nie seinem Meister widersprechen!" Ich war nicht diejenige, die widersprach!

Eine wunderbare Frau, wunderbar. Er hingegen … nun.

Lustig, dieses Haus am Val de Grâce … ich weiß nicht, warum es vor einiger Zeit in mein Bewußtsein kam… *(zu Pavitra:)* Wann kam dieses Foto?

Gestern.

Plötzlich trat dieses Haus in die Atmosphäre. Ich sagte mir: Sieh! Jemand denkt an dieses Haus.

*
* *

Letzte Nacht beschäftigte ich mich mit deinem Schlaf. Ich sah dich und sagte dir gewisse Dinge; ich gab dir sogar Erklärungen: „Siehst du, so und so mußt du es tun …" Ich sagte dir auch: „Eines Tages werden wir zusammen meditieren." Nicht genau das: du hattest mir von der Schwierigkeit mit deinem physischen Mental erzählt, das endlos weiterläuft, und du sagtest, das käme während deinem Japa. Da sagte ich dir letzte Nacht: „Ich hätte gerne, daß du dein Japa einmal kurz mit mir zusammen machst, damit ich sehen kann, was in dir vorgeht, in deinem physischen Mental."

Ich sprach aber nicht mit Worten zu dir ... Wenn ich nachts Dinge sehe, haben sie alle eine besondere Farbe und Schwingung. Eigenartig, fast als würde etwas gezeichnet ... Ich erinnere mich, als ich dir dies sagte, erschien eine Art weißes Feld – weiß, wie ein weißes Blatt Papier – gesäumt von Rosa, und dann dieses spezielle blaue Licht, von dem ich dir so oft erzähle, dunkelblau, das eine Hülle bildete. Jenseits davon herrschte ein Brodeln: ein Brodeln von schwarzen, dunkelgrauen Schwingungen in einer schrecklichen Erregung. Ich sah das und sagte dir: „Du müßtest einmal dein Mantra vor mir wiederholen, damit ich sehen kann, ob ich etwas gegen dieses Brodeln ausrichten kann." Ich weiß nicht warum, aber du hattest einen Einwand dagegen, dieser Einwand zeigte sich in Form einer roten Feuerzunge, die aus dem Weiß hervorkam und so machte *(Mutter zeichnet einen Schnörkel in die Luft)*. Darauf antwortete ich dir: „Nein, sei unbesorgt, das macht nichts, ich werde nichts stören!"[1] *(Mutter lacht schelmisch)*

All das vollzieht sich in einem ständig aktiven Bereich, wie eine kontinuierliche mentale Transkription aller physischen Geschehnisse ... Es sind nicht wirklich Gedanken; wenn ich das sehe, habe ich nicht das Gefühl zu denken, sondern es ist eine Transkription ... der Einfluß der Gedanken auf eine gewisse mentale Atmosphäre, die die Dinge aufzeichnet.

Das sehe ich jetzt die ganze Zeit. Wenn jemand spricht oder ich eine Arbeit verrichte, sehe ich beides zugleich: die physische Sache – die Worte oder die Handlung – und diese farbige, leuchtende Transkription, gleichzeitig. Die beiden überlagern sich. Zum Beispiel wenn jemand spricht (das ist auch der Grund, warum ich die meiste Zeit nicht einmal weiß, was man mir sagt!), dann drückt es sich durch diese Art Bilder aus, ein Spiel von Formen und Lichtern und Farben (nicht immer leuchtend!). Ich erinnere mich, als es zum ersten Mal geschah, dachte ich mir: „Aber das ist genau, was diese Leute sehen, die ultra-moderne Bilder malen!" Nur, weil sie sehr zusammenhanglos sind, ist auch das, was sie sehen, sehr zusammenhanglos!

So ist es jedenfalls: es drückt sich durch bewegte Flecken, Formen aus, und so schreibt es sich in das Gedächtnis der Erde. Und wenn

---

1. Traditionell darf man sein Mantra vor niemandem wiederholen, außer dem Guru.

Dinge aus diesem Bereich in das aktive Bewußtsein der Leute treten, drücken sie sich deshalb auch für jeden in seiner eigenen Sprache aus, in ihm geläufigen Worten und Ideen – weil sie keiner Sprache und keiner Idee angehören: es ist der genaue ABDRUCK dessen, was geschieht.

Jetzt sehe ich das ständig.

Dort sehe ich auch das Ergebnis der Verwirrung und der Aufregung im Ashram: das springt nur so herum. Das hüpft auf der Stelle. Es gibt solche Maschinen, die unaufhörlich vibrieren – zum Verzweifeln!

*
* *

Seit einiger Zeit kommt während meinem Japa stets ein bestimmter Moment, wo mich etwas erfaßt und ich alle Mühe habe, nicht in Trance zu gehen. Obwohl ich aufrecht stehe. Meistens gehe ich dabei auf und ab, aber manche Dinge sage ich stehend, an das Fenster gelehnt – nicht der rechte Ort, um in Trance zu gehen! Und jedesmal ergreift es mich genau an derselben Stelle.

Gestern sah ich plötzlich einen riesigen lebendigen Kopf aus blauem Licht – dieses blaue Licht der Kraft, der mächtigen Kraft in der materiellen Natur (dies ist das Licht, dessen die Tantriker sich bedienen). Dieser Kopf bestand zur Gänze aus diesem Licht, mit einer Art Tiara – ein sehr großer Kopf, ungefähr so *(Länge des Unterarms)*, die Augen waren nicht geschlossen, aber gesenkt. Ganz und gar die Unbewegtheit der Ewigkeit – die Ruhe, die Unbewegtheit der Ewigkeit. Ein wunderbarer Kopf, ein wenig wie manche Bildnisse der Götter hier, aber besser als das: etwas zwischen bestimmten Buddha-Köpfen und … (wahrscheinlich erscheinen diese Köpfe den Künstlern). Der Rest verlor sich in einer Art Wolke.

Und ich spürte, dies war der Ursprung dieser … ja, Unbewegtheit: alles hält inne, alles-alles hält inne. Schweigen, unbewegt … Man geht wirklich in die Ewigkeit ein – ich sagte ihm, dies wäre nicht der geeignete Augenblick!

Ich wollte aber versuchen zu verstehen, was er wollte … Seit einiger Zeit wurde es schwierig hier im Ashram: alle wurden wie von einer Raserei ergriffen, von einer ermüdeten Aufregung. Alle wollen mich besuchen, alle schreiben mir. Das schafft eine solche Atmosphäre … Ich kontere so gut ich kann, aber es gelingt mir nicht, ihnen dies zu vermitteln, damit sie sich ruhig halten (je müder man ist, um so ruhiger sollte man bleiben, man darf sich nicht erregen, schrecklich!). Da sah ich; es war, als sei dieser Kopf erschienen, um mir zu sagen: dies mußt du ihnen geben.

Wenn ich ihnen das vermittelte, würden sie alle glauben, sie verdummen! Daß sie ihre Fähigkeiten verlieren und keine Energie mehr haben. Denn für sie ist die Energie nur spürbar, wenn sie sie verbrauchen. Sie sind unfähig, die Energie in der Unbewegtheit zu fühlen: sie müssen sich bewegen, sie müssen sie verbrauchen. Oder es muß ihnen mit Faustschlägen gegeben werden!

Gestern betrachtete ich dieses Problem; es beschäftigte mich mehr oder weniger den ganzen Tag. Und sicherlich erschien dieser Kopf, um mir eine Lösung zu zeigen. Für mich selber ist es sehr einfach, augenblicklich … in drei Sekunden – alles hält inne, alles. Aber die anderen zeigen sich widerspenstig! Und dennoch bin ich mir absolut sicher, ich sage ihnen: „Aber entspannt euch, warum seid ihr wie ein Nervenbündel, entspannt euch! Das ist die einzige Art, nicht müde zu sein." Dann haben sie sofort den Eindruck, ihre Fähigkeiten zu verlieren und in die Trägheit zu fallen – in das Gegenteil des Lebens!

Gewiß beeinflußte das meine Nacht, denn ich begann sie mit der Betrachtung dieses Problems: wie bewirken, daß dies akzeptiert wird? Denn sie dürfen auch nicht ins andere Extrem fallen und von dieser müden Aufregung ins Tamas gleiten. Das ist selbstverständlich.

Doch die Anzahl von Briefen, die ich von Leuten erhalte: „Ich habe zu nichts mehr Lust, ich verspüre nur noch ein Verlangen: zu schlafen, mich ausruhen, nichts tun." Und sie beschweren sich.

Meine eigene Erfahrung, das heißt für dieses Gebilde [den Körper], für diese Individualität ist folgende: je stiller und ruhiger er ist, um so mehr Arbeit kann er verrichten und um so schneller ist die Arbeit getan. Das, was die Arbeit am meisten stört und was am meisten Zeit kostet, sind all die Schwingungen der Aufregung, die mich bestürmen (jeder, der kommt, bewirft mich damit). Das erschwert die Arbeit: es erzeugt einen Wirbel. Und im Wirbel kann man nichts tun, nichts, unmöglich. Versucht man etwas Materielles zu tun, sind die Finger ungeschickt; versucht man etwas Intellektuelles zu tun, sind die Gedanken verworren und man sieht nicht mehr klar. Diese Erfahrung hatte ich: wenn ich in dieser aufgeregten Atmosphäre zum Beispiel ein Wort im Lexikon nachschlagen will, hüpft alles vor meinen Augen (obwohl ich dasselbe Licht benutze, dieselbe Lupe), ich sehe nichts mehr, alles hüpft! Ich blättere Seite um Seite, und das Wort ist aus dem Wörterbuch verschwunden! Dann bleibe ich ruhig, so … (Geste, den Frieden herabzubringen), das dauert eine halbe Minute, dann öffne ich das Wörterbuch: genau die Stelle, das Wort springt mir ins Gesicht! Ich sehe klar und deutlich. Folglich habe ich den unwiderlegbaren Beweis, daß man ZUERST ruhig sein muß, wenn man etwas richtig machen will – aber nicht nur selber ruhig sein: entweder sich absondern, oder fähig sein, dem Kräftewirbel, der ständig von überall auf euch stürzt, die Ruhe aufzuzwingen.

Alle Professoren wollen die Schule aufgeben – müde! Das bedeutet, das Schuljahr wird anfangen mit der Hälfte der Professoren abwesend. Das ist es genau: sie leben in ständiger Spannung, sie verstehen es nicht, sich zu entspannen. Sie können sich nicht regen, ohne aufgeregt zu sein!

Ich glaube, dieser Kopf wollte mir genau den Fehler des Ashrams zeigen: alles geschieht hier in Aufregung, alles, alles. Eine ständige Komödie von Reinfällen: der eine spricht und der andere hört nicht zu oder antwortet falsch, und nichts wird getan. Der eine fragt etwas, der andere antwortet auf etwas anderes – uuh! ein schreckliches Durcheinander.

(Schweigen)

Laß uns eine Weile meditieren.
Tue so, wie du es gewohnt bist, und ... vergiß, daß ich hier bin!

(Nach der Meditation)

Ich will dir sagen, was ich sah, es ist sehr interessant. Zuerst ging von hier *(Geste zur Brust)* eine Bewegung der Entfaltung aus, wie das Rad eines Pfaues, in allen Farben; aber es war ein Licht, sehr-sehr zart, sehr fein. Dann stieg es auf und bildete wirklich einen leuchtenden Pfau oberhalb, und dort blieb es bestehen. Dann stieg von hier *(Brust)* wie ein Speer von weißem Licht empor. Es stieg sehr hoch und wurde zu einer sehr ausgedehnten Weite und wie ein Ruf – dies dauerte am längsten. Als Antwort darauf kam ein richtiggehender Regen von ... (viel feiner als Tropfen) von goldenem Licht – weiß und golden – mit Schattierungen: manchmal weißer, manchmal goldener, manchmal mit ein wenig Rosa. All das kam in dich herab. Und hier *(Geste zur Brust)* verwandelte es sich in dieses selbe dunkelblaue Licht, gesprenkelt mit grünem, smaragdgrünem Licht innen. Und in diesem Augenblick, als es hier ankam *(auf Brusthöhe)*, erschien eine Anzahl von kleinen Gottheiten wie aus lebendigem Gold – sie kamen und schauten dich an. Und als sie dich anschauten, erschien mitten in dir das Bild der Mutter – nicht so, wie sie in Bildern dargestellt wird, sondern so, wie sie im indischen Bewußtsein ist ... jedoch sehr ruhig und rein und leuchtend. Dann verwandelte sich das in einen Tempel, und in dem Tempel war wieder etwas wie ein Bildnis von Sri Aurobindo und von mir – aber lebendige Bilder, und ein Stäuben von Licht. Dann wurde es ein prächtiges Gebäude und festigte sich, mit einer außerordentlichen Macht. Und es blieb unbewegt.

Das ist das Bildnis deines Japas.
Ein schönes Bild.

Ich mußte aufhören, weil es hier noch so etwas wie die Zeit gibt – schade!

Doch es ist sehr gut.

Und es sollte nicht schwierig sein, das ständig zu erhalten.

Ich sah nicht, daß du dich mit diesen Dingen des physischen Mentals beschäftigtest, von denen du sprachst. Zuerst hatte ich auch etwas getan *(Geste der Reinigung in der Atmosphäre)*, zu Beginn, damit keine Störung eindringen könne ... Hast du etwas gefühlt?

Ich fühlte, daß du da warst. Ich fühlte deine Kraft.

Ah! Du hast es gefühlt.

Ja, natürlich, sehr stark! In einem bestimmten Augenblick war es sehr-sehr mächtig!

(Mutter lacht sehr) ... Aber dein Japa ist schön. Oh! Eine ganze Welt richtet sich ein, wirklich harmonisch, mächtig, schön. Es ist gut. Wenn du willst, machen wir das hin und wieder für einige Minuten. Es war sehr ... wie kann ich sagen?... sehr angenehm für mich. Ein wohliges Gefühl, dieser Suppe ein wenig zu entkommen! Ich war sehr froh.

Wenn du diese Störungen in deinem physischen Mental verhindern willst, mußt du, bevor du dich zu deinem Japa setzt ... Du kennst doch meine Kraft, oder? Gut, du legst sie so um dich, zwölfmal, von oben bis unten.

25. Oktober 1960

Eine schwarze Welle liegt über dem Ashram. Der Ursprung ist recht eigenartig und sehr interessant:

S hat Verwandte in Bombay, einen Neffen; und eines Tages Ende August oder Anfang September kam er mit einer unglaublichen Geschichte zu mir. Sein Neffe war verschwunden (er brachte mir sein Foto: der Neffe scheint auch ein Medium zu sein), am übernächsten Tag, glaube ich, kehrte er zurück: er wurde in einem Zug gefunden, im Zustand von Hypnose; glücklicherweise hatte ihn jemand geschüttelt und plötzlich erwachte er: „Warum bin ich hier?" (Er hatte nicht die Absicht zu reisen; er verließ sein Haus, um einen Nachbarn aufzusuchen, innerhalb Bombay.) Er kehrte nach Hause zurück, ohne zu wissen, was ihm widerfahren war. Und er war ganz und gar in einem seltsamen Zustand.

Einige Tage später mußte er irgendwohin gehen, ich weiß nicht wo; er geht zum Bahnhof – kehrt nicht zurück. Unmöglich zu erfahren, was aus ihm geworden ist, er kehrt nicht zurück. Die Tage verstreichen und die Familie entschließt sich, mir ein Foto zu schicken und die Geschichte zu erzählen, daß es sich um eine Folge des ersten Vorfalls handeln müsse, als er hypnotisiert gefunden worden war (das müssen Leute gewesen sein, die Hypnose praktizieren), und sie fragten mich: wo ist er, was ist ihm zugestoßen?

All das kam gerade am Tag von Xs Abreise. So sagte ich S: „Gehen Sie mit ihrem Brief samt Foto und erzählen sie X die Geschichte." X befragte ein Buch, machte ein kleines Japa, ganz klein, nur einige Sekunden, und sagte dann: „Oh! Er wird vor dem 26. September zurückkehren, ABER berichten Sie es Mutter, daß sie sich darum kümmert." Also konzentrierte ich mich etwas darauf.

Nach zwei Wochen (ungefähr zehn Tage vor dem 26. September) kommt eine weitere Nachricht: der ältere Bruder des Jungen, der in Ahmedabad wohnt (nicht in Bombay), besucht den Vater, die Mutter und die Großmutter in Bombay (da ist auch eine Großmutter) und fragt nach Neuigkeiten über seinen Bruder. Man erklärt ihm: „Dein Bruder ist verschwunden, wir wissen nicht, was aus ihm geworden ist." Da beschließen sie, Nachforschungen zu unternehmen (er war mit einem Freund gekommen): „Wir werden ihn finden."

Am Vorabend ihrer Abreise erklärt der Freund, daß er die Großmutter besuchen will (sie wohnt hundert Meter entfernt). Er geht – kommt nicht zurück. Verschwunden.

Alle machen sich natürlich schreckliche Sorgen; fragen sich, was wohl geschehen sein mag. Ich ließ X schreiben und konzentrierte mich. Vier Tage später kehrt der Freund des älteren Bruders in einem beklagenswerten Zustand zurück: weiß, abgemagert, er kann kaum sprechen. Und er berichtet seine Geschichte:

Auf dem Weg zur Großmutter kam er am Bahnhof vorbei und trat dort ein, um etwas zu trinken. Während er trank, begannen zwei Individuen vor ihm mit Kugeln zu spielen. Er SCHAUTE ZU. Plötzlich wurde ihm sehr unwohl: er wollte fortgehen und lief zu einer Tür, die auf die Gleise führte – verschlossen, er konnte nicht hinauskommen. Und die beiden Individuen standen hinter ihm. Plötzlich verlor er das Bewußtsein: „Ich weiß nicht mehr, was mir zugestoßen ist."

Er erwachte auf einem Bahnhof irgendwo zwischen Bombay und Poona, und begann den zwei Individuen zu sagen, er habe Hunger (sie waren bei ihm). Sie boxten ihm in den Bauch und hielten ein

Taschentuch über seine Nase – wieder weg! In Poona wacht er wieder auf (er hatte keinen Hunger mehr!), sie legten ihm wieder ein Taschentuch über die Nase. Und so ging es weiter: sie gaben ihm viele Faustschläge. Als er schließlich in der Nähe von Poona auf dem Land aufwachte, saßen vier Männer um ihn herum und diskutierten in einer Sprache, die er nicht verstand (er spricht Gujarati). Zweifellos sprachen sie eine andere Sprache, ich weiß nicht welche – sie waren angeblich dunkelhäutig. Er verstand nicht, aber an deutlichen Gesten erkannte er, daß sie diskutierten, ob sie ihn töten sollten oder nicht. Zuletzt sagten sie ihm (wohl in einer Sprache, die er verstand): „Entweder schließt du dich unserer Bande an, oder wir töten dich." Er antwortete mit einem Grunzen, um sich nicht festzulegen. Die anderen beschlossen, auf ihren Anführer zu warten (der Anführer war also nicht dabei): „Wir entscheiden, wenn er da ist." Und sicherheitshalber gaben sie ihm einige Fausthiebe in den Bauch und das Taschentuch auf die Nase – weg!

Einige Zeit später (er weiß nicht wie lange, denn er erfuhr die verstrichene Zeit erst, als er zurückkehrte) wachte er in einem niedrigen, sehr düsteren Haus mitten auf dem Land auf, und sie waren jetzt fünf und nicht mehr vier. Sie aßen gerade. Er gab sehr acht, sich nicht zu bewegen. Hauptsächlich tranken sie (in diesem Gebiet herrscht Alkoholverbot). Vier waren schon völlig betrunken. Er erhob sich, um zu sehen. Der fünfte, den er nicht kannte (das mußte der Anführer sein) war noch nicht völlig betrunken; als er sah, daß der Junge sich bewegte, stieß er einen fürchterlichen Schrei aus; der Arme kauerte sich in seine Ecke und bewegte sich nicht mehr – er wartete. Nach einiger Zeit war auch der fünfte volltrunken (eine Flasche war noch geblieben, die er trank). Als der Junge sah, daß sie alle fest schliefen, stand er vorsichtig auf und: er sagte, er wäre anderthalb Stunden gerannt!... Ein Junge voller Fausthiebe und der seit vier Tagen nichts gegessen hatte! Das halte ich wirklich für ein Wunder.

Er lief anderthalb Stunden und erreichte den Bahnhof von Poona, ich weiß nicht wie. Er nahm den Zug und kehrte nach Bombay zurück, kaum wissend, wie er es schaffen würde.

Als ich diese Neuigkeit hörte, dachte ich sofort: „Gut, dieser Junge erwischte die Formation, die X für den anderen gesandt hatte, und damit kehrte er zurück."[1] Denn es ist wirklich ein Wunder, daß er es schaffte. Und der andere, der Neffe, blieb verschwunden, unauffind-

---

1. In okkultem Sprachgebrauch ist eine „Formation" eine Konzentration von Kraft zu einem bestimmten Zweck, hier die Formation des Tantrikers, um den Neffen zu retten.

bar. Doch offensichtlich war er Opfer derselben Bande und desselben Vorgehens.

Die Polizei wurde also aktiv; sie wollten mit ihm aufs Land bei Poona zurückkehren (ich nehme an, sie päppelten ihn in vorher wieder auf). Das ergab nicht viel: es scheint, an allen Orten, wo er sich erinnerte, diese Leute gesehen zu haben, wenn er es sagte, fiel er in Ohnmacht. Schließlich erzählen sie mir die Geschichte und die armen Eltern schreiben mir selber: „Was sind das für Dämonen, die eine so große Macht besitzen, daß sie der Macht von Mutter und X widersteht, und die unseren Sohn festhalten?" X wurde also wieder informiert, und nachdem er die Geschichte des Freundes gehört hatte, sagte er: „Ah! Jetzt weiß ich, wo der andere ist, und ich hoffe, es wird nicht mehr allzulange dauern." Doch der 26. September war verstrichen – allgemeine Verzweiflung in der Familie. Sie schrieben mir wieder. Ich konzentrierte mich.

Das war kurz vor der Durga-Pudja, oder kurz danach, ich erinnere mich nicht (mit Daten stehe ich nicht auf gutem Fuße!) – nein, es war danach. Ich ging in eine tiefe Konzentration und sah, daß es sich in der Tat um eine sehr mächtige und gefährliche rakshasische Kraft handelte.[1] Und als ich oben in meinem Zimmer für mein Japa auf und ab ging (ich hatte ein wenig an diese Geschichte gedacht und versucht zu erbeten, daß etwas getan werde), da sah ich plötzlich Durga vor mir, die einen Speer aus weißem Licht erhob – der Lichtspeer, der die feindlichen Kräfte zerstört – und in einen schwarzen Haufen von wimmelnden Menschen stieß.

Aber das bewirkte eine Reaktion … schrecklich! Einen Tag lang war ich nicht ganz, aber fast so krank wie vor zwei Jahren[2] (das heißt, es wurde wahrscheinlich dasselbe Mantra benutzt). Ich muß mich sonst nie erbrechen … jetzt hatte ich schreckliche Übelkeitsanfälle – der ganze Magen entleerte sich! Nur habe ich jetzt ein wenig mehr Erfahrung als vor zwei Jahren (!), deshalb kam es wieder in Ordnung … Das geschah hier unten, am Nachmittag. Ich ging sofort in mein Zimmer zurück (an dem Nachmittag empfing ich niemanden mehr) und blieb in Konzentration, um herauszufinden, was der Grund war. Ich sah, daß es von dort kam, daß es der Rückschlag dieser Leute war, die sich verteidigen wollten.

Ich tat das Nötige.

---

1. Die *Rakshas* sind Dämonen einer niederen Vitalebene.
2. Im Dezember 1958, bei dem Angriff schwarzer Magie.

Das Unglück ist nur, daß es sich über das ganze Ashram ausgebreitet hat, auf alle Leute – eine schwarze Welle überall. Jedenfalls war es ziemlich ... ärgerlich.

Doch vier Tage später, ein Anruf: der Junge wurde in Ahmedabad wiedergefunden und sie brachten ihn zurück nach Bombay.

Die Geschichte des Jungen ... phantastisch! Eine phantastische Geschichte. Er war abgemagert, weiß, mit leerem Kopf. Ich erinnere mich nicht mehr an alle Einzelheiten, jedenfalls war es dieselbe Geschichte: auch er wurde in einem Bahnhof ergriffen, er sah die Leute, wurde hypnotisiert; und dann wußte er nicht mehr, was ihm widerfuhr, überhaupt nicht mehr. Ich weiß nicht, ob sie bei ihm auch ein Taschentuch benutzten, aber sie „hypnotisierten" ihn. Auch ihm gaben sie Fausthiebe in den Bauch, als er um Nahrung bat. Und danach, überhaupt kein Hunger mehr! Es war, als nähmen sie ihm das Verlangen zu essen – selbst wenn er Nahrung sah, berührte er sie nicht. Und der Kopf war völlig leer.

Dennoch erinnerte er sich, daß sie ihm wiederholten: „Du hast keine Familie; dies ist nicht dein Name; du heißt jetzt so-und-so ..." (sie hatten ihm einen anderen Namen gegeben) „...du bist völlig allein und du hängst ausschließlich von uns ab." Aber wahrscheinlich muß dieser Junge ein etwas tieferes Bewußtsein haben, denn obwohl sein Kopf äußerlich nicht mehr funktionierte, war etwas in der Tiefe fähig zu beobachten und sich zu erinnern.

Schließlich setzten sie ihn als Kellner in einem kleinen Café in der Nähe des Bahnhofs von Ahmedabad ein. Eines Tages kamen sogar sein Bruder und dessen Freund dort vorbei (er erinnert sich vage, sie gesehen zu haben), aber er war unfähig, sie zu rufen oder sich erkennbar zu machen. Einmal versuchte er auch fortzugehen und ging auf den Bahnhof zu, aber nach einigen Schritten konnte er nicht mehr gehen, etwas stoppte ihn (er wußte nicht was), und er mußte zurückkehren. Und so war er in diesem eigenartigen Zustand. Doch eines Tages kam ein Freund des Bruders in das Café, um etwas zu trinken, und dieser Junge brachte ihm sein Getränk. Er war sehr verändert, aber der andere erkannte ihn trotzdem und fragte ihn: „Wie heißt du?" Er sah, daß der Junge wie betäubt war und nicht antwortete. Da sagte er nichts und lief sofort zum Haus des älteren Bruders. Sie gingen zusammen hin, nahmen den Jungen in eine Ecke und wuschen sein Gesicht mit Mineralwasser. Es scheint, daß er danach etwas lebhafter wurde. Dann nahmen sie ihn mit und verständigten die Polizei.

Mehr Einzelheiten weiß ich noch nicht ...

(Zwei Monate später erzählte Mutter die Einzelheiten der Geschichte, die wir hier in Klammern einfügen:)

Ich erfuhr die Einzelheiten: der Junge wollte zum Bahnhof gehen und ging vorher in ein Schuhgeschäft neben dem Bahnhof, um sich ein Paar Sandalen zu kaufen. Als er eintrat, sah er einen Mann, der gerade Damenschuhe aussuchte! Das erschien ihm seltsam: „Was ist mit diesem Mann, der ..." und ER SCHAUTE ZU – dann plötzlich, nichts mehr. Er verlor das Bewußtsein und weiß nicht mehr, was ihm zustieß. Doch so begann die Geschichte: ein Mann, der in einem Geschäft Damenschuhe aussucht! Wahrscheinlich tat er absichtlich fremdartige Dinge, um die Aufmerksamkeit von Leuten auf sich zu lenken. Der Junge begann natürlich interessiert zuzuschauen, und dann war es vorbei – plötzlich weiß, nichts mehr! Lange Zeit danach erwachte er ganz woanders im Zug mit diesem Mann. Er erzählte mir die Einzelheiten selber: er ist gerade mit seiner Mutter hier, um sich zu bedanken. Ein netter Junge, aber das hinterließ eine Ängstlichkeit in ihm, besonders wenn er über diese Dinge spricht. Er versucht zu vergessen. Er sagte mir, daß er in die Armee gehen will und bat um meine Zustimmung. Dieser Junge fühlt das Bedürfnis nach Kraft, und er glaubt, es wäre sehr gut für ihn, ein Teil dieser Kraft zu werden (natürlich sagte er mir das nicht so, dazu ist er nicht bewußt genug; aber er fühlt das Bedürfnis, von einer Organisation der Kraft unterstützt zu werden). Deshalb ermutigte ich ihn, ich sagte: sehr gut. Seine Mutter ist nicht ganz glücklich darüber! Sie hat das Gefühl, er fällt vom Regen in die Traufe!

Eine andere seltsame Einzelheit: nachdem sie ihm das Verlangen zu essen genommen hatten und ihn in diese Bar setzten, sagten sie ihm: „Jetzt mußt du essen." Also versuchte er zu essen, und vier Tage lang mußte er alles, was er aß, wieder ausspucken, völlig schwarz! Danach konnte er sich langsam wieder ernähren. Eine phantastische Geschichte!

(Hier geht das Gespräch weiter)

... Mich interessierte es vor allem, weil ich die Gefahr spürte, welche diese Leute darstellen – nicht weil sie Schurken sind, sondern weil sie eine Macht hatten: Schurken mit Macht, und nach dem, was ich sah, scheint es mir nicht nur eine Kraft der Hypnose zu sein. Es muß auch eine tantrische Kraft dahinter sein, sonst wären sie nicht so mächtig, vor allem nicht so mächtig aus der Ferne. Ich sagte mir: SIE MÜSSEN gefangen werden. Deshalb war auch ... das arbeitete weiter in mir. Und gestern wurde in der Zeitung bekanntgegeben, daß eine Bande von fünf Männern, acht Frauen und einem halben Dutzend Kinder in Allahabad festgenommen wurde, die sich „mesmerischer" Mittel bedienten, wie die Zeitung es ausdrückte, um die Leute zu bestehlen, anzugreifen usw. Die Polizei verhaftete sie (sie arbeiteten in Poona, in Bombay und in Ahmedabad, und in Allahabad wurden sie verhaftet). Wahrscheinlich bekamen sie Angst, als sie merkten, daß der Junge entkommen war, und flüchteten nach Norden. Bis sie in Allahabad festgenommen wurden – ich hatte eine sehr starke Formation gebildet, gesagt: SIE MÜSSEN festgenommen werden.

Weitere Neuigkeiten habe ich jetzt nicht … Denn man fängt sie, man kann sie daran hindern, ÄUSSERLICH Schaden anzurichten, doch ihre Kraft bleibt bestehen. Es wird nötig sein, daß wir … Alle hier sagen dasselbe: wie ein schwarzer Schleier von Unbewußtheit, der über uns gefallen ist. Selbst jene, die gewöhnlich nicht so empfindlich sind, spürten es. Ich mache jetzt gerade eine Säuberung hier – das bereitet einige Mühe. Alles ist durcheinander geraten.

Ich ließ X verständigen, sagte ihm aber nichts über meine Schwierigkeit (das Mantra, das sie gegen mich sandten, um mich umzubringen), darüber sagte ich ihm gar nichts. Denn er hatte von Anfang an betont: „Mutter muß sich darum kümmern, Mutters Gnade kann sie retten." Und ich verstand: sie verübten ihren Streich genau zur Zeit der Durga-Pudja, also mußte Durga eingreifen. Das ist die Geschichte.

X geht es auch nicht gut: überall knirscht es. Wahrscheinlich war es sehr bedeutsam … Ich hoffe, etwas wird sich dadurch verändern.

Aber fällt das Mantra normalerweise nicht auf sie zurück?

Selbstverständlich: es fällt auf sie zurück. Das muß ziemlich schlimm für sie sein, ihr Pech! Dem werden sie nicht entrinnen.

Ich weiß nicht, was mit ihnen passieren wird … Denn sie müssen eine Anzahl von Leuten umgebracht haben. Wenn das herausgefunden wird, ist ihr Schicksal geregelt, wir sind sie los – sie werden zu kleinen Dämonen ohne Körper! Das ist weniger gefährlich.

Außer sie verkörpern sich anderswo. Leute, die bereit sind, Dämonen aufzunehmen, gibt es immer, das ist das Ärgerliche!

(Kaum hatte Mutter diese Geschichte erzählt, brachte durch einen seltsamen „Zufall" jemand ein Bild, das PK, einer der Künstler im Ashram, gezeichnet hatte. Dazu muß gesagt werden, daß einige Tage zuvor mitten in der Nacht, um zwei Uhr morgens, während eines ganz und gar ungewohnt heftigen Gewittersturms, PK plötzlich einen ungeheuren dämonischen Kopf im Himmel SAH, zwischen den Blitzen. Mangels anderer

Mittel skizzierte er seine Vision hastig in Kreide auf eine Schultafel. Dieses Portrait wurde Mutter gerade gebracht. Das Portrait betrachtend bemerkt Mutter:)

Sieh an, PK ist also ein Hellseher! Das ist eindeutig das Wesen, das hinter diesen Leuten stand. Deshalb hatten sie eine solche Macht. Und deswegen kam er hierher: er war wütend. Ein hübscher Dämon!

In dieser Nacht sah ich ihn auch, und er sagte: „Ihr Narren mit eurem kleinen Feuerwerk[1], euch werde ich zeigen, was *richtige* Feuerwerke sind!" – dazu diese Blitzschläge von überraschender Gewalt … Oh! Er sagte viele Dinge, kündete Katastrophen an … Aber das sind sehr komplexe Geschichten und ich will hier nicht auf die Einzelheiten eingehen.

(Einige Tage später fügte Mutter noch hinzu:)

Ein Kind hier bekam ein Fieber, nur weil es dieses Portrait anschaute![2]

Ich wagte nicht, es lange anzusehen!

Oh! Es ist schrecklich! Ein Kleiner hier, ich weiß nicht, wer die idiotische Idee hatte, ihm das zu zeigen, aber nachdem er es sah, hatte er drei Tage lang das Fieber, er wurde von schrecklichen Schaudern ergriffen. Und ich glaube, der Maler wurde auch krank, nachdem er sein Bild anfertigte!

*
* *

Kurz darauf

Und du, geht es deiner Gesundheit besser? *(Satprem ging es nicht gut)*

Wenn man fast sieben Stunden Japa in einen Tag zwängen muß, ergibt das ein etwas überspanntes Leben!

Das steht in solchem Widerspruch nicht nur mit der Erziehung, sondern auch mit der Substanz der Abendländer! Für einen Inder – für einen modernen Inder wäre es auch sehr schwierig –, aber für jene, die die alte Tradition bewahrt haben, wäre es nicht schwer. Den Kindern, die in Klöstern oder bei einem Guru aufwuchsen, fällt das nicht schwer …

---

1. Es ist gerade die Zeit des *Dipavali* Fests, das Fest des Lichtes, wo die verschiedensten Feuerwerke gezündet werden.
2. Deshalb veröffentlichen wir es auch nicht.

(Schweigen)

Ich schaute und sah welcher Bereich vom Denken abhängt – die Macht des Denkens über den Körper –, ungeheuer! Wir können uns gar nicht vorstellen, wie ungeheuer sie ist. Sogar ein unterbewußter Gedanke, manchmal ein unbewußter Gedanke, hat eine Wirkung, ruft unglaubliche Resultate hervor!… Ich untersuchte das. Seit zwei Jahren studiere ich das IM DETAIL – unglaublich! Wenn ich eines Tages die Zeit habe, das alles zu erklären, wird es interessant sein …

Winzig kleine mentale oder vitale Reaktionen, winzig klein, die für unser gewöhnliches Bewußtsein KEINERLEI Bedeutung zu haben scheinen – sie haben eine Wirkung auf die Zellen des Körpers und können eine Störung verursachen … Schaut man aufmerksam hin, erkennt man manchmal ein winziges Unbehagen, dreimal nichts (wenn man mit etwas anderem beschäftigt ist, merkt man es nicht), verfolgt man dann das Unbehagen, um zu sehen, erkennt man, daß es von etwas herrührte, das für unser aktives Bewußtsein unmerklich und „bedeutungslos" erscheint – das genügt bereits, um ein Unbehagen im Körper zu verursachen.

Deshalb ist das fast unmöglich zu beherrschen, ausgenommen man lebt willentlich und ständig in dem, was sie hier das Bewußtsein des Brahman nennen. Und das gibt uns auch den Eindruck, daß dem Körper manche Dinge zustoßen, die unabhängig … nicht nur von unserem Willen, sondern auch von unserem Bewußtsein sind – doch DAS IST NICHT WAHR.

Bleibt nur all das, was uns von außen erreicht – das ist am gefährlichsten. Ständig, ständig: mit der Nahrung erwischt man … was für eine Horde von Schwingungen! Die Schwingungen dessen, was man ißt, als es noch lebte (es bleiben immer welche), die Schwingungen der Person, die es kochte, die Schwingungen von … Die ganze Zeit, die ganze Zeit, ohne Unterlaß – mit dem Atem dringt es ein. Wenn man mit jemandem spricht oder sich unter Leute begibt, dann wird man natürlich etwas bewußter, daß etwas eindringt, doch selbst wenn man sich still hinsetzt, ohne mit anderen zu tun zu haben – das kommt! Die Wechselbeziehung ist beinahe absolut, die Isolation ist eine Illusion … Wenn man seine Atmosphäre stählt *(Geste, einen Schutzwall um sich zu errichten)*, kann man diese Dinge TEILWEISE auf Distanz halten, doch schon die Anstrengung, sie zu entfernen, bringt *disturbances* [Störungen] – (ich bin dabei, auf Englisch zu denken und französisch zu sprechen!). All das habe ich jetzt jedenfalls GESEHEN.

Ich weiß aber mit absoluter Sicherheit, wenn es einem gelingt, diese ganze Masse des physischen Mentals zu beherrschen und ihr in stetiger

Weise das Bewußtsein des Brahman einzuflößen, dann KANN man … dann ist man HERR über seine Gesundheit.

Deshalb sage ich den Leuten auch (nicht weil ich hoffe, sie könnten es verwirklichen, jedenfalls nicht jetzt, aber es ist immer gut zu wissen), daß dies KEINE Fatalität ist, daß es NICHT etwas ist, das sich völlig unserer Beherrschung entzieht, daß es KEIN „Naturgesetz" ist, über das wir keinerlei Einfluß haben – das ist nicht wahr. Wir sind wirklich Herr über alles, was zur Schöpfung unserer temporären Individualität vereinigt wurde; die Macht zur Beherrschung wird uns gegeben, wenn wir sie zu benutzen wissen.

Das bedeutet eine ungeheure Disziplin, eine ungeheure Tapasya.

Es ist gut, das zu wissen, um nicht unter diesem Gefühl der Erdrük-kung zu leiden, das einen überkommt, wenn die Dinge sich noch völlig eurer Beherrschung entziehen, diese Art Schicksalsergebenheit der Leute: sie werden geboren, sie leben, sie sterben, und die Natur ist erdrückend und wir sind Spielzeug von etwas viel Größerem, viel Stär-kerem als wir – das ist Die Lüge.

Für mich jedenfalls, für mein Yoga, war es erst als ich ERFUHR, daß ICH der Herr über alles BIN (wenn ich es VERSTEHE, dieser Herr zu sein, und mich diesen Herrn sein LASSE, wenn die äußere Dummheit einwilligt, zur Seite zu treten), da wußte ich, daß die Natur beherrscht werden kann.

Dann ist da auch diese alte Idee der Religionen chaldäischen und christlichen Ursprungs, dieses Gottes, vor dem wir etwas Unwürdiges sind, das keine wahre Verbindung erlangen kann – eine Kluft zwischen uns und ihm. Das ist schrecklich.

Das muß unbedingt aufhören.

Denn mit dieser Idee kann sich die Erde und die Menschheit NIEMALS verändern. Deshalb sagte ich auch immer wieder, daß dieser Gedanke das Werk der Asuras war; damit beherrschten sie die Erde.

Während man doch wissen muß, daß, wie schwer auch die erforder-liche Anstrengung, wie groß die Schwierigkeit, wie lang die erforder-liche Zeit und wieviele Leben es auch benötigen wird, das alles keine Bedeutung hat: man WEISS, daß man der Herr IST und daß der Herr und man selber ein und dasselbe sind. Das einzig Erforderliche ist … das GÄNZLICH zu wissen, daß nichts es bestreitet. Das ist der Ausweg.

Deshalb sage ich den Leuten: „Von eurem inneren Leben (von einem halbwegs inneren Leben, denn es ist nicht das tiefste) hängt eure Gesundheit ab."

Seit zwei Jahren sammele ich Erfahrungen IN DEN FEINSTEN EINZEL-HEITEN, den scheinbar vergeblichsten Dingen: dazu muß man bereit sein, man darf sich nicht in den Höhen verlieren, muß wissen, daß in der unscheinbaren Bemühung, in einigen Zellen eine wahre Haltung herzustellen, der Schlüssel zu finden ist.

Wenn man in das gewohnte Bewußtsein dringt, sind diese Dinge allerdings so subtil, erfordern eine so gründliche Beobachtung, daß es die Leute rechtfertigt (zu rechtfertigen *scheint*), wenn sie die Haltung einnehmen: „Oh, das ist die Natur, das ist das Schicksal, das ist der göttliche Wille!" Doch mit dieser Überzeugung ist das „Yoga der Perfektion" unmöglich, erscheint als eine utopische Phantasie – das ist FALSCH. Die Wahrheit lautet ganz anders.

(Schweigen)

… Wenn ich jemandem sage: „Ich kümmere mich um dich", weißt du was ich dann tue? – Ich verknüpfe seinen Körper mit meinem. Dann vollzieht sich die gesamte Arbeit in mir (soweit als möglich jedenfalls; im Wesentlichen ist es möglich, doch es bleibt eine Relativität in den Möglichkeiten, weil die Zeit noch eine Rolle spielt; aber soweit es möglich ist…) Dann interessiert es mich sehr, Vergleiche anzustellen und die Ergebnisse meiner Eingriffe zu erfahren – nicht zur Selbstverherrlichung (hier gibt es wirklich nichts zu verherrlichen!) –, sondern für die WISSENSCHAFTLICHE Untersuchung des Problems: zu wissen, wie man sich verhalten soll, wie unterschieden werden kann, was wirksam ist, was es nicht ist, welche Vorgangsweisen es gibt, usw.

Sogar wenn man sich nicht sehr gut fühlt, wenn man dann wenigstens sagen kann: „das macht nichts; was wir zu tun haben, werden wir tun" (diese Art Angst, nichts ausrichten zu können, ist sehr schädlich), sich in dem Augenblick aufrichtig sagen zu können: „nein – ich habe dieses Vertrauen in die göttliche Gnade – was ich zu tun habe, werde ich tun, und die Kraft, es zu tun, wird mir gegeben werden oder wird in mir entstehen", das ist die wahre Haltung.

Ich fühle, du gibst mir das.

30. Oktober 1960

*(Nach einer Meditation mit Mutter. Mutter hatte Satprem vorher
eine kleine Ledermappe mit dem Bild einer ägyptischen Freske
zum Geburtstag geschenkt.)*

Zeige mir nochmal diese Mappe … *(Mutter schaut)* … Nein, damit
hat es nichts zu tun.

Sobald die Meditation begann, sah ich Szenen aus dem alten Ägypten, die mir ganz und gar bekannt vorkamen. Du warst ein wenig
anders, aber dennoch sehr ähnlich … Das erste, was ich sah, war ihr
Gott mit diesem Kopf *(Geste einer Schnauze)*, mit einer Sonne über
dem Kopf. Ein Tierkopf, dunkel, mit … – ich kenne ihn SEHR GUT, aber
ich weiß nicht, um welches Tier es sich genau handelt. Eines ist ja der
Falke, und der andere hat einen Kopf … *(selbe Geste)*

Wie ein Schakal?

Ja, wie ein Schakal. Das ist es. Mit einer Art Leier und einer Sonne
über dem Kopf.[1]

Und dieser Gott stand in sehr enger Verbindung mit dir, fast als
wäret ihr verschmolzen: du warst wie ein Opferpriester und zugleich
drang er in dich ein.

Das dauerte an (dies ist, was ich am deutlichsten sah und woran
ich mich am besten erinnere). Aber da waren noch viele, viele andere
Dinge – alte Dinge, die ich kenne –, und sicherlich standen wir in SEHR
ENGER Beziehung zur Zeit Ägyptens, in Theben.

Dies ist das erste Mal, daß ich das für dich sehe – sehr, sehr …

Anfangs fragte ich mich, ob es zufällig die Erinnerung an diese
Mappe war. Ich stand noch unter dem Eindruck, dir etwas aus Ägypten gegeben zu haben, und erinnerte mich nicht mehr genau an das
Bild – ich bin froh, daß es sich nicht darum handelt!… Das war nur ein
kurzes Zögern, ich fragte mich, warum? Dann erschien mir, daß alle,
alle Dinge, selbst die scheinbar unwesentlichsten, alle von demselben
Bewußtsein veranlaßt werden, und zu demselben Zweck – was offensichtlich ist.

Aber das war interessant, deshalb begann ich es zu betrachten,
und ich ERLEBTE die Szene, die verschiedensten Szenen: Szenen der

---

1. In der Überlieferung half *Anubis*, der Gott mit dem Schakalkopf, Isis bei der
   Wiederherstellung des Körpers ihres Mannes Osiris, der von seinem Bruder Set
   umgebracht und zerstückelt worden war. Osiris war der erste Gott, der über die
   Menschen herrschte. Dank besonderer Riten gelang es Isis mit Anubis' Hilfe, ihn
   wieder zu beleben. Das erinnert an die Legende von Savitri und Satyavan.

Initiation, des Kultes usw, lange Zeit ... Dann erhob sich das, und herab kam ein sehr viel stärkeres Licht als das letzte Mal [bei der letzten Meditation], in einem wunderbaren Schweigen. (Ich muß dazusagen, daß ich zu Beginn der Meditation als erstes versuchte, das Schweigen um dich herum herzustellen, dich von den anderen Dingen abzuschirmen und das Mental ruhig zu halten: es machte einige kleine Sprünge, aber dann, als dieses Licht herabkam...) Es kam ganz und gar hieratisch herab ... von ägptischem Charakter – sehr okkult, sehr okkult, und sehr genau definiert, sehr präzise, so *(Geste eines Quaders von Schweigen, der herabkommt)*.

Dann folgte eine lange Periode vollkommen unbewegter Andacht. Sie wurde begleitet von etwas, das mir jetzt entgangen ist – vielleicht kommt es später wieder.

Danach ging ich plötzlich in eine kurze Trance. In der Trance sah ich dich, aber du warst ... wie soll ich es beschreiben? Physisch befandst du dich nicht ganz auf derselben Ebene wie ein gewisser Herr, den ich sah (ihn sah ich sehr konkret: er war etwas behäbig, mit breiten Schultern; nicht sehr groß, aber mit breiten Schultern, mit dunkler, europäischer Kleidung). Er nahm deine beiden Hände und begann sie enthusiastisch zu schütteln! (Du bliebst aber ungerührt, so wie du jetzt bist, indisch gekleidet und in Meditationsstellung.) Er nahm deine beiden Hände und schüttelte sie! Und ich hörte deutlich die Worte: „Gratulation, es ist ein großer Erfolg!" Es handelte sich um dein Buch[1]. Gleichzeitig sah ich alle möglichen Leute und Dinge, die von deinem Buch berührt worden waren – die verschiedensten Leute, offensichtlich Franzosen, oder jedenfalls Europäer: Frauen, Männer. Da war eine Frau (sie muß eine Schauspielerin oder eine Sängerin gewesen sein ... jedenfalls eine lebhafte Person ... sie trug ein Theaterkleid mit einem eng anliegenden Kostüm: ein schönes Mädchen!), und sie sagte jemandem: „Ah! Das gab mir das Gefallen am spirituellen Leben!" Es war höchst interessant ... Verschiedene solche Geschehnisse. Dann kam ich wieder aus dieser Trance heraus und ... Jedenfalls etwas, das ich am Ende für dich tun wollte und das gut gelang. Es verlief gut.

Aber davor, das war ein Stäuben von goldenem Licht. Als es herabkam, war es weiß mit einem goldenen Widerschein (dennoch weiß), und es kam wie eine Säule, mit einer MACHT!... Und das, was sich am Ende hier festigte, in diesem weißen Licht, das die ganze Zeit über blieb, war ein Stäuben von Gold – eine Fülle! Eine große Verwirklichungsmacht. Es fiel mir schwer, von dort herauszukommen! Anfangs

1. *L'Orpailleur,* der gerade erschien. In der Tat hat die Beschreibung des „Herrn" eine erstaunliche Ähnlichkeit mit dem Herausgeber.

hatte ich entschieden, zur halben Stunde wieder herauszukommen, also tat ich es, aber noch nicht ganz ...

Und du, mein Kind, was hast du gespürt?

Wenn ich mit dir meditiere ... Bei mir alleine hat es nie diese Macht, diese ... Es ist anders ... Manchmal ist es mächtig, aber ohne diese besondere Beschaffenheit. In manchen Augenblicken ist es mächtig, wenn ich alleine bin, aber nicht so.

Aber natürlich! Ich bin auch dort drüben in deinem Zimmer bei dir, wenn du meditierst. Aber es besteht doch ein Unterschied ...

Die physische Schwingung ist wichtig. Die Bedingungen der Transformationsarbeit bewirken, daß der physischen Schwingung Bedeutung zukommt. Ich spüre das, denn sobald ich etwas auf der physischen Ebene für jemanden tun will (physisch), steigt alles in den Körper herab. Der Körper wird ergriffen ... Ich sehe deutlich, daß ständig ganz und gar physische Schwingungen zum Einsatz kommen. Völlig anders. Die ganze Arbeit, die man von ferne leistet *(Andeutung des Kopfes und mentaler Handlung)*: das wirkt dort, aber ...

Sogar jetzt noch ist es, als wäre all das *(Mutter deutet auf ihren Körper, die Hände)* so vibrierend und lebend, daß es schwer fällt, die Grenzen zu spüren; als überragte es den Körper auf allen Seiten. Die Grenze besteht nicht mehr.

Es leuchtet aber noch nicht im Dunkeln. Denn das, was normalerweise im Dunkeln leuchtet, ist etwas anderes ... Das hatte ich, als ich mit Theon arbeitete (nach unserer Rückkehr nach Frankreich hielten wir gemeinsame Meditationen – er nannte das nicht „Meditation", sondern „Ruhe" – und wir taten es im Dunkeln), und da hatte es ... etwas wie eine Phosphoreszenz, ganz die Farbe von phosphoreszierendem Licht, wie manche Fische nachts im Wasser. Das kam [aus dem Körper], breitete sich aus, bewegte sich. Doch das ist vital; es ist von vitalem Ursprung. Die Kraft kommt von oben, aber das, was sich manifestiert, ist vital. Während es sich jetzt eindeutig um das goldene supramentale Licht handelt, in einem ... außerordentlichen Pulsieren von vibrierender Intensität ... Aber wahrscheinlich mangelt es ihm noch an ... was Theon „Dichte" nannte, das heißt ein Zwischenträger, um im Dunkeln sichtbar zu werden – doch dann wird es golden erscheinen, nicht phosphoreszent.

Jedenfalls ist es sehr, sehr konkret und materiell.

Nachts frage ich mich ... Manchmal ist es so intensiv, daß ich mich frage, ob es nicht strahlt. Nur kann ich nicht nachsehen, weil meine Augen geschlossen sind!

Noch letzte Nacht war ein Großteil der Nacht ... der Körper hatte keine Grenzen mehr: es bleibt nur eine große MASSE von Schwingungen.

Die Erfahrung von vorhin [während der Meditation] ist vermischt mit dem, was ich sonst nachts sehe (keine Kombination – vielleicht ist es eine Kombination?), denn es handelt sich um dasselbe Licht ... Wie ein Stäuben, kleiner als infinitesimale Punkte; ein Stäuben wie ein Regen von Atomen, jedoch mit einer ÄUSSERSTEN Schwingungsintensität – aber ohne sich fortzubewegen. Dennoch ist es stetige Bewegung ... Eine Bewegung in etwas, das auf der Stelle vibriert, ohne sich fortzubewegen (etwas bewegt sich schon, aber das ist subtiler, wie ein Strom von ungeheurer Macht; das fließt hindurch, aber das Milieu bewegt sich nicht: es vibriert auf der Stelle, mit äußerster Intensität). Was hier genau der Unterschied ist, weiß ich nicht ... Nachts wirkt es weniger golden, das Gold ist weniger sichtbar, während der Rest stärker hervortritt: das Weiß, das Blau und eine Art Rosa ...

Ah! Jetzt erinnere ich mich! Eben, in der zweiten Phase, nach Ägypten, war es ROSA! Oh, wie ... wie das Ende eines Sonnenaufgangs, wenn es sehr hell, sehr leuchtend wird. Eine wunderbare Farbe! Das kam und kam, in Fluten – das war neu. Das sehe ich sehr selten. Bei unserer letzten Meditation war das überhaupt nicht da. Und es kam mit einer solchen Freude im Inneren!... Ganz und gar ekstatisch. Es hielt lange an. Und von dort ging ich in diese Trance, in der ich *(lachend)* den Herrn sah, der dir gratulierte! Ich hörte (die Stimme war, was mich aus der Trance rief, und da sah ich ihn): „Gratulation, es ist ein großer Erfolg!" *(Mutter lacht)*

Es ist gut. Diese Meditationen wollen wir ab und zu machen. Für mich ist es angenehm, insofern als ich mich nicht zurückhalten oder einschränken oder verschleiern muß. Es ist gut.

Und ich sehe, was herabkommt, es ist gut.

Etwas ist sehr zufrieden, sehr zufrieden, und sagt: „Es ist gut, es ist gut!" Zufrieden, eine Art Befriedigung darüber.

Mein Eindruck ist, daß wir in einiger Zeit, vielleicht nicht sehr fern, etwas einrichten können, eine Art ... es wird nicht mehr persönlich sein, wir werden etwas einrichten können.[1]

Gut, mein Kind.

*
* *

(Kurz darauf, beim Weggehen)

Das ist alles, du hast nichts zu sagen, keine Fragen?

---

1. Die irdische Arbeit, die durch die *Agenda* geschehen wird.

Ich zähle vor allem auf deine Kraft, um Ordnung in meinen Körper zu bringen.

Aber natürlich! Doch die Ordnung stellt sich vor allem ein, wenn man etwas stark ist. Je gebrechlicher man wird, um so mehr wird alles gestört.

Alles, was ich weiß, ist, daß man HIER sehr vorsichtig sein muß, die Widerstandskräfte des Körpers nicht zu schwächen (ich meine nicht nur in Indien, sondern hier im Ashram). Hier ist das wichtig, die Grundlage muß solide sein, sonst wird es schwierig. Je mehr die Kraft herabkommt – wie das, was jetzt gerade kam –, um so mehr muß der Körper etwas … stabil sein. Das ist wichtig.

Weißt du, ich habe alles versucht, von totalem Fasten bis zur Fleischnahrung, alles, alles. Und ich merkte, daß man beim Fasten zwar angenehme Erfahrungen macht, aber es ist nicht gut, das darf man nicht tun – das sind alte Ideen. Nein, der Körper muß solide sein. Solide, sonst …

(Mutter reicht Satprem eine Blume, die sie „Zusammenarbeit"
nannte: eine Nelke)

Heute sehe ich dich nicht mehr?… Nein, nachmittags sind es zu viele Leute, das ist nicht angenehm … Gut.

5. November 1960

… Mit diesen Dingen aus der Vergangenheit ist es seltsam: wenn sie jetzt kommen und ich sie erzählt habe, dann verlöschen sie. Als kämen sie noch einmal, um sich zu verabschieden, bevor sie verschwinden.

All diese „Erinnerungen" (aber es sind wirklich Bilder) zeigen sich noch einmal mit ihrem Gehalt an Wissen, an Wahrheit und an HILFE, die sie bedeuten; sie kommen und sagen: „siehst du, dies ist der Ursprung von jenem" – eine ganze Kurve. Und sobald ich gesehen habe, verschwindet es.

Eines Tages wollte ich den Versuch machen und bemühte mich, die Erinnerung an etwas Vergangenes zurückzurufen, weil mich dessen Inhalt interessierte; ich versuchte – unmöglich! Weggefegt, verschwunden. Da verstand ich, daß es kommt, sich zeigt (man muß AUFMERKSAM sein, erkennen, wozu es diente), und dann geht es weg.

Eine ganze Reihe von Umständen habe ich auf diese Weise vollkommen vergessen; wenn man mich daran erinnert (weil um mich Leute sind, die mit mir lebten und diese Dinge miterlebten und sich daran erinnern), dann habe ich den Eindruck, sie sprechen von jemand anderem oder von etwas anderem: das hat keinerlei Beziehung mehr zu mir. Und so ist es für alle Dinge, nah oder fern, die meinem Bewußtsein brachten, was sie zu bringen hatten, ihren Nutzen verloren und – verschwanden. Nur bei den anderen haben diese Erinnerungen vermutlich noch einen Nutzen, für sie, deshalb bleiben sie. Aber für mich ist es zur Gänze verloschen, vollkommen, als hätte es nie existiert.

Das ist die einzige Art zu vergessen.

Oft versucht man, die Vergangenheit zu vergessen, aber das ist vergeblich. Erst wenn sie euch die ganze Lehre gebracht hat, die sie euch im Leben bringen sollte (das reift langsam: man sieht die Sache in ihrer tiefsten Wahrheit), dann ist ihr Nutzen vergangen, sie verschwindet.

Im Grunde bin ich überzeugt, daß das Karma nur aus Dingen besteht, die man mit sich schleppt und derer man sich nicht auf die wahre Weise bediente ... Hat man vollkommen und deutlich die Lehre gelernt, die dieses Ereignis oder jener Umstand einem bringen wollte, ist es vorbei, sein Nutzen ist vergangen und es löst sich auf.

Es ist interessant, diese Erfahrung zu verfolgen, zu beobachten.

*
* *

Kurz darauf

Ich drang in einen Ort hinab ... einfach ein Ort des menschlichen Bewußtseins und folglich notwendigerweise ein Ort meines Körpers ... Noch nie zuvor sah ich etwas so Ängstliches, so Furchtsames, so Schwächliches, so Kleinliches! Das muß ein Teil der Zellen sein, etwas, ein Teil des Bewußtseins, der in Besorgnis, Schrecken, Zweifel und Furcht lebt ... Wirklich, wirklich schauderhaft.

Und das tragen wir in uns! Wir merken es nicht, es ist beinahe unterbewußt, denn das Bewußtsein ist hier und verhindert, daß man sich gehen läßt – es ist feige, und das ist, was euch IN EINER MINUTE krank machen kann. Bei mir selbst sah ich Dinge, die geheilt wurden, die beherrscht wurden (auf die wahre Weise geheilt, nicht rein äußerlich), und sie kehren zurück! Es war geheilt, und es fängt von neuem an.

Deshalb machte ich mich auf die Suche nach dem Ursprung. Und es handelt sich um etwas im Unterbewußten – im Unterbewußtsein der Zellen. Dort hat es seine Wurzel, und beim geringsten Anlaß ... Es liegt so tief innen, daß ... Ein Beispiel: man fühlt sich völlig gut, der Körper ist vollkommen harmonisch (und wenn der Körper vollkommen harmonisch ist, sind auch die Gesten harmonisch, die Dinge liegen am rechten Platz, alles ordnet sich, wie es sich gehört, ohne daß ihr euch im geringsten darum kümmern müßt: eine allgemeine Harmonie), dann schlägt plötzlich eine Uhr oder jemand sagt ein Wort, und es gibt einem nur ein kleines Gefühl: „Oh, es ist spät! Ich werde zu spät kommen" – eine Sekunde lang, eine viertel Sekunde, und ... der gesamte Ablauf des Körpers wird gestört. Plötzlich fühlt man sich schwach, müde, unbehaglich. Und man muß eingreifen. Das ist schrecklich! Wir sind der Willkür dieser Dinge ausgeliefert!

Man muß dort hinabdringen, um das zu verändern – das tue ich jetzt. Aber es verursacht schlechte Stunden. Nun, wenn das getan ist, wird es der Mühe wert sein. Dann erkläre ich es dir. Und dann werde ich auch fähig sein, dich physisch in guten Zustand zu bringen.

8. November 1960

(Nach einem Gespräch mit G, einem entfernten „Anhänger", dem ein lockerer Lebenswandel nachgesagt wird und der Gegenstand vieler „moralistischer" oder sogar „yogischer" Kritiken von Seiten der „wahren Schüler" des Ashrams wurde.)

Er lebt in einem Bereich (und im Grunde ist das der Bereich, in dem die Mehrzahl der sogenannten kultivierten Menschheit lebt), der aus einer vitalen Schwingung besteht, die das Mental durchdringt und sich der Vorstellungskraft bedient. Ich will nicht streng oder kritisch sein, aber das ist eine Welt, die sich ein Schauspiel vormacht. Man könnte es nicht direkt als Komödiantentum bezeichnen, nein, sondern das Bedürfnis, sich selbst eine Komödie vorzuspielen. Das mag eine heroische Komödie sein, eine dramatische Komödie, eine tragische Komödie oder einfach eine poetische Komödie – und in neunundneunzig Prozent der Fälle ist es eine Liebeskomödie. Dann zeigen sich mir diese „Seelenzustände" (!) mit ihrem verbalen Ausdruck ... *(lachend)* ich halte mich zurück, Dinge zu sagen! Weißt du, wie bei einem Kostümverleih. Man bekommt den Eindruck, alles steht dort bereit: ein kleiner Ruf, und es kommt, maßgeschneidert. In diesem oder jenem Fall sagt man: „Sie sind die Frau meines Lebens!" (das wird so oft wiederholt wie nötig), in jenem anderen Fall sagte man ...

Mir schien auf einmal, als hielt ich eine ganze solche Welt, diese ganze menschliche Lebensweise in den Armen. Ja, wie eine Bühnenausstattung, eine Verzierung, ein Ornament – ein Ornament für das Dasein, damit es nicht völlig platt und eintönig sei –, als sei dies das beste Mittel, das das menschliche Mental finden konnte, um dem Tamas zu entkommen. Eine Art Kunstgriff.

Die strengen und ernsten Leute (wir haben zwei Exemplare hier, aber ich möchte ungern Namen nennen) ... Manche Wesen sind so streng, so ernst, so aufrichtig, die halten das für Hypokrisie; und wenn es an gewisse (wie soll ich sagen?) Überschwänge des Vitals grenzt, nennen sie es Sünde. Andere verbrachten ihr ganzes Leben in yogischer und religiöser Disziplin: sie betrachten dies als das Hindernis, die Illusion, die Unreinheit *(Geste der Zurückweisung in Abscheu),* aber vor allem ist es diese „schreckliche Illusion, die euch daran hindert, dem Göttlichen nahe zu treten." Ich sah gerade die Reaktionen von zwei Leuten hier, und als ich das sah, dachte ich ... Ich FÜHLTE so stark, daß auch dies das Göttliche ist, daß auch dies eine Weise ist, aus etwas herauszukommen, das seinen Platz in der Evolution hatte und individuell noch immer seinen Platz für manche Einzelpersonen besitzt. Wenn man darin sitzen bleibt, dann bedeutet es natürlich den endlosen Kreis; es wird immer (nicht ewig, aber endlos) „die Frau meines Lebens" sein, um das als Symbol zu nehmen. Hat man das einmal verlassen, erkennt man, daß es seinen Platz, seinen Nutzen hatte; daß es euch aus einer Art Weisheit und Ruhe heraushalf, die sehr tierisch waren – Ruhe der Herde, des Wesens, das nicht über das Leben des gegenwärtigen Tages hinausblickt. Es war notwendig. Man darf das nicht verdammen, man darf es nicht mit Schimpfwörtern belegen.

Der Fehler, der begangen wird, ist, zu lange darin zu bleiben, denn das bedeutet, man verbringt sein ganzes Leben darin, und dann werdet ihr wahrscheinlich noch viele weitere Leben brauchen. Hat man aber die Gelegenheit herauszukommen, kann man das mit einem Lächeln betrachten und sagen: im Grunde ist es, ja, die Liebe zum Romanhaften – man liebt das Romanhafte, man wünscht es sich, man braucht es! Sonst langweilt man sich, und das ist sehr öde!

All das erschien mir gestern. Eine halbe Stunde, fast dreiviertel Stunde behielt ich G hier. Er erzählte mir sehr interessante Dinge; was er zu sagen hatte, war sehr gut, und ich ermutigte ihn sehr: eine Handlung, die völlig auf dem richtigen Weg liegt und sehr nützlich sein wird, und ein Buch ... leider vermischt mit dem Einfluß dieser künstlichen Welt (aber im Grunde kann man sich auch dessen als Verbindungsmittel bedienen, um Leute anzuziehen). Er muß dir davon erzählt haben: er will eine Art Dialog schreiben, um Sri Aurobindos

Gedanken einzuführen – eine gute Idee –, wie die Gespräche in den Büchern von Jules Romains in *Les Hommes de Bonne Volonté*, Jufanon und ich weiß nicht mehr, wer. Das hat er vor, und ich sagte ihm, es wäre eine hervorragende Idee. Nicht nur mit einem Menschentyp, sondern mit all den Sorten von Leuten, die sich bis jetzt dieser Vision des Lebens verschließen: vom Katholiken, dem inbrünstig Gläubigen, bis zum hartgesottenen Materialisten, dem Wissenschaftler, usw. Das könnte sehr interessant werden.

Und so geht es bei allem, man sieht es im Leben: alles hat seinen Platz, seine Notwendigkeit. Das zeigte mir einen ganzen Lebensstrom … Während einer langen Periode meines Lebens war ich sehr eng verbunden mit den Leuten dieses Milieus – und im Grunde stellt es den ersten Annäherungsversuch an die Schönheit dar. Nur vermischt es sich.

(Mutter bleibt einen Moment in Betrachtung)

Man könnte das Tamas im Leben als die Erde betrachten (die nackte Erde, fest und hart), und der Eingriff des Vitals ist wie das fließende Wasser. Wenn es die Erde berührt, ergibt es als erstes Schlamm! Keine Proteste, das ist so. Und das bewirkt, daß die Erde anfängt, nicht mehr ganz so hart und abweisend zu sein, daß sie empfänglicher wird.

Das ist eine Annäherungsweise, überhaupt nicht mental oder intellektuell und (weiß Gott!) nicht im geringsten moralistisch: keinerlei Begriff von Gut und Böse und all diesen Dingen, nichts derartiges. Es kommt eine Zeit im Leben, wenn man ein wenig nachdenkt und all das von einem allgemeinen, universellen Gesichtspunkt betrachtet, wo die moralischen Begriffe völlig verschwinden – AUS EINEM ANDEREN GRUNDE. Dort handelte es sich um … eine Weise, die Schönheit anzugehen, die bewirkt, daß man sie selbst dort findet, inmitten selbst dessen, was der normalen Sicht als häßlich und schmutzig erscheint. Die Schönheit versuchte sich in diesem Etwas auszudrücken, das für die normale Sicht häßlich, schmutzig, hypokritisch ist. Jener, der große Anstrengungen unternommen hat und sich sehr zurückhielt, betrachtet das mit Mißbilligung.

Instinktiv empfand ich seit meiner jüngsten Kindheit niemals Verachtung oder … wie soll ich sagen?… (ach! gerade dachte ich auf Englisch), weder Abscheu noch Mißbilligung, strenge Kritik oder Ekel vor den sogenannten Sünden.

(Schweigen)

Mir widerfuhren die verschiedensten Dinge in meinem Leben, immer mit dem Gefühl einer Art so UNANTASTBAREN Lichts, so vollkommen rein (nicht im moralistischen Sinn: rein Licht!), daß es überall hingehen konnte, sich mit allem vermengen konnte, ohne je mit irgend etwas vermischt zu werden. Von ganz klein auf fühlte ich diese Flamme – eine weiße Flamme. Und NIEMALS empfand ich Ekel, Abscheu, Zurückweisung oder das Gefühl, beschmutzt zu werden – von nichts und niemandem. Stets war es diese Flamme, weiß – so weiß, daß nichts sie hindern konnte, weiß zu sein. Das fühlte ich in sehr ferner Vergangenheit (jetzt ist meine Zugangsweise völlig anders: sie kommt von oben, und ich habe andere Gründe, die Reinheit in allem zu erkennen). Doch das kehrte anläßlich der Begegnung mit G zurück (der Kontakt): ich spürte nichts, absolut nichts. Hinterher wurde mir gesagt: „Oh! wie ist er dies, wie ist er jenes, und was ist aus ihm geworden!..." Jemand sprach sogar von „Fäulnis" – darüber muß ich lächeln. Denn das existiert für mich nicht.

Was ich sah, war diese Welt, dieser Bereich, in dem das Leben so ist, weil es nötig war, von unten wegzukommen, und dies ein Mittel war – es ist ein Mittel, es war das einzige Mittel. Das unerläßliche Eindringen der vitalen Formation und Schöpfung in die materielle Welt, in die leblose Materie. Und zwar ein intellektualisiertes Vital, ein Vital, das Ideen hat, „künstlerisch" veranlagt ist; es enthält sogar die ersten Lichter, die ersten Tropfen der Poesie – diese Poesie von ganz oben, die das Mental übersteigt und bereits ein Ausdruck des Geistes ist; wenn diese ersten Tropfen auf die Erde fallen, ergibt es Schlamm.

Ich fragte mich auch, warum (eines Tages werde ich auch das verstehen), warum man so starr und so streng war, warum verdammte man? Ich sage das, weil ich mich in meiner Tätigkeit sehr oft an diesen zwei Geisteszuständen stoße (die strenge und ernste Einstellung, die darin Hypokrisie oder Sünde sieht, und die religiöse und yogische Einstellung, die die Illusion sieht, die euch von der Annäherung an das Göttliche abhält), und ohne beschuldigt zu werden, werde ich beschuldigt ... Eines Tages erzähle ich dir das ...

Du wirst beschuldigt?

Ja, natürlich ohne es zu wagen, mich öffentlich zu beschuldigen. Doch ich weiß es. Einerseits meinen sie (oh! nicht nur deswegen, sondern aus vielen Gründen), daß es wegen einer *looseness* [Lockerheit] meinerseits ist. Die andere Seite[1] kennst du gut: das war aus anderen Gründen und in einem etwas verschiedenen Bereich, nicht derselbe, aber auch in diesem Bereich sind sie streng. Mir wurde sogar gesagt, es wären Leute im Ashram, die nicht hier sein sollten.

---

1. Die Seite des tradionalistischen Tantrismus.

Ich antwortete, daß alle Menschen auf der Welt im Ashram sein sollten!

Und weil ich nicht alle aufnehmen kann, muß ich wenigstens einen Repräsentanten jeder Sorte aufnehmen.

Es wird auch empfunden, daß ich viel Zeit und viel Kraft (und vielleicht viel Aufmerksamkeit) für Leute oder Dinge aufwende, die mit größerer Strenge betrachtet werden sollten. Das hat mich nie sonderlich gestört! Das macht nichts, sollen sie sagen, was sie wollen.

Doch seit dem Besuch von G gestern, und besonders heute morgen am Balkon war es … Früher sah ich das, dieses ganze nicht allzu hübsche Milieu, und ich hatte gesagt: „Gut, sei es so, so ist es nun mal", und hatte es nicht angefochten: „Das ist so, und die gesamte Welt gehört dem Herrn – IST der Herr. Der Herr hat sie gemacht und der Herr will sie so, also ist es gut." Dann hatte ich das beiseite gelassen. Aber mit diesem Besuch gestern nahm es einen so lächelnden Platz ein! Und eine ganze solche Welt von Dingen ist dort wohl plaziert – mit einem Lächeln!

(Schweigen)

Als würde sich plötzlich etwas wunderbarerweise öffnen: das stellte einen ganzen Teil des irdischen Lebens an seinen Platz. Wirklich interessant.

(Schweigen)

Wie seltsam!… Man hat den Eindruck seines Aufstiegs, seines Fortschritts im Bewußtsein, und alle die Dinge folgen mit unbestreitbarer Logik aufeinander: die Ereignisse des Lebens, die Umstände; man sieht den göttlichen Willen sich mit wunderbarer Logik entfalten. Und dann erscheint hier und dort eine kleine „Sammlung" von Umständen (vereinzelt oder wiederholt), wie … Unebenheiten auf dem Weg, die man sich nicht erklären kann – man läßt sie beiseite „für später". Manche sind von beträchtlicher Bedeutung, aber sie scheinen nicht der aufsteigenden Linie der gegenwärtigen Individualität zu folgen. Derartige Dinge erscheinen verstreut, manchmal mit Wiederholungen, manchmal nur einmal, und dann verschwinden sie. Wenn man das erlebt, meint man: diese Dinge werden beiseite gestellt, für später. Und dann kommen diese „Unebenheiten" plötzlich eine nach der anderen zurück (vor allem in den letzten zwei Jahren, seit ich wieder nach unten komme und all das wieder aufnehme). Sie folgen aber nicht derselben Kurve, das ist es nicht: plötzlich erreicht man irgendwo einen besonderen Zustand und eine gewisse unpersönliche Fülle, die das Individuum weit überragt, und dieser neue Zustand tritt in Beziehung

445

mit einer dieser alten „Unebenheiten", die im tiefsten Unterbewußtsein überblieb; das läßt sie wieder hervortreten, die beiden begegnen einander – und es entsteht eine Explosion von Licht. Alles erklärt sich, alles wird verstanden, alles wird deutlich! Keine Erklärungen erforderlich: es ist OFFENSICHTLICH.

Das ist eine ganz andere Art des Verständnisses – kein Aufstieg, nicht einmal eine Herabkunft, keine Inspiration ... es muß das sein, was Sri Aurobindo „Offenbarung" nennt. Die Begegnung der unterbewußten Aufzeichnung, dieser darin verschlossen gebliebenen Sache, die dort festgehalten wurde, damit sie nicht zum Ausdruck kommt, die plötzlich hervorspringt und dem Licht von oben begegnet, dem sehr weiten Bewußtsein, das nichts ausschließt ... und daraus entspringt ein Licht – oh! blendend – wie eine Neuerklärung der Welt oder zumindest dieses Teils der Welt, der unerklärt geblieben war.

Das ist die wahre Art zu wissen.

Diese Dinge sind wie Etappen auf dem aufsteigenden Pfad: Stückchen für Stückchen schreitet man voran, manchmal mühselig, manchmal freudig, oder mit einer gewissen Anstrengung, die noch die Gegenwart des Persönlichen, des Individuums und seiner Grenzen beweist (die *Entretiens* sind voll davon), aber dieses andere ist verschieden, völlig verschieden: dieses andere ist eine überfließende Freude, nicht nur die Freude zu wissen, sondern die Freude ZU SEIN. Eine überfließende Freude.[1]

Gut, mein Kind.

... Wenn du nicht hier wärst, würden all diese Dinge nie gesagt.

Ich weiß nicht warum. Ich weiß nicht warum, ich würde sie nicht erzählen. Ich weiß warum ich sie dir sage – darüber verriet ich dir schon ein paar Worte, gab dir einen *hint* [Hinweis]. Ich sagte dir, daß es einen Grund gibt.

Ja, aber du sagtest nicht welchen!

(*Mutter lacht*) Weil das keine gewöhnlichen Gründe sind, keine Gründe, die man erklären kann!! Nein, es ist ... es ist dasselbe: eine Verbindung.

Ich weiß den Grund, ich sagte dir, daß ich eine Vision hatte, aber du verstandst nicht, was ich dir an dem Tag sagte. Ich hatte eine Vision des Platzes, den du in meinem Wesen einnimmst, und der Arbeit, die wir

---

1. Einige Zeit später kam Mutter auf diese Erfahrung zurück und fügte folgende Bemerkung hinzu: „Dies ist eine sehr interessante Erfahrung. Ein sehr mächtiger Hebel, um die moralistische Anschauungsweise in ihrer Enge abzuschaffen. Genau das begegnet mir ständig in den Leuten: all diese Leute, die eine spirituelle Anstrengung unternehmen, bringen mir Kippkarren von Moralität!"

zusammen zu tun haben. Jedenfalls ist das so. Das heißt, diese Dinge [die Mutter erzählt] haben ihren Nutzen und ihr konkretes Leben, und ich sehe sie als sehr mächtig für die Transformation der Welt – was ich „eine Erfahrung" nenne (es ist viel mehr als eine Erfahrung, weil es die Individualität auf allen Seiten überragt) – und ob sie gesagt werden oder nicht gesagt werden, ist gleichgültig: die Aktion vollzieht sich. Doch die Tatsache, daß sie gesagt werden, hier formuliert werden, aufgehoben werden, das geschieht ausschließlich für dich, weil du dazu geschaffen wurdest und wir uns dazu begegneten.

Das erfordert keine großen Erklärungen.

Selbst Sri Aurobindo sagte ich diese Dinge nicht, weil ich seine Zeit nicht verschwenden konnte und ich es für völlig überflüssig hielt, ihn mit all dem zu belästigen. Manchmal erzählte ich ihm … Ich sagte es ihm immer, wenn ich Visionen, Erfahrungen in der Nacht hatte – das erzählte ich ihm immer. Und er erinnerte sich daran (ich selber vergaß; am nächsten Tag war alles weg), er erinnerte sich; und manchmal lange Zeit danach, viele Jahre später, sagte er: „Ah! Damals hatten Sie dies gesehen." Er erinnerte sich bestens. Ich hatte schon alles vergessen. Aber das waren die einzigen Dinge, die ich ihm sagte, und nur wenn ich sah, daß es von sehr sicherer Beschaffenheit war, sehr erhaben. Ich langweilte ihn nicht mit einem Schwall von Worten. Doch ansonsten … sogar Nolini, der gut versteht … ich spürte nie, nie (nicht das Bedürfnis), aber nicht einmal die MÖGLICHKEIT. So ist es.

Ich will es dir nicht zu genau sagen, dir erklären, denn diese Dinge haben keine Erklärungen. Ich will, daß du – nicht daß du es weißt, nicht daß du es denkst, sondern daß es plötzlich kommt, einfach so, wie ein kleiner innerer Stromschlag, daß du es fühlst.

Das wird kommen.

Wir sind ziemlich dickfellig, weißt du …

Dieses Mental ist schrecklich. Es ist lästig. Um eine Erfahrung zu haben, wie die, von der ich eben sprach, muß man ihm sagen: „Komm jetzt, halte den Mund. Halte den Mund, halte dich ruhig." Wenn man ihm freien Lauf gibt und das Pech hat, ihm zuzuhören, verdirbt es alles. Das ist es, was man lernen muß.

Aber die Anstrengung nützt nicht viel, Kind, es ist … *(langes Schweigen)* … man kann es Gnade nennen, man kann es einen „Kniff" nennen – zwei sehr verschiedene Dinge, und dennoch hat es etwas von beiden.

Wenn ich nur meinen Kopf zum Schweigen bringen könnte!

Das ist schrecklich. Schmerzlich, ermüdend.

Und je mehr man sich bemüht, um so mehr regt er sich auf.

Genau das ist es. Das sagte ich dir, es ist kein Ergebnis einer Anstrengung … Im Grunde kommt es manchmal, wenn ich nicht daran denke, von selber. Eines Tages werde ich dir vielleicht helfen können.

Ohne Datum 1960

(Handschriftliche Notiz von Mutter an Satprem)

In dem Augenblick,
wo
du es am wenigsten erwartest.

12. November 1960

(Seit fast zwanzig Tagen regnet es ununterbrochen)

Ein Zyklon traf Chittagong, eine Flutwelle ich weiß nicht wo … Der Zyklon muß sich in der Küste geirrt haben! Denn Karachi hätte nach Xs Vorhersagungen verschwinden sollen.

Er sagt, 1962 oder 1963 würde Karachi völlig verschwinden. Und dreiviertel von Bombay unter Wasser!

Vor einiger Zeit begannen auch die Vulkane sich zu regen; dadurch hob sich das Meer und überschwemmte verschiedene Gebiete in Japan und unterwegs, aber es kam nicht bis nach Indien. Als ich in Japan wohnte, wurde auf die Weise eine ganze Insel verschluckt, mit ihren 30000 Einwohnern, gluck!

Das finden sie lustig, diese Wesen; das sind ihre Spielchen – sie stehen einfach nicht auf unserem Maßstab, das ist alles. Sie betrachten uns wie Ameisen, und was bedeutet das schon für sie! „Wenn ihr das nicht lustig findet, ist es euer Pech!" Nur, Ameisen können keinen

Einspruch erheben, oder jedenfalls verstehen wir ihre Proteste nicht! Während wir Protest erheben und uns Gehör verschaffen können. Wir haben die Mittel, uns Gehör zu verschaffen.

Haben wir?

Gewiß, wir KÖNNEN uns Gehör verschaffen. Bis jetzt habe ich noch nichts gesagt. Das überraschte mich sogar, ich blieb völlig außerhalb von all dem, schenkte dem keine Aufmerksamkeit: es regnet – gut, dann regnet es eben, das ist nun mal so. Es regnet nicht? – Gut, dann regnet es nicht, ist dasselbe. Dann, nach und nach beschwerten sich die Leute, wenn es so weiterginge, könnten sie ihre Übungen nicht machen: sie werden am 2. Dezember nicht bereit sein.[1] Dann schickten mir andere ihre verzweifelten Briefe. (Eine Person sagte mir sogar, daß sie ihre Pudja unter Wasser machte. Ich antwortete: „Nehmen Sie es als eine Segnung des Herrn!" Aber ich bin nicht sicher, daß sie es schätzte!) Dann erfuhr ich, daß zweihundert – zweihundert! – Häuser [im Ashram] undicht sind. Jeder hat es natürlich sehr eilig: „es ist äußerst dringend". Vielleicht werde ich also eine Beschwerde einreichen, diese Wesen fragen, was sie damit sagen wollen!

Nein, wenn die Kommunikationswege unterbrochen werden, fängt es an ärgerlich zu werden … Wir werden sehen.

(Nach einem kurzen Schweigen) Wir haben nicht mehr genug Zeit, um zu arbeiten, es ist schon zu spät. Und man sieht nicht gut. Hattest du etwas mitgebracht?

Ja, von den Entretiens.

Noch mehr Geschwätz!

Apropos, ich sah wieder Ts letzte Fragen zu den *Aphorismen*. All diese Kinder haben nicht den geringsten Sinn für Humor, da stürzen Sri Aurobindos Paradoxe sie in eine Art Verzweiflung!… Der letzte Aphorismus sagte in etwa: „Am Tage, wo ich ein langweiliges Buch von Anfang bis Ende lesen konnte, und mit Freude, da wußte ich, daß ich mein Mental erobert hatte."[2] Da fragt T mich: „Wie kann man mit Freude ein langweiliges Buch lesen?"!! Ich mußte es ihr erklären. Ich werde genötigt, einen etwas ernsten Ton zu wählen, denn würde ich in demselben humoristischen Ton antworten, wären sie völlig überschwemmt! Das wirft sie in eine schrecklich Verwirrung!

---

1. Für das jährliche Sportfest im Ashram.
2. Der vollständige Text des Aphorismus lautet: „Als ich ein langweiliges Buch von Anfang bis Ende las, und mit Freude, dabei aber gleichzeitig die Vollkommenheit seiner Langeweile erkannte, da wußte ich, daß mein Mental erobert wurde."

Das kommt von einer mangelnden Flexibilität des Geistes; sie stehen der Ausdrucksweise nicht frei gegenüber; die Worte sind starr für sie. Das erklärte Sri Aurobindo sehr gut in *The Secret of the Veda;* er zeigt, wie die Sprache sich entwickelt und wie sie früher sehr flexibel und aussagekräftig war: es war zum Beispiel möglich, gleichzeitig an einen Fluß und an die Inspiration zu denken. Sri Aurobindo gibt auch das Beispiel des Segelschiffes und des Lebensweges. Und er sagt, dies war für die Menschen der vedischen Zeit vollkommen natürlich: die beiden Dinge existierten zusammen, einander überlagert; das war nur eine Art, dieselbe Sache von zwei verschiedenen Seiten zu betrachten; jetzt hingegen, wenn man ein Wort sagt, denkt man nur an dieses Wort alleine, und es erfordert eine ganze literarische oder poetische Ausmalung (noch dazu mit Erklärungen!), um verstehen zu können. Für diese Kinder ist das so, sie befinden sich in einem Stadium, wo alles fixiert ist. Das ist die moderne Erziehung. Man sucht selbst die kleinsten Unterschiede der Nuancen von zwei Wörtern und FIXIERT sie: „Und macht ja keinen Fehler, benutzt nicht dieses Wort statt jenem, sonst schreibt ihr in schlechtem Stil." Während es doch genau das Gegenteil ist!

(Schweigen)

Und du schläfst schon im Wasser?

Soweit ist es noch nicht!

Ja, alles schimmelt, alles, alles, was man berührt. Man schläft in feuchten Betten; die Wollteppiche oben fühlen sich an, als trete man auf Moos – wie im Wald! Mir macht das nichts aus.

Mit einer bestimmten Empfindlichkeit kann man es fühlen, wenn der Wassergehalt der Luft zunimmt. Bevor es regnet, fühle ich immer einige Stunden im voraus so etwas wie Wassertröpfchen auf den Körper fallen. Ich kann immer sagen: es wird regnen (das ist ganz und gar physisch; einzig eine verschärfte Empfindlichkeit). Ich fühle wie kleine Wassertröpfchen, wie wenn es nieselt, du kennst das Gefühl? Ein sehr feiner Wasserstaub fällt auf den Körper. Dennoch ist der Himmel klar, und ich sage: sieh, es wird regnen. Und es regnet – ich spürte es. Ich spürte das Wasser, und einige Stunden später kommt es immer.

(Schweigen)

Du fragtest mich vorhin, ob wir etwas in der Angelegenheit zu sagen hätten: letztes Jahr ging ich nicht hinaus; ich hatte nicht die Absicht, für die Feier am 2. Dezember zum Sportplatz oder zum Theater zu gehen, aber von allen Seiten bat man mich um schönes Wetter. Oben, bei meinem Japa, begann ich dann zu sagen, daß es schönes Wetter geben solle. Aber „sie" waren nicht sehr guter Laune! (Denn wenn ich selber hinausging, hatte das eine Wirkung: es hielt die Sache in Schach, und selbst wenn es am Vortag regnete, dann hörte es an dem Tag eben auf.) Aber da sagten sie mir: „Du gehst nicht hin, also macht es keinen Unterschied." Ich betonte, mir läge daran. Dann antworteten sie: „Bist du bereit zu akzeptieren, daß es das nächste Mal, wenn du nach draußen gehst, regnet?" Ich sagte: „Macht, was ihr wollt." Als ich am 24. November zur Preisverleihung kam, gab es eine wahre Überschwemmung! Es fiel in Sturzbächen, wir mußten ins Gymnasium flüchten, alle plantschten im Wasser, die Blaskapelle spielte halb durchnäßt auf der Veranda, es war fürchterlich! – Am Tag davor regnete es nicht und am Tag danach regnete es nicht. Aber am Tag selbst hatten sie ihre Rache!

Das will ich diesmal nicht wieder haben. Einmal genügt. Deshalb werde ich sehen.

(Schweigen)

Das alles wird in *Savitri* hervorragend erklärt: all diese Dinge haben ihre Gesetze und ihre Übereinkommen (und in Wahrheit erfordert es wirklich eine UNGEHEURE Macht, um etwas an ihren Rechten zu ändern, denn sie haben so etwas wie Rechte, die sie „Gesetze" nennen) ... Sri Aurobindo erklärt das sehr gut, wenn Savitri Satyavan in den Tod folgt und mit dem Gott des Todes argumentiert; er[1] sagt: „Es ist Das Gesetz, und wer hat das Recht, Das Gesetz zu ändern?" Und da folgt diese wunderbare Szene am Ende, wenn sie antwortet: „Mein Gott kann Das Gesetz ändern. Und mein Gott ist ein Gott der Liebe und der Güte." Oh, das ist wunderbar!

Und kraft ihrer Beharrlichkeit gibt der andere schließlich nach ... AUF ALLES antwortet sie so.

Aber das ist richtig, um einen Sieg zu erringen, nicht um an einem Tag den Regen zu verhindern!

Deshalb versucht man sich zu verständigen, sich zu einigen – das sind sehr komplizierte Geschichten (!). Denn das ist ein ganzes Gefüge ... Weil wir hier etwas versuchen, das gerade das Gegenteil all dieser Gesetze und Gebräuche ist, etwas, das alles stört. Deshalb macht „man" mir Angebote, damit ich so vorgehe *(kurvenartig)*, ohne zu viele Dinge zu stören! Ohne Kräfte zu aktivieren ... *(Geste eines Speeres, der in den Haufen stößt)* etwas zu starke Kräfte, die zu vieles stören. So kann man lavieren.

---

1. *Yama*, der Gott der Todes. Er ist auch der Wächter des Gesetzes.

Vor einiger Zeit ... Du weißt, daß ich UNGEHEURE finanzielle Schwierigkeiten habe. In der Tat übergab ich die ganze Affaire dem Herrn und sagte Ihm: „Das ist Deine Angelegenheit; wenn Du willst, daß wir diese Erfahrung fortsetzen, dann gib mir die Mittel." Doch das stört gewisse „Leute"; da kommen sie mit allen möglichen Vorschlägen, daß es nicht nötig sei ... etwas so Drastisches zu unternehmen. Sie machen alle möglichen Vorschläge; vor kurzem sagte mir einer: „Und wie wäre es mit einem guten Zyklon, oder ein nettes Erdbeben? Großer Schaden im Ashram, Appell an die Öffentlichkeit – das würde dir Mittel verschaffen!" *(Mutter lacht)* Ja, von dieser Ordnung ist es! Völlig klar und präzise: wir führen regelrechte „Gespräche"!

Ich höre zu, antworte. Ich erwiderte: „Das ist nicht befriedigend!" Aber sie bleiben bei ihrer Idee, sie liegt ihnen am Herzen. Als neulich dieser erste Sturm kam (du erinnerst dich, mit den ungeheuren Blitzen und dem asurischen Wesen, das PK sah und zeichnete): „Du willst nicht, was, so eine Zerstörung?..." Da wurde ich ärgerlich. Aber es ... es machte ... der Einfluß war so intensiv und nah, daß es KALT wurde! Während der ganzen Dauer des Sturms mußte ich mich in meinem Bett so halten *(Mutter hält ihre Fäuste gespannt, wie in Trance oder tiefer Konzentration)*, ich bewegte mich nicht – keine Bewegung – wie ... wie ein Stein, während der gesamten Dauer des Sturms. Bis er einwilligte, woandershin zu gehen. Dann rührte ich mich wieder. Auch jetzt noch kommt das – es sind andere (es handelt sich nicht nur um einen einzigen: sie sind viele): „Und was hältst du von einer schönen Überschwemmung?" (Neulich stürzte ein Dach ein, mit jemandem darunter, aber er konnte sich retten.) Dächer stürzen ein, Häuser ... „Das Mitleid der Öffentlichkeit erregen, wie? Dem Ashram muß geholfen werden!" Ich sagte: „Das ist inakzeptabel!" Aber vielleicht ist das verantwortlich für diesen endlosen Regen. Und sie machen noch viele andere Angebote! Was sie nicht alles vorführen! Das würde ganze Romane ergeben!

Meistens – und das ist etwas, das Theon mir sagte (Theon war sehr versiert für die gegnerischen Kräfte und die Funktionsweise aller „Widerstände" gegen den göttlichen Einfluß, denn er war ein großer Kämpfer – muß er wohl! war er doch selber die Verkörperung eines Asura, also wußte er, wie man damit umgeht!) – und er sagte mir: „Man macht ein WINZIGES Zugeständnis, nimmt eine winzige Niederlage in kauf, das gibt einem das Recht auf einen sehr großen Sieg." Das ist ein guter Trick. Und ich habe gesehen, daß es praktisch, im täglichen Leben, wahr ist. Gibt man in einem Punkt nach (denn man sieht, was sein sollte, aber für eine sehr nebensächliche und bedeutungslose Sache gibt man nach), dann erlangt man sofort die Macht, einen Sieg für etwas viel Wichtigeres zu erzwingen.

Ich erzählte das Sri Aurobindo, und er sagte, es wäre wahr, das sei so. Aber es ist wahr in der Welt, wie sie gegenwärtig ist – doch das wollen wir nicht: wir wollen, daß es sich ändert, wirklich verändert.

Er schrieb das in einem Brief, glaube ich, er sprach vom System der Ausgleiche: jemand nimmt zum Beispiel eine Krankheit auf sich, um dafür die Kraft der Heilung zu erringen; oder die symbolische Geschichte von Christus, der am Kreuz stirbt, um die Menschen zu befreien. Und Sri Aurobindo sagt: „Das mag in einer bestimmten Epoche gut sein, aber wir wollen darüber hinaus gehen." Mir sagte er (das war sogar eines der ersten Dinge, die er mir sagte): „Wir befinden uns nicht mehr in der Zeit des Christus, wo man am Kreuz sterben muß, um einen Sieg zu erringen."

Daran erinnerte ich mich immer.

Aber die Dinge ZIEHEN nach hinten – uff! und wie sie ziehen!... „Das Gesetz, Das Gesetz, es ist Das Gesetz. Versteht doch, es ist das GESETZ, ihr könnt Das Gesetz nicht ändern."

– „Ich KOMME, UM Das Gesetz zu ändern."

– „Dann zahle den Preis."

(Schweigen)

Was kann sie bezwingen?

Die Göttliche Liebe.

Dies ist das einzige.

Das ist, was Sri Aurobindo in *Savitri* erklärt. Nur wenn die Göttliche Liebe sich in ihrer vollen Reinheit manifestiert, dann wird alles nachgeben, alles wird nachgeben – es wird vollbracht sein.

Dies ist das einzige, was das erreichen kann.

Das wird der Große Sieg sein.

(Schweigen)

Man kann spüren (im Kleinen, in winzigen Details), daß von allen Kräften dies die stärkste ist. Sie ist das einzige, was eine Macht über die gegnerischen Kräfte besitzt. Nur ... um die Welt zu verändern, muß sie sich in all ihrer Fülle hier manifestieren. Wir müssen fähig sein ...

Sri Aurobindo schrieb auch: „Wenn die Göttliche Liebe sich jetzt in all ihrer Fülle, in ihrer Gesamtheit manifestierte, gäbe es keinen einzigen materiellen Organismus, der nicht bersten würde." Deshalb müssen wir lernen, weiter zu werden, weiter, weiter, nicht nur das innere Bewußtsein (dort ist es relativ leicht – jedenfalls machbar), sondern sogar dieses Zellengebilde. Diese Erfahrung machte ich selber; man muß fähig sein, diese Art Kristallisierung zu weiten, wenn man die Kraft aufnehmen können will. Ich weiß es. Zwei- oder dreimal hatte ich oben [in Mutters Zimmer] den Eindruck, der Körper würde bersten. Ich erreichte wirklich fast den Punkt, wo ich sagte: „Laß ihn bersten, damit es vorbei ist." Doch jedesmal griff Sri Aurobindo ein; alle drei Male griff er in fühlbarer, lebendiger, konkreter Weise ein, und ... er traf alle Vorkehrungen, daß ich gezwungen wurde zu warten.

Dann vergehen Wochen, manchmal Monate, zwischen einem Ereignis und dem nächsten, um die Elastizität in diesen idiotischen Zellen zu erreichen.

Wir vergeuden Zeit, viel Zeit. Wir sind ... Oh! Starr! *(Mutter klopft auf ihren Körper)* Hart wie Stein.

Aber dreimal hatte ich wirklich das Gefühl, kurz davor zu stehen ... daß es auseinanderreißt. Das erste Mal kam ein Fieber, ein solches Fieber ... als hätte ich wenigsten 46 oder 47 Grad Fieber – ein Brodeln von Kopf bis Fuß: alles wurde golden rot, und dann ... vorbei. An dem Tag war ich (ganz plötzlich) ... Denn ich hatte mir gesagt: „Gut, man muß friedlich sein, wir werden schon sehen, was passiert." So brachte ich den Frieden herab, und augenblicklich glitt ich in eine Sekunde der Unbewußtheit – und ich erwachte im Subtilphysischen, in Sri Aurobindos Haus.[1] Er war dort. Dann verbrachte ich einige Zeit mit ihm und erklärte alles.

Das war eine entscheidende Erfahrung (vor vielen Monaten, mehr als ein Jahr).

Ich erklärte es Sri Aurobindo, und er antwortete (nicht mit Worten: mit seinem Gesichtsausdruck, aber es war sehr deutlich): „Geduld, Geduld – Geduld, es wird kommen." Und einige Tage später stieß ich „zufällig" auf etwas, das er geschrieben hatte, wo er genau diesen Punkt erklärte, daß wir viel zu starr, gebündelt, angespannt sind, als daß diese Dinge sich manifestieren könnten – wir müssen uns weiten, uns entspannen, plastisch werden.

Aber das erfordert Zeit.

> *Man sieht nicht recht, was man tun kann ... Natürlich bist du diejenige, die „tut", aber es ist schwer ersichtlich, was man tun kann, um diese Dinge zu ändern.*

Ich sehe es auch nicht!

Ich habe ganz und gar den Eindruck, daß ich selber überhaupt nichts „tue", überhaupt nichts. Das einzige, was ich tue, ist dies *(Geste der Darbietung nach oben)*, die ganze Zeit dies – überall dies: in den Gedanken, in den Gefühlen, in den Empfindungen, in den Körperzellen, die ganze

---

1. Erfahrung in der Nacht vom 24. zum 25. Juli 1959.

Zeit: „Für Dich, für Dich, für Dich. Du bist es, Du bist es, Du bist es ..."
Das ist alles. Und nichts anderes.

Das heißt, eine immer vollständigere, immer umfassendere Einwilligung, mehr und mehr so *(Geste, sich tragen zu lassen)*. Dort hat man den Eindruck, man muß VÖLLIG wie ein Kind sein.

Fängt man an zu denken: „Oh, ich möchte so sein! Oh, man müßte so sein!" – damit vergeudet man seine Zeit.

15. November 1960

Ich weiß nicht, ob es mit Gs Besuch zusammenhängt[1] oder ob einfach die Zeit gekommen war und die Dinge übereinstimmten (denn meistens geschieht es so), jedenfalls kam eine ganze Vergangenheit zum Vorschein – keine rein persönliche Vergangenheit: Kontakte, die ich früher geknüpft hatte, eine ganze Ansammlung von Dingen, die ein etwas kollektiveres Leben darstellen (wie man es immer ist: man stellt immer eine Kollektivität dar, ohne es zu merken; würde man etwas davon wegstreichen, geriete alles aus dem Gleichgewicht). Eine ganze Ansammlung von Dingen, die völlig aus dem Gedächtnis gefegt worden waren (sie müssen irgendwo im Unterbewußtsein vergraben gewesen sein, oder im Halbbewußtsein, jedenfalls unbewußter als das Unterbewußte), es kam alles zurück! Dinge, Dinge ... Hätte man mich noch vor zwei Wochen gefragt: „Erinnerst du dich daran?" hätte ich geantwortet: „Überhaupt nicht!" Es kam von allen Seiten zurück. Solche Armseligkeiten! (Armselig vom Gesichtspunkt des Bewußtseins, der Erfahrung, der Handlung.) Und so grau, so neutral, so platt! Heute morgen (es kam noch heute morgen, während ich mich auf das Darshan vorbereitete), ich fragte mich: „War es möglich, so zu leben?"

Dann wurde so deutlich, daß hinter all dem stets dieselbe leuchtende Gegenwart stand, die immer hinter allem steht, überall, die über alles wachte.

Jetzt betrachtete ich das Leben, die Dinge, das Ganze, die Leute, und ich sah, daß es haargenau dasselbe ist, von diesem Bewußtsein aus gesehen: so öde, so neutral, so eintönig, so grau, ohne Interesse,

---

1. Gespräch vom 8. November, der „künstlerische" Schüler mit den lockeren Lebensgewohnheiten.

ohne Leben … Oh, aber das gesamte Leben, WAS ES AUCH SEI, ist aus der Sicht dieses Bewußtseins so!

Dann verstand ich, daß dies einem bestimmten Erfahrungsgebiet entsprechen muß; ich verstand all die Leute, die sagen: „Wenn es nicht anders sein kann als dies, dann…" (dieser Widerstand, diese Kluft zwischen einem WAHREN Leben, einem WAHREN Bewußtsein, einer WAHREN Tätigkeit, etwas Lebendigem, Mächtigem, Verwirklichenden, und dem Leben wie es jetzt ist), wenn immer diese Diskrepanz besteht zwischen dem physischen Ausdruck, wie er gegenwärtig ist, wie er unter den gegenwärtigen Bedingungen sein kann, und dem wahren Leben, dann … Wenn trotz allem, trotz dem ungeheuren Unterschied in meinem Dasein (diese Erinnerungen reichen an die sechzig Jahre zurück), mit all der aufsteigenden evolutionären Anstrengung, die ich seitdem IN DER MATERIE unternahm (ich sage nicht, unter Vernachlässigung der Materie, sondern IN der Materie, IN der Aktion), wenn das nicht weiter führt als diese Diskrepanz zwischen dem wahren Bewußtsein und der möglichen materiellen Verwirklichung, dann versteht man – versteht die Leute, die sagen: „Es ist hoffnungslos." (Selbstverständlich hat das „Hoffnungslos" keinen Sinn für mich.)

Aber ich … ich erlebte ihre Erfahrung, ich erlebte das; und selbst die Ereignisse, die von weitem betrachtet und so, wie sie den anderen erscheinen, außerordentlich aussehen, selbst die markanten Ereignisse oder jene, die der Transformation der Erde halfen, zu den Umbrüchen beitrugen – die großen Geschehnisse, die sogenannten großen Werke –, sie sind aus DEMSELBEN Stoff gewoben, es ist DASSELBE! Betrachtet man es von weitem als Gesamtheit, mag es einen Eindruck machen, aber das Leben jeder Minute, jeder Stunde, jeder Sekunde ist aus DEMSELBEN Stoff gewoben, eintönig, neutral, geschmacklos, OHNE WAHRES LEBEN – nur ein Widerschein des Lebens, eine Illusion des Lebens –, ohne Kraft, ohne Licht und ohne irgend etwas, das im entferntesten der Freude ähnlich wäre. Oh!… wenn es immer so bleiben muß, dann will man nichts damit zu tun haben.

Das ist der Eindruck.

Nur weil ich WEISS, daß es etwas Anderes werden kann und muß, das macht den Unterschied; dieses ganze Bewußtsein, das zugegen ist, in dem ich lebe und das diese Vision der Welt hat, das muß sich in der Schwingung JEDER Sekunde manifestieren – nicht in der Gesamtheit, die man von ferne sieht und die interessant erscheint, sondern in der Schwingung jeder einzelnen Sekunde, im Bewußtsein jeder Minute, dort muß es kommen, sonst …

(Schweigen)

Jene, die nicht wissen – oder denen nicht gezeigt oder offenbart wurde, daß wir auf etwas Anderes ZUGEHEN, und daß es etwas Anderes SEIN WIRD – wie gut ich sie verstehe!... Ein solches Gefühl der Nutzlosigkeit, der Dummheit, der Vergeblichkeit, und ohne jegliche ... jegliche Intensität, jegliches Leben, jegliche Realität, jegliche Inbrunst, jegliche Seele – pah! abscheulich.

All das kehrte zurück, und ich fragte mich: „Wie ist das möglich?..." Denn als ich das damals erlebte (jetzt stehe ich außerhalb dieser Dinge: ich führe sie aus, stehe jedoch gänzlich außerhalb davon, da bekümmert mich das nicht mehr; sie mögen so sein oder so, das hat keinerlei Bedeutung; ich tue meine Arbeit, das ist alles), aber damals war ich zwar bereits bewußt, doch ich stand trotzdem IN dem, was ich tat, zu einem gewissen Grad; ich befand mich IN diesem Gewebe des gesellschaftlichen Lebens (Gott sei Dank, daß es nicht hier in Indien war, denn hier hätte ich es nicht ausgehalten! Ich glaube, ich hätte alles zerschlagen, schon ganz klein, denn hier ist es noch schlimmer als drüben). Drüben ist es trotz allem ... ein bißchen weniger eng, ein bißchen lockerer, man kann durch die Maschen schlüpfen, ein bißchen, um ein wenig Luft zu bekommen; doch hier, nach allem, was ich von den Leuten hier hörte und was Sri Aurobindo mir sagte, ist es vollkommen unerträglich (in Japan ist es dasselbe: völlig unerträglich). Das heißt, man kann nichts anderes tun, als alles zu zerschlagen. Drüben bekommt man von Zeit zu Zeit einen Lufthauch, aber auch das ist noch sehr relativ. Heute morgen fragte ich mich ... (denn ich lebte jahrelang darin: Jahre über Jahre) und als ich mich fragte: wie war es MÖGLICH, daß ich in all dem lebte, ohne genau nach allen Seiten Tritte zu geben? Sofort, als ich das betrachtete, sah ich über all dem, über dieser ... (es ist schlimmer als ein Horror, eine Art ... Oh! keine Verzweiflung: nicht einmal diese Intensität der Empfindung – es ist NICHTS! Eintönig, eintönig, eintönig und grau, grau, grau, so eng, ein enges Netz, das weder Luft noch Licht noch Leben durchläßt – es ist nichts), da sah ich augenblicklich, darüber, eine Pracht von einem so sanften Licht – so sanft, so voller wahrer Liebe, wahrem Mitgefühl, etwas so Warmes, so Warmes ... der Trost, der Trost einer Ewigkeit von Sänfte, Licht, Schönheit, in einer Ewigkeit von Geduld, die nicht die Zeit verstreichen fühlt, nicht die Sinnlosigkeit und die Dummheit der Dinge fühlt – so wunderbar! Es war ganz und gar das, ich sagte mir: „DAS ist es, was dich leben ließ, ohne DAS hättest du es nicht ausgehalten." Oh! Ich hätte es nicht gekonnt – ich hätte keine drei Tage so leben können! DAS war zugegen, IMMER zugegen, wartete auf seine Stunde, daß wir es endlich eintreten lassen.

(Schweigen)

Und jetzt ist es dasselbe; nur bin ich jetzt hier *(Geste oberhalb des Kopfes)*, ich stehe dort, und das ist eine andere Angelegenheit.

Man schaut nicht mehr von hier nach oben, sondern von oben ... schaut, als würde jeder Blick auf jedes Ding eine Verbindung herstellen.

Heute morgen am Balkon war es das.

Die Regenzeit ist so ausdruckskräftig für diesen Zustand der Dinge. So war es: innerhalb dieses endlosen Grau-in-grau, eine Herabkunft von leuchtender Sänfte (Sänfte ist nicht das richtige Wort, es muß ein Sanskritwort dafür geben, aber dies ist alles, was wir haben!...) unermüdlich.

*
* *

(Etwas später im Gespräch kommt Mutter auf dasselbe Thema zurück:)

Das begann am Tag, als ich die Nachricht erhielt, daß G ankam. Ich dachte mir: „Gut! Hier ist ein Stück Leben, das mir übergeben wird, um es zu klären. Daran muß gearbeitet werden." Aber damit hörte es nicht auf ... Es ist wirklich seltsam, wie diese ganze Vergangenheit weggefegt worden war: ich erinnerte mich nicht an die Daten, wußte nicht mehr, wann G hier gewesen war, erinnerte mich nicht mehr an die Geschehnisse, all das war weggefegt worden – das heißt, es war ins Unterbewußte befördert worden. Ich wußte nicht einmal mehr, wie ich früher mit ihm sprach, nichts mehr, alles war verschwunden. Nur ein oder zwei Bewegungen oder Tatsachen, die in direkter Beziehung zum psychischen Leben, zum psychischen Bewußtsein standen, die waren lebendig geblieben – aber nur zwei oder drei solche Erinnerungen; alles andere war verschwunden.

Dieser ganze Abschnitt kehrte zurück; aber damit nicht genug! Das dehnt sich aus, immer weiter, und es reicht weit, Dinge von vor sechzig Jahren kehren jetzt zurück, sogar davor, vor siebzig, fünfundsiebzig Jahren. Jetzt muß all dies geordnet werden.

Das Erstaunliche, das, was mich am meisten interessierte, war, daß es kein persönliches Bewußtsein ist, nicht „jemand, der sich seines Lebens erinnert", sondern Fragmente, Fragmente von Lebenskonstruktionen, Gruppen von Leuten und Umständen, die auf diese Weise zurückkommen. Und das ist so deutlich, daß es unmöglich ist, die Individualität von allem Umgebenden zu trennen! Das hängt zusammen ... (wenn man einen Teil ändert, verändert sich alles), das hängt zusammen wie eine gewachsene Masse.

Früher hatte ich das auf andere Weise entdeckt. Ganz am Anfang, als ich begann, das Bewußtsein der Unsterblichkeit zu erlangen und dieses wahre Bewußtsein der Unsterblichkeit der menschlichen Auffassung von Unsterblichkeit gegenüberstellte (die völlig anders ist), da sah ich so deutlich, daß das Wesen (selbst ein völlig gewöhnliches Wesen, das an sich keine Kollektivität darstellt, wie es zum Beispiel ein Schriftsteller, ein Philosoph oder ein führender Politiker täte), wenn es sich in seiner Vorstellung in das fortsetzte, was es als „Unsterblichkeit" bezeichnet (das heißt auf unbeschränkte Dauer), dann wird nicht nur es selber fortgesetzt, sondern immer, notwendigerweise, ein ganzes Gebilde, eine Gemeinschaft, eine Sammlung von Dingen, die das Leben und das Bewußtsein seines gegenwärtigen Daseins darstellen. Diesen Versuch machte ich mit einer Anzahl von Leuten; ich sagte ihnen: „Entschuldigen Sie, aber gesetzt, Ihr Leben würde durch eine besondere Disziplin oder eine besondere Gnade unbeschränkt verlängert; notwendigerweise sind es die Umstände ihres Lebens, die Formation, die Sie um sich gebildet haben und die aus Leuten, Beziehungen, Tätigkeiten und einer ganzen Sammlung von mehr oder weniger lebendigen oder inerten Dingen besteht – das ist es, was Sie fortsetzen. Aber das KANN NICHT so fortgesetzt werden! Weil sich all das ständig verändert. Und Sie werden folgen müssen: um unsterblich sein zu können, müssen sie ohne Unterlaß dieser Veränderung folgen; sonst geschieht ganz natürlich das, was jetzt geschieht: eines Tages sterben Sie, weil Sie nicht mehr folgen können. Demnach, wenn Sie folgen, fällt das von Ihnen ab! Begreifen Sie, daß das, was fortgesetzt wird, etwas in Ihnen ist, daß Sie nicht sehr gut kennen, das aber das EINZIGE ist, was sich fortsetzen kann – alles andere wird ständig abfallen ... Liegt Ihnen immer noch daran, unsterblich zu sein?" – Nicht einer unter zehn sagte mir Ja!... Mir gelang es, sie das konkret fühlen zu lassen, da sagten sie: „Ah, nein! Ah, nein! Dann kann man ebensogut seinen Körper wechseln, wo alles andere wechselt! Was kann das schon noch ausmachen!" Aber was bleibt, ist DAS; und DAS zu bewahren muß unser wirkliches Anliegen sein; doch dazu müßt ihr wirklich DAS sein, nicht diese ganze Ansammlung. Was ihr jetzt „euch" nennt, ist nicht DAS, sondern eine ganze Sammlung von Dingen!

Das war damals der erste Schritt (vor sehr langer Zeit). Jetzt ist es so sehr etwas anderes ... Man fragt sich, wie es möglich ist, in so vollkommener Blindheit gelebt zu haben, das je in seinem Leben „sich selbst" genannt zu haben! Das ist eine Ansammlung von Dingen ... Und welche Beziehung hatte es, daß man es „sich selbst" nannte?

– Das ist schwieriger zu finden. Nur wenn man sich in die Höhe begibt, dann erkennt man: aber DAS, das arbeitet dort, und das könnte ebenso gut hier oder dort oder dort arbeiten … Plötzlich kommt manchmal etwas wie ein Tropfen (oh! heute morgen SAH ich es – es war wie ein Tropfen, ein winziger Tropfen, aber von einem so intensiven Licht, und so vollkommen …), und dort, wo DAS fällt, dort bildet es sein Zentrum und beginnt zu strahlen und zu handeln. Und DAS kann man „ich" nennen – nichts anderes. Und gerade unter so schrecklich uninteressanten, nicht-existenten Umständen war es DAS, was einem ermöglichte zu leben. Und in dem Augenblick, wo man das IST, sieht man, wie nicht nur in diesem Körper, sondern in allen Körpern und durch alle Zeitalter hindurch, das lebte und das sich aller Umstände bediente.

Im Grunde ist das die Erfahrung; es ist nicht mehr das Wissen. Jetzt verstehe ich deutlich den Unterschied zwischen diesem Wissen, das man von der ewigen Seele, dem ewigen Leben durch alle Veränderungen hindurch hat, und der KONKRETEN Erfahrung der Sache.

Das ist sehr bewegend.

Heute morgen war es seltsam … Ich kam mit einigen Minuten Verspätung. (Ich schob die Schuld den Uhren zu, die falsch gingen, aber die Uhren waren nicht verantwortlich!) Ich machte mich gerade fertig, da kam es auf einmal – ein Augenblick … vielleicht ein oder zwei Minuten oder einige Minuten, nicht viele – oh! die Emotion der Erfahrung war … sehr absorbierend.

Es war nicht mehr dies (das Leben, wie es auf der Erde ist), das sich Dessen bewußt wurde (der ewigen Seele, dieses „Teils des Herrn", wie Sri Aurobindo sagt), sondern die ewige Seele, die das Leben betrachtete … auf ihre Weise – aber ohne Trennung, ohne Trennung, nicht etwas, das von oben blickt und sich als etwas anderes fühlt … Wie seltsam! Es ist nicht etwas anderes, es ist NICHT etwas anderes; nicht einmal eine Entstellung, nicht einmal … Es verliert diesen Charakter der Illusion, der in den alten Spiritualitäten beschrieben wird – das ist es nicht! Hier, in meiner Erfahrung, war gerade eine … eine Emotion … ich kann es nicht beschreiben, dafür gibt es keine Worte. Kein Gefühl, es war etwas wie eine Emotion, eine Schwingung … zugleich von einer so VOLLKOMMENEN Nähe und einem Mitgefühl, einem Mitgefühl der Liebe (ach! wie schrecklich sind die Worte!…) Das eine war dieses Äußere, das zugleich die vollkommene Verneinung des anderen und GLEICHZEITIG das andere war, ohne jede Trennung. Es WAR das andere. Es ließ im anderen entstehen, was es im einen entstehen ließ, in diesem ewigen Licht. Gerade diese Sanftheit der Identität; der Identität, die notwendigerweise ein so umfassendes Verständnis mit einer so vollkommenen Liebe ist – aber „Liebe" ist ein armseliges Wort und alle

Worte sind armselig! Das ist es nicht! Es ist etwas anderes. Etwas, das nicht gesagt werden kann.

Das erlebte ich heute morgen, oben.

Und dieser Körper ist … oh, wie schwach und arm er ist: das einzige, was er finden kann, um sich auszudrücken, sind feucht werdende Augen! Warum? – Wir wissen es nicht.

Noch viel bleibt zu tun, bis wir stark genug sind, das zu LEBEN.

Es war noch gegenwärtig, als ich zum Balkon kam, etwas wie eine Sanftheit … Da ist der Gedanke, daß die Leute, die Dinge, das Leben, all das „anders" sei, völlig undenkbar! Unmöglich. Selbst der Gedanke ist seltsam!

(Schweigen)

Oft fällt es mir schwer, vom Balkon wegzugehen. Und nur dieser selbe Herr … (du weißt, der „Kritiker") kommt und sagt mir: „Du hältst sie da draußen im Regen, nur weil du selber in Ekstase bist; du läßt sie da stehen, naß und mit steifem Hals vom Hochschauen, wirst du sie nicht gehen lassen!" – Wenn er dann zu sehr drängt, gehe ich!

Vielleicht ist er deshalb noch hier, sonst würde ich vergessen … *(Mutter lacht)*

24. November 1960

(Botschaft von Mutter)

Ich ließ meine Gottheit zurück und kam herab
Auf diese grausliche Erde,
Unwissend, mühend, menschlich gewachsen
Zwischen den Schleiern von Tod und Geburt.
Ich grub tief und lange
In einem Horror von Schlamm und Sumpf
Ein Bett für das Lied des goldenen Flusses,
Ein Heim für das todlose Feuer.[1]

Sri Aurobindo

1. Aus *A God's Labour.*

461

26. November 1960

(Mutter hatte entschieden, dieses persönliche Gespräch sei zu zerstören – die Tonbandaufzeichnung zu löschen –, wegen seiner Wichtigkeit hielten wir für richtig, es dennoch aufzuheben.)

Deine Kraft heilte mich in wirklich spektakulärer Weise, in weniger als einer Stunde. Wenn du nur die Grippe geheilt hättest, könnte ich es noch verstehen, denn das ist etwas allgemeines und kann mit einer starken allgemeinen Schwingung beseitigt werden, doch deine Kraft wirkte mit überraschender Präzision und Direktheit: zuerst fegte sie die Grippe weg, dann berührte sie einen kranken Zahn, unter dem ich seit drei Tagen litt, und in drei Minuten war es vorbei damit; schließlich hatte ich eine beschädigte Sehne – seit drei, vier Jahren beschädigt, die mir immer wieder Schmerzen verursachte (genau handelt es sich um eine Sehne des Oberschenkels, dort wo sie am Becken hängt) – und diese Sehne machte mir seit acht Tagen solche Schmerzen, daß es mir sehr schwer wurde, mich zur Meditation mit gekreuzten Beinen hinzusetzen. Ich spürte die Kraft genau diesen Punkt berühren, und der Schmerz verschwand. Obwohl das etwas Organisches war, keine allgemeine Krankheit!...

(Mutter schweigt einen Augenblick, dann sagt sie:)

Nicht letzte Nacht, sondern in der Nacht davor berührte ich wenigstens einen der Gründe (in dem Moment erschien es wie DER Grund) für eine gewisse Machtlosigkeit, direkt auf die Materie einzuwirken ... Denn der Wille und die Macht kommen, sie sind überall äußerst wirksam, BIS ZU EINEM BESTIMMTEN BEREICH (das heißt, ob die Leute empfänglich sind oder nicht, offen oder nicht, hat keine Bedeutung: wenn der Wille sich tätigt, ist er BIS ZU einem bestimmten Bereich allmächtig), wenn es aber gerade dort hinrührt, in das Allermateriellste, dann hängt die Wirksamkeit von sehr vielen Dingen ab – eine Macht, die abhängig ist, ist jedoch keine Macht! Seit langer, langer Zeit bin ich auf der Suche nach den Gründen dieser Machtlosigkeit. Nach und nach fand ich eine Anzahl davon, und in diesen Punkten wurde die Wirkung sofort vollständig. Doch es blieben noch Dinge, die sich widersetzten (oh! mehrere, in verschiedenen Richtungen): wie die Wirkung auf Krankheiten, auf die Zellen, die Wirkung auf den Zweifel (nicht der mentale Zweifel: der Zweifel im physischen Bewußtsein, der gewisse Dinge, die ihm unmöglich erscheinen, einfach nicht zulassen kann – was Sri Aurobindo *disbelief* [Unglauben] nennt – kein Zweifel des Mentals, der „disbelief" des physischen Bewußtseins, das nicht zulassen kann, was seiner eigenen Natur und seinen eigenen Abläufen widerspricht). Und dann bestimmte Krankheiten. Manchmal ist die Wirkung auf eine Krankheit augenblicklich, manchmal zögernd, und manchmal muß sie ihren sogenannten normalen Lauf nehmen. In diesen drei Punkten fühlte ich deutlich ein Hindernis. Das sind die Bastionen des Widersachers: alles, was nichts vom Göttlichen wissen will, bedient sich dessen und blockiert sogar das Wirken der Macht von oben, denn wenn sie sich hier im Körper ausüben soll, wird sie aufgehalten oder entstellt oder verändert oder verringert.

All das geschieht im Unterbewußten; es sind Dinge, die vom physischen Bewußtsein ins Unterbewußte verdrängt wurden, und dort bleiben sie und kehren zurück, wann es ihnen gefällt.

Vor zwei Nächten (nein, drei: die Nacht vor dem Darshan), hatte ich eine dieser Erfahrungen, die einen den ganzen Tag lang nachdenklich machen ...

(Schweigen)

Am Darshan kam ich damit nach unten, und trotz all meinem Willen, liebenswürdig zu sein und nett zu erscheinen, war ich wie ein Stein, in Betrachtung dieser ... Jetzt kann ich noch nicht darüber sprechen, denn es ist der Schlüssel für ETWAS SEHR GROSSES.

(Schweigen)

In diesem Punkt ist die Natur (ich meine die passive Seite der Schöpfungskräfte) Sklave der gegnerischen Kräfte. In einem Punkt wird sie von ihnen beherrscht. Und das muß geheilt werden, damit die Kraft von oben, die Kraft der Shakti alles durchdringen und alles beherrschen kann, unfehlbar sein kann ...

Die Sache wurde erkannt, die Erfahrung gemacht, aber manchmal dauert es lange, bis alle Konsequenzen davon ... *worked out* [ausgearbeitet] werden.

Doch schon am nächsten Tag, also am Tag des Darshans, konnte ich, im Maße, daß es durchkam (denn etwas arbeitete innen), wieder anfangen, mich um die anwesenden Leute zu kümmern. Und etwas seltsames geschah in dem Augenblick, wo du kamst, plötzlich gab es einen kleinen Schock, wie ein elektrischer Schlag, und ein Funke sprang hervor. In diesem Augenblick wirkte die Kraft, während dem Bruchteil einer Sekunde vielleicht ... Denn dich betreffend war da dieses schlechte Karma, diese alte Formation, die seit sehr langer Zeit da war und die nicht ... Ich erinnere mich, dir vor einigen Jahren gesagt zu haben: „Erst wenn das Supramental herabkommt, werde ich Fälle wie dich heilen können." Und das war immer geblieben, stets lebendig, mit diesem Gefühl der Unfähigkeit, eines Widerstandes – es fehlt einem das Nötige, um das zu beherrschen. Doch nur für eine Sekunde, als du vorbeigingst, war es wie ein Blitz von ... wie wenn zwei elektrische Drähte sich berühren und es blitzt, genau so. Ein goldener Funken, von einem prachtvollen Licht, prrt! sprang es hervor. Ich sagte mir: Ah! Gut!

Das war alles.

Als du mir dann später schriebst, du wärest krank, fragte ich mich: „Nanu! Was bedeutet das?" Ich antwortete nichts, sagte nichts, aber als ich nach oben zurückkehrte und für das Japa zu gehen begann, brachte ich diese Erfahrung vom Darshan – diesen Augenblick des Darshans – zurück, und ich spürte, daß es etwas hinterlassen hatte (keine vollkommene und absolute Wirkung, aber es blieb doch etwas), und dadurch, sagte ich mir, wollte ich versuchen zu erreichen, daß es dir besser geht!

> *Ich spürte deutlich den Eingriff. Mir ging es wirklich elend, aber als ich aus dem Japa kam, spürte ich, daß es vorbei war. Es bleibt noch ein kleiner Rest im Bein, etwas, das ein bißchen zieht, aber es ist so gut wie verschwunden.*

Das ist die Erinnerung. Die Erinnerung in den Zellen.

Gut, es ist gut. Ich bin zufrieden. Das ist die erste Erfahrung.

> *Die Krankheit hatte mit einem seltsamen Traum begonnen: Ich stand hier im Flur, und eine ziemlich düstere Person kam und sagte mir, Mutter wolle, daß ich meine Arbeit wechsele. Ich erinnere mich, ich setzte eine sehr große Kraft dahinter, zu versuchen zu sagen: aber warum, warum denn? Schließlich erschienst du. Du befandst dich dort, bei einem Tisch mit verschiedenen Personen. Ich ärgerte mich ziemlich, weil diese Leute mich störten, mich scheinbar hinderten, mit dir zu sein. Und du sagtest mir sehr deutlich: „Es ist Zeit, daß dieser Herr fortgeht." Dieser Herr bezeichnete vielleicht einen Teil meines Wesens, der verschwinden oder sich ändern mußte, jedenfalls trugst du mir auf, etwas sehr Schwieriges zu tun, ich fühlte eine große Schwierigkeit. Ich erinnere mich sogar, dich in dem Traum einen Augenblick verlassen zu haben, als wollte ich das Ashram verlassen, und dann mußte ich auf und ab schreiten, eine riesige Anstrengung unternehmen, um zurückzukehren und mich neben dich zu*

setzen, auf eine Bank, die symbolischerweise sehr hart war ...
Am nächsten Morgen wachte ich mit der Grippe auf.

Dann ist es sehr einfach: die Krankheit stammt daher, daß ein Teil deines Wesens schneller voranging als der andere. Wahrscheinlich blieb ein Teil des physischen Bewußtseins zurück, und das bewirkte eine Unausgewogenheit, das verursachte die Krankheit.

In meinem Traum war es eine große Anstrengung.

Ja, es ist gut. Alles geht gut. Vielleicht ist es nicht nett, jemandem, der krank war, zu sagen, „es ist gut", aber es ist gut!

(Schweigen)

Ich verfolge die Sadhana wirklich ... auf einem Weg, den noch niemand zurücklegte. Sri Aurobindo tat es ... prinzipiell. Und mich beauftragte er, es in meinem Körper zu tun.

Das war die große Schwierigkeit gewesen, als wir zusammen waren, all diese feindlichen Kräfte kämpften (sie versuchten ich-weiß-nicht-wieviele Male, mich umzubringen; jedesmal rettete er mich; auf absolut wunderbare Weise). Aber das schien ihm sehr große KÖRPERLICHE Schwierigkeiten zu verursachen. Wir sprachen sehr oft darüber, und ich sagte ihm: *If one of us must go, I want that it should be me.* [Wenn einer von uns beiden gehen muß, will ich es sein.]

Er antwortete: *It can't be you, because you alone can do the material thing.* [Sie können es nicht sein, denn Sie allein sind fähig, die materielle Arbeit zu tun.]

Und das war alles.

Mehr sagte er nicht. Er verbot mir, meinen Körper zu verlassen. Das war alles. Er sagte: „Dies ist ein absolutes Verbot, *you can't, you must remain.*" [Sie dürfen nicht, Sie müssen bleiben.]

Danach (dies war ungefähr zu Beginn des Jahres 1950) ging er allmählich ... Er ließ sich krank werden. Denn er wußte sehr gut, wenn er mir sagte: *I must go* [ich muß gehen], hätte ich ihm nicht gehorcht, ich wäre selber gegangen. Denn für mein Empfinden war er viel unersetzlicher als ich. Aber er sah das von der anderen Seite. Und er wußte, daß ich die Fähigkeit hatte, meinen Körper willentlich zu verlassen. Deshalb sagte er nichts, sagte nichts bis zur letzten Minute ...

(Schweigen)

Ein-, zwei Male „hörte" ich bestimmte Dinge ihn betreffend, die ich ihm berichtete (denn ich erzählte ihm alles, was ich sah und hörte), und ich sagte ihm, dies käme mir ... dies wären Suggestionen des

Widersachers, gegen die ich heftig kämpfte. Doch da schaute er mich an – zweimal –, schaute mich an, nickte mit dem Kopf und lächelte. Und das war alles. Mehr sagte er nicht. Ich dachte mir: „Was für eine seltsame Sache!" Und das war alles. Ich selber muß es vergessen haben – weil er wollte, daß ich es vergesse.

Ich erinnerte mich erst hinterher wieder daran ...

(Schweigen)

Aber ...

(Schweigen)

... dieser Weg ist sehr hart.

(Schweigen)

Und die Dinge geschehen überhaupt nicht so, wie sie im gewöhnlichen Leben geschehen ... Für drei, vier Minuten, manchmal fünf Minuten, zehn Minuten, bin ich ab-scheu-lich krank, mit allen Zeichen, daß es das Ende ist.

(Schweigen)

Und das kommt nur, damit ich finde ... damit ich die Erfahrung mache und die Kraft finde. Und um dem Körper diesen absoluten Glauben in seine göttliche Wirklichkeit zu geben: daß das Göttliche hier ist und daß Er hier sein will und daß Er hier sein wird. Und nur in diesen „Augenblicken", wo es logischerweise, nach der normalen physischen Logik das Ende ist, da erhascht man den Schlüssel.

All das muß man durchmachen, ohne zu schwanken.

Ich habe es niemandem gesagt, noch niemandem bis jetzt, vor allem nicht denen, die für mich sorgen, denn ich will sie nicht ... erschrekken. Auch weil ich mir ihrer Reaktionen nicht sicher bin: verstehst du, wenn sie anfingen Angst zu haben, wäre es schrecklich. Ich sage es nicht. Aber das passierte sicher fünf- oder sechsmal, meistens morgens, bevor ich zum Balkon gehe, wenn ich keine Zeit habe ... Und alles muß schnell gehen! Weil ich rechtzeitig fertig sein muß.

Das ist sehr interessant, sehr interessant. Doch in diesen Augenblicken, ist die ... *concreteness of the Presence* [das Konkrete der Gegenwart] – das heißt, konkret zu berühren, materiell zu berühren, außerordentlich!

Wieviel davon wird es noch erfordern? Ich habe keine Ahnung, ich bin dabei, den Weg zu schaffen.

466

(Schweigen)

Schreib diese Dinge nicht auf, lösche sie, denn ... Später werde ich sie sagen – wenn es zu Ende ist, wenn ich das Ziel gefunden habe. Ich will nicht, daß es zufällig jemandem in die Hände fällt. Und du behältst es so, in deinem Bewußtsein.

(Schweigen)

Ich erzähle dir all das wegen dem, was neulich geschah. Mit diesen Erfahrungen erlangt man ... die wahre Macht.

Und es passieren recht interessante Dinge in diesem Zusammenhang: stell dir vor, X ist dabei bestimmte Dinge zu lernen, das heißt, auf seine Art entdeckt er manche der Fortschritte, die ich gerade mache; er entdeckt sie in Form einer Lehre, die er empfängt [auf subtile Weise]; und vor zwei oder drei Tagen schrieb er Amrita einen Brief, in dem er in seine Sprache übersetzt, mit seinen Worten und Redeweisen, genau meine neuesten Erfahrungen beschreibt: Dinge, die ich in allgemeiner Weise überwunden hatte.

Das interessiert mich wirklich, denn diese Dinge laufen überhaupt nicht über das Mental (dort empfängt er nichts, er ist verschlossen), und in seinem Brief sagt er: dies und jenes ist notwendig (das er mit seinen Worten erklärt), und er fügt hinzu: „Deshalb müssen wir so dankbar sein, daß wir unter uns ... *the great Mother* haben, wie er sagt, die große Mutter, die diese Dinge weiß." Da dachte ich mir: Gut! (Es ging um etwas sehr Präzises bezüglich dem Unterscheidungsvermögen in der äußeren Welt, die unterschiedliche Beschaffenheit und die unterschiedlichen Aufgaben verschiedener Wesen, und daß dies sozusagen von ihrer inneren Struktur abhängt.) So sehe ich, daß selbst diese physischen Erfahrungen empfangen werden (obwohl ich es nicht versuchte, ich versuchte nie, ihn etwas empfangen zu lassen), es ist einfach so *(Geste der allgemeinen Verbreitung)* und die Erfahrung ist sehr ... wie soll ich sagen?... radikal, mit einer Art ... [Ausstrahlungskraft]. Zwingend.

2. Dezember 1960

(Nach einer Meditation mit Mutter)

Eine Art Vereinigung vollzieht sich [in Satprem], als bildete sich ein einheitlicheres Außen-Innen. Ich weiß nicht, wie ich das erklären soll, das Gefühl von etwas Vereinigterem, Organisierterem – Ebenerem. Keine mehr entwickelten und weniger entwickelten Stellen, nicht manche leuchtendere und andere weniger leuchtende Stellen: sehr viel ebener, sogar ebener in der Schwingung, eine Art … wirklich eine Ebenheit in der Gesamtheit der Bewegungen, der Antwort, der Schwingungen, des Lichts. Und diese Art Stäuben von dem neuen Licht, das ich sehe, ist sehr viel verbreiteter geworden. Als würde alles, alles … es vollzog sich wirklich eine Arbeit der Vereinheitlichung: der Stabilität, der Vereinheitlichung. Und dieses Stäuben von goldenem Licht kam überall um dich herum, zusammen mit diesem gleichen blauen Licht, das stets dein Japa begleitet, mit Intensitäten von Kräften darin: beide sind zugegen. Wie eine Vereinheitlichung im Bewußtsein, als hätten alle vorher weniger empfänglichen Elemente begonnen sich zu öffnen, und als bildete sich ein gleichmäßigeres Ganzes. Ich weiß nicht, wie deine Nächte sind, aber …

Nicht sehr bewußt.

13. Dezember 1960

All diese Tage befand ich mich in Gegenwart eines Problems, das so alt ist wie die Welt und das eine außerordentliche Dringlichkeit annahm.

Es war im materiellsten physischen Bewußtsein das, was Sri Aurobindo *disbelief* [Unglauben] nennt – das ist nicht der Zweifel (der Zweifel ist vor allem Sache des Mentals), es ist beinahe die Weigerung, das zuzulassen, was offensichtlich wird, sobald es sich nicht mehr um die kleine tägliche Routine der gewöhnlichen Empfindungen und Reaktionen handelt: eine Art Unfähigkeit, das Außergewöhnliche zuzugeben und gelten zu lassen.

Dieser *disbelief* stellt die Grundlage im Bewußtsein dar. Und dann wird es begleitet von … (man nennt es „Gedanken", aber das ist ein

468

großes Wort für etwas sehr Banales) einer physisch-mentalen Tätigkeit, die einen veranlaßt (dies ist wirklich das Wort), die einen veranlaßt, Dinge zu „denken", und die immer in einer Weise vorhersieht oder einbildet oder schließt (das hängt von den Fällen ab), die ich DEFÄTISTISCH nenne; das heißt, es bringt automatisch die Idee aller schlechten Dinge, die eintreten können. Und das in einem Bereich, der völlig auf Bodenhöhe liegt, im gewöhnlichsten, beschränktesten, banalsten Leben: es geht ums Essen, Bewegen ... Kurz, die ordinärsten Dinge.

Im Bereich des Denkens ist das recht leicht zu handhaben und zu beherrschen, aber diese Reaktionen von ganz unten ... sie sind so klein, daß es einem sogar schwerfällt, sie sich selber zu beschreiben. Zum Beispiel wird einem gesagt: „Soundso aß dies oder jenes." Dann schleicht sich augenblicklich etwas ein und behauptet: „Ah! Das wird ihm Bauchweh geben!" Oder man hört: „Jener wird diesen Ort besuchen." – „Oh! Ihm wird ein Unfall zustoßen ..." Und bei allem geht es so, auf der Erde kriechende Dinge. Nichts zu tun mit dem wirklichen Denken!

Das ist eine üble Gewohnheit, denn es beläßt diesen materiellsten Teil in einem Zustand der Disharmonie, der Unordnung, der Häßlichkeit und der Schwierigkeit.

Ich habe alle möglichen Mittel versucht ... Das zu verlassen, ist relativ leicht. Aber dann ändert es sich nicht.

Diese Probleme zeigten sich mir in sehr dringlicher Weise, als ich *The Yoga of Self-Perfection* von Sri Aurobindo las. Das konfrontierte mich mit einer ungeheuren Welt der Transformation – all das zu transformieren, was bereits leuchtend ist, fällt sehr leicht, aber dies hier zu transformieren!... Uff! Dieses Gewebe, so niedrig, so vulgär, so ordinär, des Lebens – das ist sehr viel schwieriger.[1]

In letzter Zeit, einige Tage lang, hatte ich es damit zu tun, kämpfte dagegen: wie diesen idiotischen, vulgären und vor allem defätistischen Automatismus daran hindern, ständig aufzutreten? Es handelt sich wirklich um einen Automatismus: das spricht auf keinen bewußten Willen an, auf nichts. Was erfordert es, damit ...? Und es steht in ÄUSSERST ENGEM Zusammenhang mit den Krankheiten des Körpers (die

---

1. Später fügte Mutter hinzu: „Dazu fällt mir ein, irgendwo, ich weiß nicht mehr genau wo, sprach Sri Aurobindo darüber, über dieses physische Mental, und er sagte, damit wäre nichts zu machen: man kann es nur zerstören." Vielleicht bezieht Mutter sich auf folgende Stelle in *The Synthesis of Yoga:* „Mit diesem launenhaften, unsteten, gewalttätigen und störenden Faktor ist nichts anzufangen, als sich seiner zu entledigen, sei es, indem man sich davon loslöst und es dann zur Stille bringt, oder indem man dem Denken eine Konzentration und Zielstrebigkeit verleiht, durch die es selbständig dieses fremde und verwirrende Element zurückweist." (Cent. Ed. XX, S. 300)

schlechten Angewohnheiten des Körpers, seine harmonische Bewegung zu verlassen und in Verwirrung zu geraten), diese beiden Dinge hängen *sehr* eng zusammen.

Ich stecke mitten in dem Problem.

Für mich bedeutet „Problem" nicht, die Sache zu erklären (das zu erklären ist leicht), sondern: Beherrschung, Meisterung und Transformation. Das wird etwas Zeit erfordern.

Wir werden sehen.

Jetzt kommt X und die Tage der Meditationen mit ihm.[1] Was wird geschehen?... Übrigens schreibt er nicht mehr, daß er kommt, „um dem Ashram zu helfen". Er schrieb Amrita, er käme, um Gelegenheit zu haben (ich erinnere mich nicht mehr der genauen Worte), jedenfalls um von seinen Meditationen mit mir zu profitieren, um die nötigen Transformationen zu bewerkstelligen!... Eine völlig veränderte Haltung. Ihn betreffend hatte ich mehrere Visionen, die ich dir später erzähle.

17. Dezember 1960

(Mutter gibt Satprem eine Blume mit einer kugelförmigen Anordnung von unzähligen Staubgefäßen, die sie „Supramentale Sonne" nannte – die Blume des „Cadamba"-Baumes)

Schön, findest du nicht? Alles zusammen, aber unzählbar. EINS in alle Richtungen. Und was für eine Farbe! Der Baum ist wie eine Glorie.

Die Natur ist eine fabelhafte Erfinderin, alles in ihr ist schön. Ich glaube nicht, daß es dem Menschen gelungen ist, etwas so Vollkommenes hervorzubringen. Er arbeitete hinterher, das stimmt, züchtete neue Arten, aber der Ursprung bleibt dennoch in der Natur.

Man könnte meinen, die Häßlichkeit beginnt mit dem Menschen.

Ja, ich glaube sogar die Dinge, die uns in der Tier- und Pflanzenwelt häßlich vorkommen, erscheinen uns nur wegen der Begrenztheit unseres Geistes so. Während wirklich, als der Mensch ins Spiel trat ... uff!

---

1. Der Tantra-Guru, dem Mutter fast jeden Tag während seines Besuchs eine Meditation gab.

Ich hatte immer das Gefühl, in der Natur läßt es sich in Schönheit leben, immer. Und nachdem der Mensch ankommt, verzerrt sich etwas. Es ist das Mental. Es ist wirklich durch das Eindringen des Mentals in das Leben, daß die Häßlichkeit entstand. Man fragt sich, ob es nötig war, ob es nicht hätte sofort harmonisch sein können? Anscheinend nicht.

Denn selbst die Steine sind schön, sind immer irgendwie schön. Es gab manche etwas schwierige Formen, als das Leben entstand, aber nicht so, nicht wie manche mentale menschliche Schöpfungen. Ja, vielleicht gab es einige Tierarten ... aber sie waren eher monströs als wirklich häßlich. Und wahrscheinlich erscheinen sie nur unserem Bewußtsein so. Doch das Mental ... Wie all die Ideen von Sünde, Fehler ... all das – die Lüge. Die Lüge, der Mensch ist derjenige, der die Lüge erfand, nicht? Das Mental erfand die Lüge: täuschen! Um zu täuschen! Und eine sehr kuriose Tatsache ist, daß die Tiere, denen der Mensch vertraut wurde, das Lügen lernten!

Die Kurve ...

Gut, wir müssen darüber hinaus gehen.

Jenseits ... das ist eine andere Angelegenheit!

Aber so viele Menschen sind zufrieden mit ihrer Lüge, mit ihrer Häßlichkeit, ihrer Enge, mit allen möglichen Dingen. Sie sind zufrieden. Wenn man ihnen sagt, anders zu sein ...

Der Bereich, den ich zur Zeit untersuche, oh!... Ich verbringe ganze Nächte damit, gewisse Orte zu besuchen, und manchen Leuten, die ich hier (im Ashram) materiell kenne, begegne ich dort. So viele darunter sind VOLLKOMMEN zufrieden mit ihrer ... ihrer Gebrechlichkeit, ihrer Unfähigkeit, ihrer Häßlichkeit, ihrer Machtlosigkeit.

Und sie protestieren, wenn man sie ändern will!

Noch letzte Nacht stieg ich dort hinab ... Es war so grau und öde und ... uff! Banal, ohne Leben. Wenn man ihnen das sagt, antworten sie: „Aber nein! Das ist sehr gut so, Sie sind es, die in den Träumen leben!"

Nun, wir werden herauskommen.

Ah! Solange es einem völlig natürlich erscheint, kann man nicht herauskommen. Das ist das Unglück, wenn man resigniert. Das sieht man: wenn man zu vergangenen Bewußtseinszuständen zurückkehrt, sieht man, daß es einem wenn nicht völlig natürlich, so doch zumindest zwangsläufig erschien – „das ist so", „man muß die Dinge nehmen, wie sie sind". Und man denkt nicht einmal; man nimmt sie, wie sie sind, man ERWARTET, daß sie so seien, wie sie sind; die Substanz eines jeden Tages, die sich unermüdlich wiederholt. Und das einzige, was man lernt, ist sich zu halten, zu halten, sich nicht erschüttern zu lassen, all das durchzustehen; und man hat den Eindruck, es kennt kein Ende, ist endlos, beinahe ewig (erst wenn man versteht, was das Ewige ist, sieht man, daß das nicht ewig SEIN KANN, sonst…).

Jedenfalls ist dieser Zustand der Ausdauer sehr gefährlich: diese Ausdauer, die sich von nichts erschüttern läßt. Und dennoch ist er unerläßlich, denn man muß alles akzeptieren, bevor man irgend etwas transformieren kann.

Das hatte Sri Aurobindo stets gesagt: ZUERST muß man ALLES akzeptieren – akzeptieren als vom Göttlichen kommend, als den göttlichen Willen; ohne Abscheu akzeptieren, ohne Bedauern, ohne Kummer, ohne jegliche Erregung. Mit vollkommenem Gleichmut akzeptieren. Und erst DANACH könnt ihr sagen: jetzt wollen wir daran arbeiten, daß sich das ändert.

Doch an einer Änderung zu arbeiten, bevor man den vollkommenen Gleichmut erreicht hat, ist unmöglich. Das habe ich in diesen letzten Jahren gelernt.

Und das gilt für jedes Detail. Zuerst: „Möge Dein Wille geschehen", und dann, danach: „Der Wille von morgen" – das hier, das muß verschwinden. Doch zuerst akzeptieren.

Deshalb dauert es so lange. Denn jene, die leicht akzeptieren, sind … sie verkrusten, versanden leicht darin: sie regen sich nicht mehr. Und jene, die die Zukunft sehen, das sehen, was sein soll, denen fällt es schwer zu akzeptieren: sie sträuben sich, protestieren, schlagen aus – und deshalb haben sie nicht die Macht.

*
* *

(Kurz darauf, bezüglich des Gesprächs vom 5. November über die unterbewußte Wurzel der Zellen, die in einer einzigen Sekunde alles verwirren kann: „Man muß dort hinabdringen, um das zu verändern. Das verursacht schlechte Stunden. Wenn es getan ist, werde ich die Kraft haben …")

Von wann stammt dieser Text? Vom 5. November? Und jetzt ist der 17. Dezember … Es geht weiter, gut!

Wir bräuchten Geräte, um die Kurve aufzuzeichnen, es ist so … Manchmal geht es so *(pfeilartig)*, dann hat man den Eindruck: „Jetzt ist es soweit! Ich habe es erwischt." Und dann fällt es zurück – die mühselige Arbeit. Manchmal meint man in ein Loch zu fallen, ein wirkliches Loch, und wie herauskommen? Und das geht IMMER einem pfeilartigen Aufstieg voraus, einer Offenbarung, einer Erleuchtung: „Wunderbar! Jetzt ist es soweit."

Und so geht es weiter, Woche über Woche.

Man müßte alles aufzeichnen, um die genaue Kurve oder die WAHRE Geschichte zu bekommen; jede Minute müßte aufgezeichnet werden, denn es ist eine STÄNDIGE Arbeit, die abläuft. Die äußeren Aktivitäten werden beinahe automatisch, und das verläuft dahinter: ich spreche, und das geschieht gleichzeitig im Hintergrund.

Und es ist eine wirklich sehr interessante Oszillation zwischen zwei Extremen: die Allmächtigkeit und überragende, maßgebende Wichtigkeit des Physischen – und seine vollkommene Unwirklichkeit.

Die ganze Zeit wechselt es hin und her zwischen den beiden *(Geste einer Wippe)*. Und beide sind gleichermaßen falsch, gleichermaßen wahr.

Die ganze Zeit zwischen den beiden, und eine Art Kurve, wie elektrische Funken zwischen den beiden: es steigt auf, geht hinab, fällt nach unten, steigt wieder auf. Plötzlich hat man die deutliche Vision, daß die universelle Verwirklichung sich mit der Perfektion der materiellen IRDISCHEN Welt vollziehen wird (ich sage irdisch, weil das noch außergewöhnlich ist: anderswo im Universum ist es nicht dasselbe – dieses kleine Staubkörnchen dort, das sich bläht und von maßgebender Bedeutung wird!). Und in anderen Augenblicken ist es die Ewigkeit, in der die Universen nur ... der Ausdruck einer Sekunde sind, und all das ist nur eine Art ... nicht einmal ein Spiel, für das man sich interessiert, sondern etwas ... ein Atem, der kommt und geht, kommt und geht ... Dann erscheint die ganze Bedeutung, die wir den materiellen Dingen schenken, so ungeheuer idiotisch! Und es wechselt hin und her ... Wenn dieser Zustand hier ist, ist er offensichtlich, unbestreitbar. Wenn der andere hier ist, ist er offensichtlich, unbestreitbar. Und zwischen den beiden gibt es ALLE Kombinationen und alle Möglichkeiten!

(Schweigen)

Das Problem besteht darin, die beiden so VOLLKOMMEN zusammenzuhalten, daß sie sich nicht mehr widersprechen. Das kommt eine Sekunde – ah! – eine Tausendstel Sekunde so – ah! jetzt! – und dann ist es vorbei, verschwunden. Man muß von neuem beginnen.

(Schweigen)

Vor allem das, dieses Gefühl des „Bedeutsamen" und des „Bedeutungslosen": das ist etwas, was völlig verschwindet, keine Spur davon bleibt. Man bleibt so, mit ... nichts. Es gibt KEINEN MASSTAB der Bedeutung, das ist ausschließlich unsere mentale Dummheit: entweder ist nichts bedeutend oder ALLES ist GLEICHERMASSEN bedeutend.

Das Staubkorn dort, das man wegwischt, oder die ekstatische Andacht – es ist GENAU DASSELBE.

20. Dezember 1960

Im Zusammenhang mit Weihnachten erlebte ich eine lustige Geschichte.

Eine Zeitlang lebte ein moslemisches Mädchen bei uns (nicht streng gläubig, aber von moslemischer Abstammung; das heißt, sie war überhaupt nicht christlich), und sie empfand eine besondere Zuneigung für den Weihnachtsmann! Sie hatte Bilder gesehen, in Büchern davon gelesen usw. Und ein Jahr, als sie hier war, setzte sie es sich in den Kopf, daß der Weihnachtsmann mir etwas bringen sollte! Sie sagte mir: „Er muß dir etwas zu Weihnachten schenken!"

Ich sagte: „Versuch es doch!"

Ich weiß nicht, was sie tat, aber sie betete, er möge mir Geld bringen. Sie bestimmte einen Betrag. Und am Abend vor Weihnachten wurde mir genau dieser Betrag gegeben! Es war eine große Summe, mehrere Tausend Rupien. Genau der Betrag, den sie bestimmt hatte. Es traf an dem Tag ein, völlig unerwartet.

Das fand ich interessant …

*
* *

(Kurz darauf, im Zusammenhang mit dem vorhergehenden Gespräch vom 17. Dezember über die gleiche Bedeutung eines Staubkorns, das man wegwischt, und der ekstatischen Andacht: es ist genau dasselbe)

Wenn man das aufzeichnen könnte … Heute morgen, seit heute morgen, und am Balkon, und das Gehen oben bei meinem Japa, das war so interessant! Es ging um dieses Thema *(die Bedeutung des Staubkorns)*… Diese Gewohnheit der Leute (besonders in Indien, aber ein wenig überall: die Leute von religiösem Temperament), die Gewohnheit, daß alles Religiöse mit Respekt und Würde getan werden muß – und nichts vermischen! Vor allem nichts vermischen: in manchen Umständen, in manchen Augenblicken DARF MAN NICHT an Gott denken, weil das wie eine Lästerung für ihn wäre!

Einerseits diese religiöse Einstellung, und dann das gewöhnliche Leben, wo die Leute ihren Tätigkeiten nachgehen – arbeiten, leben, essen, sich amüsieren – all dies für das Wichtige halten, und das andere, meine Güte, wenn man Zeit hat, denkt man daran. Doch was Sri Aurobindo gerade einführte … Ich erinnere mich, als ich in Tlemcen war, sagte Theon, es gebe eine ganze Welt von solchen Dingen, zum Beispiel essen, seinen Körper versorgen und all das, die man automatisch tun müsse, ohne dem Bedeutung zuzuschreiben – jedenfalls sei das „nicht der Augenblick, an göttliche Dinge zu denken"! Das predigte er. Da war also die religiöse Einstellung aller religiösen Leute, und die gewöhnliche Einstellung – und beide störten mich gleichermaßen. Dann kam ich hierher und erklärte Sri Aurobindo mein Gefühl; ich sagte ihm, wenn man wirklich mit dem Göttlichen vereinigt ist, dann KANN ES SICH NICHT ändern, egal was man gerade tut (das kann die Beschaffenheit eurer Tätigkeit verändern, aber eure Einheit mit dem Göttlichen kann sich nicht ändern, was ihr auch tut). Als er mir sagte, dies sei die Wahrheit, war ich sehr erleichtert. Und das blieb mein ganzes Leben lang so.

All diese Einstellungen von Individuen, von Gruppen, von menschlichen Kategorien kommen jetzt von allen Seiten (während ich oben gehe) und verkünden ihren Standpunkt als das Wahre. Und ich sehe bei mir selber, ich werde gezwungen, mich um eine Vielzahl von Dingen zu kümmern, die von einem völlig normalen Gesichtspunkt ganz und gar vergeblich wären, ohne jene zu erwähnen, die der Mißachtung der Leute aus den moralistischen oder religiösen Kategorien ausgesetzt sind. Wenn ich oben bei meinem Japa gehe, ist das sehr interessant, denn die verschiedenen mentalen Formationen kommen wie kleine Pfeile *(Mutter malt kleine Pfeile in die Luft, die von allen Seiten in ihre mentale Atmosphäre eindringen);* und das obwohl ich dort gänzlich in etwas bin, das ich als die Freude, das Glück meines Japas bezeichnen könnte, mit der Energie des Gehens (das Gehen dient dazu, der Erfahrung eine materielle Energie zu verleihen, in allen Körperzellen). Und trotzdem kommt eine Sache nach der anderen, dies, jenes *(Geste der kleinen Pfeile):* was zu tun ist, was diesem zu antworten ist, was jenem gesagt werden muß, was hier zu tun ist … Alle möglichen Dinge, von denen die Mehrzahl als äußerste Nichtigkeit betrachtet werden! Und ich sehe all das in dem ZUSAMMENHANG einer Gesamtheit; und diese ganze Gesamtheit … ich könnte sagen, sie ist nichts als der Körper des Göttlichen. Denn ich SPÜRE es, ich fühle es, als berührte ich es überall *(Mutter deutet auf ihre Arme, ihre Hände, ihren Körper)*. Und all diese Dinge verschleiern nicht, zerstören nicht, zerstreuen nicht diese Empfindung, gänzlich … eine Bewegung, eine Aktion im Körper des Göttlichen zu sein. Das nimmt mit jedem Tag zu, denn es ist, als stürzte Er mich immer mehr in ganz und gar materielle Dinge, mit dem Willen, daß es AUCH DORT getan werden muß, daß all diese Dinge bewußt voll von Ihm sein müssen – sie sind effektiv voll von Ihm, aber bewußt, mit der Erkenntnis, daß es die ganze, ganze Substanz Seines Wesens ist, die sich bewegt …

Am Balkon heute morgen war es wirklich schön …

Mit einer Sänfte, einem Gefühl (beides zusammen), einem Gefühl der Ewigkeit und einer Sanftheit! Man fragt sich sogar, ob es möglich ist, daß etwas Dem entgeht!?

(Schweigen)

Natürlich, wenn man das Pech hat, anzufangen zu denken, dann ist es sofort vorbei.

(Schweigen)

Das ist eine TATSACHE. Es ist kein Gedanke, es ist keine Sache, die man beobachtet, man ist nicht Zeuge: das ist EINE TATSACHE, die man LEBT. Wenn man die Erfahrung übersetzen wollte, müßte man deshalb wie Sri Aurobindo Dinge sagen, die beinahe den Verstand beleidigen, weil sie so paradoxal erscheinen! Ja, mehr, mehr als paradoxal.

23. Dezember 1960

(Mutter kommt von einer Meditation mit X, dem Tantra-Guru)

Ich komme mit leeren Händen …

(Mutter bleibt lange absorbiert)

Kurz vor zehn Uhr setzte ich mich zur Meditation. Ich befand mich in meinem gewohnten Zustand, und es interessierte mich zu wissen, ob es einen Unterschied zu den anderen Malen gab. Und anfangs machte es wirklich keinerlei Unterschied. Dann, langsam, langsam, fühlte ich, daß dieser lächelnde und erhabene Frieden, in dem ich mich befinde, in den Körper herabkam. Doch die Zellen sind sich dessen noch nicht immer bewußt (manchmal spüren sie etwas wie … eine Spannung des Lebens – ich weiß nicht, wie ich das nennen soll). Sie sind sich ihrer Existenz bewußt und was sie bedeutet, die Energie, die wirkt (ja, bewußt der Aktion, der wirkenden Energie), aber vorhin kam Das herab, und es stellte sich eine außerordentliche Entspannung ein. Nicht diese Entspannung von *surrender* [Hingabe], die ich gewöhnlich zu Beginn der Nacht habe, nein: die Entspannung einer erhabenen, unwandelbaren, ewigen Freude. Da hatte der Körper wirklich den Eindruck: „So kann ich für immer bleiben!" Er sagte: „Oh! Wie wohl ich mich fühle…" In der Tat, ich bin nicht sicher, aber ich glaube X hatte den Eindruck, die Meditation sei schon zu Ende, während ich noch … Ich merkte, daß er sich bewegte, deshalb hörte ich auf.

Das war ein markanter Unterschied.

Denn wenn irgend etwas nicht in Ordnung ist, wirkt immer von oben ein Druck auf den Körper, der Druck der herabkommenden Kraft. Aber hier war es überhaupt nicht mehr das: es war so *(Mutter kehrt ihre geöffneten Handflächen nach oben, in einer Haltung vollkommener Hingabe)*, aber ein glückseliges „so", im Sinne, daß es selbständig lebt, die Existenz in sich – und das ist alles.

Sofort nach der Meditation kam ich hierher, in diesem Zustand, und als ich mich setzte … Weißt du, ich hatte nicht einmal … (keine Frage von Idee), aber nicht einmal den Instinkt, eine Blume für dich mitzunehmen. Und als ich mich hier setzte, begann das Bewußtsein der Lichtsäule zu kommen. Es gab keine Persönlichkeit mehr, keine Individualität mehr: da war eine Säule von Licht, die bis in die Zellen des Körpers hinabdrang – und das ist alles.

Dann, nach und nach, wurde es seiner selbst bewußt, bewußt diese Lichtsäule zu SEIN. Und langsam kehrte das normale Bewußtsein zurück.

(Schweigen)

Es ist interessant für mich, kurz nach der Meditation hierher zu kommen, denn dann ist es als objektivierte ich meine Erfahrung. Sonst bin ich innen, so *(Geste)*, und es gibt nicht mehr … (ich wollte sagen „ich", aber das gibt es nicht!) sogar DER KÖRPER fühlt das, eine unwandelbare und glückselige Ewigkeit, und das ist alles.

Wie gesagt, nicht einmal … Als ich kam, sagte ich dir: „ich komme mit leeren Händen", nur die Berührung mit deiner Atmosphäre ließ mich das sagen; sonst hatte das „ich", die Hände, all das keinen Sinn.

Interessant.

25. Dezember 1960

(Brief von Satprem an Mutter)

Pondicherry, 25. Dezember 1960

Liebe Mutter,

Ich wollte Dir sagen, daß X mein Japa heute morgen völlig veränderte. Anstatt zehn Stunden täglich, muß ich es nur noch dreimal ungefähr eine halbe Stunde wiederholen!

Er sagte mir, „alles" läge in diesem neuen Japa.

Auch will ich Dir meine Dankbarkeit ausdrücken. Du denkst in den geringsten menschlichen Einzelheiten an uns – Dankbarkeit ist nicht einmal das Wort. Einfach, möge ich Dir besser dienen, mich besser geben.

Mit Liebe,
Satprem

31. Dezember 1960

(Am Morgen des 1. Januars improvisierte Mutter meist auf dem Harmonium, bevor sie die Neujahrsbotschaft vorlas. Am Vortag kam sie, um das Instrument auszuprobieren:)

Sehen wir ... Seit wieviel Monaten? Seit mindestens acht Monaten habe ich das Instrument nicht berührt! Und morgen muß ich spielen – keine Lust. Aber was getan werden muß, muß getan werden!... Eine Meditation über das, was du kennst[1] – wir haben es zusammen vorbereitet –, dann werde ich sehen, ob etwas kommt.

(Schweigen)

Es herrscht ein Gedränge, das an Chaos grenzt. Eine schreckliche Verwirrung. Aber nächste Woche fangen die Leute an abzureisen. Die Krönung wird der 6. Januar sein, Epiphanias (aber wir haben daraus das Fest für die Darbietung der materiellen Welt an das Göttliche gemacht: die materielle Welt, die sich dem Göttlichen gibt), das wird der Höhepunkt sein, und dich sehe ich am 7. Danach werden wir ernsthaft arbeiten! Bis dahin, keine Arbeit – der Kopf befindet sich in einer Art Kompott ... Oh! Wenn du wüßtest, schrecklich, was die Leute mir bringen, was sie verlangen ...

---

1. Über die Botschaft: „Diese wunderbare Welt der Glückseligkeit, vor unseren Toren, die unseren Ruf erwartet, um auf die Erde herabzukommen."

(Mutter setzt sich an das Harmonium)

Ah! Der Schemel steht mit einem Fuß auf meinem Kleid. Bist du stark?

Ja, ja!

Kannst du mich hochheben? Ich bin sehr schwer, weißt du!…

Doch, ich habe nur Angst, dich umzukippen.

43 Kilo.

43 Kilo!

Ja, ich meine das humoristisch, wenn ich sage, ich bin sehr schwer!

Das glaube ich auch!

Ich wiege 43 Kilo. Normalerweise sollte ich 60 wiegen.

(Nach dem Spielen)

So ähnlich wird es sein … oder anders, keine Ahnung!

X schien diesmal mit seinem Besuch zufrieden zu sein. Wir hatten lange Meditationen von einer halben Stunde: er schien überhaupt keine Lust zu haben, wegzugehen! Und es vollzog sich vor allem eine äußerst ruhige Universalisierung. Eine absolute und universelle Ruhe in allen Zellen des Körpers. Ich weiß nicht, ob das nur speziell bei mir so war, doch er schien in demselben Zustand zu sein, sich nicht mehr bewegen zu können, ganz und gar zufrieden, mit einem Lächeln. Einmal hörte ich die Uhr schlagen, da dachte ich, es wäre Zeit, er wäre vielleicht bereit zu gehen, und ich schaute ihn an: er hatte das *Mala*[1], das er am Hals trägt, in die Hand genommen und machte gerade ein Japa. Sobald er sah, daß ich ihn anschaute, legte er es schnell wieder an!

Und das Überraschende: kein Wort zwischen uns, nichts, weder er noch ich. Und das scheint ihm genauso angenehm zu sein wie mir!

(Schweigen)

Jedenfalls werden am 6. alle abreisen. Doch morgen wird es schrecklich sein; ich werde sicherlich zwei Stunden dort sitzen und Kalender verteilen. Noch dazu wütet eine ganze Kontroverse über die Musik, die jede Woche in der Bibliothek gespielt wird: die einen sagen, sie ist sehr gut, die anderen, daß sie sehr schlecht ist (nun, die gewohnten Dinge). Und jeder plädierte mit mir. Sie sagten, sie würden mir bei der

---

1. *Mala:* eine Art Kette von Holzperlen, mit der man ein Mantra wiederholt.

Prosperität[1] ein Konzert geben, damit ich selber entscheiden kann! Es wurde alles aufgenommen. Ich fürchte, es wird ziemlich laut sein … Ich weiß mir da sehr gut zu helfen: ich „denke" an etwas anderes! Aber das wird … Ich sehe es jetzt schon (wie ich eben sagte, wir stecken in einem Chaos): das wird der Gipfel sein.

In welcher Beziehung stecken wir im Chaos?

Lärm, Hast, Verwirrung, Leute … Lärm erscheint mir immer als Chaos, immer.

Ich muß sagen, an den Darshan-Tagen, unten, herrscht der große Klatsch, die Leute schauen sich an: wie ist der-und-der angezogen, und wie jener – die große Kirmes um das Samadhi.

Ja, genau: wer ist da, wer ist nicht da, und wie sieht er aus und mit wem ist er zusammen … oh!

(Nach einem Schweigen:) Und du? Etwas Neues?

Es ist nicht immer leicht.

Warum, nicht leicht!

Oh! Weißt du, Nacht über Nacht, Nacht über Nacht SEHE ich, wie die Dinge, die in ihrer Wahrheit so einfach sind, sich hier in der menschlichen Atmosphäre verkomplizieren. Das ist wirklich interessant; ich habe Visionen … denn es ist fast überwältigend, wie einfach eine Sache ist, wenn sie sich in ihrer Wahrheit befindet, und wie kompliziert, schmerzlich, ermüdend, lästig sie hier wird.

Aber es genügt, einen Schritt zurück zu tun, und man kommt aus all dem heraus.

Das will ich dir erzählen … Warte, wir haben noch drei Minuten, ich werde dir eine der letzten Visionen beschreiben (aber es ist fast dasselbe jede Nacht):

Ich war irgendwo zu Hause. Es war eine Welt, in der alles Licht wie eine Sonne war (golden mit karmesinrotem Widerschein im Inneren): wirklich sehr schön. Es war eine Stadt, ich befand mich in einem Haus in dieser Stadt und ich wollte jemandem etwas bringen, eine Anzahl von … keine Geschenke, sondern Dinge, die er brauchte. So hatte ich alles hergerichtet, alles vorbereitet, und hatte meine Pakete im Arm (ich hatte mir die nötige Zeit genommen, alles schön herzurichten) und ging zu einer Zeit hinaus, wo die Stadt vollkommen verlassen war: keine einzige Person auf den Straßen. Absolute Einsamkeit. Und

---

1. Der Saal, wo Mutter die Schüler am Ersten jedes Monats mit dem Nötigen für den Monat versorgte (Seife, Schreibpapier, usw).

ein Wohlbefinden, ein Licht, eine Kraft! Wirklich eine Glückseligkeit, einfach so, ohne Anlaß. Und meine Pakete, anstatt mir schwer in den Armen zu liegen, zogen mich! Sie zogen mich: ich schritt voran, und jeder Schritt war eine Freude, wie ein Tanz.

Das hielt die ganze Zeit an, in der ich die Stadt durchquerte. Dann erreichte ich den Randbereich, gerade am Anfang von etwas anderem, wo ich meine Pakete hinbringen sollte, und dort sah ich ein wenig im Hintergrund ein Haus im Bau: es war das Haus dessen, dem ich die Geschenke brachte (all das ist natürlich von einem deutlichen Symbolismus).

Als ich mich näherte, sah ich schon von einiger Entfernung plötzlich Arbeiter am Werke. Da verwandelte sich augenblicklich … augenblicklich diese weite, sonnige, so sanfte Straße – so sanft unter den Füßen – in die Spitze eines Baugerüstes. Und dieses Baugerüst war nicht gut konstruiert, und je mehr ich mich näherte, um so komplizierter wurde es: manche Bretter hingen über den Rand, Balken lagen lose. Kurz, bei jedem Schritt mußte man schauen, wo man den Fuß hinsetzte, um sich nicht den Hals zu brechen. Ich begann sehr verärgert zu werden. Und meine Pakete wurden schwer. Sie waren schwer und behinderten meine Arme: ich konnte mich nirgendwo festhalten und mußte mich ständig im Gleichgewicht halten. Da begann ich zu denken: „Mein Gott, wie ist diese Welt kompliziert!" Im selben Augenblick sah ich eine junge Person kommen; ein junges Mädchen, in europäischer Kleidung mit einem Hut auf dem Kopf … alles schwarz! Sie hatte weiße Haut, aber ihre Kleider waren schwarz; ihre kleinen weißen Füße steckten in schwarzen Schuhen. Alles war schwarz, völlig schwarz, pechschwarz. Als wäre es die vollkommene Unbewußtheit. Sie kam auch mit Paketen (viel mehr als ich) und überquerte dieses ganze Baugerüst in Sprüngen, setzte ihre Füße hin, wo es ihre gerade paßte! Ich dachte mir: „Du meine Güte, sie wird sich den Hals brechen!" – Aber überhaupt nicht! Sie war vollkommen unbewußt, merkte nicht einmal, daß es gefährlich und kompliziert war – die vollkommene Unbewußtheit. Aber ihre Unbewußtheit erlaubte ihr voranzukommen! Als ich das sah, dachte ich: „Ah, manchmal ist es doch gut, unbewußt zu sein!" Dann verschwand sie: sie war nur gekommen, um mir eine Demonstration zu machen (sie hatte mich nicht gesehen, schaute mich nicht an). Dann sah ich unten die Arbeiter und die Komplikationen immer ärger werden, immer schlimmer, immer schlimmer; und dann gab es nicht einmal eine Leiter, um hinabzusteigen – kurz, es wurde unerträglich. Dann lehnte sich etwas in mir auf: „Ah, nein! Jetzt reicht es mir, das ist idiotisch!"

Und AUGENBLICKLICH befand ich mich unten, meiner Pakete entledigt. Alles wurde vollkommen einfach (ich hatte sogar die Pakete mitgebracht, ohne es zu merken): alles, alles ordnete sich, bestens, sehr leuchtend, sehr einfach – nur weil ich gesagte hatte: „Ah, aber jetzt reicht es mir mit diesen Geschichten; was soll das nur mit all diesen idiotischen Komplikationen!" So ist es.[1]

Und dabei handelt es sich nicht um „Träume": das sind bestimmte Aktivitäten – reeller, konkreter als das materielle Leben; die Erfahrung ist dort sehr viel konkreter als im gewohnten Leben.

Beispiele dieser Art habe ich zu Hunderten … Nicht immer dasselbe Bild; die Bilder wechseln, doch stets dieselbe Geschichte: die Sache in ihrer Wahrheit ist vollkommen leuchtend, angenehm, charmant – und sobald die Menschen sich einmischen, wird es eine abscheuliche Komplikation. Und wenn man sagt: „Nein! Mir reicht es mit all dem, das ist NICHT WAHR," da verschwindet es.

Solche Geschichten erlebte ich in „Träumen" mit X. Ich sah ihn sehr jung (seine Erziehung, die Ideen, die er hatte, wie er geprägt wurde). Und ich tat dasselbe. Ich war bei ihm – aber das erzähle ich dir ein anderes Mal… Und schließlich war ich es leid, ich sagte: „Ah, nein! Das ist lächerlich!" und verließ damit das Haus. Und vor der Tür hockte ein kleines Eichhörnchen auf seinen Hinterbeinen und machte mir kleine freundliche Zeichen. Ah! sagte ich, hier ist einer, der besser versteht![2]

Doch danach merkte ich, daß es geholfen hatte, ihn von diesem ganzen Gewicht seiner vergangenen Erziehung zu befreien. Sehr interessant … Nacht über Nacht, Nacht über Nacht, Nacht über Nacht, so viele Dinge! Das würde ganze Romane ergeben.

---

1. Später entdeckte Mutter, daß diese Welt der Komplikationen das Symbol des physischen Mentals ist.
2. Später erzählte Mutter den Rest ihres „Traumes" mit X: Das war sein Haus, und es war ziemlich kompliziert hineinzukommen. Ich war gerade dabei ein Mantra oder ein Japa zu wiederholen, als X kam; er hatte einen Ausdruck … zutiefst vorwurfsvoll! Dann roch er meine Hände: „Es ist eine schlechte Angewohnheit, Parfum zu tragen *(Mutter lacht)*. Mit Parfum kann man kein spirituelles Leben führen." Da sah ich ihn an und dachte: „Mein Gott! Muß er denn so rückständisch sein!" Aber es ärgerte mich, deshalb sagte ich: „Gut, ich gehe." Als ich mich der Tür näherte, fing er an zu sagen: „Ist es wahr, daß Sie mehrmals verheiratet waren und sich einmal scheiden ließen?" Da kam eine Art Zorn in mich *(lachend)* und ich erwiderte: „Nein, nicht nur einmal, sondern zweimal!" Und damit ging ich hinaus. All diese alten Ideen … Und danach sah ich das kleine Eichhörnchen.

Vorschau:

Mutters Agenda Band 2, 1961

Im Jahr des ersten amerikanischen Raumfluges stößt Mutter auf den Kern des „großen Mysteriums": *Es ist doppelt! Es ist dieselbe Welt, und dennoch ist es ... was?* In der einen Welt ist alles harmonisch, ohne die Möglichkeit von Krankheit, Tod oder Unfall – *eine Harmonie wie durch ein Wunder –* und in der anderen geht alles fehl. Dennoch ist es dieselbe materielle Welt – getrennt durch was? *Immer mehr ist es eine Frage der Schwingung in der Materie.*

Was ist diese „vertikale Zeit", die plötzlich eine neue Seinsart und Lebensweise in der Materie eröffnet, in der die Dinge nicht mehr unumgänglich kausal verknüpft sind? *Eine Art Absolutheit in jeder Sekunde.* In jeder Sekunde eine völlig neue Welt, frei von Schatten, Alter, vergangenen Prägungen.

Und was ist diese „massive Unbewegtheit" in blitzschneller Bewegung, das „Tüpfeln von Vibrationen", als erlebte Mutter ihren Körper nicht mehr auf makroskopischer Ebene, sondern auf der Ebene der subatomaren Physik.

Sechzig Jahre des „spirituellen Lebens" zerbröckeln wie eine *sehr viel schwerwiegendere Illusion* angesichts ... eines neuen Göttlichen? Oder eines neuen Lebensmodus in der Materie – des nächsten Modus? *Ich bin regelrecht dabei einen Pfad durch den Dschungel zu hauen.*

Bibliographie

Auf deutsch erhältliche Werke von und über Mutter und Sri Aurobindo:

Beim Verlag Hinder + Deelmann erhältlich:

Sri Aurobindo:
Das Göttliche Leben
Die Synthese des Yoga
Essays über die Gita
Savitri: Legende und Sinnbild (deutsche Übersetzung von Heinz Kappes)
Das Geheimnis des Veda
Die Grundlagen der indischen Kultur
Das Ideal einer geeinten Menschheit
Über sich selbst
Licht auf Yoga
Bhagavadgita (aus dem Sanskrit übersetzt von Sri Aurobindo)

Die Mutter:
Mutters Agenda (13 Bände)

Satprem:
Das Abenteuer des Bewußtseins
Mutter – Der Göttliche Materialismus
Mutter – Die neue Spezies
Mutter – Die Mutation des Todes
Der Aufstand der Erde
Evolution 2
Das Mental der Zellen
Der Sonnenweg
Gringo

Beim Verlag W. Huchzermeyer erhältlich:

Sri Aurobindo:
Die Dichtung der Zukunft
Zyklus der menschlichen Entwicklung
Briefe über den Yoga
Gedanken und Aphorismen, mit Erläuterungen der Mutter
Sawitri – Eine Sage und ein Gleichnis (zweisprachige Ausgabe,
                                        deutsche Übersetzung von Peter Steiger)
Die Mutter: **Gespräche 1950-1958**
Sri Aurobindo: **Briefwechsel mit Nirodbaran**
Nirodbaran: **Gespräche mit Sri Aurobindo**
Nirodbaran: **Zwölf Jahre mit Sri Aurobindo**
Satprem: **Vom Körper der Erde oder der Sannyasin**

Beim Aquamarin Verlag:

A. B. Purani: **Abendgespräche mit Sri Aurobindo**

ausführlichere Inhaltsangaben bei www.evolutionsforschung.org

www.ingramcontent.com/pod-product-compliance
Lightning Source LLC
Chambersburg PA
CBHW081321090426
42737CB00017B/2992